21世纪法学系列教材

财税法系列

国际税法学

（第三版）

主　编　刘剑文
撰稿人　（按撰写章节先后为序）
　　　　刘剑文　刘永伟　杨慧芳
　　　　张智勇　李　刚　那　力
　　　　杨小强　汤洁茵

图书在版编目(CIP)数据

国际税法学/刘剑文主编. —3 版. —北京:北京大学出版社,2013.11
(21 世纪法学系列教材)
ISBN 978 - 7 - 301 - 23397 - 9

Ⅰ. ①国… Ⅱ. ①刘… Ⅲ. ①国际税法 - 法的理论 - 高等学校 - 教材 Ⅳ. ①D996.3

中国版本图书馆 CIP 数据核字(2013)第 254303 号

书　　　　名：国际税法学(第三版)
著作责任者：刘剑文　主编
责　任　编　辑：冯益娜
标　准　书　号：ISBN 978 - 7 - 301 - 23397 - 9/D·3441
出　版　发　行：北京大学出版社
地　　　　址：北京市海淀区成府路 205 号　100871
网　　　　址：http://www.pup.cn
新　浪　微　博：@北京大学出版社　@北京大学出版社法律图书
电　子　信　箱：law@ pup.pku.edu.cn
电　　　　话：邮购部 62752015　发行部 62750672　编辑部 62752027
　　　　　　　出版部 62754962
印　　刷　　者：北京虎彩文化传播有限公司
经　　销　　者：新华书店
　　　　　　　730 毫米×980 毫米　16 开本　32 印张　610 千字
　　　　　　　2004 年 4 月第 1 版　2008 年 8 月第 2 版
　　　　　　　2013 年 11 月第 3 版　2019 年 6 月第 4 次印刷
定　　　　价：59.00 元

未经许可,不得以任何方式复制或抄袭本书之部分或全部内容。
版权所有,侵权必究
举报电话:010 - 62752024　电子信箱: fd@ pup.pku.edu.cn

第三版前言

随着国际经济贸易活动的发展和经济全球化的日益加深,国际税法的地位和价值不断凸显。国际税法既是国际法又是财税法的一个举足轻重的分支。

我国在2001年加入世界贸易组织(WTO)后,在吸引众多国外投资的同时,对外的投资和贸易活动日渐频繁。税收因素对引导资金流向和资源配置的影响更显突出。一方面,中国与其他贸易伙伴国之间的征税权争议不断增多;另一方面,跨国纳税人与中国政府、中国居民与外国政府之间的税务争议更是大量发生。在此背景下,国际税法相关规则,包括国内立法中的涉外税收规则和双边税收协定,日渐增加。因此,国际税法的研习也备受重视。国际税收实践的发展也亟须大量熟悉国际税法的基本原理、基本知识和基本技能,并能够在实践中解决具体国际税收法律问题的高级专业人才。

本书自2004年再版以来,近十年间国际税法理论和实践均取得了重要的进展。随着现代科技的发展和经济形式的多样化,各国之间的经贸往来形式也发生了深刻的变化。这些变化对传统的国际税法规则产生了极大的冲击。国际组织和各国政府为此所采取的积极应对措施,直接推动了国际税法的进一步发展。与此同时,各国在其双边或多边的税收协定的谈签与执行中积累了更多的实践经验,也为国际税收协定的理论发展提供了相应的素材,从而为各国之间消除双重征税,构建国际税收秩序,加强税收征管互助,协调国家间的税收管辖权提供了更多的规则设计。在近十年的中国税法改革中,我国税法已经发生了深刻的变化,对外签订的双边税收协定也已经达到99个,并与香港、澳门签订了2个税收安排,这对我国国际税法的发展和研究产生了积极的影响。为充分展现和评介国际税法理论与实践的最新发展,编者对本书进行了第三次的修改,也是一次较大的修改。

本书第三版与第二版相比,有以下重大变化:

(1)对本书体系作了比较大的调整,以使有关章节更加合理。其中,部分章节的名称作了适当变化,合并、删除和增加了一些章节。考虑到加入WTO之后,我国基本实现了国内外纳税人的税法规则的统一适用,删去第二版的第六编"中国涉外税法",将国内立法中规范跨国经济活动的税法规则的内容并入相关章节。合并了第二版的第十一章和第十二章,分拆第二版第十二章中有关"受控外国公司"与"资本弱化"规则,并分别作为第三版第十四、十五章。

此外,增加了第二十二章"税收情报交换"、第二十四章"金融衍生品的税收管辖权"。

（2）本书理论探讨部分更加凝练,实务分析部分更加细致,内容适当精减。每章后的"课外阅读材料"适当增加了外文材料和外国的相关案例,以方便读者学习和理解。

（3）本书及时反映国际税法理论发展和实践的最新变化,特别是 OECD 范本与 UN 范本新变化的内容和精神,以体现本书的时代性。如增加了对于美国税收协定范本（1996 年版以及后续的 2006 年版）中所谓"税收协定利益限制（limitation on benefit）条款"的论述。为吸收当前国际税法的理论研究和实践的最新发展,第三版重新撰写了第十六章"国际税收协调原理"、第十七章"所得税国际协调"、第十八章"增值税国际协调"、第十九章"电子商务征税的国际协调"和第二十一章"国际税收竞争"等章节。

（4）本书反映了国内外近十年来相关税收法律法规的变化,特别是在企业所得税、个人所得税、增值税等领域的变化,以及我国签订的双边税收协定中的变化。2008 年 1 月 1 日《企业所得税法》实施,本书以《企业所得税法》及《特别纳税调整实施办法（试行）》等相关的配套法规为基础进行了修正。增加了 WTO 与所得税的协调、区域经济一体化中所得税协调、欧盟对于限制会员国采用税收优惠提供过度的国家援助（state aid）的分析,特别是评介了著名的 Primarolo 报告。

此外,根据我国签订对外税收协定的最新进展,对附录"中国对外税收协定一览表"重新进行整理。

本书作者分工如下（按撰写章节先后顺序）：

刘剑文,负责撰写第 1、20 章；

刘永伟,负责撰写第 2、11 章；

杨慧芳,负责撰写第 3、4、5 章；

张智勇,负责撰写第 6、7、8、13、23 章；

李刚,负责撰写第 9、22 章；

那力,负责撰写第 10、15、19 章；

杨小强,负责撰写第 12、18 章；

汤洁茵,负责撰写第 14、16、17、21、24 章；

本书主编负责全书的统稿并最终修改定稿。中国青年政治学院法律系汤洁茵博士协助主编完成了大量的统稿工作,并翻译了本书英文目录。

本教材姊妹篇《税法学》（第四版）已于 2012 年重印。本书的修改从 2012 年初开始至今已历时 1 年 6 个月。上述两书均凝结着主编和各位撰稿人对税法学理论研究的最新成果,同时承载着构建税法学理论新体系的大胆设想,更寄托着对作为独立学科的财税法学发展和财税法治进程的殷殷期望。当然,无论是本书的体系、内容还是方法、体例,都是我们全新的尝试。受水平和视野所限,书中的错误和不当之处在所难免,诚望读者批评指正!

刘剑文
2013 年仲夏于北京大学财经法研究中心

目 录

导 论 ·· (1)
 一、国际税法学的研究对象 ··· (1)
 二、国际税法学的地位 ··· (2)
 三、国际税法学与其他相关学科的关系 ···································· (3)
 四、国际税法学的研究方法 ·· (6)

第一编 总 论

第一章 国际税法概述 ·· (11)
 第一节 国际税法的概念与性质 ·· (11)
 第二节 国际税法的宗旨与作用 ·· (16)
 第三节 国际税法的地位与体系 ·· (19)
 第四节 国际税法的渊源 ·· (22)
 第五节 国际税收法律关系 ·· (26)
 第六节 国际税法的历史演进 ··· (31)

第二章 国际税法的基本原则 ·· (35)
 第一节 国际税法基本原则概述 ·· (35)
 第二节 国家税收主权原则 ·· (36)
 第三节 国际税收公平原则 ·· (39)
 第四节 国际税收中性原则 ·· (42)
 第五节 国际税收效率原则 ·· (43)

第二编 税收管辖权

第三章 税收管辖权概述 ·· (49)
 第一节 税收管辖权的概念与依据 ··· (49)
 第二节 属人性质的税收管辖权 ·· (51)
 第三节 属地性质的税收管辖权 ·· (54)
 第四节 各国税收管辖权实施现状 ··· (56)

第四章 居民税收管辖权 ·· (61)
 第一节 自然人居民身份的确定 ·· (61)
 第二节 法人居民身份的确定 ··· (67)

第三节　居民与非居民的纳税义务 …………………………………（74）
第五章　来源地税收管辖权 ……………………………………………（79）
　　第一节　营业所得征税权的划分 ……………………………………（79）
　　第二节　劳务所得征税权的划分 ……………………………………（102）
　　第三节　投资所得征税权的划分 ……………………………………（114）
　　第四节　财产所得征税权的划分 ……………………………………（126）

第三编　国际双重征税规制

第六章　国际双重征税规制原理 ………………………………………（137）
　　第一节　国际双重征税的概念和特征 ………………………………（137）
　　第二节　国际双重征税的规制原理 …………………………………（139）
第七章　法律性国际双重征税的消除 …………………………………（152）
　　第一节　免税法 ………………………………………………………（152）
　　第二节　抵免法 ………………………………………………………（155）
　　第三节　扣除法与低税法 ……………………………………………（164）
　　第四节　免税法与抵免法在国际税收协定中的应用 ………………（165）
第八章　经济性国际双重征税的消除 …………………………………（171）
　　第一节　消除经济性双重征税的国内措施 …………………………（171）
　　第二节　税收协定中消除经济性双重征税的措施 …………………（175）
　　第三节　欧洲联盟的区域机制 ………………………………………（178）
第九章　税收饶让抵免税制 ……………………………………………（183）
　　第一节　税收饶让抵免概述 …………………………………………（183）
　　第二节　税收饶让抵免的适用 ………………………………………（186）
　　第三节　我国的税收饶让抵免 ………………………………………（192）

第四编　国际逃税与避税规制

第十章　国际逃税与避税法律规制的基本原理 ………………………（199）
　　第一节　国际逃税与避税的概念 ……………………………………（199）
　　第二节　国际逃避税的手段与形态 …………………………………（203）
　　第三节　国际逃税与避税的法律规制 ………………………………（209）
第十一章　国际转让定价的法律规制 …………………………………（217）
　　第一节　关联企业转让定价制度概述 ………………………………（217）
　　第二节　转让定价方法 ………………………………………………（223）

第三节　规制国际转让定价的征管程序……………………………(247)
　　第四节　中国转让定价的法律规制…………………………………(250)
第十二章　国际避税地的法律规制………………………………………(259)
　　第一节　国际避税地的概念与特征…………………………………(259)
　　第二节　国际避税地的形成类型……………………………………(267)
　　第三节　利用国际避税地的主要形式………………………………(270)
　　第四节　国际避税地的规制措施……………………………………(276)
第十三章　国际税收协定滥用的法律规制………………………………(282)
　　第一节　国际税收协定滥用的方式和法律性质……………………(282)
　　第二节　规制税收协定滥用的国内法措施…………………………(285)
　　第三节　税收协定中的反滥用条款…………………………………(288)
第十四章　受控外国公司税制……………………………………………(296)
　　第一节　受控外国公司税制的产生与发展…………………………(296)
　　第二节　受控外国公司税制的基本内容……………………………(299)
　　第三节　我国的受控外国公司税制…………………………………(309)
第十五章　资本弱化的税法规制…………………………………………(315)
　　第一节　反资本弱化的机制与规则概说……………………………(315)
　　第二节　资本弱化税制改革的主要方式：ACE 与 CBIT……………(317)

第五编　国际税收协调

第十六章　国际税收协调原理……………………………………………(329)
　　第一节　国际税收协调概述…………………………………………(329)
　　第二节　国际税收协调的发展与基本框架…………………………(332)
　　第三节　国际税收协调的基本模式——国际税收协定……………(338)
第十七章　所得税国际协调………………………………………………(346)
　　第一节　所得税国际协调概述………………………………………(346)
　　第二节　所得税收协定范本…………………………………………(348)
　　第三节　中国双边所得税收协定……………………………………(355)
　　第四节　中国内地与特别行政区之间的税收协调…………………(359)
第十八章　增值税国际协调………………………………………………(365)
　　第一节　增值税的税收管辖权………………………………………(365)
　　第二节　欧盟的增值税协调…………………………………………(366)
　　第三节　OECD 的增值税协调………………………………………(378)

第六编　国际税法学新课题

第十九章　电子商务征税的国际协调 (385)
- 第一节　OECD 电子商务税收改革 (385)
- 第二节　2008 年 OECD 范本对服务征税的条款解析 (390)
- 第三节　各国对电子商务税收问题的态度与反应 (392)
- 第四节　电子商务税收改革：传统与创新 (396)

第二十章　单一税收管辖权问题 (401)
- 第一节　实行单一税收管辖权的理论依据 (401)
- 第二节　实行单一税收管辖权的可行性 (405)

第二十一章　国际税收竞争 (409)
- 第一节　国际税收竞争概述 (409)
- 第二节　有害国际税收竞争的规制实践 (413)
- 第三节　规制有害国际税收竞争的主要措施 (420)

第二十二章　税收情报交换 (426)
- 第一节　税收情报交换的概念与方式 (426)
- 第二节　税收情报交换制度的历史沿革与最新进展 (433)
- 第三节　我国的税收情报交换 (441)

第二十三章　国际税务争议的解决 (449)
- 第一节　国际税务争议的解决概述 (449)
- 第二节　国内法机制 (451)
- 第三节　税收协定的相互协商程序 (455)
- 第四节　仲裁程序 (458)
- 第五节　国际司法方式 (463)

第二十四章　金融衍生品的税收管辖权 (467)
- 第一节　跨境金融交易所得的来源地规则 (467)
- 第二节　衍生金融产品的来源地管辖权的合法化基础 (469)
- 第三节　来源地为基础的衍生金融工具的所得课税的必要性 (473)
- 第四节　衍生金融产品的来源地确定规则 (478)

附录　中国对外税收协定一览表 (483)

Table of Contents

Introduction .... (1)
   Section One   Research Objects of the Science of International Tax Law ... (1)
   Section Two   Status of the Science of International Tax Law .... (2)
   Section Three   Relations among the Science of International Tax Law and Other Subjects .... (3)
   Section Four   Methodology of Research on the Science of International Tax Law .... (6)

Part I   General Introduction

Chapter One   Introduction of International Tax Law .... (11)
   Section One   Concept and Properties of International Tax Law .... (11)
   Section Two   Objects and Functions of International Tax Law .... (16)
   Section Three   Status and System of International Tax Law .... (19)
   Section Four   Source of International Tax Law .... (22)
   Section Five   Legal Relationship in International Tax .... (26)
   Section Six   Evolution of International Tax Law .... (31)

Chapter Two   Basic Principles of International Tax Law .... (35)
   Section One   Introduction on the Basic Principles of International Tax Law .... (35)
   Section Two   Principle of Tax Sovereignty .... (36)
   Section Three   Principle of International Tax Equity .... (39)
   Section Four   Principle of International Tax Neutrality .... (42)
   Section Five   Principle of International Tax Efficiency .... (43)

Part II   Tax Jurisdiction

Chapter Three   Introduction of Tax Jurisdiction .... (49)
   Section One   Definition and Basis of Tax Jurisdiction .... (49)
   Section Two   Personal Tax Jurisdiction .... (51)
   Section Three   Territorial Tax Jurisdiction .... (54)

Section Four	Current Situations of Tax Jurisdiction in Various Countries	(56)
Chapter Four	**Resident Tax Jurisdiction**	(61)
Section One	Definition of Resident Identity for Natural Person	(61)
Section Two	Definition of Resident Identity for Legal Person	(67)
Section Three	Tax Obligation of the Resident and Non-resident Taxpayer	(74)
Chapter Five	**Source-based Tax Jurisdiction**	(79)
Section One	Distributive Rules for the Power to Tax Business Profits	(79)
Section Two	Distributive Rules for the Power to Tax Service Income	(102)
Section Three	Distributive Rules for the Power to Tax Income from Investment	(114)
Section Four	Distributive Rules for the Power to Tax Income from Properties	(126)

Part III International Double Taxation

Chapter Six	**Theories of Regulation on International Double Taxation**	(137)
Section One	Definition and Characteristic of International Double Taxation	(137)
Section Two	Regulation on International Double Taxation	(139)
Chapter Seven	**Elimination of Legal International Double Taxation**	(152)
Section One	Tax Exemption	(152)
Section Two	Tax Credit	(155)
Section Three	Tax Deduction and Low Tax Rates	(164)
Section Four	Application of Tax Exemption and Tax Credit in International Tax Treaties	(165)
Chapter Eight	**Elimination of Economic International Double Taxation**	(171)
Section One	Relief Mechanisms in Domestic Law to Eliminate Economic International Double Taxation	(171)
Section Two	Relief Mechanisms in Tax Treaty to Eliminate Economic International Double Taxation	(175)
Section Three	Regional Relief Mechanism in European Union	(178)

Chapter Nine Tax Sparing Credit ··· (183)
  Section One Introduction of Tax Sparing Credit ······························· (183)
  Section Two Application of Tax Sparing Credit ································ (186)
  Section Three Tax Sparing Credit Rules in China ······························ (192)

Part IV International Tax Avoidance and Evasion

Chapter Ten Theories of Regulation on International Tax Avoidance and Evasion ·· (199)
  Section One Definition of International Tax Avoidance and Evasion ······ (199)
  Section Two Ways and Forms of International Tax Avoidance and Evasion ··· (203)
  Section Three Anti-avoidance and-evasion Mechanism ···················· (209)
Chapter Eleven Legal Regulations on International Transfer Pricing ··· (217)
  Section One Introduction to International Transfer Pricing among Affiliated Enterprises ··· (217)
  Section Two Methods for Determination of the Arm's Length Price ······ (223)
  Section Three Tax Collection and Administration Procedures for the Adjustment of International Transfer Pricing ················ (247)
  Section Four Transfer Pricing under the Domestic Law of China ········· (250)
Chapter Twelve Legal Regulation on International Tax Avoidance by Tax Haven ······································· (259)
  Section One Definition and Characteristic of International Tax Havens ·· (259)
  Section Two Types of International Tax Havens ······························· (267)
  Section Three Majors Means of Abusing International Tax Haven ········ (270)
  Section Four Majors Anti-avoidance Measures for International Tax Havens ·· (276)
Chapter Thirteen Anti-treaty Shopping Measures ···················· (282)
  Section One Means for Treaty Shopping and Its Legal Characteristic ··· (282)
  Section Two Domestic Measures for Anti-treaty Shopping ·················· (285)
  Section Three Anti-treaty Shopping under Tax Conventions ················ (288)
Chapter Fourteen Controlled Foreign Corporation Legislation ········ (296)
  Section One Evolution of CFC Rules ··· (296)

  Section Two Major Structural Aspects of CFC Rules ·················· (299)
  Section Three CFC Rules in Domestic Law of China ··················· (309)
Chapter Fifteen Thin Capitalization Rules ················· (315)
  Section One Introduction to Anti-thin Capitalization Mechanisms and Rules ································· (315)
  Section Two Methods to the Reform of Thin Capitalization Rules: ACE and CBIT ································ (317)

Part V International Tax Coordination

Chapter Sixteen Theories of International Tax Coordination ············ (329)
  Section One General ································ (329)
  Section Two The Development of International Tax Coordination and Its Basic Structure ·························· (332)
  Section Three Basic Model of International Tax Coordination——Tax Convention ······························· (338)
Chapter Seventeen International Coordination on Income Tax ········· (346)
  Section One General ································ (346)
  Section Two Model Tax Treaties on Income Tax ··················· (348)
  Section Three Bilateral Tax Treaties on Income Tax Concluded by China ································ (355)
  Section Four Tax Coordination between Mainland and Special Administrative Regions in China ··················· (359)
Chapter Eighteen International Coordination on Value-added Tax ··· (365)
  Section One Tax Jurisdiction of VAT ·························· (365)
  Section Two Regional Coordination on VAT in European ··················· (366)
  Section Three International Coordination on VAT by OECD ··············· (378)

Part VI Current Issues of International Tax Law

Chapter Nineteen International Tax Law on Electronic Business ······ (385)
  Section One Reform by OECD on Taxation of Electronic Business ······ (385)

Section Two	Analysis on Service Income Clause under 2008 OECD Model Tax Convention	(390)
Section Three	Attitude and Reaction of the Governments to Tax Electronic Business	(392)
Section Four	Reform on Tax Electronic Business: Tradition and Innovation	(396)

Chapter Twenty Single Tax Jurisdiction (401)

Section One	Theoretical Base for the Enforcement of Single Tax Jurisdiction	(401)
Section Two	Feasibility for the Enforcement of Single Tax Jurisdiction	(405)

Chapter Twenty-one International Tax Competition (409)

Section One	General	(409)
Section Two	Practices on Counteracting Harmful International Tax Competition	(413)
Section Three	Main Measure to Counteracting Harmful International Tax Competition	(420)

Chapter Twenty-two Exchange of Tax Information (426)

Section One	Definition of Exchange of Tax Information and Its Enforcement	(426)
Section Two	History of Exchange of Tax Information and Its New Development	(433)
Section Three	Exchange of Tax Information of China	(441)

Chapter Twenty-three Resolution of Disputes on International Taxation (449)

Section One	General	(449)
Section Two	Mechanism in Domestic Law	(451)
Section Three	Mutual Agreement Procedure under Tax Treaties	(455)
Section Four	Arbitration Procedure	(458)
Section Five	International Judicial Remedies	(463)

Chapter Twenty-four Source Rules for Income from Derivative Financial Instruments (467)

Section One	Source Rules for Income from Cross-border Financial Instruments	(467)

Section Two   Normal Grounds for Source-basis Jurisdiction on Income from Derivative Financial Instruments ················ (469)
Section Three   Necessity to Impose Source-basis Taxation on the Income from Derivative Financial Instruments ················ (473)
Section Four   Source Rules on Income from Financial Derivative Instruments ················ (478)

Appendix   Table of Bilateral Taxation Convention of China ············ (483)

导 论

一、国际税法学的研究对象

国际税法学(Science of International Tax Law)是一门随着国际税法的产生和发展而逐渐发展起来的一门新兴的综合性法学分支学科。国际税法的历史很短,国际税法学的历史就更短了。作为一门新兴的法学分支学科,其学科建设还非常不完善,许多重要的理论问题还没有进行深入系统的研究与探讨,国际税法学的研究对象就是一个这样的基本理论问题。

关于国际税法学的研究对象,有学者将其界定为,国际税法规范本身和这类法律规范在调整国际税收关系过程中的法律问题。[①] 从法理学的角度来看,法学的研究对象是法这一特定社会现象及其规律[②],因此,我们认为,国际税法学的研究对象是国际税法这一特定社会现象及其产生、发展和变化的规律。

具体来说,国际税法学的研究对象包括以下几个方面:(1)国际税法现象的整体性、抽象性问题,诸如,国际税法的概念、调整对象、特征、基本原则、价值、宗旨、功能、效力、地位、体系、渊源、运行等等,由此形成国际税法总论或国际税法基础理论;(2)国际税法现象的演变规律,诸如,国际税法的产生、发展、未来趋势及其走向等等,由此形成国际税收法制史学;(3)国际税法现象本身的具体制度与结构,诸如,国家税收管辖权、国际双重征税及其解决、国际逃避税及其防止、国际税收协定、国际税收协调、国际税务争议解决等等,由此形成国际税法制度学;(4)各国国际税法现象之间的比较与借鉴,诸如,国际税法基础理论比较、国际税法具体制度比较、涉外税法比较等等,由此形成比较国际税法学;(5)国际税法现象与其他相关社会现象之间的联系,诸如,国际税法与税法、国际税法与涉外税法、国际税法与国际法、国际税法与国际税收、国际税法与国际贸易法、国际投资法、国际金融法之间的关系等等,由此形成国际税法边缘学或交叉国际税法学。

国际税法学的各个研究对象是一个密切联系的整体,我们将其划分为各个具体的组成部分是基于论述和研究的便利,现实生活中的研究对象并不是严格按照我们这里的分类标准划分的,甚至根本就没有划分标准和分类,因此,对于

[①] 参见廖益新主编:《国际税法学》,北京大学出版社2001年版,第23页。
[②] 参见沈宗灵主编:《法理学》,高等教育出版社1994年版,第1页。

我们所论述的各个具体研究对象不能机械的理解与运用。国际税法学的研究对象也是一个不断发展的过程,随着国际税法现象的发展和国际税法研究的不断深入,国际税法学的研究对象也在不断扩展,例如像国际税法与国际交往、国际税法与各国社会文化、国际税法与宗教等等都有可能在未来成为国际税法的研究对象。就目前国际税法学的研究水平来看,其研究对象的范围还相当狭窄,我们这里所论述的研究对象还有相当大部分没有进入学者的研究视野,本书的研究也仅仅包括了国际税法学研究对象的一部分(当然是核心部分),而没有覆盖国际税法学的全部研究对象。这是目前的研究状况使然,当然,这也是我们今后需要加强研究的重点领域之一。

二、国际税法学的地位

国际税法学的地位,是指国际税法学在整个法学体系中的位置及其重要性。关于这一问题,国际税法学界尚没有学者进行专门的讨论与研究。我们认为,为了推动国际税法学的健康发展,必须对这一问题进行深入、系统的研究。

国际税法学的地位与国际税法的地位紧密联系。在国际税法学界,一般认为国际税法属于国际经济法的一个分支部门[①],在税法学界,也有许多学者主张国际税法属于税法的分支部门。[②] 按照前一种观点,国际税法学属于国际经济法学的分支学科之一,而按照后一种观点,国际税法则属于税法学的分支学科之一。从表面来看,这两种观点是互相矛盾的。然而,我们认为,其实这两种观点应是相互协调的。国际税法学的研究对象是一个比较特殊的领域,它既属于国际经济法的领域,也属于税法的领域,在当今国际经济一体化以及我国加入WTO 的现实国际、国内背景下,这种趋势是历史发展的必然,特别是与经济有关的法律部门,如贸易法、金融法、投资法等等,都将出现和国际税法相同的发展趋势。因此,国际税法学没有必要回避这一问题,也没有必要去改变这一问题(实际上也是无法改变的)。正确的态度应该是充分利用这两种学科发展的优势与潜力来大力推进国际税法学的发展与完善。因此,在国际税法的地位这一问题上,我们主张,国际税法既属于国际经济法的分支学科,又属于税法的分支学科,是国际经济法学和税法学相交汇的一个交叉学科。

国际税法学在法学体系中的地位非常重要,但是这种重要性不能用部门法的效力层次论加以衡量,更不能以国家为便于对社会科学的管理而创设的学科级别来衡量。学科的存在只是以一种约定俗成的方式告诉人们,它在研究什么,怎么研究,与他人的研究在形式上有何不同。尽管部门法之间受法律效力的层

---

① 参见高尔森主编:《国际税法学》(第 2 版),法律出版社 1993 年版,第 1 页。
② 参见刘剑文主编:《税法学》(第 2 版),人民出版社 2003 年版,第 3 页。

次性制约存在一定的等级,尽管法学学科与部门法之间有的存在一一对应的关系,但是也有许多学科根本找不到相对应的部门法,还有一些则可能突破部门法的界限。因此,从有利于"百家争鸣"和"百花齐放"的角度看,学科的存在并无高低贵贱之分,任何学科都具有同等重要的意义,学科的等级身份观应被抛进历史的故纸堆。因此,虽然国际税法学属于国经济法和税法的分支学科,但并不能由此就认为国际税法学在法学体系中的地位就一定低于国际经济法学与税法学。

如果一定要探寻学科的重要性,则最多也只能从该学科对政治、经济和社会文化生活的作用加以评估。从这个角度看,学科的重要程度是因不同国家不同历史时期的不同发展需要而定的。在政权更迭时期或一个国家重要的政治变革时期,宪法学的研究成果对如何规范国家权力具有十分巨大的参考作用;在重视自由竞争的经济发展和建设时期,民商法的研究成果对如何发挥市场调节的内在功能意义非凡;在市场陷阱丛生、无形之手调节失灵的现代市场经济阶段,经济法学所强调的规范和保障国家调节功能的宗旨备受关注;在国际交流日益频繁、国际经济一体化的历史发展趋势面前,国际法特别是国际经济法的地位就显得比较重要。至于国际税法学的地位,也只有从这个角度的评估才更具有现实意义。

三、国际税法学与其他相关学科的关系

国际税法学是一门综合性的学科,其研究对象非常广泛,因此,难免与相关学科的研究对象相交叉或者接近,由此也导致了国际税法学与众多相关学科之间密切的联系。

(一)国际税法学与国际经济法学其他分支学科的关系

国际税法学是国际经济法学(Science of International Economic Law)的分支学科,因此,国际税法学与国际经济法学中的其他分支学科之间就具有非常密切的联系。国际经济法学界比较公认的分支学科包括国际贸易法学、国际投资法学、国际金融法学和国际税法学。[①] 国际税法学与其他三门分支学科都有密切联系,在国际贸易中,税收是一个必须考虑的重要因素,它影响到商品的价格,同时也影响到贸易条件的确定,关税壁垒往往成为贸易的一个重要限制性因素,也是国际贸易所关注的重点问题之一,因此,研究国际贸易法不能不研究国际税法。同样,贸易本身也会对国际税收产生影响,国家所推行的贸易政策往往会在其税收政策中体现出来,另外,国际税收是在各种经济活动的基础之上进行的,而其中很重要的一项经济活动就是国际贸易,因此,国际贸易活动本身的状况往往影响到国际税法的运作,国际双重征税、国际逃避税都可能发生在国际贸易活

---

① 参见陈安主编:《国际经济法概论》(第2版),北京大学出版社2001年版,该书的体例。

动中,因此,研究国际税法也不能不研究国际贸易法。

国际税法与国际投资法的关系也非常密切。税收是国际投资活动所要考虑的重点问题之一,因为税收的状况直接影响到投资的收益,在很多情况下,一国的税收政策特别是涉外税收政策对于吸引外国投资具有决定性的意义,因此,进行国际投资、研究国际投资法不能不研究国际税法。同样,投资活动本身对税收也有重要影响,税收政策往往会随着国家对于投资政策的不同而发生变化,或者说,一国的税收政策特别是涉外税收政策往往是为一国的对外投资政策服务的;同时,投资地点、方式选择的不同,在税收上的效果也是不同的,由此导致了国际双重征税和国际逃避税的发生,因此,研究国际税法也不能不研究国际投资法。

国际税法与国际金融法也是具有密切联系的。税收因素也是国际金融活动所必须考虑的重要因素之一,国际金融活动的具体状况也会导致税收效果的不同,由此也会导致国际双重征税和国际逃避税的发生。因此,国际税法学与国金融法学同样关系密切。

当然,国际税法学与国际贸易法学、国际投资法学和国际金融法学之间的区别同样非常明显。它们虽然都是国际经济法学的分支学科,但分别有各自相对独立的研究对象,也形成了自己相对独立的学科体系,有自己独立的学科范畴和研究方法,因此,它们都是相对独立的法学分支学科。

(二) 国际税法学与税法学其他分支学科的关系

国际税法学又是税法学(Science of Tax Law)的分支学科之一,因此,和税法学中的其他分支学科也有密切联系[①],特别是和税法学中的国内税法学。国内税法学是以国内税法现象及其发展规律为研究对象的税法学分支学科,与国际税法学的研究对象有所区别,而且二者都分别形成了各自相对独立的学科体系,有自己相对独立的学科范畴和研究方法。因此,二者属于相对独立的法学分支学科。但二者的联系也非常密切,首先,二者的研究对象有交叉的部分,涉外税法现象既是国际税法的研究对象也是国内税法的研究对象;其次,二者所研究的对象都是税法,因此,二者的基本范畴与研究方法具有一定的相似性;再次,国际税法现象离不开国内税法现象,国际税法离开了国内税法就无法运作,而且一国的国际税收政策也往往是和国内税收政策相协调的。所以,研究国际税法不能不首先研究国内税法,同时,要深入研究国内税法也必须研究国际税法。

当然,国际税法学与税法学的其他分支学科,如外国税法学和比较税法学都是既有联系又有区别的相对独立的税法学分支学科。它们的研究对象虽然在整

---

① 我们认为,税法学体系包括国内税法学、国际税法学、外国税法学和比较税法学。参见刘剑文主编:《税法学》(第2版),人民出版社2003年版,第3页。

体上是可以区分的,但也存在一定程度的交叉,同样,它们在基本范畴、基本研究方法上也存在诸多相似之处,可以说,要想深入研究任何一门税法学的分支学科,都必须对税法学的其他学科有深入的了解和研究。

(三)国际税法学与国际税收学的关系

国际税法学与国际税收学(Science of International Taxation)也是既有区别又有密切联系的两个学科。

从研究对象上来看,国际税收学的研究对象是国际税收活动和国际税收关系,国际税法学的研究对象是国际税收法律规范和国际税收法律关系。二者在研究对象方面既有联系,又有区别。首先,前者属于经济基础的范畴,后者属于上层建筑的范畴;前者属于物质关系范畴,后者属于思想关系范畴。二者的研究对象之间存在着决定与被决定、作用与反作用的关系。有什么样的国际税收活动和国际税收关系,就需要什么样的国际税收法律规范和国际税收法律关系,国际税收法律规范和国际税收法律关系对国际税收活动和国际税收关系具有保障与重塑的反作用。其次,二者在现代法治国家和法治社会是紧密交织在一起的。一切国际税收活动均有相应的法律规范来调整,一切国际税收关系均已上升到国际税收法律关系。在现实生活中,已经无法区分哪些关系是国际税收关系,哪些关系是国际税收法律关系,二者已经成为一种统一的关系。最后,国际税收学的研究对象虽然为国际税收活动和国际税收关系,但也会涉及国际税收法律规范和国际税收法律关系;国际税法学的研究对象虽然为国际税收法律规范和国际税收法律关系,但也会涉及国际税收活动和国际税收关系,即二者的研究对象在客观上存在着一定程度的交叉。

从研究方法上来看,国际税收学属于经济学(或国际经济学)的范畴,其研究方法主要是经济学的方法,如投入与产出、成本与收益、等价交换等。国际税法学属于法学的范畴,其研究方法主要是法学的方法,如规范分析、历史分析、比较分析、价值分析、社会分析等。国际税收学的研究方法更侧重于自然科学的研究方法,如数学模型、数学图表的应用等,国际税法学的研究方法更侧重于社会科学的研究方法,如历史考察、归纳概括、规范分析的应用等。国际税收学的研究方法倾向于精细,综合采用定性分析与定量分析,国际税法学的研究方法倾向于严密,重在构建逻辑结构完整的体系,较多采用定性分析,很少采用定量分析。在当今自然科学和社会科学均主张多学科交叉研究、多方法综合研究的时代,具有密切联系的国际税收学和国际税法学,其研究方法更是值得互相学习和借鉴。国际税收学在运用经济学的方法的同时,可以借鉴社会分析、历史分析、阶级分析、价值分析和规范分析的方法来研究国际税收活动和国际税收关系;而国际税法学也应该在运用法学的方法的同时,大量采用经济分析、定量分析、数学分析等方法来推动国际税法学的发展与繁荣。二者的研究方法只有侧重点的不同,没有截然的区分。

从研究目的的角度来看,国际税收学的研究目的主要是总结出国际税收活动的一般规律,探索国际税收关系的本质与特点,促使人们正确认识国际税收活动和国际税收关系,以提高国际税收活动的效率。国际税法学的研究目的则主要是总结出国际税法产生和发展的一般规律,探索国际税法的本质与特点,促使人们正确认识国际税法现象,以便更好地调整国际税收关系,建立和谐的国际税收法律关系。国际税收学和国际税法学研究的目的在宏观的层面是相通的,二者的研究是互为目的的。国际税收学的研究目的是为了正确认识国际税收活动和国际税收关系,从而达到更好地运用法律手段来规范和调整这种活动和关系的目的。国际税法学研究的目的是为了正确认识国际税法,掌握用法律手段来规范和调整国际税收活动和国际税收关系的方法,从而达到国际税收活动顺利进行、国际税收关系和谐统一的目的。在最终的目的上,二者的研究是一致的,都是为了更充分地发挥国际税收活动所具有的功能与作用,更好地实现人们所追求的目标和价值,从而使国际税收能够为最大多数人谋取最大的利益,能够推动生产力更快地发展,推动人类社会更快地进步。

当然,由于二者在研究对象、研究方法和研究目的上均存在差异,由此导致其最终的成果也有所不同。国际税收学的研究成果属于经济学成果,对于国家及其国际税收职能部门制定和采取相应的国际税收政策和国际税收计划具有重要的参考价值。国际税法学的研究成果属于法学成果,对于立法机关的立法、执法机关的执法和司法机关的司法,以及社会各主体的守法具有重要的参考价值。二者的研究成果也是密切联系的。首先,国际税收学的研究成果和国际税法学的研究成果是互为基础的。国际税收学研究的国际税收活动和国际税收关系均是在法律秩序统治之下的活动和关系,均是被法律所规范和调整的活动和关系,因此,国际税收学的研究不能不借鉴国际税法学的研究成果。国际税法学研究的国际税收法律规范和国际税收法律关系均是由国际税收活动和国际税收关系所决定的,所以,国际税法学的研究也不能不借鉴国际税收学的研究成果。二者要有大的发展和繁荣,都必须借鉴彼此的最新研究成果。其次,二者研究成果的最终价值是相通的,无论是为制定国际税收政策和国际税收计划服务,还是为国际税收立法、执法、司法和守法服务,最终目的都是为了更好地发挥国际税收的积极作用,尽量减少国际税收活动中的盲目性,从而减少其消极效果,以达国际税收活动效益最大化。

四、国际税法学的研究方法

方法,一般是指人们认识世界和改造世界的方式、途径、手段和规则的总和。方法总是作为一个系统而存在的,一般包括目的或方向选择、途径选择、策略手段选择、工具选择以及操作程序选择等五个层面的方法。①

方法是人们实践活动的产物，并随着人类实践活动的发展而不断发展。方法按其适用的领域和层次可分为三类：哲学方法、一般科学方法和具体科学方法。具体科学方法是适用于各门具体科学的特殊方法，它一般仅在本学科或相临学科领域内适用。一般科学方法是适用于诸多学科领域、具有一定普适性的方法。哲学方法则是适用于人类活动一切领域的具有最高普适性的方法。②

国际税法学是一门新兴的学科，整个国际税法学的学科体系仍处于不断完善之中，许多基础理论问题尚处于空白，许多具体制度问题尚待进一步的研究。国际税法学的学科建构需要国际税法学者的共同努力，而在这一学科建构的过程中，方法论（methodology）的建构显得尤为重要和迫切。科学史上的大量史实证明，任何规律的揭示、理论的创造都得益于恰当方法的运用，没有方法的科学运用和创造，就没有科学的进步。

国际税法学目前的研究现状仍不能令人满意，在基础理论研究中尚没有大的突破与发展，在具体制度的研究中则明显暴露出其理论深度的不足、学术视野的狭窄和研究方法的单一。国际税法学研究的现状不仅与我国税收法治建设的实践不相适应，而且也不能满足纳税人权利意识逐渐增强的现实需要。加快国际税法学研究的步伐，拓宽国际税法学研究的领域，增强国际税法学研究的理论深度成为摆在中国国际税法学面前刻不容缓的课题。

加快国际税法学研究的步伐首先要解决的问题就是国际税法学的方法论问题，国际税法学方法论研究的广度与深度在很大程度上决定了国际税法学研究的广度与深度。没有国际税法学方法论上的突破与创新，就很难有国际税法学研究的突破与创新。没有国际税法学方法论的发展与成熟，就很难有国际税法学学科体系的发展与成熟。③

方法是达到目的的基本路径，科学的研究方法对于丰富一个学科的理论体系，提升该学科的整体研究水平具有十分重要的促进作用。国际税法学是一个融法学、国际税收学、国际关系学于一体的综合性学科，即使在法学内部，它与其他法学学科的交叉与融合也十分明显。因此，在研究方法方面，其选择具有开放性和发散性。我们认为，国际税法学常用的研究方法主要有规范分析法、价值分析法、经济分析法、历史分析法和比较分析法。这些研究方法与其他法学学科所采纳的方法既有共性，又有独特的一面，具体表现如下：

（一）规范分析法（Method of Analysis of Norm）

规范分析是法学研究中的基本方法，它以分析法学派为代表。根据《不列

---

① 参见李志才主编：《方法论全书（Ⅰ）——哲学逻辑学方法》，南京大学出版社 2000 年版，第 5 页。
② 参见李淮春主编：《马克思主义哲学全书》，中国人民大学出版社 1996 年版，第 137 页。
③ 参见翟继光：《经济法学方法论论纲》，载《黑龙江省政法管理干部学院学报》2002 年第 3 期。

颠百科全书》的解释,分析法学派的主要意义和基本特征是:"如何将法自身和法应当怎样二者区分开来;着重分析法概念;根据逻辑推理来寻求可行的法;并否认道德判断有可能建立在观察和理性证明的基础之上。"规范分析主要研究法的"法定",即规范,而不是法的"应然"和"实然"。"分析法学试图把明确性、稳定性、一致性和非冗性等逻辑限制置于权威性法律资料之上,企望发现基本法律概念、基本法律范畴以及基本法律定理。"①

尽管分析法学派的基本观点存在诸多偏颇之处,但规范分析作为一种法学研究方法的意义是十分重大的。西方的法学之所以能够表现出精巧细致的一面,与分析法学派在一定的历史阶段引领风骚是分不开的。我国法学的发展没有经历过这个阶段,这是一个无可选择的事实。但是,从法学发展的进程来看,重视规范分析应该是一个难以逾越的阶段。特别是针对目前我国立法过于粗糙,执法和司法过于机械的弊端,学习和借鉴分析法学派在方法论上的优点更显得意义重大。

国际税法学属于应用法学,其所研究的对象涉及庞大的法规群,它们既与人民财产权保障息息相关,又与国家的税收主权密不可分。因此,国际税法学研究的起点应该建立在对法律规范的实证分析上,例如,界定法律概念的内涵和外延,解析法律规范的逻辑结构,审查法律文件的效力衔接等等。从这个角度看,规范分析的方法主要是对现行法律进行解释或类推,以填补法律漏洞,或使法律更加具体化,以适应时代发展的需要。

(二) 价值分析法(Method of Analysis of Value)

价值分析也是法学研究中的基本方法,它以自然法学派为代表。"价值问题虽然是一个困难的问题,但它是法律科学所不能回避的。""在法律史的各个经典时期,无论在古代和近代世界里,对价值准则的论证、批判或合乎逻辑的适用,都曾是法学家们的主要活动。"②

在一定程度上,价值分析是对规范分析的反动。规范分析方法关注的是法律的"实然",但价值分析方法关注的却是法律的"应然",即"法律应该是什么"。这种思路有助于我们从另外一个角度反思法律的真谛,从道义和理念的层面破除"恶法亦法"观念的消极影响,促进现实的法律在正义目标的指引下不断进步。

在国际税法学领域,价值分析的方法可以引导研究人员对各种形式上合法的国际税收制度进行合理性审查,挖掘国际税法在道德、社会、人权方面的含义

---

① *International Encyclopedia of the Social Sciences*, The Macmillan Publishing Company & The Free Press, Vol. 8, 1967, p. 333.

② 〔美〕庞德:《通过法律的社会控制——法律任务》,沈宗灵等译,商务印书馆1984年版,第55页。

和要求,提升国际税法的理性色彩。应然的价值追求尽管不具有直接的法律效力,但它在立法、执法和司法方面的指导作用是无可替代的,因此应该在国际税法学研究中受到广泛的重视。

(三) 经济分析法(Method of Economic Analysis)

国际税收既是一种法律现象,也是一种重要的经济现象。任何一项国际税收措施的出台,总是伴随相关的经济后果,如对劳动、投资、出口、消费等产生抑制或刺激的作用。因此,国际税收协定的立、改、废,或是执行,除了考虑形式上的合法性,以及正义、公平、秩序等价值追求之外,还必须考虑其经济效果。如果能对经济发展或优化带来积极的效果,则说明具备实施的可行性。当效果相反时,不妨将此种结果与法律所追求的其他目标进行比较,假若损益相抵后仍然呈现负值,则不妨考虑暂缓实施或者干脆放弃。

经济分析方法关注的核心在于国际税收制度的效率,而其基本的分析工具就是成本效益比较。和其他部门法学不同的是,国际税收现象早在法学介入之前就已经积累了丰富的经济学研究成果,甚至形成了国际税收学这一专门的学科。法学当然可以在很大程度上借鉴这些成果,但是,由于经济学内部流派纷呈,如果研究国际税法的学者不具备很高的鉴别能力,就可能陷入盲从和迷信。所以,国际税法学在运用经济分析方法时也应该有自己的独特视角。

(四) 历史分析法(Method of Analysis of History)

国际税收现象既然是历史的产物,其存在就一定有特定的历史背景。在研究国际税法时,除了考察当前有效的法律制度之外,还应该嵌入历史的视角,注意观察法律在发展变化过程中的动态规律。在国际税法学中,可以分离出专门的国际税收法制史学,但是研究具体制度的人也切切不能忘记,制度本身不是天外来物,历史的追溯可以帮助我们总结成败得失的经验和教训。

历史的分析不仅要进行显性的制度对比,发现其相同或殊异的地方,更重要的是,必须总结显性制度与当时的政治经济及社会文化背景的联系,寻找其之所以存在和之所以变异的客观规律性。其中,既要重视社会发展的一般必然性,也不能忽视制度存续期间的各种偶然因素。在很大程度上,正是这些偶然的因素造就和体现着制度发展的历史必然。

(五) 比较分析法(Method of Comparative Analysis)

随着世界经济一体化进程的加快,各国在国际税收方面的联系也会日益加强。在技术性较强的国际税法规则方面,甚至可能出现趋同化的趋势。正因为如此,必须随时关注国际税法发展的国际动态,在学科研究中嵌入比较法的视角。

国际税法学可以选择不同的坐标点进行比较,既可以是法系之间的比较,也可以是国家之间的比较,还可以是一个国家内不同法域之间的比较;既可以是法律制度的比较,也可以是法律文化的比较,还可以是不同经济背景的比较。从某种意义上看,历史的分析本身也是一种比较,是现在与过去的比较。

国际税法学的比较研究不是为了简单复制域外的制度或文化。域外的制度有的具有共性的,可以移植,但也有很多与其本国或当地特定的法律文化难以分割,很难为他国所用。因此,比较研究只有建立在对本国的历史文化和制度发展深入了解的基础上,才能为我国税收法治建设作出独创性的贡献。

第一编 总 论

第一章 国际税法概述

国际税法的基本范畴包括国际税法的概念、性质、宗旨、作用、地位、体系、渊源和国际税收法律关系等。本章将在总结学界已有研究成果的基础上对这些基本范畴予以论述,通过这些基本范畴的阐述使我们对国际税法的基础理论有一个整体性的认识,并将国际税法学与其他相关学科相区别。关于国际税收与国际税法的概念,学界始终存在广义和狭义两种学说,我们对于国际税法概念、性质的论述会涉及这两种观点的比较与分析。我们所主张的是广义国际税法说。国际税法的宗旨、作用、地位和体系是需要加强深入研究的范畴,而国际税法的渊源则是一个相对研究比较成熟的范畴。国际税收法律关系是国际税法在调整涉外税收征纳关系和国际税收分配关系的过程中所形成的权利义务关系。国际税收法律关系是国际税法学的基本范畴,需要不断加强对这一范畴的重视与研究。

第一节 国际税法的概念与性质

一、国际税法的概念与调整对象

国际税法(international tax law)是从国内税法逐渐形成和发展起来的新的综合性的税法分支体系,其基本范畴与基本理论尚处于形成时期,关于国际税法的一系列最基本的理论问题,如国际税法的调整对象、概念、性质、基本原则、体系与地位等等,学界尚未取得一致观点。我们本着"百花齐放、百家争鸣"的态度,对国际税法的一系列基本理论问题予以评述与研究,以期推动中国国际税法学基本范畴体系的形成与成熟。

(一)国际税收的概念

国际税法是随着世界经济的发展而逐渐产生和发展起来的。它是一种作为上层建筑的法律制度现象,其产生和发展的基础是国际税收现象的产生与发展。因此,探讨国际税法的概念必须首先从国际税收(international taxation)入手。

税收是国家主权的象征,它是一国凭借政治权力,参与社会产品分配而取得财政收入的一种方式,它体现的是以国家为主体的特定分配关系。税收属于一国主权事项,对于他国的人与事无权行使课税权。但随着国际经济交往的不断发展与各国经济联系的不断加深,特别是自第二次世界大战以来,随着国际经济、技术、贸易、投资、交通、通讯的迅速发展,出现了经济全球化与经济一体化,使得税收关系也突破一国领域而形成国际税收关系。

关于国际税收的概念,学界主要存在两大分歧。第一个分歧是国际税收是否包括涉外税收,在这一分歧中存在两种观点。第一种观点为狭义说。持这种观点的学者认为,国际税收仅指两个或两个以上的国家在凭借政治权力对从事跨国活动的纳税人征税时所形成的国家与国家之间的税收利益分配关系。该观点严格区分国家税收与国际税收,认为一个国家的税收不论其涉及的纳税人是本国人还是外国人,也不论其涉及的课税对象位于本国境内还是境外,都是该国政府与其本国纳税人之间发生的征纳关系,应属于国家税收的范畴而排除在国际税收概念之外,即国际税收不包括各国的涉外税收。第二种观点为广义说。持这种观点的学者认为,国际税收除了指国家与国家之间税收利益分配关系外,还包括一国对涉外纳税人进行征税而形成的涉外税收征纳关系,即国际税收除狭义的国际税收外,还应当包括一国的涉外税收。

关于国际税收概念的第二个分歧是流转税是否应包在国际税收的概念之内,关于这一分歧也有两种观点。第一种观点为狭义说,认为国际税收涉及的税种范围只包括所得税和财产税等直接税,而不包括关税、增值税、营业税等流转税。第二种观点为广义说,认为国际税收涉及的税种范围除所得税和财产税外,还应当包括关税等流转税税种。

通过考察国际税收的产生与发展,我们可以得出以下几个结论:(1) 国际税收产生的基础是国际经济一体化,或者说是跨国经济活动;(2) 各国政府对跨国经济活动的税收协调,其目的不仅仅在于对"税收利益的分配",而且在于通过税收协调促进国际经济的发展并促进本国经济的发展;(3) 在消费行为日趋国际化的情况下,商品和服务的跨国交易与消费使得流转税的国际性日益增强,因此,对流转税的国际协调也是国际税收协调的重要内容;(4) 国际税收的协调最终是通过一国政府与跨国纳税人之间的征纳关系的确立来实现的。因此,国际税收的概念应包括一国的涉外税收,国际税收不能脱离一国的涉外税收而单独存在,没有各国的涉外税收征纳关系,不会出现国家间的税收协调关系。[①]

(二)学界关于国际税法概念的分歧

理论界对国际税法概念的分歧与上述国际税收概念的分歧是直接对应的,

---

① 参见邱文华、蔡庆:《国际税收概念与国际税法概念新探》,载《北方经贸》1999 年第 5 期。

即也存在两大分歧,而每种分歧中也存在广义和狭义两种观点。关于国际税法是否调整涉外税收征纳关系,狭义说认为,国际税法仅仅调整国家间的税收分配关系,而广义说认为,国际税法既调整国家间的税收分配关系,也调整国家与涉外纳税人间的涉外税收征纳关系。关于国际税法的调整对象是否应当包括流转税,狭义说认为仅仅包括直接税,广义说认为涉外性质的关税等流转税也包含其中。

纵观目前中国国际税法学界的观点,主张纯粹狭义说的学者已经基本没有了,所谓纯粹狭义说,是指既认为国际税法不包括涉外税法,又认为国际税法不包括商品税法。绝大多数学者都主张国际税法包括涉外税法,一部分学者主张国际税法包括商品税法。近年来也有学者提出一种新的观点,认为国际税法不包括涉外税法,但所涉及的税收并不局限于直接税领域,商品税领域只要存在国际税收协调,同样属于国际税法的调整对象。①

(三)界定国际税法概念的出发点

我们这里主张最广义的国际税法学观点,认为国际税法既包括涉外税法也包括商品税法。之所以主张最广义的国际税法观点,是基于以下三点考虑:

(1)从实用主义的观点出发,国际税法学是研究调整国际税收关系的各种法律规范的学科,目的是为了更好地解决国际税收领域的问题并推动国际税法的发展与完善。而国际税收领域中的问题并不仅仅通过各国所签订的国际税收协定予以解决,各国的涉外税法通过确立本国政府对具有涉外因素的经济活动的管辖权,在一定程度上实现与相关政府的税收利益的协调,并构成国际税收协调与合作的基础。离开了各国的涉外税法,国际税收领域中的问题根本无法解决。同样,国际税收领域中的问题也不局限于直接税领域,关税、增值税等商品税领域也存在国际税收问题,一样需要解决。因此,为了更好地解决国际税收领域中的法律问题,我们主张把所有与解决国际税收冲突问题直接相关的法律都划入国际税法的领域。

(2)从部门法划分的观点出发,一般认为,国际税法属于国际经济法中的一个子部门法,但从另外一个角度来看,国际税法也属于税法的一个子部门法。而且关于国际法与国内法的划分,特别是国际经济法与经济法的划分,其标准很不统一,学界也存在众多分歧,把这些分歧全部拿到国际税法领域中来看,一方面根本无法解决这些分歧,另一方面也阻碍了国际税法自身理论问题的发展。所以,我们主张在这一问题上暂时不争论,而是把这些问题留待国际税法发展的实践去解决。为了不束缚国际税法的发展,我们认为主张最广义的国际税法更符

---

① 参见翟继光:《新国际税法论论纲——兼论广义国际税法论的缺陷》,载《法商研究》2002年专号。

合国际税法发展的自身利益。

(3)关于税法,我们一直主张把税法视为一个综合法律领域[①],同样,我们也主张将国际税法视为一个综合法律领域,而不是把国际税法视为严格意义上的部门法。国际税法的调整对象与概念并不是一个首先需要解决的问题,而是留待最后解决的问题,即国际税法的基本问题都有所定论后再予以解决的问题,而不是首先给国际税法限定一个概念和范围。概念应当符合实践的需要,而不是以概念来限定实践的范围。

(四)国际税法的定义

关于国际税法的定义,学界比较有代表性的观点包括以下几种:(1)国际税法是调整国与国之间因跨国纳税人的所得而产生的国际税收分配关系的法律规范的总称[②];(2)国际税法是对国际税收关系的法律调整,是协调国际税收法律关系的国际法律原则、规则、规范和规章制度的总和[③];(3)国际税法是调整国际税收关系,即各国政府从本国的整体(综合)利益出发,为协调与国际经济活动有关的流转税、所得税和财产税而产生的、两个或两个以上的国家与跨国纳税人或征税对象(商品)之间形成的征纳关系的国际法和国内法的各种法律规范的总和[④];(4)国际税法是适用于调整在跨国征税对象(即跨国所得和跨国财产)上存在的国际税收分配关系的各种法律规范的总称[⑤];(5)国际税法是调整国际税收协调关系(两个或两个以上的国家或地区在协调它们之间的税收关系的过程中所产生的各种关系的总称)的法律规范的总称[⑥];(6)国际税法是调整国家涉外税收征纳关系和国家间税收分配关系的法律规范的总和[⑦]。

根据我们所主张的广义国际税法的概念,国际税法的定义应当能够体现出国际税法的两个调整对象:国际税收分配关系与涉外税收征纳关系;其次,国际税法的定义应当体现国际税法的调整对象不局限于直接税,还包括商品税。上述定义有的没有包括涉外税收征纳关系,有的没有体现商品税关系。因此,最适合本书所主张的广义国际税法概念的定义应当是:国际税法是调整在国家之间协调税收利益关系的过程中所产生的国家涉外税收征纳关系和国家间税收分配

[①] 参见刘剑文、熊伟:《二十年来中国税法学研究的回顾与展望》,载刘剑文主编:《财税法论丛》第1卷,法律出版社2002年版;刘剑文主编:《税法学》(第2版),人民出版社2003年版,前言。
[②] 参见陈大钢:《国际税法原理》,上海财经大学出版社1997年版,第1页。
[③] 参见那力:《国际税法学》,吉林大学出版社1999年版,第2页。
[④] 参见邱文华、蔡庆:《国际税收概念与国际税法概念新探》,载《北方经贸》1999年第5期。
[⑤] 参见廖益新主编:《国际税法学》,高等教育出版社2008年版,第4页。
[⑥] 参见翟继光:《新国际税法论论纲——兼论广义国际税法论的缺陷》,载《法商研究》2002年专号。
[⑦] 参见刘剑文主编:《国际税法》,北京大学出版社1999年版,第5页。

关系的法律规范的总称。①

（五）国际税法的调整对象

国际税法的调整对象，是国家与涉外纳税人之间的涉外税收征纳关系和国家相互之间的税收分配关系。从发展趋势来看，国际税法总是同时对涉外税收征纳关系和税收分配关系进行共同调整的，已经很难明显区分出国际税法只调整其中一种关系而不调整另一种关系。尽管从单个的国际税收法律规范来看，其调整对象的单一性仍然存在，但已显得很模糊了。"国家对跨国纳税人具体征收的每一项税收，其中既包括了国家对跨国纳税人的跨国所得的征纳关系，也涉及国家之间的税收分配关系。"②因为无论如何，国际税收条约或协定必然最终要在国家的涉外税法中体现并依据这些涉外税法才得以实施；而国家在制定或修改本国涉外税法时，也必须考虑到本国缔结或参加的国际税收条约和协定以及有关的国际税收惯例，构建本国涉外税收法制与国际税法相衔接的"轨道"，从而使本国的涉外税法不可避免地带有"国际性"的烙印。

国家的涉外税收征纳关系和国家间的税收分配关系，二者虽然作为一个整体成为国际税法的调整对象，但在整体的内部，二者的地位又稍有不同。从国际税收关系的形成来看，国家的涉外税收征纳关系的出现早于国家间的税收分配关系，后者是以前者为逻辑前提的。所以，我们在表述上总是把国家的涉外税收征纳关系放在前面。然而，从关系的本质来看，尽管国家的涉外税法具有鲜明的"国际性"，但同时也是其国内税法的组成部分之一，涉外税收征纳关系与国内税收征纳关系并无本质不同；而国家间的税收分配关系从根本上促成了国际税法作为国际经济法的一个独立法律分支的最终形成，并成为其区别于国内税法的本质特征。

二、国际税法的性质

国际税法的性质，是指国际税法区别于其他法律领域的根本属性。关于国际税法的性质问题，学界尚没有学者深入研究。我们认为国际税法的性质是与国际税法的调整对象、概念、渊源、体系和地位等一系列基本理论问题直接相关的，国际税法的性质是国际税法的调整对象以及法律渊源在法律规范上的体现。深入研究这一问题，对于研究国际税法的概念、渊源、体系和地位等基本理论问题都具有重要意义。

---

① 需要强调的是，这里说的是"最适合本书所主张的广义国际税法概念的定义"，而并不是强调最正确或最科学的国际税法定义，也不强调是唯一正确的定义，主张其他国际税法概念的学者，也有最适合于他们的定义。

② 参见余劲松主编：《国际经济法》，高等教育出版社1994年版，第415页。

关于国际税法的性质,当前仍存在较大的争议。有学者认为国际税法是由约束和规范主权国家的课税行为的国际公法规范所构成,只有那些属于国际公法性质的冲突法规范,才属于国际税法的内容范围。[①] 在持此种观点的学者看来,跨国征税对象产生了两个或两个以上的国家之间的税收利益分配关系,因此,国际税法的主要任务也仅在于协调解决国家的税收管辖权之间的矛盾和冲突。而另有学者认为,国际税法是一个由适用于跨国应税事实的冲突法规范和实体法规范所组成的综合法律体系。[②]

对于这一问题,必须从国际税法的规范目标予以考察。一项跨国经济活动的发生,首先产生的问题是相关国家对此活动是否享有税收管辖权,而只有在管辖权发生冲突的情况下,才会产生国家与国家之间进行相互协调的必要。在跨国经济活动中保证特定国家能够取得的税收利益,保护本国的税收主权,实现国家之间的税收利益的公平,固然是各国之间确定国际税法规则的目标,却非唯一目标。事实上,基于一国的税收主权,即使是对跨国发生的经济活动,该国也享有不受他国干预而进行征税的权力,并无进行税收管辖权协调的必要。为了避免使跨国经济活动承担高于境内交易的税收负担,实现对跨国纳税人的公平课税,国家之间才产生税收利益协调的必要。更重要的是,国家之间并不会因为协调而发生直接的税收利益的转移,而是表现为一国对纳税人征税权的自我约束与限制,发生增减的实质是跨国纳税人的实际税负。因此,可以说,国际税法所要实现的是多国政府与跨国纳税人之间的经济利益的公平分配,由此所决定,国际税法中不仅应当包含确定应税事实的分配关系的冲突规范,也应当包括确定划归一国的应税事实将如何被课以税收的实体规范,由此才能实现对跨国征税对象的全面的法律调整。如果缺乏实体规范,那么一国也无法对其享有税收管辖权的纳税人进行征税。此种税收实体规范不仅表现在一国国内法中,在国际税收协定中,也包含了越来越多的实体性的法律规范。

第二节 国际税法的宗旨与作用

一、国际税法的宗旨

国际税法的宗旨,是国际税法的目的论范畴或价值论范畴,是国际税法所促进的价值与所要实现的目标,研究国际税法的宗旨对于建立完整的国际税法范畴体系具有重要意义。目前学界对于国际税法的宗旨尚未给予足够的重视,也

---

① 参见高尔森主编:《国际税法》(第2版),法律出版社1993年版,第3页。
② 廖益新主编:《国际税法学》,高等教育出版社2008年版,第12页。

没有进行深入系统的研究,应当在此方面予以加强。

有学者认为,国际税法的宗旨是建立一个公平合理的国际税收秩序,从而为国际经济合作与经贸往来创造良好的条件。[①] 又有学者认为,国际税法的宗旨在于建立一个公平合理的国际税收关系,从而为国际经济合作和往来创造良好的条件,尤其是为国际投资活动创造良好的条件。[②] 还有学者认为,国际税法的宗旨在于实现对跨国征税对象的公平合理的税收分配关系,促进国际贸易和投资的正常发展。[③]

上述几种代表性的观点都是从国际税法调整对象的角度来论述国际税法的宗旨的,即国际税法是为了更好地调整国际税收关系,实现公平合理的国际税收秩序。我们认为这种概括是不科学的。国际税法的调整对象除了国际税收关系,还包括涉外税收关系,对此,上述观点并未给予充分关注。其次,从抽象的角度可以认为国际税法是为了实现公平合理的国际税收关系,但从具体的角度来讲,任何一个国家的国际税法都是为了维护本国的税收主权以及本国涉外纳税人的基本权利,亦即为了维护本国的利益,并非为了公平合理的国际税收秩序的建立,比如有些国家为吸引外资所制定的税收优惠政策即可能违反公平合理的原则而导致有害税收竞争,而美国拒绝承认"税收饶让抵免"也很难说有利于公平合理的国际税收秩序的建立。因此,笼统的、抽象的,而且常常是理想化地把国际税法的宗旨看成建立公平合理的国际税收秩序并不符合实际,而且也不利于对相关的问题进行深入系统的分析。综上所述,这种抽象层面的概括是不科学的,也是不可取的。

国际税法的实施最终是为了保证对在两个或两个以上的国家发生的跨境交易行为进行征税。由于各国均独立行使税收管辖权,因此,国际税法的宗旨实际上也就是一国的国内税法的宗旨在国际层面上的实现。具体而言,国际税法的宗旨主要包括:

（1）实现对跨国纳税人的公平课税。课税公平不仅是国内税法所欲达成的目标,在国际层面上同样应当确保实现。这要求跨国纳税人不应当因其经济活动的跨境发生而在税负上遭受不必要的歧视或享受不合理的税收优惠。

（2）提高本国国内经济的竞争力。一国征税的最终目的即在于确保本国居民的基本权利的实现,而经济增长与发展直接关涉公民的基本权的实现。因此,国家所采行的国际税法也不得阻碍本国经济的跨国发展,应当避免采取可能削弱其在国际经济中的竞争地位的税收政策。

---

① 参见高尔森主编:《国际税法》(第2版),法律出版社1993年版,第11页。
② 参见那力:《国际税法学》,吉林大学出版社1999年版,第15页。
③ 参见廖益新主编:《国际税法学》,北京大学出版社2001年版,第19页。

(3) 确保本国对跨国经济活动的征税主权的实现。税收主权是国家主权在税收领域的体现。国家征税的根本目的在于通过取得财政收入而获取提供公共物品和服务所必需的物质基础。这一目的在任何情况下均必须予以实现。尽管为避免加重跨国纳税人的税收负担，一国的征税主权可能受到一定的限制和制约，但仍应当确保在跨国所得或财产价值上存在的税收利益在相关国家之间的公平分配，使本国能够从跨境交易产生的收益和价值中分享合理份额的税收收入，并在国际交往中尽可能保护本国的税基，避免所采取的征税措施造成本国税基的流失。[①] 此外，跨国纳税人可能利用各国国内税法的制度差异而实施逃避其跨国所得和财产价值本应承担的纳税义务，这必然损害各国的征税权，由此也产生了各国之间通过确立一定规则进行合作与协调，以防止国际逃避税行为，从而确保征税权的实现。

二、国际税法的作用

国际税法的作用是指国际税法对国际税收领域所产生的影响、效果与效用。国际税法的作用是国际税法在实现其宗旨的过程中所体现出来的，实质是国际税法宗旨的具体化。国际税法的作用也是国际税法的一个基本范畴，但学界对这一问题并未给予太多的关注，其原因可能是觉得这样一个问题不值得讨论或者已经隐含在对其他问题的讨论之中了。我们认为，国际税法的作用与国际税法的宗旨、价值、基本原则等问题都存在密切联系，也是一个值得深入研究的课题。

有学者将国际税法的作用概括为四个方面：(1) 避免和消除国际双重征税；(2) 防止逃税和避税；(3) 保证税收的无差别待遇；(4) 协调国家间的税收分配关系。[②] 我们认为，保证税收无差别待遇实际上已经蕴涵在前两个作用之中，而协调国家间的税收分配关系与前面三个作用之间具有一定的重合关系。

从国际税法发展的历史可以看出，国际税法最初的任务就是消除和避免国际双重征税。随着国际税法的发展，国际逃税和避税逐渐成了危害国家税收主权和国际税收秩序的大敌。因此，防止国际逃税和避税也逐渐成了国际税法的重要任务之一，这就是传统国际税法的两大主要任务。"二战"以后，国际税收领域的合作与交流越来越频繁，也越来越重要，缺少国际税收领域的合作，传统国际税法的两大任务已经很难完成或很难圆满地完成。所以，实现国际税收领域的合作也逐渐成了现代国际税法的重要任务之一。综上，国际税法的作用应主要体现在以下三个方面：消除和避免国际双重征税、防止国际逃税和国际避税

---

① Brian J. Arnold：《国际税收基础（第二版）》，张志勇等译，中国税务出版社2011年版，第7页。
② 参见张智勇：《国际税法》，人民法院出版社2002年版，第11页。

以及实现国际税收合作。

国际双重征税的存在一方面违背了税收公平原则,使得涉外纳税人承受高于境内发生的同类经济活动的纳税义务;另一方面也不利于国际经济交往的发展,不利于发展国际经济、贸易与投资等活动。国际双重征税无论对于涉外纳税人还是对于国家均无益处,而且国际双重征税最终可能导致作为税基的国际经济活动的萎缩乃至消失。因此,国际双重征税现象应当予以消除或避免的,承担这一重任的法律就是国际税法。消除和避免国际双重征税是国际税法首要的任务,也是实现国际税法的宗旨的必然要求。国际税法中的国际税收协定主要就是避免国际双重征税的协定,而国内税法中的一些措施也有助于消除或避免国际双重征税。

在国际税收领域,由于国际经济活动的多样性和复杂性以及各国涉外税法制度的差异和国际税收合作的缺乏,逃税和避税现象往往比国内更加容易,也更加普遍。逃税和避税同样违背了税收公平原则,也不利于国际经济的发展。随着国际税法的不断发展和完善,防止国际逃税和避税也成了国际税法的一大重任。国际税法的两大传统任务是相辅相成的,实质是一个问题的两个方面,最终都是维护国家的税收主权和涉外纳税人的基本权。

国际税法不同于国内税法,它没有一个统一的执行机构,只能靠各个国家的税务机关各自在本国内执行。因此,国际税法的实施效果与国内税法相比会有很大的差距。在国际税法发展的早期,这个问题还不十分严重,但随着国际经济一体化的不断加深,随着国际税收活动越来越复杂,单单靠一个国家已经很难完成国际税法的使命,实现国际税收合作已经是势在必行。因此,现代国际税法又承担起第三个重任:实现国际税收合作。实现国际税收合作是为国际税法的两大传统任务服务的,是为了更好地完成消除和避免国际双重征税以及防止国际逃税和国际避税的两大任务。如果套用实体和程序的模式来讲的话,前两个作用是国际税法在实体方面的作用,而后一个则是国际税法在程序方面的作用。当然,程序作用也有其自身的价值,并非仅仅为了保证实体作用的实现。在当今强调程序正义的时代,实现国际税收合作同样是维护国家税收主权和涉外纳税人基本权的内在要求。

第三节 国际税法的地位与体系

一、国际税法的地位

国际税法的地位,是指国际税法是不是一个独立的法律部门,以及国际税法在整个法律体系中的重要性如何。国际税法的地位是一个关涉国际税法的独立性以及重要性的一个重要范畴,它与国际税法的概念、调整对象、体系、渊源等基本范畴都有密切的联系。

目前学界尚没有学者专门论述这一问题,大多都是在论述其他问题的过程中对此问题一带而过,应当说,深入研究这一问题不仅对于国际税法基础理论的发展具有重要意义,就是对于国际经济法甚至整个法学关于法律地位问题的研究都具有重要的意义。

关于国际税法的独立性,总体来看,学界持广义国际税法论的学者的观点是倾向于国际税法是一个独立的法律部门。[①] 但这种观点是值得商榷的,近来已经有学者指出了这一问题。

该学者认为,广义国际税法论在论证国际税法是一个独立的部门法时有两个难题需要解决,一个是国际税法与国内税法的协调问题,一个是涉外税法自身的范围问题。广义国际税法论在强调涉外税法是国际税法的组成部分时,并不否认涉外税法属于国内税法的组成部分,这样,广义国际税法论就必须回答部门法交叉划分的合理性问题。分类是科学研究的一种十分重要的研究方法,可以说,没有分类就没有近代科学的发展与繁荣,而部门法的划分就是对法律体系的一种具有重大理论价值的分类。科学的分类要求各分类结果之间不能任意交叉,而应该有比较明确和清晰的界限,当然,在各类结果之间的模糊地带总是难以避免的,但对这些模糊地带仍可以将其单独划分出来进行研究,而不是说这些模糊地带可以任意地归入相邻的分类结果之中。把涉外税法视为国际税法和国内税法的共同组成部分就必须论证这种划分方法的科学性与合理性,而且必须论证国际税法与国内税法之间的关系问题。而对这些问题,广义国际税法论基本上并未予以论证,因此,广义国际税法论的科学性和合理性就大打折扣了。

另外,关于涉外税法的地位问题也需要广义国际税法论予以论证。涉外税法是否是一个相对独立的体系,其范围是否确定等问题,都是需要进一步探讨的。就我国的立法实践来看,单纯的涉外税法只有很有限的一部分,而大部分税法、特别是税收征管法是内外统一适用的;对于那些没有专门涉外税法的国家,所有的税法均是内外统一适用的。这样,涉外税法与非涉外税法实际上是无法区分的,因此,涉外税法本身就是一个范围很不确定的概念,也不是一个相对独立的体系。对于这一点,已有国际税法学者指出:"正如涉外税法不是一个独立的法律部门一样,它也不是一个独立的税类体系;而是出于理论研究的需要并考虑到其在实践中的重要意义,才将各个税种法中的有关规则集合在一起,组成涉

---

① 参见高尔森主编:《国际税法》(第2版),法律出版社1993年版,第1页;刘剑文主编:《国际税法》,北京大学出版社1999年版,第15页。

外税法体系。"①把这样一个范围很不确定,只是为了研究的便利才集合在一起的法律规范的集合体纳入国际税法的范围,国际税法的范围必然也无法确定,进而难以将其视为独立的法律部门。②

我们认为该学者的批评还是有一定道理的,在前面我们论述国际税法概念的过程中实际上也已经暗含了我们的观点,即我们把国际税法界定为最广义的国际税法并不是从传统部门法的角度出发的,也不是把国际税法视为一个纯而又纯的部门法,而是从有利于国际税法发展的角度,把国际税法作为一个综合的法律领域来研究。因此,我们认为,广义国际税法并不是一个独立的法律部门,起码不是一个法学界一般意义上的独立的法律部门,它是一个相对独立的法律领域。

二、国际税法的体系

关于国际税法体系的含义,目前学界主要有两种代表性观点,一种是从规范性文件的体系的角度来界定国际税法体系,认为国际税法体系是由国际税收协定和其他国际条约中有关税收的规定、国际税收惯例以及各国涉外税法所组成的法律体系。③ 另一种观点是从部门法的角度来界定国际税法体系,认为国际税法的体系,是指对一国现行有效的所有国际税法规范根据其调整对象的不同而划分为不同的法律部门而组成的一个有机联系的统一整体。国际税法的体系是比照国内法的体系的划分而对国际税法规范进行相应划分后所组成的一个体系。④

关于国际税法体系的组成部分,有学者认为,包括四部分:(1) 该国所缔结或参加的国际税收协定或其他国际条约中有关税收的条款;(2) 该国所承认并接受的国际税收惯例;(3) 该国的涉外税法;(4) 其他国家与该国有关的涉外税法。⑤ 我们认为,这里所论述的国际税法体系是国际税法的规范性文件体系,与国际税法的渊源差别不大,甚至就是国际税法的渊源。与本书所界定的国际税法体系不同。

还有学者认为,根据国际税法所调整的国际税收协调关系的种类,可以把国际税法分为国际税收分配法和国际税收协作法。在国际税收分配法中又可分为

---

① 刘剑文主编:《国际税法》,北京大学出版社 1999 年版,第 253 页。
② 参见翟继光:《新国际税法论论纲——兼论广义国际税法论的缺陷》,载《法商研究》2002 年专号。
③ 参见刘剑文主编:《国际税法》,北京大学出版社 1999 年版,第 15 页。
④ 参见翟继光:《新国际税法论论纲——兼论广义国际税法论的缺陷》,载《法商研究》2002 年专号。
⑤ 参见刘剑文主编:《国际税法》,北京大学出版社 1999 年版,第 15 页。

避免双重征税法和防止偷漏税法。在国际税收协作法中又可分为国际税制协作法和国际税务争议协作法。① 该学者是主张国际税法不包括涉外税法的,因此,其所讨论的国际税法体系也不包括涉外税法。这种以部门法为出发点的划分方法,为国际税法体系的研究带来了一些新意。

众多国际税法学者都没有探讨国际税法的体系,可能有国际税法基础理论研究薄弱的原因,但是否还有另外一种原因,即国际税法本身尚无体系可言？前面我们也已经指出了,本书所采用的是广义国际税法论的观点,将所有与国际税收有关的国际法和国内法都纳入这一体系,在这种情况下,国际税法本身都不是一个部门法意义上的领域,其组成部分又如何能划分成各个部门法并组成一个完整的体系呢？

鉴于此,我们这里只能从宽泛意义上的部门法角度来对国际税法的组成部分予以划分,即根据国际税法的调整对象及其国际税法的主要任务与作用来划分国际税法的组成部门。在第一层次,国际税法由调整国际税收分配关系的狭义国际税法和调整涉外税收征纳关系的涉外税法所组成。在第二层次,狭义国际税法主要由调整国际税收利益分配关系的国际税收分配法和调整国际税务合作关系的国际税务合作法所组成。涉外税法则主要由涉外所得税法和涉外商品税法所组成。在第三层次,国际税收分配法主要由消除和避免国际双重征税法以及防止国际逃税和避税法所组成。我们这里只是初步提出这种国际税法体系划分的观点,至于其科学性和合理性还需要学界对这一问题进行深入和广泛的研究和探讨。

第四节 国际税法的渊源

法的渊源,简称法源,在中外法学著作中有各种不同的解释,如法的历史渊源、思想理论渊源、文献渊源、效力渊源、成立渊源、法定渊源等等。著名法理学家凯尔森在其名著《法与国家的一般理论》中就认为,法律的渊源是一个比喻性并且极端模糊不清的说法,它不仅被用来指创造法律的方法,即习惯和立法,而且用来说明法律效力的理由、尤其是最终理由,也有人用来指所有那些实际上影响创造法律机关的观念。② 法学界一般研究的法律渊源是法律的形式渊源,即法律规范的创制方式或外部表现形式,如法律、法规、习惯、判例、命令等。我们

---

① 参见翟继光：《新国际税法论论纲——兼论广义国际税法论的缺陷》,载《法商研究》2002年专号。

② 参见[奥]汉斯·凯尔森：《法与国家的一般理论》,沈宗灵译,中国大百科全书出版社1996年版,第149页。

认为,国际税法的渊源,是指国际税法的外部表现形式。

国际税法的渊源也是国际税法的一个基本范畴,对于这一范畴,学界研究得比较多,而且基本取得了一致观点,这是国际税法学领域研究比较成熟的基本范畴之一。

一、国际税法的国内法渊源

(一)涉外税法的含义与标准

涉外税法(foreign-related tax law)是指具有涉外因素的税法。涉外因素包括主体涉外、客体涉外和内容涉外三个方面。虽然学界均主张涉外税法是国际税法的渊源,但关于涉外税法的具体范围则有不同的观点。有些学者主张涉外税法主要是涉外所得税法,有些学者主张除了涉外所得税法还包括涉外商品税法。根据本书所主张的广义国际税法论的观点,涉外税法应当包括涉外所得税法和涉外商品税法。

关于涉外税法的标准,有些学者主张凡有可能具有涉外因素的税法都属于涉外税法,如关税法、增值税法、营业税法、个人所得税法、车船使用税法等等。[①] 也有学者主张涉外税法应当有一定范围,只包括涉外所得税法和关税法。

除我国《进出口关税条例》外,当前我国并无单行的税法对具有涉外因素的所得或财产进行征税,即并无纯粹的涉外税法。[②] 涉外税法散见于各个单行税种法和税收征管法,如《企业所得税法》《个人所得法》《增值税暂行条例》等,主要包括管辖权的判定规则、避免双重征税规则、涉外主体的税收征管制度等。

(二)涉外税法的效力范围

涉外税法的效力范围,是指涉外税法对于哪些人和哪些事具有效力。从理论上讲,涉外税法属于国内法,只能在本国主权所及的范围内具有效力,超出本国主权管辖范围,就不具有法律效力。但在国际经济一体化的大背景下,国际间的资金、人员和物品流动非常频繁,一概否认其他国家的涉外税法在本国的效力并不利于国际经济交往,也不利于国际税收关系的和谐发展。实际上,现行的各国税法制度中已经有许多地方体现了对他国涉外税法效力的承认与尊重,比如为避免国际双重征税而采取的各种国内法措施,如抵免法、免税法和抵扣法等等,实际上都是建立在承认和尊重其他国家的涉外税法效力的基础之上的。美国不承认税收饶让抵免,实际上是对其他国家涉外税法效力的部分否定。

[①] 参见刘隆亨:《中国税法概论》,北京大学出版社1995年版,第281—282页。

[②] 2008年1月1日起《中华人民共和国外商投资和外国企业所得税法》被废止,内外资企业统一适用《中华人民共和国企业所得税法》;2009年1月1日起,实行了五十多年的《中华人民共和国城市房地产税暂行条例》被废止,外资企业和外籍个人统一依照《中华人民共和国房产税暂行条例》缴纳房产税。

二、国际税法的国际法渊源

(一) 国际条约

国际条约(international treaty)是国际税法最主要的国际法渊源,也是最能体现国际税法"国际性"的法律渊源。学界在这一问题上的观点基本上是一致的,即认为国际税法渊源中的国际条约包括国际税收协定以及其他国际条约中与国际税收有关的规定。

国际税收协定是不同国家为协调其相互之间的国际税收分配关系而缔结的国际协定或条约。国际税收条约所组成的协定网络,构筑了一个具有确定原则的国际税法体系。无论是在政策理念上,还是在语言表达上,这些条约的内容极为相似,甚至条文的顺序也基本相同。在大多数国家,税收协定的效力高于国内税法,甚至在美国,条约可以推翻与其相反的国内法。

目前的国际税收协定主要是综合性双边税收协定,包括税收条约与议定书、政府换文、谅解备忘录及补充行政协定,而且主要集中在所得税领域和关税领域。国际税收协定将来的发展方向是多边税收协定以及税收国际公约,而且所涉及的领域也将突破所得税和关税领域而向其他商品税领域扩展。截至2013年8月,我国已对外正式签署99个避免双重征税协定,其中96个协定已生效。我国政府与香港、澳门两个特别行政区还签署了税收安排。① 此外,我国也陆续签订了专项的税收条约或政府换文,规定某项特定的税种的国际税收安排,如中国与智利于1987年达成的互免海运税收换文。为提高各国对跨境经济活动实施税收征管的能力,以加强国家间的税收征管合作为目的的税收协定也逐渐增加,如我国近期分别与阿根廷、百慕大群岛、泽西岛、马恩岛等国政府签订了《关于税收情报交换的协定》。

其他国际条约或协定中也有关于税收关系的规定,如在贸易协定、航海通商友好协定,特别是在投资保护协定中有关国家间税收分配关系的规定,这些规定和国际税收协定一样,对国家间的税收分配关系也起着重要的协调作用。

(二) 国际税收惯例

国际税收惯例(international tradition of tax)是在国际经济交往中,源于各国普遍而持续的处理国家间税收利益关系的实践,反复出现并被各国基于法律义务意识而接受并遵循,因而具有法律约束力的税收通例。有学者对国际税收惯例与国际税收习惯进行了区分,认为国际税收习惯是具有法律约束力的惯常行

---

① 资料来源:http://www.chinatax.gov.cn/n8136506/n8136593/n8137537/n8687294/8688432.html,最后访问时间:2013年1月12日。

为和做法,而国际税收惯例是不具有法律约束力的惯常行为和做法。① 我们认为,习惯和惯例在内涵上的差别不是很大,如果从具有法律约束力和不具有法律约束力的角度来讲,习惯和惯例都不适宜用来表达具有法律约束力的惯常行为和做法,莫如用习惯法来表述更准确。当然,无论是习惯、惯例还是习惯法都不过是一个指示名词而已,没有什么先验的内涵,其具体含义都需要学者在使用的过程中予以界定。从这个角度来讲,只要我们所研究的是同一个事物,至于具体使用什么名称,似乎并不需要一定要强行一致。这里,我们使用惯例来指示具有法律约束力的惯常行为和做法。

居民税收管辖权、对外国人的税收无差别待遇原则、对外交使领馆人员的税收豁免等曾一度被认为构成国际税收惯例。但在1961年和1963年两个《维也纳条约》缔结后,已经成为国际公约的规定。由于国际税法本身历史较短,而国际惯例一般都需要较长的形成过程,再加上国际惯例很容易被国际条约或各国法律所肯定从而失去其作为惯例的特性,所以,作为国际税法渊源的国际税收惯例并不多。

(三) 国际税法渊源的最新发展———"软法"的产生与争议

近年来,一部分国际法学者开始提倡"软法"(soft law)的概念,并在一定的范围内流行。由于作为"实定国际法"的条约和国际习惯法被科以严格的要件②,历来不具有条约形式的"绅士协定"、不具有国际法地位的国际文书、形成过程中的国际法,如OECD于1995年颁布的《跨国公司与税务机关转让定价指南》③或《OECD税收协定范本注释》,是否具有与条约同等的拘束力便引发了诸多的争议。这些规范,与其他国际法领域的"软法"一样,并未划定具体的权利义务关系,而是以一般的、抽象的原则、指针作为内容,作为法的规范不够成熟、欠缺规范内容的明确性,不具有法的拘束力或法的拘束力稀薄,只达到了缓和行动的规范的程度,其履行主要依赖于当事人的善意。④ 具体而言,在国际税收领域中,具有"软法"性质的规范大致可以分为以下几种:

1. 成文的国际文书

一些义务履行依赖于当事国的善意或信义的文书、义务履行时承认当事国大幅度裁量性保留的文书以及国际组织会议的决议、宣言、非拘束性的国际协定

---

① 参见廖益新主编:《国际税法学》,北京大学出版社2001年版,第11页;刘志诚、王诚尧:《正确认识和运用税收国际惯例》,载《涉外税务》1995年第1期。

② 条约必具有签名、批准等要件行为;国际习惯法则要求"惯行"和"法的确信"的要件要求。

③ Alberto Vega, "International Governance through Soft Law: The Case of the OECD Transfer Pricing Guidelines", Working Paper of the Max Planck Institute for *Tax Law and Public Finance*, No. 2012-05.

④ [日]村濑信也:《国际立法——国际法的法源论》,秦一禾译,中国人民公安大学出版社2012年版,第13页。

等被认为具有"软法"的特征。如 OECD 针对有害竞争所发布的三个报告,提出了相关的解决措施,包括 1998 年报告《有害税收竞争:一个新兴的全球性课题》、2000 年报告《走向全球税收合作:在识别与消除有害税收实践中的进展》和 2001 年《对有害性税收实践的方案》,这些报告尽管对其成员国和非成员国均无直接的拘束力,也无明确的权利义务规范,但仍使得不少国家,尤其是避税地国家,积极达到报告所确定的标准与要求。

2. 未形成国际习惯法的不成文规范

如对于金融衍生品交易所产生的所得的税收管辖权,目前尚无明确的协调规范。但各国基于资本流动性等方面的考虑,一般均不对此行使税收管辖权,从而形成居民国的单一税收管辖权。

此外,国际法院,如欧盟法院,有关国际税收争议的判例,一般也被作为"软法"。

国际税收领域中的"软法"被视为"法"与"非法"之间的中间阶段或者灰色地带,被认为有必要予以积极地把握,因为即使是规范性弱的国际税收文书,对当事国在讨论交涉、谈判乃至合意形成均会产生不同程度的影响。而对产生"软法"的国际组织自身而言,该项文书则几乎具有与法的拘束力一样的效力。更重要的是,"软法"的存在在一定的国家范围内促进了作为国内法的制定或国内制裁的判断基准,在定期的"讨论"与"履行确保"过程中,积极地促进了国际税收"硬法"的进化。

第五节 国际税收法律关系

国际税收法律关系(legal relationship of international tax)是国际税法在调整涉外税收征纳关系和国际税收分配关系的过程中所形成的权利义务关系。国际税收法律关系是国际税法学的基本范畴,可以为国际税法基础理论的研究提供基本的理论框架,以其为参照系可以把国际税法的众多基本范畴联系起来,从而能够为国际税法学的基础理论研究提供一种整合的功能与效果。

一、国际税收法律关系的要素

(一) 国际税收法律关系的主体[①]

国际税收法律关系的主体,又称为国际税法主体,是参与国际税收法律关系,在国际税收法律关系中享有权利和承担义务的当事人。有学者将国际税收

[①] 参见刘剑文、李刚:《国际税法特征之探析》,载《武汉大学学报(哲学社会科学版)》1999 年第 4 期,第 16 页。

法律关系的主体分为征税主体、纳税主体和特殊主体,分别指国家、居民和国际组织。① 我们认为,国际组织或者属于纳税主体或者属于征税主体,将其单列为一类主体似乎不妥。

国际税法的主体,从其在国际税收法律关系中所处的地位来看,可以分为国际征税主体、国际纳税主体和国际税收分配主体;从主体的表现形式来看,有国家、国际组织、法人和自然人。目前,国内几乎所有研究国际税法的学者都将国际税法的主体分为国家和跨国纳税人(包括自然人和法人)两种。我们认为,这种分法有失偏颇。基于获得跨国收入的跨国纳税人不足以涵盖于"国家涉外税收征纳关系"中的所有纳税主体,只是其中的主要部分而非全部;当然,在主要涉及所得税的国际协调问题等方面,使用"跨国纳税人"的称谓仍然是可以的。

国家在国际税收法律关系中同时作为征税主体和税收分配主体,这与国家在国内税收法律关系中仅作为征税主体的身份的单一性是不同的,此其一。其二,国家在国际税法和国内税法中分别作为不同主体身份的依据也是不同的。在国内税法中,国家作为唯一的实质意义上的征税主体是国家主权的对内最高权的具体体现之一;而在国际税法中,特别是国家作为国际税收分配主体时,则是国家主权的对外独立性的具体表现。其三,对单个国家而言,国家在国内税法中征税主体的地位是唯一的,在数量上是一元的;而在国际税法中,国家在数量上是多元的,必须存在两个或两个以上的国家,否则就无法构成国际税收法律关系。

自然人和法人在国际税法和国内税法中都是纳税主体,而且在国际私法和国际经济法其他分支中也可以作为主体。国家以特殊市场主体的身份直接参加国际经济贸易活动时,也可能成为国际税法的纳税主体。此外,当前特殊的经济组织形式是否构成国际税法的主体正在引起普遍的关注,包括合伙企业(partnership)、信托(trust)、集合投资机构(collective investment vehicle)。以信托为例,在中国与爱尔兰②、塞浦路斯③签订的税收协定中,肯定了信托构成协定意义上的"人",而在其他中国签订的协定中,信托却不被作为协定意义上的"人",不能主张协定的适用。同样各国对集合投资机构是否构成协定意义上的"人"也存在争议,OECD 发布关于"对集合投资机制所得授予协定利益"的报告专门对

---

① 参见陈大钢:《国际税法原理》,上海财经大学出版社 1997 年版,第 18—20 页。
② 《中华人民共和国政府和爱尔兰政府关于对所得避免双重征税和防止偷漏税的协定》第 3 条第 1 款。
③ 《中华人民共和国政府和塞浦路斯共和国政府关于对所得避免双重征税和防止偷漏税的协定》第 3 条第 1 款。该款也同时肯定遗产、合伙企业和非法人团体构成中塞两国税收协定上的"人"。

此进行了探讨。① 由于特殊经济组织形式的国际税法主体资格已引发了诸多的国际税收争议,这将有待于国际税法予以进一步的明确。

(二) 国际税收法律关系的内容

国际税收法律关系的内容,是指国际税收法律关系主体所享有的权利和承担的义务。关于国际税收法律关系内容的特点,有学者认为,与国内税收法律关系中,主体之间的权利义务不对等和非互惠不同的是,国家与国家之间的权利义务是建立在平等互惠的基础之上的,国家与涉外纳税人之间的权利义务并不完全取决于单一征税主体的单方意志。② 我们认为这一观点比较科学。

在国家与国家之间的法律关系中,二者权利义务是对等的。一般来讲,国家所享有的权利包括征税权、税收调整权、税务管理权以及根据国际税收协定所规定的其他权利,国家所承担的义务包括限额征税义务、税收减免义务、税务合作义务以及根据国际税收协定所规定的其他义务。

在国家与涉外纳税人之间的法律关系中,二者的权利义务在总体上是不对等的。一般来讲,国家所享有的权利主要包括征税权、税收调整权、税务管理权和税收处罚权等,国家所承担的义务主要包括限额征税义务、税收减免义务、税收服务义务等,涉外纳税人所承担的义务主要包括纳税的义务、接受税收调整的义务、接受税务管理的义务以及接受税收处罚的义务等,涉外纳税人所享有的权利主要包括依法纳税和限额纳税权、税收减免权、享受税收服务权、保守秘密权、税收救济权等。

(三) 国际税收法律关系的客体③

国际税收法律关系的客体是国际税法主体权利义务所共同指向的对象。有学者认为,国际税收法律关系的客体就是国际税收的征税对象,是纳税人的跨国所得或跨国财产价值。④ 也有学者认为,国际税收法律关系的客体主要指跨国纳税人的跨国所得。⑤ 我们认为,把国际税法等同于国际税收的征税对象是不全面的,把国际税收的征税对象局限在跨国所得或跨国财产之上也是不全面的。

国际税法的客体包含着具有递进关系的两个层面的内容。第一层面,是国际税法的征税对象。在这一问题上,我们赞成广义的国际税法客体说,即国际税法所涉及的税种法除了所得税、财产税等直接税以外,还包括关税、增值税等商

---

① OECD, the Granting of Treaty Benefits with Respect to the Income of Collective Investment Vehicles, May 2010.
② 参见廖益新主编:《国际税法学》,北京大学出版社2001年版,第15—16页。
③ 参见刘剑文、李刚:《国际税法特征之探析》,载《武汉大学学报(哲学社会科学版)》1999年第4期,第15—16页。
④ 参见廖益新主编:《国际税法学》,北京大学出版社2001年版,第15页。
⑤ 参见陈大钢:《国际税法原理》,上海财经大学出版社1997年版,第20页。

品税。理由如下：(1) 从国际税法的早期发展历史来看，商品课税的冲突矛盾及其协调(如关税同盟)比所得课税的国际性协调活动要早，是国际税法产生、形成和发展的整个历史进程的起始环节。如果将关税法等流转税法排除在国际税法的范围之外，则无异于割裂了国际税法发展的整个历史过程。因此，把对在国际商品贸易中的商品流转环节课征的国际协调活动看作是国际税收活动中的一个组成部分，从而将关税法等流转税法一并纳入国际税法的范围。(2) 持狭义的国际税法客体说的学者的理由之一就是国际税收分配关系主要发生在所得税上。但是，国际税收分配关系只是国际税法的调整对象的一部分，广义国际税法中国际税法的调整对象还包括国家的涉外税收征纳关系；如果仅以国际税收分配关系所涉及的税种来限定国际税法所涉及的税种，恰恰耦合了狭义的国际税法说的观点？而实际上，上述学者却是持广义国际税法说，并且也承认广义的国际税法客体说的合理性，同时对关税等流转税加以论述。① (3) 诚然，对商品国际贸易课税，虽然不可能在同一时间对同一纳税人的同一课税对象重复征税，但仍然可能发生不同国家的政府对不同纳税人的同一课税对象(如进出口商品金额等)的重复征税。例如，甲国实行产地征税原则，乙国实行消费地(目的地)征税原则，现甲国向乙国出口一批产品，则两国都会依据各自的税收管辖权对这笔交易额课税，这批产品的所有人也就同时承担了双重纳税义务。而各国实行不同的商品课税政策，如低进口关税或免关税政策，也会引起国际间避税或逃税活动的发生。况且随着国际经济交往的深入开展，对国际商品在流转环节的课税和跨国所得课税将会更加密切地交织在一起，其相互转化的趋势也会愈加明显。各国对进出口商品流转额的课税对国际经济活动的影响以及为此采取的一系列国际协调活动，说明这些税收本身作为各国涉外税收的同时，进一步涉及国家与国家间税收利益的分配，反映了国际税收的本质。②

国际税收法律关系第二层面的客体是在国家间进行分配的国际税收收入或称国际税收利益。这似乎仅仅是国际税收分配关系的客体，将其作为国际税法的客体似乎又犯了以偏概全的错误。其实不然，因为这一国际税收收入正是通过各国行使税收管辖权进行涉外税收征管而取得的，与各国的涉外税收征纳关系有着密不可分的联系。也正因为在国家间进行分配的国际税收利益直接来源于各国对其涉外税种的征税对象的课征，我们才认为后者作为国际税法第一层面的客体与前者作为第二层面的客体间存在着递进关系，从而共同构成了国际税法的双重客体。需要说明的是，并不存在一个超国家的征税主体，对各国涉外税种的征税对象加以课征而获得国际税收收入，再将其分配给有关各国；实际

---

① 参见高尔森主编：《国际税法》(第2版)，法律出版社1993年版，第8—9页。
② 参见王传纶主编：《国际税收》，中国人民大学出版社1992年版，第13—16页。

上,这部分税收利益在征收之时就已经通过国际税收协定随着对某一征税对象的征税权的划归而归属于各个主权国家了。因此,从理论上看,国际税收利益是各国的涉外税收收入汇总而形成的整体利益;但从实践上看,国际税收利益并未实际汇总,而是分散于各个主权国家的管辖之中。正是由于国际税收利益这种理论上的整体性和实践中的分散性,以及其对各国征税主权乃至相应征税对象的强烈依附,使我们在分析国际税法的客体时容易将其忽视。然而,与其说各国缔结国际税收协定的目的在于划分对某一跨国征税对象的征税主权,不如说其实质目的在于划分从征税对象上可获得的实际的税收利益。故国际税收利益是潜在的,却能够从更深层次上反映国际税收法律关系的客体层面。

二、国际税收法律关系的运行

国际税收法律关系的运行,是指国际税收法律关系的产生、变更和消灭的整个过程。国际税收法律关系的要素是从静态的角度揭示国际税收法律关系的构成,而国际税收法律关系的运行则是从动态的角度揭示国际税收法律关系的构成。

(一) 国际税收法律关系的运行状态

国际税收法律关系的产生,是指国际税收法律关系在相关当事人之间的建立,或者说是国际税收权利义务在相关当事人之间的确立。国际税收法律关系的产生需要国际税法的存在以及国际税法所规定的税收要素满足或者启动相关程序的法定要件成立。

国际税收法律关系的变更,是指国际税收法律关系的主体、客体和内容所发生的变化。国际税收法律关系的变更一般需要满足国际税法所规定的法定要件的成立,如涉外纳税人满足税收减免的条件,则相应发生国际税收法律关系内容的变更。

国际税收法律关系的消灭,是指国际税收法律关系所确定的权利义务在相关当事人间的消失或终结。一般来讲,当相关主体的权利得到实现,义务得到履行,国际税收法律关系即发生消灭的结果。如涉外纳税人依法缴纳税款,国家与涉外纳税人之间的权利义务就消灭了;相关国家的税务主管机关依法完成税务合作事项,相关权利义务也就消灭了。

(二) 国际税收法律事实

国际税收法律事实(legal fact of international tax),是指能导致国际税收法律关系产生、变更和消灭效果的客观事实。国际税收法律事实包括国际税收法律行为和国际税收法律事件。前者是体现主体意志或以主体意志为转移的事实,而后者则是不体现主体意志或者不以主体意志为转移的事实。国际税收法律事实主要包括国际税法的制定、涉外纳税人的行为或状态以及国家的行为。国际税法的制定可以导致抽象国际税收法律关系的建立,而涉外纳税人以及国家的行为可能导致具体国际税收法律关系的产生、变更和消灭。

第六节 国际税法的历史演进

国际税法从 19 世纪末产生以来发展至今仅仅有一百多年的历史。第二次世界大战之前,国际税法已经初步发展,但作为一个相对独立的法律领域则是在第二次世界大战之后才逐渐形成并发展成熟的。

一、"二战"前国际税法的发展

世界上第一项双边税收协定是 1843 年由比利时和法国签订的有关税收情报交换和税务合作的条约。随后,1845 年比利时与荷兰也就税务合作与情报交换等问题签订了条约。1872 年英国与瑞士就遗产税问题签订了条约。以上这些条约从形式上虽然也可以归入国际税收协定的范畴,但是其内容比较单一,尚不全面,与现代税收协定相比有很大差别,只是国际税收协定的萌芽。具有现代意义的国际税收协定是 1899 年 6 月 21 日奥匈帝国与普鲁士签订的关于避免双重征税的协定。其内容涉及划分所得的类型、划分税收管辖权的范围,确定了不动产所得、抵押所得、常设机构所得等项目由收入来源地国征税,其他项目由居民国征税,并通过对税收管辖权的划分和约束来消除双重征税问题。①

19 世纪末、20 世纪初,资本主义从自由竞争阶段发展到垄断阶段,经济活动朝着国际化的方向发展,各国的商品、资本、技术、劳动力等生产要素跨国界流动的现象越来越普遍。与此同时,所得税制度迅速在各主要资本主义国家建立。国际投资的发展导致跨国公司的国际所得不断增加,但由于各国均按照居民管辖权和来源地管辖权课征所得税,跨国公司面临严重的双重征税问题。

有鉴于此,不仅各国开始积极探索解决国际双重征税的问题,国联(the League of Nations)根据国际商会的建议于 1921 年成立了财政委员会,要求由四位经济学家组成的专家工作组就此事项准备相关的研究报告。在 1923 年提交的报告中,强调现代税制应当遵循量能课税原则,同时也强调根据经济密切联系原则,某些类型的所得,如产生于不动产的所得,应当由来源地国行使征税权。②

在取得四位经济学家的报告之前,财政委员会在 1922 年成立了专家工作组专门研究如何避免和消除所得和财产的国际双重征税的问题。1927 年,专家工

---

① 陈大钢:《国际税法原理》,上海财经大学出版社 1997 年版,第 12 页。
② LN, Report on Double Taxation Submitted to the Financial Committee by Professors Bruins, Einaudi, Seligman and Sir Josiah Stamp, League of Nations, Geneva, 1923, E. F. S. 73. F. 19.

作组提交了四份避免双重征税与税收情报交换的双边协定的草案。① 原则上这些草案均遵循居民国课税的原则,但保留了来源地国对某些类型所得进行征税的可能性。这些草案在1928年被提交给来自27个国家的代表与会的"双重征税与税收逃避的政府专家一般会议",并作了一些细微的修改。根据该专家会议的建议,国联成立了财政委员会,以替代此前的专家工作组。财政委员会陆续进行了若干次的研讨,并达成了一项有利于来源地国的协定草案。1946年,最后一次的财政委员会会议在伦敦召开并提交了另一项有利于居民国课税的协定草案。两份草案均由国联在1946年予以颁布,确立了未来进行国际协调的基础。随着国联的解散,两份草案最终也未能获得进一步的讨论和肯定,但仍对"二战"后国际税法的发展产生了重要的影响。

尽管这一时期国联草拟的避免双重征税协定的草案尚未对国际税收实践产生影响,但各国为解决这一问题,仍积极展开双边税收协定的谈判,仅在"一战"后的一年间,资本主义国家之间就缔结了58个双边税收协定。

二、"二战"后国际税法的发展

第二次世界大战后,发达国家相互投资大大增加,跨国公司的数量和规模也有了迅速的发展,世界各国之间的国际税收关系因此变得更加错综复杂。越来越多的国家通过签订税收条约的方式协调彼此之间对跨国纳税人在跨国征税对象上的税收利益分配关系,双边税收协定数量迅速增加,并逐步确立了一些调整国际税收关系的共同原则和规则,如禁止税收歧视、外国税收抵免、外交税收豁免等。这对于国际税收协定的内容和形式的规范化发展产生了重要的影响。

鉴于各国在双边税收协定谈判中所产生的问题,起草一份能够为国际社会普遍接受并遵循的避免双重征税协定范本的工作仍在继续。联合国成立后,经济与社会理事会成立了金融与财政事务委员会,本计划由其继续国联财政委员会的工作。然而,联合国成员国的广泛性反而严重妨碍就此达成一致。这一任务由欧洲经济合作组织(以下简称"OEEC")所接手,后由经济合作与发展组织(以下简称"OECD")继续完成。

OEEC的财政事务委员会的工作进展极为缓慢。在其成立的第一年,该委员会便提交了若干条款的范本及其注释,以处理特定类型的所得,并相继在1958年、1959年、1960年和1961年的报告中予以公布。在此基础上,1963年OECD草拟并发布了一个《关于对所得和资本避免双重征税的协定范本》(以下简称"OECD范本"),并于1977年正式发布,供OECD成员国之间以及OECD成

---

① LN, Double Taxation and Tax Evasion, Report Presented by the Committee of Technical Experts on Double Taxation and Tax Evasion, League of Nations, Geneva, 1927, C. 216. M. 85. 1927. II.

员国与其他非成员国之间在签订税收协定时予以参考。这也是国际税收协定第一个比较完善的范本。从 1992 年开始,OECD 定期公布协定范本的修改版本。①由于 OECD 的成员国都是发达国家,因此,这一范本的内容在税收利益的分配上更有利于作为资本输出国的发达国家。

由于参照 OECD 范本进行国际税收谈判很容易损害发展中国家的税收利益,因此,发展中国家利用其在联合国的多数地位要求联合国采取措施应对这一国际问题。联合国经济与社会理事会为此成立了一个由 8 个发达国家和 10 个发展中国家代表组成的专家小组,于 1979 年拟定通过了《关于发达国家与发展中国家间避免双重征税的协定范本》(以下简称"联合国范本"),并于 1980 年正式公布。相比较而言,联合国范本更倾向于保护来源地税收管辖权。但仍有批评联合国范本在保护发展中国家的税收利益方面有所不足。联合国经济与社会理事会从 1997 年起也开始酝酿对 1980 年的联合国范本的修订,并于 2001 年推出了修订后的范本。

两个税收协定范本的颁布,对于推动国际税法的发展有着积极意义。从 1977 年开始,国际税收协定的数量迅速增加。截止到 2002 年,全球的税收协定总数已经超过了 4000 个。尤其值得强调的是,在近十几年来各国所签订的国际税收协定中的 80% 为发展中国家与发达国家或发展中国家之间所签订的双边税收协定。

在这一时间,国际税法所涉及的领域也逐步扩大。国际税法从最初的所得税领域和财产税领域逐渐扩大到商品税领域以及税务行政领域。多边国际税收协定开始出现和发展,如 1972 年北欧五国签订的税收征管协助协定等。此外,区域性的税收协调和一体化在 20 世纪 90 年代也明显加快了发展的步伐,其中尤其以欧共体及后来的欧盟在税收的协调一致方面的进程最具成果。

本 章 小 结

国际税法是调整在国家与国际社会协调直接税与商品税的过程中所产生的国家涉外税收征纳关系和国家间税收分配关系的法律规范的总称。国际税法具有公法兼私法性质、国际法兼国内法性质、程序法兼实体法性质。国际税法的宗旨为:维护国家税收主权和涉外纳税人基本权。国际税法的作用主要体现在三个方面:消除和避免国际双重征税、防止国际逃税和国际避税以及实现国际税务合作。国际税法的地位是指国际税法是不是一个独立的法律部门,以及国际税法在整个法律体系中的重要性如何。国际税法由调整国际税收分配关系的狭义

---

① 最新的 OECD 范本公布于 2010 年 9 月。

国际税法和调整涉外税收征纳关系的涉外税法所组成。国际税法的渊源包括两大类:国际法渊源和国内法渊源。国际税收法律关系是国际税法在调整国际税收分配关系和涉外税收征纳关系的过程中所形成的权利义务关系。国际税收法律关系的主体,又称为国际税法主体,是参与国际税收法律关系,在国际税收法律关系中享有权利和承担义务的当事人。国际税收法律关系的内容,是指国际税收法律关系主体所享有的权利和所承担的义务。国际税法的客体包含着具有递进关系的两个层面的内容。国际税收法律关系的运行,是指国际税收法律关系的产生、变更和消灭的整个过程。国际税收法律事实,是指能导致国际税收法律关系产生、变更和消灭效果的客观事实。

思考与理解

1. 谈谈你对国际税法概念的理解。
2. 国际税法具有哪些性质?
3. 简述国际税法的宗旨与作用。
4. 国际税法的渊源包括哪些?
5. 简述国际税收法律关系的要素。

课外阅读资料

1. 高尔森主编:《国际税法》(第2版),法律出版社1993年版。
2. 陈大钢:《国际税法原理》,上海财经大学出版社1997年版。
3. 刘剑文主编:《国际税法》,北京大学出版社1999年版。
4. 廖益新主编:《国际税法学》,高等教育出版社2008年版。

第二章 国际税法的基本原则

掌握国际税法的基本原则不仅有利于对国际税法精神的理解,而且有利于对国际税法相关制度的把握和运用。我们认为国际税法的基本原则主要有国家税收主权原则、国际税收公平原则、国际税收中性原则和国际税收效率原则。

第一节 国际税法基本原则概述

所谓原则,根据《布莱克法律辞典》的解释,是指法律的基础性真理或原理,为其他规则提供基础性或本源的综合性规则或原理,是法律行为、法律程序、法律决定的决定性规则[1];也可以指人们对某一事物、事物发展的因果关系以及如何进行判断的信念或理念。[2] 这种信念或理念往往是指导人们行动的理论基础或指南。

一般地说,原则有大原则和小原则之分,或者基本原则与具体原则之分。在大原则下有小原则,在小原则下还有更小的原则;或者在基本原则下有具体原则,在具体原则下还有更具体的原则,等等。基本原则不同于具体的原则,前者是指构成某一制度基础的原则,贯穿和指导这一制度的各个方面和整个过程;而后者仅适用于某一法律制度的某一方面或局部。基本原则往往要通过具体的规则、规范和标准等表现出来。

关于国际税法基本原则的含义,我们可以理解为:普遍适用于国际税法的各个方面和整个过程,构成国际税法的基础,并对国际税法的立法、守法、执法等均具有指导意义的基本信念。那些只适用于国际税法的某些方面或某些阶段的原则,则是国际税法的具体原则。

国际税法是国际经济法的一个分支。因此,国际税法的基本原则与国际经济法的基本原则存在密切关系。但它们之间又有所不同,二者之间是个别与一般、具体与普遍的关系。国际经济法的基本原则,包括国家经济主权原则、平等互利原则等,是普遍适用于国际经济法各个分支的一般原则;而国际税法的基本原则,则只是仅适用于国际税法而不能适用于国际经济法其他分支学科的国际

---

[1] See *Black's Law Dictionary*, West Publishing Co. 1983, p.1074.
[2] Lorraine Eden, *Taxing Multinationals: Transfer Pricing and Corporate Income Taxation in North America*, University of Toronto Press 1998, p.64.

经济法的具体原则。国际税法的基本原则,对于国际经济法而言是具体原则,是国际经济法基本原则在国际税法领域里的具体运用。因此,我们在研究国际税法的基本原则时,应注意与国际经济法的基本原则相区别,不能把国际经济法或其他分支的基本原则与国际税法的基本原则相混淆。

此外,我们也必须注意,原则总是与例外相对而言的,有原则就必然会有例外,没有例外也就无所谓原则了。在研究的过程中,我们不能因为某些例外的存在就否定基本原则的存在。比如,我们不能因为涉外税收优惠的存在而否定国际税收中性原则,也不能因此而否定国际税收分配公平原则,等等。其实,例外的出现往往正说明了原则的存在。

关于国际税法究竟包含哪些基本原则,此前可以说是众说纷纭,见仁见智,不能统一。概括起来可分为以下几种观点:(1) 一元说,即征税公平原则,由高尔森教授在其主编、法律出版社出版的《国际税法》一书中所主张。但该书是把征税公平原则作为国际税法最重要的原则来认识的①,根据其含义可能还有其他一些重要原则,只是没有列出来而已。尽管如此,我们暂且把其称为一元说。(2) 二元说,即国家税收管辖权独立原则和公平原则(包括国家间税收分配关系的公平和涉外税收征纳关系的公平)。② (3) 三元说,即国家税收管辖权独立原则、国际税收分配的平等互利原则和税收无差别待遇原则。③ (4) 四元说,即国家税收管辖权独立原则、避免国际重复征税原则、消除对外国人税收歧视原则和防止国际逃税和避税原则④,或者国家税收主权原则、国际税收分配公平原则、国际中性原则和跨国纳税人税负公平原则。⑤

我们认为,国际税法的基本原则应包括如下几项,即国家税收主权原则、国际税收公平原则、国际税收中性原则和国际税收效率原则等。其中每一项基本原则均反映在国际税法的各个方面,并贯穿于国际税法的始终。上述四项基本原则相互区别,同时又互相联系。

第二节　国家税收主权原则

税收主权是国家主权的重要内容之一。早在16世纪末,法国学者博丹在其

---

① 参见高尔森主编:《国际税法》(第 2 版),法律出版社 1993 年版,第 10—11 页。
② 本书的主编曾持此种观点,参见刘剑文主编:《国际税法》,北京大学出版社 1999 年版,第 16—20 页。
③ 参见陈大钢:《国际税法》,上海财经大学出版社 1997 年版,第 11—24 页。
④ 参见廖益新主编:《国际税法学》,北京大学出版社 2001 年 6 月版,第 20—22 页;余劲松、吴志攀主编:《国际经济法》,北京大学出版社、高等教育出版社 2000 年版,第 378—380 页。
⑤ 参见刘永伟:《国际税法基本原则之探讨》,载《法制与社会发展》2002 年第 1 期。

《论共和国》一书中就指出,征税权是国家主权九个方面的内容之一。本书所指的税收主权原则(principle of tax sovereignty),除指对内最高的征税权外,主要是指一国在国际税收领域里,在决定其实行何种涉外税收制度以及如何实行这一制度等方面享有的不受其他任何国家和组织干涉的完全自主权。在国际税法领域,任何人、国家和国际组织都应尊重他国的税收主权。

国家税收主权原则最重要的表现之一是涉外税收制度的立法方面。一个国家可以根据自身的意愿制定本国的涉外税收法律制度,包括税收管辖权的确定、税基与税率的确定以及避免双重征税、防止避税与逃税的措施的确定等。任何一个国家不能要求他国必须实行某种涉外税收法律制度。在国际税法领域,不存在对国家税收管辖权产生限制的法律[①],也不存在对国家税收主权的其他方面产生影响的法律。尤其是在美国等一些国家,国际税法被理解为特定国家税法的国际方面。[②] 国际税法都是国家立法的产物,而不是来自于主权国家的习惯,也不是来自于国际组织的立法。国际税收协定虽然对缔约国有约束力,但如不经国内立法,则不对纳税人产生任何效力。[③]

目前,各国在税收立法方面各行其是,以至于各国税收法律制度之间存在诸多重大差异。例如,在税收管辖权方面,有的国家只实行来源地税收管辖权,有的国家同时实行来源地和居民两种税收管辖权,还有的国家同时实行三种税收管辖权,即来源地税收管辖权、居民税收管辖权和国民税收管辖权。各国之间的税收管辖权相互独立,一国税收管辖权的行使并不会对另一国税收管辖权产生影响。又如,在解决国际双重征税方面,有的国家对外国来源所得实行免税制,而有的国家只对来源地国基于来源地税收管辖权而征收的税额进行抵免;在实行抵免制的国家中,有的实行饶让抵免,有的则不实行饶让抵免等等。而且即使在产生双重征税的情况下,一国是否要采取措施对其进行消除,也完全取决于本国的法律规定。总之,各国究竟实行怎样的税收法律制度,对什么人进行征税、征什么税,以及适用怎样的税率等,国际上并不存在具有约束力的统一法律规范或标准,完全由各国根据本国经济发展的需要而定。所有这些都是国家税收主权所决定的。

国际税收协定是国际税法的重要渊源。为了避免双重征税和防止避税与逃税,各国通常都通过签订税收协定进行合作。但由于各国在税收法律制度方面存在重大差异,这种国际合作无法达成如 GATT 那样的多边协定或公约,也无法成立类似于 WTO 的协调各国税收法律制度的国际组织。虽然 OECD 和联合国

[①] 这是加拿大著名经济学家和国际金融专家 Bird 的观点。See Lorraine Eden, *Taxing Multinationals: Transfer Pricing and Corporate Income Taxation in North America*, University of Toronto Press, 1998, p.101.

[②] Brian J. Arnold & Michad J. McIntyre, *International Tax Primer*, Kluwer Law International, 1998, p.3.

[③] Ibid.

都分别制定了税收协定范本,但范本并不具有约束力,只是为各国在缔结双边税收协定时提供参考和方便。目前,各国在税收合作方面主要是基于互惠原则,通过双边协定的方式进行合作。据统计,目前世界上已有四千多个税收协定。由于这些协定都是各国根据本国税法在互惠基础上达成的,因此,它们在诸多重要内容上都存在一定差异,比如常设机构的范围、居民的定义、预提税率的高低等。这些差异都充分地体现了国家税收主权原则。

在国际税法的执法与守法方面,也充分体现了国家税收主权原则。一国在执行本国税法方面,不受他人或他国的干涉,也不受任何国际组织的干涉。纳税人既要遵守居民国的税收法律制度,服从居民国的居民税收管辖,又要遵守来源地国的税收法律制度,服从来源地国的来源地税收管辖。一国税收管辖权的行使不受他国税收管辖权的影响。

此外,在国际税收争议的解决方面,国家税收主权原则也得到了充分体现。比如,一国所作出的税收裁决,并不能在另一国得到当然执行。再比如,在涉及对关联企业转让定价的相应调整时,协定一般只是规定,"如有必要,缔约国双方主管部门应相互协商",但并不要求双方必须达成解决双重征税的协议。在相互协商程序中,协定一般也只是规定应"设法相互协商解决"等,而没有强制要求。在国际贸易和国际投资等领域,一般都有一个专门解决有关争议的机构,比如 WTO 的争端解决机构(DSB)和《华盛顿公约》的"解决投资争端国际中心"(ICSID)等。这些机构所作出的决定,对有关国家一般都具有一定的约束力。但在国际税收领域,不存在任何类似的组织或机构。如果两国之间产生了税务纠纷,只能通过相互协商的途径进行解决,即使协商不成也别无他途。[①] 总之,在国际税收争议中,就是存在双重征税,一国也不能被要求放弃其征税权。

国家税收主权原则是国际经济法经济主权原则在国际税法领域里的具体运用。但它与国际经济法其他法律部门的主权原则又有所不同。在世界经济一体化的今天,国家在其他国际经济活动方面的主权都或多或少地受到某些限制,或者在国际经济合作的过程中,都普遍作了或多或少的让与。比如,在国际贸易领域,各国所采取的关税和非关税措施,对外国产品的待遇等,都受到了 WTO 的严格约束;在 WTO 的争端解决程序中,WTO 对缔约方的争端享有强制管辖权,专家组的报告更可以"自动"通过。在国际投资或国际金融领域也存在类似的情形。但在国际税法领域,这种情形却鲜有存在。国民待遇和最惠国待遇是当

[①] 近年来,在个别税收协定中,出现了税收争议的仲裁解决条款,如欧盟针对转让定价的双重征税问题于 1990 年通过的《关于避免因调整联属企业利润而引起的双重征税的协定》就已于 1995 年 1 月生效;此外,美国与德国、墨西哥,德国与法国、瑞典等签订的税收协定也针对税收协定的解释与适用问题规定了仲裁条款,但却未得到过适用,而且也没有得到更多国家的采用。详细可参见本书第 23 章第三节的讨论。

今国际经济领域，尤其是国际贸易领域里的两个基本原则。而这两种待遇从一定意义上说都是对国家经济主权的某种削弱，或者说是国家在国际经济合作中对经济主权的一种让与。但在国际税法领域，无论是国民待遇还是最惠国待遇都不构成一项原则。税收协定中"无差别"条款的否定表达方式，也不能成为国民待遇作为一项原则存在的依据[①]，而且澳大利亚、加拿大、新西兰对"无差别"条款均提出了保留[②]，法国和英国对该款的第1条也提出了相应的保留。国民待遇和最惠国待遇原则的排除，高度地维护了国家的税收主权。

第三节 国际税收公平原则

国际税收公平原则(principle of international tax equity)包括国际税收分配公平和涉外纳税人税负公平两个方面。这两种公平虽然处于两个不同的层面，但却紧密相连，相互影响。

一、国际税收分配公平原则

国际税收分配公平是指主权国家在其税收管辖权相互独立的基础上公平地参与国际税收利益的分配，使有关国家从国际交易的所得等征税对象中获得合理的税收份额。国家间的税收分配关系是国际税法的重要调整对象之一。各国的涉外税收立法及其所签税收协定的重要目的之一就在于确保公平的税收分配。OECD 1995年颁布的《跨国企业与税务机关转让定价指南》在序言中宣称，各成员国均把各国获得适当的税基作为国际税收的基本目标之一，也说明了国际税收分配公平原则的重要性。在国际税收领域，如果没有各国之间公平的税收分配，便没有税收的国际合作。

国际税收分配公平原则是国际经济法公平互利原则在国际税法领域里的具体运用与体现。《各国经济权利和义务宪章》第10条规定，"所有国家在法律上一律平等，并且作为国际社会的平等成员，有权充分地和切实有效地参加解决世界性的经济、财政金融以及货币等重要问题的国际决策过程，……并且公平地分享由此而来的各种效益"，将上述"公平地分享由此而来的各种效益"运用到国

[①] 联合国范本和OECD范本均在第24条规定了"无差别待遇"条款，根据该条规定，缔约国一方国民、居民、常设机构和资本在缔约国另一方负担的税收和有关条件，不应比缔约国另一国国民、居民、企业和资本在相同情况下，负担或可能负担的税收或有关条件不同或比其更重。其与通常的国民待遇的表达或概念存在明显不同，尤其是"在相同情况下"的限制，使得该条的规定更加模糊。比如外国居民和本国居民本身就被认为是在"不同的情况"下。正因为如此，一国对外资和外国企业等的税收优惠制度才被普遍实行。

[②] 《OECD税收协定范本注释》第24条第64、66、67段。

际税法领域,必然要求国际税收利益分配的公平。

实现国际税收分配的公平最关键的因素在于合理地确定各国之间税收管辖权的划分。在一项跨国所得中,一般至少要涉及两个国家,即所得来源地国和所得纳税人的居民国。该两国可分别根据来源地税收管辖权和居民税收管辖权对同一跨国所得进行征税。为了避免双重征税的发生,就必须对他们的税收管辖权进行划分。如何进行划分将涉及两国税收利益的分配问题;税收管辖权的划分是确定国家之间税收分配关系的基础。强调来源地税收管辖权对所得来源地国或资本输入国较为有利,而强调居民税收管辖权则对居民国或资本输出国较为有利。当两个或两个以上国家之间的资本相互输出和输入能保持平衡时,那么无论实行哪一税收管辖权,他们都可以实现税收的分配公平;但当这种资本的相互输出与输入并不能保持平衡时,就要对来源地税收管辖权和居民税收管辖权进行合理的划分,才能实现税收分配的公平。

一般地说,发达国家相互之间的资本输出入基本上是平衡的,但发展中国家与发达国家则不然,前者处于资本净输入地位,而后者处于资本净输出地位。因此,由发达国家组成的 OECD 所颁布的税收协定范本在强调居民税收管辖权时,联合国则颁布了另一范本,用以指导发展中国家与发达国家间税收协定的签订。因为 OECD 范本若适用于发展中国家与发达国家之间,必然会造成税收利益在发展中国家与发达国家之间的此消彼长,而发达国家的税收利益较大,从而造成税收利益分配的不公平。联合国范本虽然也对来源地税收管辖权进行一定的限制,但与 OECD 范本相比,来源地管辖权明显扩大,而居民管辖权则相应缩小,从而有利于实现居民国与来源地国间真正的税收分配公平。比如在建筑安装工程构成常设机构的时间限定上,OECD 范本规定为 12 个月以上,而联合国范本为 6 个月以上,在特殊情况下还可以缩短为 3 个月;再如,OECD 范本把"交付"货物的设施排除在常设机构之外,而联合国范本则规定,经常交付货物或商品的固定营业地点也可构成常设机构。此外,联合国范本还规定,在另一国从事保险业务的雇员也可构成常设机构,等等。总之,联合国范本对两种税收管辖权等作了与 OECD 范本不同的规定与协调,从根本上反映了国际税收分配公平这一原则。

在国际税收协定中,预提税率的规定也反映了税收分配公平原则。[①] 目前几乎所有的税收协定都有对消极投资所得的预提税率进行限制的条款。OECD 范本将预提税率限制在 15% 以内,联合国范本虽然没有规定具体的预提税率,但也主张对预提税率进行限制。对预提税率进行限制,其目的就是要使居民国也能分享到一定的税收利益,而不至于使消极投资所得的税收利益被来源地国

---

① Lorraine Eden, Taxing Multinationals: *Transfer Pricing and Corporate Income Taxation in North America*, University of Toronto Press, 1998, p.82.

独占,从而使来源地国和居民国之间形成合理的税收收入分配。

此外,关联企业转让定价的公平交易原则也在一定程度上反映了国际税收分配公平的原则。关联企业之间通过转让价格进行交易,固然是以减少关联企业集团总税负为目的,但在客观上却减少了有关国家的税基,损害其税收利益,并扰乱了国家与国家之间的税收分配关系。当关联企业之间进行转让定价时,有关国家便可根据公平成交价格标准对关联交易进行定价,使该国从关联交易中得到应得的合理税收份额。

在现行国际税收法律制度与规范中,可以反映国际税收分配公平原则的内容很多,此处不一一列举。可以说,国际税收分配公平原则贯穿了国际税法的全部内容。

二、涉外纳税人税负公平原则

税收是国家对私有财产权的合法剥夺,但这种剥夺必须建立在公平的基础之上。纳税人税负公平包括横向公平与纵向公平。所谓横向公平是指经济情况相同的纳税人承担相同的税收,而纵向公平是指经济情况不同的纳税人应承担与其经济情况相适应的不同的税收。在各国所实行的个人所得税中,累进税率就被认为体现了税负公平的原则,不仅使得相同的所得承担相同的税收,不同的所得承担不同的税收,而且使所得越高,适用的税率也越高。这里所指的涉外纳税人税负公平是指涉外纳税人所承担的税收与其他的纳税人所承担的税收相公平。一般地说,一项国际税法规则只有符合纳税人税负公平原则,才能使涉外纳税人自觉履行纳税义务,从而使国际税法有效实施。

在现行国际税收制度中,有很多内容都反映了涉外纳税人的税负公平原则。比如,避免双重征税和防止避税与逃税就反映了涉外纳税人税负公平的原则。其实,避免双重征税和防止避税与逃税在一定意义上说就是税负公平原则的直接要求之一。因为双重征税产生的过度征税或由避税或逃税引起的征税不足都会造成一种税负不公。前者使双重纳税人本身处于不利的不公平地位,而后者使守法足额交税的纳税人处于不利的不公地位。因此国际税法中涉及避免双重征税和防止避税与逃税的众多制度与规范都反映了涉外纳税人税负公平的原则。

税负公平也是国内税法的一项基本原则,但国际税法领域的税负公平要比国内税法的税负公平复杂得多。公平是相对而言的。在国内税法中,税负公平以非涉外纳税人为参照对象,参照对象单一,公平较易得到实现。而在国际税法领域,情形则有所不同。因为一个涉外纳税人通常都要既受到来源地国的优先税收管辖,又要受到居民国的最终管辖,有可能要分别在来源地国和居民国两次纳税。这样一来,纳税人税负公平就会有两个标准,即来源地国的标准和居民国的标准。因此,当以上两个标准不同时,纳税人只能在其中一个国家实现税负公平,而不能同时在两个国家实现税负公平。比如,当居民国对纳税人在来源地国的所得实行免税时,纳税人在来源地国境内的税负是公平的,但与居民国的纳税人相比就不一定公平,因为在居民国的税率高于来源地国的税率时,与该纳税人所得相同的居民国纳税人所负担的税收则要相对较高;当居民国对纳税人的来源地国所得不予免税,而其税率高于来源地国的税率时,纳税人根据税法在居民国和要补缴相应税款,这时该纳税人与居民国的纳税人相比实现了税负公平,但却与来源地国的纳税人相比又不公平了。因此,当一个国家制定涉外税法时,究竟是只把居民纳税人纳入公平的考虑范畴之内,还是把非居民也纳入考虑范畴之内,是两种不同的公平标准。

事实上,一个国家很难对在本国境内的非居民制定一个公平标准。而对一个纳税人的税负是否公平进行衡量,则需要对所有有关国家的税法进行综合累积评估,而不能仅从一国的税法进行判断。

第四节 国际税收中性原则

所谓国际税收中性原则(principle of international tax neutrality)是指国际税收体制不应对涉外纳税人跨国经济活动的区位选择以及企业的组织形式等经济选择产生影响。一个中性的国际税收体制应既不鼓励、也不阻碍纳税人在国内进行投资还是向国外进行投资,是在国内工作还是到国外工作,或者是消费外国产品还是消费本国产品。[①]

税收中性同时也是国内税法的一项基本原则。它要求政府的税收活动不影响企业的经营决策,包括企业的组织形式、税基的分配、债务的比例以及价格的制定等。即使企业的决策不具有经济合理性,也不应通过税收施加影响。在通常情况下,是否具有中性往往成为衡量国内税法是否为良法的标准之一。在国际税法领域内,税收中性仍具有同样的重要地位。良好的国际税法就不应对资本、劳务和货物等在国际间的流动产生影响,从而有助于实现生产要素在世界范围内的合理利用。事实上,目前各国签订税收协定、进行国际税收合作的一个重要目标也就是要促进货物、劳务等在国际间的交流和资本在国际间的流动。

国际税收中性原则可以从来源地国和居民国两个角度进行衡量。从来源地国的角度看,就是资本输入中性,而从居民国的角度看,就是资本输出中性。资本输出中性(capital export neutrality)要求税法既不鼓励也不阻碍资本的输出,使

---

① Lorraine Eden, *Taxing Multinationals: Transfer Pricing and Corporate Income Taxation in North America*, University of Toronto Press, 1998, p.74.

国内投资者和境外投资者的相同税前所得适用相同的税率;资本输入中性(capital import neutrality)要求位于同一国家内的本国投资者和外国投资者在相同税前所得情况下适用相同的税率。税收协定中的资本无差别,实质上就是资本输入中性。

但资本输出中性与资本输入中性在内容上却存在着一定的对立或矛盾,比如前者要求居民国对其居民的全球所得进行征税,并对外国来源所得的外国税收实行抵免,而资本输入中性则要求居民国对所有的外国来源所得实行免税。因此,资本输出中性与资本输入中性在理论上本身即存在着矛盾,而且难以统一。一国若强调资本输出中性,就可能偏离资本输入中性;反过来,一国若强调资本输入中性,则又可能偏离资本输出中性。因而,一个国家究竟应实行怎样的税收政策才能既坚持资本输出中性、又符合资本输入中性,目前尚没有一个适当的答案。这也就为一个国家选择符合其自身利益要求的税收政策提供了充分的理由。所以国际税收中性原则往往难以得到严格的执行,偏离国际税收中性的做法可谓比比皆是。

在实践中,一个国家在制定税法时,资本输出中性往往并不是首要标准,而资本输入中性也常常被一些国家为了吸引外资而采取的税收优惠措施所扭曲。一般地说,发达国家的税法比发展中国家的税法更趋向于中性,比如,美国对内资和外资基本上采取的是同等的税收政策,对外资没有税收优惠,实行资本输入中性;而对海外投资,一般也不实行税收饶让制度,坚持资本输出中性。而发展中国家由于资金缺乏,其所制定的税收政策往往总是鼓励外资的输入而限制资本的输出。

尽管由于资本输出中性和资本输入中性的本身所存在的内在矛盾,使得在国际税收实践中偏离税收中性的做法较为常见,但坚持税收中性的做法也更为普遍,国际税收中性作为一项基本原则仍在国际税法中予以强调。避免双重征税和防止避税与逃税这一国际税法的重要目标,总体上就体现了国际税收中性原则。一旦允许双重征税或避税与逃税,企业投资区位选择的决策必然会受其影响。另外,常设机构原则的确定,其中也包含了避免因投资区位和企业组织形式等的不同而承担不同的税负,因而也是税收中性原则的体现。

第五节 国际税收效率原则

一、税收效率原则的含义

税收效率原则被认为是西方税法的四大基本原则之一。[①] 税收效率原则,

[①] 参见刘剑文:《西方税法基本原则及对我国的借鉴作用》,载《法学评论》1996年第3期。

就是以最小的费用获取最大的税收收入,并利用税收的经济调控作用最大限度地促进经济的发展,或者最大限度地减轻税收对经济发展的妨碍。

税收的效率,通常有两层含义:一是行政效率,也就是征税过程本身的效率,它要求税收在征收和缴纳过程中耗费成本最小;二是经济效率,就是征税应有利于促进经济效率的提高,或者对经济效率的不利影响最小。

税收行政效率,可以税收成本率即税收的行政成本占税收收入的比率来反映,有效率就是要求以尽可能少的税收行政成本征收尽可能多的税收收入,即税收成本率越低越好。显然,税收行政成本,既包括政府为征税而花费的征收成本,也包括纳税人为纳税而耗费的缴纳成本,即西方所称的"遵从成本"(compliance cost)。亚当·斯密和瓦格纳所称的"便利、节省"原则,实质上就是税收的行政效率原则。便利原则强调税制应使纳税人便于履行纳税义务,包括纳税的时间、方法、手续的简便易行。这无疑有利于节省缴纳成本,符合税收的行政效率要求。而节省原则,即亚当·斯密和瓦格纳所称的"最少征收费用原则",它强调征税费用应尽可能少。亚当·斯密说得很清楚,"一切赋税的征收,须使国民付出的,尽可能等于国家所收入的"。这里的所谓费用,实际只限于政府的征收成本。需要指出的是,税收的征收成本和遵从成本是密切相关的,有时甚至是可以相互转换的,一项税收政策的出台,可能有利于降低征收成本,但它可能是以纳税人遵从成本的增加为代价的,或者相反。这说明,税收的行政效率要对征收成本和遵从成本进行综合考虑,才有真正意义。

税收的经济效率是税收效率原则的更高层次。经济决定税收,税收又反作用于经济。税收分配必然对经济的运行和资源的配置产生影响,这是必然的客观规律。税收的经济效率要求精简、有效,尽可能地减少税收对社会经济的不良影响,或者最大程度地促进社会经济良性发展。理解税收的经济效率,可以从以下几个方面把握:

(1) 要求税收的"额外负担"最小。所谓税收的额外负担,简单地说就是征税所引起的资源配置效率的下降,它是税收行政成本以外的一种经济损失,即"额外负担",因此,相对于税收行政成本,通常又将之称为税收的经济成本。亚当·斯密虽然没有提出税收的经济效率原则,也没有提出税收额外负担或税收经济成本的概念,但他认为,通过市场这只"看不见的手"进行自我调节的经济运行是最佳的,也就是说,通过市场配置资源的效率是最好的,任何税收的开征,都会对良好的经济运行产生不利的影响,导致资源配置的扭曲。因此,他主张自由放任政策,在税收上认为政府征税应越少越好。这实际上是以税收对经济的影响总是消极的,税收总是不利于经济发展的看法为立论前提的。因此,从逻辑上讲,在政府必然要征税的前提下,自然要求政府征税要尽量减少对经济行为的扭曲。再加上不同的征税方式,对经济的影响或说扭曲程度是不同的,因此,政府应选择合理的征税方式,以使税收的额外负担最小。

(2) 税收经济效率要求保护税源。瓦格纳对亚当·斯密的不干预政策提出了校正,认为税收具有促进经济发展的积极作用,政府征税应尽量避免税收对经济的不利影响,而发挥税收对经济的促进作用。基于此,他提出了税收的国民经济原则,包括税源选择原则和税种选择原则,他认为,为保护和发展国民经济,使税收趋利避害,政府征税应慎重选择税源。原则上,税源应来自国民收入,而不应来自税本,即税收的本源。通常认为,国民生产是税本,国民收入是税源,原则上税收只能参与国民收入的分配,而不能伤及国民生产。

(3) 要求通过税收分配来提高资源配置的效率,这也是税收效率的最高层次。这一层次是基于对税收调控作用的积极认识,认为税收不只是消极地作用于经济。由于市场并没有如亚当·斯密等古典经济学家所说的完美和有效,现实中存在市场失灵,因此,政府有必要进行干预,而税收分配就是政府干预经济的有效手段。从税收本身来说,不合理的税制固然会引起资源配置的扭曲,因而存在税收的经济成本。但若税制设计合理,税收政策运用得当,则不仅可以降低税收的经济成本,而且可以弥补市场的缺陷,提高经济的运行效率,使资源配置更加有效。这就是说,不适当的税收会产生额外负担,征税具有经济成本,具体表现为资源配置效率因征税而下降;而适当的、合理的税收,则会产生"额外收益",征税具有经济效益,具体表现为资源配置效率因征税而提高。税收效率原则的高层次要求,就是要积极发挥税收的调控作用,以有效地促进经济的发展。西方现代税收理论中的税收稳定经济原则,实际上就属于这一层次的效率要求。它强调通过税收的内在稳定机制和税收政策的相机抉择来熨平经济波动,以实现经济的稳定增长。

二、国际税收效率原则的含义与内容

税收效率原则是国内税法的一项基本原则,亚当·斯密等在论述税收效率原则时也是针对国内税法而言的,那么在国际税法中是否也存在税收效率原则,即国际税收效率原则呢?对此,在先前的著述中鲜有所见。但是,我们认为,国际税收效率原则应该成为国际税法的一项基本原则。

如前所述,国际税法是一门主要调整涉外税收征纳关系和国际税收分配关系的法律部门。在国际税法所调整的两种关系中,就前者而言,法律的目的显然是为了能使国家在涉外税收中获得较高的税收收入;而就后者而言,其显然也是为了能使参与国际税收分配的有关国家都能获得合理的税收收入。而国家要获得合理的税收收入,就必须要讲究税收的效率。

其实,国际税收效率原则是国内税法的税收效率原则向国际税法领域延伸的结果,因此关于国际税法的税收效率原则的概念也可作如下表述:以最小的税

收成本获取最大的国际(涉外)税收收入,并利用税收的经济调控作用最大限度地促进国际(涉外)经济的发展,或者最大限度地减轻税收对国际(涉外)经济发展的妨碍。当然,与国内税法的税收效率一样,国际税法中的税收效率原则也包括税收行政效率和税收经济效率两个方面。就行政效率而言,其要求享有税收管辖权的所有相关国家应进行税收的行政协调与合作,在对纳税人实现征税的同时,使所有国家的征税成本降至最低;而就经济效率而言,则要求税的征收不至于阻碍世界经济的发展。

国际税收的效率原则体现在国际税收法律制度的各个方面。来源地国享有优先税收管辖权,而居民国负有避免双重征税的义务,就既体现了税收的行政效率又体现了税收的经济效率;国家之间缔结税收协定合理划分税收管辖权并进行税收情报交换等,协调税收体制,进行税收征管合作,也都既体现了税收的行政效率又体现了税收的经济效率。避免双重征税实际上就是为了避免双重征税对国际货物和资本的流动造成障碍,不利于各国经济和世界经济的发展,而防止逃避税则主要是为了避免逃避税给国家的税收收入造成损失;各国根据自己的经济发展需要而采用不同的税收体制,有的国家对外商投资企业采取优惠的税收体制,强调国际税收协调与合作,避免国际有害税收竞争等,都体现了国际税收的经济效率原则。

国际税收的效率原则与国际税法的其他几项基本原则也是紧密联系的。国家税收管辖权之所以要独立,目的就是为了能使国家获得较高的税收收入,采取有利于本国经济的发展的税收体制,税收的公平原则则有利于使国家获得合理的税收收入,而国际税收之所以要求中性,也是为了避免国际税收对经济造成扭曲,从而阻碍经济的发展。

本 章 小 结

国际税法的基本原则是普遍适用于国际税法的各个方面和整个过程,构成国际税法的基础,并对国际税法的立法、守法、执法等均具有指导意义的基本准则。国际税法有四项基本原则,即国家税收主权原则、国际税收公平原则、国际税收中性原则和国际税收效率原则。国际税收主权原则是指国际税收中一国在决定其实行怎样的涉外税收制度以及如何实行这一制度等方面有完全的自主权,不受其他任何国家和组织的干涉;国际税收公平原则则包括国际税收分配公平和纳税人税负公平两个方面;国际税收中性原则是指国际税收体制不应对涉外纳税人跨国经济活动的区位选择以及企业的组织形式等经济决策产生影响;而国际税收效率原则,就是以最小的费用获取最大的税收收入,并利用税收的经济调控作用最大限度地促进世界经济的发展,或者最大限度地减轻税收对世界经济发展的妨碍。

思考与理解

1. 国际税法的基本原则有哪些?
2. 如何理解国家税收主权原则?
3. 如何理解国际税收公平原则?
4. 如何实现国际税收中性原则?
5. 谈谈国际税收效率与国内税收效率的异同。

课外阅读资料

1. 高尔森主编:《国际税法》(第 2 版),法律出版社 1993 年版。
2. 刘剑文主编:《国际税法》,北京大学出版社 1999 年版。
3. 廖益新主编:《国际税法学》,北京大学出版社 2001 年版。
4. 刘剑文:《西方税法基本原则及对我国的借鉴作用》,载《法学评论》1996 年第 3 期。
5. 刘永伟:《国际税法基本原则之探讨》,载《法制与社会发展》2002 年第 1 期。
6. 刘永伟:《国家税收主权的绝对性考——以国际税收专约争议解决机制为视角》,载《法商研究》2010 年第 5 期。

第二编 税收管辖权

第三章 税收管辖权概述

税收管辖权是国际税法的一个基本概念。国际税法的种种问题,可以说均与各国行使的税收管辖权密切相关。本章将阐明税收管辖权的概念与依据,初步探讨属人性质的税收管辖权与属地性质的税收管辖权,并介绍各国税收管辖权的实施现状。

第一节 税收管辖权的概念与依据

一、税收管辖权的概念

税收管辖权(tax jurisdiction),是指一国政府行使的征税权力。基于这种权力,一国政府可以决定对哪些人征税,征何种税,征多少税及如何征税。具体而言,税收管辖权的内容包括以下方面:

(1)谁来行使征税权。即谁有权征税,这是税收管辖权的实质与核心。毫无疑问,有权征税的只能是主权国家,只有主权国家才能凭借所拥有的政治权力,向社会组织或个人强制课征税收。国家构成税收管辖权的行使主体。

(2)对谁行使征税权。任何主权国家都有权规定什么人构成本国的纳税实体,即什么人在本国负有纳税义务。负有纳税义务者即纳税人,构成税收管辖权的纳税主体。

(3)对什么行使征税权。此即税收管辖权的客体。一国的征税客体可以是商品或劳务的流转额,可以是所得额,也可以是财产的价值、资源的收益和特定的行为。

(4)征多少税。这里涉及税基和税率的确定,是决定纳税人税收负担的关键因素。

(5)如何行使税收管辖权,涉及征税期限、地点和方式等。

二、税收管辖权的依据

国家行使税收管辖权的依据在于国家主权。国家主权,是国家的根本属性,在国际法上是指国家有独立自主地处理内外事务的权力。① 它具有两方面的特性,即对外的独立权、对内的最高权。税收管辖权是国家主权在税收方面的体现,因此,它也就具有主权的固有属性,即独立性和排他性。这两大特性意味着任何一个国家在税收事务方面行使的权力都具有完全的自主性,可以根据本国的经济、政治的实际情况和法律传统等因素,按照自己的意志确立税制,不受任何外来的干涉与控制。

但应看到,任何国家都不是一个孤立存在的政治实体,而是置身于国际社会之中。国际社会由主权彼此平等的国家组成,各国的税收管辖权亦是平等的。在各个国家平行行使税收管辖权的情况下,任何国家的税收管辖权都不可能是无限的,而是受到一定的限制和约束。换言之,一国行使税收管辖权时不得侵犯他国主权,这在事实上构成一种对税收管辖权的约束。② 这种主权约束具体表现在:未经国家间条约的安排或对方国家的事先同意,一国的税务机关不得在另一国境内实施税收征管行为,如向外国境内的纳税人送达纳税通知书,为课税的目的在外国境内收集税收情报等。另外,根据国际法,一国政府也不得对享有税收豁免权的外交代表机构和使领馆人员行使税收管辖权。这既是出于对外交代表所代表国家的尊重,也是为了方便外交代表有效地执行其职务。外交税收豁免是一项国际税收惯例,又为1961年的《维也纳外交关系公约》和1963年的《维也纳领事关系公约》所确认。如果一国政府根本拒绝给予外交代表机构及人员税收豁免,在国际法上将被视作一种违法行为。所以,外交税收豁免事实上构成了对国家税收管辖权的一种限制。

我们知道,税收是国家凭借其政治权力征收的,这一本质特征决定了一个国家行使其征税主权的权力不能超越这个国家政治权力所能达到的范围的限制,即税收管辖权只有在国家管辖权的范围内才能确定。一般认为,国际法中的国家管辖权指的是国家通过立法、司法和行政的手段对人和事物实行控制的权力。管辖权既是国家的一项基本权力,同时又是国际法赖以解决国家之间权限分配的一项重要制度。③ 国家根据领域和国籍这两个联系因素行使管辖权,即领域管辖和国籍管辖,是各国公认的国际法规则。所谓领域管辖,又称属地管辖,指国家对其领域内的一切人和物以及所发生的事有权行使管辖。这里所说的领域

---

① 梁西:《国际法》(第二版),武汉大学出版社2000年版,第64页。
② 杨斌:《国际税收》,复旦大学出版社2003年版,第3页。
③ 江国青主编:《国际法》,高等教育出版社2010年版,第99页。

包括领陆、领空、领海和领海的地下层,也包括大陆架和专属经济区。任何国家对在其领域内的人、物和所发生的事,皆有权根据本国的法律规章进行管辖,但根据国际法享受外交特权与豁免者除外。① 国籍管辖又称属人管辖,指国家对其国民(不论其处于领域内还是领域外)的管辖权。但因根据领域管辖,国家可对其领域内的一切人行使管辖权,所以严格地讲,国际法中的国籍管辖是指国家对其领域外的本国国民的管辖权。② 税收管辖权是国家管辖权在税收领域的体现,各国在主张行使征税权时也应遵循属地原则和属人原则。一国政府如果仅凭主观意愿,对与本国既不存在属地联系也没有属人联系的人或征税对象主张征税权,不仅在国际法上缺乏法律依据,而且在实践中也难以实现。所以,在国际税收实践中,各国都是以纳税人或征税对象与本国的主权存在着某种属人或属地性质的连结因素作为行使税收管辖权的前提或依据,这种属人性质的连结因素就是税收居所,属地性质的连结因素就是来源地。

第二节 属人性质的税收管辖权

税收居所是国家按照属人原则行使税收管辖权的前提条件,也同时决定了纳税主体的无限纳税义务。属人性质的税收管辖权,亦称为从人课税,是指征税国根据税收居所联系对纳税人来自境内境外的全部所得和财产价值予以征税。它可细分为居民税收管辖权和公民税收管辖权。

一、税收居所

所谓税收居所(tax residence),是指纳税人与征税国之间存在着以人身隶属关系为特征的法律事实。在自然人方面,这种隶属关系的形成主要依据个人在征税国境内是否拥有住所、居所或具有征税国的国籍;在法人方面,则主要依据法人是否在征税国注册成立或者总机构、管理控制中心是否设在征税国境内等。一个自然人或法人,如果与征税国存在上述税收居所联系,就是该国税法上的居民纳税人(resident taxpayer),或称税收上的居民,而这个征税国也相应地被称作该纳税人的居民国。反过来,如果一个纳税人不具有某一特定国家的居民身份,则属于该国税法上的非居民(nonresident taxpayer),这个国家对于该纳税人而言则是非居民国。

---

① 参见端木正主编:《国际法》(第2版),北京大学出版社1997年版,第79—80页。
② 江国青主编:《国际法》,高等教育出版社2010年版,第102页。

二、居民税收管辖权和公民税收管辖权

居民税收管辖权(resident jurisdiction to tax),亦称居民课税原则,指征税国基于纳税人与征税国存在居民身份关系的事实而主张行使的征税权。在这里,居民身份关系的法律事实指满足征税国税法上规定的居民条件,如自然人在征税国存在住所、居所,或停留达到一定时间;法人在征税国注册或在征税国设有总机构或实际管理控制中心。凡是符合一国居民条件的纳税人,即属于该国税法上的居民。

由于居民纳税人与居民国存在居民身份的人身隶属关系,居民国可以主张对居民纳税人全世界范围内的一切所得和财产价值征税。因此,在征税国的居民管辖权下,纳税人承担的是无限纳税义务(unlimited tax liability),即纳税人不仅要就来源于居民国境内的所得和财产承担纳税义务,而且还要就来源于居民国境外的所得和财产向其居民国承担纳税义务。①

公民税收管辖权(citizen jurisdiction to tax),又称国籍税收管辖权,指一国政府对具有本国国籍者在世界范围内取得的一切所得和财产价值行使征税权。在这种税收管辖权下,征税国所考虑的只是纳税人是否具有本国国籍,不论其与征税国之间是否存在实际的经济利益联系,均要就其世界范围内的一切所得和财产价值征税。

国籍的确定对于国家行使公民税收管辖权具有重要意义。国籍表明一个人同特定国家之间固定的法律联系,涉及国家主权和重要利益。所以,各国都把国籍问题保留在国内管辖的范围内。按照现行国际法,国籍问题属于国内管辖事项,每个国家都有权以自己的法律规定国籍的取得、丧失、恢复等事宜。根据各国的国籍立法和实践,自然人国籍的取得主要有两种方式:一种是因出生而取得国籍,有的国家采用出生地主义,有的国家实行血统主义,有的国家兼采出生地主义和血统主义。另一种是因加入而取得一国国籍,具体又可分为自愿申请入籍,由于婚姻、收养和交换领土入籍。

在实行公民税收管辖权的国家,具有该国国籍的自然人负有无限的纳税义务,即使此人不居住在该国境内也不例外。美国是实行国籍税收管辖权的国家之一。在确定公民税收管辖权方面,美国联邦法院1924年就库克诉泰特一案所作的判决具有重要影响。该判决指出,美国征税权的根据并不取决于纳税人财产的坐落地点,它可以是在美国境内也可以是在美国境外;也不取决于纳税人的住所所在,即使住所在美国境外;而是取决于纳税人与美国的国籍联系。基于这种国籍联系,国籍国有权对其公民征税,尽管其住所、取得收益的财产都处在某

---

① 参见廖益新主编:《国际税法学》,北京大学出版社2001年版,第30页。

一外国境内。①

库克诉泰特案
（1924 年）

  该案中的原告库克(Cook)是美国公民,后来移居墨西哥。他在墨西哥取得了永久居民身份,一直居住在墨西哥城,并从其拥有的位于墨西哥的财产中获得收入。美国国内收入署马里兰地区收税官泰特(Tait)责令库克就这笔收入向美国缴纳1193.38美元税款,库克依从了这一指令,但同时提出抗议,声明产生该项收入的财产位于墨西哥城,并在支付了第一笔税款298.34美元后向美国联邦法院提起诉讼。原告认为,美国税务机关行使税收管辖权必须满足以下两个条件,即获得收入的个人及产生收入的财产均位于美国境内。因此,美国税务机关无权对一个长住墨西哥城并有住所的美国人就其从位于墨西哥城的财产取得的收入征税。但原告的观点没有得到联邦法院的支持。联邦法院指出,征税权的存在不在于当事人的财产是否处于美国境内以及当事人是否是他国的永久居民。② 这种权力是由政府保护公民及其无论处于何处的财产的本质特征决定的。这种关系决定了美国政府对居住在国外且财产也在国外的美国公民拥有税收管辖权。联邦法院最终判定本案中美国政府的征税是合法的,原告应向美国税务机关缴税。

  居民税收管辖权与公民税收管辖权都是管辖权属人主义在税收上的反映。坚持属人性质税收管辖权的主要理由在于:国家对居民或公民及其财产提供法律保护和公共产品,居民或公民理所应当地要向国家履行纳税义务。并且,居民或公民对其居民国或国籍国承担的纳税义务是无限的,即无论其所得或财产价值来自于或存在于该国境内还是境外,都应承担纳税义务。

  应当指出的是,目前只有美国、墨西哥、荷兰以及保加利亚等少数国家还主张对自然人依据国籍身份行使征税权。③ 依据公民与国家间的国籍从属关系主张对公民的境内外所得或财产征税,虽然在法律上有充分的根据,而且判断标准简单明了,但应看到,由于生产力的发展,各国的经济生活越来越趋于国际化。尤其是随着跨国公司在全球范围内的迅速崛起和发展壮大,国际上的资本和人

---

  ① Ray August, *International Business Law*, 3rd edition, Pearson Education North Asia Limited and Higher Education Press, 2002, pp.707—708.
  ② 参见李金龙主编:《税收案例评析》,山东大学出版社2000年版,第124—125页。
  ③ 龙英锋主编:《国际税法案例教程》,立信会计出版社2011年版,第6页。

员流动急剧增加。一国如果完全依据国籍身份对其公民主张无限的征税权,在公民长期居住国外并且主要所得或财产源于或存在于国外的情形下,不仅缺乏经济上的合理性,而且存在征管上的困难,并极易与他国税收管辖权发生摩擦和冲突。而居民与产生所得的经济活动地点往往存在密切联系,依据居民身份主张全面的征税权也具有征收管理上的便利。因此,绝大多数国家都实行居民税收管辖权,而不考虑公民税收管辖权,以至于属人性质的税收管辖权通常就被称为居民税收管辖权。

第三节 属地性质的税收管辖权

来源地是国家根据属地原则行使税收管辖权的前提条件,也同时决定了纳税主体的有限纳税义务。属地性质的税收管辖权是从源课税,又称来源地税收管辖权,系根据来源地这一连结因素对纳税人来自于本国境内的所得或财产价值主张行使的征税权。

一、来源地

在国际税法中,"来源地"一词是一个广义的概念,指征税对象与之存在经济上的源泉关系的国家或地区。换言之,如果某项所得或财产价值被认为与某国或某地区存在经济利益上的联系,该项所得或财产价值将被视为源自该国或该地区。

来源地包括所得的来源地(the source of income)和财产的存在地(the situation of property)。在所得税法上,纳税人的各项所得和收益一般划分为四大类,即营业利润、投资所得、劳务所得和财产所得。关于不同性质所得的来源地的确定,并不存在一套有约束性的国际规则。各国往往根据自己的理解,从维护本国利益出发,以法律的形式规定对不同性质所得的来源地的判定标准。这样一来,就导致了来源地判定标准的不完全一致,从而造成来源地的冲突,需要建立某种协调规则,使一笔所得只有一个来源国。与所得来源地的确定相比,财产所在地的识别比较简单。如土地、房屋等不动产的所在地在各国税法中均是以其实际坐落地为准,至于各种动产,一般是以其实际存在的地点为其所在地。不过,如船舶、飞机等交通运输工具动产,大多以其注册登记地为其所在地或价值存在地。

二、来源地税收管辖权

来源地税收管辖权(source jurisdiction to tax),是征税国基于所得或财产源自或存在于本国境内的事实而主张行使的征税权。在这种税收管辖权下,征税国只是依据征税对象与本国领域存在经济上的源泉关系这一事实而主张征税权,并不考虑纳税人的居民或国籍身份归属。因此,在一个实行来源地税收管辖权的国家,一个纳税人若有来源于或存在于该国境内的所得或财产价值,这个国家就可以对其征税,即使这个纳税人是一个外国的居民或公民。相反,一个纳税人如果没有来源或存在于该国领土范围内的所得或财产价值,这个国家就不能对其征税,即使这个纳税人是本国的居民或公民。[①] 这种"从源课税",既表现出国际间经济利益分配的合理性,也有利于税收征管。因此,来源地税收管辖权被世界各国普遍采用。并且,有少数国家和地区只实行单一的来源地税收管辖权,规定只对来源于本地区或本国境内的所得或位于本地区、本国的财产征税,来源于境外的所得或位于境外的财产不征税。[②] 巴西、法国虽然在个人所得税的征收上兼采居民税收管辖权和来源地税收管辖权,但在对公司的征税方面只实行来源地税收管辖权,仅对其源于本国境内的所得征税。

依据来源地这一因素,来源地国有权要求有源于本国所得或存在于本国财产价值的人承担纳税义务。这样的人既可以是本国居民纳税人,也可能是本国的非居民纳税人。由于许多国家还同时采用居民税收管辖权,对于本国居民纳税人,征税国基于居民税收管辖权就可以征税,故从这个意义上来讲,来源地税收管辖权可以说是征税国对非居民纳税人行使的征税权。由于非居民纳税人的这部分所得位于来源地国的领域管辖范围内,非居民纳税人只有履行了纳税义务才能将有关所得转移出境。因此,即使非居民纳税人未置身于来源地国境内,来源地国的税收管辖权也是可以实现的。与居民纳税人相比,处于来源地税收管辖权下的非居民纳税人承担的是有限的纳税义务(limited tax liability),因其仅限于就从来源地国境内获得的那部分所得或财产价值,向来源地国承担纳税义务。至于他在其居民国和其他国家的所得或财产价值,则不在来源地国的税收管辖权范围内。

如前所述,来源地税收管辖权属于从源征税,是对来源于本国境内的所得和存在于本国境内的财产价值的征税。在单一采用来源地税收管辖权的国家,无居民与非居民之分,这一管辖权适用于所有拥有源于本国的所得和财产价值的人,包括本国人和外国人。而在兼采居民税收管辖权和来源地税收管辖权的国家,这一管辖权主要是针对非居民的。这是因为居民的境内外所得和财产均处于居民税收管辖权的控制之下,而非居民并不受制于此,所以需要采用来源地税收管辖权来填补居民税收管辖权留下的空当,对非居民源于该国境内的所得和

---

① 王铁军、苑新丽主编:《国际税收》,经济科学出版社2002年版,第27页。
② 杨斌:《国际税收》,复旦大学出版社2003年版,第3页。

财产予以征税。①

对非居民行使来源地税收管辖权的核心问题,在于纳税人是否取得源于本国的所得。② 因此,对于实行来源地税收管辖权的国家而言,来源地的判定极为关键。并且,来源地的判定对居民税收管辖权的行使也有重要意义。居民国固然可以对居民的境内、境外所得征税,但许多国家为了避免国际重复征税,在对居民的境外所得部分征税时会采取一些相应措施。因而,实行居民税收管辖权的国家同样有必要判定居民的所得源于境内或源于境外。当纳税人的所得具有跨国因素,即所得的来源地与所得受益人的居住地不在同一国境内时,就会出现所得来源地的判定问题。对于不同所得来源地的判定,各国立法和实践中所采纳的标准和原则并不完全一致,也不存在一套有拘束力的国际规范。这样一来,在对跨国所得的征税方面,各国管辖权的冲突就有可能发生。不过,应予说明的是,在某些所得来源地的判定方面,一些为许多国家所采纳的标准已逐渐地被国际社会所接受。例如,为联合国范本和 OECD 范本所采纳的来源地认定标准就得到了普遍的认同,对此,本书将在第六章详细阐述。

第四节 各国税收管辖权实施现状

税收管辖权是国家主权在税收方面的体现,是国家主权的重要内容,因此,任何一个主权国家都有权根据自己的国情,从维护本国利益的角度出发,选择适合本国的税收管辖权。从各国税收管辖权的实施现状来看,兼采居民税收管辖权和来源地税收管辖权较为普遍,有些国家在此之外还主张公民税收管辖权,但也有少数国家仅仅实行单一的来源地税收管辖权。

一、兼采居民税收管辖权与来源地税收管辖权

在居民税收管辖权与来源地税收管辖权中,后者应该说是比较理想的。它是从源征税,具有合理、方便的优点。但从当今国际税收的实践来看,绝大多数国家都同时行使这两种税收管辖权。这主要是从国家的税收利益来考虑的。在开放的国际经济条件下,一方面是本国资本、技术、劳务的输出,另一方面又会有外国的资本、技术、劳务等的输入。如果一个国家只是单一地行使居民税收管辖权,它就只能对属于本国的居民来自世界范围内的所得、财产价值征税,对其他国家和地区的居民来源于或存在于本国境内的所得或财产价值则不能征税,这

---

① 王铁军、苑新丽主编:《国际税收》,经济科学出版社2002年版,第40页。
② 在征收一般财产税的国家,还包括纳税人是否拥有存在于本国的一般财产价值。由于征收一般财产税的国家不多,在此方面的管辖权冲突较少发生。

样就会丧失本国的一部分税收利益；如果一个国家只是单一地行使来源地税收管辖权，它就只能对来源于本国境内的所得、财产价值征税，而对本国居民来源于其他国家和地区的所得和财产价值则不能征税，这样也会丧失本国一部分财权利益。因此，为了避免不应有的税收损失，同时行使居民税收管辖权与来源地税收管辖权就成为世界上大多数国家的必然选择，即一方面要求本国的居民纳税人就世界范围内的所得和财产价值承担无限的纳税义务，另一方面又主张对本国的非居民纳税人取自本国境内的所得和财产价值行使征税权。这意味着该国具有居民国与收入来源地国的双重地位。如我国《个人所得税法》规定，中国居民从中国境内和境外取得的所得、外国居民从中国境内取得的所得都要缴纳个人所得税。我国《企业所得税法》也规定，居民企业应当就其来源于中国境内、境外的所得缴纳企业所得税，非居民企业应就来源于中国境内的所得缴纳企业所得税。

值得注意的是，各国在兼采两种税收管辖权时，基于本国的经济地位，往往会侧重于维护其中的一种税收管辖权。这种情况在发达国家与发展中国家之间表现得比较突出。总体来说，发达国家与发展中国家之间的资本输出关系是单向流动，即由发达国家向发展中国家的流动，发展中国家基本上处于来源地国的地位。所以，发展中国家非常重视和强调来源地管辖权，以免外国投资者的居民国过多地对源于本国境内的所得课征本应由本国征收的税款。与此同时，发展中国家为了维护本国权益，一般也不愿放弃对本国居民世界范围所得的征税权。而发达国家从资本输出国的角度来看，大量开展的境外经济活动产生巨大的境外收益，居民来自世界各地的所得很多，从人征税显然更为有利，故大多强调行使居民税收管辖权，以期获得更多的税收利益。但与此同时，鉴于资本输入数额的庞大，发达国家也坚持对非居民源于本国境内的所得主张征税权。不同的税收管辖权体现不同类型国家的财权利益，因而，无论是发达国家还是发展中国家都会要求扩大对其有利的税收管辖权的实施范围。具体而言，发达国家作为资本、技术和高端产品输出国，通过延伸居民税收管辖权的深度，减少本国的税收流失；而发展中国家则通过拓展来源地税收管辖权的广度，来维护本国的税收权益。

在税收管辖权方面，我国也是兼采居民税收管辖权与来源地税收管辖权，但更注重强调来源地税收管辖权。这种选择是出于我国的实际情况。改革开放以来，我国对外经济交往逐步增多。一方面，许多跨国公司在我国投资，进行经营获得利润。与之相伴的是资金、技术、劳务等的大量流入，使源自我国的股息、利息、特许费、劳务报酬等所得大幅增加。在这种情况下，坚持来源地国家拥有征税权才能维护我国的权益。另一方面，随着我国经济的发展，越来越多的中国企业开始对外投资，我国居民在境外取得所得的现象也逐渐增多，仅依照来源地税收管辖权征税将使我国丧失对我国居民境外所得的征税权。所以，我国也坚持居民税收管辖权。不过，由于我国是发展中国家，在与发达国家的经济交往中更多的是作为投资的东道国,源自我国的所得相对较多,因此,我国不仅不能接受由所得取得者为其居民的国家独占征税,而且更要注意维护和坚持来源地税收管辖权。我国在与外国、尤其是发达国家谈签税收协定时所发生的大部分争议,都可以归结为来源地征税权之争,其原因就在于我们要合理地维护我国的权益。① 值得指出的是,有些学者认为,虽然我国居民的境外所得逐步增长,但毕竟不多,且征收不易,所以,我国实施居民税收管辖权的财政意义不是很大。甚至有些学者提出我国可以改采单一的来源地税收管辖权,仅对源自我国境内的所得征税,以有利于更多国际资本的流入。这种观点就目前而言不无道理,但从长远来看,随着中国经济的持续高速发展,中国居民来自境外的所得会有大幅增加。因此,对中国而言,兼采两种税收管辖权仍将是一个正确的选择。

　　一国兼采两种税收管辖权是一种普遍现象,这就不可避免地导致了税收管辖权冲突的增多。为此,大多数国家同意并遵循来源地税收管辖权优先的原则。即对同一笔跨国所得,所得来源地国有优先征税的权利。这是势所必然的。因为如果不允许来源地国优先征税,而让非居民纳税人的居民国优先征税,则所得来源地国就不会同意别国的居民在其境内投资,就不会产生利润,更谈不上征税。所以,世界上多数国家,特别是发达国家也认识到,既然允许居民向境外投资,从境外赚取所得,那么,就不能不承认来源地国家在征税上的优先权。不过,优先并不等于独占。一方面优先征税是有限制的,所得来源地国并不能对一切非居民的所得都从源征税,而只能对符合一定条件的非居民来源于本国境内的所得征税;另一方面,对应税所得也不能完全排斥纳税人居民国的税收管辖权,在来源地国优先征税后,居民国仍将视情况对居民纳税人行使征税权。因此,对于跨国纳税人的跨国所得,其来源地国可以先行征税,然后该纳税人的居民国才能行使其税收管辖权。这在国际税收实践中已为世界多数国家所承认。②

　　我国作为世界上最大的发展中国家,既是全球较大的资本、技术和产品输入国,又是新兴的资本、技术和产品输出国,应当本着互惠互利、合作双赢的精神,通过国内法和国际税收协定适度调整税收管辖权的行使范围,进一步理顺国际税收分配关系。

二、实行单一的来源地税收管辖权

　　一些国家或地区实行单一的来源地税收管辖权,只对纳税人源于本国境内的所得征税。目前,实行单一来源地税收管辖权的国家和地区主要有巴拿马、乌拉圭、阿根廷、哥斯达黎加、肯尼亚、赞比亚、马来西亚、中国的香港地区等。还有

---

① 王选汇:《避免双重征税协定简论》,中国财经出版社1987年版,第11页。
② 杨志清:《国际税收理论与实践》,北京出版社1998年版,第71—72页。

一些国家和地区仅在企业所得税的征收上实行来源地税收管辖权,但个人所得税的征收方面仍然同时实行居民税收管辖权和来源地税收管辖权。

实行单一来源地税收管辖权的多是发展中国家和地区,它们作出这种选择也是从国家或地区的整体利益考虑的。这些国家和地区在经济发展过程中迫切需要吸收外国资本和先进技术,选择单一的来源地税收管辖权是为了给外国投资者提供一种对境外收益不征税的优惠条件,借以达到吸引国际资本和先进技术的目的。这实际上是以本国一部分税收利益为代价去换取国外投资和先进技术。单一行使来源地税收管辖权,将会导致国家带来税收利益的损失。正因如此,原来实行单一来源地税收管辖权的拉丁美洲一些国家和地区,进入20世纪90年代以后,也开始将税收管辖权扩大到居民,对其居民来自世界范围的所得征税。

还应指出的是,为了防止来源地税收管辖权规则被滥用,有的国家将与国内贸易或经营以及与国内机构有实际联系的所得推定为国内来源所得,尽管非居民是从境外取得的这笔所得,但也要就其向东道国政府纳税。① 如我国2008年1月1日生效的《企业所得税法》第3条第2款规定:"非居民企业在中国境内设立机构、场所的,应当就其所设机构、场所取得的来源于中国境内的所得,以及发生在中国境外但与其所设机构、场所有实际联系的所得,缴纳企业所得税。"根据此项规定,非居民企业"发生在中国境外但与其所设机构、场所有实际联系的所得"也要在中国承担纳税义务。这里所称"有实际联系",是指非居民企业在中国境内设立的机构、场所拥有据以取得所得的股权、债权,以及拥有、管理、控制据以取得所得的财产等。② 例如,甲国某企业在乙国设立一家分支机构,通过该机构贷款给中国境外企业所获利息或出租设备给中国境外企业所获租金收入,依法应当向中国政府申报纳税。当然,如果非居民企业取得的上述所得已在境外缴纳了所得税,为了减除双重征税中国将采取相应措施。

三、同时实行来源地税收管辖权、居民税收管辖权和公民税收管辖权

个别国家在个人所得税的征收方面,除了实行居民税收管辖权、来源地税收管辖权之外,还坚持公民税收管辖权,如美国、墨西哥等。这样当然有利于扩大本国税收管辖的范围,但同时也会带来税收征管的困难。

本 章 小 结

税收管辖权是一国政府行使的征税的权力。它是国家主权在税收方面的体

---

① 朱青编著:《国际税收》(第五版),中国人民大学出版社2011年版,第27页。
② 参见《中华人民共和国企业所得税法实施条例》第8条。

现,具有独立性和排他性。各国的税收管辖权是平等的。在各个国家平行行使税收管辖权的情况下,任何国家的税收管辖权都不可能是无限的,而是要受到一定的限制和约束。在国际税收实践中,各国都是以纳税人或征税对象与本国的主权存在着某种属人或属地性质的连结因素作为行使税收管辖权的前提或依据,这种属人性质的连结因素就是税收居所,属地性质的连结因素就是所得来源地。

税收管辖权包括属人性质的税收管辖权与属地性质的税收管辖权。属人性质的税收管辖权,是指征税国根据税收居所联系对纳税人来自境内、境外的全部所得和财产价值予以征税。它可细分为居民税收管辖权与公民税收管辖权。由于绝大多数国家都实行居民税收管辖权,而不考虑公民税收管辖权,以至于属人性质的税收管辖权通常就被称为居民税收管辖权。在居民税收管辖权下,居民对其居民国所承担的纳税义务是无限的。而属地性质的税收管辖权,又称来源地税收管辖权,指根据来源地这一连结因素对纳税人来自本国境内的所得或财产价值主张行使的征税权。在来源地税收管辖权下的非居民纳税人承担的是有限的纳税义务。总的来说,发达国家强调的是居民税收管辖权,发展中国家则更为重视来源地税收管辖权。从各国的税收实践来看,兼采居民税收管辖权与来源地税收管辖权是普遍现象,有些国家在此之外还主张公民税收管辖权,但也有少数国家仅仅实行单一的来源地税收管辖权。

思考与理解

1. 什么是税收管辖权?其依据是什么?
2. 税收居所、来源地的意义何在?
3. 试述居民税收管辖权与来源地税收管辖权的区别。
4. 什么是公民税收管辖权?
5. 为什么多数国家兼采居民税收管辖权与来源地税收管辖权?

课外阅读资料

1. 陈安主编:《国际经济法学》(第五版),北京大学出版社2011年版。
2. 廖益新主编:《国际税法学》,北京大学出版社2001年版。
3. 杨斌:《国际税收》,复旦大学出版社2003年版。
4. 朱青编著:《国际税收》(第五版),中国人民大学出版社2011年版。
4. Ray August, *International Business Law*, 3rd edition, Pearson Education North Asia Limited and Higher Education Press, 2002.

第四章 居民税收管辖权

居民税收管辖权是征税国基于纳税人与征税国之间存在居民身份关系的法律事实而主张行使的征税权。对于行使居民税收管辖权的国家而言，居民身份的确定具有重要意义。只有当一个纳税人具有本国居民身份时，一国才能主张对其世界范围内的一切所得和财产价值的征税权。并且，由于一国与他国签订的税收协定一般只适用于缔约国居民，因此只有当确定纳税人具有本国居民身份时，该纳税人才能享受本国和缔约他方在税收协定中提供的利益。所以，如何确定纳税人的居民身份，就成为各国居民税收管辖权的重要内容。

关于居民身份的确定，国际上并未形成公认的统一规则，各国基本上都是根据本国的法律传统和实际情况，从维护本国税收利益的角度出发，以国内税收立法的形式规定居民身份的确定标准。居民身份的确定，主要涉及自然人、法人两个方面。

第一节 自然人居民身份的确定

关于自然人身份的确定，在各国税法实践中存在的主要标准有住所标准、居所标准、居住时间标准、国籍标准和意愿标准。

一、住所标准

住所标准(domicile criterion)，是指以自然人在征税国境内拥有住所这一法律事实的存在确定其居民纳税人的身份。采用住所标准的国家，主要有中国、日本、法国、德国和瑞士等国。

住所是一个民法上的概念，指自然人参与的各种法律关系集中发生的中心区域。在各国法律中，认定住所的标准不一，归纳起来主要有以下三种主张：一是主观说，认为住所应当以当事人长期居住的意思来决定。如《瑞士民法典》第23条第1项规定："人之住所，为以久住之意思而居住之处所。"二是客观说，认为应当以客观上实际长期居住的地点为住所。例如《日本民法典》第21条规定：以个人生活所在地为其住所。三是折中说，即将当事人长期居住的意思与客观上长期居住的事实结合起来加以考察。①

---

① 王利明：《民法总则研究》，中国人民大学出版社2003年版，第372页。

从各国的税法实践来看,采用客观标准确定自然人住所的国家居多,即一般认为,住所指一个自然人具有永久性和固定性的居住场所。例如,《德国税法通则》规定,如果一个人在德国的房屋得以保有和居住,并有证据证明之,这个人即为德国的税收居民。从相关判例来看,德国判断个人居民身份主要考虑以下方面:一个人拥有适合于永久居住且归其支配的房屋;客观事实证明该房屋由该个人保有并使用;该房屋是被连续或经常使用,不是临时住处。① 住所也是中国判定自然人税收居民身份的一项重要标准。我国《个人所得税法》第1条规定,在中国境内有住所的个人应就其从中国境内和境外取得的所得纳税。我国《个人所得税法实施条例》第2条又进一步界定了"在中国境内有住所的个人",即指因户籍、家庭、经济利益关系而在中国境内习惯性居住的个人。所谓习惯性居住,不是指实际居住或在某一个特定时期内的居住地。如因学习、工作、探亲、旅游等而在中国境外居住的,在其原因消除之后,必须回到中国境内居住的个人,则中国即为该纳税人习惯性居住地。

由于住所具有永久性和固定性的特征,采用住所标准,较易确定纳税人的居民身份。但是,住所不一定反映个人的真实活动场所和实际经济联系,尤其是在国际经济交往日益频繁的现代社会,个人的经济活动范围日益扩大,个人实际从事经济活动场所与住所不一致已成为一种普遍现象。如果单纯以住所标准确定纳税人的居民身份,难免会发生纳税义务的发生地与实际经济活动地相脱节的问题。因此,不少国家通过税法作了补充性的规定。例如,法国《总税收法典》规定在法国有永久住所的个人是法国居民,对于永久住所主要从个人的经济利益、主要职业活动、个人财富等方面来确认。②

二、居所标准

居所标准(residence criterion),是指以一自然人在征税国境内是否拥有居所这一法律事实,决定其是否为本国居民纳税人的标准。采用该标准的国家主要有英国、加拿大、澳大利亚等国。

居所通常指一个自然人在某个时期内经常居住的场所,并不具有永久居住的性质。其与住所的区别在于:住所是自然人的久住之地,而居所只是自然人因某种原因而暂住或客居之地。③

与住所标准相比,以居所作为确定自然人居民身份的标准,从理论上说更为恰当,它可以在更大程度上反映自然人与其主要经济活动地之间的联系。但由

---

① 杨斌:《国际税收》,复旦大学出版社2003年版,第22页。
② 参见法国《总税收法典》第4条第2项。
③ 朱青编著:《国际税收》(第五版),中国人民大学出版社2011年版,第30页。

于居所在许多国家并没有一个严格的法律定义,对居所的判定比较困难,且易导致纳税人与税务机关的争议。为使标准易于实施,不少国家辅之以时间因素。例如依照英国判例法,在英国有可使用的住房且不在国外从事全日制工作者是税收意义上的英国居民。这里的住房不是严格意义上的,只要是可居住的场所,如游艇、猎房等都可作为判断的依据①;可使用的住房也不限于拥有住房,在英国租赁一个可自由支配的住处也会被认定为英国居民。

三、居住时间标准

根据居住时间标准(criterion of resident period),自然人的居民纳税人身份完全取决于他在一国境内实际停留(physical presence)的时间,并不考虑其在征税国境内是否拥有住宅或财产等因素。正如1928年英国法院在审理一桩纳税案时所指出的,一个人即使是没有固定住处的流浪汉,经常睡在公园里或马路便道上,他也可以是税收居民。

采用这一标准的国家,对取得居民身份所规定的停留时间并不一致,甚至相差很多。多数国家采用半年期标准(通常为183天),如英国、德国、加拿大、澳大利亚等国,也有一些国家采用1年期标准(365天),如中国、日本、韩国和阿根廷。

对于停留时间的计算,一般是按照纳税年度。多数国家采用历年制,以自然人在一个公历年(即每年1月1日起至12月31日止)内居住在本国境内的时间是否达到本国规定的时间为准。但也有国家采用跨年制,如英国是从上年的4月6日至当年的4月5日止;澳大利亚、巴基斯坦、新西兰等国,是从上年的7月1日至下年的6月30日止;美国则是从上年的10月1日至当年的9月30日止。如果一自然人的停留时间虽然达到了一国税法规定的时间,但却分跨两个纳税年度,而且在任何一个纳税年度均未达到规定的时间,则不能将其认定为本国的居民纳税人。不过,如果自然人居住在一国期间出境又返回,离境的天数在符合法定标准时不予以扣除,而是要连续计算其在该国境内的停留天数。例如,我国个人所得税法规定,一个纳税年度内在中国境内居住365日者为中国的居民纳税人。在居住期间临时离境的,即在一个纳税年度中一次不超过30日或者多次累计不超过90日的,不扣减日数,连续计算。

绝大多数国家是根据自然人当年在本国境内停留的天数来决定本年度内是否具有本国居民身份,但也有少数国家在确定自然人在某一年度是否是本国居民时,不仅要看该年度其在本国停留的天数,而且还要考虑其在以前年度在本国停留的天数。也就是说,要把自然人在本年度和以前若干年度在本国停留的时

---

① 杨斌:《国际税收》,复旦大学出版社2003年版,第15—16页。

间综合起来进行考虑,目的在于防止自然人采用连续居住但每一年度都不满法定天数的方式避税。例如,印度税法规定,某一纳税年度在印度停留182天以上,或者该年度在印度至少停留了60天而在以前4个年度中在印度共停留了365天或365天以上的人,都属于印度的居民。英国除规定一个纳税年度中在英国居住6个月以上的自然人为居民外,还把习惯和实际逗留在英国的自然人视为居民。这里的习惯和实际逗留,是指当事人连续4年里每年在英国逗留91天以上或平均逗留91天以上,或累计在英国逗留1年以上。这种情况下,该当事人从第5年起视为英国居民。倘若当事人从一开始就有成为英国居民的意图,那么,从一开始就可认定其为英国居民。

与前述两种标准相比,居住时间标准更能反映自然人与居民国之间的实际经济联系,而且标准明确固定,对自然人在一国境内的停留时间可以通过出入境登记管理具体掌握,也易于实践中的执行。因而,有越来越多的国家开始采用这一标准。

四、国籍标准

依照国籍标准(citizen criterion),凡具有本国国籍者,不论其居住何处,也不论其与本国是否存在实际的经济利益联系,都是本国税收上的居民。

这一标准纯粹以公民与国籍之间的法律关系作为行使税收管辖权的依据,居民身份的判定虽然简单,但具有实施上的困难。因为对于一个很少,甚至从未在所属国籍国居住,而是经常在他国居住和从事经济活动的自然人,如果仅因为其在法律上是这个国籍国的公民,就由国籍国向这个自然人行使居民税收管辖权,对其来源于和存在于世界范围内的所得和财产征税,显然是不切实际的[①],并且极易与公民的居民国产生税收管辖权的冲突。所以,现在只有美国、墨西哥等极少数国家仍然采用国籍标准。

五、意愿标准

根据意愿标准(criterion of intention),一个自然人在行使居民税收管辖权的国家内有长期居住的主观意图或被认定为有长期居住意愿的,即为该国的居民纳税人。

例如,希腊的税法就规定,一个人有在希腊安家或长期居住的意向,就是希腊的税收居民。又如巴西税法规定,已取得长期居住签证,并愿意成为巴西居民的外国人,即使其在巴西的居住时间不满1年,也将被视为巴西居民。美国在1984年税收改革法案实施之后,将取得在美国永久居留权的外国人,即绿卡持

---

① 王铁军、苑新丽主编:《国际税收》,经济科学出版社2002年版,第32页。

有者,在税收上视为居民。即使该外国人不在美国居住,从其获得绿卡的次年,也将成为美国的税收居民。因为持有绿卡这一行为本身,就表明该自然人有在美国长期居住的愿望。另外,新到达美国的自然人,如果符合一定的条件①,可自愿地选择成为美国税收上的居民,从而能够享受税法规定只有居民才能够享受的所得税方面的扣除和减免,税收负担有可能减轻。这就是第一年居民选择。

从当前各国和地区税法规定来看,鲜有国家仅采用单一标准。多数国家同时采用住所(或居所)标准和居住时间标准,纳税人只要符合其中一个标准即被视为该国居民。如我国对自然人居民身份的认定采纳了住所标准和居住时间标准。我国台湾地区亦采用这两个标准,不过,对于住所的认定,我国大陆地区认为自然人只要符合"在中国境内有住所"这一事实要件,即足以认定其居民身份;而我国台湾地区另外还要依一定事实考察其是否有久住的意思。对于居住时间,大陆地区规定为365天,我国台湾地区则采用183天的标准。又如澳大利亚判定自然人居民身份的标准有两个:一是在澳大利亚有长期居所,二是在纳税年度内连续或累计在澳大利亚停留半年以上。此外,还有一些国家采用多种标准,从而进一步扩大了居民范围。如意大利判定自然人居民身份的标准包括:在意大利进行居民户口登记;在意大利存在经济利益中心;一个纳税年度中在意大利停留达183天;居住在国外,但为意大利国家机构和公营单位服务。又如,根据美国税法,符合下列条件之一者,即为美国税收上的自然人居民:一是具有美国国籍的自然人,即美国公民。根据美国宪法,美国公民指出生或归化于美国并受其管辖的自然人。此外,在美国境外出生、但其父母一方是美国公民的自然人在一定条件下也属美国公民。二是持有"绿卡"的外国人。三是第一年选择被当作居民看待的外国人。四是在美国实质性居留(substantial presence in the United States)的外国人。"实质性居留"指当年及之前两年的时间内在美国累计居留达183天,其中当年至少在美国居留31天。这里的累计不是3年时间内在美国实际居留天数的简单相加,而应遵循《国内收入法典》第7701条确定的加权平均方法计算,即当年居留天数+上年居留天数×1/3+上上一年居留天数×1/6。② 如一非美国公民在一纳税年度在美国居留124天,上一纳税年度和上上一纳税年度分别在美国居留120天,依照上述方法计算出的其连续3年在美国

---

① 选择成为美国居民的条件有二:一是本纳税年度至少在美国停留31天。二是从这31天的第一天到本纳税年度终结这段时间里,至少有75%的天数停留在美国,但在计算75%的天数时,可将这段时间里离开美国的5天时间当作在美国的停留天数处理。符合条件者从在美国停留的31天的第一天起可被作为居民看待。选择成为美国居民还需填写美国个人所得税申报表并附一选择声明。参见 Internal Revenue Service, Department of Treasury, U. S. Tax Guide for Aliens for Use in Preparing 1994 Returns, Publication 519, p. 8.

② Internal Revenue Service, Department of Treasury, Instruction for Form 1994-1040NR, p. 2.

居留的天数累计为184天,该自然人在本纳税年度将被认定为美国税收上的居民。在美国,依照纳税人是否具有美国国籍可划分为美国公民和外国人两大类。外国人中符合美国居民条件者又被合称为居民外国人(resident aliens),其余的外国人则相应地被称为非居民外国人(nonresident aliens)。非居民外国人实际上就是美国的非居民,他们通常仅需就其源自美国境内的所得向美国承担纳税义务。

由于绝大多数国家在居民身份的确定上实行的标准存在一定的重合,在对跨国纳税人征税时很容易产生认定标准的冲突,导致双重居民身份问题。如某自然人持有美国绿卡,在一个纳税年度中又在英国居住6个月以上,就会被美英两国同时认定为本国居民,要求其向本国承担无限纳税义务,从而导致税收负担过重。因此,如何协调国家间的税收利益、解决各国自然人的居民判定标准的冲突,就成为国际税法必须解决的问题。

律师诉澳大利亚税务机关案
(1979年)

1979年,澳大利亚高等法院曾审理了律师诉澳大利亚税务机关一案。该案中的律师原在悉尼的一家律师事务所工作,后被派往新赫布里底群岛(即现在的瓦努阿图共和国),管理该事务所在那里的分支机构。这位律师卖掉了他在悉尼的公寓并偕同妻子一起来到该群岛。他们开始住在旅馆里,不久就租住了一所房子,租房合同规定租期为12个月,期满后可续租12个月。另外,他们还在当地取得了允许居住两年的居住许可证。这位律师在该群岛取得工作了20个月后,因病曾回澳大利亚短期治疗,但很快又返回到群岛工作。最后由于健康原因,他所在的律师事务所派人接替了他在新赫布里底的工作,他同妻子又回到了悉尼。澳大利亚税务机关要求该律师就其从新赫布里底群岛取得的工资收入向澳大利亚纳税。该律师不服,向法院提出起诉,诉称他在新赫布里底群岛工作期间已不再是澳大利亚的居民,澳大利亚不应向非居民的国外所得征税。法院认为,居所应当是纳税人固定和习惯性居住地,居所是他的家,但不是他永久的家,纳税人在居所居住的性质介于永久性与临时性之间。另外,纳税人的居住身份是否具有固定性应当从有关的收入年度来考察,如果纳税人在有关的年度在某一外国取得了一个固定的住所,那么在该年度他就是该国的居民。根据以上观点,法院判定该律师在新赫布里底群岛工作期间已在该群岛取得住所;该律师在新赫布里底群岛工作期间虽然曾返回澳大利亚治病,但属短期停留,并未达到在澳大利亚停留半年以上的标准,因而,在有关的纳税年度内,该律师不是澳大利亚的居民,他从新赫布里底群岛取得的工资收入可以不向澳大利亚政府纳税。①

帕瓦罗蒂涉税案
(1999年)

帕瓦罗蒂是世界上著名的男高音歌唱家,他在世界各地巡回演出,收入颇丰。帕瓦罗蒂原为意大利人,1983年正式登记成为摩纳哥王国蒙特卡洛的合法居民,并在当地拥有一套面积100平方米、价值5亿里拉的公寓。帕瓦罗蒂认为,他是摩纳哥居民,不必就其在意大利境外的所得向意大利纳税。1997年,意大利财政部有关人员开始就帕瓦罗蒂的移居是否有逃税意图展开调查。经过调查发现,帕瓦罗蒂虽然在1983年宣布移居摩纳哥的蒙特卡洛,但他每年在蒙特卡洛的居住时间都未满6个月,大部分时间仍是在意大利度过的。② 帕瓦罗蒂在摩纳哥的那套公寓的面积和设施与其身价不符,不能算是一个永久居住的地方;而其在意大利拥有多处住宅、花园和农场,总价值达121亿里拉,并且他在意大利还拥有一个价值43亿里拉的赛马场,单是在1995年他在意大利的银行账户上就存入了490亿里拉。意大利财政部认为,从户口登记和居住时间来看,帕瓦罗蒂不构成意大利居民,但他在意大利的财产足以证明其经济利益中心在意大利,因此,帕瓦罗蒂是意大利居民,应就其世界范围所得,而不是仅就其来源于意大利的所得向意大利纳税。意大利财政部据此向法院提出起诉,要追究帕瓦罗蒂的逃税责任。帕瓦罗蒂最终选择了与意大利财政部和解的办法。根据2000年7月达成的庭外协议,帕瓦罗蒂补交税款240亿里拉(可在3年内分期缴纳),并从2002年开始重新成为意大利公民,在意大利申报收入并缴税。

第二节 法人居民身份的确定

法人是与自然人相对应的民事主体,作为依法成立、有必要的财产和组织机构、能够独立享有民事权利和承担民事义务的社会组织,法人的活动范围更为宽广,经济内容更为丰富。出于法律保护和管辖的双重需要,法人的国籍和居民的概念便应运而生。但从国际税法的角度来看,法人国籍和法人居民身份的概念,在同时实行公民税收管辖权与居民税收管辖权的国家是同等的,如美国判定法人国籍的标准也就是确定法人居民身份的标准。

---

① 参见李金龙主编:《税收案例评析》,山东大学出版社2000年版,第125—126页。
② 龙英锋主编:《国际税法案例教程》,立信会计出版社2011年版,第10页。

对于法人居民身份的确定,各国立法中所采用的标准主要有:

一、注册成立地标准

依照注册成立地标准(criterion of the place of incorporation),凡按本国法律在本国注册成立的法人,就是本国的法人居民,应向本国承担无限纳税义务。主张以注册成立地标准确定法人居民身份的观点认为,法人是模拟自然人而由法律赋予其人格的实体,但对法人不能像对自然人那样以其吃饭睡觉的地方作为其居住地;由于一个社会组织只有依法登记注册才能取得法人资格,所以法人的居民国应当是其注册成立的国家。① 因此,注册地又被称为法人的"法律住所"(legal domicile)。

美国是采用注册成立地标准的典型。它凭借这一标准认定法人的国籍,同时也就确定了法人的居民身份。美国公司所得税的纳税义务人分为本国公司与外国公司。本国公司系指根据任何一州法律成立并向州政府登记注册的公司。不论公司机构设在国内还是国外,也不论其股权归属于美国人还是外国人,都应在美国承担无限的纳税义务。而外国公司是指根据外国法律成立并向外国政府登记注册的公司②,不论其设在何处,也不论其股权归属,即使其股权的一部分甚至全部都属于美国人或美国公司,也是外国公司。通常情况下,外国公司仅需就源自美国的所得承担纳税义务。在1924年"国民纸张与铅字公司诉鲍尔斯"一案中,法院的判决就明确指出,美国政府有权对美国公司,却无权对外国公司的国外收入征税。

总的来说,注册成立地具有比较确定和容易识别的优点。实行注册成立地标准,也能较有效地防止法人采用某种行为来变更自己的居民身份以逃避税收。因为在此标准下,法人要变更居民身份,必须经注册成立国的同意并办理有关的变更手续。注册地标准的缺陷在于较难反映一个法人的真实活动地。因为在一国注册成立的公司,可以完全脱离该国到其他国家进行经营,注册成立地的税务机关难以对其实施有效的税收征管。另外,法人也可以通过事先选择注册地的方法,达到逃避某国税收管辖权的目的。因此,有些国家虽然也采用注册成立地标准,但只是将其作为确定法人是否是本国居民的一项条件,澳大利亚、加拿大、新西兰、荷兰、印度、瑞典、丹麦等国均还采用了其他标准。如澳大利亚、新西兰都规定,在本国注册的公司为本国居民公司,虽然不在本国注册但在本国开展经营活动并将中心管理控制机构设在本国的也是本国居民公司。

---

① 朱青编著:《国际税收》(第五版),中国人民大学出版社2011年版,第35页。
② 董庆铮主编:《外国税制》,中国财政经济出版社1993年版,第91页。

二、实际管理机构所在地标准

实际管理机构所在地标准(criterion of the place of effective management)是依照法人的实际管理机构所在地确定其居民身份的标准。凡在本国境内设立实际管理机构的法人,无论其在哪个国家注册成立,都是本国的法人居民。

一般来说,实际管理机构是指公司的最高权力机构,它负责公司政策的制定和对公司经营活动的控制。通常认为,权力的行使地应为掌握这些权力的人的居住地或其经常开会以运用这些权力的地方。公司的董事是作出公司业务决策和行使管理权的人,董事会对内管理公司事务,对外代表公司进行活动,是公司的常设领导机构①,有关法人经营管理的重要决定,多由董事会予以决定。因此,许多国家都根据公司董事或主要董事的居住地或公司董事会开会的地点来确定公司的管理和控制中心所在地。② 不过,随着经济社会的发展和科技手段的进步,董事会会议的召集地变得越来越难以确定。居于不同国家的董事不必长途跋涉聚集在一起,通过视频会议形式就可以决定公司经营管理中的重大问题。因此,OECD 和联合国对税收协定范本作了新的修订和注释。公司最重要账簿的保管地点、对公司管理至关重要的最高决策的制定地点、从经济和功能角度来看对公司管理发挥重要作用的地点等成为判断公司管理和控制中心所在地的因素。

实际管理机构所在地也被称为法人的"财政住所"(fiscal domicile)。赞成以此为标准确定法人居民身份的观点认为,公司的注册地固然是决定公司控制地的重要因素之一,但不是决定因素。公司的注册地犹如自然人的出生地,显然,不能将一个人的出生地作为其一生的居住地,对于公司居民身份的认定也就不能只考虑其注册登记地,关键要看它成立以后在哪里开展业务。按照这种观点,法人的居住地取决于其从事经营业务的地点,而经营业务是由管理机构进行的,所以,法人的居住地可以根据其实际管理机构的所在地来确定。

英国早在 1896 年圣保罗(巴西)铁路有限公司诉卡特案中,即已确立判断公司居民身份时管理决策地点要优于实际经营地点的原则。此案中铁路及其营业活动均位于巴西,但管理决策由设在伦敦的董事会作出,账簿保管和股息分配地点也在伦敦,董事会任命现场经理在巴西具体负责经营。法官在判决中指出,实际经营地点与管理决策地点相比,后者才是利润的创造之地,应当以此为标准来判断公司的居民身份。法官最终认定此公司为英国居民公司。这一观点在 1906 年"德·比尔斯联合矿业有限公司诉豪"案的审理中进一步得到明确。大

---

① 甘培忠:《企业与公司法学》,北京大学出版社 2001 年版,第 228、230 页。
② 朱青编著:《国际税收》(第五版),中国人民大学出版社 2011 年版,第 36 页。

法官兼英国上议院议长劳尔伯恩(Lord Lorendburn)就曾经指出:"对于所得税而言,一个公司的实际业务在哪里开展,哪里就是它的居住地……公司的实际业务是在其中心管理和控制机构所在地开展的……"在以后的许多判例中,法院就什么是中心管理和控制机构所在地作了说明,使这一标准日益明确和具体化。英国的判例法认为,当公司的注册成立地与其实际管理和控制机构所在地不一致时,应以后者作为判定该公司是否为英国居民公司的判定标准。在决定实际管理和控制中心所在地时,如果实际经营地与主要决策地不一致,则以主要决策地作为依据确定公司的居民身份。①

澳大利亚、德国、新加坡、印度等国也有类似英国的规定。如印度所得税法规定,外国公司在征税年度内,其业务的支配及管理全部在印度者,即为印度的居民。而所谓业务的支配及管理全部在印度,是指董事会行使公司业务管理权的场所,即召开董事会的地点在印度国内。

从理论上讲,根据实际管理机构所在地来判定法人的居民身份确实更为合理,但在实际运用中却存在复杂和不确定的弊病。因为确定实际管理和控制中心往往需要参考多种因素,而各国对何为最重要的因素并未形成一致的看法。并且,由于涉及对实际上设在境外的公司征税,也存在税收征管上的困难。另外,纳税人也易于通过改变决策地点而逃避税收。所以,英国在实行此标准长达90年之后,于1986年3月也开始采用注册成立地标准,即同时采纳实际管理和控制中心所在地与注册成立地标准,只要符合其一,即为英国的居民法人。

德·比尔斯联合矿业有限公司诉豪

(1906年)

德·比尔斯联合矿业有限公司(De Beers Consolidated Mines, Limited)在南非注册成立,主要在南非从事金钢钻石的开采、加工与销售活动。该公司的总机构设在南非金伯利(Kimberley),并在许多国家设有营业机构。1906年,英国税务机关要求该公司就其全部所得向英国纳税。该公司提出异议,并向英国上院提出上诉。该公司主张自己是南非的居民,在英国并无生产、经营,因而,无需向英国缴纳公司所得税。英国税务机关指出,该公司的大部分董事住在伦敦,董事会大多在伦敦举行,在伦敦举行的董事会会议决定除矿井作业以外的所有经营事项,如金刚石交易合同的谈判、金刚石及其他财产的处置、矿藏的开发、利润的分配及公司经理的任命等。伦敦的董事也总是控制着该公司需以董事的多数票决定的经费事宜,在金伯利的董事只拥有诸如在矿山的工资、原材料等事项上,

---

① 杨斌:《国际税收》,复旦大学出版社2003年版,第34页。

在有限数额内的决定权。① 该公司在英国境内外的经营实际上由伦敦控制、管理与指导,因此,其实际管理与控制中心是在伦敦。英国上议院同意税务机关的上述观点,判定原告公司为英国的居民公司,应向英国承担无限纳税义务。

瑞典中心铁路有限公司诉汤普森案
(1925年)

瑞典中心铁路有限公司(The Swedish Central Railway Company, Limited)的注册地在瑞典,公司原来的股东大会和董事会都在英国召开。1920年,该公司通过决议改变了公司章程,将营业和控制地从英国移到了瑞典,股东大会和董事会改在瑞典召开,并在当年任命了3名董事组成委员会处理公司的财产转让事项。后来,英国税务机关代表汤普森(Thompson)通知该公司按居民身份就其在英国境内和境外的所得在英国申报纳税。公司不服税务机关的决定,诉至英国法院。在法庭上,税务机关举证瑞典中心铁路有限公司自1920年任命3名董事处理公司财产转让事项后,董事会经常在伦敦开会,并在伦敦银行开设账户、转移股票、分配股息。原告公司对此提不出有力的反驳证据。法院因此判定原告公司在伦敦也有居住地,英国有权进行征税。② 该案说明,英国对法人居民身份的判定,不是根据公司章程规定的内容,而是从公司的经营实质上加以确定。

三、总机构所在地标准

总机构所在地标准(criterion of the place of head office),是以法人是否在本国设有总机构来认定其居民身份。凡在本国设有总机构的法人即是本国的法人居民。

所谓总机构,实际上就是法人的总公司、总厂或总店,是负责管理和控制法人的全部日常经营业务活动并统一核算法人盈亏的中心机构。与实际管理机构所在地标准相比,总机构标准强调的是法人组织结构主体的重要性,而实际管理机构所在地标准确定的是法人权力中心(即法人的实际权力机构和人物)的重要性。

采用总机构标准的主要有法国和日本。如日本所得税法规定,在日本设有总店或主要事务所的法人为本国法人。既是法人,就意味着其是在日本按照日本法律登记注册的。因此,日本采用的是总机构所在地和注册成立地复合标准,

---

① Ray August, *International Business Law*, 3rd edition, Pearson Education North Asia Limited and Higher Education Press, 2002, pp.709—710.
② 参见李金龙主编:《税收案例评析》,山东大学出版社2000年版,第128页。

目的在于防止法人逃避本国的居民管辖。中国也曾长期采用注册成立地和总机构所在地必须同时具备、缺一不可的做法。不过,2008年1月1日开始实施的《企业所得税法》在判定企业居民身份的标准方面已经发生了很大的改变。

总机构所在地比较容易确定,但也有国家认为,单纯依照总机构标准认定法人居民身份,易使法人通过改变总机构所在地的手段,达到变更居民身份的目的。因此,采用此标准的国家往往与本国的公司法配合使用,即按本国法律成立的公司,其总机构必须设在本国境内,以此防止法人逃避本国的居民税收管辖权。

四、控股权标准

控股权标准(criterion of holding)又称资本控制标准,即以控制公司表决权股东的居民身份为依据来确定该公司的居民身份。如果法人的表决权被本国居民股东所掌握,则该公司就是本国的法人居民。例如,澳大利亚就规定,投票权被澳大利亚居民股东控制的公司是澳大利亚法人居民。

采用这一标准,主要是基于以下考虑:法人只不过是覆盖在一群股东身上的薄纱,股东联合起来凝聚成一个法人。法人与被其联合起来的股东实际上密不可分,所以,法人股东的居住地也就是法人的居住地。不过,如果一个法人被若干国家的居民股东所共同控股或公司的股票公开上市交易,此项标准的适用就会很困难。

在上述标准中,各国最为常用的标准是注册成立地标准和实际管理机构所在地标准,较少采用的是控股权标准。在各国的税法中,少数国家只采用一种标准确定法人的居民身份,如美国、法国采用注册成立地标准,新加坡、马来西亚采用实际管理机构所在地标准。但是,为了防止纳税人利用国家之间税法的差异套取税收利益,同时为了维护本国的税收利益,大部分国家在确定法人居民身份时采用一种以上的标准。最为常见的是兼采两种标准,即凡符合其中一个标准的法人便是本国的居民法人,如加拿大、德国、英国、瑞士等国采用注册成立地与实际管理机构所在地标准,而巴西、韩国和日本则采用注册成立地与总机构所在地标准。还有少数国家同时采用两种以上的标准,如新西兰和西班牙就采用了注册成立地、总机构所在地与实际管理机构所在地标准,其结果是扩大了本国居民税收管辖权的范围。

中国采用的是注册成立地与实际管理机构所在地相结合的标准。《企业所得税法》第2条规定:"本法所称居民企业,是指依法在中国境内成立,或者依照外国(地区)法律成立但实际管理机构在中国境内的企业"。这里的"实际管理机构",该法的《实施条例》第4条明确为"对企业的生产经营、人员、账务、财产等实施实质性全面管理和控制的机构"。由此可见,实际管理机构需要同时符合以下条件：其一，它是对企业有实质性管理和控制的机构，应当依据实质重于形式的原则，确定企业的真实管理中心所在地。在界定是否存在实际管理关系时，最根本的判断标准是是否实质上存在管理关系。此外，要深入管理行为的背后，解析公司管理内容、控制程度或影响大小，以确定实质性管理的存在。[1] 在此方面，可以参考的因素有：负责实施企业日常生产经营管理运作的高层管理人员及其高层管理部门履行职责的主要场所；企业的财务决策和人事决策地点；企业的主要财产、会计账簿、公司印章、董事会和股东会议纪要档案等是所在地点；多数有投票权的董事或高层管理人员经常居住的地方。其二，它是对企业实行全面的管理和控制的机构，对企业的整体或者主要的生产经营活动实际控制并负全部和总体责任。其三，管理和控制的内容是企业的生产经营、人员、账务和财产等。[2] 根据上述判定标准，在外国（地区）注册成立的公司，如果将实际管理机构设在了中国，那么该公司也是中国的居民企业。反之，一家在中国注册成立的公司，即使实际管理机构不在中国境内，也是中国的税收居民。

应当指出，除了自然人和法人之外，从事跨国经济活动的还有合伙企业。对于合伙企业居民身份的认定，相对来说有些困难[3]，这主要是由于各国对合伙企业的征税方法不同。在比利时、西班牙和墨西哥等少数国家，合伙企业与具有企业法人资格的公司一样是独立的纳税主体(taxable entity)，应就合伙企业的所得缴纳公司所得税，对其居民身份的认定一般依照法人身份的判定标准。但在多数国家所得税法上，合伙企业本身属于税收透明的主体(tax transparent entity)，合伙企业的所得应分配到各合伙人的名下，由各合伙人就他们各自的合伙企业所得份额计算缴纳相应的所得税。[4] 英国、德国、荷兰、挪威、奥地利等国采用的就是这种按合伙人征税的办法。中国也是自 2000 年 1 月 1 日起对合伙企业停止征收企业所得税，改由合伙人就其通过合伙企业取得的生产经营所得缴纳个人所得税。由于合伙企业不是一个独立的纳税单位，因而不存在确定其居民身份的问题。但各个合伙人都有自己的居民身份，所以，每个合伙人的居民国可就本国居民合伙人从合伙企业分得的利润征税。

---

[1] 胡刚：《论居民企业"实际管理机构地"标准的确定》，载《扬州大学税务学院学报》2009 年第 3 期。

[2] 《企业所得税法实施条例解读》编写组著：《中华人民共和国企业所得税法实施条例解读》，中国法制出版社 2007 年版，第 14—15 页。

[3] Brian J. Arnold & Michael J. McIntyre, *International Tax Primer*, Kluwer Law International, 1998, p. 22.

[4] 廖益新：《国际税收协定适用于合伙企业及其所得课税的问题》，载《上海财经大学学报》2010 年第 4 期。

第三节 居民与非居民的纳税义务

在第一、二两节中,我们分别阐述了自然人和法人居民身份的确定标准。凡符合一国法律所规定的居民条件者,即是该国的居民,否则,就是该国的非居民。居民与非居民所承担的纳税义务是不同的,本节将对此做进一步的阐述。

一、居民的纳税义务

一般来说,实行居民税收管辖权的国家要对本国居民从世界范围内取得的一切所得征税。从纳税人的角度来看,作为一国的居民,不仅要就其来源于居民国境内的所得向该国纳税,而且还要就其来源于居民国境外的所得向该国纳税,即无限纳税义务。在一个采用居民税收管辖权的国家,无论是自然人居民还是法人居民均对居民国负有无限纳税义务。

如前所述,我国在强调来源地税收管辖权的同时,也坚持居民税收管辖权。所以,符合我国居民条件的自然人和法人都应在我国承担无限纳税义务,对其境外所得也应与其境内所得在我国申报纳税。对于这种无限纳税义务,我国《企业所得税法》和《个人所得税法》都有明确的规定。例如,《企业所得税法》第3条规定:"居民企业应当就其来源于中国境内、境外的所得缴纳企业所得税。"因此,中国的居民企业在境外设立的分支机构所取得的生产经营所得和其他所得应由其在中国境内的总机构汇总缴纳企业所得税。在个人所得税方面,在我国境内有住所,或无住所但居住满一年的自然人,应就其来源于中国境内、境外的所得在中国申报纳税。

在税收实践中,有些国家还将自然人居民分为非永久居民与永久居民,二者都承担无限纳税义务,但非永久居民负有条件的无限纳税义务,永久居民则负无条件的无限纳税义务。我国就有这种区分。如前所述,我国的自然人居民包括在中国境内有住所或者无住所而在中国境内居住满一年的个人。前者无疑是中国的永久居民,后者则可以区分为两种情形。我国《个人所得税法实施条例》第6条规定:"在我国境内无住所,但是居住1年以上5年以下的个人,其来源于中国境外的所得,经主管税务机关批准,可以只就由中国境内公司、企业以及其他经济组织或者个人支付的部分缴纳个人所得税;居住超过5年的个人,从第6年起,应当就来源于中国境外的全部所得缴纳个人所得税。"这说明我国将在我国境内无住所但居住满1年不超过5年的个人视为非永久居民,允许其承担有条件的无限纳税义务。依照我国居住时间标准,非永久居民本应就来源于中国境内外的所得都纳税,但经过税务主管机关的批准,对其外国来源所得,可以只就由中国境内公司、企业以及其他经济组织或者个人支付的部分纳税,而不必就由中国境外公司、企业或个人支付的部分纳税。一旦在中国无住所的个人在中国境内居住满5年①，则从第6年起的以后各年度中，只要其在中国境内居住满1年的，就应当就来源于中国境内外的全部所得申报纳税，也就是说要开始承担无条件的无限纳税义务；但在中国境内居住不满1年的，则仅就该年度内来源于中国境内的所得缴纳个人所得税。

法人居民的无限纳税义务在一些国家也有一定的特殊性。在美国、英国、加拿大等一些发达国家，法人居民与自然人居民一样要就其境内、境外的一切所得向居民国承担纳税义务。但这些国家同时又规定，本国居民公司来源于境外子公司的股息、红利所得在未汇回本国之前可以先不缴纳本国的所得税，当这些境外所得汇回本国以后，本国居民公司再就其申报纳税。由于这时居民公司就其境外股息、红利所得的纳税义务并不是在境外所得产生时即发生，而是被推迟到境外所得汇回本国以后才发生，所以，上述规定就被称为"延期纳税"。总的来看，"延期纳税"有利于本国公司的境外投资，但对于本国的税收收入有较大影响，且实践证明这一规定给跨国公司的国际逃避税收行为提供了极大便利。②正因如此，有些国家部分取消了推迟纳税的规定。需要指出的是，目前我国税法中并无"延期纳税"的规定。

二、非居民的纳税义务

如前所述，兼采居民税收管辖权与来源地税收管辖权是一种普遍现象，对于居民，一国可以根据居民税收管辖权对其世界范围内的所得主张征税权，而对于非居民，一国可以依据来源地税收管辖权对其征税，但这种征税权通常仅限于对非居民来源于本国境内的所得。也就是说，非居民仅承担就来源于该国境内的所得的纳税义务，所以，这种纳税义务又被称为有限的纳税义务。

不过，非居民的纳税义务在许多国家都有一些例外的情况。

就自然人而言，只要其在非居民国取得所得，该国就可以根据来源地税收管辖权对其征税，从而使其在该国承担有限纳税义务。但在一些国家，如果非居民在本国停留的时间没有达到规定的标准，则其有限的纳税义务在一定条件下可以免除。例如，我国《个人所得税法实施条例》第7条规定："在中国境内无住所，但是在一个纳税年度中在中国境内连续或者累计居住不超过90日的个人，其来源于中国境内的所得，由境外雇主支付并且不由该雇主在中国境内的机构、

---

① 根据1995年财政部、国家税务总局《关于在华无住所的个人如何计算在华居住满五年问题的通知》，在中国境内居住满5年，是指个人在中国境内连续居住满5年，即在连续5年中的每一纳税年度内均居住满1年。临时离境的，不扣减天数。

② 朱青编著：《国际税收》（第五版），中国人民大学出版社2011年版，第47—48页。

场所负担的部分,免予缴纳个人所得税。"因此,一个在我国境内无住所而在一个纳税年度中在我国境内连续或累计工作不超过 90 日的个人,可仅就其实际在华工作期间由中国雇主支付的或由境外雇主在中国境内的机构、场所所负担的工资、薪金所得承担纳税义务。又如在美国,非居民外国人的个人劳务所得在同时符合如下条件的情况下可免予在美国纳税:作为非居民外国人、外国合伙企业或外国公司的雇员在美国从事个人劳务;一个纳税年度中在美国从事劳务不超过 90 天且所得报酬不超过 3000 美元。① 但是,非居民外国人的某些源于美国境外的收入,如股息、利息、特许权使用费等,若可归属于其在美国设立的办事处或营业场所(指这些办事处或营业场所的贸易或经营活动是其所得得以实现的关键因素),将被认为是与在美国的贸易或经营存在有效联系的所得(effectively connected income,简称 ECI),也应在美国承担纳税义务。这实际上意味着非居民外国人纳税义务的扩大。

非居民法人如在非居民国设立分公司进行生产经营活动,非居民国往往要求其承担有限纳税义务。分公司隶属于总公司,在法律上无独立性,因此,如果总公司、分公司均设在一国境内,许多国家允许总公司汇总纳税,而不对分公司单独征税。例如,我国《企业所得税法》第 50 条第 2 款就规定:"居民企业在中国境内设立不具有法人资格的营业机构的,应当汇总计算并缴纳企业所得税。"但是,在总公司、分公司分别设在不同国家的情况下,各国为了维护自身的经济利益,一般都把分公司作为一个独立的纳税实体来看待,要就分公司来源于本国境内的所得行使征税权,亦即非居民法人要向分公司所在国承担有限的纳税义务。另外,即使非居民法人在非居民国没有设立机构,但只要其有来源于非居民国的所得(如向非居民国的某公司转让一项专有技术所获得的使用费或发放一笔贷款而取得的利息),也得就这些所得向该国纳税。

为了避免非居民法人借此机会偷逃税款,一些国家规定非居民法人也应就某种境外来源的所得在本国申报纳税,从而使非居民法人在某种程度上也负有无限纳税义务。② 如我国《企业所得税法》第 3 条第 2 款就规定:"非居民企业在中国境内设立机构、场所的,应当就其所设机构、场所取得的来源于中国境内的所得,以及发生在中国境外但与其所设机构、场所有实际联系的所得,缴纳企业所得税。"可见,在中国境内设立机构、场所的非居民企业,其境外取得的所得与其所设立的机构、场所有无实际联系,直接关系到该非居民企业在华纳税义务的大小:有实际联系的,即应就其境外所得纳税;没有实际联系的,则不必纳税。根据该法《实施条例》第 8 条,实际联系是指非居民企业在中国境内设立的机构、

---

① Internal Revenue Service, *U. S. Tax Guide for Aliens*, Publication 519, 1994, p.15.
② 朱青编著:《国际税收》(第五版),中国人民大学出版社 2011 年版,第 53 页。

场所拥有据以取得所得的股权、债权,以及拥有、管理、控制据以取得所得的财产等。例如,非居民企业通过该机构、场所对其他企业进行股权、债权等权益性或债权性投资而获得的股息、红利或者利息收入。又如非居民企业将设备租给一家境外公司所获得的租金收入。

美国不仅对非居民外国人规定某种无限纳税义务,对非居民公司也是如此。美国规定,如非居民公司境外的股息、利息、特许费等所得是因其在美国设立的办事处或营业场所的积极经营活动而产生的,则其在美国的办事处或营业场所应就这些所得向美国承担纳税义务。例如,一家外国公司通过其在美国的办事处向墨西哥转让专利使用权或商标权,墨西哥方面向该办事处支付的特许权使用费就可以归属于该办事处,因而也就是与在美国的贸易或经营存在有效联系的所得,应在美国纳税。又如,一家在美国开设分行的日本银行通过向加拿大申请者发放贷款取得利息,若此项收益属于该分行(即这些贷款由该分行贷给),则此家银行拥有与在美国的贸易或经营存在有效联系的收入[1],应向美国承担纳税义务。再如,一家主要从事证券交易的外国公司设在美国的分公司也要就可归属于它的从美国境外取得的股息及其他证券投资所得向美国纳税。另外,外国公司通过其设在美国的办事处或经营场所销售位于美国境外存货的所得亦应在美国承担纳税义务。

本 章 小 结

居民税收管辖权是征税国基于纳税人与征税国之间存在居民身份关系的法律事实而主张行使的征税权。居民身份的确定,涉及自然人、法人两个方面。在这两个方面,并未形成公认的统一规则,各国都是以国内税收立法的形式规定本国对居民身份的确定标准。关于自然人居民身份的确定,较为常见的有住所标准、居所标准、居住时间标准、国籍标准和意愿标准。从当前各国税法规定来看,很少有国家仅采用一种标准。多数国家同时采用住所(或居所)标准和居住时间标准,纳税人只要符合其中一个标准即被视为该国居民。此外,还有一些国家采用多种标准。

对于法人居民身份的认定,各国立法中所采用的标准主要有注册成立地、实际管理机构所在地、总机构所在地和控股权等标准。在这些标准中,各国最为常用的是注册成立地标准和实际管理机构所在地标准,较少采用的是控股权标准。许多国家兼采注册地、实际管理机构所在地两种标准,即凡符合其中标准之一的

---

[1] 参见[美]理查德·L.多恩伯格:《国际税法概要》,马康明、李金早等译,中国社会科学出版社1999年版,第25页。

法人便是本国的居民法人。但有一些国家或是只采用一种标准,或是同时采用两种以上标准。另外,还有一些国家实行复合标准以防止法人逃避本国的居民管辖。

凡符合一国法律所规定的居民标准者,即是该国的居民,否则,即是该国的非居民。居民与非居民所承担的纳税义务是不同的。在一个采用居民税收管辖权的国家,无论是自然人居民还是法人居民对居民国都应承担无限纳税义务。不过,在税收实践中,有些国家还将自然人居民分为永久居民与非永久居民,永久居民所负的无限纳税义务是无条件的,而非永久居民所负的无限纳税义务则是有条件的。法人居民的无限纳税义务在一些国家也有一定的特殊性。在单一或同时主张来源地税收管辖权的国家,作为非居民的自然人或法人一般都负有限纳税义务,不过,也有一些例外的情况。在不少国家,如果非居民自然人在本国停留的时间没有达到规定的标准,则其有限的纳税义务在一定条件下可以免除。而在个别国家,作为非居民的自然人和法人在一定情形下还需就源于该国境外的某些所得承担纳税义务。

思考与理解

1. 确定居民身份的意义何在?
2. 在自然人居民身份的确定方面主要存在哪些标准?
3. 在法人居民身份的确定方面主要存在哪些标准?
4. 试述居民与非居民的纳税义务。
5. 试述我国《个人所得税法》中确定自然人居民身份的标准。
6. 试述我国《企业所得税法》中确定居民企业的标准。

课外阅读资料

1. 朱青编著:《国际税收》(第五版),中国人民大学出版社2011年版。
2. 刘剑文主编:《新企业所得税法十八讲》,中国法制出版社2007年版。
3. 《企业所得税法实施条例解读》编写组著:《中华人民共和国企业所得税法实施条例解读》,中国法制出版社2007年版。
4. 李金龙主编:《税收案例评析》,山东大学出版社2000年版。
5. 廖益新:《国际税收协定适用于合伙企业及其所得课税的问题》,载《上海财经大学学报》2010年第4期。
6. 杨斌:《英国税法关于自然人居民身份的确定规则》,载《涉外税务》1997年第1期。
7. 杨慧芳:《中美个人所得税法比较研究》,载刘剑文主编:《财税法论丛》(第1卷),法律出版社2002年版。
8. Brian J. Arnold & Michael J. McIntyre, *International Tax Primer*, Kluwer Law International, 1998.

第五章 来源地税收管辖权

行使居民税收管辖权的关键是确定自然人和法人的居民身份，而对居民以外的人即非居民，行使来源地税收管辖权的依据在于认定其所得来源于征税国境内。因此，所得来源地的判定就成为各国税法的重要内容。

在所得税法上，纳税人的所得一般划分为四大类，即营业所得、投资所得、劳务所得和财产所得。对不同性质所得来源地的判定，各国税法所采用的标准并不一致。从理论上来讲，当一国依据其税法规定，判定非居民的某种所得源自本国境内时，有权行使征税权。但是，如果一个跨国纳税人所从事的经济活动跨越实行不同标准判定所得来源地的国家，就可能产生一笔所得被不同国家同时判定为来源于本国的情况。并且即使跨国纳税人获得所得所涉及的国家判定所得来源地的标准相同，在来源地国和居民国间依然存在征税权的划分问题。因此，出于协调国家间税收关系的考虑，各国普遍认为有必要统一所得来源地的判定标准，使一笔所得只有一个来源地，并按照一定的国际规则约束来源地税收管辖权，合理划分来源地国与居民国的征税权，以实现国际层面上税收公平的目标。

在国际实践中，划分征税权及避免双重征税一般都通过签订双边税收协定的形式。作为各国签订双边税收协定时的重要参考和指南，OECD 范本和联合国范本对征税权的划分都有比较详细的规定。但比较而言，联合国范本更为注重维护来源地税收管辖权。在国际税收分配关系中，发展中国家多处于来源地国的地位，所以，在对外谈签税收协定时往往参照联合国范本。而发达国家因多处于居民国的地位，在对外谈签税收协定时更倾向于以经合范本为蓝本。

本章将分别就以上四种不同性质的所得，介绍通常采用的来源地判定标准，并以两个税收协定范本的规定为基础，详述所得来源国与纳税人居民国间征税权的划分问题。

第一节 营业所得征税权的划分

一、营业所得的概念及来源地的判定

营业所得（business income），又称营业利润（business profit），指纳税人从事各种工商业经营性质的活动所取得的纯收益。一笔所得是否为纳税人的营业所得，关键是看取得这项所得的经营活动是否为纳税人的主要经济活动。例如，一

家证券公司因从事证券投资而取得的股息、利息收入属于该公司的营业所得,但一家制造业公司因持有其他公司的股权、债权而取得的股息、利息收入就不属于其营业所得,而是属于投资所得。

关于营业所得来源地的判定,英美法系国家比较侧重以交易地来判定经营所得的来源地。例如,英国的法律规定,只有在英国进行的交易所取得的收入才是来源于英国的所得。这里的交易泛指各类贸易、制造等经营活动。在确定贸易活动是否是在英国国内进行时,主要依据合同的订立地点是否在英国,而对于制造等行业的利润则是以制造活动发生地为所得的来源地。[①] 美国税法也规定,在美国从事贸易或经营活动所取得的利润属于来源于美国的所得。美国在判定制造利润来源地时与英国相同,但在判定贸易利润来源地时是以货物的实际销售地为来源地,并不注重合同的签订地。而大陆法系国家一般从营业主体的角度来确定其收入的来源地,只有在一个国家建立了从事营业活动的机构场所,才能确定其有来源于该国的营业所得;如果没有建立从事营业活动的机构场所,即使货物在该国销售、服务在该国提供、产品在该国制造也不能认为相关营业所得来源于该国。此即所谓常设机构标准。

常设机构标准更具有合理性和可操作性,由 OECD 范本和联合国范本采纳,即如果非居民的营业活动是通过在本国境内设立的某种营业机构或固定场所实施,并由此获得营业所得,那么就可以判定这笔营业所得源自本国。

我国在营业所得来源地的判定上采用的也是常设机构标准。《企业所得税法》第 3 条第 2 款的规定表明,如果非居民企业在我国境内设立机构、场所,并通过该机构、场所在中国境内从事生产经营活动而取得的所得,属于来源于中国境内的经营所得。

二、划分营业所得征税权的基本原则——常设机构原则

对营业所得的征税,在没有签订国际税收协定的情况下,收入取得者为其居民国和营业利润来源地国都享有征税权。为了协调由此导致的税收管辖权冲突,各国在签订国际税收协定时,通常都采用联合国范本和 OECD 范本所建议的"常设机构原则"(the principle of permanent establishment),并据以对非居民的营业所得行使征税权。

联合国范本和 OECD 范本均在各自的第 7 条第 1 款规定:"缔约国一方企业的利润应仅在该国征税,但该企业通过设在缔约国另一方的常设机构进行营业的除外。如果该企业通过在缔约国另一方的常设机构进行营业,其利润可以在另一国征税,……"

---

① 朱青编著:《国际税收》(第五版),中国人民大学出版社 2011 年版,第 39 页。

一国企业在另一国设立了常设机构,说明该企业参与另一国的经济生活达到了一定程度。因此,该国对常设机构享有征税权。但缔约国另一方仅能对非居民通过设在其境内的常设机构获得的营业利润征税,对于未通过设在其境内的常设机构获得的营业利润,则不予征税,由其居民国独占征税权。

例如,一家英国居民公司根据合同向我国一家公司销售一批货物,该合同的签订地是英国伦敦。如该英国公司在我国设有常设机构,且这批货物是通过该常设机构销售的,那么按照常设机构原则,我国享有对这批货物销售利润的征税权。但是,如果这家英国公司在我国没有设立常设机构,或者虽然设有常设机构但这笔货物的销售并未通过该常设机构进行,而是由英国居民公司直接将货物出售给我国的公司,则我国就不能对这笔营业利润征税。对该英国居民公司取得的这笔营业利润,英国享有独占征税权。

由此可见,常设机构原则将非居民国对营业所得的征税权限制在非居民纳税人在本国设有常设机构、且通过该常设机构的活动获得利润的条件之下。但同时也应注意到,常设机构原则并未排除非居民居民国一方的征税权,也就是说,居民国仍可依据居民税收管辖权进行征税。只是由于常设机构所在国享有的征税权优先,居民国通常应承担消除由此产生的国际双重征税的义务。

简而言之,常设机构原则限定了来源地税收管辖权的实行范围,使居民国也能从本国居民企业从事的跨国经济活动中获得税收利益,既为避免国际双重征税创造基础又能兼顾有关国家利益。但在具体贯彻和实施这一原则的过程中,还需要解决以下问题:首先,什么是常设机构?在哪些情形之下可以认定缔约国一方居民在缔约国另一方境内的营业活动构成常设机构?其次,如何确定可归属于常设机构的利润范围?最后,怎样核算常设机构的利润?下面就分别说明国际税法上关于上述问题的处理规则。

三、常设机构的概念与范围

"常设机构"这一概念,最早出现于1845年德意志联邦中的普鲁士王国颁布的工业法典中,用以指从事营业活动的空间。后来,一些欧洲国家出于避免双重征税的目的,开始在国内立法和相互间签订的税收协定中引入"常设机构"的概念。1899年6月21日奥匈帝国与普鲁士王国达成的一项协定,被看作是第一个综合性国际税收协定。根据该协定,一国纳税人通过常设机构在另一国所取得的营业利润需要在另一国纳税。1909年,德国为了避免各州对州际经济活动的双重征税,通过了双重征税法案。该法案明确规定:"本法意义上的常设机构是指为企业的固定营业活动服务的有固定地点的企业组织。设在公司总部以外的下列场所被视为常设机构:分支机构、生产机构、采购和销售场所、办事处、企业主本人及其合伙人用于经营活动和公司事务的其他经营组织或常设代表。"在这一定义中,营业场所的存在、该场所位置的固定性以及营业活动的持久性成为常设机构概念的三个核心因素,在现代国际税收协定中被保留下来。①

第一次世界大战后,随着经济国际化程度的提高,双重征税问题日益增多,迫切需要制订解决这一问题的国际规则。国际联盟、联合国以及 OECD 为此都曾经进行过积极的工作,在常设机构概念的统一化方面也取得了进展。1977年,OECD 在其颁布的税收协定范本中正式使用了"常设机构"这一概念,以此作为划分营业利润来源地的标准,并明确来源地税收管辖权的征税界线。此后,该范本曾经过数次修订,在某些方面对常设机构概念产生了重要影响。联合国也在 1980 年发布的税收协定范本中使用了"常设机构"概念。比较而言,OECD 范本和联合国范本关于常设机构的定义方法是相同的,即先就常设机构的内涵作出规定,再明确其外延。但是,联合国范本所定义的常设机构在范围上有所扩大,那些根据 OECD 范本规定不构成常设机构的固定营业场所或营业代理人,按照联合国范本的规定可能构成常设机构。

对常设机构认定标准的宽与窄决定了来源国对非居民营业利润征税权的大小。② 因此,这一问题在双边税收协定的谈判中历来都是缔约双方争论的焦点。总的来看,发展中国家一般主张扩大常设机构的范围,以便能把非居民纳税人更多的营业活动纳入常设机构,获得更多的税收利益;而发达国家则极力主张从严限定常设机构的范围,以保护居民国的税收利益。他们的不同主张分别在联合国范本、OECD 范本中得到了充分的体现。

根据 OECD 范本和联合国范本关于常设机构的定义,缔约国一方居民在缔约国另一方境内从事营业活动,可能基于某种物的因素或人的因素构成常设机构的存在。这里物的因素是指在缔约国另一方有进行经营活动的固定的营业场所,而人的因素则是指在缔约国另一方有营业代理人的活动。

(一)构成常设机构的固定营业场所

在 OECD 范本和联合国范本第 5 条第 1 款中,"常设机构"一语是指"一个企业进行全部或部分营业的固定营业场所"(a fixed place of business through which the business of an enterprise is wholly or partly carried on)。从这一定义可以看出,构成常设机构的营业场所(或称"场所型常设机构")必须同时具备以下三个要素:

(1)存在一个受有关企业支配的营业场所。

通常情况下,一国企业要在其他国家从事营业活动,需要一个营业场所。何

---

① 杨斌:《国际税收》,复旦大学出版社 2003 年版,第 53 页。
② 何杨、稽绍军:《2008 年 OECD 税收协定范本新规解析》,载《涉外税务》2008 年第 10 期。

谓"营业场所",联合国范本和 OECD 范本中都没有规定。不过,OECD 范本注释第 5 条第 4 段指出,"营业场所"一语包括企业用于从事营业活动的任何场所、设施或设备,而不论该场所、设施或设备是否专门用于企业的营业活动。可见,对这种营业场所没有任何规模与形式的限制,也不要求具有完整性,只要能够用于企业的经营活动目的即可。所谓受企业支配,并不意味着企业要对该营业场所拥有所有权,也就是说该营业场所可以是企业自有的,也可以是企业向他人租用的,甚至可以是不存在租赁关系的情况下企业占用的一个摊位。只要对这一营业场所,有关企业在进行经营活动的期间内拥有控制权即可。相反,企业对某一营业场所拥有所有权这一事实,并不必然意味着该营业场所构成该企业的常设机构。例如,缔约国一方企业将其拥有所有权的位于缔约国另一方境内的某座厂房出租给其他企业使用。在这种情况下,并不能认为该厂房是该缔约国一方企业在缔约国另一方境内设立的常设机构,因为出租的厂房正处于承租人的支配指挥之下,并服务于承租人的营业活动目的。① 如果该厂房的承租人系第三国居民,倒有可能构成该第三国居民在缔约国另一方境内的常设机构。

（2）该营业场所是固定的。

营业场所的固定性,具有两方面的含义。一方面是空间上的固定,即营业场所具有特定的地理位置。在一国境内,非居民没有确定地点的经营活动通常不构成常设机构。但在确定的地点进行的营业活动如有暂时的间断或停顿,不影响其作为常设机构而存在。另一方面是时间上的持久,即营业场所具有一定程度的永久性。构成常设机构的营业场所应具有长期经营的性质,那些出于短暂的、临时的和偶然的经营活动需要而设置的营业场所不构成常设机构。因此,虽然当时从使用目的方面考虑是短期内使用,但如果实际使用超出了临时性范围,可以追溯为常设机构;虽然是以一个长久性为目的的营业场所,如果发生特殊情况,如投资失败导致提前清算,即使只存在了一个很短的时间,同样可以从它的设立起就构成常设机构。

（3）企业通过该固定营业场所开展营业活动。

一个固定的营业场所不一定就是常设机构,还要看该固定场所开展活动的性质及在企业获取利润中的功能。一般而言,该固定营业场所的活动应当属于整个企业活动中的主要或重要组成部分。如果企业在该营业场所进行的活动仅限于某种准备性或辅助性活动,且这种活动在企业实现利润的过程中所起作用甚微,则一般不构成常设机构。例如,那些专用于储存或陈列商品的场所,或搜集情报、进行市场调研的场所就不构成常设机构。

OECD 范本和联合国范本在对常设机构进行上述概括性规定之后,为使这

---

① 廖益新主编:《国际税法学》,北京大学出版社 2001 年版,第 176 页。

一概念具体化，又都在第5条第2款对常设机构作出了列举性解释。该款指出，"常设机构"一语特别包括：管理场所(place of management)；分支机构(branch)；办事处(office)；工厂(factory)；车间(作业场所)(workshop)；矿场、油井或气井、采石场或者任何其他开采自然资源的场所(mine, oil, gas well, quarry or an other place of extraction of natural resources)。应当指出的是，第2款的上述规定是列举而不是限定。也就是说，并非只有范本中列举的这几种营业场所才构成常设机构，不在列举之内的营业场所就不是常设机构。所谓"特别包括"，其意思很明确，是仅从几个重点方面列举属于常设机构的场所，并不影响对其他机构场所(如种植园、养殖场等)按照概括性的定义判断为常设机构。相反，对一些使用范本中所列举的"办事处"、"分支机构"等名称的营业场所，也并不能一概认定为常设机构，而应视其是否具备范本第5条第1款所规定的三个要素，来决定其是否真正构成范本意义上的常设机构。应当指出的是，以上列举中的"管理场所"，是指对企业的营业活动进行管理的场所，不同于居民公司认定中的总机构和管理机构。因为以企业总机构或实际管理机构为标准所确定的居民公司，其本身就负有无限纳税义务，不存在限制所得来源地的征税范围问题。另外，上述列举中所说的"矿场、油井或气井、采石场或者开采自然资源的场所"，是指经过投资，拥有开采经营权，从事生产经营的场所，不包括为上述矿藏的勘探开发承包作业。对承包工程作业，一般是以其持续日期的长短来判断构成常设机构与否。但这并不妨碍按照缔约国的意愿作出一些特别规定。如我国与英国签订的避免双重征税协定就明确规定，"勘探或开发自然资源所使用的装置或设备"构成常设机构。这里所说的装置或设备(如钻井船、打井机械设备)，是指承包商直接使用于所承包的工程作业中的装置或设备，既可以是承包商自有的，也可以是其从租赁公司租来的。但租赁公司将装置或设备出租给承包商使用，即便该租赁公司拥有这些装置或设备的所有权，也不能仅此就视为该租赁公司设有常设机构，而应视为一般的租赁贸易。

由于跨国经营活动的多样性和复杂性，在某些情形下常设机构的认定具有特殊性，需要单独予以明确。OECD范本和联合国范本中就规定了如下两种情形：

一是关于建筑工地或建筑、安装工程构成常设机构的认定问题。从事建筑安装工程有进行作业活动的场所，不过，这种作业活动场所不具有固定性和永久性，而是随着工程的进展不断变动，竣工移交或作业完毕后即撤离，因此，很难以固定场所判定其为常设机构。但是，从事建筑安装工程显然属于营业性质的活动，所以，联合国范本和OECD范本都在第5条第3款规定，持续达一定时间的建筑安装工程可以构成常设机构。根据OECD范本，建筑工地或建筑、安装工程如果持续存在①12个月以上,构成常设机构。而联合国范本则规定,持续存在6个月以上即可确认常设机构的存在。从各国签订的税收协定来看,所采用的时间标准也不一致,短的仅有3个月,长的却达24个月。由此可见,期限的长短可由缔约双方国家具体商定,并无一定之规。我国在对外签订税收协定时,一般主张采用6个月的时间标准,但在个别协定中也有一些例外。② 另外,依照联合国范本的规定,装配工程,与建筑工地、建筑、安装或装配工程有关的监督活动,持续存在6个月以上构成常设机构;企业通过雇员或雇用的其他人员为上述目的提供的劳务,如果在任何12个月中连续或累计6个月以上,也构成常设机构。这里所说的劳务,是指对有关工程项目进行提供指导、协助和咨询等技术服务性的劳务。OECD范本对此未作明确规定,这实际上意味着将这类跨国劳务活动视作一般的营业活动。因此,只有当企业通过在非居民国的某种固定营业场所提供这种劳务的情形下方可构成常设机构;若企业仅仅是派遣雇员到非居民国提供这种劳务,则不存在构成常设机构的可能。OECD范本也没有涉及与工程作业有关的监督管理活动是否可以作为常设机构存在的问题。

二是常设机构例外的范围问题。一国企业要在另一国全面开展营业活动,一般都要进行必要的前期准备工作,如展示商品、搜集情报、了解市场、推出广告,有时企业在另一国设立固定营业场所,目的仅在于开展一些辅助性工作,如科学研究、提供服务、采购货物等。这些活动虽然是为企业生产经营服务的,对企业而言是必需的③,但在企业实现利润的过程中所起的作用微乎其微,也很难估计。将这些活动列为常设机构的例外,就可避免所在国对这类场所确定利润数额征税的困难。各国为了便利国际经济交往的发展,在国际税收协定中通常把为企业的营业进行准备性或辅助性活动(activities of a preparatory or auxiliary character)的场所排除在常设机构之外。联合国范本和OECD范本均在第5条第4款中列举了不应视为常设机构的情形,相同的有如下六种:(1)专为储存、陈列本企业货物或商品的目的而使用的场所;(2)专为储存、陈列的目的而保存本企业货物或商品的库存;(3)专为通过另一企业加工的目的而保存本企业货物或商品的库存;(4)专为本企业采购货物或商品或者收集情报而设有的营业

---

① 持续时间的计算,一般是从承包商在工程所在地国一方开始其工作(包括建立筹备处等任何准备工作)之日起算,直到工程作业全部完工或被永久性地放弃为止。中途因故停止作业的时间,仍应计算在工程的持续时间以内。

② 如中国与美国、挪威签订的税收协定都确定为勘探或开采自然资源所使用的装置、钻井机或船只,以使用3个月以上的为设有常设机构;中国与奥地利、罗马尼亚等国签订的税收协定中规定了持续12个月以上的时间标准;中国与俄罗斯、白俄罗斯等国签订的协定中适用的是18个月以上的标准;而中国与阿拉伯联合酋长国签订的协定中则采用了24个月以上的标准。

③ 杨斌:《国际税收》,复旦大学出版社2003年版,第68页。

固定场所;(5)专为本企业进行其他准备性或辅助性活动的目的而设有的固定营业场所;(6)专为以上各项活动的结合而设有的固定营业场所。[①] 不同之处在于联合国范本删除了第1项和第2项中的"交付货物"一语,就是不把交付货物的活动视为准备性或辅助性活动。这样一来,就相应地扩大了常设机构的认定范围,有利于所得来源国的税收利益。

荷兰股份有限公司"输油管"案

一家荷兰股份有限公司通过它设置的荷兰至德国的地下管道向德国两个地点供应石油与石油产品。所有油管归荷兰公司所有,对德国境内输送石油是通过在荷兰境内的电子计算机遥控。荷兰公司没有向德国派驻人员,所有技术、推销人员都在荷兰。在德国地段油管的维护与修理均由独立的承包商担任。德国税务机关认为,荷兰公司利用德国境内油管输送石油已构成常设机构,遂决定向荷兰公司征税。荷兰公司起诉至德国税务法院,申辩不存在设置常设机构的问题,其在德国也没有应税的经营资产。但德国税务法院驳回了其申辩。荷兰公司又上诉到德国最高税务法院。德国是采用常设机构标准判定非居民所得来源地的国家,根据德国法律,常设机构是进行类似于公司主要机构营业活动的场所;构成常设机构需满足三个条件,即经营性、固定性和时间上的连续性。德国最高税务法院据此裁定,荷兰公司设在德国境内的地下输油管道符合常设机构标准,构成在德国的常设机构,应在德国承担纳税义务。[②]

(二) 构成常设机构的营业代理人

依照联合国范本和OECD范本,常设机构既可因上述固定的营业场所这种物的因素而构成,也可因营业代理人这种人的因素而存在。也就是说,尽管缔约国一方企业在缔约国另一方境内并未通过某个固定的营业场所从事经营活动,但如果它在缔约国另一方境内通过营业代理人开展业务,仍有可能构成常设机构的存在。为了与上述通过固定营业场所进行经营所构成的常设机构(即场所型常设机构)相区别,人们又把这种常设机构称为"代理型常设机构"。

根据两个范本的规定,营业代理人又可分为独立地位的代理人与非独立地位的代理人。非独立地位的代理人(a dependent agent),指在法律上或经济上依附于其所代理企业的代理人,尤其指作为被代理企业的雇员。非独立地位代理

---

① 1980年联合国范本中没有第6项,2000年修订后添加了此项。在2011年发布的修订中,保留了此项。

② 参见李金龙主编:《税收案例评析》,山东大学出版社2000年版,第134页、第139—140页。

人的代理行为,大体上相当于大陆法系国家民法意义上的直接代理,他们在代理权限范围内,以被代理人的名义进行民事法律行为,其效力直接及于被代理人。而独立地位的代理人(an independent agent)则指在法律上和经济上独立于其所代理企业的代理人。独立地位代理人的代理行为与大陆法系国家民法意义上的间接代理比较接近,他们是以自己的名义、为被代理人的利益进行民事法律行为,日后将其权利义务移转于被代理人。①

由上述可见,是否在法律上和经济上独立于其所代理的企业是划分这两类代理人的界限。根据OECD范本和联合国范本的注释,判断这种独立性具有两个标准:其一,代理人的代理活动是否自主,即代理人为企业进行的营业活动是不是自主进行的。在代理关系中,代理人是代表被代理人的利益进行活动,为了使得代理人的活动符合被代理人的利益,被代理人对于代理人进行指示和控制是必不可少的。② 也就是说,无论是独立地位代理人还是非独立地位代理人,在一定程度上都要根据被代理人的意旨行事并接受其控制。因此,关键问题在于这种指示和控制的程度。按照OECD范本的注释,如果代理人的代理活动必须接受被代理人的具体指示(detailed instructions)或受到被代理人的全面控制(comprehensive control),代理人的自由处置权受到了根本上的限制,这种情况下的代理人不能认为是独立于被代理企业的代理人。这里所谓"具体指示"和"全面控制"是指代理人不仅在代理活动的结果方面,而且在代理活动的方式、方法和资金费用等方面也要服从被代理人的指示和接受其控制。其二,代理人是否独立承担责任和风险。如果代理人在法律上要直接就代理活动对第三人承担责任风险,而不是由被代理人直接负责,一般应认为此种代理人具有独立于被代理人的法律地位。如果代理人的代理活动产生的法律责任和商业风险直接由被代理人承担而非由代理人负担,则不能认为该代理人在法律上独立于被代理企业。③

在国际税收协定中,非独立地位代理人与独立地位代理人构成常设机构的条件有所不同。

1. 非独立地位代理人构成常设机构的条件

根据两个范本的规定,并非非独立地位代理人的任何活动都能构成常设机构的存在,而是有限定条件。这种限定条件考虑的是非独立地位代理人承担职责的程度。

---

① 英美法系国家虽无直接代理与间接代理的概念,但也存在与此对应的制度。详细内容参见沈四宝、王军、焦津洪编著:《国际商法》,对外经济贸易大学出版社2002年版,第38—40页。
② 朱炎生:《国际税收协定中常设机构原则研究》,法律出版社2006年版,第98页。
③ 肖卓:《论国际税收协定中代理型常设机构的构成》,载《企业家天地》2008年第5期。

OECD范本第5条第5款规定,如果一个人在缔约国一方代表缔约国另一方的企业进行活动,有权以该企业的名义签订合同并经常行使这种权力,对于此人为该企业所进行的任何活动,应认为该企业在该缔约国一方设有常设机构,除非此人的活动限于第4款提及的活动。这表明非独立代理人构成常设机构需要符合以下条件:其从事的是营业性质的活动,有权以被代理人名义与第三人签订合同并经常行使这种缔约权。应注意的是,企业授权非独立地位代理人所签订的合同,并非泛指任何内容的合同,而是必须与企业的主要经营业务相关联的合同。所谓有权签订合同,从通常意义上来讲,是指代理人有权代表被代理人在最后达成的合同上签字以确认合同的约束力,但在税收协定中,这一用语是指代理人有权代表该企业参与合同的谈判,商定交易条款的具体内容。其谈判的最终结果对被代理企业具有约束力,即便代理人不是合同的最后签署人,也应认定该代理人具有签订合同的权力。如果该非独立地位代理人所从事的活动属于第5条第4款中那种准备性或辅助性的活动,则不能认为该企业在该国设有常设机构。例如,甲国公司A在乙国设有一办事处,该办事处的工作范围仅是为A公司来乙国人员提供翻译、住宿和交通等帮助,同时还进行广告和市场分析工作。该办事处的工作显然具有辅助性质,故不属于A公司在乙国设立的常设机构,乙国不能对该办事处征税。

联合国范本除了主张以签约权作为将非独立代理人认定构成常设机构的决定条件外,还提出即使非独立地位代理人没有得到以该企业的名义签订合同的授权,但经常为该企业在缔约国另一方保存货物或商品的库存,并经常代表该企业从该库存中交付货物或商品,也应视为该企业在缔约国另一方设立的常设机构。另外,联合国范本第5条第6款还特别规定,缔约国一方保险企业通过非独立代理人在缔约国另一方收取保险费或接受保险业务(再保险除外),也应认为该保险企业在缔约国另一方设有常设机构。① 由此可见,在认定构成常设机构的非独立代理人范围上,联合国范本的规定比OECD范本宽泛,表现出更多维护所得来源地国税收权益的倾向。

2. 独立地位代理人构成常设机构的条件

根据OECD范本第5条第6款,如果缔约国一方企业仅由于通过经纪人、一般佣金代理人和其他独立地位代理人在缔约国另一方进行营业,而这些代理人又按常规进行其本身业务的,不应认为在该国设有常设机构。

按照上述规定,如果独立地位代理人代理委托企业进行的活动符合其营业

---

① 只收取保险费通常被视为从事辅助性业务。如果没有联合国范本第5条第6款的规定,缔约国一方保险企业在缔约国另一方通过代理人只收取保险费将不构成在缔约国另一方常设机构的存在。对于跨国保险活动的所得,收入来源国将无权征税。

常规,原则上不构成该企业在缔约国另一方的常设机构。但是,如果独立地位代理人的活动超越了其本身的营业常规时,则有可能被认定为丧失独立地位,构成被代理人的常设机构。因此,判断独立地位代理人的活动是否符合其本身的营业常规就非常关键。就此问题 OECD 范本没有明确具体的判断标准,不过,该范本注释从否定的角度作出了一个解释说明,即如果代理人从事的活动从经济上看属于被代理企业的业务活动,而不在代理人本身的业务活动范围之内,则不能认为该代理人是按其营业常规进行活动。例如,一个佣金代理人不仅以自己的名义销售某个企业的产品,而且还经常以该企业具有签订合同权力的代理人的身份进行活动,代理人的这种代表委托人签订合同的行为超出了其作为一般佣金代理人的常规业务范围,只要这种签约活动的内容并非仅限于准备或辅助性质,该独立地位代理人的这种活动应认为构成常设机构。

从各国税收协定的实践来看,对独立地位代理人的活动是否属于其营业常规范围的认定,通常由缔约国的税务部门和法院依个案具体情况决定。英国法院在其受理的"Fleming v. London Produce Co. Ltd."一案中,就认定一家肉类销售佣金代理商——伦敦农产品有限公司,构成一家南非公司在英国的常设机构。该公司主张其作为佣金销售商是向所有客户提供服务,而并非只为那家南非公司服务,并且,它从该南非公司取得的佣金也是正常贸易条件下所应取得的佣金。但是,法院认为,该公司为南非公司支付货物的运费、安排货物运输并支付保险费、收取货款以及保管净收入等活动,超出了肉类销售佣金代理商行业的常规活动范围。[1]

联合国范本第 5 条第 7 款也有与 OECD 范本相同的前述规定。此外,该范本还指出,如果独立地位代理人的活动全部或几乎全部是代表缔约国一方企业,且该企业和该代理人之间的商务和财务往来关系不同于独立企业之间的关系,则不是本款所指的独立地位代理人。显然,在独立地位代理人的活动全部或几乎全部是代表缔约国一方企业时,该代理人在经济上对于被代理企业存在着很强的依赖性,从而丧失其独立性,变成依附于缔约国一方企业的非独立地位代理人,构成在缔约国另一方常设机构的存在。

OECD 范本和联合国范本中还都规定[2],如果缔约国一方的居民公司投资于缔约国另一方的居民公司,或者相反,仅仅依据这种通过投资、拥有股权而形成的控制与被控制关系,并不能认为其中一方公司构成另一方公司的常设机构。这表明子公司本身并不构成其母公司的常设机构。从税收角度看,子公司本身是一个独立的法人实体,即使它在贸易或业务上受母公司管理,也不能被视作母

---

[1] 参见廖益新主编:《国际税法学》,北京大学出版社 2001 年版,第 193—194 页。
[2] 2010 年 OECD 范本第 5 条第 9 款、2011 年联合国范本第 5 条第 8 款。

公司的常设机构。作出上述规定，可以保障一方缔约国的公司不因接受缔约国另一方公司的投资而影响其作为居民公司的地位；还可以避免缔约国一方公司不至于仅仅因投资于缔约国另一方公司而被视为在对方设有常设机构，使其投资所得只能按营业利润处理。不过，如果被投资公司的活动符合上述非独立地位代理人的条件，即缔约国一方的子公司在境内代表缔约国另一方的母公司进行活动，有权并经常以母公司的名义签订合同，则该子公司构成母公司在子公司所在国常设机构的存在。如果某公司的一个子公司为该公司的另一个子公司进行上述活动，亦作同样处理。

还应指出，为了适应不断发展的国际经济交往的需要，OECD范本进行过多次修订。虽然没有对常设机构的概念作任何修改，但对范本中其他条款的修订影响到对常设机构概念的理解。如在2000年的修订中，删除了第14条关于独立个人劳务所得征税权划分的规定；同时，在第3条定义条款中明确，"企业"一语指开展任何营业活动①，"营业"一语包括从事专业性劳务或其他独立性劳务（the performance of professional services and other activities of an independent character）②。这两项修订意味着将独立劳务所得直接并入营业所得，使得常设机构原则适用范围进一步扩大，即常设机构原则不仅适用于原有的工商业活动，而且适用于独立个人劳务。2010年OECD范本的最新修订中依然沿袭了这一做法，不过，联合国范本对此一直未予涉及。

由于OECD范本和联合国范本都使用了常设机构这一概念，它在国家间签订的双边税收协定中得到了极为普遍的采用。但值得注意的是，各税收协定对常设机构范围的界定是不尽一致的。

在国内税法中，许多国家也都使用了常设机构这一名称，但有些国家却有所不同，如美国就称之为"在美国从事贸易或经营活动"（engaged in trade or business in the United States）。至于常设机构范围的界定，大部分国家为了避免不确定性，在国内税法中采用了列举的办法。例如，德国的法人税法规定，非居民公司设在德国境内的营业所得为境内所得。这里的营业所是指为经营业务所使用的建筑物和固定场所，包括工厂、分公司、仓库、采购站、贩卖所、办事处、船舶公司、码头和为经营活动提供的其他营业设备，以及持续时间在6个月以上的建筑工地。日本的所得税法规定，非居民设在本国境内的分公司、工厂、商店以及其他固定场所，超过1年的建筑安装工程均为设在本国的常设机构。③

在我国的《企业所得税法》中，与税收协定中的常设机构相对应的概念是机

---

① 2010年OECD范本第3条第1款第3项。
② 2010年OECD范本第3条第1款第8项。
③ 王铁军、苑新丽主编：《国际税收》，经济科学出版社2002年版，第42—43页。

构、场所。我国《企业所得税法实施条例》第 5 条规定,机构、场所是指在中国境内从事生产经营活动的机构、场所,包括管理机构、营业机构、办事机构;工厂、农场、开采自然资源的场所;提供劳务的场所;从事建筑、安装、装配、修理、勘探等工程作业的场所;其他从事生产经营活动的机构、场所。非居民企业委托营业代理人在中国境内从事生产经营活动的,包括委托单位或者个人经常代其签订合同,或者储存、交付货物等,该营业代理人视为非居民企业在中国境内设立的机构、场所。

值得注意的是,2010 年 7 月 26 日国家税务总局印发了《〈中华人民共和国政府和新加坡共和国政府关于对所得避免双重征税和防止偷漏税的协定〉及议定书条文解释》的通知[①],全面解释了协定各条款的内涵,以及各条款之间的关系,同时兼顾了国内法的有关规定。针对非居民企业仅派其雇员或其雇佣的其他人员到中国境内提供劳务是否构成常设机构问题,该通知第 5 条第 3 款第 2 项明确规定,任何 12 个月内这些人员为从事劳务活动在中国境内停留连续或累计超过 183 天的,构成常设机构。在实务工作中时常有这种情况,即境外机构(一般为境外母公司)派遣人员到我国境内外资企业(一般为境外母公司在境内的子公司或其他合资、合作企业)担任高层领导、技术人员和其他职位,我国境内企业向境外机构支付派遣费用。[②] 这种情况下,母公司在子公司的活动是否导致母公司在子公司所在国构成常设机构,上述通知指出应从以下几个方面掌握:(1) 应子公司要求,由母公司派人员到子公司为子公司工作,这些人员受雇于子公司,子公司对其工作有指挥权,工作责任及风险与母公司无关,由子公司承担,那么,这些人员的活动不导致母公司在子公司所在国构成常设机构。此种情况下,子公司向此类人员支付的费用,不论是直接支付还是通过母公司转支付,都应视为子公司内部人员收入分配,对支付的人员费用予以列支,其所支付的人员费用应为个人所得,按子公司所在国有关个人所得税法相关规定,以及协定第 15 条(非独立个人劳务)的有关规定征收个人所得税。(2) 母公司派人员到子公司为母公司工作时,应按税收协定第 5 条(常设机构)第 1 款(常设机构的一般定义)或第 3 款(承包工程和提供劳务两种情况下常设机构的判定标准)的规定判断母公司是否在子公司所在国构成常设机构。符合下列标准之一时,可判断这些人员为母公司工作:母公司对上述人员的工作拥有指挥权,并承担风险和责任;被派往子公司工作的人员的数量和标准由母公司决定;上述人员的工

[①] 国税发[2010]75 号。根据该通知,中国与新加坡税收协定条文解释规定同样适用于其他协定相同条款的解释及执行。

[②] 王骏:《境外企业劳务派遣 常设机构任何认定》,http://www.shui5.cn/article/54/46184.html,最后访问时间:2013 年 1 月 9 日。

资由母公司负担;母公司因派人员到子公司从事活动而从子公司获取利润。此种情况下,母公司向子公司收取有关服务费时,应按独立企业公平交易原则,确认母子公司上述费用的合理性后,再对子公司上述费用予以列支。如果上述活动使母公司在子公司所在国构成常设机构,则该子公司所在国可按本协定第7条(营业利润)的规定,对母公司向子公司收取的费用征收企业所得税。(3)子公司有权并经常以母公司名义签订合同,符合"非独立代理人"条件,子公司构成母公司的常设机构。

荷兰国际酒店管理公司劳务派遣常设机构认定案

2010年江苏省某市工业园区国税局在针对涉外酒店的非居民企业专项检查中,发现某家星级酒店纳税存在问题。该星级酒店2002年注册成立,主要从事综合性旅游宾馆及配套服务。酒店业主通过与荷兰国际酒店管理公司签署管理合同来约定双方的权利和义务,为期30年。酒店的经营交由荷兰国际酒店管理公司独家监督和控制,酒店业主定期向其支付管理费。该酒店自2008年每月计提并支付管理费(营业收入的2%+运营毛利的5%),且已按30%核定利润率代扣代缴了企业所得税。从表面上看,酒店履行了代扣代缴义务,扣减了非居民企业荷兰国际酒店管理公司的所得税。但税务人员在进一步检查酒店管理合同和账户凭证时发现,酒店有3名香港籍员工担任酒店高级管理人员(总经理、营运总监、财务总监),负责酒店的经营决策和运营管理。这3名香港籍员工的工资薪金都在酒店领取,酒店还负责其往来香港的机票费用。经核对酒店相关售付汇备案材料,税务人员还发现酒店的对外实际支付金额大于合同约定计算的管理费金额,包括了3名香港籍员工在境外缴纳的养老保险金。税务人员还仔细查看了合同条款,其中约定"除管理公司决定某些重要酒店员工属于管理公司外,其他所有酒店员工在任何时候均须作为业主的雇员","每月的例会总经理代表国际酒店管理公司出席会议"。该工业园区国税局由此认为其中可能存在荷兰国际酒店管理公司在中国设有常设机构问题。经多方查证,在事实面前,酒店最终承认3名香港籍员工与荷兰国际酒店管理公司签订劳动合同,养老保险金业主境外缴纳,存在着事实上的劳动关系。基于中国与荷兰签订的税收协定第5条第3款①和我国相关法律规定,国税局责成荷兰国际酒店管理公司办理常设机构登记手续,将酒店支付给3名香港籍员工的工资薪金和报酬费用

---

① 该款规定:"缔约国一方企业通过雇员或者雇佣的其他人员,在缔约国另一方为同一项目或相关联的项目提供的劳务,包括咨询劳务,应仅以在任何12个月中连续或累计超过6个月的为限。"

约 149 万元计入该常设机构所得征收企业所得税,并按规定加征滞纳金。①

（三）电子商务中常设机构的认定

与传统的商务相比,在电子商务条件下,交易所需要的信息不是通过面对面的谈判或交换来处理,而是通过无纸化的电子数据传输方式进行。② 通常情况下,销售商在自己拥有的计算机上建立并保持自己的网址。该计算机被称为服务器,可以通过国际互联网被访问。而那些潜在客户则通过他们的计算机,经网络提供商提供的访问进入国际互联网,与销售商会合交易。由于国际互联网的全球性,网络提供商以及使用国际互联网的销售商可以向外国的客户提供访问或销售产品,由此产生境外收益。对于这一所得,所得取得者的居民国和所得来源国都享有征税权。③ 在划分征税权时,由于电子商务是在无形的电子空间内完成的,往往不具有"场所"和"固定性"特征,对于是否使用传统的常设机构认定规则,在学者和国家间存在较大争议。OECD 经过多次的讨论,于 2000 年 12 月 22 日发布了题为《常设机构在电子商务中的适用说明》的报告,在 OECD 范本第 5 条注释第 42 段后增设了"电子商务"一节,通过 10 段条文表明了 OECD 对电子商务环境下常设机构认定的立场和措施。其主要内容是：

(1) 网址本身不能构成常设机构。

OECD 认为,网址只是计算机软件和电子数据的结合,本身并不构成有形资产,也没有类似场地、机器或设备等设施,所以网址不具备可以构成营业场所的处所(location)。换言之,网址本身不能构成营业场所,因此更谈不上构成常设机构。

(2) 服务器可以构成常设机构。

OECD 认为,与网址不同,服务器是由一系列机器设备构成的,总是建立在某一处所。对于操纵服务器的企业而言,该有形处所可以构成企业的固定营业场所。因此,维持网址的服务器可以被认定为通过网址从事经营活动的企业所设立的常设机构。

但该增订注释指出,服务器构成常设机构还必须满足如下条件：第一,服务器必须处于企业支配之下,即通过网址从事经营的企业必须自己拥有维持网址的服务器或者租赁他人的服务器以维持网址。第二,服务器必须是固定的,即服务器必须在某一确定地点存在足够长的一段时间。至于"足够长的一段时间"到底是多长,增订注释未予明确。第三,企业的营业必须全部或部分地通过服

---

① 龙英锋主编：《国际税法案例教程》,立信会计出版社 2011 年版,第 46—47 页。
② 杨斌：《国际税收》,复旦大学出版社 2003 年版,第 83 页。
③ 朱炎生：《国际税收协定中常设机构原则研究》,法律出版社 2006 年版,第 197—198 页。

器进行。对于如何评判企业的营业是否全部或部分地通过其支配的服务器进行,增订注释并未提供一个可供考量的客观标准,而是认为应当根据每笔业务的具体情况个案分析。第四,服务器所进行的活动不属于准备性或辅助性的活动,例如提供通讯连接、进行商品和服务的广告宣传、为了保证安全和追求效益通过镜像服务器转载信息、为企业收集市场行情、提供信息。但是,如果上述活动结合成一个整体构成企业的主要或重要活动,或者企业还通过该服务器从事其他重要活动,则该服务器所进行的活动不属于准备性或辅助性活动。

(3) 网络提供商可能成为非独立地位代理人。

网络提供商在其拥有的服务器上向其他企业提供网址维持服务,是其常规营业活动,这一事实本身说明网络提供商是独立地位代理人。此外,网络提供商向其他企业提供网络服务时,无权以该企业的名义与他人签订合同。因此,通常情况下,网络提供商不构成那些通过在其服务器上维持网址场所电子商务的企业的常设机构。但是,如果网络提供商在向某企业提供维持网址服务的同时,还有权以该企业的名义与他人签订合同并经常行使此权利,那么该网络提供商将构成该企业的常设机构。

四、可归属于常设机构的利润范围的确定

按照常设机构原则,来源地国只有当非居民纳税人在本国设有常设机构、且通过该常设机构的经营活动获得利润时才能征税;对于非居民纳税人的那些未通过常设机构的经营活动所产生的利润则不能行使征税权。这一原则解决了应认定哪个国家为跨国营业所得的来源地国,以及来源地税收管辖权的实行限度。

作为常设机构原则的自然延伸,来源地对非居民纳税人营业所得的征税只能以归属于常设机构的利润为限,对不归属于常设机构的利润只能由所得取得者的居民国征税。[①] 也就是说,征税权不能延伸至该企业不是通过该常设机构取得的利润。

就可归属于常设机构的利润范围的确定问题,联合国范本和 OECD 范本作出了不同的规定,国际上由此也就存在两种不同的观点。

(一) 实际联系原则

实际联系原则(the principle of effective connection)是 OECD 范本倡议的确定可归属于常设机构的利润范围应遵循的原则。

OECD 范本第 7 条是关于对营业所得征税的专门条款。该条第 1 款规定,如果缔约国一方企业通过在缔约国另一方的常设机构进行营业,其利润可以在另一国征税,但其利润应仅以可归属于该常设机构的金额为限。这意味着常设

---

① 杨斌:《国际税收》,复旦大学出版社 2003 年版,第 95 页。

机构所在国只能对可归属于常设机构本身(is attributable to that permanent establishment)的营业所得征税,对于不归属于常设机构的营业所得不能征税。

现实中的国际经济生活往往是纷繁复杂的。常设机构除了本身的生产经营,还有可能向其他企业投资、贷款和转让无形财产。这样一来,常设机构除获得营业所得外,还有可能取得股息、利息和特许权使用费,即各种消极投资所得。这些投资所得虽然与营业所得的性质不同,但其取得与常设机构有实际联系。这些与常设机构有实际联系的股息、利息和特许权使用费,依照 OECD 范本第 10 条(股息)、第 11 条(利息)和第 12 条(特许权使用费)的规定,均可归属于常设机构。于是,许多国家在税收实践中也将这些所得归属于常设机构的利润范围进行征税。在国际税法上,这种不仅将常设机构本身的营业所得,而且将与常设机构有实际联系的所得归属于常设机构利润范围进行征税的做法,被称为"实际联系原则"。

根据实际联系原则,只有那些通过常设机构进行的生产经营活动取得的营业所得和与常设机构有实际联系的所得,才能确定为可归属于该常设机构的利润范围,由来源地国征税;对于未通过常设机构实施的经营活动实现的营业所得和与常设机构并无实际联系的其他所得,则应从常设机构的利润范围中排除,适用税收协定的其他有关条款处理。例如,甲国公司 A 在乙国设有一分公司,该分公司向乙国 B 公司转让技术并获得转让费 5 万美元,这 5 万美元属于与分公司有实际联系的所得,乙国有权予以征税。但如果这一技术是由甲国公司 A 直接向乙国 B 公司转让的,则乙国不能将其获得的转让费归属于分公司予以征税,通常情况下应视为单纯的投资所得,按照甲、乙两国间税收协定的规定征收预提所得税。

(二) 引力原则

引力原则(the principle of the force of attraction)则是联合国范本建议的确定可归属于常设机构的利润范围所应遵守的原则。

联合国范本第 7 条第 1 款规定,如果缔约国一方企业通过在缔约国另一方的常设机构进行营业,其利润可以在另一国征税,但其利润应仅限于:该常设机构;在另一国销售的货物或商品与通过常设机构销售的货物或商品相同或类似;在另一国进行的其他与通过常设机构进行的经营活动相同或类似交易活动。

由上述可见,根据联合国范本,常设机构所在国可以征税的范围,不仅包括归属于该常设机构的营业所得,而且还包括非居民不通过常设机构、自行在常设机构所在国开展营业活动所取得的如下所得:销售与通过常设机构销售的货物或商品相同或类似(the same or similar kind)的货物或商品;进行与通过常设机构进行的经营活动相同或类似的经营活动。并且,根据联合国范本第 10 条(股息)、第 11 条(利息)和第 12 条(特许权使用费)的规定,与常设机构有实际联系的股息、利息和特许权使用费，同样可以归属于常设机构。

从理论上来讲，与实际联系原则相比，引力原则扩大了可归属于常设机构的利润范围，更有利于维护来源地国的税收权益。但在实践中，执行引力原则会面临许多困难。税务部门在税收征管中，除了弄清常设机构的经营情况，还必须掌握非居民纳税人未通过常设机构而进行的每笔经营情况。毫无疑问，这是一项极为费时费力的工作，不仅造成征税成本的增加，而且也难以保证准确性。尤其在一个领土辽阔的国家，情况更是如此。所以，尽管引力原则能够扩大来源地国的征税范围，但在税收实践中很少有国家采用，即使是发展中国家。目前，只有澳大利亚、新西兰、菲律宾等极少数国家采用引力原则。美国曾经采用过引力原则，并且是极为彻底的引力原则。根据美国联邦所得税法的规定，外国公司或非居民个人在任何纳税年度内，只要"在美国从事贸易或经营活动"，那么，其所有来源于美国境内的所得都应与其在美国从事贸易或经营活动中获得的所得合并计征纳税。进入20世纪60年代后，美国在向外输出资本的同时，也开始注重引入外国资本，借以推动本国经济的发展。这时，其实行的引力原则受到指责，被认为阻碍了外国企业在美国的证券投资。因为依照引力原则，只要外国企业"在美国从事贸易或经营活动"，其所获得的股息即使与其在美国的贸易或经营活动没有实际联系，也要归入其在美国从事贸易或经营活动的所得合并纳税，而合并纳税的税率往往高于许多国家对非居民纳税人所获股息征税所适用的预提税税率。所以，美国从1967年开始放弃了这种引力原则，对股息、利息和特许费改为适用实际联系原则征税。[①] 一些税收协定中虽然采纳了引力原则，但却附加很严格的限制条件，如只能用于解决避税问题的目的。德国与菲律宾、印度、墨西哥等国签订的税收协定中就规定，如果能证明总机构在常设机构所在国所进行的与常设机构相同或类似的直接交易是为了避免常设机构所在国的税收，那么常设机构所在国可以对该直接交易所获得的所得课税。

当前，在确定可归属于常设机构的利润方面，实际联系原则是大多数双边税收协定所采用的原则。在具体适用这一原则的过程中，还存在一个关键性的问题，那就是怎样确定某种所得与常设机构存在实际联系。对此，联合国范本、OECD范本及其注释均未予以明确，国家间签订的税收协定一般也缺乏规定。这样一来，如何确定某种所得与常设机构有实际联系，就往往取决于有关国家国内税法的规定以及税务机关的解释和税务法院的裁决。有些国家的国内税法对此确有规定，如美国《国内收入法典》第864节。该节规定，非居民纳税人源自美国的投资所得（如股息、利息、租金、特许权使用费等）是否构成与在美国的贸易或经营（即在美国的常设机构）存在实际联系的所得，应依照"经营活动检验

[①] 陈安主编：《国际税法》，鹭江出版社1987年版，第44页。

法"(business-activities test)或"资产使用检验法"(asset-use test)加以判定。如果非居民纳税人在美国进行的贸易或经营活动是这种所得产生的关键因素,或非居民纳税人的这种所得来源于其在美国进行贸易或经营所使用的资产,则上述所得将被认定为与在美国的贸易或经营存在实际联系的所得。按照这两个标准,甚至非居民纳税人来源于境外的投资所得也有可能被判定为与在美国的贸易或经营存在实际联系。

五、常设机构利润的核算

常设机构利润范围确定之后,还应进一步解决常设机构利润的核算问题。因为从法律上来看,常设机构不是一个独立的法人,而是依附于其总机构,其经营受控于总机构,利润分配也由总机构决定。为了便于贯彻常设机构原则,使收入来源地国的税收管辖权得以有效行使,双边税收协定中一般规定在常设机构利润的核算上应当实行如下两项原则:

(一)独立企业原则

所谓独立企业原则,是指把常设机构作为一个独立的纳税实体来对待,按独立企业进行盈亏计算,把作为一个独立企业所可能得到的利润归属于常设机构。依此原则,常设机构不论是同其总机构的营业往来,还是同总机构的其他分支机构的营业往来,都应按公开的市场价格计价,并据以计算各自应得的利润。

由于常设机构是总机构的一部分,不是一个具有法人地位的独立实体,它与总机构以及总机构的其他分支机构之间的交易价格属于内部的协议价格,常设机构的账面利润不一定能够真实反映同类交易的公平利润水平,所以,常设机构所在国的税务机关有权在相同或类似条件下,按照公平市场上相同或类似交易正常收取的价格或费用标准,对常设机构账面上反映的利润进行调整。在常设机构未单独设置营业账簿进行盈亏核算,或常设机构的账册凭证缺乏完整性与准确性以致难以合理计算其利润的情况下,税务机关可以采用核定利润率的方法来核算常设机构的利润,即依照常设机构的营业额或产品的销售额,参照同行业或类似行业的利润水平核定其利润率,计算出常设机构的应纳税所得额。

(二)费用扣除和合理分摊原则

将常设机构视同独立企业的核心问题是费用扣除。[①] 由于客观上常设机构的确是总机构的组成部分,因此,在对常设机构的利润进行核算时,除了按照一般的损益原则进行费用扣除外,还应当合理处理常设机构与总机构关联的有关费用扣除问题。

首先,应当允许扣除常设机构进行营业所发生的各项费用。所得税的课税

---

① 杨斌:《国际税收》,复旦大学出版社2003年版,第97页。

对象是纳税人的应税所得,而应税所得是纳税人的总所得减去准予扣除的费用支出之后的余额,也就是纳税人的净收益。在对常设机构进行征税时,同样也应遵循应税所得的纯益性原则,即对归属于常设机构的利润,准许扣除与取得该项利润有关的费用支出,确定其应税所得,再以应税所得按照来源地国国内税法所规定的税率计算出应纳税额。至于哪些费用允许扣除,国家间签订的税收协定一般不作具体规定,而应依照常设机构所在地国家国内税法的有关规定。

此外,常设机构应当合理地分担其总机构的一般管理费用,即对于常设机构支付给其总机构的、与常设机构生产经营有关的管理费用,应准许从其营业所得中扣除。虽然对常设机构要按独立企业计算利润,但常设机构与其总机构毕竟同属于一个实体,其利润的取得与总机构的决策指挥和监督管理分不开,因此,常设机构适当分担一部分总机构的管理费支出是合理的。基于这种考虑,各国在税收协定实践中通常都允许常设机构扣除其应分担的那部分境外总机构的管理费支出。但对于常设机构分担总机构管理费的数额如何确定,税收协定中一般都缺乏明确规定,往往要根据常设机构所在国国内税法予以确定。

我国《企业所得税法实施条例》第50条规定:"非居民企业在中国境内设立的机构、场所,就其中国境外总机构发生的与该机构、场所生产经营有关的费用,能够提供总机构出具的费用汇集范围、定额、分配依据和方法等证明文件,并合理分摊的,准予扣除。"这表明我国允许非居民企业向其在中国境内设立的机构、场所分摊有关费用,但是应满足以下要求:一是相关性原则,即所分摊的费用必须是由中国境外的总机构所负担,且与其中国境内设立的机构、场所生产经营有关的。二是必须履行证明义务,即在中国境内设立的机构、场所能够提供总机构出具的费用汇集范围、定额、分配依据和方法等证明文件。三是合理性原则,即有关费用必须是合理分摊的,才准予扣除。[①]

可见,我国税法只是规定了常设机构可以列支总机构管理费的条件和程序,但对管理费分摊的方法没有限定。从税收实践来看,许多国家对于常设机构应承担的费用额是按惯例进行估算,如按照常设机构的资产额、营业额或利润额占企业全部资产额、营业额或利润额的比例予以分摊,或是依照常设机构雇佣人员占企业雇员总额的比例来确定。

不过,常设机构与总机构或其他办事处之间发生的某些费用往来,在计算常设机构应税所得时通常不得予以扣除。这些费用往来包括:由于使用总机构提供的专利权或其他权利而支付的特许权使用费;由于接受总机构提供的特别劳务或管理而支付的报酬或佣金手续费;由于使用总机构提供的贷款而支付的利

---

① 《企业所得税法实施条例解读》编写组:《中华人民共和国企业所得税法实施条例解读》,中国法制出版社2007年版,第157页。

息。之所以不允许常设机构列支上述费用,是因为常设机构事实上已经分担了总机构的部分管理费用,更重要的是,常设机构与总机构同属一个整体,总机构向常设机构提供专利技术、资金或劳务,实际上是一个企业将其自有资产投入不同的组成部分去运作营利。如果总机构要求常设机构支付特许权使用费、利息或劳务费,允许常设机构从其应税所得中扣除这些费用,其结果是将常设机构经营所实现的利润转化为总机构的利润[1],从而背离了独立地核算常设机构与总机构各自所实现的经营利润这一原则。但是,如果常设机构向总机构的支付属于偿还总机构代垫实际发生的费用,则应允许其在计算应税所得时予以列支。例如,总机构为其境外某常设机构筹措贷款并因此垫付利息,如该笔贷款确实为该常设机构营运使用,则已由总机构先行垫付的利息实属该常设机构应予支付的开支,因此,常设机构向总机构偿还代垫利息所支付的款项应准予其作为费用扣除。另外,如果所涉及的企业是银行企业,上述列支限制也不适用。例如,一家银行总行向其境外分行提供贷款,在计算分行应税所得时应允许其扣除向总行支付的利息。因为银行经营的主要内容就是货币资金的贷放,银行总行与分行之间的货币资金流动就如同一般企业之间的货物交易。既然一般企业之间的货物交易是计价的,那么,也应允许银行对总、分行间的货币资金流动作同一性质的处理。还应说明的是,由于不允许常设机构扣除向总机构支付的上述款项,在计算常设机构利润时,也不应考虑其因向总机构或其他办事处提供专利、借款等所收取的上述款项。

在常设机构利润的核算方面,独立企业原则、费用扣除和合理分摊原则曾经都是联合国范本和OECD范本所倡导的原则。不过,2010年修订的OECD范本关于营业利润的第7条规定简化为4款,未再明确提及费用扣除问题,但要求使用功能和事实分析去检验常设机构是否是一个明显的独立企业,并采用和1995年《OECD转让定价指南》一致的独立交易原则(the arm's length principle)确定属于常设机构的利润。无论是常设机构与其总机构的营业往来,还是常设机构与该企业的其他常设机构、关联公司及其所属的常设机构之间的营业往来,都应该以公开市场价格为依据。[2]

该新修订范本依然没有规定以比例分配法来确定常设机构的利润问题。我们知道,总机构的经营管理活动与常设机构的业务活动是紧密相连的,往往很难在常设机构的账册上严格划分清楚;而跨国经营的方式又是多种多样的,且总、

---

[1] 参见廖益新主编:《国际税法学》,北京大学出版社2001年版,第208—209页。
[2] 早在2008年7月17日,OECD理事会就发布了《常设机构利润归属研究报告》,该报告为企业如何利用公平交易原则决定常设机构利润归属问题进行了具体指导。因此,2010年OECD范本此处的修订是一种延续。

分支机构之间以及各分支机构之间的交往频繁复杂,对于税务机关而言,要查明常设机构的账册是否如实反映了企业的经营情况显然有相当的难度。为此,联合国范本第7条第4款规定,如果缔约国一方习惯于以企业总利润按一定比例分配给所属各部门的方法来确定常设机构的利润,则独立企业原则并不妨碍该缔约国按这种习惯分配方法确定常设机构的应税利润。不过,采用这种分配方法所得到的结果应与独立企业的原则一致。依照这种比例分配法,税务机关可以把企业的总利润按一定比例分配给其所属的各分支机构,从而计算出各分支机构的应税所得。这里的一定比例,既可以是依照各分支机构营业额或资产额占企业总营业额或总资产额的比例,也可以是根据各分支机构雇佣人员工资额占企业全部雇佣人员工资总额的比例。然而,采用比例分配法也会遇到一些实际困难。首先面临的一个难题是确定企业的总利润。由于总、分支机构分设在不同国家,不同国家国内税法上有关费用扣除的范围及条件存在差异,因而,一国税务机关依本国税法规定计算出的总利润及建议采用的某种分配比例,未必能得到其他有关国家的认同。更为关键的是,由于利润分配直接关系到相关国家的税收利益,故一国满意的利润分配结果很有可能不为另一国所接受,后者有可能坚持自己的做法。甚至一些国家主张即使跨国公司在本国的常设机构本身无营业利润,本国也可依据来源地税收管辖权进行征税。[①] 这样一来,就极易导致国际双重征税的发生。另外,按一定比例分配也有许多变数。如企业的资产、营业额或雇佣人员等情况并非一成不变,因而分配的比例关系也会不断有所变化;采用不同比例计算显然会得出不同的结果,按哪种比例计算最为精确合理也是很难判定的。对于上述问题的解决,联合国范本中没有具体规定,但是要求采用比例分配法所得到的结果,应尽可能与按独立企业征税的原则相一致。所以,从某种意义上来讲,比例分配法只是一个替代性的做法。不过,联合国范本和OECD范本还都指出,在常设机构利润核算方面应保持稳定性,不能轻易变更确定常设机构利润的方法。即无论采用何种方式,除非有适当和充分的理由需要变更,每年应采取相同的方法核算常设机构的利润,以保持常设机构税收待遇的稳定性。

六、常设机构原则的例外——对国际运输利润的征税

在国际税收协定中,常设机构原则是适用于对非居民纳税人跨国营业所得

[①] 有些常设机构只从事接洽、通信联络等事宜,并不从事经营,故本身无营业利润,只有费用发生。对于这样的常设机构,既然其无营业所得,本不应予以征税。但是,常设机构费用的发生乃企业取得营业利润的代价,既有费用的发生,就必有相应的利润,只不过此时的利润保留在外国总机构的账上,没有直接体现在常设机构的账上。因此,总机构也应向这样的常设机构分配利润。常设机构所在国可就分配给常设机构的这笔利润行使征税权。

征税的基本原则,但对国际运输利润的征税例外。

根据联合国范本和 OECD 范本第 3 条第 4 款的解释,"国际运输"(international traffic)一语是指在缔约国一方设有实际管理机构的企业以船舶或飞机经营的运输,但不包括以船舶或飞机仅在缔约国另一方各地之间的经营。

由此可见,两个范本所称的国际运输包括国际航海运输和国际航空运输。国际运输利润,主要是指从事国际客、货运输所取得的收益。除此之外,与营运所得性质相似或密切相关的所得,如出租设备齐全并配有人员和装置的船舶或飞机取得的租金、经营从市区或仓库至机场或港口码头的送客送货服务和船舶、飞机上的饮食服务所获得的收益等,亦属于运输所得。与其他企业相比,从事国际运输的企业的经营活动别具特色。这类企业的船舶或飞机因用于国际运输而来往于不同的国家或地区之间,所以,企业的经营活动涉及众多国家。为了便于管理,国际运输企业往往会在许多国家设立常设机构处理运输业务。由于船舶或飞机即使在某一个航程中也往往会在数个国家的境内停留,因此,按照常设机构原则课税面临的首要困难,就是如何将企业的运输利润适当地分配给处于不同国家的常设机构。即使能够进行这种分配,各常设机构所在国征税上的各行其是也会导致以下后果:同样的运输利润在不同国家的税收待遇有异;国际运输企业对税收结果的难以预料;征税成本的上升和效率的低下等。长此以往,将有碍于国际运输事业的发展。正因如此,对于国际运输利润的征税,联合国范本和 OECD 范本都规定不适用常设机构原则。

OECD 范本第 8 条第 1 款规定,以船舶或飞机从事国际运输取得的利润,应仅在企业的实际管理机构所在地的缔约国一方征税。这意味着对从事国际航海运输和国际航空运输企业的利润,企业的实际管理机构所在的缔约国享有独占征税权。该条第 3 款进一步规定,如果航海运输企业的实际管理机构设在船舶上,应以船舶母港所在缔约国为所在国。在船舶没有母港的情形下,应以船舶经营者为其居民的缔约国为所在国。

联合国范本对国际运输利润征税权的划分,提出了可供选择的 A 与 B 两个方案。A 方案与 OECD 范本的规定完全相同;B 方案中,对国际航空运输利润同样规定应由企业实际管理机构所在缔约国征税,但对国际航海运输利润的征税,则提出,如果企业经常在缔约国另一方(指非企业实际管理机构所在缔约国)从事业务,那么缔约国双方均可征税。B 方案的提出可以说是发展中国家努力的结果,因为发展中国家缺少以本国为实际管理机构所在地的航运公司,将 B 方案列入范本有利于维护发展中国家的税收利益。

综上所述,在跨国营业所得征税权的划分上,常设机构原则是基本原则,它决定了常设机构所在国能否实施来源地税收管辖权,即来源地国对跨国营业所得征税的条件。在此基础上,实际联系原则明确了常设机构利润的范围,独立企业原则、费用扣除和合理分摊原则解决了常设机构的利润核算问题,两方面结合起来,共同制约着来源地税收管辖权的施行深度。

英国广播公司印度涉税案
(2010年)

英国广播公司(British Broadcast Company,BBC)指定其印度子公司(BBC印度)为其广告销售时段拉取订单,并已收到广告商支付的广告费,BBC印度也获取了15%的佣金。印度新德里税务机关认为,BBC印度是BBC在印度的常设机构,BBC的广告收入属于来源于印度境内的所得,应予征收20%的预提所得税。BBC认为,广告收入是它的营业利润,因其在印度没有设立常设机构,根据英国与印度签订的税收协定,这笔收入在印度不应该是应税所得,因此,向印度所得税上诉法庭(ITAT)提起了上诉,诉称"即使公司在印度的国内代理机构按照独立企业原则获取了收入,作为外国公司也没有义务向印度当局缴纳所得税"。ITAT受理了此案。其经过调查发现,支付给印度的外国电视广播代理机构的佣金通常是收入的15%,BBC印度在代理广告业务时收取的15%的佣金与BBC支付给印度其他公司的佣金比例是一样的。法庭认为,首先,BBC印度是BBC的一个子公司而不是分公司,BBC的广告费收入不应计入BBC印度的所得中计征所得税。其次,BBC印度与BBC虽然是关联公司,但彼此间的业务往来秉持了公平交易原则,即佣金的数额是一个公平的市场交易价格。最后,根据印度直接税中心署(the Central Board of Direct Taxes)发布的一份文件,通过独立代理机构或通过合同在印度境内的销售不被认定为来源于印度境内的所得,而视为印度境外所得。所以,BBC的这笔广告收入在印度不负有纳税义务。[①]

第二节 劳务所得征税权的划分

一、劳务所得的概念及来源地的判定

劳务所得(income from service)即自然人从事劳务活动而取得的报酬,故又称个人劳务所得。

个人劳务所得可分为独立劳务所得与非独立劳务所得。独立个人劳务(independent personal services)所得是指自由职业者从事某种专业性劳务或其他独

---

① 详细参见郑琳编著:《国际税法学》,北京师范大学出版社2012年版,第62—63页。

立性活动所取得的报酬。这里的专业性或其他独立性活动是指个人从事医师、律师、建筑师、会计师等专业性劳务以及其他独立的科学、文学、艺术、教育等活动。个人独立从事工业、商业经营活动不在此列,个人由此而获取的工商经营所得一般划归营业所得。提供独立劳务者是凭借自己所具有的某种专长,以自己的名义独立进行活动;他没有固定的雇主,自行负担履行劳务服务相应发生的费用,并就所提供的劳务服务对劳务的接受方承担质量责任;他获得的报酬是劳务的接受方就其所提供的专项劳务而支付的诊疗费、律师费、设计费、咨询费、稿费、讲课费等。非独立个人劳务(dependent personal services)所得则指个人由于受雇提供劳务而取得的报酬,如工资、薪金、津贴、奖金等。非独立劳务与独立劳务的显著区别在于:提供非独立劳务者是受雇于他人,其劳动不能违背雇主的意愿而独立进行;提供非独立劳务者对雇主负责,不直接对劳务的接受方承担质量责任,其在履行劳务工作过程中发生的有关成本、费用通常由其雇主承担。

在劳务所得来源地的判定上,也存在多种主张,其中较为重要的是:

(一) 劳务提供地标准

依照劳务提供地标准,个人在哪个国家提供劳务,其所获得的劳务报酬即为来源于哪个国家的所得,亦即劳务所得的来源地就是劳务的提供地。不过,劳务的提供地对于从事独立劳务者和非独立劳务者含义是有所不同的。就从事独立劳务者而言,劳务提供地的判断主要是看他用以提供劳务的固定基地(如诊所、律师事务所、会计师事务所等)设在哪个国家。如果他在某国设有这样的固定基地,那么,他通过该固定基地所获取的收入就被视为来源于该国。但对于非独立劳务者来说,主要是看他受雇提供劳务的地点,他提供劳务的行为发生在哪个国家,其就此获得的劳务报酬就来源于哪个国家。如美国规定,就个人劳务而言,只要是在美国境内提供的,由此得到的收入即属美国来源的所得,而不问付报酬者的居住地、付款地以及劳务合同的签订地。

在根据劳务提供地判定劳务所得来源地方面还有一些例外。其中,一个普遍认可的例外是:在跨国提供劳务的情况下,为一国政府工作而取得的报酬被视为来源于其本国。例如,甲国某人在甲国驻乙国的大使馆工作,他虽然在乙国提供劳务,但由此获得的报酬仍被视为来源于甲国。

(二) 劳务所得支付地标准

劳务所得支付地标准以支付劳务所得的居民或固定基地、常设机构的所在国为劳务所得的来源地国。即如果某跨国提供劳务者的劳务所得是由本国居民支付的,或是由本国非居民设在本国的固定基地或常设机构支付的,其该项劳务所得的来源地是本国。例如,英国法院就一直坚持就业所得的来源地应为所得的支付地。

目前,许多国家都采用劳务提供地标准。相对而言,这一标准更能反映劳务所得与劳务提供地的真正联系,而且在税收征管上比较可行。我国对个人劳务所得来源地的判定也采用劳务提供地标准。根据我国《个人所得税法实施条例》第5条,因任职、受雇、履约等而在中国境内提供劳务的所得,不论支付地点是否在中国境内,均为来源于中国境内的所得。

在国际税法上,跨国劳务所得是指作为一国居民的个人因从事跨国的劳务活动所取得的来源于居民国境外的所得。对于此项所得,不仅劳务提供者的居民国要予以征税,主张劳务所得来源于本国境内的国家也要行使税收管辖权。由此导致的税收管辖权冲突,仅仅依靠单一国家难以妥善处理,需要国家之间的税收协调。在联合国范本和OECD范本这两个范本中,均有近1/3的条款与划分缔约国双方各自对劳务所得的征税权有关。从国家间签订的税收协定来看,通常是就独立个人劳务所得与非独立个人劳务所得的征税问题分别制订规则,而后,再就一些特殊类型的个人劳务所得作出专门的规定。

二、独立个人劳务所得征税权的划分

在对独立个人劳务所得的征税方面,一项普通遵行的原则是固定基地原则(the principle of a fixed base)。2000年前的OECD范本在第14条(独立个人劳务)就单独陈述了对独立个人劳务所得的征税规则,即缔约国一方居民由于专业性劳务或其他独立性活动取得的所得,应仅在该缔约国征税。但在缔约国另一方设有经常为从事上述活动目的的固定基地的除外。对于上述固定基地,缔约国另一方可以对仅属于该固定基地的所得征税。根据此项原则,一国对非居民独立个人劳务所得的征税,是以其在本国境内设有固定基地(fixed base)为前提,并以可归属于该固定基地的所得为限。这里的固定基地,是指类似于医生的诊所、律师或会计师的事务所这样的个人用于从事独立个人劳务的固定场所或设施。固定基地这一概念接近于常设机构,只不过固定基地是个人从事独立劳务活动的场所,而常设机构是企业进行经营活动的场所。可见,在对跨国的独立个人劳务所得的征税中,固定基地原则的作用类似于对跨国营业所得征税中的常设机构原则。来源地国对跨国独立个人劳务所得的征税范围,被限定在可归属于该固定基地(is attributable to that fixed base)的所得。也就是说,非居民纳税人通过设在其境内的固定基地从事劳务活动所取得的那部分所得,以及与该固定基地存在实际联系的其他所得。在确定固定基地的应税所得时,同样应遵循独立企业原则予以核定,对于固定基地发生的与该固定基地的业务活动有关的费用支出也应允许扣除。

显然,仅依固定基地原则划定居民国与来源地国对跨国独立个人劳务所得的征税权,会过多地限制所得来源地国一方的税收管辖权范围,不合理地影响其税收权益。因为来源地国只有当非居民纳税人在本国设有固定基地的情况下才

能征税,并且只能对属于该固定基地的所得征税。因此,发展中国家提出仅依固定基地原则是不可取的,理应扩大所得来源地国可予征税的范围。

发展中国家的这一立场在联合国范本中得到了反映。该范本第 14 条在采用固定基地原则的基础上,进一步放宽了对来源地国征税的限制。根据该条规定,即使非居民纳税人未在来源地国境内设有固定基地,但只要具备下列两个条件之一,来源地国仍有权对非居民纳税人的独立个人劳务所得进行征税:其一,非居民纳税人在有关会计年度内在来源地国境内停留累计等于或超过 183 天(以下简称"停留时间规则")。其二,非居民的个人劳务所得是由本国居民支付的,或是由设在本国的常设机构或固定基地所负担的(is borne),并且其金额在某一会计年度内超过一定的数额①(以下简称"支付或负担规则")。这里的"由设在本国的常设机构或固定基地所负担",是指常设机构或固定基地支付给非居民纳税人的独立劳务所得,可以作为该常设机构或固定基地的一项费用支出予以扣除。② 可见,根据联合国范本的规定,来源地国在三种情况下可以对非居民纳税人的独立个人劳务所得进行征税。所以,发展中国家在对外谈签税收协定时一般都坚持采纳联合国范本的有关规定。不过,从一些已签订的国际税收协定来看,同时限定上述三个条件的不多,一般是采用固定基地原则和停留时间规则这两个条件。至于支付或负担规则,虽然具有合理性,但执行起来较为困难,采用的不多。

中国对外所签的税收协定一般采纳固定基地原则与停留时间规则。但在采用停留时间这一条件时,对 183 天的计算有不同的处理。大多数协定限于一个历年(即公历年度),而中国与英国签订的税收协定按一个会计年度计算,与澳大利亚、挪威签订的税收协定则规定以任何 12 个月计算。在与少数国家所签的税收协定中,也兼采了支付或负担规则。

值得注意的是,2000 年 OECD 修订其税收协定范本时,删除了第 14 条关于独立个人劳务所得的征税规则。其原因在于:在独立个人劳务中所用的固定基地概念与营业所得中所用的常设机构概念之间没有明显不同,常常无法清楚区分独立劳务所得和营业所得,且两者之间利润的计算和所得税的计算方法也没有明显的不同,这给实际操作带来困惑而难以执行。③ 删除之后,即可将独立个人劳务所得纳入营业所得中,按照常设机构原则来划分个人独立劳务的征税权。

---

① 根据联合国范本的规定,具体金额由缔约双方在协定谈判时确定。
② 费用扣除的结果是该常设机构或固定基地应税所得的减少,在税率一定的情况下,其应纳税额会相应地减少。对常设机构或固定基地所在国而言,则意味着可征税款的减少。正因如此,在非居民的独立个人劳务所得由设在本国的常设机构或固定基地负担的情况下,允许来源国对这种劳务所得征税才显得较为合理。
③ 郑琳编著:《国际税法学》,北京师范大学出版社 2012 年版,第 71—72 页。

这样一来,劳务所得部分只剩下非独立个人劳务所得,OECD 范本将第 15 条的标题"非独立个人劳务所得"相应地改为"雇佣所得"(income from employment)。

三、非独立个人劳务所得征税权的划分

在对非独立个人劳务所得的征税方面,联合国范本与 OECD 范本有着相同的规定。两个范本均在第 15 条第 1 款规定:"缔约国一方的居民由于受雇取得的薪金、工资和其他类似的报酬,除了受雇于缔约国另一方的以外,应仅在该国纳税。如果受雇于缔约国另一方取得的该项报酬,可以在另一国征税。"第 15 条第 2 款又规定,在下列情况下,应仅在首先提及的国家征税:收款人在有关会计年度中在缔约国另一方停留累计不超过 183 天,同时该项报酬并非由缔约国另一方居民的雇主支付的或代表雇主支付的,并且该项报酬不是由雇主设在另一国的常设机构或固定基地所负担。

据此规定,当缔约国一方的居民受雇于缔约国另一方,即在非居民国提供劳务的情况下,缔约国另一方也可以征税。不过,如果同时符合上述三个条件,应仅由缔约国一方(即该居民的居民国)征税,缔约国另一方(即来源地国)不得征税。意即缔约国一方享有独占的征税权,即使缔约国另一方根据本国税法认为此笔劳务所得来源于本国。当然,在未同时符合上述条件的情况下,缔约国另一方享有征税权。例如,只要缔约国一方居民在缔约国另一方的停留达 183 天,则无论其报酬是否由缔约国另一方的雇主支付或是否由雇主设在缔约国另一方的常设机构或固定基地负担,缔约国另一方都有权征税。在这种情形下,缔约国一方居民在缔约国另一方提供的劳务不再是临时的、短暂的,其由此获得的劳务报酬与劳务的提供地,即缔约国另一方存在密切的经济联系。因此,要求缔约国另一方继续放弃征税权、仍由缔约国一方独占行使征税权,显然有失公平。又如,在缔约国一方居民的报酬是由缔约国另一方居民支付或由雇主设在缔约国另一方的常设机构或固定基地负担的情况下,即使该居民在缔约国另一方的停留未达到 183 天,缔约国另一方也可行使税收管辖权。这是因为缔约国另一方在计算雇主、常设机构或固定基地的应税所得时,通常允许其将所支付的劳务报酬(包括向非居民支付的劳务报酬)作为费用予以扣除。在这种情况下,继续限制缔约国另一方的征税权,必然对其税收权益产生不合理影响。所以,从各国所签订的税收协定来看,一般都规定只要非居民纳税人在缔约国另一方的停留达到 183 天,或其所得由作为雇主的缔约国另一方居民所支付、或由雇主设在缔约国另一方的常设机构或固定基地所负担,作为劳务提供地的缔约国另一方就有权对非居民纳税人的非独立个人劳务所得进行征税。我国对外签订的税收协定也是如此。

客观地讲,这种规定符合非独立个人劳务的特点。非独立劳务提供者的劳

动不能违背雇主的意愿独立地进行,其所得正是受雇于非居民国而取得的。如果其在非居民国停留达到相当长的时间,或其所得系由非居民国的雇主支付,或其所得由雇主设在非居民国的常设机构或固定基地负担,非居民国据以行使税收管辖权,应当说是合理的。应注意的是,缔约国另一方所享有的征税权不具有独占性,即在其优先行使征税权之后,作为居民国的缔约国一方仍可依据居民税收管辖权予以征税,只是其在进行征税时,应根据税收协定的规定承担避免国际重复征税的义务。

对非独立个人劳务所得征税的上述协调规则也有例外。根据两个范本第15条第3款,受雇于从事国际运输的船舶或飞机上取得的报酬,可以在企业实际管理机构所在的缔约国征税。如前所述,对国际运输利润的征税不适用常设机构原则,国际运输企业实际管理机构所在的缔约国享有独占征税权,并且,该国对因受雇在从事国际运输的船舶或飞机上工作的人员所取得的报酬也有权征税,且不受有关人员在该国境内停留时间的长短、雇主的居民身份归属及其报酬是否为设在本国境内的常设机构或固定基地所负担这些因素的限制。这一规定显然也有利于国际运输企业实际管理机构所在的缔约国一方。

四、对特殊类型个人劳务所得的征税规则

以上分别论述了对跨国独立个人劳务所得和非独立个人劳务所得征税的一般规则,明确了在何种条件下应仅由劳务提供者的居民国征税,在什么条件下可以在来源地国征税。但应看到,国际间人员交往的情况纷繁复杂,其从事的活动方式存在较大差异,并且各国政府政策上的需要也有所不同,因此,对某些劳务所得不能完全按照一般征税规则对待,需要作出特殊处理。从各国签订的税收协定来看,往往专设条文规定对特殊的个人劳务所得的征税问题,现分述之。

(一) 董事费

董事费(directors' fees)是公司支付给其决策领导机构——董事会的组成人员的劳务酬金。公司的董事既不同于公司的一般雇员,也有别于从事专业性和其他独立性劳务活动的自由职业者。他们虽然从公司取得数额可观的劳务报酬,但并不像公司一般雇员那样经常在公司里工作。在当代国际交通和信息传递极为便捷的条件下,担任跨国公司董事者更是如此。他们处理公司的事务或召开董事会,无须固定在其任职公司的所在国进行,更多的是在自己的居民国或某个第三国,而且,他们还经常在公司所在国以外从事其本身的职业活动。由于董事的流动性较大,按照劳务提供地标准很难判断董事费报酬究竟是因其在哪个国家提供的劳务而产生的。因此,在就董事费的征税问题上,联合国范本和OECD范本都主张背离劳务所得的一般征税原则,按照所得支付地标准确认支付董事费的公司所在国有权征税。两个范本都在第16条规定:"缔约国一方居民,作为缔约国另一方居民公司的董事会成员取得的董事费和其他类似款项,可以在另一国征税。"亦即在就跨国董事费所得的征税问题上,允许支付该项酬金的公司所在国行使征税权,而不必考虑该董事在本国的停留时间长短、其实际的劳务提供地何在。从各国已签订的税收协定来看,两个范本的上述处理规则已得到普遍的采纳。应注意的是,两个范本规定的是对跨国董事费所得"可以在另一国征税",这意味着公司所在国的征税权并非独占,董事的居民身份所属国仍保有征税权。

此外,联合国范本还规定,在公司中担任高级管理职务的人员与董事存在着相同的情况,对一方居民担任缔约国另一方居民公司高级管理人员所取得的薪金、工资或其他类似款项,也可在缔约国另一方征税,同样不必考虑此类人员在本国的停留时间及其劳务的提供地点。这实际上是将上述征税规则从董事费扩展至高级管理人员所取得的所得。但是,这种规定在实际签订的税收协定中很少被采用。这是因为许多国家认为,此类人员是公司的高级职员,其所获得的薪金、工资或其他类似款项明显属于非独立劳务性质的所得,应按对非独立劳务所得的一般征税规则予以课征。

在我国对外所签订的税收协定中,对董事费都明确规定支付款项公司所在国可以征税。在我国与挪威、加拿大、瑞典、葡萄牙签订的协定中,董事费条款也适用于公司高级管理人员的所得,甚至公司监事会或其他类似机构成员的所得。

(二)艺术家、运动员所得

作为缔约国一方居民的艺术家、运动员,在缔约国另一方从事各种艺术表演活动或者参加各种体育比赛活动,停留时间通常比较短暂,少则数小时,多则也不过十几天或数十天,一般不会超过183天。他们不必、也不会设立固定基地,但短暂的停留表演往往使他们获得可观的收益。因此,如果按照税收协定中有关独立个人劳务所得和非独立个人劳务所得征税的一般规则,所得的来源地国事实上将征不到税。为了避免这种不合理的现象,协调来源地国与艺术家、运动员居民国双方的税收利益,税收协定中通常要专列条文,明确对艺术家、运动员跨国所得征税的特殊处理规则。

联合国范本和OECD范本对跨国表演所得的征税问题作出了相同的规定。根据两个范本第17条第1款,缔约国一方居民,作为表演者,如戏剧、电影、广播或电视艺术家,或音乐家,或者作为运动员,在缔约国另一方从事其个人活动取得的所得,可以在缔约国另一方征税。范本中所称的表演者,包括但不限于戏剧、电影、广播或电视艺术家以及音乐家,凡是从事具有公众表演娱乐性质的各种文化艺术活动的人员都在表演者之列。而所谓运动员,则泛指参加各种体育竞赛或表演活动者,而不论其是职业运动员还是业余运动员。作为缔约国一方居民的表演者或运动员,如在缔约国另一方进行艺术、体育表演活动并获得收入,缔约国另一方可行使优先征税权。表演者或运动员的居民国虽然仍可依据居民税收管辖权予以征税,但应根据税收协定的有关规定采取避免国际重复征税措施。

在现实中,作为缔约国一方居民的表演者和运动员前往缔约国另一方从事表演活动,有时并非是以独立的个人名义,而是以受雇于他人①的非独立身份。在这种情况下,因表演活动所产生的收入并不归属于表演者或运动员本人,而是归属于他人。由此就产生了对这种表演活动所得究竟应按营业利润征税,还是应按劳务所得征税的问题。对此,OECD范本和联合国范本都在第17条第2款明确规定,即使表演者或运动员的所得归属于他人,也可以在缔约国另一方征税,不受协定第7条(营业利润)、第14条(独立个人劳务)和第15条(非独立个人劳务)有关课税规则的限制。其含义是对表演者或运动员的所得,缔约国另一方既可以不依照协定对劳务所得的一般征税原则处理,即不限于只能对设有固定基地或停留达183天者才能征税;也可以不按照对营业利润的征税原则对待,即不限于只有当其雇主在该国设有常设机构时才能予以征税。这样规定的意义主要体现在三个方面:其一,有利于维护所得来源地国的税收利益。在表演者或运动员的表演活动所得不归属于其本人,而是归属于他人的情况下,表演者或运动员通常只能取得少量的报酬。没有上述规定,来源地国就只能对表演者或运动员取得的少量的报酬征税。而有了上述规定,则不论表演活动所得的归属如何,来源地国都可以对这笔表演活动所得的全部数额主张征税权。其二,有利于防止逃避税收行为。如无上述规定,表演者或运动员可能假借受雇于他人的名义从事表演活动。倘其在表演活动所在国未设固定基地、停留时间也未达到183天,倘若其假借的雇主在表演活动所在国也未设立常设机构,则表演活动所在国对其表演收入就不能征税,这样一来,就可规避表演活动所在国的税收管辖。在有上述规定的情况下,表演活动所在国就可以对任何表演者或运动员因在本国从事表演活动获得的收入进行征税,除非协定中另有规定。其三,有助于避免双重免税。如前所述,有些国家对居民的境外所得实行免税。如表演者或运动员因从事表演活动获得的所得可归属于这些国家的公司或个人,而该公司或个人在表演活动所在国并未设立常设机构或固定基地,则表演活动所在国也不能征税,这样就会造成双重免税的结果。有了上述规定,这种双重免税的不合理现象将得以消除。

上述对跨国表演所得征税的规则也是有例外的。许多税收协定中都规定,对缔约国一方居民作为表演者或运动员按照缔约国双方政府间的文化及体育交流计划,或者是受缔约国一方中央或地方政府公共基金的资助,到缔约国另一方

---

① 这里的"他人"(another person),可以是一家公司或企业团体,也可以是个人。

进行表演活动的所得,不论是归属于本人还是归属于他人,该缔约国另一方都应给予免税。这是因为,按照政府间文化及体育交流计划或者受政府公共基金资助的表演活动通常不具有营利性质,而且有利于缔约国之间的文化、体育交流。①

（三）退休金

退休金(pensions)是个人因以前的雇佣关系在退休以后取得的一种劳动报偿所得。如果一国的居民因过去在另一国的雇佣关系而从另一国取得退休金,就会产生对这种收入由受益人当前的居民国征税还是由来源地国(即支付者所在国)征税的问题。

一些国家主张应仅由受益人居民国征税。因为受益人退休后已不再在原先受雇国境内居住,其在目前的居民国纳税更为便利。另一些国家则主张应由来源地国征税,其理由在于:退休金实际上是受益人因过去在雇佣关系所在国提供劳务所取得的一种延期支付性质的劳动报酬②,应与一般的非独立劳务所得一样,原则上可由所得来源地,即劳务的提供地征税。由于观点不同,各国在税收协定中对此问题的处理也不一致,OECD 范本与联合国范本的规定也有差异。

OECD 范本第 19 条(退休金)规定:"由于过去的雇佣支付给缔约国一方居民的退休金和其他类似的报酬,应仅在该国征税(shall be taxable only in that state)。"由此可见,在就跨国退休金的征税问题上,OECD 范本总的处理原则是由受益人居民国征税,即缔约国一方居民因以前在缔约国另一方的雇佣关系而由缔约国另一方支付的退休金和其他类似报酬,应仅在受益人为其居民的缔约国一方征税,不以过去的劳务提供地为征税依据。这种征税处理可以说是背离了所得来源地的征税规则。在联合国范本中,对跨国退休金的征税问题提供了两个方案以供选择。方案 A 与 OECD 范本的规定相同,但在上述规定的基础上增补了一项例外规定,即如缔约国一方居民从缔约国另一方取得的退休金和其他类似报酬,是从缔约国另一方政府或地方当局按照公共福利计划建立的社会保险基金中支付的款项,则应仅在缔约国另一方,即支付者所在国征税,缔约国一方,即受益人居民国应予免税。方案 B 第 1 款则规定对退休金所得可以在缔约国一方征税(may be taxed in that state),即可以在受益人居民国征税。但在第 2 款明确规定,如果退休金由缔约国另一方的居民或者设在该国的常设机构支付,也可以在另一国征税。这表明按照方案 B,退休金所得受益人的居民国和支付者所在地国均享有征税权。该方案第 3 款也有如同方案 A 的例外规定,即凡系从一缔约国政府和地方当局建立的社会保险基金中支付的退休金和类似报

---

① 王选汇:《避免国际双重征税协定简论》,中国财政经济出版社 1987 年版,第 99—101 页。
② 参见廖益新主编:《国际税法学》,北京大学出版社 2001 年版,第 246 页。

酬,应仅由该缔约国征税,即该缔约国享有独占征税权。

从我国对外所签订的税收协定来看,有些采用了 OECD 范本所建议的规则,有些选用了联合国范本第 19 条方案 A,还有些则未予涉及,在这种情形下,只能依照税收协定中有关非独立个人劳务所得的一般规则征税。

(四) 为政府服务所得

与一般劳务所得相比,政府服务所得的特殊性在于涉及为政府服务,是政府职员为该国政府提供跨国服务取得的工资、薪金或其他报酬。由于此项所得完全来自于政府所在国的行政经费支出,因此,国际上通行的做法是,认定此项所得来源于支付服务报酬所得的政府所在国,由支付服务报酬所得的政府所在国行使征税权。联合国范本和 OECD 范本第 19 条也都规定,缔约国一方政府支付给向其提供服务的个人的工资、薪金所得,应仅在该国征税。但是,如果该个人在缔约国另一方提供以上服务,且该个人是缔约国另一方的居民和国民,或者基于提供以上服务以外的其他事由而成为该缔约国另一方的居民,那么该类报酬应当由缔约国另一方独占征税。[1]

对于政府职员的退休金,两个范本原则上规定应由受益人的居民国征税。但是,如系缔约国一方政府或地方当局从其所建立的基金中向为其提供服务的个人支付的退休金,应仅在该缔约国一方征税,也就是说,应仅由支付该项退休金的政府所在国一方独占征税。然而,如果在缔约国另一方为缔约国一方政府提供服务的个人既是缔约国另一方的国民,又是缔约国另一方的居民,在此情形下,其退休金所得应仅由作为该个人的国籍国和居民国的缔约国另一方独占征税。

(五) 学生和学徒所得

在税收协定中,学生和学徒的所得(payments received by students and apprentices),指跨国求学和接受培训的学生和学徒在接受教育与培训期间所取得的所得。对这类所得的征税,税收协定中往往有特别的规定,目的在于促进国际间文化、教育和科技的交流,照顾跨国求学和接受培训的学生和学徒的生活。

OECD 范本第 20 条规定:"学生或企业学徒是,或在直接前往缔约国一方访问前,曾是缔约国另一方居民,仅由于接受教育或培训的目的停留在首先提及的国家,其为维持生活、教育或培训收到的来源于该国以外的款项,该国不应征税。"根据此条规定,作为缔约国另一方居民的学生或学徒,仅出于接受教育、培训或获取技术经验的目的前往并暂时居住在缔约国一方,对其从缔约国一方以外取得的,用以维持生活、教育或培训的收入,该缔约国一方不得予以征税。这一免税待遇适用的首要条件是学生或学徒在紧接着前往缔约国一方之前必须是

---

[1] 陈安主编:《国际经济法学》(第五版),北京大学出版社 2011 年版,第 511 页。

缔约国另一方的居民。之所以作如此要求,是为了保证税收协定的免税待遇只给予缔约国居民。因为有些国家税法规定,居民移居国外一年以后,即丧失本国居民身份。而这些移居到另一国家的个人在该国居住半年或一年以上,又有可能成为另一国家的居民。为了防止成为另一国家即缔约国以外的第三国居民的个人不合理地享受协定中规定的免税待遇,就需要明确学生或学徒在紧接着到缔约国一方之前必须是缔约国另一方的居民。其次,学生或学徒前往并居住在缔约国一方的唯一目的是为了接受教育或培训。当然,这并不排除这些学生或学徒在接受教育或培训之余,提供劳务获取报酬以弥补其在缔约国一方境内学习和生活费用的不足。至于免税的范围,仅限于学生或学徒从缔约国一方境外收到的款项。即只有来源于缔约国另一方或第三方的款项,才能依协定规定在缔约国一方享受免税待遇。并且,境外这些款项的支付是为了维持学生或学徒的生活、教育或培训。

联合国范本第 20 条第 1 款也采用了 OECD 范本的上述规定,但在第 2 款中又指出:"第 1 款所述学生或企业学徒取得不包括在第 1 款的赠款、奖学金和雇佣报酬,在教育和培训期间,应与其所停留国居民享受同样的免税、优惠和减税。"基于这一规定,学生或学徒在停留地提供劳务所取得的报酬,应与具有缔约国一方居民身份的学生或学徒取得的报酬享有同等的税收待遇。

在我国对外所签订的税收协定中,一般都采用了联合国范本的规定,但就学生或学徒有关所得的免税问题,处理的方式不尽相同。另外,我国还一直坚持在协定中增设"教师和研究人员的所得"这一条文,规定对缔约国一方居民个人到缔约国另一方的大学、学院、学校或其他公认的教育机构从事教学、讲学或研究取得的报酬,该缔约国另一方应给予定期的免税待遇。如中国与日本签订的税收协定第 22 条规定,缔约国任何一方的教师、研究人员到缔约国对方的大学、学院、学校和其他公认的教育机构从事教学、讲学或研究,从其第一次到达之日起停留时间不超过 3 年的,缔约国对方应对其由于教学、讲学或研究取得的报酬免予征税。

日本公民涉税案
(1996 年)

乙公司是日本甲公司在我国福建省福州市投资设立的一家日商独资企业。A 具有日本国籍,在日本有住所,是甲公司的股东、董事、副社长。1995 年 3 月 1 日至 1996 年 2 月 29 日间,A 被派往乙公司担任总经理、副董事长。任职期间,A 未离开过中国,在甲公司也没有担任职务。其间,A 分别获得了甲公司支付的年俸和乙公司支付的报酬。1996 年 10 月,福州市税务机关在对乙公司进行税收检查时发现,A 任职期间取得的工资、薪金未向税务机关申报纳税,于是责令 A

补缴个人所得税。这是一起涉外个人所得税纠纷案,首先应考虑 A 是否可享受税收协定待遇。由于中日税收协定已于 1985 年 1 月 1 日开始执行,A 是日本公民且是在此之后到中国境内企业任职,因此,A 在中国境内任职期间取得的所得,可以享受税收协定的待遇。在此基础之上,需要解决的问题有五:一是 A 的税收身份。根据中日税收协定第 4 条第 1 款的规定,居民身份的判定按照有关缔约国的法律确定。A 具有日本国籍,在日本有住所,是日本税收上的居民。但不是中国税收上的居民,因 A 在乙公司任职期间,1995 年在中国境内连续累计停留 306 天,1996 年则为 56 天,均未满 365 日,故只需就源自中国境内的所得向中国纳税。二是 A 在中国任职期间所得的性质。A 受雇于甲公司,并被派往中国工作,其提供的劳务应是非独立个人劳务。经过查证,A 已就 1995 年度的所得在日本申报纳税。根据 A 提供的 1995 年在日缴税的税单,其所得项目填具的是"给予、赏与"。而按照日本个人所得税法的规定,"给予、赏与",是指包括工资、年金和奖金等有偿的报酬。显然,A 在乙公司工作期间从日本甲公司和福州乙公司取得的报酬均属于工资薪金所得。即使乙公司支付给 A 的报酬是以董事费的名义,按照中日税收协定第 16 条(董事费)的规定,中国作为支付董事费的公司所在地一方仍享有征税权。另需说明的是,即使 A 在中国工作期间从甲公司取得的是董事费收入,也不能援引适用中日税收协定第 16 条有关董事费征税的规定,因为 A 是日本税收上的居民,他是日本甲公司的董事,是从日本甲公司获得的董事费。三是所得来源地的确定。A 虽是日本税收上的居民,但他是在中国境内提供劳务,所以,其在中国任职期间从日本甲公司和福州乙公司获得的报酬,均属于来源于中国境内的所得,中国有权依据来源地税收管辖权予以征税。四是在中国应纳税款的计算。根据中日税收协定第 15 条①和中国《个人所得税法》的有关规定,A 在福州乙公司工作期间取得的由乙公司和日本甲公司支付的报酬,属于 1995 年这一年度的,应合并计算纳税;属于 1996 年 1 月 1 日至 1996 年 2 月 29 日这一时期的,应仅就由福州乙公司支付部分计征税款。②经过计算,福州税务机关要求 A 在我国补缴个人所得税税款共计人民币 234051 元。五是双重征税的避免。依照中日税收协定第 23 条第 2 款的规定,日本对其居民在中国已纳的税款应给予税收抵免待遇。据此,A 可向日本税务机关提出相关申请。③

---

① 此条系关于对非独立个人劳务所得征税的协调规则,与前述联合国范本和 OECD 范本第 15 条的规定相同。

② 因在 1996 年度 A 在中国境内停留未超过 90 天,并且,日本甲公司给付的报酬是在日本支付的,即是在中国境外支付且不是由甲公司在中国境内的机构、场所负担的。

③ 参见李金龙主编:《税收案例评析》,山东大学出版社 2000 年版,第 71—72、77—78 页。

第三节 投资所得征税权的划分

一、投资所得的概念及来源地的判定

投资所得(income from investment),是指纳税人从事各种间接投资活动所获得的收益。与前述营业所得不同的是,投资所得是投资者将其资金、财产或权利提供给他人使用所获取的收益,投资者不直接参与企业的经营管理活动,具有消极和被动的性质,因而投资所得又被称为消极投资所得。

投资所得主要包括利息、股息和特许权使用费。利息是指凭借各种债权所取得的所得,股息是因持有被投资企业的股份、股权或其他非债权关系分享利润的权利而取得的所得,而特许权使用费则是提供专利、商标、专有技术等无形财产的使用权所取得的收益。由上述可见,投资所得集中体现在一个"权"字上,利息反映债权,股息反映所有权,特许权使用费反映的则是各种财产的使用权。当这些权利的提供者和使用者,即投资所得的取得者和支付者都处于一个国家境内时,投资所得的来源地无疑就是该国。但当这些权利的提供者和使用者分处不同国家时,所得来源地的确定问题就随之而来。

对于各项投资所得来源地的确定,主要采用以下两种标准:

（一）权利提供地标准

主张权利提供地标准(又称权责发生标准)者认为,跨国利息、股息和特许权使用费等投资所得来源于提供债权、股权、特许权的居民所在国,因此,提供上述权利的自然人或法人是哪国的居民,则因这些权利而产生的股息、利息和特许权使用费就来源于哪个国家。

（二）权利使用地标准

主张权利使用地标准者认为,权利在哪个国家使用就应判定因此项权利而产生的所得来源于哪个国家。例如,甲国一公司向乙国某公司转让一项技术,该项技术在乙国境内使用。依据权利使用地标准,甲国公司从乙国取得的特许权使用费来源于乙国。由于权利的使用地往往与所得的支付地是一致的,权利的使用方往往就是利息、股息和特许权使用费的支付方,因而,权利使用地标准又被称为实际支付地标准。

不同的标准体现了不同的利益,比较而言,权利发生地标准反映了居民国的利益,权利使用地标准则代表了非居民国的利益。不过,在各国的税收实践中,对于股息所得来源地的判定渐趋一致,即以支付股息公司的居民身份所属国为来源地国。但由于各国对法人居民身份的判定所持标准不同,对股息来源地的确认仍会有分歧。对于利息和特许权使用费,较多倾向于以利息、特许权使用费

的支付地为来源地。

以美国为例,利息来源地的判定取决于利息支付者的所在地,即只要利息支付者在美国,收款人的这笔利息收入就构成美国来源所得。至于股息收入,其来源主要取决于支付股息公司的居住地。特许权的使用如在美国,则取得的特许权使用费收入属于美国来源的所得。①

又如根据我国《企业所得税法实施条例》第 7 条第 4、5 款的规定,股息、红利等权益性投资所得,按照分配所得的企业所在地确定;利息所得、租金所得、特许权使用费所得,按照负担、支付所得的企业或者机构、场所所在地确定,或者按照负担、支付所得的个人的住所地确定。②

布雷诉美国国内收入局局长案
(1984 年)

法国人皮埃尔·布雷是管弦乐指挥,他为美国 CBS 唱片公司录制唱片。录制在美国进行,布雷的报酬是他录制唱片零售额的一定百分比,他在 1975 年纳税年度获得这笔收入。如果以提供劳务为名,该收入就是源于美国的收入,因为其服务是在美国提供的。但是,如果以特许权使用费的名义,依据美国与法国签订的税收协定,双方相互免除对方居民来自于本国的特许权使用费的税收,那么布雷的这笔收入就可以免税。不过,美国与法国签订的税收协定并未明确如何对收入进行分类。美国国内收入署按劳务所得要求布雷就这笔收入纳税,布雷不服,向美国税务法院提出诉讼。原告主张,他与 CBS 唱片公司在 1969 年签订的合同中规定,原告许可给 CBS 唱片公司一项在唱片中的财产权益,且原告因此有权取得"特许权使用费"。但是,双方当事人的合同内容不很清楚。一方面,该合同一直将拟支付给原告的报酬称为"特许权使用费";另一方面,从该合同通篇所使用的语言来看,双方签订的是私人服务合同。法院认为,对于合同的性质,不能简单地从其标签性文字上分析,而要深入分析实质交易的内容。双方合同的第 1 段即明确规定 CBS 唱片公司聘用原告提供排他性的服务。合同第 3 段要求原告每年为该公司录制一定数量的唱片。最重要的是合同第 4 段,CBS 唱片公司认为原告的服务是该合同的核心内容:原告承诺在合同期内不为他人灌制类似的唱片。合同第 5 段规定,唱片一经灌制,由 CBS 唱片公司拥有全部

---

① 杨慧芳:《美国对外国人联邦个人所得税的征收》,载《北京税务》2001 年第 8 期,第 13 页。
② 我国《个人所得税法实施条例》第 5 条第 4、5 款中有类似的规定。即不论支付地点是否在中国境内,许可各种特许权在中国境内使用而取得的所得,从中国境内的公司、企业以及其他经济组织或者个人取得的利息、股息、红利所得,是来源于中国境内的所得。

所有权,原告和其他当事人不得提出任何权利要求。可见在该合同中,没有任何内容规定原告将唱片中的财产权益转移给CBS唱片公司,因此,CBS唱片公司拥有所灌制唱片的全部所有权。尤为关键的是,该合同第13段规定,CBS唱片公司有权在下列情况下中止或终结支付费用,"如果由于疾病、伤痛或罢工原因,你不能依协议条款为我方履行义务"。所以,从合同整体内容出发,法院认定双方当事人签订的合同属于私人服务合同,而非许可财产权的合同。在明确了该笔收入的性质之后,关于美国是否有权对该笔收入征税的问题就容易解决了。对于劳务所得的来源地,美国采用劳务提供地标准,即只要是在美国境内提供劳务,由此获得的所得均属于来源于美国的所得,应在美国纳税。1984年,美国税务法院据此裁决CBS唱片公司支付给原告的报酬为来源于美国的收入,应向美国缴纳所得税。①

二、划分投资所得征税权的基本原则——税收分享原则

(一) 对投资所得征税的特点

从各国税法来看,对投资所得的征税往往不同于对营业所得的征税。这是投资所得的特点所决定的。如前所述,投资所得具有消极与被动的性质,是投资者通过向企业投资入股、提供资本、转让工业产权或专用技术的使用权等方式取得的收益。投资所得的支付者往往有固定的营业场所,而所得的取得者(即所得的受益人)则比较分散。在跨国投资的情况下,这种分散性表现得更为突出。例如,一个股份有限公司的股东可能分布在许多国家,由于股票的转让,又会产生股东的变化,进而导致股东分布的不确定性。

从来源地国的角度来看,非居民纳税人投资所得的取得可以概括为三种情况:一是未在来源地国设立常设机构或固定基地的情况下取得;二是虽然在来源地国设有常设机构或固定基地,但取得的投资所得按实际联系原则并不归属于该常设机构或固定基地;三是在来源地国设有常设机构或固定基地,取得的投资所得按实际联系原则可归属于该常设机构或固定基地。对于第三种情况,如前所述,国际上的普遍做法是将这部分投资所得并入该常设机构或固定基地的营业所得或劳务所得中,在扣除有关成本费用后,统一计征企业所得税或个人所得税。但在前两种情况下,如果向对营业所得和劳务所得征税那样,要求所得的取得者直接申报纳税和按照通常的规则计算应纳税所得额,既不便于税收征管,也存在实际执行中的困难,并极易导致逃避税收行为的发生。因此,各国通常采取

---

① 参见李金龙主编:《税收案例评析》,山东大学出版社2000年版,第135、136、141页。

以投资所得全额以较低比例税率计税,并采用源泉扣缴的征收方式。之所以以所得的全额作为应纳税所得额,一个重要原因在于避免考虑投资所得所含成本费用的计算问题。众所周知,投资所得成本费用的计算十分复杂,在许多情况下,作为投资者以外的人(包括被投资企业和税务机关)往往无从把握。不过,也正是由于对投资所得按全额征税,不扣除任何成本费用,各国对投资所得征税的税率往往比对营业所得征税的税率为低。从各国的税收实践来看,从5%至35%不等,大多为10%至20%。源泉扣缴是指以所得取得者为纳税人,以所得支付者为扣缴义务人,扣缴义务人应在每次支付有关所得款项时代为扣缴所得取得者应纳的税款。由于以这种源泉扣缴的方式征收的所得税具有估定预征的性质,故又被称为预提所得税(withholding income tax),简称预提税。按照这种方式征税时,来源地国税款的征收以及非居民纳税人纳税义务的履行,都要通过扣缴义务人这一中间环节。

(二) 税收分享原则

在没有签订税收协定的情况下,对于一笔跨国投资所得,投资者的居民国和来源地国都可以行使征税权。在对跨国投资所得的征税问题上,发达国家与发展中国家之间的矛盾十分尖锐。发达国家因大多处于居民国地位,强调的是如果没有投资、贷款和转让使用权,就不会产生股息、利息和特许权使用费,所以,投资所得应仅由投资者的居民国征税。而发展中国家因多处于来源地国的地位,主张投资所得来源于被投资者、债务人和特许权受让者的支付,没有支付,就谈不上什么所得。因此,只有来源地国才应享有对投资所得的征税权。如果居民国与非居民国各持己见,必然会发生税收管辖权的重叠行使,引起国际重复征税。

客观地讲,无论是纳税人的居民国还是所得的来源地国,都不应要求独占对跨国投资所得的征税权。作为投资所得的来源地国,由于有关的资金、财产或技术在其境内得到实际运用,所得的实现与在来源地国进行的经济活动密切相关,因而,来源地国有充分的理由对非居民来源于其境内的各项投资所得行使属地税收管辖权。对于纳税人的居民国而言,虽然产生投资所得的资金、财产或技术并未在本国境内实际运用,但毕竟有关资金的筹集、财产的购置和技术的开发研究在很大程度上是在本国境内进行的,并且,这些投资的成本费用往往已经在本国得以扣除或摊销,所以,也应保证纳税人的居民国对其居民来自境外的投资所得享受适当的税收利益。正因如此,比较可行且容易被接受的做法是承认居民国和来源地国对于投资所得都有征税权。在此种情况下,自然要求对来源地国征税的税率加以适当的限制,因为来源地国可以利用支付所在地的有利条件,优先行使征税权。如果不对其征税税率加以限制,所得受益人居民国的居民税收管辖权就会落空。

在投资所得征税权的划分方面,联合国范本和OECD范本都采取了税收分享原则。所谓"税收分享原则",是指对于跨国投资所得,所得受益人的居民国与所得的来源地国都可以行使征税权。在所得受益人为其居民的国家方面,要承认所得来源地国拥有优先征税权;在所得来源地国方面,要接受税收协定对行使来源地税收管辖权所作的条件限制。这里的条件限制是指税收协定中对所得来源地国征税规定的最高额度,即限制税率。这是非常必要的,因为只有这样,才能保证居民国能够分享到一定的税收利益。

OECD 范本和联合国范本关于对跨国投资所得征税的税收分享原则,具体体现在第 10 条(股息)、第 11 条(利息)和第 12 条(特许权使用费)中。

关于股息所得,两个范本都首先规定,缔约国一方居民公司支付给缔约国另一方居民的股息,可以在缔约国另一方征税。然而,这些股息也可以在支付股息公司为其居民的缔约国,按照该国法律征税。但是,2010 年修订的 OECD 范本规定,如果股息受益所有人(the beneficial owner)是缔约国另一方居民,则所征的税款不应超过股息总额的 10%。而 2011 年修订的联合国范本则分两种情况,一种是受益所有人直接持有支付股息公司至少 10% 资本的公司(不是合伙企业),另一种是在其他情况下,但对股息支付者居民国应按何种税率征税未予明确,而是留待缔约国双方通过谈判确定。

关于跨国利息所得,OECD 范本规定,发生于缔约国一方并支付给缔约国另一方居民的利息,可以在缔约国另一方征税。然而,这些利息也可以在其发生的缔约国,按照该国法律征税。但是,如果利息受益所有人是缔约国另一方居民,所征税款不应超过股息总额的 10%。不过,就此比例,联合国范本仍然没有明确限定。

关于跨国特许权使用费所得,两个范本的差异较大。OECD 范本规定,发生于缔约国一方并支付给缔约国另一方居民的特许权使用费,如果该居民是特许权使用费的受益所有人,应仅在另一国征税。然而,联合国范本还进一步规定,这些特许权使用费也可以在其发生的缔约国,按照该国法律征税。但是,如果特许权使用费受益所有人是缔约国另一方居民,所征税款不应超过特许权使用费总额的一定比例,该比例通过双边谈判确定。由此可见,在对跨国特许权使用费所得征税问题上,OECD 范本是将征税权划归受益所有人的居民国,并未实行税收分享原则。而联合国范本采纳的依然是税收分享原则。客观而言,就特许权使用费的征税实行分享是一种双赢的选择。原因在于让来源地国(特别是发展中国家)享有优先征税权,可以鼓励他们引进先进技术的积极性,这对发达国家的长期经济发展和技术进步也有好处。此外,在来源地国征税也便于税收征管,减少逃税。但涉及知识产权的很多开发费用的确都发生在受益所有人的居民国,这些国家对知识产权的形成提供了服务,也承担了风险。因此,受益所有人的居民国也应当享有一定的征税权,从而在一定程度上起到鼓励政府支持技术出口和扩大开发的效果。①

概括而言,OECD 范本和联合国范本对跨国股息、利息所得,规定可以在受益所有人的居民国征税,也可以在收入来源地国征税;但对跨国特许权使用费所得,OECD 范本主张应由居民国独占征税,而联合国范本则坚持受益所有人居民国和收入来源地国分享征税权原则。

应予说明的是,两个范本中关于股息"也可以在支付股息公司为其居民的缔约国,按照该国法律征税",以及利息和特许权使用费"也可以在其发生的缔约国,按照该国法律征税"的规定,其含义是遵从来源地国国内法的规定,即来源地国可以根据本国国内税法的规定,决定是否征收预提税;也就是并不要求另一国必须征税。有些国家并非对各项投资所得都征收预提税。如德国、瑞典、奥地利等国只对股息和特许权使用费征收预提税,对利息不征预提税;荷兰、丹麦、挪威等国则是只对股息征收预提税,对利息和特许权使用费不征预提税;而澳大利亚、瑞士只对股息、利息征收预提税,对特许权使用费不予征收预提税。因此,如果来源地国税法规定对投资所得不征税,或是对某项投资所得不征税,则并不因签订了税收协定,而必须依照上述条款进行征税,仍可以适用其国内税法的规定。②

三、税收分享原则的实施

由于 OECD 范本和联合国范本的倡导,在对跨国投资所得的征税方面,税收分享原则已在国际税收协定中得到了普遍的采纳。

然而,仅仅明确来源地国与居民国都有权对跨国投资所得征税,尚不能圆满解决双方征税权的冲突。在各国所得税法中,对股息、利息和特许权使用费的界定并不一致,就其来源地的认定也存在不同主张。由于来源地国一方处于对跨国投资所得具有优先课税的实际地位,如不对其来源地管辖权加以明确限定,就很难保证税收分享原则能够切实起到协调来源地国与居民国税收管辖权的作用。也就是说,要真正实施税收分享原则,还必须进一步对来源地国的征税权加以明确限定。联合国范本和 OECD 范本在此方面都有较为详细的规定,这些规定对国家间签订税收协定具有重要的参考作用。概括起来,两个范本中对来源地国征税权限定的主要内容是:

(一)界定各项投资所得的范围

各国所得税法中对股息、利息和特许权使用费的界定往往并不一致,甚至可能存在较大的差异。例如,有的国家将技术咨询服务费纳入特许权使用费范围

---

① 杨斌:《国际税收》,复旦大学出版社 2003 年版,第 106 页。
② 王选汇:《避免国际双重征税协定简论》,中国财政经济出版社 1987 年版,第 69 页。

征收预提税；有的国家认为附有不动产抵押担保的贷款利息属于营业所得；还有些国家则将公司向兼任董事职务的股东支付的董事费视为股息分配课税。因此，要有效解决缔约国间的征税权冲突，需要对投资所得概括出能被共同接受的一般准则。对此，联合国范本和 OECD 范本是以用语定义的方式，对股息、利息和特许权使用费加以明确。

税收协定意义上的股息，是指凭借股份或其他非债权性质的分享被投资企业利润的权利所取得的各项所得。考虑到缔约国之间法律规定可能存在的差别，两个范本还规定，股息亦包括按照分配利润公司是其居民的国家的法律，视同股份所得同样征税的其他公司权利取得的所得。例如从被投资企业取得的分红、公司清算所得以及其他变相的利润分配等，只要依照支付这些款项公司的居民国一方缔约国税法规定视为股息分配，则也都属于股息范畴。这样规定的结果，不仅遵从了支付股息公司居民国国内税法的规定，而且也限定了股息必须是因非债权关系参与被投资企业利润分配所取得的所得。由此还可以得出这样一个结论，即支付股息公司居民国国内税法规定视为股息分配的所得，也是协定意义上的股息所得，即使这些所得在缔约国另一方国内税法中不被视为股息范围内的所得。

税收协定中"利息"一语，是指从各种债权所取得的所得，不论有无抵押担保或者是否有权分享债务人的利润。凡是由于拥有债权（如放贷、垫付和分期收款等而拥有的债权关系）而获取的收益，以及从公债、债券或信用债券取得的所得，包括附属于这些证券、债券和信用债券的溢价和奖金，都属于利息所得。但对延期支付所处的罚款，不应视为利息。根据上述规定，附有不动产抵押担保的债权所得显然属于利息所得，而不是营业所得。一般来讲，如果纳税人的有关所得符合税收协定中"利息"的概念范围，有关缔约国应将其识别为利息并据以征税。但是，当利息的支付人与受益所有人之间或者他们双方与其他人之间存在特殊关系（即所谓关联企业关系）时，如就有关债权支付的利息数额超出其间没有上述关系（即属于独立企业之间的关系）所能同意的数额，那么，尽管支付款项的超出部分符合税收协定关于利息的概念范围，有关缔约国仍有权按本国国内税法识别该部分所得的性质并据以征税。不过，在这一过程中，该缔约国应适当考虑税收协定的其他规定。

至于"特许权使用费"，两个范本的规定不完全一致。在 OECD 范本中，特许权使用费是指由于使用，或有权使用任何文学、艺术或科学著作，包括电影影片的版权，任何专利、商标、设计或模型、计划、秘密配方或程序作为报酬的各种款项;或有关工业、商业或科学实验的情报作为报酬的各种款项。① 而联合国范本在以上内容基础上,又特别指出提供磁带、无线电或电视广播使用的胶片的使用权而收取的款项,或者由于提供工业、商业或科学设备的使用权而获得的报酬也属于特许权使用费。以上规定表明,协定范本意义上的特许权使用费,是指提供各种财产或权利的使用权而收取的各种款项。另外,两个范本还都规定,由于支付人与受益所有人之间或者他们双方与其他人之间的特殊关系,就有关使用、权利或情报,支付的特许权使用费数额超出支付人与受益所有人没有上述关系所能同意的数额时,协定中的有关规定应仅适用于后来提及的数额。在这种情况下,支付款项的超出部分,仍应按各缔约国的法律征税,但应适当考虑协定的其他规定。

由上述可见,联合国范本和 OECD 范本中对股息、利息和特许权使用费的解释是指股权、债权和使用权所得,皆属于权利金性质的收入。这样的规定显然有利于与营业所得和劳务所得相区别,从而避免适用税收协定时发生紊乱。

两个范本关于股息、利息和特许权使用费的定义已在许多国际税收协定中得到了采用。不过,也有一些国家在签订税收协定时,结合缔约国双方各自国内税法的规定和谈判的实际情况,对范本中的概念范围加以限制或予以补充。例如,美国在与奥地利签订的税收协定中将设有不动产抵押担保的贷款利息排除在利息范围之外;在其与英国签订的协定中则规定,某些能够参与分享债务人利润分配的债权利息也可以视为股息收益。就缔约国双方而言,一旦其间签订的税收协定对股息、利息和特许权使用费作出了界定,就应依照协定的规定予以执行。

(二) 协调对所得来源地的判定

如前所述,各国国内税法上对投资所得来源地的判定存在较大差异。有些国家主张权利提供地标准,有的国家则主张权利发生地标准。如果缔约国双方所持标准不同,而其间所签税收协定又缺乏统一规定,则不仅会给协定的执行带来困难,还有可能造成一笔投资所得被双重征税或双重免税的结果。因此,在税收协定中有必要协调缔约国对所得来源地的确定规则。

关于股息所得来源地的判定,联合国范本和 OECD 范本并未明确应依何种标准。因为能够直接分配股息的一般是具有独立法人地位的公司,而这种公司的总机构或实际管理机构又必然是设在缔约国一方而成为该国的居民公司,所

---

① 1992 年修改后的 OECD 范本将出租工业、商业和科学设备所取得的租金收入从特许权使用费中删除。这一修改是根据 OECD 财政事务委员会 1983 年关于设备租赁问题的研究报告作出的,该报告认为,这类有形财产的租赁收入含有融资成本、折旧等费用因素,且其使用权在同一时期只能提供给一个承租人使用,不像无形财产那样可同时授予数个被许可人使用。因此,将出租这类财产的租金所得列入营业所得处理更为恰当。

以,两个范本采取了以居民公司支付为准的原则,凡是缔约国一方居民公司支付的股息,即应认为该股息发生在该缔约国。从缔约国的角度而言,凡本国居民公司支付给缔约国另一方居民股东的股息,系来源于本国境内的股息,可以依照税收协定规定的限制税率课征预提税。若常设机构将取得的利润汇给总机构,再由总机构支付股息,应认定该股息的发生地在总机构所在的缔约国。对于利息来源地,两个范本的确定规则一致,即以支付人的居住地为准。只要支付利息的人是缔约国居民,即应认为该利息发生在该缔约国,该缔约国有权进行源泉征税。至于特许权使用费的来源地,OECD 范本未予规定。因为该范本将对特许权使用费的征税权完全划归受益人的居民国一方,非居民国实际上失去了对这种所得予以征税的权利,所以,没有必要明确这种所得来源地何在。联合国范本就特许权使用费来源地的判定确定了标准,规定应如同利息一样,以支付该项费用者的居住地为发生地。凡由缔约国一方居民支付的特许权使用费,应认定该缔约国是此项所得的来源地,该缔约国由此享有源泉扣缴税收的权利。不过,如支付利息或特许权使用费的人在缔约国一方设有常设机构或固定基地,支付利息或特许权使用费的义务与该常设机构或固定基地有联系,并由其负担该项利息或特许权使用费,则不论支付利息或特许权使用费的人是否是该缔约国的居民,应认为该项利息或特许权使用费发生在该缔约国,即常设机构或固定基地所在的缔约国。上述所得来源地规则的确立,使来源地国课征预提税的权力得以明晰和确定,这样一来,就避免了缔约国在适用协定过程中因对投资所得来源地判定标准不同而可能发生的争议。

(三) 限定预提征税的范围

对于投资所得,国际税收协定中之所以要列出专门条文以协调缔约国之间的税收管辖权归属,是因为协定允许来源地国优先行使征税权,即允许来源地国对投资所得征收预提税。但在国际税收协定的实践中,来源地国并不是在任何情况下都可以征收预提税,来源地国采用预提方式进行征税的范围实际上受到一定的限制。这种限制主要表现在两个方面:

一是对与在来源地国设立的常设机构或固定基地有实际联系的投资所得不得征收预提税。依照联合国范本和 OECD 范本第 10 条第 4 款的规定,作为缔约国一方居民的受益所有人,如果在缔约国另一方(即所得来源地国)设有常设机构进行营业或者设有固定基地从事独立个人劳务,并且据以支付股息、利息和特许权使用费的股权、债权和特许权与该常设机构或固定基地有实际联系,则不适用协定中对投资所得征收预提税的规定,而应适用协定中有关营业所得或独立劳务所得的征税条款。① 也就是说，如果缔约国一方居民取得的投资所得与其在缔约国另一方境内设立的常设机构或固定基地有实际联系，则缔约国另一方应将这些投资所得并入该常设机构的营业利润或固定基地的劳务所得中，在扣除有关成本费用后，统一计征公司所得税或个人所得税，而不是征收预提税。依照这一规定，虽然与常设机构或固定基地有实际联系的股息、利息或特许权使用费属于协定意义上的投资所得，但对这些股息、利息或特许权使用费的征税可以背离对投资所得征税的基本原则——税收分享原则。因此，对与常设机构或固定基地有实际联系的投资所得的征税当属上述分享原则适用的例外。之所以如此，一来与大多数国家将与常设机构或固定基地有实际联系的投资所得归属于该常设机构或固定基地的税收实践相符，二来也是对两个范本第 7 条第 2 款规定的独立企业原则的必要补充。按照独立企业原则，应将常设机构视作一个独立实体，常设机构不论是同其总机构的营业往来，还是同总机构的其他分支机构的营业往来，都应按公开的市场交易价格计价，并据以计算各自应得的利润。当缔约国一方居民的投资所得与其在缔约国另一方境内设立的常设机构或固定基地有实际联系②时，缔约国另一方根据独立计算常设机构所得的原则，自然可以将这些投资所得计入该常设机构的利润范围一并征税，而不必以源泉扣缴的预提所得税作为最终税收。另需说明的是，有些国家为了加强税收征管，在国内税法中规定对投资所得普遍实行源泉扣缴征税。在这些国家，对非居民纳税人取得的与设在本国境内的常设机构或固定基地有实际联系的投资所得，在支付人支付时予以扣缴的预提税并非是最终税收。这些国家还要将上述投资所得并入常设机构的营业所得或固定基地的个人劳务所得中，统一计征公司所得税或个人所得税，但通常允许从中扣除已缴纳的预提税税款。所以，从本质上来讲，这些国家对与常设机构或固定基地有实际联系的投资所得征税的做法并不违反税收协定的有关规定，只是方式不同而已。

二是对常设机构的利润不得征收预提税。联合国范本和 OECD 范本都在第 10 条第 5 款明确规定，缔约国一方居民公司从缔约国另一方取得的利润或所得，另一国不得对该公司支付的股息征收任何税收。这一规定的含义是，缔约国各方只能对本国居民公司分配的股息对股息受益人征税，缔约国一方不得对缔约国另一方居民公司分配的股息征收预提所得税。也就是说，缔约国各方应仅限于对本国居民公司分配股息课征预提所得税，对缔约国对方居民公司通过设

---

① 2000 年修订的 OECD 已将独立个人劳务所得纳入营业所得中，按照常设机构原则来划分个人独立劳务的征税权。

② 即指产生这些投资所得的股权、债权、财产属于该常设机构、固定基地直接拥有的资产，或常设机构、固定基地与产生这些投资所得的资产存在实际经营管理关系。

在本国境内的分公司取得的利润所得,应以课征公司所得税为最终税收;对分公司税后利润,无论是汇往境外总机构或是留存分公司,都不得再课征预提所得税。① 上述规定与大多数国家的做法是一致的。即对本国居民公司在分配股息时以其为扣缴义务人,以股息受益人为纳税人征收预提税;对在本国境内从事生产经营活动的非居民公司,除对公司本身利润征收公司所得税外,不再对其税后利润的分配征收预提税。这种做法的目的在于减少或避免多层次的国际重复征税,促进跨国投资。但是,也有少数国家对境内非居民公司税后利润向境外的汇出征收类似预提税性质的税收。这些国家如在对外签订税收协定时坚持保留这种税收的征税权,应通过谈判取得缔约国他方的认可,并在税收协定中加以明确。

（四）实行限制税率

按照税收分享原则,跨国投资所得受益人的居民国与所得的来源地国均可行使征税权。税收协定通常赋予来源地国可对非居民纳税人源自其境内的投资所得的优先课税权,如果税收协定没有同时对来源地国征收预提税的税率加以限定,来源地国可以根据其国内税法予以征税。在来源地国预提税税率较高的情况下,承担避免双重征税义务的居民国在对其居民纳税人已缴的来源地国预提税给予税收抵免后,实际上将难以分享到适当的税收利益。因此,税收协定中都对来源地国征收预提税的税率加以限定,即规定来源地国征收预提税的税率不得超过有关投资所得总额的一定比例。

如前所述,联合国范本和 OECD 范本都主张限定来源地国征收预提税的最高税率,但具体做法不同。根据联合国范本,来源地国可予征税的最高税率皆由缔约双方通过谈判确定。OECD 范本明确规定了来源地国对于股息、利息征税的最高税率,对于特许权使用费则主张由受益人的居民国独享征税权。值得注意的是,OECD 范本关于特许权使用费应仅由受益人居民国独占征税的分配规则,通常只在经济技术发展水平相当且互有往来的发达国家之间的税收协定中得以采用。因为他们彼此的经济技术发展水平相当,缔约国双方都是既有技术的输出,又有技术的输入,因此,相互免除缔约国对方居民纳税人源自本国境内特许权使用费的预提税,规定对特许权使用费应仅由受益人的居民国征税,最终得到的国际税收分配结果是大体对等的。但在经济技术发展水平相差较大的国家之间签订的税收协定中,如仍采用由受益人居民国独占征税的规则,会产生形式上平等而实质上不平等的结果。如在发达国家与发展中国家之间,由于后者往往是技术的引进方,如将对特许权使用费的征税权完全划归受益人的居民国一方,发展中国家必然丧失对特许权使用费的征税权;而与此同

---

① 廖益新主编:《国际税法学》,北京大学出版社 2001 年版,第 282,284 页。

时,发展中国家因鲜有向发达国家的技术输出,其居民纳税人实际上享受不到发达国家以较低预提税税率征税的好处,也就是说最终的国际税收分配结果对发展中国家而言是不合理的。所以,发展中国家在与发达国家签订税收协定时,一般都主张参照联合国范本,坚持对特许权使用费所得的征税也要遵循税收分享原则。

两个范本所建议的限定来源地国征税的最高税率以实现税收分享的原则,已为绝大多数国际税收协定所采用。应予说明的是,税收协定中的限制税率,是来源地国征收预提税的最高限度。它约束缔约国双方的征税不能超过所定的限制税率,但并不妨碍缔约国基于本国经济政策实行从低征税,即以低于协定限制税率的税率对缔约国他方居民纳税人源自本国境内的投资所得征收预提税;也不影响缔约国将来把目前本国税法上规定的较协定限制税率为低的税率,调整到与协定限制税率相等的水平。不过,如果一缔约国国内税法中规定的预提税税率比协定中所确定的限制税率更低,则该缔约国对缔约国对方居民纳税人源自本国境内投资所得的征税仍应适用国内税法规定的税率,而不能主张适用协定所确定的税率,除非该缔约国通过正常立法程序修改税法而提高预提税税率。但无论国内税法如何变动,任一缔约国对缔约国他方居民纳税人源自本国境内投资所得征收预提税的税率,不得超过其间所签税收协定所确定的税率。另需指出的是,虽然两个范本都规定投资所得的来源地国应实行限制税率,OECD范本甚至还明确规定了对股息和利息征税的限制税率,但两个范本毕竟不具有拘束力。任何国家之间在谈签税收协定时,缔约双方都有权经过谈判自行确定限制税率,既可对各项投资所得规定统一的限制税率,也可分项规定不同的限制税率。总之,限制税率是国家间谈签税收协定需要切实妥善解决的重要问题,它不仅关系到国家间税收利益的划分,而且关系到国家间的资金流动和技术交流,所以,各国对此问题都是极为重视的。

作为最大的发展中国家,我国目前仍需要大量引进外资与先进技术。因此,在对外谈签税收协定时,就对投资所得的征税问题,我国始终坚持按联合国范本有关条款体现的税收分享原则协调与缔约国对方的税收分配关系,一般不接受投资所得受益人居民国独占征税权的做法。在对投资所得来源地国征收预提税税率的限定上,采取因国而异区别对待的原则,一种模式是对各项投资所得都采用10%的限制税率,另一种模式则是区分投资所得类型规定不同的税率。①

同时,我国也始终不放弃收入来源地的税收管辖权,同时接受对来源地征税规定一些合理限制的立场。除了对缔约国政府或完全由政府所有的金融机构取

---

① 详情参见杨斌:《国际税收》,复旦大学出版社2003年版,第107页。

得的利息、由政府金融机构间接提供资金的利息等可以在来源地免予征税外,不接受投资所得受益人居民国独占征税权的做法。[①]

科威特中东银行预提所得税案
(1996年)

甲公司是一家参与中国海洋石油开发和生产的外国参股公司。该公司参股了莺歌海区块的石油开发,并于1992年11月7日与中国海洋石油公司签订了关于某块气田的开发和生产协议。该协议规定,开发期各自应负担的投资由各方自行筹集,如需贷款,也由各方自己负担利息。甲公司于1993年11月3日与科威特中东银行签订了贷款1.2亿美元的合同。至1996年10月3日止,甲公司累计向中东银行支付利息1775.22万美元。1996年,中国海洋石油税务管理局湛江分局在税务检查中发现甲公司在向中东银行支付利息时未予扣缴预提所得税。根据我国《外商投资企业和外国企业所得税法》[②]的规定,利息的预提税税率为20%。这意味着中东银行应就所获利息全额向中国缴纳20%的预提所得税,这部分税款应由甲公司在支付利息时代扣代缴。不过,中国已与科威特签订了避免双重征税协定。根据该协定第11条第3款,缔约国任何一方应对缔约国他方居民源自本国境内的利息所得实行5%的限制税率。所以,该案中我国对科威特中东银行的这笔利息所得应按5%的税率征收。湛江分局最终确认,甲公司应向中国补缴利息所得税93.43万美元,折合人民币775.56万元。[③] 甲公司于1996年10月履行了该项义务。

第四节 财产所得征税权的划分

一、财产所得的概念及来源地的判定

财产所得(income from property)包括不动产所得和财产收益。不动产所得(income from immovable property)是指在不转移不动产所有权的情况下,通过利用不动产所取得的所得。它通常有两种形式:一是纳税人直接使用或以其他方

[①] 杨斌、宋春平:《两个协定范本关于所得税征税权分配规则的比较》,载《涉外税务》2011年第8期。
[②] 该法已于2008年1月1日《中华人民共和国企业所得税法》施行之日废止。
[③] 参见李金龙主编:《税收案例评析》,山东大学出版社2000年版,第138页。

式使用不动产所获得的收益,如自己开办或聘用他人开办农场或林场,进行农业生产或林业种植所获得的收益。二是纳税人将自己拥有所有权的不动产,以出租的形式提供给他人使用所获得的租金性质的收益。无论纳税人使用还是出租不动产,由此所取得的收益总是与不动产所处的地理位置紧密相连,因而在不动产所得来源地的判定上,各国一般都采用不动产所在地标准,即以不动产所在地为不动产所得的来源地。

财产收益,又称财产转让所得或资本利得(capital gains),是指转移财产的所有权所获取的收益,即转让财产取得的收入扣除财产的购置成本和有关的转让费用后的余额。财产收益又可分为不动产转让所得和动产转让所得。对于不动产转让所得来源地的认定,各国一般也是以不动产的所在地为准。但在转让不动产以外其他财产所得来源地的判定问题上,各国主张的标准有所不同。有的国家以动产的销售或转让地(动产所有权的过户地点)为来源地,有的国家以动产转让者的居住地为来源地,还有一些国家以被转让动产的实际所在地为来源地。我国对动产转让来源地的判定采用转让地标准和转让者居住地标准。[①]我国《个人所得税法实施条例》第5条第3款规定,转让中国境内的建筑物、土地使用权等财产或者在中国境内转让其他财产取得的所得,均为来源于中国境内的所得。所谓财产在中国境内转让,是指财产的过户手续是在中国境内办理的。我国《企业所得税法实施条例》第7条第3款规定,转让财产所得,不动产转让所得按照不动产所在地确定,动产转让所得按照转让动产的企业或者机构、场所所在地确定[②],权益性投资资产转让所得按照被投资企业所在地确定。

尽管各国对不动产以外其他财产所得来源地的判定存在差异,但对转让属于在非居民国的常设机构和固定基地的动产所得,从各国签订的税收协定的有关规定来看,通常是以常设机构或固定基地所在国为来源地。另外,对于转让从事国际运输的船舶、飞机,内河运输的船只或附属于经营上述船舶、飞机或船只的动产所取得的收益,在国际税收协定中一般规定应以这些所得所属企业的实际管理机构所在地为来源地。与一般的动产转让所得相比,公司股权或股票的转让收益具有一定的特殊性,在其来源地的确定问题上,各国的分歧较大。有的国家主张应以转让人居民国为来源地,有的国家则以被转让股份公司的所在国为来源地,还有的国家坚持以转让行为发生地为来源地。

[①] 朱青编著:《国际税收》(第五版),中国人民大学出版社2011年版,第44页。
[②] 由于动产是随时可以移动的财产,难以确定其所在地,而且动产与其所有人的关系最为密切,因此动产转让所得按照转让动产的企业或者机构、场所的所在地确定。如果非居民企业在中国境内设立机构、场所,并从该机构、场所转让财产给其他单位或个人的,也应认定为来源于境内的所得。

新加坡张先生房产转让收入纳税案

新加坡商人张先生1997年7月1日来北京工作，次年10月任期届满返回新加坡。在北京工作期间，张先生在东郊购置了一栋房产。回国前，为了及时处置这栋房产，张先生将其转让给了一家美国公司驻华代表机构并获得了一笔数目可观的收入。我国税务机关要求张先生就其这笔房产转让收入向中国纳税。而张先生认为，自己是新加坡人，所取得的这笔房产转让收入是由美国公司驻华代表机构支付的，故不应在中国纳税。那么，张先生是否应在中国纳税呢？要解决此问题，首先应判断其是否为中国税收上的居民。从本案来看，在1997年和1998年这两个纳税年度中，张先生在中国境内的停留都未达到365天，故不是中国税收上的居民，而是中国税收上的非居民。非居民仅需就来源于我国境内的所得在我国承担纳税义务。单就张先生取得的这笔房产转让收入而言，由于该房产位于中国境内，所以转让房产的收入是为来源于中国境内的所得。因为我国对不动产转让所得来源地的认定，同其他国家一样，也是以不动产的所在地为准。既然张先生这笔房产转让收入的来源地在中国，我国对此当然享有征税的权力。

在许多国家，财产所得都是所得税的征税对象。由于很多国家兼采居民税收管辖权与来源地税收管辖权，既对居民取得的来源于境外的财产所得征税，又要对非居民源自本国境内的财产所得征税。所以，在对跨国财产所得的征税方面也存在国家之间税收管辖权的冲突，需要对各国的征税权予以协调。在联合国范本和OECD范本中，与对财产所得征税有关的规范有三条，即第6条（不动产所得）、第13条（财产收益）和第22条（财产）。两个范本的第22条实际上是关于对跨国财产价值征税的协调规则，但因在这方面的管辖权冲突较少发生，该规则在国家间签订的税收协定中被采纳的也就不多。以下将根据两个范本的有关规定，重点阐述对跨国财产所得的征税规则，并在其后介绍对跨国财产价值征税的主要规则。

二、不动产所得征税权的划分

对于不动产所得征税权的划分，各国间签订的税收协定普遍采用了联合国范本和OECD范本所建议的规则。

根据两个范本第6条第1款的规定，"缔约国一方居民从位于缔约国另一方的不动产取得的所得（包括农业和林业所得），可以在另一国征税"。这意味着作为不动产所在地国的缔约国另一方，对缔约国一方居民纳税人源自本国境内的不动产所得享有征税的权利。在这一原则之下,缔约国另一方,即不动产所得来源地国,可以根据本国国内税法的规定决定是否对非居民纳税人的不动产所得征税。在予以征税的情况下,由于协定并未对来源地国征税加以任何限定,来源地国还可以进一步决定征税的相关事宜。例如,来源地国可以自行决定对非居民纳税人源自本国境内不动产所得的征税方式。不过,在国际税收实践中,各国通常采用以下做法:不动产所得若是非居民纳税人通过设在本国境内的常设机构利用不动产所取得的收益,将其并入该常设机构的营业利润征收企业所得税;不动产所得如系提供独立个人劳务的非居民个人通过设在本国境内的固定基地运用不动产所取得的收益,对该项所得征收个人所得税;当不动产所得是非居民纳税人在本国既未设立常设机构也未设立固定基地的情况下取得时,则往往采用源泉扣缴的方式课征预提所得税。又如征税的税率,来源地国完全可以依照国内税法的有关规定执行,即便在征收预提所得税的情况下也是如此,因为税收协定并未规定来源地国对不动产所得的征税必须采用类似对投资所得征税那样的限制税率。应注意的是,根据两个范本的规定,来源地国所享有的只是对非居民纳税人不动产所得的优先征税权,而非独占征税权。作为利用不动产取得收益者的居民国,仍然可以依据居民税收管辖权对其居民纳税人在境外取得的不动产所得予以征税,但其在行使这一征税权时,应当承担避免双重征税的义务。

　　在适用两个范本所确定的原则划分不动产所得征税权时,还应明确的一个先决问题是不动产的含义。不动产在各国国内税法中都是一个重要的概念,但其具体含义在不同国家可能并不相同。在缔约国对不动产理解不同的情况下,如果税收协定中对此也没有明确的界定,在协定的执行过程中就有可能产生争议。正因如此,两个范本在第 6 条第 2 款指出,"不动产"一语应具有财产所在地的缔约国法律所规定的含义。这意味着对不动产的解释,原则上应以财产所在地缔约国的法律规定为准。也就是说,对于一项财产,只要财产所在地的缔约国一方认定为不动产,即为税收协定意义上的不动产,而不论缔约国另一方对此项财产做何认定。这种规定具有对等性,因而易于被缔约国双方所接受。不过,应当看到,如果缔约国一方国内税法关于不动产的含义过于宽泛,而缔约国另一方规定的相对狭窄时,上述对等性的规定也有可能导致征税权的不对等行使,从而产生税收权益分配不均现象。有鉴于此,两个范本又进一步指出,"不动产"一语在任何情况下应包括附属于不动产的财产,农业和林业所使用的牲畜和设备,一般法律有关地产规定所适用的权利,不动产的收益权以及由于开采和有权开采矿藏和其他自然资源取得的不固定或固定的收入的权利。但在任何情况下,不应将船舶、船只和飞机视为不动产。亦即凡是通常被视为不动产的财产和权利,都应明确为不动产。这样既有利于避免由于缔约国双方理解悬殊而可能引起的争议,也不妨碍缔约国任何一方根据本国法律缩小对不动产的征税范围。① 从各国间签订的税收协定来看,两个范本对不动产的解释方式已得到广泛采用。

三、财产收益征税权的划分

长期以来,由于各国奉行的所得税立法指导思想不同,就对财产收益是否应予征税问题存在争议。不过,从目前各国所得税法发展的趋势来看,越来越多的国家开始对财产收益进行征税,但在征税的方式、范围和程度上仍有较大的不同。有的国家单立税种征税,如英国设有财产收益税这一税种,对其居民境内外的财产转让所得,除了属于转让个人住宅、政府公债的所得或转让所得在1000英镑以下的不征税以外,都按30%的税率征税。但转让所得额在5000英镑及以下的,按其一半金额依率征税;超过5000英镑的,一律按扣除2500英镑后的金额计征征收。有的国家则对财产收益单定税率征税。以美国为例,其对财产收益的征税,系根据转让者拥有财产期限的长短分别处理。转让者拥有财产在6个月以内的,其转让所得可并入转让者的营业利润或个人的所得中,按照一般所得的税率征收公司所得税或个人所得税;转让者拥有财产期限超过6个月的,对其转让所得适用单独的税率征税,这一税率又因转让者身份(公司或个人)的不同而有所差别。

跨国财产收益是一国居民取得的来源于来源地国境内的财产转让所得。在对跨国财产收益的征税问题上,因各国税法规定存在较大差异,征税权的冲突更易发生,所以,通过国际税收协定协调国家间的税收管辖权显得尤为重要。联合国范本和OECD范本均在第13条对此作出了规定,OECD范本共有5款,联合国范本则有6款。总的来说,如缔约国一方居民从缔约国另一方境内取得财产收益,在若干情况下缔约国双方都享有对此项财产收益进行征税的权利,除此之外,应仅由转让者为其居民的缔约国一方征税。应予指出的是,虽然税收协定中规定某种财产转让所得可以在缔约国一方征税,但如该缔约国的国内税法并无对此种财产收益征税的规定,则税收协定中的上述规定不应理解为赋予该缔约国对此种财产收益的征税权。

对于跨国不动产转让所得的征税,OECD范本和联合国范本都规定,缔约国一方居民转让其位于缔约国另一方境内的不动产取得的收益,可以在缔约国另一方征税。根据这一规则,作为缔约国一方居民的企业或个人转让其位于缔约国另一方境内的不动产所产生的所得,作为不动产所在地的缔约国另一方享有优先征税的权利,即可以按照其国内税法的有关规定予以征税。作为该企业或

---

① 王选汇:《避免国际双重征税协定简论》,中国财政经济出版社1987年版,第87页。

个人居民国的缔约国一方,如其国内税法中确有对不动产转让所得征税的相应规定,则可依据居民税收管辖权对上述跨国不动产转让所得进行课税,但应依照税收协定的规定采取必要的避免双重征税措施。

关于对转让常设机构或固定基地财产的征税,联合国范本规定,转让缔约国一方企业在缔约国另一方的常设机构营业财产部分的动产,或者附属于缔约国一方居民在缔约国另一方的从事独立个人劳务活动的固定基地的动产而取得的收益,包括转让整个常设机构(单独或随同整个企业)取得的收益或该固定基地取得的收益,可以在另一国征税。这意味着在转让常设机构营业财产的动产或固定基地的动产情况下,不论是单独转让,还是随同整个企业或固定基地一起转让,只要是转让属于该常设机构或固定基地的财产所取得的收益,都可以由该常设机构或固定基地所在的缔约国征税。即使上述财产并不存在于常设机构或固定基地所在的缔约国境内,该国仍享有征税权。当然,如果转让的是常设机构或固定基地财产范围内的不动产所得,仍应适用上述不动产转让所得的征税规则。OECD范本所建议规则与联合国范本相同,只是由于其将独立个人劳务所得纳入营业所得,并按照常设机构原则来划分个人独立劳务的征税权,所以没有涉及对固定基地财产的征税问题。应注意的是,常设机构或固定基地所在的缔约国享有的只是优先征税权,而非独占征税权。

不过,对于转让从事国际运输的船舶、飞机,内河运输的船只或附属于经营上述船舶、飞机或船只的动产取得的收益,OECD范本和联合国范本都明确规定,应仅由从事国际运输或内河运输的企业的实际管理机构所在的缔约国一方独占征税,缔约国另一方不得征税。这种特殊处理与两个范本中关于经营从事国际运输的船舶、飞机,内河运输的船只所取得的营业利润的征税协调规则是一致的。

从国际税收协定的实践来看,联合国范本和OECD范本第13条第1、2、3款所确定的上述协调规则已被普遍采纳。目前,分歧依然较大的问题是对转让公司股权或股票所获收益的征税。按照2003年修订前的OECD范本,转让公司股权的收益由转让者居民国独占征税。而2003年修订的OECD范本则规定,如果公司股份的50%以上的价值直接或间接来自于位于缔约国一方的不动产,缔约国另一方居民转让该公司股份取得的收益,可以在该缔约国一方征税。联合国范本则在第4款和第5款提出区分两种情况处理:其一,转让一个公司股本的股票或合伙企业、信托或房地产的权益取得的收益,如果该公司的财产又主要由不动产组成(指该不动产价值超过公司、合伙企业、信托或房地产拥有的资产总价值的50%),可以在不动产所在国征税。值得注意的是,2001年公布的联合国范本开始把此项规则扩大适用于合伙、信托或房地产中享有的收益份额的情形。其二,转让公司的其他股票取得的收益,如果该项股票又达到该公司股权的一定比例(该比例由双方通过谈判确定),亦可以由该公司为其居民的缔约国一方征税。另外,对于在税收协定中没有作出明确规定的其他财产转让所得的征税权划分问题,OECD范本和联合国范本都规定,应仅在转让者为其居民的缔约国征税。

可见,与OECD范本相比,联合国范本在一定程度上扩大了所得来源地的税收管辖权。也正因如此,包括我国在内的发展中国家在对外谈签税收协定时,就财产收益的征税问题一般倾向于采纳联合国范本所建议的规则。如我国对外所签订的税收协定对股份转让所得的征税规定,大多依照联合国范本的处理方针,而且把股权百分比定为25%,如中美、中法、中意、中西、中瑞(瑞典)协定。[1] 不过,我国对未加明确规定的其他财产转让所得的征税坚持来源地国家应享有征税权的原则,而两个范本都主张由转让者居民国独占征税权。[2]

四、财产价值征税权的划分

跨国财产价值是一国居民拥有的存在于来源地国境内的那部分财产价值。这里的财产价值仅指一般财产价值,即纳税人所有的一切财产在货币价值形式上的综合表现。以一般财产价值为征税对象课征的税收为一般财产税,由于一般财产价值不与具体的财产标的物相联系,而是与财产所有人直接相联系,所以,开征一般财产税的国家在对一般财产价值征税时,大多如同对所得的征税那样,同时主张居民税收管辖权和来源地税收管辖权,既要对其居民世界范围的全部财产价值征税,又要对其非居民存在于该国境内的那部分财产价值予以征税。如在美国的遗产税中,美国居民(包括美国公民和居民外国人)应为其死亡时所拥有或被认定拥有的在任何地方的全部财产缴纳遗产税,美国非居民(即非居民外国人)只为其死亡时在美国境内的被认定财产缴纳美国遗产税。[3] 这样一来,在开征一般财产税的国家之间,就会在跨国财产价值的征税问题上产生冲突,导致国际重复征税。因此,也有必要予以协调。

应当看到,对财产的征税往往具有所得税的补充性质。因为一个人拥有的财产规模,在很多情况下与其所得的取得和积累分不开。然而,财产税毕竟不是对所得的征税[4],不能简单地套用对所得征税的规则。所以,联合国范本和OECD范本都专门规定了对一般财产价值征税的协调规则。应予指出的是,两个范本的协调规则主要适用于跨国一般静态财产价值,如对自然人征收的财富

---

[1] 朱青编著:《国际税收》(第五版),中国人民大学出版社2011年版,第255页。
[2] 杨斌:《国际税收》,复旦大学出版社2003年版,第112页。
[3] 参见〔美〕理查德·L.多恩伯格:《国际税法概要》,马康明、李金早等译,中国社会科学出版社1999年版,第250页。
[4] 王选汇:《避免国际双重征税协定简论》,中国财政经济出版社1987年版,第93页。

税、富人税,对法人征收的资本税等。至于对跨国动态财产价值的征税协调,各国通常是签订专项性的双边税收协定来处理,如关于避免对遗产、继承或赠与的重复征税的协定。①

根据两个范本第 22 条的规定,为缔约国一方居民所有并坐落于缔约国另一方境内的不动产,以及构成缔约国一方居民设在缔约国另一方境内的常设机构营业财产部分的动产,或附属于缔约国一方居民设在缔约国另一方从事独立个人劳务的固定基地的动产②,均可在缔约国另一方征税。不动产具有不可移动性,总是固定存在于某一国家的领土范围内,因此,把不动产的所在地明确为以跨国不动产为代表的那部分财产价值的所在地显然较为合理。这意味着只要不动产位于某一缔约国,该缔约国即可认定这部分财产价值系存在于本国,并依据来源地税收管辖权予以征税。动产是指性质上不须破坏、变更而能够自由移动其位置的财产。动产的这种可移动性,使其不具备不动产那种存在地的确定性,因而也就不宜以动产的存在地为该部分财产价值的存在地。为此,两个范本明确应以跨国动产价值所属的常设机构(或固定基地)所在的缔约国为其存在地,可由这个所在国(即来源地国)按属地原则行使征税权,而不论所涉及的动产是否一直存在于这个国家。当然,在上述两种情况之下,作为纳税人居民国的缔约国一方也有权依据居民税收管辖权进行征税,但应承担税收协定规定的避免双重征税的义务。关于从事国际运输的船舶、飞机或从事内河运输的船只,以及与经营上述船舶、飞机或船只有关的动产价值的征税,两个范本明确应以这些动产价值所属企业的实际管理机构所在的缔约国为存在地,由该缔约国行使独占征税权。这种规定与对来自这些动产的跨国营业所得或财产收益的征税规则是一致的。

至于对上述以外其他财产价值的征税,联合国范本和 OECD 范本的规定有所不同。OECD 范本明确应由居民国行使独占征税权,而联合国范本对此却有一定保留。即缔约国双方可通过谈判自行决定是由作为居民国的缔约国一方独占行使居民税收管辖权,还是由有关财产价值坐落地的缔约国另一方(即来源地国)优先行使来源地税收管辖权。应当指出,在缔约国双方互有存在于对方国家的财产价值的条件下,采用 OECD 范本建议的规则对于缔约双方的财政利益将是对等的,否则,OECD 范本所建议的规则实际上将是对来源地国税收管辖权的单方面限制。③

---

① 参见廖益新主编:《国际税法学》,北京大学出版社 2001 年版,第 297 页。
② OECD 范本中无此规定,原因同前。
③ 参见葛惟熹主编:《国际税收教程》,中国财政经济出版社 1987 年版,第 113、114 页。

本 章 小 结

在兼采居民税收管辖权与来源地税收管辖权的国家,来源地税收管辖权主要针对的是非居民纳税人,是对非居民纳税人源于或存在于该国境内的所得和财产行使的征税权。对非居民纳税人行使来源地税收管辖权的核心问题之一,在于确定纳税人是否拥有源于或存在于本国境内的所得。跨国所得大体上可分为四大类,即营业所得、投资所得、劳务所得和财产所得。对各项跨国所得来源地的判定,国家间存在不同主张。但是,一些为许多国家所采纳的标准已逐渐地被国际社会所接受,并在 OECD 范本和联合国范本中得到明确。如对跨国营业所得采纳的常设机构标准,在跨国劳务所得方面所采用的劳务提供地标准。

对非居民纳税人行使来源地税收管辖权的另一核心问题是来源地国与居民国征税权的划分。在此方面,联合国范本和 OECD 范本都有比较详细的规定,因而成为各国签订双边税收协定时的重要参考和指南。但比较而言,联合国范本更为注重维护来源地税收管辖权。因此,在对外签订税收协定时,多处于来源地国地位的发展中国家往往参照联合国范本,而多处于居民国地位的发达国家则更倾向于以 OECD 范本为蓝本。

在跨国营业所得征税权的划分上,常设机构原则是基本原则,它决定了常设机构所在国能否实施来源地税收管辖权,即来源地国对营业所得征税的条件。在此基础上,实际联系原则明确了常设机构利润的范围,独立企业原则、费用扣除和合理分摊原则解决了常设机构的利润核算问题。对于跨国劳务所得的征税,从国家间签订的税收协定来看,通常是就独立的个人劳务所得与非独立的个人劳务所得的征税权划分分别制订规则,而后,再就一些特殊类型的个人劳务所得作出专门的规定。对于跨国投资所得,联合国范本和 OECD 范本都建议按照税收分享原则划分投资者居民国与来源地国的征税权。按照税收分享原则,所得受益人的居民国与所得的来源地国均可行使征税权。不过,作为所得受益人的居民国一方,应承认所得来源地国享有优先征税权;而作为所得的来源地国,要接受税收协定对所得来源地国征税所作的限制。至于跨国财产所得及价值征税权的划分,也应遵循一定的规则。

思考与理解

1. 在各项跨国所得来源地的判定上主要存在哪些标准?
2. 什么是"常设机构原则"? 其意义何在?
3. 试述"场所型常设机构"的概念与特征。
4. 如何确定可归属于常设机构的利润范围?

5. 对常设机构利润的核算应遵循什么原则？
6. 试述联合国范本关于个人劳务所得征税权的划分规则。
7. 划分投资所得征税权的基本原则是什么？
8. 试述在征税权的划分方面联合国范本和 OECD 范本的主要区别。

课外阅读资料

1. 高尔森主编:《国际税法》(第 2 版),法律出版社 1993 年版。
2. 廖益新主编:《国际税法学》,北京大学出版社 2001 年。
3. 杨斌:《国际税收》,复旦大学出版社 2003 年版。
4. 王选汇:《避免国际双重征税协定简论》,中国财政经济出版社 1987 年版。
5. 朱炎生:《国际税收协定中常设机构原则研究》,法律出版社 2006 年版。
6. 李金龙主编:《税收案例评析》,山东大学出版社 2000 年版。
7. 〔美〕理查德·L. 多恩伯格:《国际税法概要》,马康明、李金早等译,中国社会科学出版社 1999 年版。
8. 何杨、嵇绍军:《2008 年 OECD 税收协定范本新规解析》,载《涉外税务》2008 年第 10 期。
9. 杨斌、宋春平:《两个协定范本关于所得税征税权分配规则的比较》,载《涉外税务》2011 年第 8 期。
10. 刘剑文:《中德税收协定的现状与趋势》,载《现代法学》2012 年第 2 期。

第三编 国际双重征税规制

第六章 国际双重征税规制原理

国际双重征税包括法律性国际双重征税和经济性国际双重征税。法律性国际双重征税是指两个或两个以上的国家或地区对同一纳税人的同一课税对象在同一征税期内征收同一或类似的税收。经济性国际双重征税是指两个或两个以上的国家或地区对属于不同纳税人的来源于同一税源的课税对象在同一征税期内征税。法律性双重征税和经济性双重征税产生的原因不同,具体表现形式也不同,因此,消除这两类双重征税的措施也是不同的。

第一节 国际双重征税的概念和特征

一、国际双重征税的概念

由于国际间存在多个税收管辖权①,纳税人的所得就面临被多重(次)征税的情况。在此先看两个例子:

示例1:作为甲国居民纳税人的A公司在乙国设有一个分公司B,B公司构成乙国的常设机构,为非居民纳税人。B公司的营业利润要在乙国缴纳所得税,而A公司在甲国缴纳所得税时要将B公司的营业利润计算在内,这样B公司的营业利润就在甲国和乙国被征收了两次税。

示例2:作为甲国居民纳税人的A公司在乙国设有一个子公司B,B公司构成乙国的居民纳税人。B公司的所得要在乙国缴纳所得税,之后A公司可从B公司的税后利润中分配到股息。A公司收取的股息在A国也要纳税。因此,B

---

① 需要明确的是,现实中具有税收管辖权的主体并不局限于主权国家,特定的地区也享有税收权利。比如,我国的《香港特别行政区基本法》第108条规定,香港特别行政区实行独立的税收制度,香港特别行政区自行立法规定税种、税率、税收宽免和其他税务事项。在本书中,为叙述方便,在出现国家的用语时,也将特定地区包括在内,但并不表明将特定地区认定为主权国家。

公司的这笔所得也要在甲国和乙国被征两次税。

上述两个例子是所得税领域国际间多重(次)征税的典型情况。由于这种情况多呈现为两个税收管辖权的重叠,本书统称为"国际双重征税"(international double taxation),但并不因此排除多重管辖权导致多重(次)征税的情况。

不过,上述两种类型的双重征税是有区别的。第一种情况下,由于分公司并不具有独立的法律地位,其纳税负担由总公司最终承担,即纳税主体为同一纳税人;第二种情况则不同,由于子公司具有独立的法律地位,构成其所在国的居民纳税人,尽管子公司的同一笔所得纳税后在分配股息时母公司也要纳税,但承担税负的纳税主体不止一个,涉及母公司和子公司两个纳税主体。

因此,理论和实践中对这两种情况又作了具体区分。第一种情况称为法律性国际双重征税(international juridical double taxation),OECD 将其定义为"两个或两个以上的国家对同一纳税人的同一课税对象在同一征税期内征收类似种类的税(the imposition of comparable taxes in two or more states on the same taxpayer in respect of the same subject matter and for identical periods)。①

第二种情况称为经济性国际双重征税(international economic double Taxation, or international double tax imposition),指两个或两个以上的国家或地区对属于不同纳税人的来源于同一税源的课税对象在同一征税期内征税。②

因此,国际双重征税包括法律性国际双重征税和经济性国际双重征税两种情况。当然,从学术的角度,学者们也可以采用不同的称谓③或作不同的界定。④不论如何界定,都需要明确这样两点:首先,法律性国际双重征税和经济性国际双重征税都是客观存在的;其次,法律性国际双重征税和经济性国际双重征税具有各自的特征,是存在区别的。

---

① 2010 年 OECD 范本引言部分第 1 段。除非另有说明,本章所引用的均为 2010 年 OECD 范本。
② Arnold A. Knechtle, *Basic Problems in International Fiscal Law* (translated from the German by W. E. Weisflog), Kluwer, 1979, p.32.
③ 比如,有学者用国际重复征税来表述法律性国际双重征税,用国际重叠征税来表述经济性国际双重征税。参见高尔森主编:《国际税法》,法律出版社 1988 年版,第 57 页和第 74 页。
④ 也有学者认为没有必要区分法律性双重征税和经济性双重征税。经济性双重征税事实上也是法律性双重征税,因为任何双重征税均涉及纳税人的经济利益或财产的直接减少,也会涉及征税国经济利益的增减,从这个意义上讲,均属经济意义上的双重征税。但这两种双重征税均是由于法律制定的原因所造成的结果。前者是由于各国税法所规定的税收管辖权的差异造成的结果,后者是由于各国所得税法法律形态下的区别。参见刘剑文:《国际所得税法研究》,中国政法大学出版社 2000 年版,第 82—83 页。笔者认为这样的分析不无道理。不过,由于这两种双重征税确实存在区别,由于 OECD 关于法律性双重征税的定义业已被广泛接受,从约定俗成和概念区别的角度考虑,我们在本书中仍然采用法律性双重征税和经济性双重征税的提法。

二、国际双重征税的特征

从 OECD 的定义看,法律性国际双重征税具有下列特征:

(1) 涉及两个或多个国家的税收管辖权。[①] 在实践中,这些国家主张的管辖权可能是相同的(比如都主张居民税收管辖权),或是不同的(比如一国主张居民税收管辖权,另一国主张来源地税收管辖权),但都体现为两个不同国家的征税主体行使管辖权。这是该种双重征税"国际"性的体现。

(2) 纳税主体只有一个。一国纳税人可能通过在另一国的常设机构获得经营所得,尽管另一国可对常设机构征税,但常设机构的所得和税收负担仍然由总机构承担,因此仍然只有一个纳税人,只是在不同国家纳税而已。另外,该纳税人可能被两个或两个以上的国家认定为其居民纳税人,但纳税人依然是同一个纳税主体。

(3) 对同一课税对象征收类似的税种。这是指两国对同一纳税人的同一笔所得征税,而且适用的税种是相同或类似的。比如一国居民公司在另一国的常设机构的经营所得向当地缴纳所得税,而该笔所得还要并入居民所得汇总向其居民国缴纳所得税。假如常设机构所在国对常设机构在销售产品中实现的增值额征收增值税,但对其实现的经营所得免征所得税时,居民国如果对常设机构的所得征税,尽管涉及两国征税主体,但并不存在所得税的双重征税,因为两国的课税对象和适用税种不同。

(4) 在同一征税期间。这是指两国对同一纳税人在同一个征税期间内的所得征税。这意味着同一纳税人的同一笔所得如果是在不同征税期间被两国征税,并不构成双重征税。

经济性国际双重征税也具有法律性国际双重征税的上述第(1)、(3)、(4)个特征,但不同的是经济性国际双重征税的纳税人是对不同纳税人的课税对象征税。此外,经济性国际双重征税涉及的不同纳税人可能都是公司,也可能一方是公司,另一方是自然人。在涉及自然人和公司时,适用的税种分别为个人所得税和公司所得税。

第二节 国际双重征税的规制原理

一、法律性国际双重征税的规制

(一) 法律性国际双重征税的表现形式

所得税方面的税收管辖权有属人管辖权和属地管辖权两类,当纳税人有跨

---

① 为叙述方便起见,本书主要根据两国的情况进行论述。

国经济活动并存在跨国所得时,就会产生以下三种形式的法律性国际双重征税。

(1) 属人管辖权和属地管辖权重叠导致的双重征税。

属人管辖权包括居民税收管辖权和公民税收管辖权,其与属地管辖权重叠时又可表现为:居民税收管辖权与属地税收管辖权的重叠;公民税收管辖权与属地管辖权之间的重叠。

实行居民税收管辖权的国家要对本国居民纳税人来自境内外的全部所得征税,而居民纳税人在境外的所得也要在当地国按照来源地税收管辖权的要求纳税。前文的示例1就是这方面的例子。

一国的公民纳税人要承担无限纳税义务,其在境外的所得在来源地国也要纳税,因此这种双重征税产生的原理与居民管辖权和属地管辖权的叠加是相同的。

不过,由于大多数国家采用居民税收管辖权,只有少数国家(比如美国)采用公民税收管辖权,因此居民税收管辖权与属地税收管辖权的重叠是最常见的国际双重征税。

(2) 属人管辖权和属人管辖权重叠导致的双重征税。

这类双重征税表现为三种:居民税收管辖权与居民税收管辖权的重叠;居民税收管辖权与公民税收管辖权的重叠;公民税收管辖权与公民税收管辖权的重叠。

由于各国对居民标准认定的不同,一个自然人或公司可能被不同的国家同时认定为其各自的居民纳税人,在这种情况下该纳税人要在两个国家承担无限纳税义务。比如,A国对自然人居民采用住所标准,B国则规定如果外国人在当地停留时间达到一年以上也构成居民纳税人。这样,如果某自然人在A国有住所,在B国停留时间超过一年,就会同时被A国和B国认定为居民纳税人。再比如,甲国A公司在乙国注册成立了一个子公司B。乙国对居民公司的认定采用注册地标准,B公司为乙国居民纳税人。甲国对居民公司的认定还采用实际管理和控制中心所在地标准。如果B公司的实际管理和控制中心在甲国,则B公司同时也是甲国的居民公司。这样,B公司的境内外全部所得要同时向甲国和乙国纳税。

在一国实行公民税收管辖权而另一国实行居民税收管辖权的情况下,前一个国家的居民如果也符合第二个国家居民纳税人的标准,也要在这两个国家承担无限纳税义务。在一个人具备双重国籍身份,而这两个国家都实行公民税收管辖权时,就会出现两个国家的公民税收管辖权叠加的情况,该自然人也要在两国承担无限纳税义务。

不过,由于采用公民税收管辖权的国家很少,因此属人管辖权与属人管辖权的重叠主要表现为居民税收管辖权与居民税收管辖权的重叠。

(3) 属地管辖权和属地管辖权重叠导致的双重征税。

这种情况表现为：A国的居民纳税人有来源于B国的所得，B国对此主张属地管辖权，同时C国认为这笔所得也来自当地，也主张属地管辖权，比如，A国甲银行向B国乙公司发放一笔贷款，乙公司将贷款交给其在C国的分公司丙使用，利息由分公司丙承担和支付。如果B国对利息的来源认定标准采用借款人为居民的所在地，C国采用常设机构标准，则甲银行的该笔利息要同时被B、C两国主张来源地管辖权从而被双重征税。

以上对国际双重征税表现形式的分析主要限定在两国之间。在实践中，还可能出现两个以上税收管辖权叠加的情况。事实上，对于属地管辖权和属地管辖权重叠的情况，如果把纳税人所在国的属人管辖权考虑在内，就是三个税收管辖权的重叠，这在国际税法上也被称为三角情况。① 本书主要以两个税收管辖权叠加产生的法律性国际双重征税为阐述内容，因为解决此类问题的国际税收协定基本是双边的。在本书相关内容中，属人管辖权以居民税收管辖权为研究对象，纳税人为居民纳税人的国家称为"居民国"，主张属地管辖权的国家称为"来源地国"。

(二) 法律性国际双重征税对国际经济交往的负面影响

在纳税人存在跨国所得和各国普遍征收所得税的背景下，国际双重征税的产生是一种必然现象，但这种现象也对国际经济交往产生了负面影响。这体现在：

(1) 法律性国际双重征税违背了税收公平原则。

税收公平原则是指税收应基于纳税人的纳税能力予以课征，包括横向公平和纵向公平。横向公平是指两个处境相似的纳税人被相等地课税；纵向公平是指不同处境的纳税人纳税不同，但应与纳税人的纳税能力成比例。② 但是，对于有跨国所得的纳税人来讲，假如其纳税能力与没有跨国所得的纳税人相同，在国际双重征税存在的情况下，跨国纳税人的税收负担就比没有跨国所得的纳税人重。

举例来讲：某纳税年度，A国的居民公司境内外全部所得为300万元，其中境内所得200万元，来自B国的境外所得为100万元，假设B国所得税率为20%，A国所得税率为30%，该公司的税负为：在B国纳税20万元，在A国纳税90万元，总税负为110万元。但是，如果A国的另外一个居民公司的所得也是

---

① 有关三角情况的详细阐述，可参见〔美〕罗伊·罗哈吉：《国际税收基础》，林海宁、范文祥译，北京大学出版社2006年版，第591—596页。

② 〔美〕凯文·墨菲、马克·希金斯：《美国联邦税制》，解学智等译，东北财经大学出版社2001年版，第6页。

300万元,但全部来自境内,没有境外所得,此时其税负为90万元。相比之外,纳税人的所得相同,但税负却不同。

(2) 国际双重征税也违反了税收中性原则。

税收中性是指税收不应对纳税人的投资、经营决策产生影响。纳税人根据市场条件,本来准备对外投资,税收中性意味着税收不应干预或影响纳税人的投资取向和经营决策。纳税人对投资区域、行业和经营方式的选择,主要应由价值规律和市场竞争因素来支配。① 但是,双重征税的存在却可能使得纳税人取消对外投资的计划,就对国际投资和国际经济交往产生了扭曲影响。

(3) 国际双重征税也影响了国家间的经济利益分配。

法律性国际双重征税是税收管辖权之间的重叠造成的,而税收管辖权的重叠也反映了国家之间的税收利益之争。如果各国都坚持其各自的税收管辖权而不作出让步,将不利于国际经济的发展,最终各国的税收收入也会受到影响。对资本输入国来讲,在本国需要吸引境外的资金和技术发展经济时,如果过分主张属地管辖权,将达不到吸引外资的目的,这不利于该国经济的发展;对于资本输出国来讲,在本国市场饱和以及资本过剩的情况下,对外投资是企业生存发展的必要,如果不对居民的境外所得采取消除双重征税的措施,本国公司将没有对外投资的积极性,也就缺乏利润增长点,政府税收实际上也无法增长。因此,消除国际双重征税,对于居民国和来源地国都同样重要。

(三) 法律性国际双重征税的消除

既然法律性国际双重征税根源于各国税收管辖权的叠加,那么此种国际双重征税的消除就需要各国限制或放弃一定的税收管辖权。各国限制或放弃税收管辖权可以通过一国单方面做法实现,称为单边措施;也可以通过相关国家共同采取措施来实现,称为双边或多边措施。

1. 单边措施

单边措施是指一国在国内法中单方面采取消除双重征税的措施。从居民国角度讲,可以对本国居民的境外所得采用免税法、抵免法、扣除法或低税法等方法。有关这些方法的基本原理和实践,本书将在第七章予以详细阐述。对于来源地国,也可以采取放弃或限制来源地税收管辖权的措施。

以我国为例,从居民国的角度,根据《企业所得税法》第23条的规定,我国居民企业来源于中国境外的应税所得已在境外缴纳的所得税税额,可以从其当期应纳税额中抵免。我国《个人所得税法》第7条对纳税人从中国境外取得的所得,也准予其在应纳税额中扣除已在境外缴纳的个人所得税税额。

从来源地国的角度,根据我国《企业所得税法》第3条第3款和第4条第2

---

① 廖益新:《国际税法学》,北京大学出版社2001年版,第133页。

款的规定,非居民企业在中国境内未设立机构、场所的,或者虽设立机构、场所但取得的所得与其所设机构、场所没有实际联系的,应当就其来源于中国境内的所得缴纳企业所得税,适用税率为20%。不过,我国《企业所得税法实施条例》第91条规定减按10%的税率征收企业所得税。此外,我国《企业所得税法实施条例》第91条还规定,外国政府向中国政府提供贷款取得的利息所得、国际金融组织向中国政府和居民企业提供优惠贷款取得的利息所得和经国务院批准的其他所得享受企业所得税的免税待遇。

单边措施的优点在于一国可以基于自身的需要来决定管辖权的限制或放弃,具有自主性和主动性。不过,这种做法也存在缺点。国际双重征税是两国税收管辖权重叠的结果,单靠一国的措施,有可能在该国放弃或限制税收管辖权从而减少税收收入的情况下,本国的居民纳税人却不一定真正获益。比如,在居民国采用免税法从而放弃居民纳税人境外所得的征税权时,尽管居民纳税人免除了双重征税,但如果来源地国不限制税率,纳税人在当地的税负并未减轻,来源地国没有税收损失,损失的是居民国的税收利益。再比如,在两个居民管辖权重叠时,一国也不能因为其他国家将本国居民纳税人也认定为居民纳税人而放弃本国的居民管辖权。因此,居民国采取措施时,也需要另一国采取相应的措施,这就需要消除双重征税的双边措施。

2. 双边措施

消除法律性国际双重征税的双边措施主要是通过国家间签订双边税收协定来实现的。双边税收协定消除法律性国际双重征税的机制如下:

对于居民管辖权重叠导致的法律性双重征税,税收协定的通常做法是由一国来行使居民税收管辖权,而另一国的居民税收管辖权转化为对"非居民"的征税权。比如,中英税收协定第4条第2款规定:"同时为缔约国双方居民的个人,其身份应按以下规则确定:(1) 应认为是其有永久性住所所在国的居民;如果在两个国家同时有永久性住所,应认为是其个人和经济关系更密切(重要利益中心)的国家的居民;(2) 如果其重要利益中心所在国无法确定,或者在任何一国都没有永久性住所,应认为是其有习惯性居处所在国的居民;(3) 如果其在两个国家都有,或者都没有习惯性居处,应认为是其国民所在国的居民;(4) 如果其同时是两个国家的国民,或者不是任何一国的国民,缔约国双方主管当局应通过协商解决。"

对于居民管辖权和来源地管辖权重叠导致的法律性双重征税,税收协定首先在缔约国之间划分征税权,如果征税权划归居民国或来源地国单独享有,就从根本上消除了双重征税。比如OECD范本第12条规定:"发生于缔约国一方的特许权使用费,如果收取它的受益所有人是缔约国另一方的居民,则应仅由该缔约国另一方征税。"这意味着特许权使用费的来源地国不能对此行使征税权,或者说征税权划归居民国独享。

不过,在大多数情况下,税收协定是把征税权划归两国共享。此时,居民国要采取免税法或抵免法等措施,而来源地国的征税范围或税率一般要进行限制,比如营业利润适用常设机构原则,股息和利息适用限制税率。比如,OECD范本第7条规定:"缔约国一方企业的利润应仅在该国纳税,但该企业通过设在缔约国另一方的常设机构进行营业的除外,如果该企业通过在缔约国另一方的常设机构进行营业,其利润可以在另一国征税,但其利润应仅以属于常设机构的为限。"这将营业利润的征税权划归居民国和来源地国共享。这种情况下,依然存在两个税收管辖权的重叠。不过,来源地国对居民国企业的营业利润的征税是有前提和限制的:如果居民国企业有来自来源地国的营业利润,但在来源地国没有常设机构,来源地国不能对此征税;在有常设机构的情况下,来源地国仅限于对可归属于常设机构的营业利润征税。在来源地国对常设机构的营业利润征税后,OECD范本第23条要求居民国采用免税法或抵免法来消除双重征税。

税收协定将征税权划归居民国和来源地国共享时所采取的消除双重征税的做法,是属地优先原则的体现。属地优先原则是指当一国政府行使居民(公民)管辖权对本国居民(公民)纳税人世界范围内的所得或财产课税时,对其中来源于外国的所得或位于外国的财产,应优先考虑有关国家政府行使地域管辖权对此已经课税的事实,对这部分已在外国纳税的所得或财产免征或减征本国税收。课税对象发生或存在于哪一个国家境内,就应当由哪一个国家课税,显然更为合理。这既体现了国际税收权益分配的客观性,也体现了税收征管的方便性。且从国际经济关系的现实来看,如果一个从事跨国经济活动的企业或个人不承认有关国家的地域管辖权,不向来源地国政府缴纳税收,绝不可能取得在该国境内从事经济活动的权利。①

还需要指出的是,OECD范本第12条或第7条的基本职能是在缔约国之间划分税收管辖权。有的学者将其称为"分配规范"(distributive rules)②,有的学者则称之为"冲突规范"③。我们倾向于采用"分配规范"这一称谓,因为"冲突规范"是国际私法中的一个概念。不过,即使在国际税法中采用"冲突规范"的称谓,也应当将其与国际私法中的"冲突规范"区别开来:(1)国际私法中的冲

---

① 参见黄济生编著:《国际税收》,华东师范大学出版社1992年版,第113—114页。
② Klaus Vogel, *Klaus Vogel on Double Taxation Conventions*, 3rd edition, Kluwer Law International Ltd, 1997, p.27.
③ 高尔森主编:《国际税法》,法律出版社1988年版,第7—8页;刘剑文主编:《国际税法》,北京大学出版社1999年版,第11页;Arnold A. Knechtle, *Basic Problems in International Fiscal Law* (translated from the German by W. E. Weisflog), Kluwer, 1979, pp.11—16.

突规范,是指在法律冲突的情况下确定适用哪国法律的规范,是法律适用规范,或称法律选择规范(choice of law);而国际税法中划分国家间征税权的法律规范则并不是确定要适用的法律,而是划分征税权,是国家间税收利益的分配和协调。(2)根据国际私法中的冲突规范而适用的法律可能是外国法;而根据国际税法中划分国家间征税权的法律规范,一国如果有权征税,是根据其自己的国内法征税,而不是根据外国税法征税,即不会出现适用外国法的情况。(3)国际私法的冲突规范允许涉外民事法律关系的当事人选择适用的准据法,而国际税法中划分征税权的法律规范则与跨国纳税人的意志无关。总之,国际税法中划分征税权的法律规范的作用和实质是在国家间分配征税权,是国家间税收分配关系的体现。

不过,对于来源地税收管辖权与来源地税收管辖权重叠的情况,双边税收协定一般是无法解决的,因为其适用于"缔约国一方或缔约国双方居民的人"[1]。这样,A国居民来源于B国的所得如果同时也被C国主张来源地税收管辖权时,A国居民无法适用B国和C国之间的税收协定来消除双重征税,因为A国居民在B国和C国都是非居民。在这种情况下,A国和B国以及A国和C国的双边税收协定需要作出特殊规定。比如,在A国居民有来源于B国居民支付的利息,但该利息与B国居民在C国的常设机构有实际联系时,C国也主张利息来源地的情况下,OECD范本关于第11条的注释第30段建议A国和B国之间的税收协定中作如下的特殊安排:"如果利息支付人不论其是否缔约国一方居民,只要其支付利息的债务与其设在其居民国以外的国家的常设机构有实际联系,且利息由常设机构承担,那么利息可视为发生在常设机构所在国。"这样,B国就放弃利息的来源地管辖权,A国可通过与C国的税收协定来消除利息的双重征税。在双边税收协定没有对此作出专门约定的情况下,一种方法是A国与B国和C国基于它们之间的税收协定中的相互协商程序磋商解决[2],另一种做法是借助多边税收协定。

3. 多边措施

消除双重征税的多边措施主要是签订多边税收协定。1983年,丹麦、芬兰、冰岛、挪威和瑞典等国缔结了以避免对所得和财产双重征税为主要内容的北欧税收协定(The Treaty between the Nordic Countries for the Avoidance of Double Taxation with Respect to Taxes on Income and Capital),同年12月生效,之后并经

---

[1] 参见OECD范本第1条。
[2] 比如OECD范本第25条规定,缔约国主管当局可为了避免税收协定未规定的双重征税进行协商。关于相互协商程序,请参见本书第二十三章"国际税务争议的解决"中的相关内容。

数次修改,法罗群岛随后也加入。①

北欧税收协定与双边税收协定相比,在处理多个居民税收管辖权重叠和多个来源地税收管辖权重叠时具有优势:

(1) 解决多个居民税收管辖权的重叠。假如一个人在丹麦、瑞典和挪威都有住所。他通过在芬兰的常设机构获得收入。根据芬兰和丹麦、挪威、瑞典的双边税收协定,芬兰作为来源地国,而根据丹麦、瑞典和挪威的国内法,三国都为居民国。丹麦和瑞典协商后,可将丹麦确定为居民国;挪威和瑞典协商后,可将瑞典确定为居民国;丹麦和挪威协商后,可将丹麦定为居民国。这样,就存在丹麦和瑞典都为居民国的情况。尽管这一问题可通过双边税收协定中的相互协商程序解决,但并一定就能达成协议。但是,多边税收协定可专门规定对此问题的处理方法。

(2) 解决多个来源地税收管辖权重叠的问题。假设冰岛一家公司支付的股息与一家瑞典公司在挪威的常设机构存在有效联系。如果冰岛和瑞典之间签订有类似 OECD 范本的双边协定,则在瑞典公司直接持有冰岛公司至少 25% 资本的情况下,冰岛对股息的征税不得超过股息的 5%。由于常设机构在挪威,挪威也可行使征税权。假如挪威和瑞典也签订有 OECD 范本那样的双边协定。OECD 范本第 21 条第 1 款规定,对于该范本协定未划分征税权的居民的所得,应仅由该居民国征税。由于冰岛支付的股息为源于非缔约国所得,根据第 21 条应由居民国瑞典征税。但是,第 21 条第 2 款进一步规定,如果收取股息的人为缔约国一方居民,通过设在另一缔约国的常设机构营业,应适用营业利润的一般规定。由于冰岛公司支付的股息与在挪威的常设机构存在有效联系,挪威就有权对可归属挪威境内的瑞典公司的常设机构的股息征税。不过,如果挪威根据其与冰岛的双边税收协定对本国居民公司收取的境外股息免税,瑞典公司是否可基于其与挪威的税收协定中的常设机构无差别条款也请求挪威免税呢? 答案可能是否定的,因为挪威公司享受的免税待遇基于挪威与冰岛的税收协定,只有挪威居民才能主张,而瑞典公司在挪威的常设机构并非挪威居民。但是,北欧税收协定第 10 条第 2 段规定就解决了这一问题。根据该条款的规定:如果股息的受益所有人是缔约国一方居民,通过设在其居民国以外的缔约国的常设机构营业,如支付的股息与常设机构有有效联系的,征税权由支付股息的居民公司所在国和常设机构所在国行使。这样,如果挪威公司收取的股息是免税的,则瑞典公司取得的与其在挪威的常设机构有有效联系的股息也应当享受同样的免税待遇。

---

① 本章关于北欧税收协定的介绍主要参考了 Nils Mattsson: Multilateral Tax Treaties-A Model for the Future, *Intertax*, Vol.28, Issue 8/9, 2000.

不过,实践中的国际税收协定基本是双边的,缔结多边税收协定要求缔约国间所得税制相对趋同。双边税收协定的缔约方作出的对等减让可能难以适用于经济关系和资本流动状况不同的第三方。① 对于某类所得在居民国和来源地国之间税收管辖权的分配,在缔约国双方都是发达国家和一方为发达国家而另一方为发展中国家时,具体方案也会有所不同。② OECD 也认为,在消除双重征税方面,双边税收协定仍是更适合的方式。③

二、经济性国际双重征税的规制

(一) 经济性国际双重征税的表现形式

本章示例 2 是经济性国际双重征税的典型例子,这种双重征税实际上与各国的税制相关,当各国对公司的利润和股东的股息都征收所得税时,一国居民纳税人来源于境外的股息还将面临经济性双重征税。

此外,各国税务机关对以转让定价方式避税的纳税人进行应纳税所得额的调整时,也会产生经济性双重征税的问题。

转让定价又称公司内部定价,指关联企业间对内部交易的作价。通过转让定价形成的价格称为转让价格。④ 转让价格不是市场交易的正常价格,而是关联企业内部人为的定价。关联企业之间通过人为制定偏离市场正常交易价格的低价,可以获得税收利益。

关联企业使用转让定价避税可以通过下面的例子说明:

A 公司为甲国居民公司,甲国所得税税率为 40%,A 公司在乙国有全资子公司 B,乙国税率为 30%。A 公司卖给 B 公司一批成本 80 万美元的货物,正常作价 100 万美元,B 公司再以 120 万美元卖给第三者。按照正常做法,A 公司和 B 公司各获利 20 万美元,其分别缴纳的税款为 8 万美元和 6 万美元。A 公司和 B 公司作为关联企业,其总体税负为 14 万美元。但是,假如 A 公司将这批货物以 80 万美元的价格卖给 B 公司,B 公司仍以 120 万美元价格卖给第三者,则 A 公司没有利润,不用纳税,B 公司利润为 40 万美元,B 公司缴纳税款 12 万美元。这样,A 公司和 B 公司的总体税负反而减轻了,为 12 万美元。

---

① UNCTAD, "Taxation", UNCTAD Series on Issues in International Investment Agreements, UNCTAD/ITE/IIT/16, 2000.

② 以特许权使用费为例,OECD 范本第 12 条将缔约国一方居民来源于缔约国另一方的特许权使用费的征税权划归该居民国单独享有,来源地国不再行使征税权。但是,联合国范本第 12 条则是主张由来源地国和居民国共享征税权。

③ 参见 OECD 范本注释引言部分第 37—40 段。

④ Sylvain Plasschaert, Transnational Corporations: Transfer Pricing and Taxation (The United Nations Library), *On Transnational Corporations*, Vol. 14, Routledge, 1994, p. 1.

由于纳税人通过转让定价改变了本应承担的税负,税务机关就要对关联企业的定价要进行调整。① 不过,如果一国调增了本国企业的应税所得,而这个企业的境外关联企业所在国税务机关并不因此调减该关联企业的应税所得并退还多缴纳的税额,则转让定价的调整就会造成被调整利润的国际双重征税。在这两个关联企业分别为各自所在国的居民公司时,就是一种经济性双重征税的体现,即同一笔所得被两个国家主张征税权,税收负担由两个不同的纳税主体承担。

(二) 经济性国际双重征税的消除

1. 对公司利润和股东股息同时征税而产生的经济性双重征税的消除

对于如何消除因对公司利润和股东股息同时征税而产生的经济性双重征税,理论上存在着不同观点。事实上,这种双重征税在一国国内也是存在的。

一些国家认为没有必要在一国之内消除经济上的双重征税。有观点还认为对公司和股东分别课税是合理的,因为公司所得税和个人所得税两者不仅纳税人各异,征税对象不同,税基也不同。② OECD也认为,对经济性双重征税如在国内不予以缓解,那么在国际上也不必予以解决。③

主张消除经济性双重征税的观点认为,分别对公司的利润和股东的股息征税,尽管在法律上合法有据,但从经济上看却不合理。从经济意义上说,公司实质上由各个股东组成,公司的资本是各个股东持有股份的总和、公司的利润是股东分得股息的源泉,二者是同一事物的两个不同侧面。因此,一方面对公司的利润征税,另一方面又对作为公司税后利润分配的股息再次征税,这明显是对同一征税对象或称同一税源进行了重复征税。从经济效果来讲,对公司利润征收的所得税,最终还是按股份比例落到各个股东身上承担。这与对同一纳税人的同一所得的重复征税实质上并无区别。④

还有观点甚至对公司税的存在提出了异议,提出了归集课税论(the integration view),即只课征个人所得税。这种观点认为所有的税收归根结底都要由个人来承担,公平课税的概念只能应用于个人纳税人。因此,在个人所得税之外征收公司税是不合理的,应当把所得作为一个整体来课税,而与所得的来源无关。公司税的存在却导致利润被征了两次税。在个人所得税取代公司所得税的情况下,对来源于公司的所得征收的个人所得税也应当实行源泉扣缴。但是,也有相反看法,即独立课税论(the absolutist view)的观点,认为归集课税的方法是那些

---

① 转让定价调整的原则、方法等问题,参见本书第十一章"国际转让定价的法律规制"的内容。
② 参见刘剑文主编:《国际税法》,北京大学出版社1999年版,第72页。
③ 参见OECD范本关于第10条的注释第41—42段。
④ 葛惟熹主编:《国际税收教程》,中国财政经济出版社1987年版,第58页,转引自廖益新主编:《国际税法学》,北京大学出版社2001年版,第131页。

建立在对公司的不现实认识的基础上的。大量的股权极其分散的公司并不仅仅是个人获得所得的"管道"。公司是一个独立存在的法人实体,是进行经济和社会决策的一个强有力部门,它由专业人员进行管理,而几乎不受个人股东的支配。从这一观点,他们的结论是,作为一个独立的实体,公司也有独立的纳税能力,可适当地课以独立的税种。①

不过,即使在维持公司所得税的前提下,也无法否认这样的客观事实:股东的股息来源于公司利润,所有税收归根到底都是由股东承担的。

另外,国际间经济性双重征税的存在也带来了消极影响:妨碍国际投资的积极性;导致公司不分配股息或尽量少地分配股息,股东则不能按时取得投资收益;使得公司尽量利用借贷资本,较少吸收股权资本,这将影响公司资本结构,并增加成本。②

因此,消除经济性双重征税也有客观需要。

由于经济性双重征税存在的法律原因是股息所得税和公司所得税的并存,因此,从理论上讲,要消除这种双重征税,不外乎以下几种思路:(1)取消公司税,只对股东股息征税;(2)只征收公司税,不对股东股息征税;(3)同时对公司所得和股东股息征税,但在公司环节或股东环节给予相应的减免优惠措施。

就上述方式来讲,取消对公司所得的征税或者取消对股东股息征税的做法并没有被普遍接受,因为公司和股东毕竟是存在差异的主体,而且也都是政府财政收入的来源。另外,归集课税论是建立在税后利润是全部作为股息分配给股东的假定上的,但事实并非如此。③

因此,在国内层面,消除经济性双重征税的措施基本是在维持对公司利润和股东股息所得同时征税的情况下,分别从公司或股东层面来采取措施:比如在公司层面实行股息扣除制(dividend deduction system)或分劈税率制(split rate system);在股东层面实行归集抵免制(imputation system)等。④

这些方法属于国内法措施,通常不适用于非居民,也不适用于居民收取的来自境外的股息。因此,对于国际间的经济性双重征税有的国家的国内法采取免税法或间接抵免法,或在双边税收协定中约定对股息采取免税法或间接抵免法。此外,也存在少数国家将国内法中的分劈税率制和归集抵免制等做法通过税收

---

① 参见〔美〕马斯格雷夫等:《财政理论与实践》,邓子基、邓力平译校,中国财政经济出版社2003年版,第388—389页。
② 高尔森主编:《国际税法》,法律出版社1988年版,第77页。
③ 〔美〕马斯格雷夫等:《财政理论与实践》,邓子基、邓力平译校,中国财政经济出版社2003年版,第389页。
④ 唐腾翔、唐问:《税收筹划》,中国财政经济出版社1994年版,第106页。

协定扩展适用于非居民的实践。①

2. 转让定价调整导致的经济性国际双重征税的消除

对于转让定价调整而导致的经济性国际双重征税,需要相关国家税务机关的配合。通常做法是在税收协定中约定,在一国税务机关进行了调整之后,另一国税务机关也应作必要的调整,或根据相互协商程序进行必要的协商。

对于上述消除双重征税的具体做法,本书将在第七章和第八章分别进行详细论述。

本 章 小 结

本章阐述了国际双重征税的一般原理。国际双重征税包括法律性国际双重征税和经济性国际双重征税。

法律性国际双重征税产生的法律原因是多个税收管辖权叠加的结果。消除此类双重征税应当从协调国家的税收管辖权入手,不论是采取单边、双边或多边措施。一国可以主动放弃税收管辖权,或者通过双边税收协定将征税权划归一国独享。在征税权仍由两国共享时,在承认来源地国管辖权优先并进行适当限制的情况下,居民国应采用免税法或抵免法等措施来消除双重征税。双边税收协定无法解决多个居民税收管辖权重叠或者多个来源地税收管辖权重叠造成的双重征税,这需要多边措施来解决。

各国对公司的利润和股东的股息同时征税则会产生经济性双重征税。这种类型的双重征税与各国税制结构有关,既存在于一国国内,也存在于国际之间。国内法中消除经济性双重征税的措施可以从公司所得和股东所得环节分别入手。在国际层面上,可在税收协定中给予间接抵免或将国内法中的措施扩充适用于非居民。

此外,各国税务机关在对纳税人进行转让定价调整时也可能导致经济性国际双重征税的产生。为此,也需要在税收协定中确立相应的解决机制。

思考与理解

1. 如何理解国际双重征税的概念?

2. 法律性国际双重征税有哪些表现形式?消除法律性国际双重征税的基本思路是什么?

3. 经济性国际双重征税有哪些表现形式?消除经济性国际双重征税的基

---

① 陈红彦:《跨国股息征税问题研究》,科学出版社 2011 年版,第 133—138 页。

本思路是什么?

课外阅读资料

1. 黄济生编著:《国际税收》,华东师范大学出版社 1992 年版。
2. 刘剑文:《国际所得税法研究》,中国政法大学出版社 2000 年版。
3. 廖益新主编:《国际税法学》,北京大学出版社 2001 年版。
4. 〔美〕马斯格雷夫等:《财政理论与实践》,邓子基、邓力平译校,中国财政经济出版社 2003 年版。
5. Nils. Mattsson, Multilateral Tax Treaties—A Model for the Future, *Intertax*, Vol. 28, Issue 8/9, 2000.

第七章 法律性国际双重征税的消除

居民国可以选择的消除双重征税的法律措施有免税法、抵免法、扣除法和低税法等。由于扣除法与低税法只具有缓解双重征税的作用,故居民国多采用免税法或抵免法。居民国可单独采用免税法、抵免法等措施来消除双重征税,也可在国际税收协定中约定消除征税的措施。我国《企业所得税法》和《个人所得税法》均采用了抵免法,但具体规定也存在差异。我国签订的税收协定中也规定我国作为居民国时采用抵免法来消除双重征税。

第一节 免 税 法

免税法全称为"外国税收豁免"(foreign tax exemption),是指居民国对本国居民来源于境外的所得或财产免于征税。在具体的实践中,免税法又可分为无条件免税法和有条件免税法,以及全额免税法(full exemption)和累进免税法(exemption with progression)。

一、无条件免税法和有条件免税法

无条件免税法是指居民国对本国居民纳税人来源于境外的所得和财产免于征税而不附加任何条件。这样,居民国只对本国居民纳税人的境内所得征税,是彻底消除国际双重征税的做法。从效果看,采用无条件免税法与一国仅实行来源地税收管辖权是一样的。不过,一国实行免税法与一国实行来源地税收管辖权从法律上讲仍然是不同的概念,无条件免税法只有当一国实行居民税收管辖权时才有意义。

由于无条件免税法使一国完全放弃对居民纳税人境外所得的税收,实践中大多数国家并不采用。在采用免税法的国家中,一般要附加一定条件,即采用有条件免税法。

有条件免税法是指对一国对本国居民纳税人来源于境外的、符合特定条件的所得或财产免税。当前世界各国所规定免税条件各有不同[①]:(1)给予免税的国外所得必须来自于课征与本国相似的所得税的国家,而对来自不征所得税或税率很低的国际避税地的所得不给予免税。(2)享受免税的国外所得应为本

---

① 朱青编著:《国际税收》(第五版),中国人民大学出版社2011年版,第56—57页。

国纳税人从参股比例达到一定比例的国外企业分得的股息、红利(也称"参与免税")。本国纳税人从国外取得的利息、特许权使用费以及股权比例达不到法定标准的股息在居民国不能享受免税。(3)本国纳税人的国外所得要享受"参与免税",其在国外企业持有的股份还必须达到规定的最短期限。①

二、全额免税法和累进免税法

所得税的税率可以采用比例税率,也可采用累进税率。对于采用累进税率的国家,还存在全额免税法和累进免税法的不同做法。

全额免税法和累进免税法在计算居民的应税所得时,都为"境内外全部应税所得减去境外应税所得的免税部分",但在计算该应税所得适用的税率方面有区别:(1)按照全额免税法,在决定应税所得的适用税率时不考虑予以免税的所得,即不把免税的所得列入全部所得中计算税率纳税。(2)按照累进免税法,计算居民应纳税所得额时,要适用该居民境内外全部应税所得对应的税率,即将免税所得列入总收入决定其余收入的税率,这是为了避免适用免税法的纳税人获得税率累进优势。

全额免税法和累进免税法的区别可以通过下面的例子予以说明:

A国的居民公司R在B国有一家分公司。对R公司来讲,A国是其居民国,B国是来源地国,R公司在B国的分公司构成其在B国的常设机构。在某纳税年度,R公司的全部应税所得为300万元,其中来自A国200万元,来自B国100万元。假定A国对于300万元适用的所得税税率为35%,200万元对应的税率为30%。B国对于100万元适用的税率,我们分别假定为20%和40%两种情况。②

1. A国未采取免税法或消除双重征税的措施

(1)当A国没有采取免税法时,R公司总税负为:

B国:$100 \times 20\% = 20$(万元),或 $100 \times 40\% = 40$(万元)

A国:$300 \times 35\% = 105$(万元)

总税负:$105 + 20 = 125$(万元),或 $105 + 20 = 145$(万元)

---

① 比如,奥地利法律规定,奥地利居民公司从国内的另一居民公司所获得的股息,免征公司所得税,这称为"国内参股权"。如果符合下列条件的"国际参股权",奥地利居民公司从外国公司获得的股息也免税:收取股息的公司是奥地利的居民公司,并且直接拥有发放股息的外国公司(非居民)股份的25%,而且支付股息的外国公司的股份结构与奥地利居民公司相似。参见解学智主编:《公司所得税》,中国财政经济出版社2003年版,第259页。

② 累进税率有全额累进税率、超额累进税率、全率累进税率和超率累进税率等多种方式。本章采用全额累进税率来进行计算。所谓全额累进税率,是指同一征税对象的全部数额都直接与相应的最高等级的税率计征,也就是在征税对象数额增加到需要提高一个等级时,应就全部征税对象按高一级税率计算应纳税额。这样,一定的征税对象的数额只适用一个等级的税率。

(2) R 公司的全部所得来自于 A 国时的税负为 105(万元)。

由于对 R 公司来源于 B 国的所得存在双重征税,R 公司的税负比其相同的全部所得均来自 A 国境内要重,不论 B 国税率是否比 A 国低或高。

下面分别计算 A 国采用全额免税法和累进免税法时消除双重征税的效果:

2. A 国采取全额免税法

(1) B 国税率为 20% 时,R 公司总税负为:

B 国:$100 \times 20\% = 20$(万元)

A 国:$200 \times 30\% = 60$(万元)

总税负:$60 + 20 = 80$(万元)

A 国放弃的税收:$105 - 60 = 45$(万元)

(2) B 国税率为 40%,R 公司总税负为:

B 国:$100 \times 40\% = 40$(万元)

A 国:$200 \times 30\% = 60$(万元)

总税负:$60 + 40 = 100$(万元)

A 国放弃的税收:$105 - 60 = 45$(万元)

3. A 国采用累进免税法

(1) B 国税率为 20% 时,R 公司总税负为:

B 国:$100 \times 20\% = 20$(万元)

A 国:$200 \times 35\% = 70$(万元)

总税负:$70 + 20 = 90$(万元)

A 国放弃的税收:$105 - 70 = 35$(万元)

(2) B 国税率为 40%,R 公司总税负为:

B 国:$100 \times 40\% = 40$(万元)

A 国:$200 \times 35\% = 70$(万元)

总税负:$70 + 40 = 110$(万元)

A 国放弃的税收:$105 - 70 = 35$(万元)

三、免税法的特点

通过上面的例子,可以归纳出免税法的下列特点:

(1) 由于居民国放弃了对本国居民纳税人境外所得的征税权,只有来源地国单一税收管辖权,故而免税法具有消除国际双重征税的作用。假如居民国的免税法不附加条件,在来源地国也不主张管辖权时,居民国居民纳税人的境外所得还会出现双重不征税(double non-taxation)的情况。

(2) 来源地国的税率水平不影响居民国放弃的税收,即来源地国税率高于和低于居民国税率时,居民国放弃的税收都是一样的。

（3）居民国实行全额免税法时，纳税人的税负比采用累进免税法时要轻，即全额免税法对居民纳税人更有利。

（4）当来源地国税率低于居民国税率时，有境外所得的纳税人的税负要比全部所得来自于居民国的纳税人轻；当来源地国税率高于居民国税率时，情况相反。或者说，居民国采用免税法时，纳税人的总体税负因来源地税率高低而有所不同。

这些特点可通过汇总上面的计算结果来印证。

R 公司税负一览表　　　　　　　　　　　单位：万元

全部所得（300）来源于 A 国的总税负	105	
所得来自 A 国和 B 国 A 国：200 B 国：100	B 国税率 20%	B 国税率 40%
A 国未采取消除双重征税时的总税负	125	145
A 国采用全额免税法时的总税负 A 国放弃的税收	80 45	100 45
A 国采用累进免税法时的总税负 A 国放弃的税收	90 35	110 35

第二节　抵　免　法

抵免法的全称为"外国税收抵免"（foreign tax credit），是指居民纳税人在其居民国以其境内外全部所得为应税所得，应税所得乘以应适用的税率减去该居民纳税人已在境外实际缴纳的所得税额为其在居民国的应纳税额。实践中，抵免可分为全额抵免与限额抵免。限额抵免又分为综合抵免、分国抵免、分项抵免等。

一、全额抵免法和限额抵免法

（一）全额抵免法

全额抵免（full credit）是指居民国允许其居民纳税人将境外实际缴纳的全部税额从其境内外全部所得应向居民国缴纳的应纳税额中予以扣除，即使境外所得在境外缴纳的税额超过该笔所得应在本国缴纳的税额。全额抵免可用下面的例子说明。

A 国的居民公司 R 在 B 国有一家分公司。对 R 公司来讲，A 国是其居民国，B 国是来源地国，R 公司在 B 国的分公司构成其在 B 国的常设机构。在某纳税年度，R 公司的全部应税所得为 300 万元，其中来自 A 国 200 万元，来自 B 国

100万元。假定A国对于300万元适用的所得税税率为35%。B国税率分别假定20%和40%两种情况。

(1) A国未采取消除双重征税的措施,R公司总税负为:

B国:100×20% = 20(万元),或100×40% = 40(万元)

A国:300×35% = 105(万元)

总税负:105 + 20 = 125(万元),或105 + 40 = 145(万元)

R公司相同的全部所得均来自于A国时的税负:300×35% = 105(万元)

由于对R公司来源于B国的所得存在双重征税,R公司的税负比其相同的全部所得均来自A国境内要重,不论B国税率是否比A国低或高。

(2) A国采用全额抵免法时,R公司总税负为:

B国:100×20% = 20(万元),或100×40% = 40(万元)

A国:300×35% − 20 = 85(万元),或300×35% − 40 = 65(万元)

总税负:85 + 20 = 105(万元),或65 + 40 = 105(万元)

R国放弃的税收:105 − 85 = 20(万元),或105 − 65 = 40(万元)

由此可以看出,全额抵免法具有下列特点:

(1) 由于居民纳税人可将其在来源地国实际缴纳的税款从其全部所得应向居民国缴纳的税款中扣除,这意味着对居民纳税人的境外所得只有来源地国实际对此征税,这样就消除了该笔境外所得的双重征税。

(2) 来源地国税率高于或低于居民国税率时,居民纳税人的实际税负与相同的全部所得均来自于居民国的纳税人都是一样的。

(3) 居民国放弃的税收因来源地国的税率不同而有所变化,来源地国税率高时居民国放弃的税收多。

由于来源地国税率高于居民国税率时,居民国放弃的税收将大于其对该笔所得按本国税率征收的税款,居民国税收利益出现损失。因此实践中就出现了限额抵免法。

(二) 限额抵免法

限额抵免,又称普通抵免(ordinary credit),是指居民纳税人在境外实际缴纳的税额,仅允许其抵免不超过该笔境外所得依居民国的税法计算的应纳税额(即抵免限额)的抵免。

需要指出的是,抵免限额是允许居民纳税人抵免本国税款的最高数额(maximum deduction),它并不一定就等于纳税人的实际抵免额。纳税人被允许的实际抵免额为抵免限额与其在外国已缴纳税款中的较小者。在居民国和来源地国的所得税率不同的情况下,有三种情况:(1) 居民国和来源地国的所得税率相同,则抵免限额等于其在来源地国缴纳的所得税额。此时,全额抵免和限额抵免没有实质区别。(2) 在居民国的所得税率高于来源地国所得税率的情况下,抵免限额就大于其在来源地国缴纳的税额。在计算该居民纳税人在居民国实际应缴纳的税额时应予抵免的为该笔境外所得在来源地国缴纳的税款。此时,居民纳税人在来源地国缴纳的税款得到了全额抵免,但其抵免限额没有用足。(3)在居民国的所得税率低于来源地国的所得税率的情况下,抵免限额就小于其在来源地国缴纳的税额。此时,在计算该居民纳税人在居民国实际应缴纳的税额时应予抵免的为抵免限额,即境外缴纳的税额不能得到全额抵免。

对于该居民纳税人在国外缴纳的税款超过抵免限额的部分(即超限抵免额),各国法律有不同的处理方法:美国、加拿大和日本等国规定,纳税人当年的超限抵免额可以向以后年度结转,即纳税人可以用当年的超限抵免额增加以后某年度的实际抵免额。还有一些国家不允许纳税人的超限抵免额向前或向后结转。有些国家规定超限抵免额可以作为费用从当年的应税所得中扣除。①

限额抵免法的关键是计算出抵免限额。抵免限额的计算公式为:

外国税收抵免限额 = 居民纳税人境内外全部所得按居民国税法计算的应纳税总额 × (境外应税所得/境内外全部应税所得)

上述公式中,居民纳税人在居民国的应纳税额的计算方式为境内外全部应税所得乘以按居民国税法应适用的税率,这样计算抵免限额的公式中纳税人的"全部应税所得"就出现了两次,分别在公式的分母和分子中。需要强调的是,在居民国实行超额累进税率的情况下,不能对"全部应税所得"进行简单的约分处理。这是因为超额累进税率下,应税所得中的不同数量等级的应税所得要适用不同档次的税率。因此,计算境外所得在居民国的应纳税额时,也不能将其简单乘以单一税率,需要先计算境内外全部应税所得的应纳税额,然后根据境外所得占境内外全部所得的比例来推算境外所得按居民国税法的应纳税额。

在居民国采用比例税率时,由于境内外全部应税所得只对应一个税率,因此抵免限额的计算公式可以进行简化:

外国税收抵免限额 = 境外应税所得 × 居民国税率

限额抵免法可以用下面的例子来说明。在此,仍采用前面说明全额抵免法的例子中的设定条件。

A 国采用限额抵免法时,R 公司总税负为:

B 国:100 × 20% = 20(万元),或 100 × 40% = 40(万元)

抵免限额 = 300 × 35% × (100/300) = 35(万元)

R 公司应向 A 国缴纳的税款:300 × 35% - 20 = 85(万元),或 300 × 35% - 35 = 70(万元)

请注意,由于 B 国税率为 40% 时,R 公司的分公司在 B 国境内的税款大于抵

---

① 刘剑文:《国际所得税法研究》,中国政法大学出版社 2000 年版,第 101 页。

免限额,故在扣除 A 国应纳税款时,只能扣除 35 万元,而非实际缴纳的 40 万元。

R 公司总税负:85 + 20 = 105(万元),或 70 + 40 = 110(万元)

A 国放弃的税收:105 - 85 = 20(万元),或 105 - 70 = 35(万元)

全额免税法和限额免税法的差别如下表所示。

R 公司税负一览表　　　　　　　　　　　　　单位:万元

全部所得(300)来源于 A 国的总税负	105	
所得来自 A 国和 B 国 A 国:200 B 国:100	B 国税率	B 国税率
	20%	40%
A 国未采取消除双重征税时的总税负	125	145
A 国采用全额抵免法时的总税负 A 国放弃的税收	105 20	105 40
A 国采用限额抵免法时的总税负 A 国放弃的税收	105 20	110 35

从上可以看出:在来源地国税率低于居民国税率的情况下,全额抵免法和限额抵免法没有区别,纳税人的税负是相同的,而且该纳税人与应税所得相同但全部来自于境内的纳税人的税负也是相同的。另外,居民国放弃的税收为境外所得在来源地国实际缴纳的税款。

但是,在来源地国税率高于居民国税率的情况下,全额抵免法和限额抵免法存在区别:适用全额抵免法时纳税人的税负比采用限额免税法低,而且有境外所得的纳税人的税负在适用限额免税法时要高于与应税所得相同但全部来自于境内的纳税人的税负。另外,居民国放弃的税收为境外所得根据居民国税率所应缴纳的税款,而非来源地国实际缴纳的税款。

(三) 限额抵免的具体做法

在实践中,限额抵免还有不同的做法,主要有综合限额法(method of comprehensive limit)、分国限额法(method of line state limit)以及分项限额法(method of line item limit)。

1. 综合限额法

综合限额法则是将居民纳税人来自于境外的全部所得汇总相加,作为一个整体计算抵免限额,即只有一个统一的抵免限额。其计算公式为:

综合抵免限额 = (国外全部应税所得 / 居民国内外全部应税所得)
　　　　　　× 居民国内外的全部应税所得按居民国税率计算的应纳税总额

2. 分国限额法

分国限额法是指,当居民纳税人有来自多个来源地国的所得时,以每个国家为单位,分国计算抵免限额,即来自于每个来源地国的所得都有一个抵免限额。

分国限额的计算公式为：

分国抵免限额 =（某一外国的应税所得／居民国内外的全部应税所得）
　　　　　　　× 居民国内外的全部应税所得按居民国税率计算的应纳税总额

3. 分项限额法

分项限额法是指，居民纳税人来源于境外的某些特定项目的所得单独计算抵免限额，与其他项目分开，纳税人就各类境外所得在来源地国缴纳的税款只能在同项抵免限额内抵免。其计算公式为：

分项限额 =（国外某一专项的应税所得／居民国内外全部应税所得）
　　　　　× 居民国内外的全部应税所得按居民国税率计算的应纳税总额

采用分项限额法与居民国的税制相关。当居民国对所得是分项征税时，居民纳税人来自境外的所得也要与境内所得一样分项计算。

分国限额抵免和综合限额抵免的计算可以通过下面的例子说明：

假如 A 国居民公司 R 在 B 国有分公司 B，在 C 国有分公司 C。在某一纳税年度，A 公司境内外全部应税所得为 1000 万元，其中来自于 A 国的应税所得为 600 万元，来自 B 国的应税所得为 200 万元，来自 C 国的应税所得 200 万元。A 国对 1000 万元税率为 40%，B 国和 C 国对来自于当地所得适用的税率分别为 30% 和 50%。

（1）在抵免前，R 公司总税负为：

应向 A 国纳税：1000 × 40% = 400（万元）

分公司 B 在 B 国纳税：200 × 30% = 60（万元）

分公司 C 在 C 国纳税：200 × 50% = 100（万元）

R 公司在抵免前的总税负为 400 + 60 + 100 = 560（万元），而所得同为 1000 万元但均来自 A 国的居民纳税人的税负为 400 万元。

（2）A 国采用综合限额抵免时，R 公司总税负为：

抵免限额为：400 × [（200 + 200）/1000] = 160（万元）

R 公司在 B 国和 C 国实际纳税总额为 60 + 100 = 160（万元），等于抵免限额，可全部抵免。

R 公司向 A 国实际缴纳的税款：400 − 160 = 240（万元）

采用限额抵免后 R 公司总税负：240 + 60 + 100 = 400（万元）

（3）A 国分国限额抵免法时，R 公司总税负为：

B 国所得的抵免限额：400 × (200/1000) = 80（万元），分公司 B 在 B 国实际纳税 60 万元，小于抵免限额，可全部抵免。

C 国所得的抵免限额：400 × (200/1000) = 80（万元），分公司 C 在 C 国实际纳税 100 万元，大于抵免限额，只能抵免 80 万元。

R 公司在 A 国应纳税款为 400 − 60 − 80 = 260（万元）

采用限额抵免后 R 公司总税负:260 + 60 + 100 = 420(万元)

从这个例子可以看出,在国外分公司都盈利的情况下,对纳税人来讲,综合限额法比分国限额法更有利。因为在分国限额抵免下,各个国家的抵免限额不能相互调剂使用,纳税人在所得税率高于其居民国的来源地国缴纳的税款就不能得到全部抵免。在综合抵免法下,纳税人可以把在境外缴纳的税款汇总起来抵免,税率低于居民国的来源地国所没有用足的限额可用来抵补税率高于居民国税率时所不能抵免的实际纳税额。

不过,当国外分公司各有盈亏时,如果居民国允许居民纳税人以境外亏损冲抵境内所得,则分国限额法对纳税人更为有利。但是,综合限额法下由于用一个境外的亏损去冲减另一个境外应税所得,纳税人的全部境外收入就减小,计算公式中的分子减小,从而会减少抵免限额。我们还是用上述例子设定的条件来说明,唯一变化是 C 公司亏损 100 万元。

R 公司全部应税所得为 600 + 200 − 100 = 700(万元)

在 B 国纳税:60 万元

C 国由于 C 公司亏损,不存在纳税和抵免问题。

R 公司在抵免前应在 A 国纳税 700 × 50% = 350(万元)

(1)用分国限额抵免法计算 R 公司的抵免限额:

B 国抵免限额为:350 × (200/700) = 100 万元,实际纳税 60 万元,可全部抵免。

R 公司抵免后应在 A 国缴纳的税款为 350 − 60 = 290(万元)。

(2)用综合限额抵免法计算 A 公司的抵免限额:

350 × [(200 − 100)/700] = 50(万元),实际境外纳税 60 万元,大于抵免限额,只能抵免 50 万元。

R 公司抵免后应在 A 国缴纳的税款为 350 − 50 = 300 万元。

以上说明了分国限额法和综合限额法对纳税人的不同影响。对居民国来讲,则恰恰相反。在纳税人的国外分支机构都有盈利的情况下,采用分国限额法对居民国课税有利;在纳税人的国外分支机构存在亏损的情况下,采用综合限额法居民国能够征收更多的税款。

二、直接抵免法和间接抵免法

以上关于抵免法的论述是适用于消除法律性双重征税的。由于法律性双重征税是对同一纳税人的同一笔所得的重复征税,故抵免法此时又称为直接抵免(direct credit)。在实践中,由于还存在经济性双重征税,抵免法也可用于消除经济性双重征税,此时抵免法称为间接抵免(indirect credit)。

(一)直接抵免

直接抵免是指居民纳税人在其居民国用其在来源地国缴纳的税款抵免其在

居民国应缴纳的税款。直接抵免适用于具有同一纳税人身份的居民下列双重征税的消除：自然人居民就源自境外的所得缴纳的个人所得税；居民公司通过在境外的常设机构取得的营业利润缴纳的公司所得税；居民公司在境外取得股息、利息或者特许权使用费等消极投资所得缴纳的预提税。

需要指出的是，预提税并不是一个独立的税种，而是按预提方式（即由所得支付人在向所得受益人支付所得时为其代扣代缴税款）课征的一种个人所得税或公司所得税。一国居民公司从境外取得股息、利息和特许权使用费等消极投资所得一般以预提税的方式缴纳所得税，当消极投资所得汇总到居民国纳税时，存在着法律性双重征税的情况。比如，子公司向境外母公司分配股息时需要扣缴该笔股息的预提税。预提税虽然由子公司扣缴，但属于替母公司代缴，纳税人仍为母公司。由于直接抵免适用于同一纳税人身份的居民，因此它是消除法律性国际双重征税的做法。

（二）间接抵免

间接抵免是指居民纳税人在其居民国用其间接缴纳的外国税款抵免其在居民国的应纳税款。所谓居民纳税人在国外间接缴纳的税款，是指由位于境外与纳税人不具有同一身份但又存在某种法定股权关系的纳税人缴纳的税款，这部分税款视同居民纳税人在境外自己缴纳，因而予以抵免。间接抵免主要适用于母公司和子公司之间的税收抵免。母公司从境外子公司获得的股息来自于该子公司的税后利润，因此母公司获得的股息事实上已在当地负担税收，尽管该税款是子公司在公司所得税环节上缴纳的。母公司在其居民国纳税时仍要将股息并入所得中缴纳所得税。由于母公司和子公司是不同的居民纳税人，因此母公司得到的股息在当地实际负担的税款就不能得到直接抵免，所以需要间接抵免。因此，间接抵免是消除经济性双重征税的措施。需要指出的是，母公司分得的股息在子公司所在国要缴纳预提税，但如前所述预提税属于直接抵免，只有股息在子公司所在国负担的公司所得税才能适用间接抵免。关于间接抵免的计算方法，本书将在第八章具体阐述。

三、免税法和抵免法的比较

免税法和抵免法都具有消除双重征税的作用，但也存在以下不同之处：

（1）消除双重征税的思路不同。

在未消除双重征税之前，纳税人在居民国纳税时是以境内外全部应税所得乘以所适用的税率。

理论上讲，减轻纳税人税负的途径有减少其应纳税所得额、降低适用的税率以及扣减应纳税额等。免税法采用了减少纳税人应纳税所得额的思路，对纳税人的境外所得免税，在采用全额免税法时，不仅减少了应税所得，还降低了适用的税率;抵免法采用的思路是扣减应纳税额。

(2) 消除双重征税效果存在差异。

在实行限额抵免的情况下,当来源地国税率高于居民国税率时,纳税人境外缴纳的税款不能得到全部抵免。对于免税法来讲,在来源地国的税率高于居民国时,纳税人的境外所得也不会被居民国征税,即使采用累进方式,也只是影响纳税人境内所得适用的税率,纳税人的境外所得仍只被来源地国征税。

(3) 实现纳税人税负公平存在差异。

从税负公平考虑,抵免法能够保证居民纳税人的公平待遇,有境外所得的纳税人与所得额相同但仅来源于境内的纳税人总税负也是相同的。当然,也可能会出现有境外所得的纳税人税负为多的情况,但这只是采用限额抵免时来源地国税率高于居民国的情况下,纳税人仍可选择到税率低于居民国的国家投资。但是,在免税法下,只要纳税人到税率低于居民国的国家投资,其总体税负就一定比相同所得均来自居民国的纳税人税负为轻。因此,免税法容易产生对只有国内所得的居民纳税人的不公平待遇。

(4) 对资本输出有不同影响。

免税法会促使国内资金和所得流向税率低的国家,也会为纳税人将境内所得转移到境外低税国产生诱因。当来源地国对来自不同国家的投资者在当地的所得给予同等税收待遇并与来源地国居民之间不存在歧视时,居民国采取免税法能够实现资本输入中性,因为在来源地国的来自不同国家的外国投资者在当地的税负不再受其居民国的影响。

抵免法则体现了资本输出中性,因为来源地国的税率高低并不影响居民纳税人实际的总体税负,纳税人向低税国投资并不能因此减少总体税负。因此,抵免法本身不会对资本的跨国流向产生影响。

居民国究竟应采用抵免法还是免税法,国际间并没有定论。如果一国的资本输出和资本流入是大致相当的,而另一国基本是资本输入国,其考虑的角度也是不同的。OECD 范本也是同时推荐了免税法和抵免法。

四、我国的抵免法

我国的《企业所得税法》和《个人所得税法》均采用了限额抵免法。

(一)《企业所得税法》的规定

《企业所得税法》第 23 条规定:企业取得的下列所得已在境外缴纳的所得税税额,可以从其当期应纳税额中抵免,抵免限额为该项所得依照本法规定计算的应纳税额;超过抵免限额的部分,可以在以后 5 个年度内,用每年度抵免限额抵免当年应抵税额后的余额进行抵补:(1) 居民企业来源于中国境外的应税所得;(2) 非居民企业在中国境内设立机构、场所,取得发生在中国境外但与该机构、场所有实际联系的应税所得。①

因此,我国的居民企业和非居民企业在我国境内设立的机构、场所都能够主张抵免来消除双重征税,并且境外缴纳税额超过抵免限额的部分能够向后结转。不过,"企业已在境外缴纳的所得税税额"如何认定、抵免限额是分国计算还是综合计算以及"5个年度"如何理解等问题,《企业所得税法》并没有进一步规定,而是在《企业所得税法实施条例》中进行了明确。

根据《企业所得税法实施条例》第77条的规定,企业已在境外缴纳的所得税税额,是指企业来源于中国境外的所得依照中国境外税收法律以及相关规定应当缴纳并已经实际缴纳的企业所得税性质的税款。

根据《企业所得税法实施条例》第78条的规定,除国务院财政、税务主管部门另有规定外,该抵免限额应当分国(地区)不分项计算,计算公式为:

抵免限额=中国境内、境外所得依照企业所得税法及其实施条例计算的应纳税总额×来源于某国(地区)的应纳税所得额÷中国境内、境外应纳税所得总额。

根据《企业所得税法实施条例》第79条的规定,5个年度,是指从企业取得的来源于中国境外的所得,已经在中国境外缴纳的企业所得税性质的税额超过抵免限额的当年的次年起连续5个纳税年度。

(二)《个人所得税法》的规定

《个人所得税法》第7条规定,纳税义务人从中国境外取得的所得,准予其在应纳税额中扣除已在境外缴纳的个人所得税税额。但扣除额不得超过该纳税义务人境外所得依照本法规定计算的应纳税额。

不过,如何认定纳税人在中国的应纳税额和在境外缴纳的税额、抵免限额是分国计算还是综合计算以及超过限额的境外税额能否结转,《个人所得税法》也缺乏具体规定,也是在《个人所得税法实施条例》中明确的。

根据《个人所得税法实施条例》第31条的规定,在中国境内有住所,或者无住所而在境内居住满1年的个人,从中国境内和境外取得的所得,应当分别计算应纳税额。

根据《个人所得税法实施条例》第32条的规定,已在境外缴纳的个人所得税税额,是指纳税义务人从中国境外取得的所得,依照该所得来源国家或者地区的法律应当缴纳并且实际已经缴纳的税额。

根据《个人所得税法实施条例》第33条的规定,应纳税额,是指纳税义务人从中国境外取得的所得,区别不同国家或者地区和不同所得项目,依照税法规定

---

① 需要指出的是,我国《企业所得税法》第17条规定,企业在汇总计算缴纳企业所得税时,其境外营业机构的亏损不得抵减境内营业机构的盈利。

的费用减除标准和适用税率计算的应纳税额;同一国家或者地区内不同所得项目的应纳税额之和,为该国家或者地区的扣除限额。因此,个人所得税在我国还存在分项抵免的做法,这与我国个人所得税采用分类课税制相关。

此外,纳税义务人在中国境外一个国家或者地区实际已经缴纳的个人所得税税额,低于依照前款规定计算出的该国家或者地区扣除限额的,应当在中国缴纳差额部分的税款;超过该国家或者地区扣除限额的,其超过部分不得在本纳税年度的应纳税额中扣除,但是可以在以后纳税年度的该国家或者地区扣除限额的余额中补扣。补扣期限最长不得超过5年。

第三节 扣除法与低税法

除了免税法和抵免法之外,消除国际双重征税的措施还有扣除法和低税法。

一、扣除法

(一) 扣除法的基本做法

扣除法(foreign tax deduction),是指居民国对居民纳税人征收所得税时,允许该居民将其在境外已缴纳的税款作为费用从应税所得中扣除,扣除后的余额按相应的税率纳税。其计算公式为:

居民国应纳税额 = (居民纳税人的国内外全部应税所得 – 国外已纳税额) × 居民国税率

扣除法可用下面的例子予以说明。A国居民公司R在某一纳税年度的总所得为300万元,其中源自A国的所得为200万元,源自B国的收入为100万元。A国所得税率为35%,B国所得税率为20%和40%两种情况。

(1) 采用扣除法之前

R公司在A国的纳税额为300×35% = 105(万元),在B国的纳税额为20万元或40万元。这样,R公司的总税负为125万元或145万元。

(2) 实行扣除法的情况

当B国税率为20%时,R公司在A国的应纳税额为(300 – 20)×35% = 98万元,其总税负为98 + 20 = 118(万元)。

当B国税率为40%时,R公司在A国的应纳税额为(300 – 40)×35% = 91万元,其总税负为91 + 40 = 131(万元)。

由此可见,扣除法具有下列特点:

(1) 来源地国税率低于居民国税率时,纳税人的税负减轻程度要小于来源地国税率高于居民国税率的情况。

(2) 消除双重征税的效果有限。扣除法只能减轻双重征税,不能彻底消除双重征税,因为居民国没有对境外所得免税,也没有将境外缴纳税款在本国的应纳税款中扣除。因此,有境外所得的纳税人的税负仍然高于所得相同但仅来源于境内的纳税人的税负。

(二) 扣除法与免税法的比较

(1) 扣除法允许居民纳税人从其全部应税所得中减去境外已缴纳的税额;而免税法是允许居民纳税人从其全部应税所得中减去境外应税所得。因此,扣除法只能减轻双重征税,而不能如免税法那样消除双重征税。

(2) 扣除法实施的前提是居民纳税人在境外已缴纳税款;而免税法则不问居民纳税人是否在境外已实际缴纳所得税(除非法律设定了条件)。

(三) 扣除法和抵免法的比较

(1) 采用扣除法时,居民纳税人总的应税所得减少;而抵免法并不减少居民纳税人总的应税所得。

(2) 扣除法并不能将居民纳税人在境外缴纳的税款从其在居民国的应纳税额中扣除;而抵免法则可以用居民纳税人在境外缴纳的税额抵扣其在居民国的应纳税额。

二、低税法

低税法又称减免法或减税法,指一国对本国居民的国外所得在标准税率的基础上减免一定比例,按较低的税率征收;对其国内所得则按正常的标准税率征税。这样,一国对本国居民来源于国外的所得征税的税率越低,越有利于缓解国际双重征税。不过,由于低税法只是居民国对已缴纳外国税款的国外所得按较低的税率征税,而不是完全对其免税,所以与扣除法一样,只能减轻而不能免除国际双重征税。[①]

第四节 免税法与抵免法在国际税收协定中的应用

居民国国内法采取免税法或抵免法是消除双重征税的单边措施。不过,居民国与不同来源地国之间的经济关系可能是不同的,不同来源地国的税收制度也是存在差异的,因此单纯的单边措施不能完全适合居民国与不同来源地国之间的双边情况。由于双重征税是两个税收管辖权重叠的结果,通过税收协定明确居民国消除双重征税的措施,能够与来源地国的税制进行有效结合,体现两国间的互惠、对等和利益平衡,并为投资者提供税收待遇的确定性。鉴于 OECD 范

---

① 参见朱青编著:《国际税收》(第五版),中国人民大学出版社 2011 年版,第 56 页;高尔森主编:《国际税法》(第 2 版),法律出版社 1993 年版,第 95—96 页。

本的广泛影响,下面主要结合 2010 年 OECD 范本来阐述居民国消除双重征税的做法。

一、OECD 范本中的免税法和抵免法

OECD 范本第 23 条推荐了免税法和抵免法两种方法,分别规定在第 23A 条和第 23B 条之中。需要指出的是,第 23 条属于该范本的第五章,而范本的第三章和第四章的相关条款已就居民国和来源地国对相关所得和财产的税收管辖权进行了分配,并对来源地国的税收管辖权进行了限定[①]。因此,第 23 条是居民国在来源地国第三章和第四章行使管辖权之后应当采取的消除双重征税的措施。

(一) 第 23A 条的免税法

第 23A 条是关于免税法的规定,其文本如下:

"一、缔约国一方居民的所得或财产,根据本协定的规定可以在缔约国另一方征税时,首先提及的缔约国一方应对该项所得或财产免税。但第 2 款和第 3 款的规定除外。

二、缔约国一方居民取得的各项所得,按照第 10 条和第 11 条的规定,可以在缔约国另一方征税时,首先提及的缔约国一方应允许从该居民的所得的课税额中扣除,其金额相当于在缔约国另一方所缴纳的税款。但该项扣除应不超过对来自缔约国另一方的该项所得扣除前计算的税额。

三、按照本协定的任何规定,缔约国一方居民取得的所得或财产,在该国纳税时,该国在计算该居民其余所得或财产的税额时,可对免税的所得或财产予以考虑。

四、缔约国一方居民取得的所得或财产,当缔约国另一方适用本协定对该所得或财产免税时,或缔约国另一方适用第 10 条和第 11 条第 2 款的规定时,本条第 1 款就不适用。"

从上述文本看,第 1 款要求居民国采用免税法。不过,居民国是采用完全免税法还是累进免税法,第 1 款并未作进一步规定。

第 2 款实际上并非免税法,而是限额抵免法,适用于消除股息和利息的双重征税。也就是说,居民国采取免税法并不一定适用于居民纳税人的所有类型境外所得,可以就股息和利息作出例外规定,即股息和利息适用抵免法来消除双重征税。股息和利息属于消极投资所得,这样的规定也与采取免税法的国家一般

---

① 比如第 7 条的常设机构征税原则,第 10 条对股息预提税率的限定。

适用于积极投资所得的实践相符。①

第3款允许实行居民国采用累进免税法。

第4款是为了避免纳税人的境外所得在居民国和来源地国双重不征税的情况。此外,对于股息和利息,该款再次明确了可不适用免税法。

因此,第23A条实际上是以免税法为主,抵免法为辅。

(二) 第23B条的抵免法

第23B条是关于抵免法的规定,其文本如下:

"一、缔约国一方居民取得的所得或财产,按照本协定的规定,可以在缔约国另一方征税时,首先提及的缔约国一方应当允许:

(1) 从对该居民的所得的课税额中扣除,其数额等于在缔约国另一方所缴纳的所得税额;

(2) 从对该居民的财产所课税额中扣除,其数额等于在缔约国另一方所缴纳的所得税额。

但该项扣除,在任何情况下,应不超过视具体情况可以在缔约国另一方征税的那部分所得或财产在扣除前计算的所得税额或财产税额。

二、按照本协定的规定,缔约国一方居民取得的所得或拥有的财产,在该国免税时,该国在计算该居民其余所得或财产的税额时,可对免税的所得或财产予以考虑。"

第1款即为居民国采取限额抵免法的规定,第2款实际上是关于累进免税法的规定。因此,第23B条是以抵免法为主,免税法为辅。

OECD范本体现了抵免法和免税法综合使用的特点。一国在税收协定中是采用抵免法还是免税法,还是二者相结合,不同国家有不同的考虑。比如,美国与我国签订的税收协定中美国作为居民国时采用抵免法②;法国与我国签订的税收协定中法国作为居民国时则采取了免税法与抵免法相结合的方式,即免税法为一般原则,但对股息、利息和特许权使用费等个别所得适用抵免法。③

二、国际税收协定与国内法中的免税法、抵免法的关系

国际税收协定中规定的免税法或抵免法与国内法中规定的免税法和抵免法既有联系也有区别:

---

① 特许权使用费也属于消极投资所得,不过OECD范本第23A条并没有提及。这是因为OECD范本第12条将特许权使用费的征税权划归居民国独享,来源地国不再享有征税权,业已消除了双重征税。相比之下,联合国范本第12条则将替特许权使用费的征税权划归居民国和来源地国共享,因此联合国范本第23A条关于免税法的规定中,则提出可对股息、利息和特许权使用费采取抵免法。

② 参见中美税收协定第22条。

③ 参见中法税收协定第22条。

其一,税收协定规定缔约国采用免税法或抵免法的情况下,缔约国的国内法必须予以实施,这是履行税收协定义务的要求。

其二,税收协定中只是规定了一国采取抵免法或免税法。至于具体如何行使,还需要根据国内法来实施。比如适用范围、条件和程序,以及计算公式和规则等具体事项,则取决于缔约国国内法中有关此种方法的具体规定。①

其三,税收协定只适用于该协定的缔约国双方。在本国居民有来源于没有税收协定的外国所得时,仍然需要根据国内法措施来消除双重征税。

其四,税收协定并不能解决所有的双重征税问题。对于税收协定没有规定的双重征税事项,也需要国内法来解决。②

还需要明确的是,即使税收协定规定了免税法或抵免法,在适用相关国内法的规定时,仍然可能出现双重征税问题。

以免税法为例③:

假设居民国对所得税的征收以居民纳税人的全部净所得为基础,即总所得减去允许的扣除额。这样,居民国给予免税的所得额为纳税人在来源地国的总所得减去与其相关的扣除额。不过,各国法律中往往还对总所得或某些特殊项目的所得规定了额外的扣除额。比如:

(1) 在居民国的国内所得(总额减去允许扣除的费用)　　　　100
(2) 从另一国取得的所得(总额减去允许扣除的费用)　　　　100
(3) 全部所得　　　　　　　　　　　　　　　　　　　　　200
(4) 居民国法律规定的与(1)和(2)项所得无关的其他费用扣除额,比如保险费、向福利机构的捐款　　　　　　　　　　　　　　　　　　-20
(5) 净所得　　　　　　　　　　　　　　　　　　　　　　180
(6) 个人和家庭扣除额　　　　　　　　　　　　　　　　　-30
(7) 应纳税所得　　　　　　　　　　　　　　　　　　　　150

问题是,适用免税法时,应该给予免税的数额应是下列中的哪一个?

——选择第(2)项的100,这样第(7)项的应税所得扣除100后,剩余的可适用免税法的应税所得为50;

——选择90,即(5)项的一半,按(2)和(3)项的比率得出,剩余的应税所得为60,即(6)项的数额全部从境内所得中扣除;

——选择75,即(7)项的一半,按(2)和(3)项的比率得出,剩余的应税所得

---

① 廖益新主编:《国际税法学》,北京大学出版社2001年版,第299页。
② 虽然税收协定中的相互协商程序(比如OECD范本第3款)也规定缔约国双方税务机关可就税收协定未包括的双重征税进行磋商,但相互协商程序下缔约国并没有义务必须达成协议。
③ 参见OECD范本关于第23条的注释第41段。

为 75；

——或者任何其他数额。

OECD 的资料显示，OECD 成员国的做法存在很大不同。由于各国在确定征税，特别是扣除、减免税及其他优惠上的税收政策和措施差异很大，不宜在协定范本中制定一项明确统一的解决方案，留待各缔约国适用各自法律和措施解决更为合适。当然，缔约国各方也可在双边协定中解决这些特殊问题。①

三、我国签订的税收协定中的做法

我国自 20 世纪 80 年代开始谈签税收协定时就一直采用限额抵免法。

以早期的中日税收协定为例②，其第 23 条第 1 款规定：中国居民从日本国取得的所得，按照本协定规定对该项所得缴纳的日本国税收数额，应允许在对该居民征收的中国税收中抵免。但是，抵免额不应超过对该项所得按照中国税法和规章计算的相应中国税收数额。

再以近年签署的我国和芬兰的税收协定为例③，其第 22 条第 1 款规定：中国居民从芬兰取得的所得，按照本协定规定在芬兰缴纳的税额，可以在对该居民征收的中国税收中抵免。但是，抵免额不应超过对该项所得按照中国税法和规章计算的中国税收数额。

需要指出的是，税收协定适用的税种既包括企业所得税也包括个人所得税，同时也适用于税收协定签订之日后缔约国增加或者代替现行税种的相同或者实质相似的税收。因此，对于我国居民企业和居民个人如何适用抵免法消除双重征税，还需要根据《企业所得税法》和《个人所得税法》的具体规定来计算。

本 章 小 结

本章讲授了免税法、抵免法、扣除法、低税法等消除法律性双重征税的措施。居民国经常采用的是免税法和抵免法。免税法有全额免税法和累进免税法等具体方式。抵免法也有全额抵免法和限额抵免法之分。限额抵免法又有综合限额法和分国限额法等不同做法。免税法和抵免法都具有消除双重征税的效果，但各有其特点。居民国可在国内法中单方面采用免税法或抵免法来消除双重征税，也可在税收协定中作出规定。我国《企业所得税法》和《个人所得税法》均采用了分国限额抵免法，但具体规定也存在差异，而且个人所得税还存在分项抵免

---

① 参见 OECD 范本关于第 23 条的注释第 42—43 段。
② 1983 年 9 月 6 日签署，1984 年 6 月 26 日生效，自 1985 年 1 月 1 日起执行。
③ 2010 年 5 月 25 日签署，2010 年 11 月 25 日生效，自 2011 年 1 月 1 日起执行。

的情况。我国签订的税收协定中也规定我国作为居民国时采用限额抵免法来消除双重征税。

思考与理解

1. 免税法有哪些特点和具体做法？
2. 抵免法有哪些特点和具体做法？
3. 比较免税法和抵免法。
4. 国际税收协定中的免税法和抵免法有哪些特点？
5. 我国近年来开始鼓励企业"走出去"，海外投资逐渐增多。你认为我国现行的抵免法制度是否需要改进？

课外阅读资料

1. 朱青编著:《国际税收》(第五版),中国人民大学出版社2011年版。
2. 杨斌主编:《税收学》,科学出版社2003年版。
3. 解学智主编:《公司所得税》,中国财政经济出版社2003年版。
4. OECD Model Tax Convention on Income and on Capital, condensed version, 2010, Commentary on Articles 23A and 23B。

第八章 经济性国际双重征税的消除

国内层面的经济性双重征税源于国内税法对股东股息和公司的利润同时征税，消除此类双重征税的思路是从公司层次或股东环节入手，主要有公司层面的股息扣除制、分劈税率制和股东层面的归集抵免制等做法。不过，这些措施一般不适用于非居民以及居民取得的境外股息。对于国际间的经济性双重征税，一国可对关联公司之间的股息予以免税或适用间接抵免。税收协定中的免税法和间接抵免法也可用于消除关联公司之间股息的经济性双重征税。

第一节 消除经济性双重征税的国内措施

一、消除国内经济性双重征税的措施

国内的经济性双重征税是由于对公司利润和股东股息同时征税所造成的，消除此类双重征税通常从公司层次或股东环节入手。

（一）从公司层面消除经济性双重征税

这方面的措施主要有股息扣除制和分劈税率制。

1. 股息扣除制

股息扣除制是指在计征公司税中允许把支付的股息在公司应税所得中扣除。这样，支付股息的利润实际上免征了公司所得税，只对收取股息的股东征税。[1]

2. 分劈税率制

分劈税率制是指对分配股息的利润和未分配股息的留存利润采取不同的公司税率。一般说来，对分配股息的利润适用的公司税率要比留存利润适用的税率为低，因为前者还要承担股东的个人所得税。比如，奥地利曾经采用分劈税率制，公司留存的利润按52%的税率征税，对于分配股息的利润按26%的税率征税。[2]

（二）从股东层面消除经济性双重征税

1. 归集抵免制

归集抵免制的原理如下：公司的利润，不论其是否用于分配股息，都要缴纳

---

[1] 唐腾翔、唐问：《税收筹划》，中国财政经济出版社1994年版，第112页。

[2] Arnold A. Knechtle, *Basic Problems in International Fiscal Law* (translated from the German by W. E. Weisflog), Kluwer, 1979, p.85.

公司所得税。但是,公司用于分配股息的那部分利润已缴纳的公司所得税的一部分或全部(归集抵免额),计入股东的股息计算应纳税额,并且归集抵免额可用来抵免股息的应纳税额;如果该部分所得税额超过股息应缴纳的所得税额,超过部分还要退还给股东。归集抵免制是通过减轻股东税负的办法来消除经济性双重征税,其将公司缴纳的所得税视为股东预先的纳税,因此应给予股东以抵免。

比如,法国曾采取的归集抵免制是这样计算的①:

应税公司利润	200	
公司所得税(税率50%)	100	
可供分配利润	100	
分配股息	100	
股东的归集抵免额(avoir fiscal)(股息的50%)②	50	
股东基于股份的应税所得	150(50+100)	
股东的所得税	60(税率为40%时)、30(税率为20%时)	
减去归集抵免额(avoir fiscal)	50	50
股东实际应纳税	10	—
退税	—	20

2. 股息的免税或扣除

这种做法是对股东收取的股息免征所得税或将股息的一部分从股东应税所得中扣除。实践中采取免税做法的国家会设定一些条件。比如,美国允许母公司从其100%控股的子公司取得的股息从母公司的应税所得中全部扣除,但对于持股在20%以下的,则扣除股息的70%。日本的做法与美国类似,公司从持股比例达到25%或以上的关联公司取得的股息可以全部从该公司的应税所得中扣除。加拿大则没有持股比例的要求而可以全部免税或扣除。③

上述消除经济性双重征税的措施一般适用于国内情况,并不当然适用于居民从境外取得的股息,也不适用于非居民纳税人在当地的常设机构从当地居民纳税人取得的股息。比如,实行归集抵免制的国家允许股息负担的国内公司所

---

① Arnold A. Knechtle, *Basic Problems in International Fiscal Law* (translated from the German by W. E. Weisflog), Kluwer, 1979, p. 224.

② 这意味着法国公司支付给股东的股息可享受分配股息额一半的税收抵免。参见解学智主编:《公司所得税》,中国财政经济出版社2003年版,第146页。

③ Hugh Ault and Brain Arnold, *Comparative Income Taxation: A Structural Analysis*, Second Edition, Aspen Publishers, 2004, pp. 292—293.

得税可冲抵一部分个人所得税,但没有将其扩大到适用于外国公司所得税。①当然,也存在一国在特定条件下通过税收协定适用于非居民的情况。

二、消除国际间经济性双重征税的措施

国际间经济性双重征税也是对公司利润和股东股息同时征税的结果,不过此时由不同的国家分别对公司和股东征税。对于此类经济性双重征税,国内法上的措施一般有:

（一）免税法

作为消除法律性国际双重征税的做法,免税法通常适用于跨国积极投资所得,而不适用于股息等消极投资所得。不过,对于持股达到一定比例的公司之间分配的股息,可以视为来自于直接投资的所得,有的国家因此也将免税法适用于此类情况下的股息。比如,荷兰规定,如果接受股息的居民公司持有外国公司至少5%的已付资本且股份持有不是为了间接投资持有,而外国公司在其居民国也承担纳税义务时,荷兰居民公司收取的境外股息可以免税。日本税法也规定,对适格外国公司分配给日本居民股东股息的95%免征日本公司税。所谓适格的外国公司是指,日本股东必须在该外国公司分配股息义务发生日前至少6个月持续持有该境外公司至少25%的股份。②

因此,将免税法适用于控股达到一定比例的关联公司之间,具有同时消除法律性双重征税和经济性双重征税的效果。

（二）间接抵免法

间接抵免实际上是借助于直接抵免的模式来消除经济性双重征税,即将股息所承担的公司税视为股东在公司所在国所缴纳的税收,从股东向其居民国的应纳税款中扣除。不过,间接抵免一般适用于公司之间并要达到一定持股比例的要求。

间接抵免分为单层抵免和多层抵免。单层抵免是指母公司和子公司之间的抵免;多层抵免是指母公司有来自于孙公司以及重孙公司等多级附属公司股息的抵免。间接抵免的计算比直接抵免复杂。间接抵免也存在抵免限额问题。下面以单层抵免说明具体计算方法。

单层抵免的计算分为三个步骤:

（1）要计算出母公司所得股息在子公司所在国间接缴纳的税款,即视为纳税额。其计算公式为:

视为纳税额 = 子公司在其所在国缴纳的公司所得税
× （母公司所得毛股息／子公司税后所得）

---

① 参见朱青编著:《国际税收》(第五版),中国人民大学出版社2011年版,第71页。
② 陈红彦:《跨国股息征税问题研究》,科学出版社2011年版,第129—130页。

(2) 计算出母公司来自子公司的所得额。适用抵免法时要根据母公司的税前所得计算其应纳税额,而子公司是从税后利润中分配股息,因此母公司得到的毛股息(该笔股息还会在子公司所在国缴纳预提税)并不就等于母公司从子公司得到的应税所得。因此,其计算公式为:

母公司来自子公司的应税所得 = 母公司所获得股息 + 视为纳税额

(3) 计算出母公司在其居民国的间接抵免限额,即母公司来自子公司的所得按母公司居民国税率计算的应纳税额。由于实践中母公司分得的股息要在子公司所在国缴纳预提税,因此母公司的税收抵免一般是直接抵免和间接抵免同时进行。下面举例说明:

甲国母公司 A 在乙国设立子公司 B,并拥有其 50% 的股份。在某一纳税年度,A 公司来自甲国的应税所得为 200 万元,B 公司在乙国的应税所得 100 万元。B 公司在缴纳公司所得税后,按股权比例向母公司分配股息,并缴纳预提税。A 国公司所得税率为 40%,B 国公司所得税率为 30%,预提税率为 5%。

B 公司缴纳的所得税为 $100 \times 30\% = 30$(万元)

B 公司税后利润为 $100 - 30 = 70$(万元)

B 公司分配给 A 公司股息 $70 \times 50\% = 35$(万元)

B 公司分配给 A 公司的股息在 B 国缴纳的预提税为 $35 \times 5\% = 1.75$(万元)

A 公司的视为纳税额为 $(35/70) \times (100 \times 30\%) = 15$(万元)

A 公司来自 B 公司的所得为 $35 + 15 = 50$(万元)

A 公司股息抵免限额为 $[50/(200 + 50)] \times [(200 + 50) \times 40\%] = 20$(万元)

由于 A 公司间接和直接在 B 国缴纳税款为 $15 + 1.75 = 16.75$ 万元,小于抵免限额,因此实际抵免额为 16.75 万元。

A 公司抵免前应在 A 国纳税 $(200 + 50) \times 40\% = 100$(万元)

A 公司抵免后应在 A 国纳税 $100 - 16.75 = 83.25$(万元)

三、我国的做法

对于国内的经济性双重征税,我国《企业所得税法》第 26 条规定,符合条件的居民企业之间的股息、红利等权益性投资收益为免税收入。根据我国《企业所得税法实施条例》第 83 条的规定,符合条件的居民企业之间的股息、红利等权益性投资收益,是指居民企业直接投资于其他居民企业取得的投资收益。此外,股息、红利等权益性投资收益,不包括连续持有居民企业公开发行并上市流通的股票不足 12 个月取得的投资收益。

因此,我国对于居民企业间的免税股息是满足持股期限的要求并来自直接投资的股息。此外,我国《企业所得税法》第 26 条还规定,中国境内设立机构、场所的非居民企业从居民企业取得与该机构、场所有实际联系的股息、红利等权益性投资收益均为免税收入。这就将免税待遇扩展适用于在我国设立机构、场所的非居民企业。

对于国际间的经济性双重征税，我国《企业所得税法》第24条规定，居民企业从其直接或者间接控制的外国企业分得的来源于中国境外的股息、红利等权益性投资收益，外国企业在境外实际缴纳的所得税税额中属于该项所得负担的部分，可以作为该居民企业的可抵免境外所得税税额，在本法第23条规定的抵免限额内抵免。根据我国《企业所得税法实施条例》第80条的规定，直接控制是指居民企业直接持有外国企业20%以上股份。间接控制，是指居民企业以间接持股方式持有外国企业20%以上股份，具体认定办法由国务院财政、税务主管部门另行制定。因此，我国的措施是间接抵免法，而且是限额抵免。也就是说，股息在境外负担的公司所得税以及股息预提税的总和超过抵免限额的部分不能抵免。

不过，我国税法并没有消除个人股东经济性双重征税的措施。

第二节 税收协定中消除经济性双重征税的措施

分劈税率制和归集抵免制等消除国内经济性双重征税措施难以适用于非居民，因为其制度设计是与国内税制相结合的。分劈税率制的实施是考虑到了日后对股息的征税，而归集抵免制的实施则是认为公司税是对股东所得税的提前支付。如果将其适用于国际间的经济性双重征税，就会产生一些问题，因为此时公司所得和股东所得是由不同国家征的。因此，实践中将分劈税率制和归集抵免制通过税收协定适用于非居民纳税人取得的股息的做法是很少见的。① 相比之下，免税法和间接抵免法作为消除国际间经济性双重征税的国内法措施，将其适用于税收协定并没有障碍。

一、税收协定中的免税法和间接抵免法

税收协定中的免税法和间接抵免法一般适用于关联公司之间的股息，并且有控股比例的要求。由于税收协定的双边性，关于持股比例等条件的要求可能比国内法的条件要低。

以我国签订的税收协定为例。

---

① 为了促进非居民在本国的投资，德国等国家也有过在税收协定中将分劈税率制和归集抵免制适用于非居民收取股息的情况。关于这方面的详细论述，可参见陈红彦：《跨国股息征税问题研究》，科学出版社2011年版，第133—138页。

根据我国与德国签订的税收协定第 24 条第 1 款的规定,德国对德国居民收取的来自中国的股息实行累进免税法,但限于中国居民公司向直接拥有该公司至少 10% 资本的德国居民公司支付的股息。

根据我国与新加坡签订的税收协定第 22 条第 2 款,新加坡对新加坡居民从中国取得的所得在中国缴纳的税款予以抵免。当该项所得是中国居民公司支付给新加坡居民公司的股息,同时该新加坡公司直接或间接拥有提及公司股本不少于 10% 的,抵免应考虑支付该股息公司就据以支付股息部分的利润所缴纳的中国税收。

在我国是居民国的情况下,我国签订的税收协定中我国对关联公司间的股息采用的是间接抵免法。

比如,中美税收协定第 22 条第 1 款规定:"中国居民公司从美国取得的所得,按照本协定规定对该项所得缴纳的美国所得税,应允许在对该居民征收的中国税收中抵免。但是,抵免额不应超过对该项所得按照中国税法和规章计算的中国税额。"第 2 款规定:"从美国取得的所得是美国居民公司支付给中国居民公司的股息,同时该中国居民公司拥有支付股息公司股份不少于 10% 的,该项抵免应考虑支付该股息公司对于从中支付股息的利润向美国缴纳的所得税。"由此可以看出,第 1 款是关于直接抵免的规定,而且是限额抵免,而第 2 款则是间接抵免的规定。

再比如,我国与新加坡的签订税收协定第 22 条第 1 款规定,我国居民公司从新加坡取得的所得适用限额抵免。我国居民公司从新加坡取得新加坡居民公司支付的股息,同时中国居民公司拥有支付股息公司股份不少于 10% 的,该项抵免应考虑支付该股息公司就其所得缴纳的新加坡税收。

从持股比例条件来看,我国《企业所得税法实施条例》第 80 条中对直接持股的要求是 20%,而税收协定的条件则放宽为 10%。根据我国《企业所得税法》第 58 条的规定,中华人民共和国政府同外国政府订立的有关税收的协定与本法有不同规定的,依照协定的规定办理。

二、对转让定价调整中出现的经济性双重征税的解决

各国税务机关对以转让定价方式避税的纳税人进行应税所得调整时,也会出现经济性双重征税的问题。这种类型的经济性双重征税需要相关国家税务机关的合作才能消除。通常做法是在税收协定中约定,在一国税务机关进行了调整之后,另一国税务机关也应作必要的调整,或根据相互协商程序进行必要的协商。

比如,根据 OECD 范本第 9 条第 1 款,当关联企业之间的商业或财务股息不同于独立企业之间的关系,利润本应由其中一个企业取得,由于这些情况而没有

取得的,可以计入该企业的利润内,并据以征税。OECD 范本第 9 条第 2 款进一步规定:当缔约国一方将缔约国另一方已征税的本应由首先提及的国家企业取得的企业利润,计入在该国企业的利润内并且加以征税时,如果这种情况发生在两个独立企业之间,另一国应对这部分利润所征收的税额加以适当调整,应适当考虑本协定的其他条款的规定,如有必要,缔约国双方主管部门应相互协商。

但是,第 9 条的规定在实际执行中有以下困难:在缔约国一方对企业的利润进行调整时,缔约国另一方并没有义务自动调整其境内的相关企业的应税所得,只有缔约国另一方认为对方是按独立企业原则进行了反映交易真实情况的调整后才会考虑。而且,第 9 条并没有规定缔约国另一方进行对应调整的具体方法。在实践中,当一国根据独立企业原则调高了其境内关联企业的利润时,另一国可采取对其境内关联企业的利润重新核定并调低其应税所得的做法;或者根据 OECD 范本第 23 条关于消除法律性双重征税的做法,将本国企业在境外关联企业在境外被调高利润部分的税款视为本国企业在境外的纳税,从而给予免税或抵免。[①] 不过,如果缔约国另一方对缔约国一方所作的调整并不认可,那么该国就不会作相应的调整。

虽然 OECD 范本第 9 条第 2 款还要求缔约国双方主管部门进行协商,但缔约国双方在第 25 条下并没有就协商问题必须达成协议的法律义务。不过,有学者认为,如果将 OECD 范本第 7 条第 1 款和第 9 条第 1、2 款结合起来理解,那么缔约国双方就应有义务就此达成同意。根据第 7 条第 1 款的规定,缔约国一方企业的利润应仅在该国纳税,但该国企业通过设在缔约国另一方的常设机构进行营业的除外。因此,第 9 条第 1 款就是为了进一步确定哪些利润属于缔约国一方企业,以便缔约国行使征税权。为了尊重他国的征税权和履行税收协定义务,缔约国双方就应达成同意。[②]

在实践中,有的国家并不愿意承担这方面的义务,因为这将减少该国的税收,而且有的国家认为本国纳税人的纳税义务是根据本国的国内法确定的,不能因其他国家的调整而改变。事实上,有的国家还担心承担这方面的义务会在客观上助长关联企业的转让定价。因此,有的国家并不愿意在税收协定中完全采纳 OECD 范本第 9 条的规定。捷克、匈牙利、意大利、奥地利、斯洛文尼亚等国都对 OECD 范本第 9 条第 2 款作出了保留。[③]

---

① 参见 2010 年 OECD 范本关于第 9 条的注释第 6—7 段。
② 参见 Klaus Vogel, *Klaus Vogel on Double Taxation Conventions*, 3rd edition, Kluwer Law International, 1997, p.1348。2010 年 OECD 范本的第 9 条与该注释文献当时的范本第 9 条没有区别。
③ 参见 2010 年 OECD 范本关于第 9 条的注释第 16—19 段。

我国谈签税收协定虽然并不以 OECD 范本为依据,但转让定价调整方面也存在与 OECD 范本第 9 条类似的规定。

比如,我国与新加坡签订的税收协定第 9 条第 1 款规定,如果两个企业之间建立商业或财务关系的条件不同于独立企业之间建立商业或财务关系的条件,并且由于这些条件的存在,导致其中一个企业没有取得其本应取得的利润,则可以将这部分利润计入该企业的所得,并据以征税。第 9 条第 2 款进一步规定,缔约国一方将缔约国另一方已征税的企业利润(在两个企业之间的关系是独立企业之间关系的情况下,这部分利润本应由该缔约国一方企业取得)计入该缔约国一方企业的利润内征税时,该缔约国另一方应对这部分利润所征收的税额加以调整。在确定该调整时,应对本协定其他规定予以注意,如有必要,缔约国双方主管当局应相互协商。

第三节 欧洲联盟的区域机制

除了上述国内法和税收协定中的措施之外,欧洲联盟(以下"欧盟")还创设了消除双重征税的区域性机制。

建立一个货物、人员、服务和资本自由流动内部市场是欧盟的目标之一。[①] 为了消除成员国所得税法对内部市场造成的壁垒,欧盟一方面通过颁布指令来进一步消除双重征税,另一方面通过欧洲联盟法院(Court of Justice of the European Union,以下简称"欧盟法院")[②] 的判例把成员国国内法中原本不适用于非居民纳税人的消除双重征税的措施也扩展到适用于非居民纳税人。

一、欧盟指令

《欧洲联盟运行条约》第 115 条规定:"理事会应当在一致同意的基础上,在会商欧洲议会以及欧洲经济和社会委员会后颁布指令,对成员国直接影响内部市场建立和运转的法律、法规和行政措施进行协调。"

---

① 参见《欧洲联盟条约》(Treaty on European Union)第 3 条第 3 款以及《欧洲联盟运行条约》(Treaty on the Function of European Union)第 26 条。

② 欧盟法院的前身是欧共体法院,也称欧洲法院,是根据《欧洲共同体条约》建立的欧共体司法机构。在《里斯本条约》之后,欧洲共同体为欧洲联盟所取代,《欧洲共同体条约》更名为《欧洲联盟运行条约》。欧共体法院也改称欧盟法院。

指令是欧盟二级立法的一种①,具有高于成员国国内法和税收协定的效力。②

以欧盟的母子公司税收指令③为例。根据该指令第4条和第5条的规定,一个成员国的母公司取得来自另一成员国的子公司分配的股息时,子公司所在国不得征收预提税,母公司所在国应采取免税法。该指令也允许母公司所在国不采用免税法而选择抵免法,但该国应允许母公司将该笔股息所承担的子公司的所得税予以抵免。因此,该指令消除了一个成员国的母公司从位于另一成员国的子公司收取的股息的法律性双重征税和经济性双重征税。④由于指令适用于所有成员国,属于欧盟层面的立法,比成员国国内法和税收协定的做法更为彻底和有效。

二、欧盟法院的判例⑤

由于《欧洲联盟运转条约》缺乏直接协调成员国所得税的条文可供解释,欧盟法院就借助于该条约中关于开业自由、服务提供自由、人员自由流动和资本自由流动的规则来消除成员国所得税法中的歧视措施。欧盟法院在 Wielockx 案(Case C-80/94)中指出:尽管所得税属于成员国权限,但成员国税收法律规范不能与自由流动规则相冲突,不能实施基于国籍的歧视措施。同时,欧盟法院还发展了其判决的先例效力(precedent)。

以归集抵免制为例。在双边税收协定没有将此扩展到非居民公司时,一国将其限定在居民纳税人上也是税收主权的体现。由于居民和非居民的纳税义务不同,一国不将给予居民纳税人的税收待遇给予非居民纳税人也是被广泛认同的。但是,在 Commission v. France 案(Case 270/83)中,欧盟法院裁决法国不给

---

① 二级立法是与《欧洲联盟条约》和《欧洲联盟运行条约》等基础条约相对应的。根据《欧洲联盟运转条约》第288条(原《欧共体条约》第249条),欧盟二级立法包括规则(regulation)、指令(directive)、决定(decision)、建议(recommendation)和意见(opinion)等形式。这些二级立法不能与基础条约相抵触。指令在其要达到的目标上对该指令指向的成员国有约束力,但成员国有权自行决定为实现指令的目标所采用的方式或方法。因此,指令所设定目标的实施是通过成员国国内法来实现的。

② 这也称为欧盟法的最高效力(supremacy)。这是欧盟法院通过判例确立的。有关欧盟法最高效力的论述,参见 Alisa Kaczoska, *European Law*: *150 Leading Cases*, Old Bailey Press, 2000, pp.129—130。

③ Council Directive 90/435/EEC of 23 July 1990 on the common system of taxation applicable in the case of parent companies and subsidiaries of different Member States. OJ L225 of 20/08/1990. 该指令随后被2003/123/EC号指令和2006/98/EC号指令所修改。

④ 该指令适用的母子公司的条件为母公司直接持有子公司25%的资本或投票权;母公司和子公司应当是位于成员国的公司。该指令将一公司构成"成员国公司"的条件设定为:(1)必须属于指令列出的根据成员国法律设立的特定形式的公司。(2)公司应为一成员国的居民。(3)该公司在成员国缴纳公司所得税。

⑤ 有关欧盟法院在税务案件中的司法职能的具体论述,请参见本书第二十三章。

予另一成员国的保险公司在法国的分支机构以归集抵免优惠的做法违反了《欧洲联盟运转条约》第 49 条关于开业自由的要求。①

法国税法给予获得法国公司分配股息的股东以归集抵免,但仅限于在法国有惯常居所的人或是在法国注册登记的公司。因此,在法国注册的保险公司,包括外国保险公司在法国设立的子公司,都可以享受归集抵免。但是,在其他欧盟成员国注册的保险公司在法国设立的分支机构则不能享受。

欧盟委员会认为法国的做法对在其他成员国注册的保险公司在法国的分支机构造成了歧视,构成对自由设立经营企业形式的限制。外国保险公司的分支机构在法国经营时处于劣势,有诱使外国公司在法国设立子公司的作用,但外国公司本可自由选择设立子公司或是分支机构,这就间接限制了外国保险公司在法国开业的自由。

法国政府抗辩道,这种税收优惠上的区别对待是有客观理由的。在法国注册的保险公司不同于外国保险公司在法国的分支机构。这种区分体现为税法上的"居民"和"非居民"。这是任何国家税法上都有的,也是为国际社会所接受的。这是税法上一个本质的区分。另外,外国公司的分支机构相对于法国公司,也享有某些税收优惠,这将抵消其不能适用归集抵免对其造成的不利。再者,如果外国公司选择在法国设立子公司就能够享受归集抵免制。

欧盟法院首先强调,如果允许成员国仅仅根据公司在其他成员国注册而与本国公司区别对待,开业自由就失去了意义。

欧盟法院接着分析到,即便税法中根据公司的注册地或自然人的居所地进行区分是有理由的,但在本案中,法国税法在确定公司的应税所得时,并没有区分注册地在法国的公司和外国公司在法国的分支机构。这样,确定给予归集抵免优惠时,也不应在法国的公司和外国公司在法国的分支机构之间采取歧视措施。另外,即使外国公司的分支机构根据法国税法也享受某些优惠,但这也不能作为在归集抵免方面对其予以歧视的理由,因为这构成了对其他成员国国民或公司的歧视。最后,法国认为外国公司可通过设立子公司来享受归集抵免的观点同样不能作为在税法上区别对待的理由,因为开业自由不能被歧视性的税收措施所限制。

因此,法国税法不给予在其他成员国注册的保险公司在法国的分支机构和法国保险公司以归集抵免的歧视做法,构成了对在其他成员国注册的保险公司的开业自由的限制。

---

① 《欧洲联盟运转条约》是对原《欧洲共同体条约》的更新,而《欧洲共同体条约》的前身则是《欧洲经济共同体条约》。该案件审理时适用的是《欧洲经济共同体条约》。开业自由的条文序号《欧洲经济共同体条约》中是第 43 条,在《欧洲共同体条约》中是第 52 条,在《欧洲联盟运转条约》是第 49 条。

三、转让定价调整中经济性双重征税的解决

对于转让定价调整中产生的经济性双重征税的情况,欧盟成员国之间还缔结了《消除关联企业利润调整中的双重征税的公约》(Convention on the Elimination of Double Taxation in Connection with the Adjustment of Profits of Associated Enterprises,简称《仲裁公约》)。如果纳税人对于税务机关的调整存在异议,可要求其所在国或其常设机构所在国的税务机关与其他相关国家的税务机关进行相互协商。如果税务机关在法定期限内不能达成解决方案,该公约确立了强制性的仲裁机制。关于该公约的具体内容,将在本书第二十三章"国际税务争议的解决"中阐述。

本 章 小 结

国内经济性双重征税产生的一个主要原因是对股东和公司所得分别课税,对是否需要消除经济性双重征税仍然存在争议。由于股东的股息来源于公司的税后利润,所以公司税收负担最终由股东承担,故消除经济性双重征税也是必要的。尽管从理论上讲,消除经济性双重征税最彻底的做法是取消公司税,但实践中在依然维持对公司所得和股东所得同时课税的情况下,应当从公司层次或股东环节分别采取措施,比如采取分劈税率制或归集抵免制。国际间经济性双重征税的产生也与对公司所得和股东所得同时课税有关,但是在两个不同国家课税,这与国内经济性双重征税不同。因此,消除国内经济性双重征税的措施难以适用于国家之间的情况。从国内法来讲,对居民公司从境外关联公司取得股息免税或给予间接抵免是能够消除国际间的经济性双重征税的。此外,税收协定中也可规定对关联公司之间的股息适用免税法或间接抵免法。转让定价调整中产生的经济性双重征税比较特殊,需要两国税务机关就利润的调整进行合作。欧盟在消除双重征税方面还有其区域性的机制。

思考与理解

1. 试述消除经济性双重征税的思路。
2. 试述归集抵免制的特点。
3. 试述间接抵免的特点。

课外阅读资料

1. 唐腾翔、唐问:《税收筹划》,中国财政经济出版社1994年版。

2. 解学智主编:《公司所得税》,中国财政经济出版社 2003 年版。
3. 陈红彦:《跨国股息征税问题研究》,科学出版社 2011 年版。
4. Hugh Ault and Brain Arnold, *Comparative Income Taxation: A Structural Analysis*, Second Edition, Aspen Publishers, 2004。

第九章 税收饶让抵免税制

税收饶让抵免是自20世纪60年代和70年代在税收抵免方式的基础上发展起来的一种特殊的抵免方法,其目的在于使来源地国利用外资的税收优惠政策与措施能够真正取得实际效果,并为国际双边税收协定所广泛采用。本章从税收饶让抵免与一般税收抵免的区别出发,在介绍了税收饶让抵免的历史沿革和我国税收饶让抵免的现状之后,对税收饶让抵免适用的范围和方式,以及计算方法予以介绍。

第一节 税收饶让抵免概述

一、税收饶让抵免的概念和特征

税收饶让抵免(tax spring credit),又称税收饶让,是指一国政府(居民国政府)对本国纳税人来源于国外的所得由收入来源地国减免的那部分税款,视同已经缴纳,同样给予税收抵免待遇的一种制度。有关税收饶让的定义很多,但基本上大同小异,没有实质上的差别,仅在表述上有略微的不同,均强调对本国纳税人在国外所享受的那部分减免的未纳或少纳的优惠税款视同已纳税款,在本国不再征收,以保障来源地国税收优惠政策的目标得以实现。

税收饶让的特征主要体现在其设立的目的、产生、基础、方式以及与税收抵免的区别上,具体包括以下几方面[①]:

(1)税收饶让是以税收抵免为基础和前提的一项特殊抵免制度。这是对二者关系的最本质认识。税收饶让实际上是税收抵免的延伸,以税收抵免为前提,如果没有税收抵免,就谈不上税收饶让。在解决法律性双重征税问题的方式中,一国如实行免税法,不会产生国际双重征税,因此无需实行税收饶让措施。但在实行抵免法的国家,居民国政府是否准予抵免以及抵免额的大小是以纳税人是否在所得来源地国确已实际缴纳了所得税税款为前提条件的。所以,来源地国给予的税收优惠越多,在居民国的抵免额就越小,来源地国的税收优惠额度倒流给了居民国,换言之,纳税人并未实际享受到来源地国所给予的税收优惠,这显然违背了来源地国实施税收优惠政策与措施的初衷。税收饶让抵免与一般税收

---

① 参见刘剑文主编:《国际税法》,北京大学出版社1999年版,第98—99页。

抵免的根本区别就在于,前者是居民国政府对其居民纳税人在来源地国减免的那部分税收(实际上并未真正缴纳),视同已经缴纳;而后者则是对已经在来源地国实际缴纳的所得税税款的免除。税收饶让的实质,是居民国对来源地国为鼓励外国投资、通过减免税或降低税率而放弃的收入,给予认可,并不是对实纳税额的抵免,所以,税收饶让抵免又称作虚构抵免或"影子税收抵免"(shadow tax credit)。

(2) 税收饶让抵免是一项国家间的措施,是缔约国之间意志妥协的产物,必须通过双边或多边安排方能实现。从国际税收管辖权方面看,税收饶让抵免并不影响居民国政府行使其居民税收管辖权,因为这部分税收饶让抵免的税款,原本就在来源地国政府征税权管辖范围之内。故就国际税收关系来讲,实行税收饶让抵免,并不损及居民国政府的税收权益,但如果居民国政府不予合作,不给予相应的税收饶让抵免,则来源地国所减免的那部分税款,就会被居民国政府取得,纳税人无法真正享受税收优惠,而居民国则取得了全部税收优惠的好处。

税收饶让抵免制度一般反映在各国所缔结的双边税收协定中,且大多约定由发达国家单方面承担税收饶让的义务。其原因在于[①]:第一,发展中国家在缩小来源地国征税范围和对投资所得(包括股息、利息和特许权使用费)实行限制税率等方面作出让步;第二,发达国家很少有鼓励投资的减免税规定,要发展中国家承担对其减免税视同已征税抵免的税收饶让义务,没有重要的实际意义。当然,发展中国家之间为了有利于发展经济合作,也有相互实行税收饶让抵免的做法。一般的税收抵免虽然也可在双边税收协定中规定,但也有的国家实行单边抵免,在没有双边税收协定的情况下,其居民纳税人同样能享受抵免的待遇。在我国签订的双边税收协定中,一般都有税收饶让抵免的条款规定。

(3) 税收饶让抵免的目的并不在于避免和消除法律性或经济性的国际双重征税,而是居民国配合来源地国吸引外资的税收优惠政策的实施,使其能够真正产生实际的政策效果。一般税收抵免的作用是为了消除国际双重征税;而税收饶让则是居民国对其本国居民纳税人从事跨国投资所采取的一种税收优惠,是鼓励其对外投资,也是为了促进来源地国吸引外资、发展经济目标的实现。没有居民国政府提供税收饶让抵免作为屏障,来源地国对跨国投资者的税收减免优惠,就会被居民国政府在计算抵免限额时所抵消,来源地国的税收优惠措施就无从发挥其真正效用。

(4) 在具体实施中,税收饶让抵免和一般税收抵免也存在较大差别。首先是抵免额,税收饶让中的抵免额一般要大于纳税人实际在来源地国实际缴纳的税额;一般税收抵免中的抵免额则等于纳税人在来源地国实际缴纳的税额。其

---

① 王选汇:《避免双重征税协定》,中国财政经济出版社1987年版,第119页。

次在实施方式方面,一般税收抵免所采取的方式,各国基本相同;但在税收饶让方面,各国采取的方式却不尽相同。有的税收协定中只规定对营业利润和个人劳务所得给予税收饶让抵免,有的税收协定则将税收饶让的范围扩大到投资所得。

二、税收饶让抵免的产生和发展

税收饶让抵免是由西方发达国家于20世纪50年代提出并首先倡导的。英国皇家委员会于1953年向议会提交报告,首先提出对发展中国家的涉外税收优惠实施饶让抵免,旨在"通过税收政策促进英国对外投资"。该提议经过议会的多次辩论,终于在1961年获得批准并形成立法。美国的改革家们也几乎在同一时期提出实施饶让抵免的主张,并在1957年将饶让抵免条款写入美国与巴基斯坦的税收协定草案中。这是饶让抵免第一次见诸于国际双边税收协定。然而,由于参议院的极力反对,美巴协定以及在20世纪50年代末与其他几个国家,如印度和以色列等国签署的含有饶让抵免条款的协定一直未能生效。时至今日,美国正式对外签订的四十多个税收协定中,均未包含有税收饶让条款。尽管如此,美巴协定的饶让条款却成为示范,在20世纪60年代和70年代广泛应用于双边税收协定。不但发达国家单方面给予发展中国家税收饶让,而且,就是在OECD成员国之间也经常相互或单方面给予税收饶让。OECD成员国中经济相对落后的希腊、爱尔兰、意大利、韩国、墨西哥、葡萄牙和土耳其7个国家因其与其他成员国的经贸交往中更多地表现为资本或技术的输入,因此一般他们是税收饶让的受惠国。

尤其是在20世纪60年代和70年代,亚洲和拉美一批新兴工业化国家与地区在发展经济过程中都面临着资金的短缺、基础设施的不完善和法律制度的不健全等投资环境的劣势。为了弥补投资环境的不足,这些国家纷纷采取涉外税收优惠措施以吸引国外资金和先进技术,带动本国产业的发展。发达国家给予饶让抵免,使得前来投资的纳税人直接取得税收利益,保证了税收优惠的效果,可以说,发展中国家的涉外税收优惠措施是饶让抵免产生的基础,同时由于发展中国家的积极配合,也使饶让抵免的广泛实施成为可能。[①]

进入20世纪90年代以后,随着经济全球化的发展和各国传统的贸易和投资壁垒的逐渐降低和消除,发达国家阵营内否定实行税收饶让的作用和意义的倾向有所发展。近些年来,一些发达国家认为,税收饶让是一种不适当的援助发展中国家经济发展的措施,税收协定中的饶让抵免条款容易为纳税人滥用进行国际避税安排,随着一些发展中国家经济地位的提高,资本输出国与输入国之间

---

① 参见王晓悦:《税收饶让抵免的考察与政策选择(上)》,载《涉外税务》2001年第11期。

的界限已经不再有明显的区别,实行饶让抵免的基本前提已逐渐改变。①

1997年春,OECD决定对在税收协定采用税收饶让的效果进行一项调查,1998年3月,OECD公布了其调查报告。该报告集中反映了目前一些发达国家主张重新评价税收协定中税收饶让抵免制度的作用和效果的意向,并建议成员国在税收协定的谈判过程中权衡饶让抵免的利弊得失,重新考虑设计合理的饶让条款,总的倾向是进一步加强对饶让抵免的范围和程度的限制。该报告反映了发达国家对税收饶让的疑虑,也说明了发达国家越来越不愿意给予税收饶让的原因。报告认为,采用税收饶让具有以下问题:(1)税收饶让容易被纳税人滥用,借此避税。有几个国家已经发现了数额巨大的利用税收饶让逃避税收的情况。(2)原先世界各国之间存在着发达的资本输出国和发展中的资本输入国的划分,但现在这两类国家之间的界限日益模糊,有必要对实行税收饶让的前提进行重新审查。(3)一些国家认为,税收饶让在促进国际经济发展方面作用并不明显。②

当时的倡导者们或许不会想到,时至今日,税收饶让抵免更为发展中国家所拥戴,并在协定谈判中成为发展中国家向发达国家索要的重要条款;发达国家一般不主动提出饶让,而是将饶让抵免作为谈判"筹码",在给予饶让以促进本国对外投资的同时,也换来了较低的限制税率,可谓"双赢"。

第二节 税收饶让抵免的适用

一、税收饶让抵免的适用范围③

纵观国际税收饶让抵免的实践,处于居民国地位的发达国家都出于自身国内税收政策的考虑,对税收饶让抵免的范围作出了限定。大致有如下三种情况:

(1)对股息、利息和特许权使用费等预提税的减免税予以税收饶让抵免。在实践中有两种做法:一是对来源地国在按其国内税法规定的预提税税率范围内所作出的减免税,视同已经缴纳,给予饶让抵免。例如,在中法税收协定中,对我国给予合资企业的法方合营者的股息所得和特许权使用费所得减免征收的预提税,法国政府予以饶让抵免。二是对在税收协定降低的预提税税率范围内所作出的减免税,视为已经缴纳,给予饶让抵免。例如,在上述中法税收协定中,对我国在协定中降低的预提税税率范围内所作的减免税,法国政府予以饶让抵免。

---

① 廖益新主编:《国际税法学》,北京大学出版社2001年版,第334页。
② Tax Sparing:A Reconsideration,Report by the Committee on Fiscal Affairs,OECD,1998. 转引自同上书,第334—335页;以及张智勇:《国际税法》,人民法院出版社2002年版,第59页。
③ 参见刘剑文主编:《国际税法》,北京大学出版社1999年版,第102—103页。

(2) 对营业所得的减免税给予税收饶让抵免。例如,在中日和中英税收协定中,对我国政府按照合营企业和从事农、林、牧业等低利润行业的外国企业可以享受的减免税,日、英两国政府予以饶让抵免。

(3) 对税收协定缔结以后,来源地国政府依据国内税法规定的新出台的税收优惠措施所作出的减免税,经缔约国双方一致同意,给予饶让抵免。如中日、中英税收协定中,均曾就这方面达成了协议。

上述三方面的税收饶让抵免,在有关国家所缔结的双边税收协定中,有的只限于其中的一个或两个方面,有的则兼而有之。

二、税收饶让抵免的方式[①]

如前所述,税收饶让抵免一般需要通过有关国家之间签订的双边税收协定来安排执行,由于各国的所得税制和具体国情不同,彼此间通过双边协定确定采用的税收饶让方式和给予饶让抵免的范围也不一致。综合各国税收协定的实践看,居民国给予税收饶让抵免的具体做法,大体可以分为以下五种类型:

1. 普通饶让抵免

普通饶让抵免,又称一般饶让或传统的饶让抵免,是指居民国对本国居民纳税人在缔约国对方获得的税法规定的各种减免税优惠,只要是符合税收协定规定适用的税种范围,不区分所得的种类性质,均视同纳税人已实际缴纳而给予抵免。在中日、中英签订的双边税收协定中所规定的对中国税收的饶让抵免都属于这种类型。例如,中国与英国之间签订的税收协定第23条有关双重征税的消除中关于税收饶让的条款规定:"本条第2款中,'缴纳的中国税收'一语,应视为包括任何年度可能缴纳的,但按照以下中国法律给予免税、减税的中国税收数额。"这里的"中国税收数额",既包括营业所得的减免税,也包括再投资退税。根据该协定第23条第3款的规定,第2款中的"以下中国法律"包括中国《外商投资企业和外国企业所得税法》第7—10条、第19条第1款、第3款和第4款以及该法《实施细则》第73条、第75条和第81条等规定。[②]

这种类型的饶让抵免对纳税人取得的境外所得种类的限制较少,适用范围较宽,对跨国从事积极性投资经营活动的居民纳税人而言,能充分、实际地享受到来源地国广泛提供的各种减免税优惠的好处,在国际税收协定实践中被多数国家所采用。

---

① 参见廖益新主编:《国际税法学》,北京大学出版社2001年版,第335—337页;史建民:《税收饶让的不同类型及分析》,载《涉外税务》1995年第11期。

② 中国的《外商投资企业和外国企业所得税法》和《企业所得税暂行条例》已于2008年起被《企业所得税法》所取代。

2. 差额饶让抵免

差额饶让抵免,是指在缔约国对方税法规定的税率高于缔约国双方在税收协定中规定的限制税率的情况下,缔约国一方(饶让给予国)对本国居民纳税人在缔约国对方(饶让受惠国)按税收协定限制税率所缴纳的税额与按缔约国对方税法规定税率计算的税额之间的差额,视同纳税人已实际在缔约国对方已缴纳的税额一样给予抵免。

例如,甲国国内税法规定,对非居民纳税人来源于境内的特许权使用费所得适用的预提所得税税率为20%,但甲国与乙国之间的税收协定规定此类特许权使用费所得的限制预提税率为10%。在乙国对甲国实行差额饶让抵免的情况下,尽管甲国对乙国居民纳税人取得的来源于甲国境内的特许权使用费实际上是按协定中的限制税率10%课征预提所得税,但乙国对其居民纳税人的上述所得仍视同在甲国已按20%税率纳税一样给予抵免,即对甲国税法规定的税率高于协定税率的那部分税收差额,虽然纳税人并未向甲国缴纳,乙国方面也视同已实际缴纳一样准予从居民纳税人应纳本国税额中抵扣。

这种差额饶让抵免的方式近似于抵免法和免税法的结合体,因为它事实上是居民国政府对其本国居民纳税人的境外所得给予了部分免税优惠待遇,免税额就等于视同已纳税额和实际应纳税额的差额。其结果和意义就是,如果甲国对乙国的投资者提供了税收优惠的话,那么乙国所实行的差额饶让抵免措施就更加强化和加大了甲国税收优惠的程度和深度;如果甲国对乙国的投资者没有提供税收优惠,但在差额饶让抵免措施的配合下,投资甲国的乙国纳税人仍然相当于取得了一定程度的税收优惠待遇,获得了一定数额的税收减免利益。所以,差额饶让抵免又被称为扩展型饶让抵免。

差额饶让抵免的提供,还与缔约国执行的税收协定政策有密切的关系。相关国家为了在谈判签订的双边税收协定中将有关投资所得的协定限制税率限定在一定程度,往往应缔约国对方的要求实行此种饶让抵免。相对普通饶让抵免而言,差额饶让抵免的适用范围较窄,通常仅限于股息、利息和特许权使用费等投资所得。

3. 定率饶让抵免

定率饶让抵免,是指居民国一方不考虑本国居民纳税人在缔约国对方实际获得多少减免税优惠,均按照双边税收协定中确定的固定抵免税率给予税收饶让。在这种饶让抵免方式下,纳税人的有关所得是否得到了饶让抵免以及受益于饶让抵免的程度,取决于税收协定中对各类所得规定的固定抵免税率的高低。协定中的固定抵免税率就是确定税收饶让的界限和标准,而不管纳税人的所得在缔约国对方实际缴纳税额的多少。

定率饶让抵免方式的优点是避免了缔约国双方因各自税制的不同,从而引起在税基、计税方法和税收优惠等方面的差异所导致的税收饶让抵免的复杂性。

同时，相较前述差额饶让抵免方式而言，居民国采用这种方式实行饶让抵免，能较好地控制跨国纳税人取得饶让抵免的受益程度，防止从事境内投资活动的纳税人与从事境外投资活动的纳税人的税负之间产生较大的不平衡。因此，定率饶让抵免得到了国际商会组织的重视和推荐，在各国双边税收协定实践中也得到了广泛的采用。

4. 限制饶让抵免

限制饶让抵免，是指居民国政府在决定给予本国居民纳税人的境外所得以税收饶让抵免时，不考虑其在境外实际已纳或应纳多少税款，而是在此类所得在国内按照本国税法应纳多少税款的基础上，再核定一个比率，根据这个比率部分或全部地给予税收饶让抵免。

例如，对直接投资所得即营业所得，居民国国内税法规定其税率为30%，那么对本国纳税人在境外取得的同类所得不论其在境外适用税率的高低、应纳税额的多少，均按照本国税率的一半即15%计算视同已纳税额而考虑予以税收饶让抵免。这种方式，多发生在未签订双边税收协定的发达国家和发展中国家之间。但是，被公认为"避税地"的一些国家和地区被排除在外。

5. "荷兰式"饶让抵免

之所以被称为"荷兰式"饶让抵免，是因为这一类型是由荷兰在其对外签订的双边税收协定中所首创。这种类型实际上是居民国政府通过税收协定不仅承认了收入来源地国征税的优先权和特惠权，而且对应于收入来源地国的某些措施，还作出了相应的税收牺牲。我们可以通过以下两个实例来说明：

(1) 在荷兰与印度尼西亚签订的税收协定中，规定对利息收入按10%税率征收预提税，但是在荷兰对来源于印度尼西亚的利息收入给予税收饶让时，则考虑到如下情况：如印度尼西亚对利息收入实际征税低于10%的税率时，则以印度尼西亚的实际税率和实际税率与10%的名义税率之间差额的两倍之和，作为荷兰给予税收饶让抵免的税率。用公式表示，设荷兰对从印度尼西亚取得利息收入的税收饶让抵免税率为S，印度尼西亚对利息收入征税的实际税率为T，则 $S = T + 2 \times (10\% - T)$。

(2) 荷兰与南美的苏里南所签订的税收协定中，规定荷兰对其本国纳税人从苏里南取得的利息、特许权使用费可以按照15%的税率计算视同已纳税额予以饶让抵免。但是，如果苏里南议会为促进本国经济发展而专门立法或制定有关法规，允许苏里南对利息、特许权使用费收入按照低于5%的税率征税；那么，以5%为限，税率每降低一个百分点，视同税收饶让抵免的税率就高于15%一个百分点。也就是说，如果苏里南对利息、特许权使用费收入按照4%的税率征收，则荷兰就可给予16%的税收饶让抵免；如苏里南税率为1%，荷兰就可给予19%的税收饶让。这种类型受到了许多发展中国家的欢迎，但大多数资本输出国却无意采纳。

三、税收饶让抵免的计算方法①

居民国实行税收饶让抵免亦有直接饶让抵免与间接饶让抵免之分,但其计算原理和方法与没有饶让条件下的直接抵免和间接抵免相同,差别仅在于居民国在确认其居民纳税人已缴来源地国税额和外国子公司已缴所在国公司所得税税额时,应包括实际缴纳的税额和视同已经缴纳的减免税额在内。以下举实例来加以说明。

1. 税收饶让条件下的直接抵免计算

兹有甲国居民公司 A 在某纳税年度内获得所得 150 万元,其中 50 万元为来自设在乙国境内的分公司 B 的经营所得。已知甲公司所得税税率为 40% 的比例税率,乙国的公司所得税税率为 30%,分公司 B 的 50 万元所得在乙国享受减半征税的优惠,实际缴纳乙国所得税税额 7.5 万元。在甲乙两国间的税收协定中规定甲国应实行饶让抵免的条件下,甲国对其居民公司 A 在该纳税年度境内外所得应征所得税额的计算方法和结果如下:

(1) 确定甲国对 A 公司来源于乙国所得的抵免限额为:

抵免限额 = 乙国分公司所得 × 甲国税率 = 50 × 40% = 20(万元)

(2) 确定甲国实际允许直接抵免的 A 公司已缴乙国所得税税额:

已缴乙国税额 = 实缴乙国税额 + 视同已缴乙国减免税额 = 7.5 + 7.5 = 15(万元)

因为在甲国实行饶让抵免的条件下,认定纳税人 A 公司在来源地国乙国已缴所得税额应包括 A 公司实际在乙国缴纳的税额和视同已经缴纳的减免税额。故应认定 A 公司已缴乙国所得税税额为 15 万元。

由于 A 公司已缴乙国税额 15 万元低于前述按甲国税率计算出的抵免限额 20 万元,故甲国实际允许抵免的 A 公司已缴乙国税额为 15 万元。

(3) 计算甲国最终应征收 A 公司所得税税额为:

A 公司应纳甲国税额 = A 公司总所得 × 甲国税率 − A 公司已缴乙国税额(直接饶让抵免税额) = 150 × 40% − 15 = 45(万元)

由上述计算过程可知,尽管 A 公司实际缴纳乙国税额为 7.5 万元,但居民国甲国在实行饶让抵免的情况下,实际允许 A 公司直接抵免的乙国税额中包括了因享受减免税优惠而未缴纳的 7.5 万元税款。如果甲国不提供税收饶让抵免,认定 A 公司已缴乙国税额仅限于其实际缴纳的 7.5 万元,并依此数额进行抵扣,则 A 公司最终应纳居民国甲国税额将为 52.5 万元。与甲国实行饶让抵

---

① 廖益新主编:《国际税法学》,北京大学出版社 2001 年版,第 337—341 页。

免情况下的结果45万元相比,相差7.5万元。这表明在居民国甲国没有实行饶让抵免的情况下,作为来源地国的乙国给予A公司的减免税优惠7.5万元,并未使跨国纳税人A公司真正受惠,而是全部转化为居民国甲国的税收收入。

2. 税收饶让条件下的间接抵免计算

兹有甲国居民公司A在某纳税年度内有来源于甲国境内所得100万元,同年又收到其在乙国的子公司B支付的股息70万元。已知甲国税率为40%的比例税率,乙国子公司B在该纳税年度内获取所得为200万元,因属于受乙国政府鼓励发展的高新技术企业,乙国政府在30%的正常公司所得税税率的基础上,给予子公司B按正常税率减半征收的优惠,即按15%的优惠税率实缴乙国税额为30万元,享受减免税额为30万元。在甲乙两国间的税收协定中,规定甲国应对其居民公司收取的乙国居民公司支付的股息给予间接饶让抵免,甲国A公司在该纳税年度内就其境内外所得最终应向甲国政府缴纳的所得税税额计算结果如下:

(1) 首先需要确定应由甲国母公司A承担的乙国子公司B已缴乙国公司所得税税额:

按照税收饶让抵免的原理,甲国在认定乙国B公司已缴乙国所得税税额时,应当包括B公司因享受税收优惠并未实际缴纳的那部分减免税额。因此,本例中子公司B已缴乙国所得税税额应认定为60万元(即实际缴纳乙国税额30万元+视同已缴的减免税额30万元),其中应由甲国母公司A承担的乙国子公司B已缴乙国税额为:

应由母公司承担的子公司已缴乙国所得税税额 = 子公司已缴乙国税额 × (子公司分给母公司的股息 ÷ 母公司税后所得) = $60 \times [70 \div (200 - 60)] = 30$ (万元)。

(2) 确定应并入甲国母公司A的乙国子公司B所得为100万元,即母公司A分得的股息70万元+应由母公司A承担的外国子公司B已缴税额30万元,或者:

应并入母公司的子公司所得 = 母公司收到的股息 ÷ (1 - 子公司所在国税率) = $70 \div (1 - 30\%) = 100$(万元)。

(3) 确定甲国对母公司A来自乙国子公司B的所得额的抵免限额为:

抵免限额 = 应并入母公司的子公司所得 × 母公司所在国税率 = $100 \times 40\% = 40$(万元)。

(4) 已知A公司就其来自乙国子公司B的所得间接承担的乙国所得税税额为30万元(此处为简化叙述,未将乙国对A公司取得B公司支付的股息70万元还要征收一道预提所得税这一因素考虑在内),低于上述抵免限额,故甲国允许母公司A可以间接抵免的税额为30万元。

(5) 母公司A最终应缴纳居民国甲国的税额为:

母公司应纳甲国所得税税额 = (母公司甲国境内所得 + 应并入母公司的子公司所得) × 甲国税率 - 间接饶让抵免税额 = (100 + 100) × 40% - 30 = 50(万元)

从上述计算过程和结果可知,由于居民国甲国实行间接饶让抵免,虽然本例中的乙国子公司 B 实际缴纳乙国税额只有 30 万元,但甲国在计算确定应由母公司 A 承担的子公司 B 已缴乙国税额时,仍将子公司 B 因享受减免税优惠并未实际缴纳的 30 万元税额视同已经缴纳,从而认定子公司 B 已缴乙国税额为 60 万元,并据此计算确定母公司 A 应承担乙国子公司 B 已缴乙国税额为 30 万元。

如果甲国不实行税收饶让,仅按子公司 B 实缴乙国税额 30 万元来计算确定其中应由母公司 A 承担的税额部分,则母公司 A 应承担乙国子公司 B 已缴乙国税额只有 12.4 万元(30 × [70 ÷ (200 - 30)] ≈ 12.4 万元)。相应地,母公司 A 来自子公司 B 的所得额为 82.4 万元(70 + 12.4 = 82.4 万元)。按此计算抵免限额为 32.96 万元{(100 + 82.4) × 40% × [82.4 ÷ (100 + 82.4)] = 32.96 万元}。这样,母公司 A 最终应纳居民国甲国的税额为 60.56 万元((100 + 82.4) × 40% - 12.4 = 60.56 万元)。由此结果可知,在甲国不提供间接饶让抵免的情况下,由于甲国仅按子公司 B 实际缴纳乙国税额 30 万元计算确定应由母公司 A 承担的子公司 B 已缴乙国税额,尽管相应减少了应由母公司 A 承担的子公司 B 已缴乙国税额,但乙国对子公司 B 的减免税优惠并不能使作为子公司 B 的投资人 A 公司受益,相反增加了母公司 A 的税收负担和母公司 A 所在国甲国的税收收入。

第三节 我国的税收饶让抵免

一、我国税收饶让抵免制度发展概况

从税收饶让产生和发展历程可以看出,20 世纪 60 年代和 70 年代是税收饶让政策的鼎盛时期,到了 20 世纪 80 年代,随着世界经济格局和发达国家宏观经济政策的变化,发达国家逐渐改变了对税收饶让的态度。我国从 20 世纪 80 年代才开始对外谈判签订税收协定,可以说已错过了发达国家支持税收饶让的最好时期,因此税收饶让的谈判一直比较困难,而且发达国家对此的要价也较高。①

截至 2013 年 8 月,中国已经先后和 99 个国家或地区签订了双边征税协定,其中生效适用的有 96 个,并与香港和澳门签署了避税双重征税安排②,其中,36 个协定中包括了税收饶让条款。为了配合国家改革开放、吸引外资的需要,我国在税收政策上制定了一系列对外资的涉外优惠措施,为了使投资于我国的跨国

---

① 参见王晓悦:《税收饶让抵免的考察和政策选择(下)》,载《涉外税务》2001 年第 12 期。
② 《我国对外签订避免双重征税协定一览表》,中国国家税务总局网站:http://www.chinatax.gov.cn/n8136506/n8136593/n8137537/n8687294/index.html,最后访问时间:2013 年 8 月 10 日。

投资者真正受惠于我国提供的涉外税收优惠,我国在与发达国家谈判的过程中,坚持对方给予我方税收饶让。目前,OECD 的 34 个成员国中有 33 个与我国签署了双边税收协定①,其中 9 个规定了税收饶让条款;6 个国家单方面给予我国税收饶让,3 个国家与我国相互给予税收饶让。② 在德国、法国、瑞典、西班牙、比利时等国与我国之间的双边税收协定中,由于这些国家对其居民纳税人来源于我国境内的营业利润等所得采用免税法消除双重征税,因而无需在这些协定中再规定税收饶让措施。由于美国一贯反对税收饶让,在中美双边税收协定第 22 条关于税收抵免的规定中未涉及税收饶让,仅在换文中写明双方同意,如美国今后修改有关税收饶让的法律,或美国同其他任何国家对税收饶让的规定达成协议时,中美协定即应修改列入税收饶让规定。

对于一些来我国投资较多或鼓励引进外资的发展中国家,我们也坚持对方给予饶让或相互给予饶让。如在我国与非 OECD 成员国签订的 27 个包含有税收饶让条款的双边税收协定中,相互给予税收饶让的有我国与马来西亚、泰国、保加利亚、巴基斯坦、塞浦路斯、巴布亚新几内亚、印度、毛里求斯、越南、牙买加、南斯拉夫、马其顿、塞舌尔、古巴、阿曼、突尼斯、斯里兰卡、特立尼达和多巴哥、摩洛哥、文莱、沙特阿拉伯、波黑、尼泊尔和埃塞俄比亚的双边税收协定;对方单方给予我国税收饶让的有新加坡、科威特和阿联酋。我国迄今从未单方给予其他国家税收饶让。

表 9.1　中国缔结双边税收协定中涉及税收饶让条款情形统计表③

是否饶让	缔约对方国家(地区)	数量
未规定	美国、法国、德国、挪威、瑞典、荷兰、捷克、斯洛伐克、波兰、瑞士、西班牙、罗马尼亚、奥地利、巴西、蒙古、匈牙利、卢森堡、俄罗斯、克罗地亚、白俄罗斯、斯洛文尼亚、以色列、土耳其、乌克兰、亚美尼亚、冰岛、立陶宛、拉脱维亚、乌兹别克斯坦、孟加拉、苏丹、阿尔及利亚、埃及、老挝、爱沙尼亚、菲律宾、南非、爱尔兰、巴巴多斯、摩尔多瓦、哈萨克斯坦、印度尼西亚、伊朗、巴林、吉尔吉斯、委内瑞拉、阿尔巴尼亚、阿塞拜疆、格鲁吉亚、墨西哥、希腊、卡塔尔、尼日利亚、塔吉克斯坦、土库曼斯坦、比利时、芬兰、赞比亚、马耳他、叙利亚;香港、澳门	60+2

---

① 这 33 个国家为:澳大利亚、奥地利、比利时、加拿大、捷克共和国、丹麦、爱沙尼亚、芬兰、法国、德国、希腊、匈牙利、冰岛、爱尔兰、以色列、意大利、日本、韩国、卢森堡、墨西哥、荷兰、新西兰、挪威、波兰、葡萄牙、斯洛伐克、斯洛文尼亚、西班牙、瑞典、瑞士、土耳其、英国和美国。尚未签署的 OECD 成员国是智利。

② 单方给予我国税收饶让抵免待遇的国家为:澳大利亚、日本、英国、丹麦、加拿大、新西兰;与我国互相给予税收饶让抵免待遇的国家为:意大利、韩国、葡萄牙。

③ 本表系作者根据中国国家税务总局官方网站的"税收法规"中"税收协定"栏目所公布的双边税收协定文本中有关消除双重征税的条文和有关议定书及换文逐一统计而来。参见《我国对外签订避免双重征税协定一览表》,中国国家税务总局网站:http://www.chinatax.gov.cn/n8136506/n8136593/n8137537/n8687294/index.html,最后访问日期:2012 年 11 月 18 日。

（续表）

是否饶让	缔约对方国家(地区)	数量
单方给予	日本、英国、丹麦、新加坡、加拿大、新西兰、澳大利亚、科威特、阿联酋。	9
互相给予	马来西亚、泰国、意大利、保加利亚、巴基斯坦、塞浦路斯、韩国、巴布亚新几内亚、印度、毛里求斯、越南、牙买加、南斯拉夫、马其顿、葡萄牙、塞舌尔、古巴、阿曼、突尼斯、斯里兰卡、特立尼达和多巴哥、摩洛哥、文莱、沙特阿拉伯、波黑、尼泊尔、埃塞俄比亚	27
合计		96 + 2

　　正如本章第一节所述，税收饶让制度主要是资本输出国为了配合资本输入国为吸引外资而采取的税收优惠措施能够取得实效而给予的一种措施。我国自改革开放以来，一直积极鼓励外资的引入，属于资本输入国行列。为此，我国对涉外企业给予了大量的税收优惠，其中主要是以所得或利润为基础的直接优惠，而直接优惠必须以资本输出国的税收饶让制度为前提。但在改革开放的早期，我国没有充分认识到税收饶让的特殊意义，因此在和其他国家、尤其是主要作为资本输出国的发达国家谈签双边税收协定时，忽视了对协定中税收饶让条款的谈判和确定，导致我国给予涉外企业纳税人的税收优惠额度，当其将在我国获得的所得汇回其母国时，倒流回了母国，不仅纳税人没有能够真正享受到我国的涉外税收优惠的实际好处，而且我国的税收利益被其母国所"侵占"。① 因此，我国一方面需要在对外谈签双边税收协定或对原税收协定谈签附加议定书时，注重考虑是否需要订立税收饶让条款；另一方面，在我国的统一《企业所得税法》中，也一改以往以直接优惠为主的税收优惠制度，而向以间接优惠为主、直接优惠为辅的税收优惠制度转变。这样，既可以在仍然存在直接税收优惠的同时，通过双边税收协定中的税收饶让条款使外国投资者实际享受到我国税收优惠的好处，也可以在一时无法在有关税收协定中订立税收饶让条款的情况下，通过间接优惠的方式使外国投资者享受到"实惠"，尽量减少由于我国给予其直接优惠而导致的税收额度外流的现象。

　　正是由于2008年起我国的《企业所得税法》颁行之后，除过渡期税收优惠安排之外，以往涉外企业所享受的大量直接税收优惠，如"两免三减半"、"五免

---

① 当然，税收饶让抵免条款作用的发挥也会受到一定条件的限制。例如对于在我国具有法人资格的外商投资企业来说，虽然我国税法对之规定了很多涉外税收优惠措施，但只有在外商投资企业的外国投资者从该企业取得汇回股息的情况下，且我国与其居民国的双边税收协定中规定了对营业所得的税收饶让条款，同时在双边协定规定或该居民国税法允许间接抵免的条件下，外国投资者才能最终获得税收饶让的好处。如果外商投资企业对利润不进行分配，而是用于再投资(加之我国税法对外商的再投资也规定了税收优惠措施)，那么税收饶让的作用会大打折扣。参见王晓悦：《税收饶让抵免的考察和政策选择(下)》，载《涉外税务》2001年第12期。

五减半"等被取消,内外资企业的税收待遇趋于平等,不再主要基于资本的来源不同而是根据所从事的行业来享受相应的(间接)税收优惠,因此我国谈签双边税收协定时对于订定税收饶让条款的需求不再像此前那么强烈,所以甚至出现了原有协定中的税收饶让条款被删除的现象。例如,1985年4月中国和比利时签订双边税收协定时,并未规定税收饶让条款,1996年11月中比两国签订了对两国双边税收协定加以修订的附加议定书,增加了有关比利时单方面给予中国税收饶让待遇的规定,但在2009年10月中比两国重新签署了新的双边税收协定,其中仍然没有税收饶让条款;再如,1986年5月中国和芬兰签订的双边税收协定中,芬兰给予中国单方面的税收饶让待遇,但在2010年5月两国重新谈签的双边税收协定中,税收饶让的条款也被删除;还如,1993年2月中国和马耳他签订的双边税收协定中,双方互相给予税收饶让的待遇,又在2010年10月中马重新谈签的双边税收协定中,税收饶让的条款也被删除。实际上,在我国《企业所得税法》开始施行的2008年之后截止到2011年5月底的这段期间内,我国谈签的9个双边税收协定中,仅有与埃塞俄比亚签订的协定中互相给予税收饶让待遇,其他8个协定都未涉及税收饶让的问题。我国所签订的双边税收协定中税收饶让抵免的变化,可以在一定程度上反映出我国已由早期的纯粹的资本输入国向兼具资本输入国和资本输出国地位的方向转变。

二、我国税收饶让抵免制度规则体系

目前我国的税收饶让主要存在于企业所得税法领域,而我国的企业所得税法以2008年《企业所得税法》施行为界,可以大体分为2008年以前内外资企业所得税法分立阶段和2008年以后统一企业所得税法阶段,故以下以2008年为界分别探讨两个阶段中的税收饶让抵免制度规则体系。

(一)2008年以前的税收饶让抵免制度规则体系

早在1983年中国签订首个双边税收协定即中日双边税收协定之时,该协定有关消除双重征税的方法的第23条第4款就规定了日方单方面给予中国税收饶让抵免待遇的内容,此时我国国内税法当中并无税收饶让规则。直到1985年中国与马来西亚签订的双边税收协定中首次出现了中方与外方互相给予税收饶让之后,我国国内税法中仍然没有有关税收饶让的规则。基于国际税收协定的消极作用原则,我国在双边税收协定中所承担的给予缔约国对方税收饶让待遇的义务由于欠缺国内法上的相关规定实际上无法履行。当然,这与改革开放初期,我国对外投资除少数国有企业之外基本处于空白状态的背景有关。随着我国对外投资的逐步发展,中国国内税法上的税收饶让规则的缺失所造成的问题逐渐显现出来,但由于我国当时对内外资企业在企业所得税方面给予差别待遇的基本态度,所以在制定税收饶让规则时也体现出两面性。

首先来看内资企业。我国国内税法上最早的税收饶让规则出现在1995年11月16日,财政部和国家税务总局联合发布的《境外所得计征所得税暂行办法》(财税[1995]96号),该文开篇明确其制定依据是仅适用于内资企业的《企业所得税暂行条例》及其《实施细则》。该文第2条有关境外已缴纳所得税税款的扣除的规定中,指出"在境外已缴纳的所得税税款,包括纳税人在境外实际缴纳的税款及本规定第3条规定中视同已缴纳的税款";其第3条"境外减免税处理"则规定:"纳税人境外投资、经营活动按所在国(地区)税法规定或政府规定获得的减免所得税,应区别不同情况按以下办法处理:(一)纳税人在与中国缔结避免双重征税协定的国家,按所在国税法及政府规定获得的所得税减免,可由纳税人提供有关证明,经税务机关审核后,视同已交所得税进行抵免。(二)对外经济合作企业承揽中国政府援外项目、当地国家(地区)的政府项目、世界银行等世界性经济组织的援建项目和中国政府驻外使、领馆项目,获当地国家(地区)政府减免所得税的,可由纳税人提供有关证明,经税务机关审核后,视同已交所得税进行抵免。"

两年之后的1997年11月25日,财政部和国家税务总局又颁布了《关于发布〈境外所得计征所得税暂行办法〉(修订)的通知》(财税[1997]116号),取代了前述财税[1995]96号文。在税收饶让的基本规则方面,财税[1997]116号文除与财税[1995]96号文的已有规定保持一致外,还新增了一种可以视同已纳税款予以抵扣的情形,即该号文的第7条所规定的有关境外企业遇有自然灾害等问题的处理规则:"(1)纳税人在境外遇有风、火、水、震等严重自然灾害,损失较大,继续维持投资、经营活动确有困难的,应取得中国政府驻当地使、领馆等驻外机构的证明后,按现行规定报经税务机关批准,按照条例和实施细则的有关规定,对其境外所得给予一年减征或免征所得税的照顾。(2)纳税人举办的境外企业或其他投资活动(如工程承包、劳务承包等),由于所在国(地区)发生战争或政治动乱等不可抗拒的客观因素造成损失较大的,可比照前款规定办理。"事实上,财税[1995]96号文已经在第4条作了与上述第7条相同的规定,只不过并未将其视同已纳税款予以抵扣。而财税[1997]116号文则将税收饶让规则的适用范围作了扩大。税收饶让规则本来仅适用于居民纳税人在所得来源地国享受其税收优惠后再到居民国进行税收抵免时的情形,但财税[1997]116号文却将居民国给予的税收优惠也视同所得来源地国给予的税收优惠予以饶让抵免。只不过这一做法因未就减税与免税的不同情形加以区分,所以有其不妥之处;因为在居民国给予居民纳税人的境外所得以免税待遇的情形下,不论居民国与所得来源地国之间的税收协定是否采用税收抵免法,也不论所得来源地国是否给予税收优惠,都不存在税收抵免的问题,也就更不会产生建立在税收抵免基础之上的税收饶让问题了。而当居民国给予居民纳税人境外所得以减税的待遇时,则在所得来源地国没有税收优惠的情形下,固然无税收饶让的适用;在所得来源地国也给予税收优惠的情形下,居民纳税人的该笔境外所得则会享受双重的税收优惠:第一重是所得来源地国给予的优惠,第二重是居民国给予的减半优惠。

以上财税[1995]96号文和财税[1997]116号文均仅针对内资企业适用,在涉外企业的境外所得方面则有所不同。由于此前我国对涉外企业长期以来实行全面的、大量的税收优惠,即对其来源于境内的所得尚且放弃征税,更何况其来源于境外的所得。因此,我国对涉外企业境外所得事实上采取"不闻不问"的态度,也就无所谓涉外企业境外所得的税收饶让了。因为,涉外企业作为中国税法上的居民纳税人,负有无限纳税义务,其如果一旦向中国的税务机关申报其境外所得,就必须证明其就该笔所得已在境外纳税的事实,还要考虑其在境外已纳税款或者在税收协定中订有税收饶让条款的前提下视为已纳的税款是否会超过该笔境外所得依当时中国涉外企业所得税法法定一般税率所计算出来的抵免限额,如果未超过的话,涉外企业还需要向中国政府补缴其中的差额;即便超过,其效果也无非是在当年度无需就该笔所得向中国政府纳税。既然如此,干脆对境外所得都不予申报,这可能是纳税人最好的选择。因为在普遍性的税收优惠措施以及几乎是"明目张胆"的转让定价避税方式之下,中国的税务机关对涉外企业的税收征管比较松懈,既然来源于境内的所得税都因为税收优惠的缘故放弃了,那何必还要在乎其境外所得呢?由此,也形成了对内外资企业的境外所得截然不同的态度,这与当时内外资企业所得税的分立状态也是相符合的。

(二) 2008年以后的税收饶让抵免制度规则体系

2008年,随着《企业所得税法》的颁行,我国在税收饶让方面的规则也开始统一,不再区分内外资企业的不同而给予差别待遇。目前,主要的制度规则包括以下两个规定。

一是2009年12月25日财政部、国家税务总局《关于企业境外所得税收抵免有关问题的通知》(财税[2009]125号)。该号文第7条规定:"居民企业从与我国政府订立税收协定(或安排)的国家(地区)取得的所得,按照该国(地区)税收法律享受了免税或减税待遇,且该免税或减税的数额按照税收协定规定应视同已缴税额在中国的应纳税额中抵免的,该免税或减税数额可作为企业实际缴纳的境外所得税额用于办理税收抵免。"

二是2010年7月2日,国家税务总局《关于发布〈企业境外所得税收抵免操作指南〉的公告》(国家税务总局公告2010年第1号)所发布的《企业境外所得税收抵免操作指南》。该指南对上述财税[2009]125号文进行了逐条释义,其中关于第7条,指南用第22—25段4段进行了解释。

第22段:"我国企业所得税法目前尚未单方面规定税收饶让抵免,但我国与有关国家签订的税收协定规定有税收饶让抵免安排,本条对此进行了重申。居民企业从与我国订立税收协定(或安排)的对方国家取得所得,并按该国税收法律享受了免税或减税待遇,且该所得已享受的免税或减税数额按照税收协定(或安排)规定应视同已缴税额在我国应纳税额中抵免的,经企业主管税务机关确认,可在其申报境外所得税额时视为已缴税额。"下例为税收饶让抵免的计算:

中国居民企业 A 公司,在甲国投资设立了 B 公司,甲国政府为鼓励境外投资,对 B 公司第一个获利年度实施了企业所得税免税。按甲国的税法规定,企业所得税税率为 20%。A 公司获得了 B 公司免税年度分得的利润 2000 万元。根据中国和甲国政府签订的税收协定的规定,中国居民从甲国取得的所得,按照协定规定在甲国缴纳的税额可以在对居民征收的中国税收中抵免。所缴纳的税额包括假如没有按照该缔约国给予减免税或其他税收优惠而本应缴纳的税额。所缴纳的甲国税收应包括相当于所放弃的甲国税收的数额。计算如下:

A 公司在计算缴纳企业所得税时,B 公司的免税额 = 2000 × 20% = 400 万元,应计算为由 A 公司抵免的间接负担的境外税额。

第 23 段:"税收饶让抵免应区别下列情况进行计算:(1) 税收协定规定定率饶让抵免的,饶让抵免税额为按该定率计算的应纳境外所得税额超过实际缴纳的境外所得税额的数额;(2) 税收协定规定列举一国税收优惠额给予饶让抵免的,饶让抵免税额为按协定国家(地区)税收法律规定税率计算的应纳所得税额超过实际缴纳税额的数额,即实际税收优惠额。"

第 24 段:境外所得采用财税[2009]125 号文第 10 条规定的简易办法计算抵免额的,不适用饶让抵免。

第 25 段:"企业取得的境外所得根据来源国税收法律法规不判定为所在国应税所得,而按中国税收法律法规规定属于应税所得的,不属于税收饶让抵免范畴,应全额按中国税收法律法规规定缴纳企业所得税。"

思考与理解

1. 什么是税收饶让抵免?
2. 税收饶让抵免有哪些类型?
3. 适用税收饶让抵免有哪些限制?

课外阅读资料

1. 廖益新主编:《国际税法学》,北京大学出版社 2001 年版。
2. OECD, Tax Sparing: A Reconsideration, 1998.

第四编 国际逃税与避税规制

第十章 国际逃税与避税法律规制的基本原理

第二次世界大战后跨国公司的兴起和迅猛发展,为各国国内已经存在的逃避税活动留下了更为广阔的空间,使这类活动的国际色彩越来越浓。国际交通和通讯的便捷也为国际逃避税活动提供了非常有利的条件。加上相当长一个时期内,许多国家的税率居高不下,刺激了企业逃避税的动机。在这些因素的综合作用下,国际逃避税活动愈演愈烈,严重损害了各国的税收利益,破坏了国际税收秩序,许多国家和国际组织日益关注这一问题。本章阐释逃税、避税的概念和行为模式,以及国际逃税和避税的法律规制的基本原理。

第一节 国际逃税与避税的概念

一、逃税与避税的概念

依照国际上通行的做法,税收领域中的规避税收和违法犯罪行为分为两大类:逃税(tax evasion)和避税(tax avoidance)。

国际逃税、国际避税往往是各国国内逃税、避税活动在国际范围的延伸和发展。因此,有必要首先弄清逃税和避税的概念。

逃税是指纳税义务人违反税法的规定,不履行自己的纳税义务,不缴或少缴税款的行为。逃税是违法行为,严重的逃税行为还构成犯罪。逃税的手段以欺诈行为为主,如隐匿应税收入、作假账、伪造单据等。许多国家的司法实践中,对逃税者的起诉往往是几个罪名,除逃税罪外,还有制作假文件罪等。中国法律中规定的偷税、漏税、出口骗税和制售假发票等,实际上都已包括在逃税这一法律概念中。

避税是指纳税人利用税法上的漏洞或规定不明确之处,或税法上没有禁止的办法,作出适当的税务安排和税务策划,减少或者不承担其应该承担的纳税义务、规避税收的行为。避税并不直接违法,更不构成犯罪。避税行为在经济发达国家大量存在,在纳税人中已成为一种较普遍的现象,制订避税计划、策划避税等咨询服务业早已应运而生,一般由律师事务所和会计师事务所提供此类服务。

从严格的法律意义上讲,逃税和避税是两种行为,在性质、手段以及由此而可能产生的法律后果等方面,都存在着本质上的明显差别。我们可以从下两段联合国税收专家小组有关逃税和避税概念的比较中看出这些差别。

"严格意义上的逃税,是指纳税人故意或有意识地不遵守征税国法律的行为。从广义上说,逃税行为一般也包括那种纳税人因疏忽或过失而没有履行法律规定应尽的纳税义务的情形,尽管纳税人没有为逃税目的而采取有意的隐蔽的手段。"

"避税相对而言则是一个比较不明确的概念,很难用能够为人们所普遍接受的措辞对它作出定义。但是,一般地说,避税可以认为是采取某种利用法律上的漏洞或含糊之处的方式来安排自己的事务,以减少他本应承担的纳税数额。而这种做法实际并没有违反法律。虽然避税行为可能被认为是不道德的。但避税所使用的方式是合法的,而且纳税人的行为不具有欺诈的性质。"[①]

从历史上看,避税概念的出现较逃税晚,避税是税制发展到一定阶段,发展到相当复杂的程度,特别是税收有了一定程度的国际化才出现的。英国1906年第一次出现"合法避税"(legal avoidance)的说法,而且,此后近百年来,避税这一用语从来没有在有关税收,金融的法律中消失过。[②] 反避税是现代税制和税法的重要组成部分。

逃税与避税的区别,还表现在给行为人带来的不同法律后果方面。

逃税行为的法律性质是非法行为,因此,逃税行为被有关当局查明,纳税人就要为此承担相应的法律责任。在各国税法上,根据逃税情节的轻重,有关当局可以对行为人作出行政、民事以及刑事等不同形式的处理。

避税行为人往往利用合法的形式来避税,至少并不直接违反法律,各国有关当局和部门的主要反避税措施是修改、完善税法和其他有关法律,堵塞避税得以产生的制度上和法律上的漏洞。另外,根据法律规定纠正避税,收回避税款,也是反避税的重要方面和措施。反避税的重点在于加强立法和税务部门的执法,而不在于对避税行为人的处理和处罚。

但是,逃税和避税造成的后果几乎是相同的,即国家税收收入的流失,守法纳税人与逃避税者之间的不公平竞争,由此所造成的社会分配不公等等。因此,

---

① 参见《联合国秘书处国际经济社会事务部发达国家与发展中国家之间谈判双边税收条约手册》,1979年纽约,英文版,第22页。

② Hywel Jones, The History and Structure of the Profession, The Tax Advisor's Profession, at www.insideecareers.co.uk.

对国家来说，规制避税与规制逃税具有同样重要的意义。国家同样重视堵塞来自逃税和避税两方面的漏洞。

市场经济比较发达，经济比较开放，国际化程度高的国家，在反逃避税方面的立法比较成熟，经验也比较丰富。如美国的税法，在纠治逃避税方面成就突出，其做法在国际上颇有影响，它对逃避税的界定与处理办法，得到了联合国经合组织、联合国税收合作小组的赞许。

二、国际逃税与国际避税的概念

上述逃税与避税的特征与区别，同样适用于在国际范围的，或跨越国境发生的逃税和避税。纳税人的逃税活动、避税安排具有跨国因素，与两个或者两个以上国家的税收管辖权产生联系，就构成了国际逃税和国际避税。实际上，国际逃税与避税的概念来源于国内法对逃税和避税的界定。

我们可以将国际逃税和国际避税分别定义为：国际逃税是指纳税人采取某种非法的手段与措施，减少或逃避就其跨国所得应该承担的纳税义务的行为；国际避税则是指跨国纳税人通过某种不违法的方式，减少或避免就其跨国所得应该承担的纳税义务的行为。

我国学者对国际逃税和国际避税概念的认识不尽相同，但应该说是大同小异。[①] 国际逃税与国际避税的主要区别在于前者的违法性与后者的合法性，或曰非违法性。由于二者法律性质的不同，其法律后果也不相同，对国际逃税是处罚和打击；对国际避税是依法纠正。

不过，国际上对合法和非法并没有统一的或者通用的标准，各国的有关立法之间也有差别。同样的行为，在一国是非法的，在另一国可能是合法的。[②] 因而，国际逃税和国际避税较之一个国家之内的逃税、避税更复杂和难以区分。

国际逃税与避税的产生有主观和客观两方面的原因。

主观上，纳税人作为追求个人利益最大化的"经济人"，一般来说有多获利、少纳税的意识。进行国际投资的跨国纳税人追求的是利润，是利润的最大化，他们的避税动机更强。因此，跨国纳税人运用各种手段来逃避税收，取得最大经济利益。

客观上，进行国际投资的跨国纳税人的经营活动超出了一个国家的范围，具有国际性。各国税法之间的差异，税收环境的差异给跨国纳税人的国际逃避税提供了活动空间，使其逃避税活动有了可乘之机。例如，各国的税收管辖权不

---

① 关于此问题的讨论与各位学者观点的引用，参见刘剑文主编：《国际税法》，北京大学出版社1999年版，第106—107页。

② 高尔森主编：《国际税法》（第2版），法律出版社1993年版，第124页。

同,有居民税收管辖权和收入来源地税收管辖权;各国对税收居民,收入来源地的判定标准有所不同;各国在征税范围、税基、扣除项目、税率和避免双重征税的方法等方面存在诸多差异。纳税人可以利用这些差异逃避税收。

各国税收当局对跨国纳税人的有关信息掌握比其国内纳税人肯定要差很多,这是国际逃避税易于发生的重要原因。例如,一国的税务部门很难掌握一种产品或一项服务在另一个国家的市场价格,这给转让定价这种避税方式提供了可能性,而且税务部门也难以令人信服地进行纠正。目前,税务信息交换的国际合作发展程度很低,其在防止国际逃避税中的作用微不足道。

国际逃避税在实践中造成的危害显而易见,它损害了国家的经济利益,造成了国家税收的流失。它破坏了公平竞争的市场经济原则,守法者吃亏,处于不利竞争地位,违法者得利,获不义之财,造成国际投资市场秩序的混乱。更糟糕的是,这种情况会加剧和助长新一轮国际逃避税活动,形成恶性循环。而且,国际逃避税活动会导致国际投资的非正常流动,不是由市场来配置资源,资本流向其最能产生利润的地方,而是由逃避税导向来"配置"资源,资本流向最有利于逃避税收的地方。

三、中国法中的偷税、避税的概念

中国法律中有偷税、漏税、骗税、抗税、避税等概念,还有出口骗税等罪名。我国 2009 年《刑法修正案(七)》第 201 条正式采用了逃税的概念。

偷税是指纳税义务人使用欺诈、隐瞒等手段逃避纳税的行为。偷税情节严重,达到一定数额,构成逃税罪。漏税是指纳税义务人并非故意而未缴或少缴税款。偷税是知法犯法,漏税是不知法而违法。二者在很多方面有区别,如纳税人的主观故意、引起的法律后果、行为的性质等。但是,多数国家的法律中不区别二者,而统称之为逃税。抗税是以暴力等方式抗拒纳税的行为,反映了我国特定历史时期内的一种特殊现象。出口骗税是利用中国实行的出口退税政策,假造出口合同、报关单来等骗取国家税款的行为。综上所述,中国现阶段税收领域内的违法犯罪行为,带有从计划经济向市场经济过渡时期的经济犯罪的特点,与发达的市场经济国家的犯罪形式有很大的不同。

我国反逃避税的法律制度和体系还很不健全,对逃避税行为的具体纠正措施、规则和程序,法律上缺乏明确、清晰、易于操作的具体规则。我们要加强税收法制建设,使之适应市场经济和改革开放的需要。国际税收协定中的反逃避税措施、外国税法中的反逃避税规则和制度,都值得我们参考和借鉴。

第二节　国际逃避税的手段与形态

一、国际逃税的主要手段

跨国纳税人进行国际逃税的手段多种多样,比较常见的主要有以下几种:

（一）不向税务机关报送纳税资料

采用这种手段主要是不向税务机关提交纳税申报单,匿报应该纳税的财产和收入。

提交纳税申报表(tax return),是纳税人的一项基本义务。如果纳税人不依法填报纳税申报表,这种行为本身就是违法的。如果没有申报应该纳税的财产和收入达到一定程度,则会构成逃税罪。匿报应该纳税的财产和所得,经常发生在纳税人在国外拥有的财产或获得的股息、利息以及薪金所得和报酬等项收入上。例如,纳税人对实物加以隐瞒,纳税人以无记名证券形式进行投资以隐匿在国外的股息、利息和租金等等收入。在这方面,银行往往为纳税人转移和隐匿财产提供了便利条件。银行有为顾客保密的义务,纳税人将收入转入某家银行的秘密账户,使财产逃避纳税申报和税务检查,从而达到逃税的目的。国外有些银行往往通过能为顾客提供保密服务来招徕顾客,兜揽生意,比如瑞士的银行以提供高度保密的服务著称于世,使瑞士银行成为很多非法来源的"黑"钱的洗钱场所,也成为逃税的避难地。

（二）谎报所得,虚构扣除

谎报所得是指纳税人没有如实地说明所得的真实性质,而是为了得到税收上的好处而将一种所得谎报为另一种所得,例如,接受外来投资的公司,可能将股息分配伪报成利息支付,因为利息可以作为费用扣除,而股息是不能作为费用扣除的,这样,增加了费用扣除,减少了应税所得,少缴纳了税款,达到了逃税的目的。

虚构成本费用等扣除项目,是纳税人最为常用的逃税方式。应税所得等于毛收入减去支出,任何虚构的支出和非法的列支都是支出的增加,也就是应税所得的减少,直接导致纳税额的减少,即国家税收的减少。在国际逃税问题上,由于各国经济制度的差别和国际市场的行情多变,还由于一些国家经济制度法律制度和税收制度不够发达或者不够健全,缺乏严格的开支标准和统一的收付凭证,一国的税务部门难以掌握跨国交易真实成本、费用、价格等。纳税人在各项支出上都可能多报,或无中生有地伪报,来达到逃避税收的目的。如高报购入原料价格、虚构工资支出、虚构交际应酬费用、虚报投资额以增加股权比例、多摊折旧扣除,将股东私人支出如购买个人房产谎报为公司支出等等,都是减少应税所得以达到逃税目的的方式。

(三) 作假账和伪造收付凭证

有的逃税行为人采取设立两套甚至两套以上账簿的办法,应付税务机关的账目监督和核查,以假账来欺骗审计、税务等部门,其根本目的在于逃税。在收付凭证上做文章,也是逃税行为人的逃税方法。伪造、篡改收付凭证主要是在购入发票上多开金额,以增加支出额;在发票售出上少开金额,以减少收入额;销售货物不开发票,以隐匿销售收入。有的国家在法律上将作假账单独作为刑法中的一个罪名来处理。

二、国际避税的基本形态

跨国纳税人进行国际避税的基本形态主要有以下几种:

(一) 纳税主体的跨国移动

1. 自然人的跨国移动

在对自然人进行征税方面,各国一般以国籍和个人在境内存在着住所、居所或居住达到一定期限等法律事实,作为行使居民税收管辖权的依据。因此,纳税人往往采取改变国籍、移居国外、缩短在某一国的居留时间等方式,变更其税收居所,达到规避在某一国家的纳税义务的目的。

(1) 自然人变更国籍。如在美国,自然人的纳税义务由其国籍决定。自然人想摆脱公民税收管辖权的制约,唯一的途径就是放弃其原来国籍,获得别国国籍。国籍变更要受到有关国家的国籍法和移民法的制约。从税收角度着眼,公民改变国籍迁往境外对税收是有影响的。因此,这类国家一般对此类事项实行严格管理。

(2) 自然人住所、居所的迁移。居住在高税收国的自然人为了避免居住国的高税负,可以将其居所或住所迁往低税国。这种纯粹为了躲避高税收而移居国外的现象,国际上称之为税收流亡(tax exile)。例如,高税国的居民纳税人退休以后,移居到气候和环境条件较好的避税地或低税国。

(3) 住所的短期迁移。高税国居民纳税人为了达到某项特定的避税目的,短期移居国外,待实现了特定的避税目的后,再迁回原居民国,所以又称为假移居。例如,加拿大在1971年税制改革以前,对资本所得完全不征税,一个荷兰人为了既能出售他在某个荷兰公司的大量股份,又能躲避荷兰20%的资本利得税,他可以移居加拿大,在加拿大出售其股份。荷兰和加拿大之间的税收协定规定这类收入只能由居民国征税。此人移居加拿大后出售其股份可以全部躲避荷兰的资本利得税。

(4) 缩短居住时间和短期离境。居所判定标准在很大程度上与一个人在一国的居住时间长短有关,自然人可以采取在一国不住满法定期限的方法来避免在有关国家构成居所,针对连续居住半年或1年的居所判断标准,则可以采用中途离境一段时间,使居住期间达不到法定的连续居住天数。例如,通过在各国间旅行,经常变换居住地点,以避免在任何一国形成居所而受居民税收管辖权管辖。国际上常常使用"税收难民"(tax refugees)一词,来称呼这些为躲避居民税收管辖权而东奔西走的人。

(5)成为临时纳税人。临时在其他国家工作的自然人,往往能够得到临时工作所在国减免所得税的特殊优惠,或者享受到在该国只有临时住所或第二住所的税收优惠。对此,国际上称为"临时移民"税收待遇。这两种税收优惠都可以被用来进行国际避税。例如,荷兰为了吸引外国专家到本国工作,从20世纪50年代起对外国公司派驻在荷兰的雇员,提供很多减免所得税优惠。

2. 法人的跨国移动

法人可以通过以下方式选择或改变税收居所进行避税。

(1)法人可以通过事先选择在低税收或无税的避税港注册登记的办法达到规避在某一国作为居民纳税人的纳税义务。

(2)转移与虚假迁出。在以法人的实际管理和控制中心为标准的国家里,法人可以通过改变董事会的开会地点的方式把企业的实际管理中心转移到低税收国家。法人可以通过变更登记而将总机构变为分支机构,将新的董事会或总管理机构设在低税收国家。

(3)居所的真正迁移。将一个跨国法人的实际管理机构或实际控制管理中心真正从一个高税国转移到低税国,是跨国法人摆脱高税收国家居民税收管辖权最彻底的方式。但是要真正实行起来是相当困难的。跨国法人可能要承担的有:巨额的搬迁费用,停工停业损失,在当地变卖处理财产的所得需要缴纳资本利得税。

(4)主体的变相转移。主体的变相转移是指纳税人本身并不转移出其高税收居住国,而是通过精心安排其境外经营活动形式和渠道,将其实际经济利益转移到低税收国家,从而在一定程度上达到摆脱高税国居民税收管辖权的影响。主体的变相转移,实际上是借助于课税客体的转移进行的。最常见的手法是在国外建立信箱公司和开展中介业务。

信箱公司(letter-box company)是仅在所在国完成了必要的注册登记手续,拥有法律所要求的组织形式的纸面上的公司。信箱公司在所在国只是一块招牌,而作为公司所从事的业务如制造、经销、管理等实质性活动,都在别国进行,所以,信箱公司又称招牌公司。信箱公司一般都设在避税地。

中介业务是指在所得或收入来源与其最终获得者或受益人之间,插入一项业务环节,在二者之间形成一个积累中心。这一中心通常处于避税地,或者实行特殊优惠政策的低税收国家,或者对利息和特许权使用费给予特别税收优惠的国家。这种以中介业务为主要形式的积累中心,一般以公司的形式出现。

（二）避税港与基地公司

避税地(tax haven)一般指那些对所得和财产不征税或者按很低的税率征税的国家或地区。又称避税乐园、避税港(tax harbor)。

按照以上定义，避税地可以分为以下三种类型：

（1）没有所得税和一般财产税的国家和地区。在这些国家和地区，不开征个人所得税、公司所得税、资本利得税、财产税、遗产税、赠与税。所以，又称为"纯避税地"。属于这种类型的国家和地区主要有巴哈马、百慕大、开曼群岛等。

（2）对外资和外国人实行低税负或对国外来源所得不征税的国家和地区。有些国家和地区仅实行收入来源地税收管辖权，对国外所得完全免税，对来源于境内的收入实行低税率。中国的香港特别行政区、马来西亚、巴拿马、利比里亚是这种类型的典型代表。有些国家和地区对当地和国外所得或投资课征某些直接税，对外国经营给予特别税收优惠。如瑞士、列支敦士登、塞浦路斯等等。

（3）对外资提供某些税收优惠的国家和地区。这些国家和地区在实行正常税收的同时，对外来投资的某些经营形式提供特殊优惠。如卢森堡、荷兰、爱尔兰、英国等。

一些国家的税务机关，以本国的实际税负为标准，出于反避税的目的，公布避税地名单。如德国在其1972年的反避税法中规定了"低税国"的国家名单。日本、澳大利亚也公布过类似的名单。避税地国家和地区则为在国际避税地避税提供信息和指导，有的出版物直接冠以"避税地百科全书"之类的名目吸引、招徕避税者。

第一、二类避税地，特别是纯避税地，大多是一些很小的岛屿，地域狭小，缺乏经济赖以发展的自然资源和资金。避税业务为本地提供了重要的财政收入，吸引了外资，扩大了就业，促进了经济发展。从制度上看，避税地国家和地区的税收制度，往往以关税和商品税制度为主，所得税所占比重微不足道，大多仅实行收入来源地税收管辖权，对境外所得不征税。其公司法对外国人在本国设立公司提供便利。其中一些国家的移民法，对外国人来定居也给予方便。

避税地国家和地区大多是小国寡民，没有太大的财政支出需要；具有政治上的稳定性，因为动荡的政局会使外国投资者望而却步；交通便利、通讯发达、出入方便；而且，往往环境优美、气候宜人，适于旅游和居住。这对招徕外国投资者也是重要的条件。在国家对经济的管理上，政府干预少，外汇进出自由，银行业发达且为客户保密。

著名的避税地，主要分布在三个区域，即靠近北美州的大西洋和加勒比海地区、欧洲中南部、亚洲太平洋地区，分别是北美、欧洲和亚太经济发达国的避税地。

跨国纳税人通过在逃避税地建立"基地公司"，将财产、所得和收入汇集到基地公司中，从而达到躲避国际税收的目的。

所谓基地公司,是指那些在避税地设立而实际受外国股东控制的公司。这类公司的全部或主要的经营活动是在避税港以外进行的。建立基地公司的目的,主要是为了用基地公司来聚集、接收其收入。基地公司有多种形式,如信箱公司、招牌公司、持股公司、投资公司、财务公司、专有权持股公司、受控保险公司、信托公司、海运公司和空运公司等等。

利用基地公司进行避税有种种方式,略举几种如下:

(1)利用基地公司虚构、中转销售业务,实现利润跨国转移。例如,甲国公司将一批产品出售给乙国的客户。为了规避甲国较高的税负,通过设在避税港丙国的基地公司中转销售,由基地公司以市场价格出售给乙国客户,出售产品的部分甚至全部利润转移到基地公司账上,从而使甲国公司获得避税的好处。

(2)以基地公司为持股公司,将联属企业在各地的子公司的利润以股息形式汇到基地持股公司账下,以逃避母公司所在国对股息的征税。持股公司可以运用这些资金在避税港或其他地区从事各种交易,赚取更多的利润。

(3)以基地公司为信托公司,将在避税港外的财产虚构为基地公司的信托财产,这样纳税人可以将实际经营这些信托财产的所得,挂在基地信托公司名下,并逐步转移到避税港,取得免税或减少纳税的好处。日后因信托人逝世而将财产转归受益人时,还可以避免全部或大部分遗产税的义务。

(三)关联企业与转让定价

利用转让定价进行国际避税,主要发生在跨国关联企业之间。从国际税收的角度来定义,所谓关联企业,是指资本股权和财务税收相互关联达到一定程度,需要在国际税收上加以规制的企业。关联企业(associated enterprises)、受控外国公司(foreign controlled company)和基地公司等等,都是关联企业的不同形式和用语。

联合国和 OECD 两个税收协定范本对关联企业的界定完全相同。在两个范本的第9条"关联企业"中规定:在以下任何一种情况下,两个企业之间的商业或财务关系不同于独立企业之间的关系:(1)缔约国一方的企业,直接或间接地参与缔约国另一方企业的管理、控制或成本;那么具有这样性质的双方企业就可以认定为联属企业。(2)同一个直接或间接参与缔约国另一方企业的管理、控制或成本。

这里所说的"参与管理、控制与成本"要达到一定的程度在税收上才形成关联性。各国一般都在其税法中规定了关联程度。多数国家以控制有选举权或决定权的股份比例作为判定标准。如日本规定国内母公司拥有设在外国的子公司股权超过 25% 的为关联企业,美国规定超过 5% 的为关联企业。

各国在国内法中对国际关联企业作出界定,完全是出于税收的要求和需要。就居民国来说,把跨国纳税人在外国的企业判定为与外国的企业存在关联关系后,可以调整关联企业之间的收入和费用,对一些企业还可以直接行使居民税收管辖权,对其国外收入征税。就收入来源地国来说,把跨国纳税人判定为同国外企业税收有关联之后,同样可以调整收入、费用的分配,控制税收利益外流,使收入来源地税收管辖权能够得到切实实施。

从税收的角度对国际关联企业作出界定,其基本原因是由于联属企业之间的经济往来、经营关系和财务关系不同于独立企业之间的关系。独立企业之间的交易往来是按照市场原则进行的,它们之间销售货物或转让财产,按市场行情估价定价,双方自愿达成交易;借贷款项,按市场利率计息;提供劳务,按市场标准付费。但是,关联企业之间的交易往来不完全遵循市场原则,而会发生种种扭曲市场原则,人为转移和分配利润情况。

转让定价(transfer pricing)是关联企业之间出于避税的目的,违背市场原则,进行人为分配的主要方法。以下举例说明转让定价如何在关联企业之间发生:

A国A公司是一个以生产销售汽车为主的跨国企业,A国的公司所得税税率为48%,属于高税率。A公司在世界各地有若干个关联企业。一批本公司产品汽车出售给B国的B公司,实际售出价格为1.5万美元/辆。为了减少这笔收入在A国的高税收,A公司通过它设在C国的关联企业AC公司来中转这笔交易。A公司以每辆1.2万美元的价格将这批车卖给AC公司,再由AC公司以每辆1.5万美元的价格卖给B公司。3000美元的销售所得计入在AC公司的账上。由于AC公司所在的C国是低税国,税率为30%,这3000美元的销售收入避免了A国的高税收,少纳税 $3000 \times (48\% - 30\%) = 540$ 美元。再有其他因素的支持,如A国允许国外收入延迟纳税,AC公司处于免税期等等,使A公司的这笔收入得到税收利益。

以上是在产品售出、公司取得收入方面进行转让定价的典型情况。在购入原材料、公司支出方面同样可以通过转让定价获取税收利益。

上例中的A公司,从设在B国的B公司购买橡胶制品用于汽车轮胎,实际购入价为每吨500美元,为了在账目上扩大这笔支出,达到减少纳税额的目的,A公司让其关联企业设在C国的AC公司出面购买这批橡胶制品。AC公司以每吨500美元的价格从B公司购买,再以每吨550美元的价格卖给A公司。在A公司的账目上,这笔支出为550美元,人为扩大了费用和支出,减少了应税所得额,也就减少了在A国的纳税额。

(四) 弱化股份投资

公司企业经营所需资金主要来自于股东的股权投资或银行贷款。为企业筹资是选择股权投资形式还是选择贷款形式,其中股份和贷款各占多少比例,主要考虑经营和经济因素,如盈利性和风险性。税收方面的考虑,一般来说并不是重要的考虑因素。但是，在现代跨国投资环境中，由于各国对跨国股息所得和对银行借贷利息的税务处理存在很大差别，跨国投资者常常会利用这种差别待遇，少投入股份资本，多利用借贷资本，以达到避税的目的。这种避税形式已经越来越引起国际上和各国税务机关的关注和重视。

股东通过股份形式进行投资取得所得后，先要缴纳所得税，纳税后进行利润分配，取得股息收入。所以，股息是税后收入。而且，股息收归股东之后，往往还要缴纳个人所得税，如果股东所属公司的所在国存在重叠征税制度，股东公司还要再缴纳一次所得税。各国对跨国股息的分配一般都要征收预提所得税。而投资人如果利用银行贷款为企业投资，银行贷款的利息在各国税法上一般都可以作为合法支出项目在税前予以扣除。这样，应税所得减少，纳税额随之减少，达到了避税目的。

跨国投资人因税收原因，往往尽量多利用银行借贷融资，而较少利用本身的股份资金，或者把本来是股东的资本转成银行贷款，从而逃避或减轻了其本来应该承担的税负。这类避税安排在国际税法上称为"隐蔽的股份投资"或"资本弱化"。

第三节 国际逃税与避税的法律规制

国际逃避税驱使大量资金流向易于逃避税收的国家和地区，造成资本的非正常流动。国际逃避税活动对维护纳税人的权益，实行公平竞争，维持公正有序的税收秩序和市场秩序是非常不利的。鉴于国际逃税与避税的危害性，各国政府纷纷制定了防止国际逃税与避税的法律措施，并不断加强和完善税收法制建设。许多国家在实践中根据自己的情况和特点形成了各具特色的防范逃税和避税的措施。主要是通过法律手段，在国内税收的立法、执法和司法等各方面下工夫。同时，还加强和扩大政府间的双边税务合作，来堵塞国际税收中的漏洞。

一、国际逃税与避税的国内法规制

各国税法上防止国际逃避税的一般措施主要是健全税收征管制度，加强对税收情报的收集和对跨国纳税人的经济交易活动的税务监督管理。目前，有关国家采取的措施主要有以下几种。

（1）加强国际税务申报制度。各国税法一般都规定居民纳税人要向居民国提供其在国外进行经营活动的情况，这是一种法定义务。这种义务可能规定在税收法规的条款中，也可能作为判例法、普通法的一部分存在。在反避税的法律规定中最严厉的形式，是规定对某些行为纳税人需要事先取得税务机关的同意。例如，英国的所得税法和公司税法规定，纳税人将英国境内居住的法人住所迁移到国外，或将国内资产转移到由其支配的外国法人之下，必须事先经过财政部同意,否则会受到惩罚,即该纳税人必须像未迁出前一样,仍然向英国纳税,并且受到一定的经济处罚。美国的税法中也有类似的规定。例如,跨国纳税人进行某些交易时,有义务事先向美国税务机关提出证据,证明他们的主要目的不是为了逃避税。

在程序法方面,也有特殊的规定和措施来加强对逃避税行为的惩治和遏制。例如在举证责任问题上,一些国家在立法中对税务案件的举证责任作了转移,由纳税人证明自己行为的合法性,以利于税务机关对逃避税案件的查处。如果纳税人不能证明自己的清白,则推定其行为为不法或犯罪。一般来说,纳税人至少要对以下两种情况提供证据:一是在案件涉及国外事实的情况下,纳税人要对之提供证据。二是纳税人要对某些跨国境交易的正常营业状态提供证据。例如,美国法律明确规定纳税人有举证责任;比利时所得税法和法国税收总法典都规定,除非纳税人能够提供相反的证据,某些支付,特别是对避税地的支付,被认为是虚构的,不能从应税所得中扣除。有些国家虽然没有明确规定纳税人有举证责任,但是规定纳税人有义务配合税务机关的调查,并提供必要的所需资料。

(2) 加强税务调查。税务机关需要通过税务调查,搜集情报,对付逃避税活动。这是对纳税人自己申报制度的必要补充。美国一向注重税务调查,特别着重于国际逃避税的调查工作。在组织机构方面,配备了主要领导和 700 人的国际税务官员,还拟成立专门的国际税收调研机构,以便及时掌握在美国的外国纳税人,在外国的美国纳税人,以及受控外国公司、非居民纳税人的经营活动、经济状况和纳税情况。①

税务调查需要国际合作。很多国家的银行保密法律是税务调查国际合作的重大障碍。特别是像瑞士银行或国际避税地的银行如果对他国税务机关进行的当事人情况调查不予以合作,调查难以取得结果,也达不到掌握情况、遏制国际逃避税活动的目的。近年来,有些国家以及国际社会致力于推动国际合作,反有组织犯罪、反恐怖主义的国际法在反洗钱、要求银行披露有关信息方面有很大进展,客观上推动了税务调查的国际合作。

(3) 强化会计审查制度。对纳税实行会计审查制度,是加强对跨国纳税人的经营活动进行税务监督的一种重要手段。许多国家在有关法律中规定,公司企业、特别是股份有限公司的税务申报,必须经过会计师的审核。英国、美国、加拿大、日本等发达国家,都有健全的税务报表的会计审查制度。中国对外资企业的税务审查制度正在建设和健全之中。中国在有关法律中规定,外资企业报送会计决算报表时,除国家另有规定外,应当附送中国注册会计师的查账报告。

(4) 建立所得评估制度。许多国家对于那些不能提供准确的成本费用凭

---

① 参见萧承龄:《一些国家近期对跨国所得税的管理措施》,载《涉外税务》1997 年第 7 期。

证,因而无法正确计算其应税所得的纳税人,以及那些每年所得数额较小的纳税人,采取核定所得纳税制度。从某种意义上来说,这种核定所得纳税制度是一种控制纳税人逃避税的办法。

例如,在比利时和法国,某些小型的个体企业、商号、自由职业者,由于对其经营情况比较难以进行监督和控制,往往采取按照同行业纳税人的正常利润水平或平均利润水平核定其应税所得。法国税法对那些在两年期间内营业总额不超过 50 万法郎的贸易企业和不动产出租企业,以及营业额不超过 15 万法郎的其他企业,按照这些企业在正常情况下预计可以获得的利润进行征税。

当纳税人不能提供准确的成本和费用凭证,或者由于经营活动的性质,难以计算所得数额时,采用核定所得进行征税是一项可行的办法。各国对开发海洋石油资源的承包作业,通常按照承包收入核定利润率办法进行征税。对国际运输收入的征税,采取按照收入一定比例课征所得税。

二、一般纳税主体国际逃税与避税规制的国内法特别措施

（一）对自然人国际逃税与避税的规制

（1）对自然人避税性移居的制约。要限制自然人的移居避税,并非易事。根据国际法的一般原则,一国政府不应禁止其国民（公民）或居民、外侨移居出境。联合国一直支持制定一项民事和政治权利的多边条约,并将个人自由流动包括在内。除了这些国际规则外,许多国家的宪法也或明或暗地承认个人的移居权利。这些国际公法和国家法律所保障的个人移居自由,很容易被跨国自然人用来逃避税收。有关国家可以利用对自由流动原则的例外规定,来禁止其离境。例如,许多国家规定欠税者不得出境。但是,对于并没有违法的有避税意图的移居者,则不能用禁止离境的简单方法加以阻止。针对以避税为动机的自然人的国际迁移,某些国家采取了强硬措施,使移居出境者在移居后的很长一段时间内,在其原居民国或国籍国仍负有纳税义务。

例如,从 1966 年起,根据美国《国内收入法典》第 877 节规定,如果一个美国人以逃避美国联邦所得税为主要目的而放弃美国国籍移居他国,美国在该人移居后的 10 年内保留对其征税权。美国税务机关通过对该人滞留在美国境内的银行存款、房地产等财产的留置权,对该人实行有效的征管。如果该人不纳税,则可以从其在美国的财产中加以扣除。联邦德国对自然人迁移出境的避税方式,也有强硬的控制措施。1972 年公布了专门直接针对移居避税的反避税法。移居到避税地或不在任何国家取得居民身份并与联邦德国保持实质性经济联系的德国国民,将负有扩大的有限纳税义务。移居者将从其丧失联邦德国居民身份的当年年末起算的 10 年内,就其在原保留德国税收居民身份时作为德国来源的全部所得,负有扩大的有限纳税义务。对这类所得将按适用于这类纳税

人全部全球所得的正常累进税率征税。

（2）不承认假移居与严格对居住天数的计算。对各种以避税为目的的假移居和临时移居，原居民国可以采取不予承认的方法来加以约束。

例如，英国财政部曾有非正式的规定，在某些情况下，一个移居出境者仍保持3年的居民身份，该人只被认为是临时移居出境。根据该规定，如果一个人要求放弃在英国的居民身份，并能为此提供证据（例如，卖掉在英国的房子并在国外建立一个永久住宅），通常从其离境之日起，暂时批准其要求。只有该人在国外居留到一个完整的纳税年度之后，且在这段时间内对英国的任何访问天数全年累计不超过3个月时，才正式认定其移居。然而，如果该人不能提供充分的证据，对其放弃英国居民身份要求的批准决定将延期3年，然后将参考在那一段时间内实际发生的情况，再作出决定。在这3年时间内，将以其保留在英国的居民身份为基础，临时计算其纳税义务。

（二）对法人国际逃税与避税的规制

（1）加强对迁移出境的控制。英国在这方面采取了最强硬的措施。在英国，一家英国居民公司若要结束其居民身份迁移出境，必须事先得到财政部的批准，这是英国1970年税收法令中的规定。在没有得到财政部允许的情况下，一家英国公司不能利用避税地，不论是通过迁移，还是转移部分营业或建立一个避税地子公司。违反这一规定将受到惩罚，包括当事人可能受到两年监禁，也可能受到总额为应纳税额3倍的罚款，而在计算其应税所得时，要将公司在违法前36个月内产生的资本利得也包括在内。

（2）对转移营业和资产的限制。为防止法人利用向避税地实体转移营业和资产进行避税，许多国家采取了一系列限制措施。例如，英国法律明文规定，居民公司将贸易或经营转让给非居民，居民母公司允许非居民子公司发行股票或债券以及出售子公司等行为，必须事先得到财政部的批准，否则将受处罚，尤其是在避税地。

对于向国外转移资产，也予以一定的约束。例如，美国规定，美国个人或公司，如果把任何增值资产转移给企业或用以向外投资时，均应缴纳转移的财产增值35%的国内消费税，以防止把增值财产转移到美国税收管辖权以外的国家或地区而达到避税目的。

（3）防止法人利用公司重组进行避税。在跨国经营中，公司的组建、改建、兼并或清理是经常发生的，为防止跨国法人利用这些机会进行避税，对这类活动在税务上可能引起的问题均作出了明确规定。

美国《国内收入法典》规定，凡有外国公司参与的财产转让交易，上述公司在组建、改组或清算等业务中产生的利得，均应当时纳税，除非美国机关裁定该项转让交易确实不是有意策划避税。

英国对其国内公司集团的内部改组,一般给予某些特殊待遇,使集团内的企业分立或兼并等活动不必立即缴纳资本收益税。然而,当这种活动涉及非居民公司时则不能享受此种优惠。英国居民公司与非居民公司组成公司集团时,不得享受集团税收待遇(如合并申报、成员间盈利与亏损的抵消等)。正在清算中的居民公司将贸易转让给非居民公司,以交换发行给居民公司股东的股份时,其资本利得税不能延付;如果转让公司或被转让的子公司为非居民公司时,不适用对居民公司的各类规定。

(4) 以取消延期纳税节制对避税地公司的使用。此处所说取消延期纳税,是指居住国对作为避税地公司股东的本国法人或自然人,按其控股比例,对在避税地公司中的所得,不论是否以股息形式汇回,一律计入当年所得征税。取消其延期纳税,并不是对避税地公司本身的直接征税,而是对其本国股东的征税,使避税地公司无法凭借其独立的法人身份起积累所得的作用。这是某些发达国家抑制避税地活动的一项有力措施。

美国在取消延期纳税方面走得最远。针对美国纳税人以避税地为依托,设立外国基地公司,借以推延或逃避在美国纳税的行为,美国在1962年制定了《国内收入法典》"F分部"这一著名的反避税措施。美国并没有开列避税地名单,而是在F分部中规定,一个外国公司50%以上有表决权股票或价值在纳税年度任何时候,为每人均直接、间接或推定持有至少公司10%表决权股票的美国股东所拥有,该公司即为受控外国公司。作为受控外国公司,其按控股比例应该分配给美国股东的利润,即使当年不分配,不汇回美国,也要确认为各美国股东所得,视同当年分配的股息计入当年总所得额中征税。

F分部的规定对一些国家的税收立法产生了深远的影响。如日本1978年关于避税地的立法,以F分部为模本。西班牙从1994年开始取消西班牙股东源于税率不及西班牙税率75%的国家或地区的股息的延期纳税待遇。印度尼西亚于1994年作出规定,凡是在巴哈马、阿根廷、香港和澳门等32个国家或地区设立受控公司的印度尼西亚居民,必须在年度终了的4个月内申报应得的利润,不得作延期纳税处理。①

(5) 在税收征管与税务司法中运用"实质重于形式"的原则。"实质重于形式"(substance over form)是一项重要司法原则,即法律上不承认那些形式上合法而实质上违背立法意图的行为和安排。这一原则现已被一些国家运用于对某些避税问题的处理上,尤其是在税务司法中,法院不承认那些符合正式法律要求却没有充分商业理由的公司和交易。这样一来,以公司形式进行的交易,可能被认为是由个人进行的,公司的收入直接计入股东的账下。通过第三方进行的转

---

① 唐腾翔:《90年代以来世界各国税制发展动向》,载《税务研究》1996年第3期。

手交易,将被认为是仅涉及两方的直接交易等。

依此原则,税务机关可以不承认无商业目的的活动,不接受某些不正常的中介活动,戳穿虚假的交易。例如,法国的法律规定,公司的经营方式必须是可行的。否则,税务机关一旦查出造假的避税交易,就应依此程序撤销自身负有的举证责任,举证责任转由纳税人承担。这就迫使纳税人按正常的商业常规从事经营活动。

近年来,实质重于形式的原则在英国、美国等发达国家的税务司法中得到较多的运用,使税务机关在涉及避税问题的税务诉讼中,处于更为有利的地位,增加了获胜的机会。

(6) 消除经营形式选择上带来的税收利益。许多国家通过制定新的法规逐步消除了选择经营形式可能带来的避税机会。比如,美国规定,对本国公司在国外以分公司形式从事经营的初期损失,仍允许美国公司加以扣除,但在国外的公司盈利而转化为子公司后,美国公司要退还以前获得的扣除额,以防美国公司从损失扣除和延期纳税两方面获利。对外国公司以分支机构形式在美国境内进行的经营活动,则以1986年新开征的分支机构利润税和二次预提税,平衡分支机构与子公司之间的税收待遇。

此外,转让定价是跨国纳税人进行客体转移避税的最重要、最常见的手段之一。因此,对转让定价进行规制是反避税中的关键问题。

(三) 跨国企业国际逃税与避税规制的国内法特别措施

针对国际逃避税活动的行为模式和类型,结合经济全球化时代国际逃避税活动的特点,各国采取了各种反逃避税措施。企业法人的国际避税活动是规制的重点,特别是跨国公司的避税活动更是重要的规制对象。由于国际逃避税活动的形态和方式不断变化,反逃避税的对策和措施也在不断发展和变化。例如,电子商务引起了避税方式、转移定价方式的变化,要求有相应的立法跟上变化的形势。有时促使反避税法律发生变化的因素来自其他相关的国际法。例如,防止滥用避税地,要求披露金融与银行信息的立法,由于反洗钱(anti-money laundering)国际条约的发展,而使对国际逃避税活动的规制得到加强。

各国采取的反避税措施可以主要归纳如下[①]:

(1) 外汇管制。有的国家采用外汇管制规制本国居民的海外投资和交易。尽管一系列的外汇管制措施针对的是海外投资的经济效果,它却能有效地防止国际避税。至今,包括英国、澳大利亚和新西兰等在内的一些国家,仍广泛地采取外汇管制措施处理这一问题。

---

① Brian J. Arnold & Michael J. McIntyre, *International Tax Primer*, Kluwer Law International, 1998, pp. 70—73.

(2) 防止滥用避税地。设在避税地的销售基地公司若不从事任何真正的交易活动,国家将不承认其合法性。根据法国法,除非法国纳税人能证明交易是真实的,否则,在避税地的利息、特许权使用费和服务费支出不能作税前扣除。换言之,纳税人负有证明这类扣除的合法性的举证责任。德国对那些将户籍迁至避税地的人们课以一种特别税

(3) 转移定价措施。大多数国家采用关联企业或者转移定价规则,防止关联纳税人在交易时为转移收入或者支出到外国人为地抬高或者降低价格。

(4) 受控外国公司立法。有的国家采用受控外国公司规则防止消极转移和把某些其他收入以及该收入的累积额转移到设立在避税地的受控公司。有的国家对外国信托公司也采用类似的规定。

(5) 离岸投资基金(offshore or foreign investment fund)规则。有的国家采用海外或外国投资基金规则防止投资于国外对冲基金或者信托的居民迟延缴纳内国税。

(6) 反协定滥用规定(anti-treaty shopping article)。美国在其税收协定中坚持包含一项限制规则来防止选择条约。典型的协定滥用是指非居民选择在一个国家内建立法律实体,目的在于从该国的税收协定中得到好处。

(7) 反弱化资本投资规则(thin capitalization rules)。有的国家采取反弱化资本规则,防止居民公司中的非居民股东过多使用借贷资本来达到避税目的。借贷资本要支付利息,而利息是可以合法地进行税前扣除的。而对资本投资的股份进行股息分配,则不能进行税前扣除。

(8) 外流财产纳税(realization of capital gains expatriation)。当居民企业的财产被转移到非居民关联企业,一些国家认为就该项财产已按其合理的市场价值售出,因而产生的利润应纳税。否则,对这部分的内国税收可能全部被规避。而且,有些国家当纳税人不再是本国居民时,要对这部分利润征税。

本 章 小 结

反避税是国际税法的两大主题之一(国际税法两大主题为避免双重征税和反避税),在国际税法内容和结构中占有重要分量和意义。反避税措施和法律规则主要是由海外投资国国内法发展起来的。对我国来说,这些措施、规则和方法对我们认识国际反避税问题,参与相关国际合作,以及对我国的反避税实践和立法都有越来越重要的意义。

思考与理解

1. 逃税与避税有哪些异同?其在法律上的区分意义何在?

2. 通过纳税主体的跨国移动进行避税的方式有哪些？
3. 其他几种避税方式的发生机制和条件是什么？
4. 各国反避税的基本措施有哪些？
5. 怎样归纳反避税的基本思路？

课外阅读资料

1. 〔美〕理查德·L. 多恩伯格：《国际税法概要》，马康明、李金早等译，中国社会科学出版社 1999 年版。
2. 张中秀主编：《避税与反避税全书》，企业管理出版社 1994 年版。
3. 梁蓓：《国际税收策划》，对外经济贸易大学出版社 2011 年版。
4. Brian J. Arnold & Michael J. McIntyre, *International Tax Primer*, Kluwer Law International, 1998.
5. *The Tax Advisor's Profession*, www.insideecareers.co.uk.

第十一章 国际转让定价的法律规制

转让定价是国际税法中的一个重要内容,主要包括关联企业的概念及认定标准、独立交易原则、转让定价方法以及转让定价的征管程序等。西方国家关于转让定价制度的实施已有近百年的历史,晚近以来主要发达国家均在加强转让定价制度的立法与实施。为了统一各有关国家的转让定价制度,OECD 制定了《跨国企业和税务机关转让定价指南》(以下简称"《转让定价指南》")供各国参考,并进行定期不定期的修订。转让定价制度晚近以来的一个重大发展主要体现为传统上仅适用于有形财产交易的转让定价制度也开始被适用于无形资产的转让、劳务的提供等,并发展了利润定价法;在征管程序上又发展了预约定价安排等。2010 年 OECD《转让定价指南》还增加了跨国企业重组的转让定价问题。随着外商投资企业和外国企业在我国的设立,转让定价问题日益受到我国的重视。从 20 世纪 90 年代初开始进行转让定价立法,我国现已基本形成了较为完善的转让定价法律体系。

第一节 关联企业转让定价制度概述

一、关联企业的概念

关联企业是转让定价制度中的一个重要概念。如果税务机关对两个企业之间交易的价格不予认可,并采用某一转让定价方法另行确定,必须首先证明或确定这两个企业属于关联企业。因为转让定价制度只能适用于关联企业之间。[①] 如果两个企业之间不属于关联企业,那么即使他们之间的交易价格明显不合理,税务机关也不能对其进行调整予以征税。

所谓关联企业,是指它们之间存在关联关系的企业。关于关联关系的存在,各国税法一般都有规定,但判断标准却存在一定的差异。美国《国内收入法典》(Internal Revenue Code,IRC)第 482 条规定:"任何……两个或两个以上的组织、

---

① 高尔森教授认为,"正常交易原则只适用于关联企业,在非关联企业之间不可能发生通过转让定价来转移利润的问题……"参见高尔森:《论各国税法处置转让定价的基本原则》,载《国际经济法文选》,天津人民出版社 1994 年版,第 101 页。我们将其推而广之认为,转让定价制度只能适用于关联企业之间。另外,刘剑文教授也认为,"只有认定确有关联关系,纳税人才能受到税法中转让定价有关条款的约束。"刘剑文:《国际所得税法研究》,中国政法大学出版社 2000 年版,第 168 页。

贸易主体或经营主体共同隶属于同一利益主体,或者直接、间接地受控制于此同一利益主体",即被视为具有关联关系。

日本《特别税收措施法》(Special Taxation Measures Law)第66条规定,关联企业特指日本公司及其国外联属公司(foreign affiliated corporation)。国外联属公司仅指公司、公司组织及合作社组织,而不包括个人、合伙及非公司组织。《特别税收措施法》将关联企业定义为:(1)两家公司直接或间接拥有另一家公司流通在外股份至少50%[①];(2)两家公司各自流通在外总股份的50%或以上直接或间接由同一人或个体所拥有;(3)基于特别关系,一家公司在实质上拥有另一家公司经营决策之部分或全部决定权。

OECD与联合国分别制定的税收协定范本的第9条第1款也对关联企业进行了描述。根据该款规定,凡是缔约国一方企业直接或间接参与缔约国另一方企业的管理、控制或资本,或者同一人直接或间接参与缔约国一方企业和缔约国另一方企业的管理、控制或资本,那么该企业就可被认为与另一企业具有关联关系。[②] 在实践中,各国之间所签订的税收协定关于关联企业条款的规定也大多与此类似。

其实,综观各国税法及税收协定的规定,一般都没有采取用简短的语言对关联企业进行定义,只是给出了一些关联企业或关联关系的判断标准。这可能是由于构成关联企业的情形非常复杂,很难在一个简短的句子中给关联企业作出明确的规定。至于关联企业或关联关系的具体认定,一般有两大标准:(1)股权控制标准;(2)企业经营管理或决策人员的人身关系标准。

此外,有些国家在采用上述两个标准的同时,还采用其他一些标准,如资金、技术上的依赖标准等。美国税法规定,两个企业之间只要有人为转移利润的情形,其即可被认定为关联企业,等等。[③]

二、转让定价的概念

关于转让定价,并不存在一个在国际范围内普遍接受的定义。1995年OECD《转让定价指南》在"术语解释"(Glossary)中对34个重要的术语作出了定义,但却没有对转让定价作出定义。其实,我们在对转让定价制度进行研究的过

---

① 日本在计算持股比例时采用归属原则(attribution rules),例如甲公司持有乙公司60%的股份,乙公司持有丙公司70%的股份,则甲公司视同持有丙公司70%的股份而非42%的股份。

② OECD与联合国的两个税收协定范本第9条均认为:"在上述任何一种情况下,两个企业之间的商业或财务关系不同于独立企业之间的关系。"对于其中的"不同于独立企业之间的关系",我们认为如果采用另一种方式来表达,就可以表达为"两个企业属于关联企业"。

③ OECD与联合国的两个范本第9条实际上只采用了控股标准和人身关系标准,因此一些国家(包括我国在内)所规定的其他标准超出了该两个范本所规定的范围。

程中发现,西方的学者基本上均未对转让定价这一概念进行过定义,只是我国的学者有所定义。

在转让定价制度中存在着几个互相联系但又有所不同的概念,如转让定价(transfer pricing)、转让价格(transfer price)以及不当操纵转让价格或不当操纵转让定价(transfer pricing manipulation)等。在阐述转让定价的概念之前,有必要对这些相关概念予以澄清。转让价格与转让定价是两个不同的概念。转让价格是一个用数字表示的数量关系,而转让定价则是一种行为,其本身是一个中性概念。其实,就关联企业本身而言,即使不是出于纳税的要求,而只是出于它们自身的会计核算或经营管理上的要求,本来也会被视同无关联关系企业之间的往来一样,按照一定的标准,进行计价收款、登账入册,以便考核各自的经营成果。转让定价是一个正常的、合法的,事实上也是一个必需的行为。但是,关联企业在对内部交易进行定价时,往往会利用其内部控制的优势,不按照市场价格水平进行定价,即不当操纵转让定价。

在关联企业的内部交易中,并非所有交易的价格都偏离市场价格,也就是说,关联企业在进行内部交易时,并非都不当地操纵转让定价。但是,无论关联企业是否对内部交易的价格进行了不当操纵,其对内部交易进行定价的行为都应称为转让定价。[①]

总之,关联企业在内部交易定价的实践中,既可能存在按照市场价格水平进行定价的情形,也可能存在背离市场价格而不当操纵价格的情形。但无论是哪一种情形,都是对内部交易进行的定价,即都是转让定价。因此,所谓转让定价就是指对关联企业间的交易进行定价的行为。

三、独立交易原则

(一) 独立交易原则的概念

独立交易原则(arm's length principle,缩写 ALP)是转让定价制度的核心原则。一般地说,只有符合市场经济规则的交易,才能被认为是正常交易。在其他各种模式的经济体制经过一定的试验而瓦解之后,市场经济目前被认为是一种

[①] 其实,转让定价又称为内部交易定价,因此"转让"和"内部交易"应为同义语。转让定价中的"转让"(transfer)一词,也应被理解为关联企业间财产等的转让。在西方学者关于转让定价的著作中,transfer 一词通常也都是指财产的转让。如联合国贸易与发展委员会关于国际投资协议的系列著作之一的《转让定价》一书就是如此。该书的第 7 页第 2 段写道:"The pricing of transfers of goods, services or other assets within a TNC network creates considerable management and accounting problems."但在我国以前的学术著作中,通常将 transfer 翻译为"转移",并"顾名思义"而将"转移"理解为利润的转移。这或许是我国部分学者以"转移"利润为标准对转让定价进行定义的原因所在。目前我国统一采用"转让定价"这一术语,我们认为较为科学,也有利于对转让定价的概念的准确理解。

有效的经济体制,市场经济体系代表着人类文明的必然发展趋势。① 而竞争是市场经济的本质所在,没有竞争便没有市场经济。因此,只有存在竞争的交易,才能被认为是正常交易。

其实一项交易是否正常,也就是指其价格是否正常。如果一项交易的价格是正常的,那么该项交易也就是正常的;反之亦然。因此,当关联企业之间不当操纵转让价格,以非市场价格对其内部交易进行定价时,该内部交易就应是非正常交易。

至于独立交易价格,一般是指非关联企业之间在公开市场上的相同或类似情况下从事相同或类似交易可能会同意的价格。② 1968年美国《国内收入法典》第482条实施细则认为,所谓独立交易价格是指非关联企业之间在类似的情况下所同意的价格。③

当然,也有一些国家把独立交易价格理解为合理价格。所谓合理价格,是指一个理智的人在通常情况下所可能同意的价格。德国基本上就是采用的这样一个标准。原联邦德国《国际税收法令》的附件《对国际性关联企业所得分派进行审查的原则》对独立交易原则进行定义时认为:"适用的比较标准,是该行业中有理智的商人在正常的范围内审慎作出的价格抉择。"加拿大《所得税法》第69条第2款和第3款关于企业内部跨国交易也采用"相同情况下合理"这一概念;第2款规定企业内部的跨国支付不应超过合理的数额,而第3款则坚持企业内部跨国收付不应低于合理数额。在加拿大的转让定价规则中,关键的标准是一项特定交易的转让价格在考虑到所有事项的情况下是否合理(reasonable given all the facts and circumstances)。此外,瑞士、印度、丹麦和荷兰等国也认为独立交易价格就是合理价格。但这里的合理价格实际上也就是公开市场上的价格,因为通常情况只能被理解为公开市场上的情况而不能是其他情况。另外,从他们所适用的转让定价方法均完全相同这一点,也可以作出这一判断。

美国于1917年引入转让定价制度,但直到1935年才制定规则将独立交易原则作为转让定价制度的基本原则规定下来。④ OECD范本在第7条"营业利润"和第9条"关联企业"中采纳了独立交易原则,而且在第7条的注释中特别对这一原则进行了阐述。现今,独立交易原则已被OECD所有成员国以及几乎

---

① 龙永图、李仲周主编:《中国与关税与贸易总协定》,中国计划出版社1993年版,第20—21页。
② OECD Guidelines, 1979, Par. 7.
③ U.S. Regs. §1. 482-2(E)(2)(i).
④ Richard M. Hammer, Will the Arm's Length Standard Stand the Test of Time? *Intertax*, No. 1, 1996, p. 2.

所有其他工业发达国家和大部分发展中国家所接受。① 但关于独立交易原则的概念，各国或有关组织并没有给予一个定义性的表述。美国《国内收入法典》第482条对关联企业之间的交易也只是规定，对于关联企业之间的交易，财政部长为防止逃税的发生，或为正确反映所得，得对关联企业的总所得、扣除额、抵扣额或准备额等加以重新分配或调整。联合国范本与OECD范本第9条也规定，关联企业之间的商业或财务关系不同于独立企业之间的关系；由于交易是在关联企业间进行，本应由其中一个企业取得的利润而没有由其取得，那么税务机关可以将这些利润计入该企业的利润内。

1979年OECD《转让定价指南》试图对独立交易原则下一个定义，指出："在判断某一转让定价是否符合独立交易原则时，最好是直接参照彼此独立的企业之间或集团公司与非关联企业之间可比的交易价格。"② 但这显然也不是独立交易原则的定义。1995年OECD《转让定价指南》在讨论独立交易原则时认为，OECD范本第9条是独立交易原则的权威表述。但本书认为以上这些表述与其说是独立交易原则概念的定义，还不如说是给如何运用独立交易原则而提出的一种指导。但从这些"指导"中，我们已经能或多或少地体会出独立交易原则的含义了。我们认为高尔森教授给独立交易原则所下的定义更能表达独立交易原则所应有的含义，不妨择录于此，作为本书关于独立交易原则的定义，即关联企业内部交易的价格，应当与独立企业之间在相同或类似的条件下的交易价格相仿，如有背离，有关国家的税务机关有权进行调整。③

（二）独立交易原则的运用及其发展趋势

独立交易原则的核心是比较，即将独立企业之间的交易与关联企业之间的交易进行比较。这一原则几乎被所有的国家接受了下来，而且采用了相同的转让定价方法予以适用。传统上适用的转让定价方法主要有可比非受控价格法（comparable uncontrolled price method，CUP）、再销售价格法（resale price method）和成本加成法（cost plus method）等。其中可比非受控价格法被认为最具有代表性，是独立交易原则最理想的体现。在早期的转让定价制度中，各国均把可比非受控价格法放在最优先适用的地位，只有在可比非受控价格法不适用的情况下，才可以依次适用再销售价格法和成本加成法；如果可比非受控价格法、再销售价格法和成本加成法均不能适用，适用其他方法（other methods）或第四类

---

① Richard M. Hammer, Will the Arm's Length Standard Stand the Test of Time? *Intertax*, No. 1, 1996, p. 3.
② OECD Guidelines 1979, Par. 11.
③ 高尔森：《论各国税法处置转让定价的基本原则》，载《国际经济法文选》，天津人民出版社1994年版，第100页。

方法(fourth methods)。①

但由于独立交易原则所存在的缺陷,即寻找可比交易非常困难,使得独立交易原则越来越受到了明显的挑战。这种挑战主要体现在独立交易原则下三种具体的定价方法的使用比率和其他方法的使用比率上。据统计,美国在20世纪80年代初上述三种方法的使用率合计低于60%或55%,而其他方法(或第四类方法)则占40%以上;而到了20世纪80年代中后期,第四类方法的使用率更增至近60%;就连最能体现独立交易原则的可比非受控价格法的使用率,在1985年也只有28%。② 其他方法实际上是一些未规定具体内容的方法,税务机关在适用这些方法的时候,具有很大的任意性。虽然在原则上其他方法也应该遵循独立交易原则,但从四种定价方法的排列顺序上看,第四类方法与前三种方法相比,其在体现独立交易原则方面显然也是最不理想的,甚至可能会严重偏离独立交易原则。

其实,在实践中第四类方法的适用的确在一定程度上偏离了独立交易原则。根据独立交易原则,转让定价方法应建立在交易的基础之上,同在公开市场上进行的交易的价格进行比较。可比非受控价格法、再销售价格法和成本加成法等三种具体的定价方法都是在不同程度上同市场价格进行比较的,符合独立交易原则。而在第四类方法中,除去上述三种方法的变换形态外,均不与市场价格进行比较。③ 可见,在其他方法中,那些不同市场价格进行比较的方法,就偏离了独立交易原则。这种对独立交易原则的偏离,也就是对独立交易原则的挑战。

在对独立交易原则的挑战中,主要体现为分配法(apportionment methodologies)的运用。具体的分配法包括公式分配法、全球方法、利润分割法、综合法和全球联合申报法等。其最具代表性的就是全球方法。根据该方法,首先将整个关联企业集团在世界范围内的利润按照事先确定的公式分配给集团的各个成员,有关国家再据以征税。这是一种极端的例子,几乎没有任何国家会接受这一方法,因为其无异于由一国税务机关来决定另一国的税基。1979年OECD报告针对全球法曾经指出,全球利润分配法"不符合OECD双边税收协定范本的第7条与第9条","这种方法必然是武断的,忽视市场条件和各个企业的特殊情况……并有可能将利润分配给实际亏损的实体,或者,实际盈利的实体未分配利

---

① 在OECD的《转让定价指南》以及有关国家的转让定价法律文件中,其他方法(other methods)也被称为第四类方法(fourth methods),因此我们将其作为同义语使用。
② 参见高尔森:《论各国税法处置转让定价的基本原则》,载《国际经济法文选》,天津人民出版社1994年版,第109页。
③ 同上书,第108页。

润"。① 也正因为如此,在实践中也很少见到这一方法的运用。

分配法中的综合法也是基于一定的比例对企业集团的全部所得进行分配。这一方法一般是适用于国内所得的,但在美国却有几个州,尤其是加利福尼亚州把这一方法也适用于世界范围内的所得,称为全球范围合并申报(world wide consolidated return,WWCR)。但欧盟的所有成员以及日本、澳大利亚、加拿大和瑞典等国均表示反对加州的全球范围合并申报这一做法。

在所有的分配法中,使用较多的是利润分割法。利润分割法是美国法院经常采用的方法。采用这一方法是根据一定的标准和比例将企业集团的利润在各实体之间进行分配。

从以上的情况可以看出,国际上在转让定价方法方面的确存在着争议,而且这些争议主要是围绕着有关的方法是否符合独立交易原则而展开的。这种情况至少说明了独立交易原则已经面临着严峻的挑战。也正因为如此,有人担心独立交易原则是否会被替代。

由于独立交易原则面临的挑战,1995 年 OECD《转让定价指南》用大量的篇幅对独立交易原则问题进行了讨论。该指南在第一章"独立交易原则阐述"中明确指出,应保持独立交易原则为国际上的共识(maintaining the arm's length principle as the international consensus)。② 指南认为,独立交易原则在理论上是完美的,偏离独立交易原则的任何行为都可能严重提高重复征税的可能性,全球公式分配方法也不能被接受。③ 由此,我们可以合理地预言,在相当一段时期内,独立交易原则仍将会是被各国及有关组织所接受的关于转让定价方法的核心原则,新发展的转让定价方法也应建立在独立交易原则之上,其他任何原则也只能是独立交易原则的补充。

第二节 转让定价方法

一、有形财产交易的转让定价方法

(一)有形财产的概念

所谓有形财产(tangible goods),顾名思义,就是指具有一定的形状,具有一定的物理存在的财产。因此,有形财产的范围甚广,举凡原料、加工品、制成品、机器设备、不动产及有价证券等均属之。④ 我们认为,其中的加工、制成品也包

---

① OECD Guidelines 1979, Par. 14.
② See Chapter One, B, ii of OECD Guidelines 1995b.
③ See OECD Guidelines 1995b, Pars. 1. 13—14.
④ 凌忠嫄、简锦红、李怡慧:《转移定价问题之研究》,载台湾《财税研究》1992 年第 6 期,第 6 页。

括气体、电力等。因此可以说凡是可以用重量、体积、度数或其他计量单位计量的财产都属于有形财产的范围。

有形财产一般总会涉及原材料、产品的制作、加工和销售等,而原材料的价值、产品制作、加工和销售等每一个环节的功能及价值贡献、产品的功能及使用价值等均有相对的可确定性,因而也具有一定的可比性。其实,这些也正是建立转让定价方法制度的基础。

（二）转让定价方法的概念

在转让定价制度中,存在着一些诸如可比非受控价格法、利润分割法等所谓的"方法",而这些方法如何称谓、是"什么"方法,并没有一个权威的说法。但综合国内外有关的法律文本用语,关于这些方法的表述可有以下几种：

（1）评估方法。美国《国内收入法典》第 482 条实施细则在描述这些方法时大多采用"评估"（evaluate）一词,因此似乎可以把这些方法称为"评估方法"（evaluation methods）。

（2）适用独立交易原则的方法。1995 年 OECD《转让定价指南》的第二章"传统交易方法"的"概说"部分指出,这些方法"被用来适用独立交易原则",因此把这些方法称为"适用独立交易原则的方法"也未尝不可。

（3）调整方法。我国早期曾经使用过这一术语,如国家税务总局颁布的《关联企业间业务往来税务管理规程（试行）》在对这些方法进行规定时,采用的是"调整方法"一词,如该规程第四章的标题就是"调整方法的选用"。

（4）转让定价方法。1995 年 OECD《转让定价指南》在术语释义中一般都将这些方法称为"转让定价方法",例如对可比非受控价格法的释义是："对受控交易中转让的财产或服务的价格与在可比情况下的可比非受控交易中转让的财产或服务的价格进行比较的一种转让定价方法（A transfer pricing method that compares...）"。因此可以将可比非受控价格法等称为转让定价方法。

此外,还有学者采用其他术语,如"确定独立交易价格的方法"[①]等。

其实,无论是在各国的有关法律文件中还是在有关学者的论述中,采用"转让定价方法"这一术语的情形是最经常出现的。著名的安永国际会计师事务所在 1997 年的全球转让定价调查报告中,也使用了转让定价方法这一术语。本书采用的就是转让定价方法这一说法。

（三）传统的转让定价方法

1. 传统的转让定价方法的含义

传统转让定价方法就是指可比交易法或可比交易价格法,其具体是指可比

---

① 参见王铁军编著：《转让定价及税务处理上的国际惯例》,中国财政经济出版社 1989 年版,第 180 页。

非受控价格法、再销售价格法和成本加成法等三种方法。在现行的转让定价方法中,该三种方法的历史最为悠久,而且至今仍是主要的定价方法。

美国是世界上制定关联企业转让定价税收法律制度最早的国家,也是最早制定转让定价方法的国家。1968年美国财政部根据参议院的授权,制定和颁布了《国内收入法典》的第482条实施细则。该细则的(e)部分就有形财产的交易规定了上述三种定价方法,并规定按先后顺序适用,只有在上述三种方法均不能适用的情况下才能适用其他方法或称第四类方法。该实施细则后虽经多次修订,但该三种定价方法却基本保持未变。加拿大、日本等国的有关规定也与美国大同小异。

1979年OECD关于转让定价的报告规定了四种转让定价方法,即可比非受控价格法、再销售价格法、成本加成法和其他方法。1995年OECD《转让定价指南》在上述方法的基础上增加了利润分割法和交易净利润法,并把可比非受控价格法、再销售价格法和成本加成法称为传统交易法,而把利润分割法和交易净利润法称为利润法规定在指南的第三部分"其他方法"中。1995年指南规定传统方法仍是基本方法,利润法只是作为最后的手段[1],而且当局在适用利润方法时应予以相当的谨慎。[2]

我国《企业所得税法实施条例》第111条规定,转让定价方法包括可比非受控价格法、再销售价格法、成本加成法、交易净利润法、利润分割法和其他符合独立交易原则的方法。其中前三种方法就是传统方法。

总之,各国的税法及OECD《转让定价指南》仍把可比非受控价格法、再销售价格法和成本加成法作为基本的转让定价方法加以规定,并赋予该三种方法基本相同的含义。

2. 可比非受控价格法

可比非受控价格法也被称为市场价格法[3],通过对一个可比非受控交易的价格的参考而评估该受控交易是否属于正常交易。[4] 如果二者之间存在差异,则说明受控交易不属于正常交易,且应以非受控交易的价格作为该受控交易的价格。[5]

根据美国1968年的实施细则,非受控交易可以是关联一方与非关联第三方购买或销售可比产品的交易,或其他两个非关联方之间在相同或类似情况下购

---

[1] OECD Guidelines 1995b. Par. 3. 50.
[2] OECD Guidelines 1995b. , Par. 3. 56.
[3] UNCTAD, *Transfer Pricing*, Kluwer Law International, 1999, p. 10.
[4] U. S. Regs. §1. 482-3(b)(1).
[5] OECD Guidelines, 1995b, Par. 2. 6.

销可比产品的交易。① 具体包括以下三种情况:(1)关联一方向非关联方销售可比产品的价格;(2)关联一方向非关联方购买可比产品的价格;(3)两个非关联方之间购销可比产品的价格。

但是可比非受控交易必须是具有代表性的市场交易。以为一笔更大的交易确立正常价格为目的而进行的数量有限的低价销售就不具有代表性,而只是一个"烟幕"。税务机关不应把这种放烟幕式的价格作为非受控销售价格而接受。② 在"美国钢铁公司诉地方税务局长"案中,国内收入局就坚持认为没有关联关系的第三方的交易不是可比交易,因为这种交易数量很小,而且他们不是建立在连续的长期交易关系之上的。③

可比非受控价格法在对石油、铁矿、小麦以及其他在公共商品市场销售的货物等的定价方面被广泛地应用。④ 之所以如此,不仅是因为这些交易之间容易建立可比性,而且还因为这些交易的销售量一般都很大。

(1)可比非受控价格法的适用条件。可比非受控价格法是可比交易法的一种。因此所选择的非受控交易与受控交易之间具有可比性是适用可比非受控价格法的最基本条件。不具有可比性交易的价格不能作为受控交易价格的代表。其次,作为可比交易法的一种,可比非受控价格法更注重交易产品的可比性,其有时被称为产品可比法。

至于怎样才能确定两项交易之间具有可比性,一种最典型的情况就是两项交易除交易当事方不同外,所有其他情况都相同。另外还有两种情况可以认定可比性的存在:被比较的两项交易之间或从事这些交易的企业之间的差异(如果存在的话)在公开市场上不会对价格产生实质性的影响;可以通过合理的调整以消除这些差异对价格的实质性影响。⑤

在实际经济活动中,各种事实和情况均完全相同的交易几乎是不存在的。而交易方面的任何差异均有可能对交易价格产生一定的影响。对这些影响,有的可以通过适当的数量调整予以消除,有的却无法消除。不能通过合理的数量调整对差异所造成的影响进行消除的交易之间则不存在可比性。

关于如何确定对价格产生实质性影响,我们认为只要能对交易的可比性产生较大影响的都可能会对价格产生实质性影响。而对交易的可比性产生影响的

---

① U.S. Regs. §1.482.(e)(2)(ii).
② 王铁军编著:《转让定价及税务处理上的国际惯例》,中国财政经济出版社1989年版,第183页。
③ 〔美〕理查德·L.多恩伯格:《国际税法概要》,马康明、李金早等译,中国社会科学出版社1999年版,第133页。
④ Brain J. Arnold & Michael J. McIntyre, *International Tax Primer*, Kluwer Law International, 1998, p.158.
⑤ OECD Guidelines, 1995b. Par. 2.7.

因素则可谓多种多样,关于可比因素差异的调整的内容将会进一步讨论。

（2）可比因素差异的调整。在适用可比非受控价格法时,判断受控交易与非受控交易之间是否存在可比性,最为重要的是对产品可比性的考察,或者说产品的可比性是适用可比非受控价格法最为核心的问题。一般地说,可比产品可通过两种途径寻找,一种途径是在关联企业与非关联方之间进行的可比交易中寻找购买或销售的相同产品,另一种途径是在两个非关联企业之间在相同或类似情况下交易的相同或类似产品。① 这种被找到的产品被称为可比产品(product comparable)。产品的可比性在适用可比非受控价格法中占有非常重要的地位,如果在产品方面存在差异,则由差异所造成的价格影响均应进行相应的调整。

但是在考虑受控交易与非受控交易是否可比时,也不应局限于产品的可比性,还应考虑更广泛的因素。② 根据美国的做法,其在适用可比非受控价格法时应特别注重以下八个方面③:产品的质量;合同的条件;市场环节(如批发、零售等);发生交易的区域市场;交易的日期;与销售相关的无形资产;外汇风险;可供买方或卖方选择的替代产品。

产品的质量是决定产品交易价格的关键因素,因此适用可比非受控价格法时,如存在差异,则应对产品质量的差异进行调整。在确定产品的质量时,产品的原料非常重要,但是也要考虑产品的品牌、商标等。

关于合同的条件,一般凡是影响利润与成本的条件均需认真考虑,包括收取或支付货款的形式、提供的担保的范围与条件、销售或购买的数量、信用条件、运输条件、变更合同的权利、相关许可证、合同或其他协议的有效期以及终止和重新谈判的权利、在买卖方之间的并行交易或正在进行的商务关系(包括售前和售后服务的提供)等。对合同条件的考查应注意区分有书面协议和没有书面协议两种情况。在有书面协议的情况下,如果合同条件与交易的经济实质一致时,该书面条件应被认可,否则税务机关应另行认定与交易的经济实质相一致的合同条件。至于交易的经济实质,应主要对交易方的实际行为和法律权利进行评估。

至于市场销售的环节、交易的区域市场(包括市场规模、市场的地理位置和竞争程度等)和日期等可归属于交易的经济环境。交易所处的经济环境不同也

---

① Lorraine Eden, *Taxing Multinationals: Transfer Pricing and Corporate Income Taxation in North America*, University of Toronto Press, 1998, p. 37. 所谓相同产品(same products),一般是指物理性能、外观形态、商标标识等均相同的产品。但对于类似产品(like or similar products),一般并没有一个确切的定义,但如果在物理性能等方面存在着足够的相似性,则可被认为是类似产品。

② OECD Guidelines, 1995b. Par. 2. 9.

③ U. S. Regs. §1.482-3(b)(2)(ii)(B).

将会对价格产生不同的影响。交易的经济环境除上述几个因素外,还有其他一些因素,包括特殊产业市场的走向、产品的市场占有率等。

1995年OECD《转让定价指南》对企业的市场战略也予以考虑。进行转让定价有时也可能是跨国关联企业在考虑生产经营战略时所执行的一种非税收动机的经营战略。为了进入新的市场或提高产品的市场份额,企业可能会在短时间内增加销售成本或降低销售价格。但是这些战略是否反映在交易价格中,取决于关联交易中哪一方承担这种价格战略的成本。在实践中可能还会对其他一些因素也进行考虑,如广告的宣传、卖方为买方提供的辅助服务、卖方定价的连贯性等。[①]

3. 再销售价格法

根据OECD《转让定价指南》的定义,所谓再销售价格法,是指以从关联企业购进的产品再销售给一个独立的企业的价格为基础的一种转让定价方法。再销售价格法最基本的逻辑是关联方之间的交易是一种虚假交易,关联买方在整个交易中只起到了关联卖方的代理商的作用,他们之间的价格不能作为正常交易价格。关联买方将从关联卖方购进的产品再销售给无关联的第三方的价格才是真正的市场价格或独立交易价格。

根据再销售价格法确定关联买方与关联卖方的独立交易价格时,一般要从关联买方的再销售价格中扣除其销售费用及正常利润。这种销售费用及正常利润就是关联买方的再销售利润(resale price margin),其代表了关联买方通过销售收回其活动成本并获得一定投资和承担风险的回报。再销售价格法意在衡量由关联买方实施的经营功能的价值。关联买方(再销售者)再销售利润的数额可根据其在可比非受控交易中的加价来确定。如果不存在这种情形,也可以独立企业在可比非受控交易中的加价作为参考。[②] 在前一种情况下,可比非受控交易的产品并不一定要与在受控交易中的产品相同或类似[③];但在后一种情况下,交易产品应具有较高的可比性。美国《国内收入法典》第482条实施细则要求交易产品应是总体上相同种类(general same type)。[④] 如果以上两种情况的非受控交易均不存在,那么则可以该行业的平均利润水平作为指导,只是要适当谨慎。

在实际生活中,关联方之间的交易可能会存在几次再销售,此时就应以最后一个关联方向非受控买方出售产品的价格为基础。

---

① 王铁军编著:《转让定价及税务处理上的国际惯例》,中国财政经济出版社1989年版,第186—187页。
② OECD Guidelines Par. 2.5. Also U.S. Regs. 1.482-3(c)(3)(ii).
③ 关于产品是否需要相同或类似,OECD的《转让定价指南》和美国的实施细则均未明确规定。
④ U.S. Regs. §1.482-3(c)(3)(ii)(B).

一般地说,与其他定价方法相比,再销售价格法在营销活动中可能最为有用。[1] 如果某一跨国企业在进口国没有专门的销售公司销售其生产的出口产品,那么再销售价格法则可能会被经常采用。

(1) 再销售价格法的适用条件。在晚近阶段之前,再销售价格法的适用仅次于可比非受控价格法,只要在可比非受控价格法不能适用的情况下,就可以考虑适用再销售价格法。适用可比非受控价格法的核心条件是可比产品的存在,如果找不到可比产品,就要选择注重交易的其他方面的替代方法。

如果关联企业由生产性的联属企业和分销性的联属企业组成,而且没有真正的可比产品存在,但却有分销类似产品的独立分销商的存在,那么就可以适用再销售价格法。[2] 尤其是在分销商对产品只增加相对较小的价值的情况下,再销售价格法的使用最为适当。[3] 因为分销商对产品增加的价值越小,分销商的作用也就越明确,分销商应获得的利润或应增加的价值也就越容易确定。如果在再销售前,分销商对产品作进一步的加工或组装成另一更复杂的产品,以至于不再能分辨出原产品在最终产品中的价值,或者分销商对最终产品增加了大量的价值以至于不能简单地对其贡献进行判断,再销售价格法则不宜于适用。

一般地说,分销商可以在两种情况下对产品增加大量的价值(substantial value),一种是对产品外观的物理改变(physical alteration),另一种是分销商对产品使用其无形资产。[4] 前者如进一步加工、组装等,后者如在产品上贴上销售商标等。但是分销商对产品的包装、再包装、贴上标签或者微小的组装通常不构成对产品的物理改变。[5]

选择再销售价格法时还需要另外一个条件,即受控交易与可比交易之间功能的可比性。因为在市场竞争中,类似的功能应获得类似的利润。功能的可比性是适用再销售价格法的核心条件。功能的可比性也是适用再销售价格法成功的关键。[6]

(2) 可比因素差异的调整。如果说可比非受控价格法在考察交易的可比性时较为注重交易产品的可比性的话,再销售价格法在考察交易的可比性时则更注重受控企业与非受控企业功能的可比性。注重功能的可比性的理论基础是独

---

[1] OECD Guidelines 1995b. Par. 2. 14.
[2] Lorraine Eden, *Taxing Multinationals: Transfer Pricing and Corporate Income Taxation in North America*, University of Toronto Press, 1998, p. 232.
[3] Ibid., p. 40.
[4] See OECD Guidelines 1995b. Par. 2. 22.
[5] U. S. Regs. § 1. 482-3(c)(1).
[6] Lorraine Eden, *Taxing Multinationals: Transfer Pricing and Corporate Income Taxation in North America*, University of Toronto Press, 1998, p. 233.

立企业在特定交易中所交换的对价应与每一方从事的有助于从交易中实现收益的"增值活动"(value add activity)相对应。① 至于非受控再销售者与受控再销售者的功能是否存在可比性要受到诸多因素的影响,包括他们所从事的活动、经济环境、利用的资产以及承担的风险,等等。在考虑再销售商功能的可比性时,对所有这些因素都要进行分析与比较。

企业所从事的活动主要包括产品的研究与开发、产品的设计、制造与装配、原料的采购与管理、市场的经营与销售、产品的运输与仓储以及企业内部的行政管理等。一个像运输商那样仅提供少量的服务的再销售者与一个对货物承担全部风险,并提供对货物的广告宣传、销售担保、存货资金以及其他相关服务的再销售者相比,他们所获得的加价显然就不应相同;在利用资产方面,如果受控的再销售者拥有价值昂贵的无形资产,而非受控的再销售者却没有这种无形资产,那么他们所应获得的加价也应不同;此外,如果受控再销售者与非受控再销售者在是否拥有专有销售权方面不同,他们所应获得的加价也不应相同。

企业所承担的风险也是考察功能可比性的重要因素。其主要在于按照独立交易原则进行交易的双方主体将通过谈判确认和分配他们在交易活动中承担的内在风险,并通过交易价格反映出他们在交易中的不同功能以及希望所获得的报酬。在内部交易与独立交易中,应分析的风险包括:市场风险,如成本、需求、价格、存货水平的波动、与研究开发活动的成败相联系的风险、财务风险等。

当然,在对非受控再销售者和受控再销售者所获利润进行比较时,还应考虑他们在会计方法上的不同。不同的会计方法会导致不同的利润结果。

再销售价格法是注重交易功能可比性的一种转让定价方法,对交易产品可比性的要求比可比非受控价格法较低。在适用再销售价格法时因产品的差异所作的调整要比适用可比非受控价格法时要小,因为微小的产品差异对利润的影响不如对价格的影响那么大。② 经营不同的产品也可能会获得相近的利润。

尽管在适用再销售价格法时允许有较大的产品差异,但对受控交易与非受控交易的产品也须进行比较。产品的重大差异可能会说明受控再销售者与非受控再销售者在功能方面的重大差异。产品价值上的重大差异也会影响比较的可靠性。产品的可比性越高,比较的结果也就越可靠。

4. 成本加成法

根据 OECD《转让定价指南》的定义,成本加成法是指运用产品的提供者在受控交易中所花费的成本的一种转让定价方法。根据市场情况及所履行的功能,在成本之上再加上适当的利润加成,所计算出的结果可被视为受控交易的正

---

① 廖益新主编:《国际税法学》,北京大学出版社2001年版,第380页。
② OECD Guidelines 1995b, Par. 2. 16.

常交易价格。① 简单地说,就是将关联企业中卖方的产品成本加上正常的利润作为公平成交价格。由成本加成法计算出来的正常交易价格由成本和"加价"(利润)两部分组成。该方法虽然涉及利润,但成本是核心和基础,在计算正常交易价格中处于主要地位,与以利润为核心的交易利润法不同,属于可比交易法的一种。

适当的利润可根据成本与适当的利润率的乘积得出。和再销售价格法一样,适当的利润率可由两种途径获得,一种是该销售者在与非受控方的交易中所获得的毛利润率,另一种是可比的非关联方(可以是一个独立的企业,也可以是关联企业的一个实体)与另一非关联方的交易中所获得的利润率。②

在适用成本加成法的实践中,如果能找到并利用关联卖方与非关联方进行交易的利润率,那么得出的正常交易价格将较为理想,因为在销售方面可以找到更多的可比性;如不存在这一情形,而须利用可比非受控卖方的利润率作为参考时,则需要根据那些可比性的因素的差异进行更多的调整。

(1) 成本加成法的适用条件。在适用可比非受控价格法时,基本的条件之一是在关联企业之外存在可比非受控交易,而在使用再销售价格法时,重要的条件之一是关联买方在出售其从关联卖方购进的产品时未对该产品增加重大价值。但是如果关联买方与关联卖方之间的交易并没有可比非受控交易,且关联买方在购进产品后作进一步加工然后出售,那么以上两种方法则均不能适用;当然还有其他一些情况,也不宜采用上述任何一种方法,如关联方之间的交易款项不是单笔结算,而是按一定的安排进行交易和结算等。在这些情况下,采用成本加成法可能就比较适当。OECD《转让定价指南》认为,当关联企业之间进行半成品销售或者签订有联合使用设施协议或长期购买与供应安排,成本加成法最为有用。③ 此外,一些特殊的承包工程也适宜于采用成本加成法,如提供军事装备的政府合同以及某些交钥匙合同等④一些承包性质的生产。

(2) 可比因素差异的调整。成本加成法是可比交易法的一种,因此关于交易可比性的原则,成本加成法应同样予以遵守。在成本加成法下,如果两项交易之间不存在对成本加价产生重大影响的差异,问题则容易得多;但事实往往并非如此,在所选择的可比交易与关联交易之间一般总是存在着一定的差异,这就需要对所存在的差异进行调整。由于成本加成法也是一种功能可比法,因此在影

---

① OECD Guidelines 1995b, Par. 2. 32.

② OECD Guidelines 1995b. Par. 2. 33. Brian J. Arnold & Michael J. McIntyre, *International Tax Primer*, Kluwer Law International, 1998, p. 59.

③ OECD Guidelines 1995b Par. 2. 32.

④ 王铁军编著:《转让定价及税务处理上的国际惯例》,中国财政经济出版社 1989 年版,第 192 页。

响交易可比性的诸因素中,对产品可比性的要求较低,而对加价(利润)影响较大的其他因素的可比性的要求则相对较高。根据美国的实施细则,这些其他因素主要包括上节所述的影响功能的可比性的因素以及所承担的风险、合同的条件等。① 此外,一些对价格影响不大的其他因素,也可能会对利润产生较大的影响,如成本结构、经营经验、管理效率等。如果可比交易在这些因素方面与受控交易存在差异,则需要进行相应的调整。当然这些差异的存在需要以客观的证据为基础,而不能凭空想象。

一般地说,成本利润的高低与成本的大小存在着密切的联系。如果计算出的成本越高,利润就越低,反之亦然。因此在选择可比成本利润时,必须采用统一的方法对成本进行核算。

成本的核算属于会计问题。不同的会计方法对同一产品可能会得出不同的成本结果。由于各国之间,甚至企业之间的会计方法都会有所不同,因此使受控交易与可比交易的成本核算采取一致的会计方法是适用成本加成法的又一重要问题。

核算成本的会计方法多种多样,但为了使受控交易与非受控交易的成本利润率具有可比性,需要使两者的会计成本核算方法取得一致。因此在计算受控交易产品的成本时,应采取怎样的会计方法,必须予以具体的规定。因为不同的会计方法会得出不同的成本,从而产生不同的正常交易价格。

(四) 交易利润定价法

所谓利润定价方法是指以关联企业或非关联企业在可比非受控交易中所获得的利润为基础确定关联企业在正常交易中的独立交易价格。由于该方法以利润为基础,同时又要求交易具有一定的可比性,因此又称交易利润法(transactional profit methods)。

根据上一节我们可知,传统上关于关联企业受控交易的定价方法主要是可比非受控价格法、再销售价格法和成本加成法等三种方法。这三种方法都可谓是标准的方法,只能分别适用于符合一定条件的交易。但是在实际生活中,具体交易的形式和种类可谓纷繁多样,符合"标准"的交易往往只能是一小部分,还有很大一部分交易不符合"标准"。在这些不符合"标准"的交易中,有的通过不同程度的调整尚可采用其中的一种方法,但有的交易却无法通过调整而适用其中的任何一种。这样,对那些无法通过调整而适用三种方法中任何一种方法的交易,只能采用其他方法进行定价。所以各国在传统立法实践中,除了规定可比非受控价格法等三种具体的方法外,往往还规定一种不明确的"其他方法"以作为补充。也有的将"其他方法"称为"第四类方法"。比如 1988 年美国财政部对

---

① See U. S. Regs. §1. 482-3(d)(3)(ii)(A).

1968年的《转让定价实施细则》修订时规定,在上述三种方法均不能适用的情况下,可以适用该三种方法以外的其他方法或该三种方法的变型。① 这些方法包括合理回报率法(reasonable rate of return)、合理利润分割法(reasonable profit split)等。② 美国学者G.E.斯契尔教授还认为其他方法包括可比利润法等十几种方法。③ 其他国家的转让定价制度一般也规定有与美国相类似的"其他方法"或"第四类方法",比如加拿大、日本、韩国、德国等。④

从立法者的本意来看,其他方法或第四类方法应是可比非受控价格法等三种交易方法的补充,只有在少数例外的情况下适用,但在现实生活中情况并非如此。美国国内收入局于1973年和1982年对第482条的实施情况进行了调查,结果表明1968—1969、1980—1981年度其他方法的适用占所有方法适用的比例分别为40.8%和45.4%。⑤ 另据1985年的调查,第四类方法的适用更增至近60%。⑥ 在这种情况下,美国首先对"其他方法"或"第四类方法"进行了明确和具体化。后来OECD为了协调有关国家的做法,也对利润定价法进行了规定。

1992年美国财政部在起草第482条新的实施细则建议稿时,明确规定可比利润法作为转让定价的一种方法,到了1994年,利润分割法又被规定在正式的实施细则中。几乎与此同时,OECD也正在对其《转让定价指南》进行修订,其于1995年颁布的指南就在可比非受控价格法等三种方法的基础上增加了利润分割法和交易净利润法等两种具体的方法。该指南认为,在符合独立交易原则的利润法中,只是那些与利润分割法或交易净利润法相一致的方法。⑦ 这些新增加的方法都有一个共同的特点,那就是以利润为基础(profit based),因而被称为利润定价法。其实这些方法就是原先"第四类方法"的具体化。

---

① It is stipulated that, "where none of the three methods of pricing described in subdivision (ii) of this paragraph can reasonably be applied under the facts and circumstances as they exist in a particular case, some appropriate method of pricing other than those described in subdivision (ii) of this subparagraph, or variations on such methods, can be used." See U. S. Regs. §1.482-1(e)(1)(iii).
② 凌忠嫄、简锦红、李怡慧:《转移定价问题之研究》,载台湾《财税研究》1992年第6期,第20页。
③ 转引自刘剑文:《国际所得税法研究》,中国政法大学出版社2000年版,第16页。但其所指为所有种类交易的定价方法,包括无形资产的转让、劳务的提供等。其中有些方法不适用于有形财产的交易,如应税所得匹配法等。
④ 凌忠嫄、简锦红、李怡慧:《转移定价问题之研究》,载台湾《财税研究》1992年第6期,第27—34页。
⑤ 转引自高尔森:《论各国税法处置转让定价的基本原则》,载《国际经济法文选》,天津人民出版社1994年版,第109页。
⑥ 转引自高尔森:《论各国税法处置转让定价的基本原则》,载《国际经济法文选》,天津人民出版社1994年版,第109页。
⑦ OECD Guidelines 1995b. Par. 3.1.

关于利润法，可能还会有其他方法（美国1994年实施细则的第六种方法是"未明确的方法"（unspecified methods）），但目前已被明确化的就只有利润分割法、交易净利润法和可比利润法。因此我们在此仅就该三种方法进行研究。

1979年OECD《转让定价指南》也提到了利润定价方法，但其解释却含糊其辞使人难以得其要领。该指南的第13段指出，"现实经营的复杂性"可能要求运用不同于传统交易法的"其他方法"。但指南并未对那些其他方法加以解释。指南第70段同样提到，当可比非受控价格法等不能令人满意时，为了得出独立交易价格而可能使用"其他合理方法"。指南对"实践中使用的"方法作了描述，但却说"并不限于此"。那些在实践中使用的方法包括可比利润法、利润分割法和资本回报率法。总之，1979年OECD报告虽然指出在一定情况下可以使用利润定价方法，但综而观之，其对利润定价法更具有否定性。

但1994年的《转让定价指南》明确了利润定价法的地位，其第三章的标题就是"其他方法"，也就是说该指南将其他方法作为了一章进行讨论。该章的第一部分"利润方法"（profit methods）具体地讨论了利润分割法和可比利润法两种利润定价方法。到了1995年，OECD发布的《转让定价指南》的正式文本仍在第三章对利润定价法进行了讨论，只是在"利润方法"一词之前增加了"交易的"一词，使之成为"交易利润法"。与1994年的讨论稿不同，该正式文本拒绝了可比利润法，而采用了一种新的方法，即交易净利润法，并认为只有像利润分割法和交易净利润法这样的利润方法才符合独立交易原则。但该指南仍规定交易利润法应作为最后的手段。

1. 利润分割法

所谓利润分割法（profit split，缩写PS）是指核算出所有联属企业在一受控交易中获得的将被分割的全部利润，然后在联属各方之间进行分配；该分配建立在经济基础之上，即事先被期望并在正常情况下达成的协议中反映出来的一种分配。[1] 在一般情况下是根据关联各方对全部利润贡献的大小的比例进行分配。利润分割法根据联属各方分配到的利润推定正常交易价格。

（1）利润分割法的适用条件。根据美国税务法院对转让定价案件审判的传统经验，当可比非受控价格法等三种基本方法均不能适用时，一般就采用利润分割法。一般来说，当一系列交易相互紧密联系时，很难在独立的基础上对它们进行评估。在这种类似情况下，独立的企业可能决定建立一种合伙关系并达成一种利润的分配[2]，因此在具有上述情况的受控交易中，适用利润分割法确定独立交易价格是适当的。

---

[1] OECD Guidelines 1995b. Par. 3. 5.
[2] Ibid.

1993年美国财政部提出利润分割法的建议稿时曾列举了适用该方法的几个条件,比如利润分割法只能在其提供最精确的衡量独立交易结果的标准的情况下使用;企业在选择这一方法时应当慎重,一旦选定,则在随后的几个纳税年度内均具有约束力;企业必须提供文件证明关联各方的全部利润或损失,并证明他们之间有一系列重要交易,以及每一方均拥有高价值的、独一无二的、自己开发的无形资产,且这些无形资产对获得总利润作出重要贡献,等等。① 此外,建议稿还规定,采用利润分割法还须满足一些程序要求,包括在纳税申报时附加一书面报告以说明特定利润分割法的选择,并同时提供文件证明其所选择的方法是衡量独立交易结果最合理的标准,以及纳税人必须已经签署了对所选方法及其运用进行描述的建议等。② 但是1994年的最终规则删除了这些限制条件,使其既可以用于无形资产也可用于有形资产,利润分割法的适用条件进一步放宽,或者说利润分割法的适用更加自由。但一般认为,利润分割法常常是在有价值的无形资产对所获利润作出重大贡献的情况下适用。

　　(2)利润的分割。利润分割法是将从受控交易中所获得的总利润在关联各方之间进行分配,但如何进行分配,OECD《转让定价指南》规定了两种具体分析方法,即贡献分析法和余值分析法。③ 此外,美国还规定有可比利润分割法等,以下分别予以简要介绍。

　　贡献分析法(contribution analysis)。贡献分析法是OECD《转让定价指南》所讨论的第一种具体的利润分割方法。指南对贡献分析法所下的定义是:根据各联属企业所履行的功能的相对价值,并尽量参考外部市场上独立企业之间在类似的情况下分配利润的做法,将从受控交易所获得的总利润在关联各方之间进行分配。④

　　一般认为,贡献分析法建立在关联企业内部资料的基础之上,对关联各方对综合利润的贡献进行分析,但指南仍要求对外部市场的情况尽量予以参考,如市场价格或报酬。如果所进行的贡献分析没有使用这类市场参考点,它将是割裂

---

① Lorraine Eden, *Taxing Multinationals: Transfer Pricing And Corporate Income Taxation in North America*, University of Toronto Press, 1998, p.431.

② Richard M. Hammer, Will the Arm's Length Standard Stand the Test of Time? *Intertax*, No.1, 1996, p.7.

③ 美国财政部于1993年提出利润分割法的建议时,共提出4种规则,即余值分配规则、被利用的资本分配规则、可比利润分配规则和其他规则。但1994年的最终规则却只保留了可比利润分割和剩余利润分割两种,被利用的资本分配规则和其他规则被删去。美国的可比利润法就相当于OECD的贡献分析法。

④ OECD Guidelines Par. 3.16.

了与独立交易原则联系的主观型或公式型的利润分割。[①]

余值分析法(residual analysis)。在采用余值分析法时,对关联交易利润的分割需要采取两个阶段,即基本利润分割阶段和剩余利润分割阶段。在有形财产的交易中,如果涉及具有价值的无形资产,那么在该交易的总利润中有一部分是可归属于有形财产的基本利润,另一部分是剩余的可归属于无形资产的利润。第一阶段的分割就是对可归属于有形财产交易的基本利润的分割,使足够的利润被分配给关联各方以弥补其成本并提供与其从事的基本活动相称的报酬。这一报酬可以通过参考独立企业从事类似活动所取得的报酬来确定。由于这一阶段的分配是基于在市场上获得的正常报酬,没有考虑可归属于企业所使用的无形资产的任何超常报酬,因此可以合理地假定,该阶段分配后的剩余利润应当归属于无形资产。

至于分割的第二阶段,即对可归属于无形资产的剩余利润的分割,通常以开发无形资产的成本为参考。但也并非总是如此。因为无形资产的价值并不总是与创造该无形资产的成本密切相关,而且不同类型的无形资产使用期限也不相同。对创造不同类型的无形资产成本采用不同的利润摊提率可能会更加合理。

其实,对剩余利润的分割也是以对关联各方无形资产对利润贡献的评估为基础的,因此也可把剩余利润分析视为一种特殊形式的贡献分析。在第一阶段,利润是基于每一方的"正常"贡献加以分配的,而第二阶段则是以各方"超常"的贡献为基础对剩余利润进行分配的。

关于基本利润和剩余利润的分割,应采用不同的方法。关联各方从受控交易中获得的正常所得可根据可比非受控价格法等传统交易方法进行确定,也可采用其他方法进行分割;美国的经验是,由于利润分割法被运用于找不到可比非受控交易的情况中,对于第一阶段而言,交易净利润法有时是唯一可用的方法。[②] 有时由于无形资产估价的困难,剩余部分的利润可参照独立企业可能的分配方法进行分配,但每一方无形资产的贡献及谈判地位能起到一定的指导作用。当然如果只有一方在交易中使用了无形资产,那么分割就容易多了。

可比利润分割法(comparable profit split)。可比利润分割法是美国所规定的适用利润分割法时的一种分析方法。其以与受控纳税人之间的交易和活动类似的独立纳税人所获得的经营利润为依据,根据独立纳税人对其合并经营利润或损失进行分配的比例对受控纳税人的总利润进行分割。[③]

[①] 美国代表于1996年在APEC-OECD澳大利亚悉尼国际税收研讨会提交之报告:《利润分割法》,王铁军译,载《税收译丛》1997年第2期,第14页。

[②] 参见同上。

[③] U.S. Regs. §1.482-6(c)(2)(i).

2. 可比利润法

所谓可比利润法(comparable profit method, CPM),是指以非关联可比企业的利润水平作为关联方的利润水平,然后根据"利润 = 销售价格 – 成本"这一公式倒推出关联交易的公平成交价格。

可比利润法基于对非受控交易纳税人在类似情况下从事类似经营活动获利情况的客观衡量以确定某一受控交易收取的价款是否正常。[①] 可比利润法基于这样一种观点:"处境类似的纳税人在一段合理时间内趋于获得类似的利润。"[②] 关于可比交易的外部资料不可靠时适用该法。美国比较倾向于采用可比利润法。

在适用可比利润法时,税务机关应首先选择若干可比独立企业,分别计算出其利润水平,并确定正常利润范围。如果受控纳税人的申报利润在该范围之内,那么其价格将被税务机关接受;如果申报利润在范围之外,税务机关将对其进行调整使其利润在正常范围之内,通常是将其调至正常范围的中间水平。

3. 交易净利润法

交易净利润法是1995年OECD《转让定价指南》所采取的利润法的一种,美国并没有规定和采用这一方法。根据OECD《转让定价指南》,交易净利润法对纳税人从受控交易(或几个可以累积的受控交易)中所获得的相对于一适当基础(如成本、销售额、资产)的净利润额进行审查,并与独立企业于类似情况下所产生的净利润进行比较,进而确定受控交易的独立交易价格。交易净利润法的运用与再销售价格法或成本加成法相类似。

交易净利润法可以说是一种全新的转让定价方法。1995年OECD《转让定价指南》第一次规定了用以取代可比利润法的交易净利润法。交易净利润法与利润分割法共同构成OECD所规定的两种利润方法。该两种方法通常都依赖于对经营利润的计算。一般说来,当两个联属企业以独特及高价值之无形资产投入受控交易,或双方进行了复杂和独有的活动时,适用利润分割法较为适当;但如联属企业执行了直接的活动于受控交易,且没有投入独特之无形资产,此时适用交易净利润法则更为适当。但是,这两种方法之间的选择,在很大程度上将取决于运用利润分割法所具有的两面分析的优点以及两面分析中可能产生的潜在困难的平衡上。[③]

此外,从交易净利润法的历史演变可以看出,这一方法是在可比利润法的基

[①] U. S. Regs. §1.482-5(a).
[②] U. S. Regs. 482-T93, 36.
[③] 王铁军译:《利润分割法》,载《税收译丛》1997年第2期,第16页。

础上变化而来,因此交易净利润法与可比利润法具有很大的相似性。[1] 但二者也存在很大的不同,其中最重要的是前者是建立在交易的基础上,而后者则不是,因而有人主张可比利润法不如交易净利润法符合独立交易原则。但美国更偏好于可比利润法而拒绝交易净利润法。

(1) 交易净利润法的适用。交易净利润法的适用与成本加成法和再销售价格法的适用相类似。纳税人从受控交易中获得的净利润应通过参考以下两种方式下的净利润而确定,即一是该纳税人在可比或类似情况下的非受控交易中所获得的净利润;二是在上述情况不存在时,独立企业在可比交易中所获得的净利润也可以作为参考。[2] 同样,在上述两种情况下,应对该受控纳税人或独立企业的功能进行分析以确定交易是否可比以及应作何种调整。

在实践中,有时运用交易净利润法可能比适用可比非受控价格法或再销售价格法等更加合理。比如一个公司通过一个子公司和一个独立分销商在两个国家销售其产品,独立分销商在销售产品时向客户提供技术支持,而专门销售公司产品的子公司并不提供这种支持。在对货物销售成本进行申报时,独立企业不能将技术成本独立核算。这时,由于产品和市场的差异,可比非受控价格法不能适用,适用再销售价格法的结果也不足够可信,因为独立企业需要获得更高的毛利润以反映额外的技术支持成本。在这种情况下,对净利润进行考察以反映功能上的差异可能会更加可信。

(2) 适用交易净利润法时差异因素的调整。价格容易受到产品差异的影响,毛利润容易受到功能差异的影响,但是经营利润或净利润却很少受到这种影响。因此如果仅仅是企业功能上的类似,还不足于构成交易净利润法上的交易的可比性。当以独立企业间的交易作为可比交易时,交易的可比性更需要多方面的要求,产品和功能以外的诸多因素都可能对净利润产生重要影响。

在影响交易可比性的诸因素当中,有些因素对价格和毛利润影响较大,但对净利润影响不大,有的因素正好相反,也有的因素对价格、毛利和净利的影响都很大,比如竞争地位等。有些因素所造成的影响可以通过合理的调整而被消除,但也有些影响难以消除。在适用传统交易法时,这些因素所造成的影响可以通过产品和功能的更高的类似性而被消除。

一般地说,关联企业的净利润固然会受到转让定价的影响,但往往也会受到许多其他因素的影响,如新进入者的威胁、竞争地位、管理效率与特殊的战略、不

---

[1] 关于交易净利润法与可比利润法的相同点,请参阅廖益新主编:《国际税法学》,北京大学出版社 2001 年版,第 401 页。该书列出了三个方面的共同点,即:(1) 两种方法的比较对象是一致的;(2) 两种方法都以"可比性"为中心地位;(3) OECD 国家的交易净利润法适用于联合交易,这与美国允许可比利润法适用于"相关商业活动"(relevant business activity)是一致的。

[2] OECD Guidelines 1995b. Par. 3.26.

同的成本结构、资本成本上的差异以及经营经验程度(如是否处于开创阶段)等。而这些因素的每一种因素反过来又会受到其他各种因素的影响。例如新进入者的威胁程度可能会取决于产品的差异程度、资本要求、政府补贴与管制等。

在适用交易净利润法时,以上因素必须要进行考虑,如有差异应进行适当调整。尤其是在利用独立企业可比交易的净利润来建立受控纳税人的净利润时,受控企业与独立企业间存在的对净利润产生重要影响的因素必须进行充分的考虑。对这些因素调整的程度与可信性将影响适用交易净利润法相关分析的相对可信性。[①]

当然,还有其他一些问题也需要在适用交易净利润法时予以注意,例如交易净利润法所适用的企业的选择,其是否是受控交易所涉及的最不复杂的企业且没有价值较大的无形资产或独特资产;另外,应该对联属企业和独立企业的若干年度内的情况予以考虑,以反映产品生命周期所造成的影响;正常结果的值域也是值得考虑的因素之一,等等。

二、非有形资产交易的转让定价

(一)非有形资产交易的转让定价概述

非有形财产并非税法和转让定价制度中的一个专有名词,也不是一个含义明确的法律概念,我们在此将其作为一个概念使用,主要是与有形财产的转让定价问题相呼应,便于研究。因此这里的"非有形财产"并非仅指通常所指的无形资产,除包括无形资产外,还包括劳务、电子商务等方面。而劳务、电子商务等其本身并不是一种财产,比如劳务仅仅是交易的一种对象或客体,这种客体还不能说是一种财产,而电子商务则更仅仅是一种交易方式。

早期的转让定价制度主要是适用于有形财产交易的。但随着科学技术的发展,尤其是随着知识经济时代的到来,无形资产在产品的生产、营销过程中越来越起着举足轻重的作用,企业集团内部无形资产的交易也明显增加,因此企业集团内部无形资产的转让定价制度也日益受到重视。在西方一些发达国家中,美国是较早对无形资产的转让定价问题作出规定的。早在1982年,美国就通过立法对无形资产的转让进行规范,此后又在1988年公布的关于转让定价的白皮书中用了大量的篇幅对无形资产的转让定价作出详细的规定。1995年美国财政部就无形资产开发成本与利益的分摊安排专门发布了一项规则,基本完成了无形资产转让定价的立法工作。美国的立法涉及无形资产独立交易原则的适用、转让定价的方法、成本分摊安排以及定期调整等问题。

在美国对无形资产的转让定价问题进行立法的同时,OECD也开始对这一

[①] OECD Guidelines 1995b. Par. 3. 40.

问题进行研究。OECD在1995年《转让定价指南》中就无形资产转让定价问题就特别增加了一章进行规定,即第六章"关于无形资产的特殊考虑"。该章就无形资产的含义、种类、特征、独立交易原则的适用、定价的方法以及成本分摊的安排等进行了较为详细的说明。

其次,劳务的提供在现代的产品生产和营销中也越来越起到重要作用。企业集团内部劳务的提供也涉及劳务的定价问题。OECD 1979年、1984年的转让定价指南也涉及劳务的定价问题,但并没有能够深入。和无形资产一样,OECD 1995年的指南也针对劳务专门进行了规定,即第七章"集团内部劳务的特殊考虑"。其他有关国家的转让定价制度也对劳务进行了详细的规定。

随着知识经济的到来,电子商务迅速发展,因而电子商务的转让定价问题也引起了人们的注意。虽然有关的法律文件尚未对电子商务的转让定价问题进行明确的规定,但在不远的将来必是一个不可回避的问题。

在现行的转让定价制度中,还存在诸如有形财产的租赁、资金的融通等问题,但由于这些问题还在实践中还尚未引起人们普遍的关注,因此本书没有进行专门的讨论。

(二)无形资产的转让定价法律问题

1. 无形资产与关联企业

关于无形资产,对其很难下一个精确的定义。国外有学者试图给无形资产下一个定义,认为其是指在企业的有形财产之外可以为企业创造更多的利润的任何无形的财产。[①] 但定义还是过于抽象,不能用于具体的研究。OECD的《转让定价指南》以及其他有关国家的法律一般也没有对无形资产进行定义,而是采取列举的方式说明无形资产的范围。1995年OECD《转让定价指南》指出,所谓"无形资产"一词包括使用工业资产如专利、商标、商号、设计或模型的权利,还包括文学和艺术财产权利以及诸如专有技术、行业秘密之类的知识产权。[②] 而根据美国《国内收入法典》的规定,无形资产的范围更广,可以包括专利、发明、公式、程序、设计、模型、专有技术、方法、版权、文学、音乐、艺术创作、商标等六大项近三十种。[③] 不过,通过上述的列举,我们也可以发现,只要某一财产具有独立于个人劳务的潜在价值并且其价值的衡量不是通过它的物质形态而是通

---

① Chandler, Clark, and Irving Plotkin, Economic Issues in Intercompany Transfer Pricing, 1993. See Lorraine Eden, *Taxing Multinationals*: *Transfer Pricing And Corporate Income Taxation in North America*, University of Toronto Press, 1998, p.254.

② OECD Guidelines 1995b. Par. 6.2.

③ U.S. Regs. §1. 482-4(b).其中第6项规定的是"其他类似项目",即从智力内容获得价值的项目或从其他无形资产而非从有形财产获得价值的项目。

过一些无形的因素来确定,那么它就属于无形财产的范畴。①

与有形财产相比,无形资产存在以下几个特点:(1)无形资产具有独一无二的特性,常常缺乏可比财产或交易,并在估价上存在着困难;(2)跨国关联企业为使利润最大化,需要将高价无形资产置于其控制之下;(3)事实上,某些无形资产只有通过在关联企业的内部保密措施才能得到保护;(4)某些无形资产有时只适用于一个企业的特定目标,如有关营销方面的无形资产等。

尽管无形资产等及其交易与有形资产存在诸多不同,但美国财政部于1968年制定的《国内收入法典》第482条实施细则规定,无形资产的销售与许可同样适用独立交易标准,而且规定了相同的方法适用这一标准。但纳税人通常可以通过其他安排规避这一规定。此种情形则使得对无形资产转让定价的规定形成一个漏洞。特别是进入20世纪80年代以后,美国国会对这一漏洞越来越关注,于是在制定1986年《税收改革法》时,针对无形资产的所得问题,要求关联企业之间无形资产的许可或转让的支付应与从这些无形资产所获得的所得相匹配(be commensurate with the income,CWI)。为了使与所得相匹配标准得以实施,并增补入第482条,财政部和国内收入局通过研究,并由财政部于1988年颁布了一份题为"公司内部定价研究"的白皮书,提出了无形资产交易的几个具体的定价方法。美国国内收入局1994年制定的第482条实施细则针对无形资产的交易规定了两类定价方法,一类是根据与所得相匹配标准而制定的四种定价方法,即可比非受控交易法(CUT)②、可比利润法(CPM)③、利润分割法(PS)④和未明确的方法(unspecified methods)⑤;另一类是成本分摊安排(cost-sharing arrangement)。⑥ 在这些方法中,尽管可比非受控价格法、可比利润法和利润分割法也适用于有形财产,但关于无形资产的转让定价制度与有形财产的转让定价制度相比,仍形成了一定的独立性。后来OECD在制定《转让定价指南》时也将无形资产部分单独规定,与有形财产形成了对照。

2. OECD《转让定价指南》关于无形资产的特殊考虑

(1)独立交易原则适用的特点。OECD《转让定价指南》针对无形资产的定价采用两种方法来适用独立交易原则,一种是在外部市场可以发现可比交易,则建议继续适用传统的交易方法,如可比非受控价格法等;如果技术仅仅是在关联企业内部研发的,则采用成本分摊这一特殊的方法。这里讨论的主要是前者,关

---

① 黄黎明:《美国的无形资产转让定价税制及启示》,载《涉外税务》2000年第6期。
② U.S. Regs. §1.482-4.
③ U.S. Regs. §1.482-5.
④ U.S. Regs. §1.482-6.
⑤ U.S. Regs. §1.482-4.
⑥ U.S. Regs. §1.482-7.

于后者将在第四部分进行阐述。

指南认为,适用于有形财产的独立交易原则总体上也适用于无形资产,但对无形资产的转让或许可使用进行估价时需要特别的考虑。比如OECD指南认为,在确定无形资产的独立交易价格时,可比性要求必须既应从出让方的角度进行考虑,也应从受让方的角度进行考虑。从出让方的角度看,独立交易原则确定的价格应当是可比独立企业愿意转让该无形资产的价格;从受让方角度看,可比独立企业是根据无形资产在其营业中的价值和用途来决定是否支付该价格。如存在其他选择的情况下,受让方如果合理预见到从无形资产的使用获得的利益是令人满意的,那么它一般会支付这一价格。鉴于被许可方将投入资金或以其他方式支出费用以获得该许可,有必要判断独立企业在从可能支出的额外投资或其他费用获得预期收益的情况下是否会支付特定金额的许可费用。[1]

指南认为上述这一分析非常重要,因为它确保关联企业购买或使用无形资产所需支付的金额不是根据无形资产的最高或最富生产力的用途来确定的。在某种情况下,无形资产对该企业关联企业的业务和其他情况可能仅具有有限的用途。因此,确定可比性时应考虑到财产的用途。在确定交易可比性时应特别强调将所有事实和情况都考虑在内。[2]

(2) 无形资产转让安排的确认。无形资产的转让可以是无形资产本身的出售,或者更为常见的是根据无形资产权利许可协议支付特许权使用费。特许权使用费通常是以使用者的产量、销售为基础的经常性付款,或在极个别的情况下以利润为基础进行支付。例如,特许权使用费就根据被许可方的流转额的不同而有所差别。此外,在某些情况下,事实和情况的改变,如新设计、商标所有人增加广告活动等,也会导致报酬条款的修改。

但是,OECD指南认为对无形资产的定价往往是和其他财产的定价综合在一起的,亦即使用无形资产的报酬可能包括在商品销售的价款中,如某企业将半成品销售给另一企业,并同时将进一步加工这些产品的经验告知该企业。在某些情况下,无形资产也被捆绑在包括专利权、商标权、贸易秘密权或专有技术权的一揽子合同中。例如,企业将其拥有的全部工业和知识产权都许可给他人使用。当然,在其他一些情况下,如开发商连同转让所提供的技术援助和雇员的训练,将劳务的价值考虑在内也是十分重要的。类似地,被许可方通过对产品或工序的改进而使许可方获得的利益也应考虑在内。[3] 尽管如此,如果在实践中确实出现了上述"捆绑"的情形,是否应对他们的定价进行"拆绑"并分别进行定

---

[1] OECD Guidelines, 1996, Par. 6.14.
[2] OECD Guidelines, 1996, Par. 6.15.
[3] OECD Guidelines, 1996, Par. 6.17.

价,指南也没有明确的说明,这也是一个值得进一步研究的问题。

(三) 提供劳务的转让定价法律问题

几乎每一跨国企业集团都必须安排向其成员提供范围广泛的劳务,特别是管理性、技术性、财务性和商业性劳务。这些劳务可能包括整个集团的管理、协调和控制功能。提供这些劳务的成本最初可能由母公司或某一特别指定的集团成员承担。需要劳务的独立企业可从擅长该类劳务的供应商处接受劳务,也可自己开展这一劳务。类似地,某一需要劳务的跨国企业集团成员可以从独立企业直接或间接取得劳务,或从同一跨国企业集团的一个或多个关联企业取得劳务,也可以自己开展劳务。集团内部劳务通常包括那些典型的可从外部独立企业获得的劳务,如法律和会计服务,以及那些通常在内部从事的劳务,如审计、融资建议、员工培训等。

提供劳务的内部安排有时和商品或无形资产的转让安排联系在一起。有些情况下,如包含劳务因素的专有技术合同,可能难以判断财产转让或许可与劳务转让的明确界限。辅助性劳务往往和技术转让联系在一起。

不同跨国企业集团的内部劳务存在不同,其给一个或多个集团成员所带来的利益或预期利益的范围也同样会存在很大差别。这些差异将取决于个案中的具体事实和情况以及具体内部安排的不同。例如,在一个非中心化的集团,母公司可能将集团内部活动局限在以股东身份对其在子公司的投资加以监控。相比之下,在一个中心化或一体化的集团,母公司的董事会和管理高层可能行使子公司事务的所有重大决策权并由母公司履行所有营销、培训和财政功能。

根据独立交易原则,集团某一成员在为另一个或多个集团成员开展活动时是否提供了集团内部劳务,将取决于活动是否给各个集团成员带来可以优化其商业地位的经济或商业价值。这可以通过考虑独立企业在可比情形下是否愿意通过支付报酬,而让其他企业为其开展活动或在内部自己开展活动加以判断。如果活动的开展不是独立企业所愿意支付或自己进行的,那么该活动在独立交易原则下通常不被视为集团内部劳务。

某些集团内部劳务由跨国企业集团成员之一提供以满足集团的一个成员或多个特定成员的具体需要。这种情况下可较为直接地判断出劳务是否被提供。通常情况下独立企业在可比情况下会通过自己从事劳务或请第三方提供劳务来满足具体需要。因此,在这种情况下一般可以认定存在集团内部劳务。例如某一关联企业对集团另一成员用于生产的设备进行修理,则通常可认为构成集团内部劳务。

根据《转让定价指南》的规定,集团内部劳务的提供也要符合独立交易原则。

（四）成本分摊安排

美国1988年白皮书在对无形资产进行讨论时提出了"成本分摊协议"的概念，其英文是"cost sharing agreement"，后来OECD对这一问题进行讨论时采用了"成本分摊安排"这一术语，即"cost contribution arrangement"。本书采用的是OECD的概念。

成本分摊安排是商业企业间达成的分担开发、生产或取得资产、劳务或权利的成本与风险，以及确定各参与方对这些资产、劳务或权利的利益的性质和范围的框架性协议。成本分摊安排是契约安排，但不是所有参与方均为独立的法律实体或常设机构。在成本分摊安排中，每一参与方在协议总出资额中所占的适当份额，与参与方根据协议从预期总收益获得的份额相大体一致。此外，成本分摊安排的每个参与方都有权以实际所有人的身份，而非被许可人的身份对自己在成本分摊安排中的利益单独加以利用，并无需为此向其他方支付特许权使用费或其他报酬。相反，其他各方如果使用了该参与方的全部或部分利益，则应向其支付一定报酬，如特许权使用费。

最为常见的成本分摊安排可能是无形资产的联合开发。在联合开发中，每个参与方对开发出的财产享有一定份额的权利。在这种成本分摊安排中，每个参与方被授予单独对无形资产进行利用的权利（例如在特定的区域或用途）。一般地说，每个参与方出于自己的目的对无形资产进行使用而不是和其他参与方一起在联合活动中使用无形资产。所获得权利可能构成（全体参与方）实际上的法律所有权；或者，可能是参与方之一作为财产法律上的所有人，但在经济上所有参与方均为共同所有人。在参与方之一获得成本分摊安排开发出的财产的实际所有权利益以及成本分摊的比例适当的情况下，无需为使用开发出的财产（该使用与参与方获得的利益相一致）而支付特许权使用费或其他报酬。

虽然研究和开发无形资产的成本分摊安排可能是最为常见的，但是成本分摊安排并不限于此种活动。成本分摊安排也可存在于共同出资或分担成本和风险、开发或取得财产以及接受劳务。例如，商业企业为获得集中的管理劳务、或为开展全体参与方共同需要的广告活动而决定汇集人力和物力资源。

成本分摊安排应按照符合独立交易原则的方式加以构建。独立交易下的成本分摊安排应满足下列条件：（1）参与方仅享有被预见将直接或间接从成本分摊安排活动本身，而不是从开展该活动的全部或部分取得共同利益的权利；（2）协议指明参与方对协议活动成果享有的利益的性质和范围；（3）除了因为享有协议所取得的财产、劳务或权利的利益而支付的成本分摊安排出资、适当的平衡支付和买进支付以外，未有任何支付行为；（4）出资比例采用一种体现预期收益分享的分配方法以适当方式加以确定；（5）协议允许平衡支付或允许在一段合理时间之后对出资的分配加以修改，以反映参与方之间预期收益比例的变化;(6) 在参与方加入或退出成本分摊安排及成本分摊安排终止时,会作出必要调整。

(五) 跨国企业重组的转让定价问题

2010 年 7 月,OECD 发布修订后的《跨国企业与税务机关转让定价指南》,其在第九章中讨论了新增加的企业重组的转让定价问题。所谓企业重组,是指跨国企业的功能、资产以及风险的跨国重新分配,包括无形资产的跨国转让、对已有协议的终止或重新谈判。企业重组可能涉及重组企业合理化、专业化和非专业化的活动,也可能导致重组企业缩小经营规模或停止经营。跨国企业可以自由组织它们认为合适的商业经营活动,税务机关无权命令跨国企业如何设计它的结构或将商业经营活动设置在何处。然而,由于在企业重组过程中,有关企业的利润可能会由于重组而受到影响,进而会对有关国家的税收利益产生影响,因此税务机关有权根据独立交易原则确定跨国企业重组的税收结果。对于不符合独立交易原则的企业重组分配,有权作出调整并进行征税。

企业重组的转让定价问题主要涉及利润重新分配符合独立交易原则的程度,重组后受控交易的报酬以及对风险的特殊考虑等。以下对 OECD《转让定价指南》关于企业重组的主要内容作出简要介绍。

1. 企业重组中的独立交易原则

对重组是否应该进行纳税调整,焦点在于通过可比性分析,判断企业重组交易中所附加的条件是否符合独立交易原则。判断重组交易是否符合独立交易原则,关键在于其与可比非受控交易是否一致。当存在与重组交易潜在可比的非受控可比交易时,需要进行可比性分析,并进行合理调整。当不存在可比非受控交易时,需要确定独立企业在类似情况下是否作出类似的安排。

当企业重组涉及存货的转让时,位于不同国家的关联企业之间的存货转让应符合独立交易原则。企业重组还可能涉及关联企业之间转让无形资产、持续经营活动、终止或重新谈判已有协议的补偿等,这些补偿也应符合独立交易原则。潜在利润的分配可用以确定补偿是否符合公平交易原则。

2. 重组后受控交易的报酬

OECD 认为,独立交易原则应同等地用于重组后的交易和初始交易,以免在重组企业与未重组企业之间造成竞争性扭曲。重组后交易和初始交易转让定价方法的选择和实际应用都应该运用相同的可比性标准。

重组后受控交易转让定价方法的选择和应用取决于交易的可比性分析。可比性分析应该超越重组企业的类型,当重组所执行的商业模式在独立企业之间不存在时,应该通过对可比因素的分析,证明非受控交易的条件和重组后受控交易的条件之间不存在实质性差异,或能够通过合理而准确的调整消除这些差异所带来的影响。在可比数据缺少和不完整的情况下,最恰当转让定价方法的选择应该与受控交易的本质保持一致。

在有些情况下,重组补偿和重组后经营活动的报酬之间可能具有重要的关联性,如一个具有制造活动和分销活动的纳税人,通过重组将分销活动转给了国外关联企业,并将制造品出售给该关联企业。如果根据独立交易原则,该纳税人应当从重组中获得补偿,并且补偿的方式为纳税人通过提高产品售价,获取相当于重组补偿的利益。税务机关在检查此类协议时,需要立足于重组和重组后交易的整体性。

此外,在企业重组中,通过重组前和重组后情形的比较有助于理解重组过程,是重组前和重组后可比性分析的组成部分,有利于了解各方之间的利润及损失的分配变化。

3. 对风险的特殊考虑

在企业重组中,风险是一个关键的因素。重组的分配与风险的大小具有密切联系。对此,关联方之间的合同条款往往会作出规定。在关联交易及涉及的风险发生之前,关联企业一般会采取书面方式记录风险承担或转移的情况,以及由此风险产生收益的分配。当关联方在合同中约定的风险分配情况不符合交易的经济实质时,税务机关有权提出质疑。如果不存在成文的条款,税务机关只能从关联方的经营行为和决定独立企业之间关系的经济原则来推断关联方的合同关系。

在考查关联企业之间的风险分配和转让定价结果时,除合同条款之外,税务机关还需要注意关联企业的经营行为是否与合同中所分配的风险一致。关联企业之间可能不存在独立企业之间的一些利益分歧,因此,必须考察合同双方是否遵守合同条款,或各方行为是否表明合同条款仅作为表象而事实上并没有被执行。

受控交易中的风险分配是否符合独立交易原则,也是税务机关需要考虑的问题。首先需要寻找和收集可比数据,当可比数据存在,并显示合同中关联企业的风险分配类似于可比非受控交易中的风险分配,则可以认定受控交易中的风险分配符合独立交易原则。OECD 指南指出,可比数据可以来源于以下两种交易:一是交易的一方为受控交易中的一方,另一方为独立第三方(内部可比);二是交易双方均为独立企业(外部可比)。当可比数据无法找到时,即关联方之间的协议与独立企业之间的协议不相同,并不意味着协议本身不符合独立交易原则。此时,需要通过考察独立企业在类似情况下是否会同意协议中的风险分配情况。一般地说,在受控交易中承担风险的一方,应该承担管理风险、降低风险的成本和风险发生时可能导致的成本,并通常会在预计增长的回报中得到补偿。

(六) 电子商务的转让定价问题

转让定价制度是国际税收法律制度的一部分,也是建立在传统的交易方式基础之上的,因此电子商务给转让定价制度所带来的挑战与其给国际税收其他法律制度所带来的挑战相比,从本质上看并没有什么不同。然而,电子商务却有可能使转让定价问题变得比在传统交易方式下更为困难和普遍。

在1998年OECD渥太华电子商务会议上,电子商务对转让定价造成的影响受到关注。财政事务委员会向大会提交了一份讨论稿,认为电子商务并没有改变转让定价的性质或带来全新的问题,但是其有可能使一些棘手的转让定价问题变得更为普遍化。目前,OECD正在对电子商务的转让定价问题进行研究,草案有望在最近几年公布。

第三节 规制国际转让定价的征管程序

一、转让定价征管程序概述

税法的一个重要特征就是既有实体法规范又有程序法规范,国际税法也是如此。但这里的程序法规范不是指司法程序规范,而是指税收征管程序的法律规范。

由于税法的执行往往使纳税人的利益受到一定程度的减损,所以纳税人并不总是自愿地执行税法,有时甚至还会千方百计地逃避税法。因此,各国税法除对税种、税率、征税环节等进行详细规定外,还要规定税务机关对税收进行征收与管理的程序。这些程序包括纳税人的纳税申报、税务机关的调查审计、税务机关对纳税人的税务处罚以及有关税务争议的解决等。关联企业之间在进行交易时之所以不当操纵转让定价,其主要原因往往是为了减少纳税。因此在实施转让定价制度时,加强征管特别重要。

转让定价的征管程序就是税务机关为了有效实施转让定价制度而采取的一系列程序性措施。这些程序性措施主要包括纳税人的申报、税务机关的调查与审计、对转让定价争议的解决等。

近年来,国际上有不少国家相继采用预约定价安排制度,而且日益受到重视。这种制度一方面能有效地阻止关联企业对转让定价的不当操纵,另一方面还可以有效避免转让定价争议,因此也应归属于征管程序的措施。

二、预约定价安排

(一)预约定价安排的概念与历史发展

预约定价安排(advance pricing arrangement,APA)是OECD所采用的术语,在美国被称为预约定价协议(advance pricing agreement,APA),是指税务机关和纳税人在受控交易发生之前,就一定期限内的那些交易的转让定价问题而确立一套适当的标准和重要假设的安排。预约定价安排可分为单边安排和双边或多边安排：前者指没有涉及相互协商程序的安排，后者则指涉及相互协商程序的安排。①

1987年，日本采用事先确认体制（pre-confirmation system,PCS），只要日本纳税人与外国公司的交易价格被税务机关确认为独立交易价格，就不会再受到检查。② 这是预约定价安排最初的立法体现。③ 由于日本对这一体制的成功运用，美国对其进行了进一步的发展。④ 1990年，美国国内收入局发布《事先确定裁决程序草案》（Draft Procedure on Advance Determination Ruling），后经初步征求意见，将该草案进一步修订，于1991年以《税收程序》（Revenue Procedure）⑤的形式予以发布，即《91-22税收程序》（Revenue Procedure 91-22）。1995年国内收入局对该程序进行了增补，并于1996年12月2日颁布了新的程序，即国内收入局《关于预约定价安排的96-53税收程序》（The IRS Revenue Procedure 96-53 on APAs），取代《91-22税收程序》。

由于美国的成功，现已有不少国家都已采纳了这一制度，包括澳大利亚、加拿大、德国、比利时、日本、荷兰和西班牙等国。

由于美国等国家相继采纳预约定价协议这一程序，OECD也开始对这一程序重视起来。1995年OECD《转让定价指南》第四章对其进行了初步讨论，并将这一术语正式定为"预约定价安排"。该指南对APA的优点和缺点都进行了较充分的分析和评论。指南认为，到目前（1995年）为止，有关国家的经验令人满意，可望进一步发展⑥，并指出"在采用APAs程序的国家之间，更加一致的APA做法将对税务机关和纳税人均为有利"⑦。也正是为了这一目的，经过数年的努力，OECD于1999年10月发布了预约定价安排的指南，其标题为"相互协商程序下实施预约定价安排指南"（Guidelines for Conducting Advance Pricing Arrangements Under the Mutual Agreement Procedure,"MAP APAs"，以下简称《预约定价安排》)。

---

① OECD, Guidelines for Conducting Advance Pricing Arrangements Under the Mutual Agreement Procedure, Par. 5.
② See Akamatsu, A. And Thomas, G. M. Japan's NTA Announces More Flexible Implementation of Transfer Pricing Ruling Procedure, *Tax Notes International*, No. 6, 1993, p.571.
③ See José M. Calderón, *Advance Pricing Agreements: A Global Analysis*, Kluwer Law International, 1998, p.23.
④ Ibid.
⑤ 美国的税收程序与税收裁定（revenue ruling）具有相同的法律效力。但税收程序可以构成联邦税法的一个渊源。
⑥ OECD Guidelines 1995b, Par. 4.160.
⑦ OECD Guidelines 1995b, Par. 4.165.

(二) 预约定价安排程序的有关主要内容与做法

美国关于预约定价安排程序的运用具有最丰富的经验,其法律影响也最大,其他一些国家的法律都是以美国的规定为蓝本而制定的,OECD《转让定价指南》也基本上是对美国经验的总结①,因而本部分拟对美国和 OECD 相关规定的主要内容进行介绍。

美国国内收入局关于预约定价安排程序共由 15 个条文构成②,其中第 3、4、5、6、11 条等最为重要。根据美国的做法,达成一项协议一般要经过以下过程:企业被邀请参加初步协商会议或申请前会议(Pre-file Conference),国内收入局和纳税人非正式地讨论适用 APA 的可能性;如果纳税人遵从 APA 的要求,纳税人必须向国内收入局提供一套资料,以及 2.5 万美元的使用者费(users fee);所有被要求的材料都将成为国内收入局的档案且不予退回;当所要求的文件被提供以后,纳税人提出转让定价方法的建议及所有的支持文件;国内收入局组成一个多功能小组或 APA 评估与协商委员会,对建议进行评估,该委员会可能会接受、修改或拒绝纳税人的建议;如果纳税人的建议被接受,纳税人即可与国内收入局达成 APA。达成 APA 后,国内收入局发布一个有效期为 3 年的裁定,APA 开始生效;在这 3 年内,如果事实和情况没有发生变化,期限届满后还可延长。

申请前会议的目的旨在允许纳税人探索适用 APA 的适当性,为纳税人免费提供一个与税务机关明确有关内容,甚至达成协议的机会。会议所讨论的内容一般由纳税人在会议举行前至少一个星期向 APA 办公室提出。由于该会议是非正式的,因此在该会议上达成的任何协议均不具有法律约束力,至多是一种"君子协定"。如果需要,也可以举行两次或更多的申请前会议。

如果申请前会议取得了成功,纳税人在申请前会议之后向税务机关提出正式申请(request),同时提交一套解释和支持 APA 建议的文件。申请应就其所选择的转让定价方法及有关的重要假设提出建议。另外,根据"税收程序"的规定,除非在申请前会议上另外达成协议,申请还应就 11 个方面的事实问题进行说明。③ 在纳税人的申请中,最为核心的问题可能就是转让定价方法(TPM)的选择。纳税人可以选择法定以外的方法,但其应对所建议的转让定价方法予以

---

① José M. Calderón, *Advance Pricing Agreements: A Global Analysis*, Kluwer Law International, 1998, p.2.

② 第 1 条:目的;第 2 条:概览(Overview);第 3 条:APA 程序的原则;第 4 条:申请前会议;第 5 条:APA 申请的内容;第 6 条:APA 申请的处理;第 7 条:当局考虑;第 8 条:追溯;第 9 条:独立专家意见;第 10 条:法律效力;第 11 条:APA 管理;第 12 条:泄露;第 13 条:对其他文件的影响;第 14 条:生效日期;第 15 条:书面工作减少法。

③ See Sec. 5.03 of the Revenue Procedure 96-53.

详细的解释与分析,并证明该所选择的方法是"最佳方法"(best method)。

如果涉及双边或多边安排,纳税人还被期望向外国税务机关提出类似的 APA 建议。纳税人申请 APA 所提供的文件成为国内收入局的档案,不予退回,因此纳税人所提供的文件一般不是原件。但税务机关对纳税人提供的资料应给予保密。纳税人在提交申请时,应同时交纳与纳税人毛所得相应的使用者费。①

在美国,APA 只是对确定转让定价的方法及可接受的转让定价的范围进行确认,而不对实际价格本身进行确定。协议主要包括以下三个方面的内容:(1)一套转让定价的方法;(2)所预期的正常结果的正常范围;(3)这种方法的重要经济分析假设。

一旦达成 APA,纳税人应认真履行。纳税人每年必须向国内收入局进行年度报告以确保其履行了协议的条款。如果纳税人的价格在可接受的范围之内,APA 则不会被撤销。纳税人还要接受正常检查和国内收入局的审计。但审计只限于以下五个方面:(1)纳税人善意地履行了 APA 的条款和条件;(2)APA 谈判期间的重要陈述和年度报告仍然有效;(3)适用转让定价方法所使用的支持资料及分析是正确的;(4)重要假设仍然有效;(5)企业一直在适用转让定价方法及重要假设。

APA 的有效期一般为 3 年,还可向前追溯。② 如各方同意,纳税人交 7500 美元的费用,APA 即可续展,但仍需提供相应的分析和支持材料。如果纳税人没能遵守 APA 的条款和条件,APA 可以被撤销。③ OECD 的规定与美国的做法也基本相同。

第四节 中国转让定价的法律规制

一、我国转让定价制度的历史发展

1991 年 4 月,我国全国人民代表大会通过《外商投资企业和外国企业所得税法》。该法第 13 条规定:"外商投资企业或者外国企业在中国境内设立的从事生产、经营的机构、场所与其关联企业之间的业务往来,应当按照独立企业之间的业务往来收取或者支付价款、费用。不按独立企业之间的业务往来收取或

---

① 具体数额参见《税收程序》第 5 条第 14 款第 10 项的费用表格。当纳税人的毛所得在 1 亿美元以下时,使用者费为 5000 美元,毛所得在 10 亿以上,使用者费为 2.5 万美元,毛所得在 1—10 亿之间,使用者费为 1.5 万美元。同时还有其他几项费用。
② See Sec. 8 of the Revenue Procedure 96-53.
③ See Sec. 11.06-08 of the Revenue Procedure 96-53.

者支付价款、费用,而减少其应纳税的所得额的,税务机关有权进行调整。"为便于实施这一制度,国务院于1991年6月颁布的《涉外企业所得税法实施细则》第52条至第58条对转让定价问题进行了更具体的规定。这是我国关于转让定价的最早立法。

1992年9月4日,我国全国人大常委会通过了《税收征收管理法》,其第24条也对转让定价问题作了相关规定。该条的规定与《外商投资企业和外国企业所得税法》第13条相比,除了将转让定价制度的适用对象由"外商投资企业和外国企业"扩大到"企业或者外国企业"外,其他内容完全相同。《税收征收管理法实施细则》的第36条至第41条又对《税收征收管理法》的第24条作了具体规定。同年,国家税务总局又专门针对转让定价问题发布了《关联企业间业务往来税收管理实施办法》(以下简称《实施办法》)及其几个具体问题的通知,以作为主管税务机关具体操作的依据。至此,我国初步形成了关于转让定价问题的立法体系。

此后国家税务总局经过努力,于1998年4月根据上述立法及有关税收协定的规定,并借鉴国际上的通常做法,结合我国的实际,在《实施办法》的基础上制定和颁发了《关联企业间业务往来税务管理规程(试行)》。2001年4月28日,我国第九届全国人大常委会第二十一次会议对《税收征收管理法》进行了修订。2001年修订的《税收征收管理法》将关联企业交易问题规定在第36条中,但其内容并未发生变化。2002年9月7日国务院根据修订后的《税收征收管理法》颁布《税收征收管理法实施细则》,该实施细则在第51—56条对转让定价问题进行了规定。2004年,国家税务总局对上述管理规程作出了修订。2004年9月,国家税务总局专门针对预约定价问题发布了《关联企业间业务往来预约定价实施规则(试行)》。

2007年3月,我国第十届全国人大常委会第五次会议通过了《企业所得税法》,将转让定价制度规定在第六章"特别纳税调整"中的第41—44条;《企业所得税法实施条例》第109—115条对其又作了更具体的规定。2009年1月,国家税务总局根据《企业所得税法》及其实施条例、《税收征收管理法》及其实施细则等,发布了《特别纳税调整实施办法(试行)》,自2008年1月1日起实施,之前所发布的相关规则同时废止。

二、我国转让定价制度的主要内容

根据我国现行有关税法规定,我国的转让定价制度应具体包括有形财产、无形财产、提供劳务转让定价、技术开发成本分摊以及包括预约定价在内的征管程序等内容。我国《企业所得税法》第41条第2款和第42条规定:"企业与其关联方共同开发、受让无形资产,或者共同提供、接受劳务发生的成本,在计算应纳税所得额时应当按照独立交易原则进行分摊";"企业可以向税务机关提出与其关联方之间业务往来的定价原则和计算方法,税务机关与企业协商、确认后,达成预约定价安排"。

和其他国家一样,我国的转让定价制度也仅适用于关联企业之间。《企业所得税法》第41条第1款规定:"企业与其关联方之间的业务往来,不符合独立交易原则而减少企业或者其关联方应纳税收入或者所得额的,税务机关有权按照合理方法调整。"非关联企业之间的交易不适用转让定价制度。

关于关联企业的认定,根据《企业所得税法实施条例》第109条的规定,关联方是指与企业有下列关联关系之一的企业、其他组织或者个人:(1)在资金、经营、购销等方面存在直接或者间接的控制关系;(2)直接或者间接地同为第三者控制;(3)在利益上具有相关联的其他关系。根据《特别纳税调整实施办法(试行)》第9条的规定,以下八种情况均可认定关联关系的存在:(1)一方直接或间接持有另一方的股份总和达到25%以上,或者双方直接或间接同为第三方所持有的股份达到25%以上。若一方通过中间方对另一方间接持有股份,只要一方对中间方持股比例达到25%以上,则一方对另一方的持股比例按照中间方对另一方的持股比例计算。(2)一方与另一方(独立金融机构除外)之间借贷资金占一方实收资本50%以上,或者一方借贷资金总额的10%以上是由另一方(独立金融机构除外)担保。(3)一方半数以上的高级管理人员(包括董事会成员和经理)或至少一名可以控制董事会的董事会高级成员是由另一方委派,或者双方半数以上的高级管理人员(包括董事会成员和经理)或至少一名可以控制董事会的董事会高级成员同为第三方委派。(4)一方半数以上的高级管理人员(包括董事会成员和经理)同时担任另一方的高级管理人员(包括董事会成员和经理),或者一方至少一名可以控制董事会的董事会高级成员同时担任另一方的董事会高级成员。(5)一方的生产经营活动必须由另一方提供的工业产权、专有技术等特许权才能正常进行。(6)一方的购买或销售活动主要由另一方控制。(7)一方接受或提供劳务主要由另一方控制。(8)一方对另一方的生产经营、交易具有实质控制,或者双方在利益上具有相关联的其他关系,包括虽未达到该条第1项持股比例,但一方与另一方的主要持股方享受基本相同的经济利益,以及家族、亲属关系等。

我国转让定价制度主要遵循独立交易原则,即关联方之间的交易须根据没有关联关系的交易各方,按照公平成交价格和营业常规进行业务往来所遵循的定价原则进行定价。关联企业有跨国关联企业和国内关联企业两种。根据我国现行相关法律的规定,我们可以认为我国的转让定价制度也既适用于跨国关联企业之间,也适用于国内关联企业之间。但实际税负相同的境内关联方之间的交易,只要该交易没有直接或间接导致国家总体税收收入的减少,原则上不做转让定价调查、调整。

三、关于转让定价方法

《特别纳税调整实施办法(试行)》在第四章中专门规定了转让定价方法。该办法第 21 条规定,转让定价方法包括可比非受控价格法、再销售价格法、成本加成法、交易净利润法、利润分割法和其他符合独立交易原则的方法。(1)可比非受控价格法以非关联方之间进行的与关联交易相同或类似业务活动所收取的价格作为关联交易的公平成交价格。该方法可以适用于所有类型的关联交易。(2)再销售价格法以关联方购进商品再销售给非关联方的价格减去可比非关联交易毛利后的金额作为关联方购进商品的公平成交价格。其计算公式为:公平成交价格 = 再销售给非关联方的价格 ×(1 - 可比非关联交易毛利率)。可比非关联交易毛利率 = 可比非关联交易毛利/可比非关联交易收入净额 ×100% 。该方法通常适用于再销售者未对商品进行改变外形、性能、结构或更换商标等实质性增值加工的简单加工或单纯购销业务。(3)成本加成法以关联交易发生的合理成本加上可比非关联交易毛利作为关联交易的公平成交价格。其计算公式为:公平成交价格 = 关联交易的合理成本 ×(1 + 可比非关联交易成本加成率)。可比非关联交易成本加成率 = 可比非关联交易毛利/可比非关联交易成本 ×100% 。该办法通常适用于有形资产的购销、转让和使用,劳务提供或资金融通的关联交易。(4)交易净利润法以可比非关联交易的利润率指标确定关联交易的净利润。利润率指标包括资产收益率、销售利润率、完全成本加成率等。该方法通常适用于有形资产的购销、转让和使用,无形资产的转让和使用以及劳务提供等关联交易。(5)利润分割法根据企业与其关联方对关联交易合并利润的贡献计算各自应该分配的利润额。利润分割法分为一般利润分割法和剩余利润分割法。一般利润分割法根据关联交易各参与方所执行的功能、承担的风险以及使用的资产,确定各自应取得的利润。(6)剩余利润分割法将关联交易各参与方的合并利润减去分配给各方的常规利润的余额作为剩余利润,再根据各方对剩余利润的贡献程度进行分配。该方法通常适用于各参与方关联交易高度整合且难以单独评估各方交易结果的情况。

各种转让定价方法的选用没有固定的先后顺序,而应根据案件的实际情况而选择最为合理的方法。当选择了某种具体的方法后,在具体确定正常价格时,均需要对相关的可比性进行分析并调整,以使调整后的价格能反映出可比因素的差异。可比因素主要包括以下五个方面:(1)交易资产或劳务特性,主要包括:有形资产的物理特性、质量、数量等,劳务的性质和范围,无形资产的类型、交易形式、期限、范围、预期收益等;(2)交易各方的功能和风险,功能主要包括:研发、设计、采购、加工、装配、制造、存货管理、分销、售后服务、广告、运输、仓储、融资、财务、会计、法律及人力资源管理等,在比较功能时,应关注企业为发挥功能所使用资产的相似程度;风险主要包括:研发风险、采购风险、生产风险、分销风险、市场推广风险、管理及财务风险等;(3) 合同条款,主要包括:交易标的、交易数量、价格、收付款方式和条件、交货条件、售后服务范围和条件、提供附加劳务的约定、变更或修改合同内容的权利、合同有效期、终止或续签合同的权利;(4) 经济环境,主要包括:行业概况、地理区域、市场规模、市场层级、市场占有率、市场竞争程度、消费者购买力、商品或劳务可替代性、生产要素价格、运输成本、政府管制等;(5) 经营策略,主要包括:创新和开发策略、多元化经营策略、风险规避策略、市场占有策略等。

此外,成本分摊协议也可以被认为是转让定价的一种方法。成本分摊协议是指企业与其关联方在共同开发、受让无形资产,或者共同提供、接受劳务等过程中,就成本分摊问题所达成的协议。参与成本分摊协议的关联方所承担的成本应与非关联方在可比条件下为获得上述受益权而支付的成本相一致。成本分摊协议主要包括以下内容:(1) 参与方的名称、所在国家(地区)、关联关系、在协议中的权利和义务;(2) 成本分摊协议所涉及的无形资产或劳务的内容、范围,协议涉及研发或劳务活动的具体承担者及其职责、任务;(3) 协议期限;(4) 参与方预期收益的计算方法和假设;(5) 参与方初始投入和后续成本支付的金额、形式、价值确认的方法以及符合独立交易原则的说明;(6) 参与方会计方法的运用及变更说明;(7) 参与方加入或退出协议的程序及处理规定;(8) 参与方之间补偿支付的条件及处理规定;(9) 协议变更或终止的条件及处理规定;(10) 非参与方使用协议成果的规定。

对于符合独立交易原则的成本分摊协议,有关税务处理如下:(1) 企业按照协议分摊的成本,应在协议规定的各年度税前扣除;(2) 涉及补偿调整的,应在补偿调整的年度计入应纳税所得额;(3) 涉及无形资产的成本分摊协议,加入支付、退出补偿或终止协议时对协议成果分配的,应按资产购置或处置的有关规定处理;(4) 企业可根据《特别纳税调整实施办法(试行)》第六章的规定采取预约定价安排的方式达成成本分摊协议。企业与其关联方签署成本分摊协议,有下列情形之一的,其自行分摊的成本不得税前扣除:(1) 不具有合理商业目的和经济实质;(2) 不符合独立交易原则;(3) 没有遵循成本与收益配比原则;(4) 未按《特别纳税调整实施办法(试行)》有关规定备案或准备、保存和提供有关成本分摊协议的同期资料;(5) 自签署成本分摊协议之日起经营期限少于20年。

四、转让定价的征管程序

转让定价的税收征管程序主要是在《特别纳税调整实施办法(试行)》中予以规定的。概括起来,这些程序可以分为以下几个方面:

(一) 纳税申报

实行查账征收的居民企业和在中国境内设立机构、场所并据实申报缴纳企业所得税的非居民企业向税务机关报送年度企业所得税纳税申报表时，应附送"中华人民共和国企业年度关联业务往来报告表"，包括"关联关系表""关联交易汇总表""购销表""劳务表""无形资产表""固定资产表""融通资金表""对外投资情况表"和"对外支付款项情况表"。同时，企业应按纳税年度准备、保存，并按税务机关要求提供其关联交易的同期资料。同期资料主要包括组织结构、生产经营情况、关联交易情况、可比性分析、转让定价方法的选择和使用等内容。

(二) 调查与调整

税务机关有权依据我国《税收征收管理法》及其实施细则有关税务检查的规定，确定调查企业，进行转让定价调查、调整。被调查企业必须据实报告其关联交易情况，并提供相关资料，不得拒绝或隐瞒。调查可以分为重点调查和日常调查两种。关联交易数额较大或类型较多的企业、长期亏损、微利或跳跃性盈利的企业、低于同行业利润水平的企业、利润水平与其所承担的功能风险明显不相匹配的企业、与避税港关联方发生业务往来的企业、未按规定进行关联申报或准备同期资料的企业以及其他明显违背独立交易原则的企业是应重点选择调查的企业。此外，税务机关可结合日常征管工作，开展案头审核，确定调查企业。案头审核应主要根据被调查企业历年报送的年度所得税申报资料及关联业务往来报告表等纳税资料，对企业的生产经营状况、关联交易等情况进行综合评估分析。企业可以在案头审核阶段向税务机关提供同期资料。税务机关对已确定的调查对象，应依法实施现场调查。

转让定价调查涉及向关联方和可比企业调查取证的，税务机关向企业送达"税务检查通知书"，进行调查取证。经调查，企业关联交易符合独立交易原则的，税务机关应作出转让定价调查结论，并向企业送达"特别纳税调查结论通知书"。企业关联交易不符合独立交易原则而减少其应纳税收入或者所得额的，税务机关应按一定程序实施转让定价调整。调整方案一旦最终确定，税务机关应向企业送达"特别纳税调查调整通知书"，企业按规定期限缴纳税款及利息。

关联交易一方被实施转让定价调查调整的，应允许另一方作相应调整，以消除双重征税。相应调整涉及税收协定国家(地区)关联方的，经企业申请，国家税务总局与税收协定缔约对方税务主管当局根据税收协定有关相互协商程序的规定开展磋商谈判。涉及税收协定国家(地区)关联方的转让定价相应调整，企业应同时向国家税务总局和主管税务机关提出书面申请，报送"启动相互协商程序申请书"，并提供企业或其关联方被转让定价调整的通知书复印件等有关资料。企业应自企业或其关联方收到转让定价调整通知书之日起3年内提出相应调整的申请,超过3年的,税务机关不予受理。税务机关对企业实施转让定价调整,涉及企业向境外关联方支付利息、租金、特许权使用费等已扣缴的税款,不再作相应调整。相应调整或相互磋商的结果,由国家税务总局以书面形式经主管税务机关送达企业。

(三) 预约定价

预约定价安排是指企业与税务机关就企业未来年度关联交易的定价原则和计算方法达成预约定价安排。预约定价安排的谈签与执行通常经过预备会谈、正式申请、审核评估、磋商、签订安排和监控执行六个阶段。

预约定价安排包括单边、双边和多边三种类型。单边安排是指企业与一个国家的税务机关达成的安排,双边或多边安排则是指企业与两个或以上国家的税务机关达成的安排。单边与双边或多边安排的主要区别在于所达成安排的内容能否得到两个或以上国家税务机关的认可。单边安排一般很难得到另一相关国家的认可,容易产生双重征税。

根据《特别纳税调整实施办法(试行)》第48条的规定,预约定价安排一般适用于同时满足以下条件的企业:(1)年度发生的关联交易金额在4000万元人民币以上;(2)依法履行关联申报义务;(3)按规定准备、保存和提供同期资料。预约定价安排适用于自企业提交正式书面申请年度的次年起3至5个连续年度的关联交易。预约定价安排的谈签不影响税务机关对企业提交预约定价安排正式书面申请当年或以前年度关联交易的转让定价调查调整。如果企业申请当年或以前年度的关联交易与预约定价安排适用年度相同或类似,经企业申请,税务机关批准,可将预约定价安排确定的定价原则和计算方法适用于申请当年或以前年度关联交易的评估和调整。

税务机关与企业就单边预约定价安排草案内容达成一致后,双方的法定代表人或法定代表人授权的代表正式签订单边预约定价安排。国家税务总局与税收协定缔约对方税务主管当局就双边或多边预约定价安排草案内容达成一致后,双方或多方税务主管当局授权的代表正式签订双边或多边预约定价安排。主管税务机关根据双边或多边预约定价安排与企业签订《双边(多边)预约定价安排执行协议书》,并建立监控管理制度,监控预约定价安排的执行情况。

(四) 争议的解决

在转让定价的税收征管中,纳税人与税务机关发生争议势在难免。根据是否涉及税收条约中的相互协商程序,争议可分为国内税收征管争议和税收条约实施争议两种。对于没有涉及税收的国内税收征管争议,可依法提出行政复议或行政诉讼。

至于不同国家税务机关之间的争议解决,一般要根据税收协定来处理。我国与有关国家所签订的税收协定一般都在第 25 条规定了"相互协商"这一争议解决程序。

本 章 小 结

转让定价制度的核心原则是独立交易原则。独立交易原则具有两个方面的功能,一是税务机关据以对关联企业不符合独立交易原则的定价进行调整以防止关联企业利用有关国家的税制差异进行逃税或避税;二是税务机关据以对协定国家的转让定价调整进行相应调整以避免双重征税。转让定价调整是通过一定的转让定价方法实施的。传统的转让定价制度针对的主要是有形财产交易,但随着跨国企业的发展、知识经济的到来以及劳务等重要性的提高,有关非有形资产的转让定价制度也应运而生。就有形财产交易而言,传统的转让定价方法主要有可比非受控价格法、再销售价格法、成本加成法等。而由于交易的独特性的增强,适用这些定价方法的条件往往又难以满足,因此晚近又发展了利润定价法,其主要有利润分割法、可比利润法、交易净利润法等。至于非有形资产的转让定价,同样也应适用独立交易原则,但西方一些国家也都进行了一些特殊的规定,如美国的与所得相匹配法等。

在转让定价制度中,税务机关针对关联交易实施的税收征管程序非常重要。这些征管程序主要包括纳税人的申报、税务机关的调查调整、预约定价安排以及相互协商程序等。

我国已经建立了较为完善的转让定价制度,为防止关联企业通过转让定价逃避我国税收以及避免因其他国家的转让定价调整而引起的双重征税提供了法律保障。

思考与理解

1. 什么是独立交易原则,你如何理解?
2. 利润定价方法与传统的可比交易法相比,有何优缺点?
3. 预约定价安排主要包含哪些内容?
4. 转让定价的征管程序主要有哪些?
5. 我国的转让定价制度应当进行怎样的完善?

课外阅读资料

1. 刘剑文主编:《国际税法》,北京大学出版社 1999 年版。

2. 廖益新主编:《国际税法学》,北京大学出版社 2001 年版。

3. 刘永伟:《我国与西方国家关联企业间有形财产购销业务转让定价方法的比较研究》,载《涉外税务》2000 年第 12 期。

4. 刘永伟:《OECD〈预先定价安排指南〉述评》,载《涉外税务》2001 年第 3 期。

5. 朱长胜等:《对 OECD 关于转让定价新规则"商业重构"的评述》,载《涉外税务》2011 年第 8 期。

第十二章 国际避税地的法律规制

国际避税地的存在对国际贸易与国际投资活动有着重要的影响。从经济全球化的角度考察，可以说如果没有国际避税地的存在，跨国经贸活动的吸引力将会大大降低。目前对于国际避税地尚无统一的精确定义，本章将在整合最新资料的基础上，提出一系列稳定的判断标准。国际避税地的建立将为所在国吸引大批的国际投资者，带来巨额的经济收益。当前世界上存在着众多为跨国纳税人青睐的国际避税地，但由于国际避税地容易引发国际税收有害竞争、影响国际税收协调机制、侵犯税收国家经济主权，所以往往成为税收国家重点打击的对象。另外，由于国际避税地呈现出被滥用的趋势，OECD等国际组织也提出了一系列规制性措施，以对其进行有效的干预、控制。

第一节 国际避税地的概念与特征

利用国际避税地降低自身税负，一直是跨国纳税人税务筹划的重点。据不完全统计，经过几十年的发展，国际避税地已经积累起了数万亿美元的财产，但有关国际避税地对于世界经济的影响到底利弊几何的争论从未停歇。支持者认为，国际避税地便利了国际直接投资、促进了国际市场的发展，而反对者则认为，国际避税地为超级富豪提供了逃避纳税义务的机会、侵犯了税收国家的征税权力。

无论上述论战结果如何，不可否认的是，国际避税地的存在，会导致一国的税收收入的重大损失，引发不正常的国际税收竞争，并在根本上减损国际福利。因此，对国际避税地进行有效的法律规制，已经成为国际社会的共识。许多国家及国际组织均已开始采取相应的措施，来应对国际避税地对世界经济产生的不利影响。

一、国际避税地的概念

国际避税地（international tax haven），或称为税收天堂、避税港、离岸金融中心（offshore financial center），通常是指那些向跨国纳税人提供极具吸引力的税收政策以便其转移财产或进行避税活动的国家或地区。国际货币基金组织

（IMF）在其工作报告中将有关国际避税地的定义分为两种类型①：

类型一，纯粹概念定义。该报告在总结了近几十年数十位学者提出的国际避税地概念的基础上，提出了以下三项国际避税地必须具备的判断标准：(1) 商业投资环境主要面向非本国居民；(2) 极具吸引力的法规环境（即宽松的监管环境与最低限度的信息披露要求）；(3) 低税负，甚至零税负。

类型二，实务操作定义。国际货币基金组织数据分析部门在对收集的数据进行分析之后将国际避税地定义为"跨国投资者以国际投资方式或者取得该国（地区）居民身份的方式，在该国（地区）投资的财产价值占该国（地区）GDP总量的50%以上并且绝对数额在10亿美元以上的国家（地区）"。

虽然国际货币基金组织对国际避税地的必备要素作出了归纳，但国际避税地至今仍缺乏一个标准定义。② 但一个典型意义上的国际避税地通常具有以下特征：在税收政策上采取低税率甚至零税率；拥有便捷的交通和发达的现代通讯网络；拥有严格的银行或商业保密制度；拥有稳定的货币体系与灵活的兑换管制；拒绝与外国税务机关合作；参加有限的国际税收协定甚至根本未参加任何国际税收协定；积极提升、推广避税地成为国际离岸金融中心。此外，稳定的政治体系与社会环境也是避税地必不可少的非税条件。

二、国际避税地的特征

虽然目前各国学者以及各国际组织都未对国际避税地下过一个标准的定义，但对于国际避税地的特征，已经形成了相对统一的国际共识。因此，国际上一般通过描述国际避税地的特征，来对其进行把握与判断。学术界与实务界都对国际避税地的判断要素进行过归纳，对此问题进行过早期完整研究的有美国学者理查德·戈登（Richard Gordon）的报告《全方位观察下的避税地及美国纳税人的运用》（The Tax Havens and Their Uses by the U.S. Taxpayers—an Overall View，以下简称"戈登报告"）。③ 另外，美国教授 Dhammika Dharmapala 与詹姆斯·希因斯（James R. Hines Jr.）的独立报告《哪些国家成为了国际避税地》（Which Countries Become Tax Havens?）④以及詹姆斯·希因斯为美国国家经济

---

① IMF Working Paper, Concept of Offshore Financial Centers: In Search of an Operational Definition, WP/07/87. pp. 5—6.
② Dhammika Dharmapala, What Problems and Opportunities Are Created by Tax Havens, Prepared for Oxford Review of Economic Policy, *Business Taxation in a Globalised World*, Vol. 24 No. 4, Winter 2008, WP/08/20.
③ Report of the Department of the Treasury of the U.S.A., 1984.
④ Dhammika Dharmapala & James R. Hines Jr., Which Countries Become Tax Havens, December, 2006.

研究室撰写的工作报告《国际避税地是否发展兴旺?》(Do Tax Havens Flourish?)[①]等都对国际避税地的必备特征进行了详尽描述。结合上述资料的观点与当前国际上的主流认识,一般认为,一个国际避税地,应当具有如下特征:

(一)低税率甚至零税率

国际避税地一般对外国投资者的个人所得税以及(或)企业所得税采取低税率甚至零税率。根据各自所采的不同税收政策,国际避税地大致可以区分为以下四种类型:

(1)纳税人只需缴纳营业执照申请费,而无须缴纳任何所得税,典型例子有安圭拉、百慕大群岛等。例如,百慕大群岛没有开征公司所得税,外国投资者在该地进行商业运作无须缴纳公司所得税。

(2)纳税人须要缴纳低税率的所得税,典型例子有瑞士、海峡群岛等。例如,瑞士联邦税务总局2012年2月公布的统计资料显示,截至2011年,瑞士的公司所得税税率为:联邦政府一级,8.5%;州政府一级,9.5%;州政府一级扣除率,0.75%,远低于法国的33.33%、英国的26%以及德国的29.4%。

(3)采取所谓"绝缘防范"措施确保只对本国所得征税,而对外国所得不征税或者征收较低的税收,典型例子有利比亚以及我国香港地区等。例如,从2008年9月开始,香港对设立在香港境内的企业就来自于境内的所得征收16.5%的利得税,而对来自境外的所得不征税。

(4)对特定企业或行业给予特殊税收优惠,典型例子有巴拿马、巴巴多斯等。例如,巴拿马对航运公司有一套极具吸引力的税收体系;巴巴多斯则给予国际金融公司特别的优惠。

上述避税地之所以推行如此优惠的税收政策,主要是基于几方面的原因:首先,这些国家(地区)普遍领土面积狭小、国际政治影响力较低,在国际经济活动中扮演着"价格接受者"的角色[②],并且不能对国际资本市场产生实质性影响,因此,采取税收优惠政策以吸引外国投资者,成为这些国家(地区)首选的经济政策。其次,这些国家(地区)自然资源匮乏、经济水平较为落后,建立以所得为基础的税收体系收效甚微,当然,也不排除某些国家(地区)并不需要此种税收体系。最后,在经济全球化的背景下,资本在全球范围内快速流动,只要一国(地区)能够提供较他国(地区)更为优惠的税收政策,将会立即吸引大量的国际投资,直接拉动该国(地区)的经济增长。詹姆斯·希因斯的工作报告显示,1982年

---

① James R. Hines Jr., NBER Working Paper 10936, Do Tax Havens Flourish, *National Bureau of Economic Research*, November, 2004.

② 所谓价格接受者(price taker),是经济学中的一个术语,具体是指在市场中的每一个个人(买者或者卖者),他们所面对的价格都是由市场给定的,也就是经过市场供需调整后的均衡价格。

至1999年间,国际避税地的年平均人均经济增长速度为3.3%,远远高于同期世界年平均人均1.4%的经济增长速度。

(二)银行与商业秘密

许多国际避税地的利用者都将银行秘密作为挑选避税地的首要考虑因素。银行秘密,是指银行根据本国银行法的规定,对客户的个人以及财产信息所负有的严格的保密义务。作为避税地必须具备的主要特征,银行秘密是所有避税地赖以存在的制度基础,这些避税地对银行秘密均给予高度重视,有些避税地甚至在民商事法律规范之外,将银行秘密纳入刑事法规的保护范围,一旦银行披露客户信息,就可能面临包括罚款、监禁在内的严重刑事处罚。

严格来说,所有建立了中央银行系统的国家都拥有一套银行保密规则,这些规则详细规定了银行可以在何种情况下、将哪些客户信息对外披露。但是不同国家执行的保密标准却各不相同,而通常来说,国际避税地国家(地区)的保密标准远远高于非避税地国家(地区)。

以瑞士为例,瑞士的银行保密体系一直闻名于世,其渊源最早可以追溯到16世纪瑞士银行业在运作过程中形成的商业惯例。1934年,瑞士国会正式通过《联邦银行与储蓄银行法案》(Federal Act on Banks and Saving Banks,以下简称《银行法案》),该法案将银行保密的商业惯例成文化、法典化,法案第47条中更进一步将违反银行保密规则的行为规定为犯罪。1984年,73%的瑞士选民投票支持将该制度继续保留,并使该制度一直保留至今。瑞士的银行保密范围包括银行在向客户提供咨询服务与进行商业交易过程中获得的所有与客户有关的个人以及商业信息。根据《银行法案》的规定,只有客户本人才有权授权银行披露其信息,该法案第273条甚至进一步规定,即使银行事后获得了客户的特别授权,其在先的信息披露行为也构成犯罪,而该犯罪行为可能被处以高达25万瑞士法郎或者最高3年的有期徒刑。

除瑞士以外,奥地利、卢森堡、列支敦士登、海峡群岛、直布罗陀等欧洲国家,巴拿马、百慕大、开曼群岛、特克斯和凯科斯群岛等加勒比国家,新加坡以及我国香港地区等亚洲太平洋国家或地区,也都设立了各自严格的银行保密法规。而巴拿马作为世界上仅有的几个从未签署任何国际税收协议的国家,跨国投资者在那里将会享受到更为严格的保密服务。

另外需要指出的是,虽然这些避税地的银行保密规则十分严密,但却不是绝对的,在法律规定的某些特定情况下,某些特定的信息仍应当公布,因此,对于这些信息保护的不同规定,也成为避税地利用者考虑的内容。例如,瑞士《银行法案》就规定,在以下情况下银行应当披露客户信息:(1)民事诉讼案件;(2)刑事诉讼案件;(3)债权债务纠纷、破产清算、税务案件;(4)与外国机关合作。① 在巴哈马、百慕大、利比里亚、特克斯和凯科斯群岛、开曼群岛和巴拿马,公司在运作期间无需向任何政府机关出具任何报告或财务资料。在泽西、根西、马恩岛,公司的年度财务状况必须向股东公布,但公司的财产负债表不用向社会公众公布。在瓦努阿图,对于免税公司同样存在这种情况;在荷属安地列斯群岛,公司必须在报告中公布其应纳税所得额,这一报告能为公众所查阅。②

但是,过分严密的银行保密规则却使国际逃税者获得了巨额利润,这种对税收国家财税体制严重侵害的行为,使避税地国家的银行保密规则越来越受到国际社会的强烈谴责。在过去几十年中,以美国为首的国际社会一直在与这些避税地的银行保密规则作斗争,最近几年,这一斗争趋势正在逐渐加强。例如,2009 年举行的 G20 集团伦敦峰会发布了这样一份公报,该份公报明确表明,G20集团将对不合作的国际避税地国家(地区)采取一定措施(包括潜在的制裁措施),迫使其与国际社会合作,以促进与完善国际财税监管体系。

(三) 金融业重要且不合比例

与拥有传统税收体系的国家相比,国际避税地往往拥有极为发达、数量众多的金融行业,这些金融机构的主要服务对象为非本国公民,其主要资产来源于国际投资,在这些国家(地区),银行业、保险业等金融行业是当之无愧的支柱产业。这些避税地向跨国投资者提供的金融服务主要包括以下三种:(1) 私人投资服务,即以合法的手段最大限度地减轻客户的税负,并同时最大限度地为客户保密;(2) 财产保护服务,即对外国投资者在本国(地区)投资的财产、获得的收入,给予政治、财政以及法律上的全方位保护;(3) 理财规划服务,即利用本国(地区)的法律、财税法规,对外国投资者的财产进行合理地规划。③ 除了上述三种主要的金融服务之外,避税地还广泛地向外国投资者提供保险、信托、税务筹划以及跨国商业运作等服务。以下的一些统计数据或许可以更为直观地反映避税地金融业的发达程度。

例如,泽西群岛 GDP 总量中超过 60% 由该国银行业贡献,同时有超过 25%的劳动人口在银行中工作。④ 百慕大不仅是世界著名的国际避税地,更是世界

---

① Jaclyn H. Schottenstein, Is Bank Secrecy Still Bankable? A Critical Review of Bank Secrecy Law, Tax Evasion and UBS, *Entrepreneurial Business Law Journal*, Vol. 5:1, p.361.

② Sébastien Moerman, The Main Characteristic of Tax Haven, *Intertax*, Volume 27, Issue 10, p.371.

③ Esther C. Suss, Oral H. Williams & Chandima Mendis, Caribbean Offshore Financial Centers: Past, Present and Possibilities for the Future 4 (IMF Working Paper, May 2002), http://www.imf.org/external/pubs/ft/wp/2002/wp0288.pdf.

④ Jersey-Overview, USATODAY.COM, http://www.usatoday.com/marketplace/ibi/jersey.htm. 最后访问日期:2009 年 4 月 1 日。

上最大的专属保险中心。百慕大官方2001年公布的资料显示,已经有总计超过1600家的保险公司与再保险公司①落户百慕大,其资产总额高达1720亿美元。世界货币基金组织2005年的资料显示,百慕大保险行业每年签署的保险合同价值总额高达480亿美元。另外,就净保费收入来说,百慕大在2004年首次成为继美国、德国以及瑞士之后的世界第四大再保险市场。② 截至2006年,英属维尔京群岛拥有11家银行,90家信托公司,90家注册代理商以及当时世界上数量最多的注册离岸公司(多达50万家)。同样截至2006年,另一著名国际避税地——开曼群岛,拥有超过500家银行与信托公司,7100家共同基金与对冲基金公司以及727家专属保险公司。③

但是随着国际社会要求整顿国际避税地的呼声日益高涨,避税地的金融业正面临着剧烈的冲击,而这之中最具有代表性的无疑是发生在2009年的美国国税局(IRS)诉瑞士联合银行集团(UBS)一案。该案的起因源于美国国税局认为,瑞银集团以银行保密为由拒绝提供涉嫌逃税的美国客户名单的行为违反了美国法律规定,而瑞银集团则坚持辩称根据其本国法律,没有向美国国税局提供客户名单的义务。该案最终以双方达成庭外和解而告终,这一结果表明,金融业的护身金牌——银行保密规则,可能不得不在国际社会的不断冲击下作出更多的妥协与让步,而这必将对国际避税地的金融业以及整个国家(地区)的经济发展,造成重大的影响。

（四）现代化的交通与通讯系统

现代化的交通与通讯系统也是国际避税地必须具备的一个因素。综合考察当今世界各主要避税地,可以发现这些国家(地区)大多国际航空发达,通讯便捷,通信基础设施完备,并且往往与北美、西欧、东南亚、澳大利亚等主要资本输出地区地理位置非常接近。随着人类社会步入信息时代,包括邮政、电报、电话、电子邮件等多种通信手段在内的现代化信息通讯系统,已经成为跨国公司进行商业活动必不可少的技术手段。

例如,百慕大群岛距离美国纽约只有775英里,从百慕大群岛到纽约每两个小时就有一个航班,飞行时间不到2个小时;开曼群岛距离美国迈阿密仅有800公里,每天在两者之间都有几班直航航班,飞行时间仅为1小时;泽西群岛和根西群岛到伦敦的飞行时间也仅为1个小时;而如中国香港地区、瑞士等本身社会

---

① 再保险(reinsurance)也称分保,是保险人在原保险合同的基础上,通过签订分保合同,将其所承保的部分风险和责任向其他保险人进行保险的行为。

② IMF Working Paper, Concept of Offshore Financial Centers: In Search of an Operational Definition, WP/07/87. p.25.

③ United States Senate Permanent Subcommittee on Investigations Committee on Homeland Security and Governmental Affairs, Tax Haven Abuses: The Enablers, *The Tools and Secrecy*, August 1, 2006, p.15.

经济已经极为发达的国际避税地,更是具备世界一流的交通与通讯系统。

反之,由于交通、通讯不便而使一个国家(地区)无法成为著名国际避税地的例子也有很多。例如,欧洲的安道尔位于法国和西班牙之间,从税收上看,这里没有任何所得税、资本利得税、财产税和遗产税,显然具备了成为避税地的税收方面的条件。但安道尔的交通十分不便,到安道尔没有飞机航班,只能从西班牙的巴塞罗那乘汽车,而且要走 150 英里的山道。交通不便大大削弱了安道尔的无税优势,使欧洲国家投资者难以利用其进行避税,也严重影响了安道尔国际避税地的地位。

(五) 有稳定的货币和灵活的外汇管制

跨国投资者利用国际避税地的根本目的就在于最大限度降低税负以获得更多的利润,并且这些利润最终必须能够被自由提取,否则,国际避税地的存在将会失去意义。由此,大多数国际避税地都必须具备较为稳定的货币政策以及灵活的外汇制度,由此吸引更多的跨国投资者前来投资。

总体来说,目前大多数的国际避税地或者根本没有外汇管制或者采取区分本国国民与非本国国民的双重外汇管制标准,从而使得外国投资者可以更自由地从事国际贸易结算以及支付。此外,避税地还必须具有相对稳定的货币政策,如果一个国家(地区)没有一种稳定的货币,将不能实现利润和资本的自由兑换,这将直接降低该国家(地区)对跨国投资者的吸引力。

例如,开曼群岛的法定货币——开曼元兑美元的汇率一直稳定在 1:1.4 左右,成为加勒比海地区少有的比美元还值钱的货币;百慕大群岛没有货币管制措施,任何货币均可自由兑换,投资者可以自由地将资金调出或调入;巴拿马没有中央银行和独立的金融政策,没有外汇管制,不印制货币,巴拿马的本国货币巴波亚仅为辅币,其合法货币为美元,是世界上少有的无本国货币的国家之一,巴波亚与美元挂钩,汇率为 1:1,货币流通一般取决于国际收支状况。

(六) 提升和推广避税地成为离岸金融中心

一个国家(地区)之所以要大力提升和推广自身成为离岸金融中心,是因为一旦成功吸引了外国投资与国际金融资本,将会对该国(地区)大有裨益。例如,那将会大大地增加该国(地区)与国际资本市场联系的紧密程度,引进大量的外国先进科学技术,大大提高本国就业率,极大增加本国财政收入。正因为如此,像开曼群岛以及海峡群岛这样典型的离岸金融中心国家,其本国的社会经济发展直接依靠离岸金融活动的蓬勃开展。可以不夸张地说,离岸金融活动就是这些避税地的经济命脉。

国际避税地在建立离岸金融中心的过程中有其先天优势,政局稳定、税收优惠、没有金融管制、交通通讯便捷、风景宜人等因素都对国际金融资本有着不可抗拒的吸引力。例如,英属维尔京群岛通过立法在本国境内设立了一些监管宽松的经济区域,允许国际投资者在其领土上成立国际业务公司、开展国际金融业务。但由于避税型离岸金融中心很容易被跨国投资者滥用,为其逃税、抽逃资本提供便利,因此近年来,越来越多的国家都对避税地宽松的金融监管体制与严格的信息保密制度提出了批评与担忧。

（七）税收协定的存在与运用

由于国际社会要求国际避税地公开跨国纳税人纳税信息以方便税收国家对本国纳税人征收税款、防止滥用避税地侵蚀本国税基的呼声越来越高,近年来,已经有部分避税地开始与外国签订税收协定。例如,截至2007年的统计资料,巴拿马已经于2004年同玻利维亚、哥伦比亚、厄瓜多尔、秘鲁和委内瑞拉签订了安第斯共同体所得税和资本税条约,该多边协定已经于2005年生效;摩纳哥与法国签订的税收协定自1963年起就开始生效,2003年两国在原条约基础上签订了议定书和换文,并与2005年正式生效,效力追溯至2002年;瑞士向来拥有一个完整而庞大的税收协定网络,在2002年至2007年的五年中,更是与爱沙尼亚、伊朗、以色列、拉脱维亚、立陶宛、乌兹别克斯坦、塞尔维亚等多国签订了双边税收协定。但同时应当指出,虽然已经有部分避税地开始签订税收协定,但大部分只构成个别国家之间有限的条约网络,并且这些条约往往不包括情报交换条款,更有个别国家,至今仍未签订任何税收协定。例如,截至2007年,伯利兹仅在2002年与奥地利签订了税收协定,该条约2004年生效;开曼群岛和哥斯达黎加在2007年还未有任何生效的税收协定。

（八）政治和经济稳定

对于许多跨国投资者而言,一个稳定的政治、经济体系是理想避税地必须具备的硬性指标,因为保证自身的投资安全是获得更大利润的根本前提。不管是学术界的研究成果还是实践经验皆表明,一个广受投资者欢迎的避税地,必然具有积极有为、高效便民、公正廉洁的政府部门,并且这些国家（地区）政府部门的评分往往远高于非避税地国家（地区）的政府。这也解释了为什么瑞士、摩纳哥等国经常为人们所选择,而同样具备优惠税收政策但政局动荡的非洲至今仍没有产生真正意义上的避税地。

世界银行曾在2005年出具了一份工作报告[1],从政局稳定程度、官员腐败程度、法律尊重程度、政府效率程度以及政治民主程度等五个方面对世界各国的政府质量进行了详细评价。该份报告显示,避税地在上述各项指标的得分上均明显地高于非避税地,并且在进一步对比了其他多种数据信息之后专家发现,避税地与高政府质量评分之间存在着高度的契合性,由此得出的结论是,政府质量

---

[1] Kaufmann, D., A. Kraay and M. Mastruzzi, Governance Matters IV: Governance Indicators for 1996—2004, World Bank Working Paper, 2005.

更高的国家(地区)更有可能成为国际避税地。

根据标准普尔①2012年公布的主权信用评级数据,截至2011年11月,世界各主要避税地国家或地区均取得了非常不错的信用评级。例如,卢森堡、香港、列支敦士登、新加坡、瑞士信用级别均为AAA级,显示出这些国家或地区政治环境优良,经济、金融发展水平较高,财政赤字和债务负担较小,政府本、外币偿债能力极强。另外一些著名避税地,如根西群岛、百慕大群岛也拥有不错的信用评级,如根西群岛为AA+级,百慕大群岛为AA级,均属于投资级信用评级,非常适合跨国投资。

(九) 社会组织生活完备

完善的基础设施、完备的社会组织生活同样是避税地必不可少的要件。金融业作为避税地的支柱产业,其重要性自然不言而喻。但是,金融业的发展壮大离不开其他产业的支持。因此,健全而完备的社会组织生活对于避税地而言同样非常重要。任何人类活动都不可能离开衣食住行等这些基本生活要素,同样地,要顺利地达成一项金融交易,需要其他各方面因素的完美配合。例如,当跨国公司向避税地派遣员工时,就必须同时为员工及其家属解决住宿、交通、饮食、教育、医疗等各种问题,这时候就需要避税地拥有完备的餐饮住宿、交通运输、医疗教育等配套产业来解决上述问题。如果不具备上述条件,就算提供极为优惠的税收政策,也不会吸引足够的外国投资。这也很好地解释了为什么非洲地区国家至今不能成为著名的国际避税地。

第二节 国际避税地的形成类型

之所以不能对国际避税地下一个统一精确的定义,主要原因就在于避税地的存在形式多种多样。基于不同的成因,可以对避税地作出不同的分类。对它们的类型化观察,便于我们对避税地进行更好地判断与把握。

一、按照税率与税收优惠进行的分类

避税地大多采取低税收甚至零税收政策,因而税率高低往往成为国际上判断是否属于避税地的重要标准。根据税率与税收优惠的程度,一般将避税地划分为以下六类:

---

① 标准普尔(Standard & Poor's)作为金融投资界的公认标准,提供被广泛认可的信用评级、独立分析研究、投资咨询等服务。标准普尔的长期主权信用评级主要分为投资级和投机级,信用级别由高到低。投资级分为AAA、AA、A和BBB;投机级分为BB、B、CCC、CC、C和SD/D级。AAA级表示偿债能力极强,为最高评级。

（1）零税率的避税地。这些国家（地区）没有任何的所得税、公司税、财产税和资本利得税。属于这种类型的避税地主要有巴哈马、巴林、百慕大群岛、开曼群岛、瓦努阿图、特克斯和凯科斯群岛、摩纳哥（仅对个人征收）。

（2）低税率的避税地。该类避税地或者因为国内税法直接规定了低税率，或者是按税收协定的规定采取低税率。这类避税地主要有列支敦士登、瑞士、英属维尔京群岛、荷属安地列斯群岛、海峡群岛和马恩岛。

（3）以领土为基础进行征税的避税地。该类避税地对来源于本国或地区领土之外的所得免税。这一类型的避税地有哥斯达黎加、中国香港、利比里亚、马来西亚、巴拿马、菲律宾、委内瑞拉和英国（仅对非居民公司适用）。

（4）对国内一般公司征收正常的所得税，但对某些特定公司提供特殊税收优惠的避税地。例如，卢森堡中央政府开征的公司税税率是22.88%，加上地方政府公司税，总税率超过30%，其所得税税率也并不低，但卢森堡对符合条件的控股公司不征所得税，结果使卢森堡成为控股公司的理想设立地。属于该类避税地的还有：荷兰、新加坡、加勒比等。

（5）对发展出口的行业提供免税的避税地。这类避税地主要是爱尔兰。

（6）对某些类型的公司提供特别优惠的避税地。这类避税地主要包括安提瓜岛、安圭拉、巴巴多斯、格林纳达和牙买加。

二、OECD 财政事务委员会的观点

自从1956年起，OECD就一直致力于建立一套能为国际社会普遍接受的、用以规制成员国对国际交易征税的"国际税收游戏规则"，该努力的主要成果，就是形成了一套OECD国际税收协定范本，该范本的主要目的，就是为了防止国际双重征税以及帮助各国税务机关查处国际避税与逃税。

1998年8月9日，OECD通过了名为《有害税收竞争：一个新兴的全球性课题》(Harmful Tax Competition: An Emerging Global Issue)（以下简称《有害税收竞争报告》）。该报告指出，在OECD成员国、非成员国及其属地之间，存在税收的有害竞争，竞争的表现形式为避税地和有害税收优惠制度（harmful preferential tax regimes）。报告第一次对有害税收竞争作了分类，并将其分类为避税地的有害税收竞争与有害税收优惠制度的有害税收竞争。并且该报告详细提出了构成一个避税地的标准：（1）没有税收或仅存在名义上的税收政策。对于相关的所得税有税收或仅存在名义上的税收，这是判断是否构成避税地的主要标准。（2）缺乏有效的信息交换机制。在典型的避税地，都有法律或行政管理使企业与个人从严格的保密规定中受益，免受税务机关的审查，防止针对从低税国家获利的纳税人进行有效的税收情报交换。（3）缺乏透明度。避税地往往在立法、司法或行政活动中缺乏透明度。（4）没有实质性经营活动的要求。避税地一般

不要求有实质性的经营活动,吸引的投资和交易允许是纯粹出于税收驱动的。①除了上述四条关键标准外,OECD 还指出下列因素也有助于确认有害的税收制度:人为操纵税基;不遵守国际转让定价原则对外国来源所得免予课征居民国税收;可协商的税率或税基;存在保密规定;广泛的税收协定网络;推销可作为税负最小化工具的制度;鼓励纯粹以税收为目的的操作或安排。

根据上述判断标准,OECD 曾于 2000 年 6 月通过了一份报告《走向全球税收合作:在识别与消除有害税收实践中的进展》(Towards Global Tax Cooperation—Progress in Identify and Eliminating Harmful Tax Practice)。② 该份报告包含一份不与 OECD 进行合作的避税地国家(地区)"黑名单",包括英属维尔京群岛、根西群岛、巴拿马等 35 个国家(地区)被列入了"黑名单"。百慕大、开曼群岛、塞浦路斯、马耳他、毛里求斯和圣马力诺等 6 个国家(地区)虽然同样符合上述判断标准,但由于其事先向 OECD 作出了保证有效消除有害国际避税行为的承诺而未被列入该"黑名单"。OECD 要求上述 35 个被列入"黑名单"的国家(地区)必须在 2001 年 7 月 31 日前采取措施,消除其有害税收竞争的行为,否则将对其进行严厉制裁。此后,OECD 又分别于 2001 年、2004 年和 2006 年发布了有关该项工作进程的专题报告,号召 OECD 成员国和其他国家共同对不合作的避税地采取措施,这些措施包括:敦促"黑名单"上的国家(地区)重新审视他们的税收政策;建议中止与避税地之间的税收协定,并且不再与这样的国家签订税收协定;更广泛和有效地使用情报交换手段;出台受控外国公司法(即 CFC 条款)或其他相应的规定等。

三、后金融危机时代的国际避税地

作为 2008 年世界金融危机后召开的 G20 伦敦峰会的重要内容之一,OECD 在 2009 年 4 月 2 日就反避税工作交付了其最新工作成果——《全球税收表现评估报告》(Progress Report on the Jurisdictions Surveyed by the OECD Global Forum in Implementing the Internationally Agreed Tax Standard)。③ 在该份报告中,OECD 将所调查的 87 个国家(地区)分为三类:(1)"白名单"。包括中国、美国、德国等 40 个实质履行国际通行税收标准的国家(地区)。(2)"灰名单"。包括瑞士、卢森堡、比利时等 38 个承诺会在银行保密或税收情报交换方面作出努力,但

---

① The Committee on Fiscal Affairs of OECD, Harmful Tax competition—An Emerging Global Issue, http://www.oecd.org/tax/harmfultaxpractices/1904176.pdf.

② The Committee on Fiscal Affairs of OECD, Towards Global Tax Cooperation—Progress in Identify and Eliminating Harmful Tax Practice, http://www.oecd.org/tax/harmfultaxpractices/2090192.pdf.

③ Progress Report On The Jurisdictions Surveyed By The OECD Global Forum In Implementing The Internationally Agreed Tax Standard, http://www.oecd.org/ctp/42497950.pdf.

尚未付诸实践的国家(地区),这部分名单囊括了当前世界上公认的主要避税地。(3)"黑名单"。包括哥斯达黎加、马来西亚、菲律宾、乌拉圭等4个拒绝履行国际通行税收标准的国家。由于G20伦敦峰会郑重声明,列入"黑名单"的国家(地区)将受到严厉制裁,比如将被排除在国际货币基金组织和世界银行的融资安排之外等,因此在名单公布不到一周的时间里,原先进入黑名单的菲律宾、马来西亚、哥斯达黎加和乌拉圭4国因作出遵守国际税收标准的承诺迅速由"黑"转"灰","黑名单"因此成为空白。截至2011年5月2日,"白名单"包含的国家(地区)已达82个,"灰名单"包含的国家(地区)仅为8个,而"黑名单"则彻底清空为零。

第三节 利用国际避税地的主要形式

合理地利用国际避税地开展避税活动,是跨国纳税人税务筹划的重要组成部分。利用基地公司、设置信托、设立离岸公司等都是典型的利用避税地进行避税的税务筹划模式。但无论跨国纳税人具体采用何种模式进行避税,其基本原理都是将利润尽可能多地转移至避税地,从而逃避税收国家(相对高税率)的税收征管,实现减小税负、增加利润的目标。在国际税务筹划中,国际避税地的利用至关重要,利用国际避税地的形式主要有以下几种。

一、基地公司

基地公司这一概念最早由美国国际税法专家 Gibbons 在其 1956 年发表的《国际企业立足境外的税收效果》(Tax Effects of Basing International Business Abroad)[1]一文中首次提出。他指出,基地公司是指"在基地国设立,但在第三国从事实际营业活动的公司或其他有限责任公司"。其中,"基地国"是指"对来源于境外的所得或财产不征税或者税率很低的国家(地区)"。本质上来讲,跨国纳税人主要采用转让定价与延期纳税两种方法利用基地公司进行避税。其中,转让定价是指跨国纳税人通过转让定价调整位于不同国家的关联企业之间的利润分配,将利润转移至低税率、零税率的国家(地区),以减小税负;而延期纳税主要是指跨国纳税人通过虚构的中介服务或其他不必要的关联方交易等方式增加基地公司的收入,然后利用延期纳税的规定,将基地公司的利润长期不予分配,从而免缴所得税。实践当中,利用基地公司避税的具体操作方式主要有以下几种。

---

[1] Gibbons, Tax Effects of Basing International Business Abroad, *Harvard Law Review*, Vol. 69, p. 1207.

(一) 基地公司作为控股公司

跨国纳税人可以将避税地的基地公司作为控股公司,直接由该控股公司向其他子公司注资。那么,当子公司向控股公司分配股息利润时,便将利润转移至税率较低甚至零税率的避税地,从而避免了利润转移至母国时将被征收的高额税收。此外,即使利润支付国征收预提税,也可能因支付国与避税地之间存在双边税收协定而予以减免。当然,控股公司还可以以利息、特许权使用费等形式获取利润。

(二) 基地公司作为中转销售中心

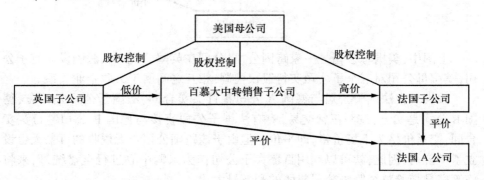

上图中,美国母公司是一家跨国公司,分别在英国、百慕大、法国设立有子公司,美国母公司对三个子公司实行股权控制,相互之间属于关联企业关系。

假设现在英国子公司与法国 A 公司准备签订买卖合同,英国子公司为卖方,法国 A 公司为买方,按照正常交易,应由英国子公司直接与法国 A 公司直接签订合同,交易价格为市场价格,即平价。但由于该跨国公司在无税收的百慕大也设立了子公司,因此,就可以利用百慕大子公司作为中转销售中心进行全盘统筹,将该笔交易带给整个跨国公司集团的利益最大化。

具体的操作方法是,将原先的一步交易改成三步进行:英国子公司→百慕中转销售子公司→法国子公司→法国 A 公司,即先由英国子公司将货物或者服务销售给百慕大中转销售子公司,交易价格为低价,实现利润的前转;再由百慕大中转销售子公司销售给法国子公司,交易价格为高价,实现利润的后转;最后由法国子公司与法国 A 公司按正常市场价格交易。该方法的实质就是利用关联企业内部的关联交易,将整个交易的全部利润转移至百慕大子公司,然后又延迟百慕大子公司向美国母公司利润的分配,从而利用百慕大的避税地优势降低整个跨国公司的税负、增加整体的利润。

(三) 基地公司作为采购中心

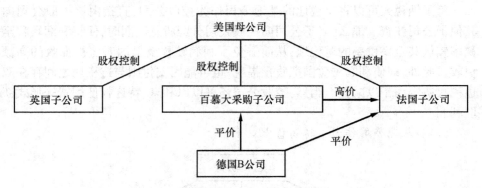

上图中，美国母公司是一家跨国公司，分别在英国、百慕大、法国设立有子公司，美国母公司对三个子公司实行股权控制，相互之间属于关联企业关系。

假设现在法国子公司与德国 B 公司签订买卖合同，法国子公司是买方，德国 B 公司是卖方，按照正常交易，应有法国子公司直接与德国 B 公司签订买卖合同，交易价格为市场价格，即平价。但由于该跨国公司在无税收的百慕大也设立了子公司，因此，就可以利用百慕大子公司作为采购中心进行全盘统筹，来将该笔交易带给整个跨国公司集团的利益最大化。

具体的操作方法是，将原先的一步交易改成两步进行：德国 B 公司→百慕大采购子公司→法国子公司，即先由德国 B 公司将货物或者服务销售给百慕大采购子公司，交易价格为市场平价；再由百慕大采购子公司向法国子公司销售，交易价格为高价，发生利润的后转。该方法的实质就是利用关联企业内部的关联交易，将整个跨国公司集团的采购业务统一交由百慕大子公司完成，再由其转售给其他子公司，将利润全部固定在无税收的百慕大，从而降低整个跨国公司的税负、增加整体的利润。

(四) 基地公司作为金融中心

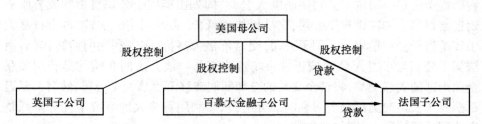

上图中，美国母公司是一家跨国公司，分别在英国、百慕大、法国设立有子公司，美国母公司对三个子公司实行股权控制，相互之间属于关联企业关系。

假设现在英国子公司需要向美国母公司贷款，按照正常交易，应由英国子公司直接与美国母公司签订借贷合同。但由于该跨国公司在无税收的百慕大也设立了子公司,因此,就可以利用百慕大子公司作为金融中心向英国子公司提供贷款,将利息留在避税地,从而降低整个跨国公司的税负、增加整体收益。

二、设置信托

近代信托制度是普通法传统的独特产物,《不列颠百科全书》将信托定义为:"信托是一种法律关系,在此种关系中,一人拥有财产的所有权,但同时负有受托人的义务,为另一个人的利益而运用此项财产。"①通过在避税地设立离岸信托的方式规避税收,是利用避税地的另一种重要表现形式,其具体操作方法有如下几种:

(1)利用离岸信托转移财产所有权。

此种方法下,委托人先在低税率或者零税率的避税地设立信托,然后将动产、不动产、财产性权利等财产转移至离岸信托,由于避税地的优惠收税政策,这些财产本身及其产生的经营所得和利润收入无需纳税或者只需按极低税率纳税,从而成功规避本应承担的高税负。

(2)利用离岸信托规避遗产税。

遗产税是当前世界各国普遍开征的税种。在一些发达国家,遗产税税率相当高,因此逃避遗产税成为被继承人税收筹划的一项重要内容。被继承人可以在死亡以前就将遗产设立信托,使该部分财产不再属于遗产税征收范围。但是,由于各国均对利用信托规避遗产税的行为严格规制,所以,在承认信托并对信托规制十分宽松的避税地设立离岸信托成为首选,如下列遗产信托的民事案例:

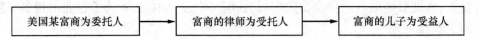

上图案例中,美国某富商通过其律师在巴哈马设立一个民事信托,由其私人律师为受托人,帮助管理信托财产,其儿子为受益人。富商与律师通过信托合同约定,待受益人35周岁时就将信托财产转移至其名下。这样操作的本质是,利用避税地巴哈马没有遗产与赠与税的税收政策,将遗产转移至巴哈马,从而规避美国高昂的遗产与赠与税。这样操作可能产生的一个问题是,如果受益人将来希望将继承的遗产再转移回美国,仍须缴纳财产税。但得益于现代高度发达的金融业,受益人只需向设立在巴哈马的国际银行开办信用卡,使用该信用卡在美国消费,但最终在巴哈马银行结算,即可轻松解决该问题。

---

① 〔英〕狄德罗:《不列颠百科全书》,上海社会科学院法学研究所译,知识出版社1981年版,第196页。

(3) 利用离岸信托隐瞒对关联公司的控制。

利用离岸信托避税的另一种方法,就是以自益信托的方式,在避税地设立一家信托公司,以委托人自己作为信托财产的受益人,把拥有的关联公司的股权转移给避税地的信托公司,利用该信托公司隐瞒所有关联交易,以规避本国对关联交易征收的各类税收。如下列利用自益信托的案例:

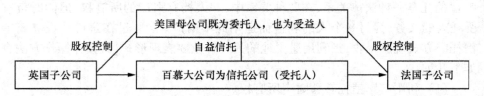

上图中,美国母公司是一家跨国公司,分别在英国、法国设立有子公司,美国母公司对两个子公司实行股权控制,相互之间属于关联企业关系,同时,美国母公司还利用自益信托在百慕大设立了百慕大信托公司作为受托人。假设英国子公司需要与法国子公司签订一份合同,由于同属美国母公司控股,该项交易会被直接认定为关联交易,从而受到法律对关联交易的规制。但由于百慕大信托公司的存在,英国子公司可以先与百慕大信托公司完成交易,然后再由百慕大信托公司与法国子公司完成交易。

该案例操作方式的本质是,百慕大信托公司可以成功帮助美国母公司隐瞒对英国、法国子公司的真实股权,从而使得一系列交易不再受关联交易的规制,并且还能享受百慕大优惠的税收政策;同时,由于美国母公司既是委托人又是受益人,因此最终的收益仍全由美国母公司享有,从整体上降低了企业的税负、增加了收益。

三、离岸公司

所谓离岸公司,主要是指非当地投资者在离岸法域(通常是避税地)依当地离岸公司法成立的仅能在离岸区以外区域进行营业活动的公司。离岸公司的商业组织形式,不仅限于公司(有限、无限、控股、国际商业公司、股份、公众公司等),还包括信托基金和合伙企业等形式。

在避税地设立离岸公司具有诸多优势,如成立快速、注册方便,管理形式简便灵活,监管环境轻松、保密性好,对资本流动几乎没有限制,而其中最具吸引力的,无疑是离岸公司可以享受的各种税收优惠。以当前世界上企业注册数量最多的三大离岸公司注册地:百慕大群岛、开曼群岛以及英属维尔京群岛为例,百慕大群岛不对境外公司及其股东征税;开曼群岛不对境外公司及其股东征税,并且政府承诺其本国有关利润、所得、收益、增值税的立法,以及对房地产和遗产征税的立法同样不适用于境外公司及其股东,也不会以预提方式征税;英属维尔京群岛不向国际商务公司或居住在英属维尔京群岛境外的公司股东征税。一份 2006 年披露的美国参议院报告显示,截至 2006 年 8 月,世界主要避税地大约已经积累了超过 1.6 万亿美元的美国财产,因此每年给美国造成的税收损失高达 700 亿美元。①

四、建立船运公司和办理船舶注册

所谓方便旗,是指允许非居民船东悬挂的国旗,旗帜国政府除了收取一部分注册费外,对挂旗船东并不实行财政性或其他控制,对航运收入也不征收所得税。为了减轻税负,船东通常会考虑去避税地办理注册登记手续,悬挂一面方便旗。利比里亚和巴拿马提供这种业务,成为世界上最大的航运避税地。②

五、离岸养老金计划

在避税地设立离岸养老金计划,能在不违反一国税收法规的前提下,给参加计划的职工带来税收上的好处。选用参加离岸养老金计划最有利的情形是:(1) 设立在职员本国的养老金计划不能享受税收优惠;(2) 由于他们在海外就职而被排除参加本国的养老金计划,得以享受避税地的税收优惠;(3) 职工希望雇用期满退休后移居他国。③ 以英国目前最受欢迎的离岸养老金计划 QROPS (Qualifying Recognised Overseas Pension Scheme)为例,近年来,QROPS 以其优惠的税收政策受到越来越多准备在退休后移居他国的英国公民的推崇。因为根据英国现行的税收政策,税务机关会对被继承人存留在英国国内的养老金征收高额的税收,在某些情况下,这一税率高达 55%。但只要将这笔养老金转移至 QROPS 计划下,就能够避免英国的高税负。④

六、离岸投资基金

所谓离岸投资基金,是指一国的证券基金组织在其他国家(通常是避税地)发行的证券基金份额,并将募集的资金投资于本国或第三国证券市场的投资基金。由于国际避税地通常对所得、收益采取低税率甚至零税率,所以跨国投资者将投资基金设立在避税地,可以很好地利用避税地优惠的税收政策降低税负、获得更大的收益。

---

① United States Senate Committee on Homeland Security and Governmental Affairs, Tax Haven Abuses: The Enablers, *The Tools and Secrecy*, August 1, 2006 Hearing.
② 楚天佑:《国际避税地利弊分析》,载《涉外税务》1997 年第 6 期。
③ Adrian Ogley, *The Principles of International Tax*, UK: Interfisc Publishing, p. 95.
④ http://en.wikipedia.org/wiki/Qualifying_Recognised_Overseas_Pension_Scheme.

第四节 国际避税地的规制措施

利用国际避税地避税肇始于20世纪60年代,距今已有五十多年的历史。从客观上讲,在这五十多年的发展过程中,避税地的确对世界经济的发展作出了一定贡献。但是,避税地的存在,侵蚀了一国的税基、纵容了国际洗钱犯罪、产生了不公平的国际税收竞争。早在1998年,OECD就以一篇《有害税收竞争报告》拉开了与避税地斗争的序幕,而在2008年世界金融危机爆发之后,国际社会要求采取必要措施制止避税地滥用趋势的呼声越来越高,国际避税地已经不再是跨国投资者安全的税收庇护所。

完善国内立法、签订国际税收协定以及强化国际合作是当前国际社会加强对国际避税地规制的主要措施。有害税收竞争是一个全球性问题,仅仅依靠单方或双方的努力解决这一全球性问题,都将收效甚微:首先,由于税收国家税务机关管辖权的限制,致使其制裁有害税收竞争的能力受到极大限制;其次,如果其他国家(地区)未采取相同的税收政策,则将使其本国纳税人处于不利的竞争地位;再次,为有效实施制裁有害税收竞争的措施会产生大量的税收行政成本;最后,互不一致的单方措施将大大增加纳税人的成本。

在规制国际避税地的过程中,OECD发挥着特殊的作用。OECD一直致力于消除国际避税地给跨国纳税人提供的降低税负、逃避税收的机会。OECD在1998年发布的《有害税收竞争报告》中,提出了判断避税地的一般标准,提出了相应的制裁建议,即:(1)从国内立法入手。确立目前国内立法中的反对性措施,并以此为起点,建议提高其实施效率。(2)从税收协定入手。建议避免税收协定在无意中助长有害税收竞争,不得为有害税收竞争制定有吸引力的政策。同时要确保税收协定中的税收情报交换条款以一种更有效率的方式得到运用。(3)强化国际合作。通过国际上的紧密合作,在方针上达成共识,并在集体反对有害税收竞争中提出新的方案。①

2008年的世界性经济危机的爆发,更使世界各国进一步意识到滥用避税地对本国经济造成的巨大损害,G20华盛顿峰会、伦敦峰会等一系列后金融危机时代召开的国际性会议更是将制裁国际避税地提上了重要的议事日程。在OECD等国际组织的牵头下,国际避税地面临的国际社会压力正越来越大,面对日趋严厉的制裁措施,避税地已经不再是跨国纳税人避税的天堂。

---

① http://www.oecd.org/tax/harmfultaxpractices/1904184.pdf.

一、通过国内立法与实务规制国际避税地

(一) 国内应制定受控外国公司税制或类似功能的税制

受控外国公司(controlled foreign corporation，CFC)税制，是指税收国家针对以延迟纳税或逃避本国税收制度为目的而在避税地设立的公司进行征税的税收制度。一般来说，CFC 税制的征税对象包括纳税人或有关人员从其所控制的外国公司获得的一定数量的所得。税收国家制定 CFC 税制的主要目的，就在于打击利用受控外国公司逃避税收、延迟纳税的现象，并对依据财产或控制关系设立的受控外国公司未分配的利润向其本国股东进行征税。

许多国家(地区)都已经出台了各自相应的 CFC 税制，尽管各国 CFC 税制的基本制度以及细节不尽相同，但大都包括以下主要内容:适用的股东以及公司类型、适用的所得或投资类型、防止对同一笔所得双重征税的规则以及例外情况等。作为美国《国内收入法典》(Internal Revenue Code)的重要组成部分，1962 生效的 Subpart F 规则率先对 CFC 公司的税收问题作出了详细规定。此外，英国、德国以及日本等国均已建立起一套完善的 CFC 税制对受控外国公司进行征税。OECD 2008 年公布的税收协定范本注释显示，截至 2008 年，仍有比利时、爱尔兰、卢森堡、荷兰、葡萄牙、瑞士等六国明确主张 CFC 税制违背国际税收规则，特别是涉及 OECD 范本第 5 条第 7 款、第 7 条第 1 款以及第 10 条第 5 款的规定。① 我国 2007 年通过的《企业所得税法》首次对受控外国公司纳税问题作出了规定，弥补了原先的法律漏洞，是一大立法进步。

(二) 采用外国投资基金税制或类似功能的税制

外国投资基金(foreign investment fund，FIF)税制，是指防止本国纳税人通过在避税地积累离岸收益从而享受延迟纳税优惠的税收制度。FIF 税制的存在，使得非居民公司取得的，原本不受 CFC 税制、让与信托税制以及其他税制规制的外国所得，也必须受到税收国家的征管，恰到好处地弥补了上述税收制度的漏洞，与 CFC 税制等其他规则形成互补。澳大利亚是目前具有完善 FIF 税制的国家之一，OECD 呼吁尚未设立 FIF 税制或类似功能税制的国家(地区)应尽快考虑采用这一税制，以防止外国投资基金被运用于有害税收竞争。

(三) 对在有害税收竞争中参与免税和其他免除外国来源所得的制度采取限制

对于那些采用免税法来消除对外国来源所得双重征税的国家，应当对在有害税收竞争中已经享受免税待遇的外国所得进行征税，防止这些外国所得从有害税收竞争中获得完全免税的优惠。

---

① Commentary on the OECD Model Tax Convention on article 1. Paras. 27.4—27.10.

目前一些采用免税法的国家对其免税制度采取的限制主要包括对积极的商业所得加以免税上的限制,对消极所得予以征税,而对所得来源不加任何考虑。

(四) 采用外国信息报告准则

采用外国信息报告准则,可以帮助税收国家获取其居民从事国外营业活动的信息,防止居民纳税人利用避税地的信息保密制度逃避本国纳税义务。一套完善的外国信息报告准则,可以使居民纳税人按时就其境外营业活动以及所得的情况向本国税务机关进行申报,从而极大提高税务机关税收征管的效率。

掌握准确的居民境外所得信息对于税收国家的税款征收至关重要,因此,许多国家都已经制定了特别立法,要求居民纳税人就国外营业活动以及境外所得情况进行报告。对于那些尚未建立外国信息报告准则的国家(地区),应当考虑尽快采用此准则。

二、通过税收协定规制国际避税地

国际社会普遍认为,签订国际税收协定可以为跨国纳税人的税务筹划与税收国家税务机关的国际合作增加确定性。① 签订国际税收协定,便利了跨国投资者的国际投资,将居民与非居民纳税人同等对待,从而有效地消灭或缓和国际双重征税。同时,国际税收协定也在国际社会与国际避税、税务欺诈等行为的斗争中发挥着至关重要的作用。

国际税收协定主要通过规定缔约国之间的税收情报交换机制来对国际避税地进行规制。OECD 范本与 UN 范本是当前世界上最具影响力的两份税收协定文件,在两者的相关条款中,规定了缔约国之间税收情报交换的一般原则。

(一) 更大范围和更有效地进行税收信息交换

进行广泛的税收情报交换对有效规制国际避税地至关重要。一直以来,严格的信息保密制度都是国际避税地赖以存在的基础,但是 2008 年的世界金融危机使世界经济在一夜之间跌入谷底,OECD 当时的报告显示,30 个成员的年平均经济增长率将创下第二次世界大战后最差的 4.3%,七国集团中除日本和英国之外的五个国家的失业率将在 2010 年跌破 10%,预计多数国家将面临自 20 世纪 90 年代初以来最为恶劣的就业形势。在这样糟糕的大背景下,各国均意识到国际金融体系的实质性改革刻不容缓,经过 G20 华盛顿峰会、伦敦峰会等一系列国际会议的谈判与妥协,G20 集团一致同意从国际避税地与对冲基金入手,彻底拉开国际金融体系改革的序幕。

由于对避税地的制裁措施被认为是对一国税收主权的干涉,因此,OECD 与

---

① Peter Dunne, Australia-NZ Double Tax Agreement a Step Closer, http://www.beehive.govt.nz/release/dunne-australia-nz-double-tax-agreement-step-closer.

G20 集团把反避税的工作重心落在了"税收透明和信息交换"方面。截至 2011 年 10 月,税收情报交换协定(Tax Information Exchange Agreement, TIEA)的缔结数目,已经从原先的区区 44 个飞速增长到 725 个。例如,巴拿马在短短的 1 年半时间里,就与荷兰、西班牙、卡塔尔、卢森堡、韩国、新加坡、墨西哥、巴巴多斯、葡萄牙以及法国等国签订了 12 项协定,使其签署的 TIEA 总数达到了决定性的 12 项,从而符合了 OECD 的标准,成功地在 2011 年 7 月 6 日从 OECD 公布的"灰名单"国家升级为"白名单"国家。而另一著名国际避税地——开曼群岛,为化解来自发达国家和 G20 集团日趋强大的压力,于 2008 年特别颁布了《税收信息授权法》,并在短短的半年时间内与新西兰、加拿大、荷兰等 12 个国家签署了税收情报交换协定,从而使其从 OECD 的"灰名单"国家升级为"白名单"国家。

(二) 协调国内反避税规则与国际税收协定原则的关系

国际税收协定与国内反避税规则的协调适用,本质上属于国际法与国内法的适用关系问题。关于国际法与国内法的关系问题,目前主要有一元论与二元论两种学说。但无论是何种学说,在具体的实践中,都会碰到如何处理国内法与国际法之间矛盾冲突的问题。在这种情况下,各国一般会根据本国的宪法或基本法的规定进行处理。例如,美国承认国际法为本国法律的组成部分,条约、宪法与联邦法律居于同等地位。当条约与联邦法律产生冲突时,美国法院依"新法优于旧法"的方式处理。英国按照本国的宪政理论,认为国际习惯必须经过英国习惯法接受方能适用。当遇到英国制定法与国际法产生矛盾时,以议会立法优先。法国承认国际法优越,但没有明确规定国际法为本国法的一部分,普通法院一般适用国际习惯法,而且法律明确规定条约具有比国内法高的效力。

(三) 考虑终止与避税地签订的税收协定,并考虑将来不与这些国家签订税收协定

国际税收协定虽然可以有效避免国际重复征税,但是现实中常常会出现税收协定被跨国纳税人用来作为规避预提税的跳板,达到"坐收渔翁之利"的目的,这种现象被称为"滥用税收协定",或"购买协定"。

为了规制上述行为,一种常见的方法便是通过国内立法出台相应的"禁止法",即不与被认为是国际避税地的国家(地区)缔结税收协定,以防止国际避税活动。在 2004 年以前,澳大利亚、奥地利、比利时、丹麦、法国、德国、意大利、卢森堡、荷兰、新加坡、西班牙、瑞典、瑞士、英国和美国等 15 个国家实行禁止法,不与避税地签订税收协定。

但是,终止与避税地的税收协定应当谨慎,因为单纯的对抗并不是解决国际避税问题的最好途径,谈判与合作才是更为有效的方法。

三、强化国际合作规制国际避税地

规制国际避税地需要整个国际社会的共同协作。虽然一国(地区)可以通过完善本国立法、加强税收执法等措施对本国纳税人滥用避税地的行为进行一定规制,但这种行动对消除有害税收竞争的影响非常有限。并且,单个国家(地区)对避税地的高压政策往往会使其在国际税收竞争中处于不利地位。在经济全球化、信息化的时代,跨国资本的流动更加便捷与快速,光靠个别国家的努力,不足以围堵避税地的滥用现象。因此,只有注重发挥国际组织的作用,加强国际合作,才能真正有效规制国际避税地。

(一) 关于与避税地的联系

任何事物的发展都是相互关联的,国际避税地不可能单单依靠自身的税收优惠政策而存在,其发展必须依靠跨国投资者的支持。因此,为了有效规制避税地,那些与避税地有着特别政治、经济和其他联系的国家,必须确保这些联系不会助长有害税收竞争。那些拥有属地,而且属地为避税地的国家,必须确保它们和避税地的这种联系不会加剧有害税收竞争。

(二) 建立国际税收论坛

建立国际税收论坛可以为世界各国提供一个良好的对话、合作与协调的机会,可以使国际税收竞争从以往单边低层次的"税收政策优惠大战"提升到多边高层次的"共同制定游戏规则"的新高度,可以使各国在平等互利的原则上共同应对有害税收竞争。

2002年,OECD、国际货币基金组织、世界银行等国际组织共同发起筹建国际税收对话论坛(International Tax Dialogue, ITD),标志着国际社会对于建立一个能够反映各方呼声,协调发展中国家与发达国家之间利益矛盾的协商对话机制已经由理论探讨走向了实践努力。第三届ITD全球大会于2009年10月在中国北京举行,这是2008年世界金融危机之后首次召开的ITD大会,也是中国首次承办的级别最高、规模最大、影响最广的国际税收对话与交流合作会议。在国际金融危机爆发、全球经济下滑的形式下,该届大会以"金融税收政策与管理"为主题,对各国交流金融税收政策与管理经验,共同推动税收政策与管理体系的完善,促进国际金融体制稳定健康发展具有重要现实意义。

除了OECD以外,G20集团、国际货币基金组织、世界银行等国际组织也都在与国际避税地的斗争中发挥了不同的积极作用。在经历了2008年那场波及全球的金融危机冲击之后,整个国际社会都充分意识到了规制国际避税地的重要性,以规制国际避税地为其中的一个入手点,国际金融体系改革的序幕已经拉开。

本章小结

国际避税地通常是指那些向跨国纳税人提供极具吸引力的税收政策以便其转移财产或进行避税活动的国家或地区。其主要特征包括低税率甚至零税率、银行与商业秘密、金融业重要且不合比例、现代化的交通与通讯系统等九个方面。利用国际避税地的主要形式包括基地公司、设置信托、离岸公司、建立船运公司和办理船舶注册、离岸养老金计划和离岸投资基金等。对国际避税地的规制包括国内立法与实务、签订国际税收协定以及加强国际合作等方式。2008 年世界金融危机之后,国际社会对国际避税地的规制进一步加强,国际避税地的改革与转型势在必行。

思考与理解

1. 判断国际避税地的标准是什么?
2. 国际避税地是如何形成的?
3. 简述国际避税地的利弊。
4. 如何规制国际避税地?
5. 谈谈你对国际避税地改革的建议。

课外阅读资料

1. 刘剑文主编:《国际税法》,北京大学出版社 2004 年版。
2. Sébastien Moerman, The Main Characteristic of Tax Haven, *Intertax*, Volume 27, Issue 10.
3. Dhammika Dharmapala & James R. Hines Jr., *Which Countries Become Tax Havens*, December 2006.
4. IMF Working Paper, Concept of Offshore Financial Centers: In Search of an Operational Definition, WP/07/87.
5. The Committee on Fiscal Affairs of OECD, Harmful Tax Competition—An Emerging Global Issue, http://www.oecd.org/tax/harmfultaxpractices/1904176.pdf.
6. 2008 G20 Summit on Financial Markets and the World Economy, Washington Declaration, http://news.bbc.co.uk/2/hi/business/7731741.stm.

第十三章 国际税收协定滥用的法律规制

国际税收协定滥用是指非税收协定缔约国的居民通过在税收协定缔约国设立导管公司的做法获取其本不应享有的税收协定规定的税收优惠。国际税收协定滥用损害了税收协定缔约国双方的利益,也会影响国家间缔结国际税收协定的积极性。规制税收协定滥用的措施包括制定相关的国内法和在国际税收协定中加入反滥用条款。

第一节 国际税收协定滥用的方式和法律性质

一、国际税收协定滥用的方式

国际税收协定适用于缔约国的居民,非缔约国居民一般不能主张税收协定规定的优惠待遇。因此,国际税收协定滥用是指非税收协定缔约国的居民就通过在税收协定缔约国设立导管公司的做法获取其本不应享有的税收协定规定的优惠待遇。①

比如,甲国 X 公司准备在丙国投资设立一个子公司 Z。由于甲国和丙国之间没有税收协定,如果 Z 直接向 X 支付股息的话,X 就要在丙国缴纳 20%的预提税。不过,乙国与甲国和丙国都签订有税收协定,而且税收协定规定对子公司支付给母公司的股息都只征收 5% 的预提税。这样,X 公司可先在乙国设立一个子公司 Y,Y 在丙国设立一个子公司 Z。这样,Z 支付给 X 的股息就先支付给 Y,然后再通过 Y 支付给 X,该笔股息在丙国和乙国缴纳的预提税均为 5%。尽管该笔股息要缴纳两笔预提税,但预提税的总体负担减轻了。

---

① 税收协定缔约国的居民也存在不当利用税收协定的情况。比如,甲乙两国的税收协定规定,缔约国一方居民公司从缔约国另一方居民公司取得股息在缔约国另一方缴纳的预提税税率不超过 5%,如果缔约国一方居民公司对缔约国另一方居民公司的持股超过 25%,预提税税率为 15%。假如甲国居民公司 A 对乙国居民公司 B 持股为 20%,那么根据税收协定 A 公司收到的 B 公司支付的股息在乙国的预提税税率应为 15%。A 公司为了享受 5% 的预提税税率,就在乙国设立了一个全资子公司 C,把 A 对 B 的持股转交给 C 持有。这样,C 把从 B 收取的股息汇回给 A 时,从形式上看,A 就可主张适用 5% 的预提税税率。税收协定缔约国居民对税收协定的滥用和非缔约国居民对税收协定的滥用都可归属于广义的税收协定不当利用(improper use)或滥用(abuse)的概念。本章只讨论非缔约国居民的情况,或者说,本章中的税收协定滥用是狭义的概念。

当然,作为乙国的居民公司,Y公司从Z公司收取的股息应当在乙国缴纳所得税。但是,假如选择地点合适,丙国对Y公司境外所得股息免税的话,就可避免这一问题。

以上安排可通过下图说明:

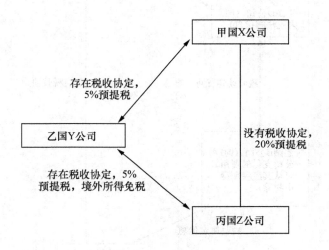

此外,非缔约国居民还可通过设立一个以上的导管公司(也称进阶导管公司,stepping-stone conduit companies)来利用税收协定的优惠。①

比如,甲国准备在丙国投资设立一个公司A。不过,甲国和丙国之间没有税收协定。但是,甲国与丁国之间缔结有税收协定,丁国对甲国居民来源于丁国的所得给予税收优惠。丁国国内法中对某一类型的居民公司也有税收优惠(比如境外所得免税)。在乙国,向外国公司支付的费用可以作为成本扣除,而来自于丙国的所得可以享受乙国与丙国之间税收协定的优惠。在这种情况下,甲国居民就可以在丁国设立子公司D,D公司向其在乙国的子公司B提供服务,B公司支付给D公司的服务费可作为费用从B公司的应税所得中扣除,D公司来源于乙国的所得可享受丁国与乙国税收协定之间的优惠。乙国的B公司来源于丙国C公司的所得可享受乙国与丙国之间税收协定的优惠。这样,来自于丙国的利润就可以很低的成本汇回到甲国。

设立进阶导管公司的做法可用下图说明。

---

① Helmut Becker and Felix J. Wurm, *Treaty Shopping*, Kluwer Law and Taxation Publishers, 1988, p.5.

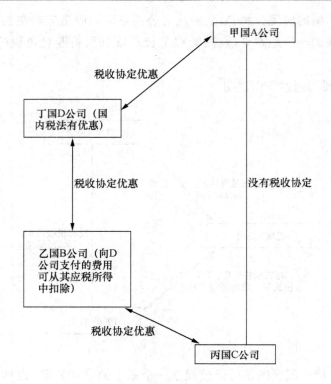

二、国际税收协定滥用的法律性质

国际税收协定滥用是一种避税方式,具有避税的一般法律特征:表面上,第三国的居民公司在其他缔约国双方设立的导管公司是当地的居民公司,能够享受其他缔约国双方之间的税收协定给予的优惠,因为税收协定适用于"缔约国一方或缔约国双方居民"。但是,这种优惠的给予并不符合其他缔约国双方之间缔结税收协定的意图。第三国公司设立的导管公司并非要在当地开展实质性经营,而是为了获得其本不应享有的税收优惠,因此税收协定滥用造成了缔约国双方税收利益的损失。

对于滥用税收协定的做法,大多数国家是持反对意见的。这些国家基于下列原因认为税收协定滥用是不适当的[1]:税收协定是缔约国双方为各自居民的利益而谈判的,它们相互给予税收优惠和减让。如果第三国居民通过在税收协定的两个缔约国的任何一国设立公司,该国将获得税收利益,却无需参加谈判和作出税收减让。因此,对等原则就被打破了,缔约国之间基于税收协定的平衡就

---

[1] Helmut Becker and Felix J. Wurm, *Treaty Shopping*, Kluwer Law and Taxation Publishers, 1988, pp. 5—6.

改变了。税收协定的滥用使得该种利益为本不欲给予的第三国居民所获得。这样,第三国也就没有了参加税收协定谈判的热情,因为税收协定滥用使得该国纳税人可以利用现存的其他国家之间的税收协定。

因此,实践中多数国家或通过国内法措施或者税收协定的相关条款来规制税收协定滥用。

第二节 规制税收协定滥用的国内法措施

规制税收协定滥用的国内法措施包括制定专门立法和适用反避税的一般法律规则(general anti-avoidance rule, GAAR)或判例原则(anti-avoidance judicial doctrine)。

一、专门立法

瑞士于 1962 年颁布了《防止滥用税收协定法案》(Decree of the Federal Council concerning Measures against the Improper Use of Tax Conventions Concluded by the Swiss Confederation),其第 2 条规定,如果一个瑞士居民的主要所得为不可享受税收协定优惠的人所获得,如果非居民持有瑞士公司的主要股份,而瑞士公司作为非居民的受托人,则上述做法属于滥用税收协定的做法。瑞士的这一立法后来也写入了瑞士与法国、德国等国家缔结的税收协定中。[1]

在 1987 年的一个案例中,四个德国自然人是瑞士一个合伙企业的合伙人,该合伙企业持有一家瑞士公司的所有股份。该瑞士公司也持有葡萄牙居民公司的股份。瑞士公司根据葡萄牙和瑞士之间的税收协定要求退还对其课征的葡萄牙公司支付股息的税款。不过,该公司的请求被拒绝了,理由是该瑞士公司的实际上为非瑞士和葡萄牙税收协定缔约国的居民(德国人)所拥有。问题的关键在于合伙企业是否为瑞士—葡萄牙税收协定下的瑞士居民。瑞士法院认为合伙不是税收协定下的瑞士居民。如果将合伙认定为居民,那意味着第三国居民也能够享受税收协定优惠,而这是 1962 年的法令所禁止的。[2]

此外,德国所得税法典(Income Tax Code)第 50d(3)条规定,税收协定中外国公司享受的预提税减免优惠在以下情况将不给予:(1)该公司的股东如果不通过该公司而直接取得所得时不能享受预提税减免;(2)设立该公司没有经济

---

[1] Helmut Becker and Felix J. Wurm, *Treaty Shopping*, Kluwer Law and Taxation Publishers, 1988, p. 251.

[2] Philip Baker, *Double Taxation Convention and International Tax Law*, 2nd Edition, Sweet & Maxwell, 1994, p. 102.

理由;(3)该公司自身没有经营活动。[①]

二、适用反避税的一般法律规定或原则

国内法中的反避税的一般法律规则或判例原则也可用于解决税收协定滥用问题。

比如,加拿大《所得税法》第245条规定,从事避税交易的纳税人不应享受因此带来的税收利益,其纳税义务应根据情况合理确定。避税交易是指纳税人的一项或一系列交易,这些交易除了获取税收利益之外,没有善意经营目的。[②]

德国所得税法典中规定了特殊的反避税规则,强调税法的法律效力不能被纳税人的滥用行为所规避。如果纳税人实施滥用行为,纳税人的税负将依照其没有滥用行为时的合理商业安排予以确定。对于如何认定纳税人是否存在滥用行为,德国最高财政法院的态度是看其安排是否有经济目的或其他非税因素。德国所得税法典中特殊的反避税规则与一般反避税规则的关系是特别法优于一般法。[③]

此外,普通法国家的司法机构在判例中确立和发展了一系列反避税的司法原则,比如[④]:

(1)实质优于形式(substance over form)原则,即一项交易的税收待遇要看其实质而非形式。

(2)经营目的(business purpose test)原则。如果一项交易的唯一或主要目的是避税,则在决定纳税人的纳税义务时就不予考虑该项交易安排。

(3)目的和精神(object and spirit)原则。法院根据立法的目的和精神来审理案件,判断一项交易或做法是否为不可接受的避税。

这些原则都可用于规制滥用税收协定的安排。

比如,在美国的艾肯实业案(Aiken Industries case)中,法院运用商业目的原

[①] Wilhelm Haarmann and Chistoph Knodler, German Supreme Tax Court Limits the Scope of the German Anti-Treaty Shopping Rule and Redifines Substance Requirements for Foreign Companies, *Intertax*, Vol. 34, Issue 5, 2006.

[②] Jacques Bernier, Canada's Supreme Court Sets the Standards for Permissive Tax Avoidance, *The Tax Executive*, November—December, 2005.

[③] Wilhelm Haarmann and Chistoph Knodler, German Supreme Tax Court Limits the Scope of the German Anti-Treaty Shopping Rule and Redifines Substance Requirements for Foreign Companies, *Intertax*, Vol. 34, Issue 5, 2006.

[④] Adrian Shipwright & Elizabeth Keeling, *Textbook on Revenue Law*, Blackstone Press Limited, 1997, pp. 72—73.

则否定了纳税人滥用税收协定的安排。①

该案中,一家美国公司从其在巴哈马的关联公司借款。美国公司支付给巴哈马公司的利息要在美国征收30%的预提税。不过,根据美国和洪都拉斯之间的税收协定,美国公司支付给洪都拉斯公司的利息可以免征预提税。于是,这家巴哈马公司就把美国公司出具的借款票据转让给了其在洪都拉斯的子公司艾肯实业公司,洪都拉斯公司没有在这笔交易中获利,因为其要支付给巴哈马公司的贷款本金和利息与其从美国母公司收取的本金和利息相同。美国法院认为,美国公司支付给洪都拉斯公司的利息不能免除预提税,因为洪都拉斯公司购买美国公司出具的票据没有商业目的(business purpose),洪都拉斯公司没有从中获利。因此,法院认为洪都拉斯公司只是一个利息从美国公司向巴哈马公司支付的导管,不能认为洪都拉斯公司收取了自己的利息(receive the interest payments as its own)。法院指出,收取自己的利息不仅仅是暂时占有从一个缔约国公司支付的利息,还必须能够支配和控制这笔资金。

三、以国内法方式解决税收协定滥用的法律问题

在国际税收协定中没有反滥用条款时,通过国内法规制税收协定滥用可能导致国内法与税收协定的冲突。国际税收协定适用于"缔约国一方或缔约国双方居民",如果税收协定没有将具有导管性质的特定类型的纳税人排除在"居民"之外,适用国内反避税规则就产生了国内法限制税收协定的情况。从国际法的角度讲,《维也纳条约法公约》第27条规定,"当事国不得援引国内法规定为理由而不履行条约"。

赞成通过国内法应对税收协定滥用的国家认为,一国纳税人的征税是通过国内法进行的,该国征税权或税率可能被税收协定所限制。因此,纳税人对税收协定的滥用具有与滥用国内税法相同的性质。国内法的反避税规则是国内税法的组成部分,也是核定纳税人纳税义务所必需的。由于税收协定只是在缔约国之间划分税收管辖权,并不涉及如何核定纳税人的纳税义务,因此,反避税规则适用的情况并不是税收协定管辖的范围,也就不存在反避税规则与税收协定相冲突的问题。②

也有的国家从税收协定的目的寻求支持。除了消除双重征税之外,防止避税和逃税也是税收协定的目的。因此,税收协定不适用于纳税人的滥用行为是符合税收协定目的的正确解释,这也符合《维也纳条约法公约》第31条规定的

---

① Helmut Becker and Felix J. Wurm, *Treaty Shopping*, Kluwer Law and Taxation Publishers, 1988, pp. 291—292.

② 参见2010年OECD范本关于第1条的注释第9.2段。

应对条约进行善意解释的要求。①

不过,"约定必须遵守"(pacta sunt servanda)的国际法原则仍应是税收协定的缔约国所应当恪守的。税收协定中没有反滥用条款时,一国适用国内反避税规则的做法可能不被缔约国另一方所认同,因为一国的国内法是出于维护本国税基的考虑,而税收协定是双方谈判的结果,是为了在缔约国之间达成平衡。②缔约国一方的行为可能打破税收协定的平衡。即使缔约国一方借助解释税收协定的目的来规制纳税人的滥用安排,另一国对税收协定目的的理解可能也与之不同。

因此,在税收协定中明确缔约国国内法中反避税规则的地位能够尽可能避免国内法和税收协定的冲突。比如,我国和新加坡签订的税收协定第26条就规定:"本协定并不妨碍缔约国一方行使其关于防止规避税收(不论是否称为规避税收)的国内法律及措施的权利,但以其不导致税收与本协定冲突为限。"

此外,在税收协定中引入专门的反滥用条款既能够消除国内法和税收协定的冲突,也更有针对性。

第三节 税收协定中的反滥用条款

税收协定中的反滥用条款包括一般反滥用条款和特殊反滥用条款。

一般反滥用条款与国内法中的一般反避税规则类似。比如,以色列和巴西2002年签订的税收协定的第25条第2段包含了这样的条款:"缔约国的有权机关可以对任何人针对任何交易拒绝给予本协定的利益,如果其认为给予此项利益将导致本协定的滥用。"再比如,2001年德国和加拿大签订的税收协定的第29条第6段规定:"如果可以合理地得知给予税收协定下的利益将导致对本协定条款或者国内法的滥用,则本协定不应被解释为阻止缔约方拒绝给予此项协定下利益。"③

不过,对于通过导管公司滥用税收协定的方式,更多的做法则是在税收协定中写入有针对性的专门的反滥用条款。本章接下来对这些专门的条款进行阐述。

---

① 参见2010年OECD范本关于第1条的注释第9.3段。
② Helmut Becker and Felix J. Wurm, *Treaty Shopping*, Kluwer Law and Taxation Publishers, 1988, p. 8.
③ U. N. Economic and Social Council Committee of Experts on International Cooperation in Tax Matters, Improper Use of Treaties, E/C.18/2007/CRP.2, paras. 34—35.

一、受益所有人

1977 年的 OECD 范本在其第 10、11 和 12 条中引入了"受益所有人"(beneficial owner)的概念,并在随后的范本中延续使用而未作改动。① 引入受益所有人的概念是专门针对股息、利息和特许权使用费预提税的滥用安排。比如,第 11 条第 2 款规定,当来源地国对利息征收预提税时,如果收取利息的受益所有人是缔约国另一方的居民,则所征税款不得超过利息总额的 10%。这样,缔约国一方的居民要主张缔约国另一方适用优惠预提税税率,而必须证明其为该所得的受益所有人。或者说,如果受益所有人并非税收协定缔约国的居民,即使利息的收款人是缔约国的居民,也不能享受优惠税率。

由于 OECD 范本的广泛影响,受益所有人的概念在当前的税收协定中多有体现。比如中美税收协定第 9 条规定:"(1)缔约国一方居民公司支付给缔约国另一方居民的股息,可以在该缔约国另一方纳税。(2)然而,这些股息也可以在支付股息的公司是其居民的缔约国,按照该缔约国的法律征税。但是,如果收款人是该股息受益所有人,则所征税款不应超过该股息总额的 10%。"

不过,OECD 范本条文及其注释并没有关于"受益所有人"的定义。②

从实践看,不同国家的法院在审理案件时也有不同的理解。下面就两个典型案例作一下介绍。

在印度尼西亚食品公司案③中,印度尼西亚食品公司在 2002 年准备通过发行国际债券融资。根据印度尼西亚的国内税法,如果该食品公司直接发债,债权人(债券持有人)取得的利息要在印度尼西亚缴纳 20% 的预提税。为此,该食品公司通过其设立在毛里求斯的子公司发债,然后子公司再把发债募集的资金转借给该食品公司。根据印度尼西亚和毛里求斯的税收协定,该食品公司支付给子公司的利息只需要在印度尼西亚缴纳 10% 的预提税,同时毛里求斯对该食品

---

① 受益所有人概念在税收协定中的出现要早于 1977 年的 OECD 范本。比如,1967 年英国和荷兰签订的税收协定第 11、12 和 13 条就引入了受益所有人。U. N. Economic and Social Council Committee of Experts on International Cooperation in Tax Matters, Progress Report of Subcommittee on Improper Use of Treaties: Beneficial Ownership, E/C. 18/2008/CRP. 2/Add1, Annex para. 5.

② 1977 年 OECD 范本注释只是列举了位于支付人和收款人之间的代理人(agent)或被指定人(nominee)不能构成受益所有人。2003 年 OECD 对范本注释进行修订时作了进一步说明,强调受益人应根据税收协定上下文和税收协定的目的(比如消除双重征税和避免逃税与避税)进行解释。但直至现在,仍没有给出受益所有人的定义。2011 年,OECD 提出了关于修订关于范本第 10、11 和 12 条注释的草案,主要强调了受益所有人的理解不应从国内法的角度理解(比如普通法国家的信托制度)。导管公司之所以不能成为受益所有人是因为其有义务把收取的所得转给第三方。因此,对于股息、利息等所得的拥有或使用应当与只是从法律上享有所有权区分开来。

③ Indofood International Finance Limited v. JP Morgan Chase Bank N. A., London Branch, [2006] EWCA Civ. 158; [2006] STC 1195.

公司的子公司债券持有人的利息免税。按照债券发行安排,JP Morgan Chase Bank 作为债券持有人的受托人。在成功发债之后,印度尼西亚于 2005 年 1 月终止了与毛里求斯的税收协定。这样,印度尼西亚食品公司支付给毛里求斯子公司的利息就要缴纳 20% 的预提税。在债券发行协议中有这样一个条款:如果印度尼西亚法律或税收协定发生变化并导致预提税超过 10%,债券发行人在采取一切合理手段后仍无法改变这一状况,债券发行人有权提前赎回债券。于是,印度尼西亚食品公司向债券受托人提出提前赎回债券。但是,债券受托人认为,如果印度尼西亚食品公司在荷兰设立一个子公司并受让原毛里求斯子公司的债务,根据荷兰与印度尼西亚的税收协定,在印度尼西亚的预提税仍能够低于 10%。因此,债券持有人不同意提前赎回债券。双方为此产生了争议,争议的焦点在于这种安排下设立在荷兰的子公司是否构成印度尼西亚与荷兰税收协定中的受益所有人。双方随之诉至英国高等法院。在一审中,英国高等法院认为债券持有人提出的方案是可行的,设在荷兰的子公司是受益所有人。但是,在二审中,英国上诉法院推翻了一审判决。上诉法院认为受益所有人是指享有所得完整利益的人。该案中即使采用债券发行人的安排建议,设在荷兰的子公司从印度尼西亚食品公司收取的利息需要支付给债券持有人,无法从中盈利,对利息没有支配权,不能构成荷兰与印度尼西亚税收协定中的受益所有人。

在 Prevost 汽车案[①]中,瑞典 Volve 公司和英国 Henlys 公司在荷兰成立了一家控股公司,该控股公司又持有加拿大 Prevost 公司的股份。根据加拿大和瑞典的税收协定以及加拿大和英国的税收协定,瑞典和英国居民从加拿大取得的股息要在加拿大缴纳的预提税的上限分别为 15% 和 10%。但是,根据荷兰与加拿大的税收协定,荷兰居民从加拿大收取的股息的预提税的上限为 5%。当然,预提税的优惠以收款人为受益所有人为前提。加拿大税务机关认为荷兰控股公司并非税收协定中的受益所有人。加拿大税务法院则认为荷兰控股公司是受益所有人。加拿大税务法院指出股息的受益所有人是取得股息并供自己支配以及承担相应风险的人。荷兰控股公司是 Prevost 公司的股东,荷兰控股公司拥有自己的资产并承担相应的责任。荷兰控股公司的章程也没有为该公司附加必须分配股息的义务,即使分配股息也要遵守荷兰法律。因此,没有证据表明荷兰控股公司是瑞典 Volve 公司和英国 Henlys 公司收取股息的导管公司。该案上诉到加拿大联邦上诉法院后,联邦上诉法院维持了税务法院的判决。

我国对外签订的税收协定也有受益所有人的条款。2009 年,国家税务总局发布了《关于如何理解和认定税收协定中"受益所有人"的通知》(国税函[2009]601 号,以下简称"601 号文")。

---

① Her Majesty the Queen and Provest Car Inc, 2009 FCA 57.

601号文将"受益所有人"界定为对所得或所得据以产生的权利或财产具有所有权和支配权的人。受益所有人一般从事实质性的经营活动,可以是个人、公司或其他任何团体。代理人、导管公司等不属于受益所有人。导管公司是指通常以逃避或减少税收、转移或累积利润等为目的而设立的公司。这类公司仅在所在国登记注册,以满足法律所要求的组织形式,而不从事制造、经销、管理等实质性经营活动。

601号文指出,在判定受益所有人身份时,不能仅从技术层面或国内法的角度理解,还应该从税收协定的目的(即避免双重征税和防止偷漏税)出发,按照"实质重于形式"的原则,结合具体案例的实际情况进行分析和判定。一般来说,下列因素不利于对申请人"受益所有人"身份的认定:(1)申请人有义务在规定时间(比如在收到所得的12个月)内将所得的全部或绝大部分(比如60%以上)支付或派发给第三国(地区)居民。(2)除持有所得据以产生的财产或权利外,申请人没有或几乎没有其他经营活动。(3)在申请人是公司等实体的情况下,申请人的资产、规模和人员配置较小(或少),与所得数额难以匹配。(4)对于所得或所得据以产生的财产或权利,申请人没有或几乎没有控制权或处置权,也不承担或很少承担风险。(5)缔约对方国家(地区)对有关所得不征税或免税,或征税但实际税率极低。(6)在利息据以产生和支付的贷款合同之外,存在债权人与第三人之间在数额、利率和签订时间等方面相近的其他贷款或存款合同。(7)在特许权使用费据以产生和支付的版权、专利、技术等使用权转让合同之外,存在申请人与第三人之间在有关版权、专利、技术等的使用权或所有权方面的转让合同。

二、利益限制条款

利益限制条款(limitation of benefits,LOB)是指税收协定中规定享有优惠待遇的居民条件或将某些类型的居民排除适用优惠的条款。美国对外签订的多数税收协定都有利益限制条款。

比如,我国和美国于1984年4月签订了双边税收协定和议定书。议定书第7款规定:"双方同意,如果第三国的公司主要为享受本协定[1]优惠的目的而成为缔约国一方居民,缔约国双方主管当局可经协商,不给予本协定第9条、第10条和第11条的优惠"。1986年5月,美国还专门与我国签订了《关于议定书第七款解释的议定书》,明确规定缔约国一方居民的人(除个人外),除符合下列条件外,不得按本协定[2]的规定在缔约国另一方享受减免税:

---

[1] 即1984年的中美税收协定。
[2] 同上。

(1) 该人受益权益的50%以上(在公司的情况下,为公司每种股份数额50%以上)是直接或间接由下列一个或几个人拥有:缔约国一方居民的个人;美国公民;本议定书第1款第2项中所指的公司;缔约国一方、其行政机构或地方当局。在有关本协定第9条(股息)、第10条(利息)、第11条(特许权使用费)的减免税,该人的全部收入不超过50%用来作为利息,直接或间接支付给本款前述以外的人。

(2) 缔约国一方居民公司,并且其主要种类股票实质上和经常在公认的证券交易所交易。①

不过,如果该人的建立或购买与其维持和经营行为的主要目的不是为了享受中美税收协定的优惠待遇,则不适用上述规定。

事实上,利益限定条款也是美国自己的税收协定范本(United States Model Income Tax Convention)的一个标准条款。由于美国范本是其与其他国家谈判税收协定的基础,利益限制条款出现在美国签订的税收协定中是很正常的。2006年,美国颁布了新的税收协定范本,其22条仍是利益限制条款,共5款。

第1款规定,缔约国一方的居民除非具备"适格的人"(qualified person)的条件,否则不能享受税收协定给予的优惠。

第2款对"适格的人"的条件进行了列举。比如,对于公司来讲,其主要种类的股票应在一个或几个公认的证券交易所交易,并且公司的主要管理机构所在地位于其为居民的缔约国,以及代表公司股票价值和投票权的股票的至少50%应直接或间接由5个或5个公司所持有,而且持股公司的主要种类的股票应在一个或几个公认的证券交易所交易,并且公司的主要管理机构所在地位于其为居民的缔约国。在间接持股的情况下,持股链条上的每个公司都应当是缔约国一方的居民。

第3款规定,缔约国一方的居民,不论其是否为第2款中适格的人,也能够就其来源于缔约国另一方的所得享受税收优惠,如果该居民在其居民国从事积极的商业活动,其从缔约国另一方取得的所得与其商业活动存在联系。

第4款规定,即使缔约国一方的居民并非第2款中适格的人,也不能够根据第3款享受税收优惠,缔约国另一方的主管当局也可以给予其税收协定下的优惠,如果其认为该人的建立、购买或维持和经营行为的主要目的不是为了享受税收协定的优惠待遇。

---

① 该解释议定书中的"公认证券交易所"是指:(1) 由美国证券经纪人联合会拥有的美国证券经纪人联合会自动报价机构(NASDAQ)以及按1934年的证券交易法令规定,在证券交易委员会注册为全国性的证券交易所;(2) 中国政府或其授权机构批准成立的全国性的证券交易所;(3) 由缔约国双方主管当局所同意的其他证券交易所。

第 5 款对"公认的证券交易所""主要种类的股票"等概念进行了解释。

因此,利益限制条款的核心是通过设定"适格的人"的条件防止非缔约国居民在缔约国双方设立的居民公司获取不当税收优惠。利益限制条款虽然设定了享受税收协定优惠待遇的严格条件,但也保持了一定的灵活性,即对于从事正常经营活动的居民予以豁免。

三、其他反滥用条款

除了受益所有人和利益限制条款之外,OECD 范本注释还列出了其他一些可用来防范通过导管公司滥用税收协定的条款。①

（一）透视法（the Look-Through Approach）

透视法是将非由缔约国居民直接或间接控制的缔约国居民公司排除适用税收协定。此类条款一般表述为：

"缔约国一方的公司不应享受本税收协定下给予任何所得、收益或利润的税收减免,如果该公司被非缔约国居民所直接拥有或控制,或者被非缔约国居民通过一个或数个公司(不论是哪国的居民)间接拥有或控制。"

缔约国双方可通过谈判确立判定一个公司被非居民拥有或控制的标准。

透视法适用于规制通过设立直接导管公司滥用税收协定的做法。

（二）纳税法（the General Subject-to-tax Approach）

纳税法是指来源地国的税收优惠只有在纳税人的该项所得在其居民国应纳税时才能享有,这与税收协定的宗旨是相符的。因为只有某项所得在居民国纳税时,来源地国才有必要提供税收减免。此类条款可表述为：

"当源自缔约国一方的所得为缔约国另一方居民公司收取,并且一个或数个该缔约国另一方的非居民：

(a) 通过直接或间接参股该公司而存在对该公司的实质利益,或

(b) 对该公司直接或间接行使经营控制时,

则本税收协定下给予的税收减免,只有当该项所得根据缔约国另一方的税法正常纳税时才予以适用。"

纳税法可适用于一国与一个经济发达、税制完备国家之间签订的税收协定。不过,该条款关注于缔约国的税制而非滥用税收协定的做法,该种做法对于进阶导管公司的滥用做法并不十分有效,这需要通过渠道法来解决。

（三）渠道法（the Channel Approach）

渠道法是针对设立进阶导管公司滥用税收协定而采取的措施,是为了防止进阶导管公司的所得支付给非缔约国的个人或公司。此类条款可表述为：

---

① 参见 2010 年 OECD 范本关于第 1 条的注释第 13—19 段。

"当来源于缔约国一方的所得被缔约国另一方的居民公司所收取,并且一个或数个该缔约国另一方的非居民:

(a) 通过直接或间接参股该公司而存在对该公司的实质利益,或

(b) 对该公司直接或间接行使经营控制时,

如果该项所得的50%以上为这些非居民所有,则本税收协定下给予税收减免的任何条文不应予以适用(此项所得可包括利息、股息、特许权使用费、广告费、企业资产的折旧等)。"

OECD范本注释也指出,上述反滥用条款也需要考虑对从事正常经营的纳税人予以豁免。事实上,企业之间的控制关系并不一定就出于避税的目的,而是出于经营的需要。因此,为避免矫枉过正,以保护正当经营企业的税收利益,上述反滥用条款可以再作出如下规定:"当公司设立的主要目的、经营行为或持股是基于正当的商业理由而非主要为了获得本税收协定下的优惠时,前述反滥用条款就不适用。"或者,"当公司在其居民国从事实质性经营而且主张享受税收减免的所得与该经营活动相关时,则前述反滥用条款就不适用。"

四、反滥用条款的思考

就上述几种反滥用条款来讲,并非穷尽了有关做法。事实上,为了规制税收协定滥用,还存在其他一些思路和方式:比如可采用排除法(exclusion approach),即在税收协定中将某些类型的居民排除在可享受税收优惠的居民之外,或把来自低税地区的所得排除在享受优惠的所得之外。①

上述几种反滥用条款各有特点,并非相互排斥,可以综合使用。当然,缔约国在税收协定中拟定什么样的条款需要根据缔约国双方的具体情况,比如考虑哪些税收优惠在更容易被滥用,而且反滥用条款不能对正当的商业经营造成冲击。比如,瑞士有关反税收协定滥用的政策包括两方面:一方面瑞士是一个面积狭小的工业化国家,瑞士商业的国际化经营需要签订大量的税收协定,这些协定不能被用于非法目的;另一方面,税收协定的合法使用者应当为在税收协定缔约国从事实际经营的居民。因此,瑞士不与容易设立导管公司的国家签订税收协定,在一些税收协定中采纳"纳税法"和"渠道法"。②

在税收协定滥用的上述方式中,设立导管公司一般选择在有广泛税收协定网络的国家,而此类国家属于另类意义的避税地。导管公司设立后,该公司可结合资本弱化或转让定价的方式来实施进一步的避税安排。因此,在实践中,规制

---

① 参见2010年OECD范本关于第1条的注释第21段。

② Helmut Becker and Felix J. Wurm, Report from Switzerland, *Treaty Shopping*, Kluwer Law and Taxation Publishers, 1988, p.241.

税收协定滥用,还需要与规制其他避税方式综合起来考虑。

国际税收协定一般是双边的,但税收协定滥用却涉及了缔约国双方之外的第三国居民,因此加强多边合作是有必要的。

本 章 小 结

本章阐述了滥用税收协定的方式及对其规制的措施。国际税收协定滥用的表现方式主要为设立导管公司和进阶导管公司。从国内法角度规制税收协定滥用主要是制定专门的反避税立法,或者根据反避税的一般法律原则加以规制。但是,一国通过国内法规制税收协定滥用可能产生是否违背税收协定的争议。因此,在税收协定中引入专门的反滥用条款更有针对性。税收协定中的反滥用条款包括受益所有人条款、利益限制条款等。引入反滥用条款也需要考虑对正常的商业交易予以豁免。

思考与理解

1. 试述国际税收协定滥用的表现方式和法律性质。
2. 规制国际税收协定滥用的国内法措施及其存在的法律问题有哪些?
3. 规制国际税收协定滥用的税收协定条款有哪些?
4. 你认为"受益所有人"应如何界定?

课外阅读资料

1. Helmut Becker and Felix J. Wurm, *Treaty Shopping*, Kluwer Law and Taxation Publishers, 1988.
2. 朱炎生:《第三国居民套用税约的法律管制措施评析》,载陈安主编:《国际经济法论丛》(第2卷),法律出版社1999年版。
3. 〔美〕罗伊·罗哈吉:《国际税收基础》,林海宁、范文祥译,北京大学出版社2006年版。
4. 熊伟主编:《税法解释与判例评注》(第2卷),法律出版社2011年版。
5. U. N. Economic and Social Council Committee of Experts on International Cooperation in Tax Matters, Progress Report of Subcommittee on Improper Use of Treaties: Beneficial Ownership, E/C. 18/2008/CRP. 2/Add1, http://www.un.org/esa/ffd/tax/fourthsession/EC18_2008_CRP2_Add1.pdf.

第十四章　受控外国公司税制

第一节　受控外国公司税制的产生与发展

一、受控外国公司税制产生的制度背景

由于资本跨国转移的便利性，一国居民向境外转移财产变得更加容易，利用各国财税管理制度差异的避税技术应运而生，这增加了纳税人延迟或逃避本国税收的能力。随着各国外汇管制的放松和资本流动自由化与经济全球化的发展，跨国公司已经成为当今世界经济的主导力量。对于跨国公司而言，从事营业活动的地点的选择即是其实现逃避税的重要策略之一。尤其是作为跨国企业集团的协调中心、销售中心、财务中心的地点的选择，往往无需考虑劳动力价格、交通等物理性的因素，而更多的考虑经营场所所在地的税收因素，以低税负作为选择投资业务的主要场所的主要考量，从而实现其税收负担的最小化。

受控外国公司由居民国纳税人设立于其他国家或地区，在税法上是作为控股股东的纳税人所在国的非居民纳税人，与该控股股东形成相互独立的纳税实体。一般而言，各国往往基于居民税收管辖权，对其居民纳税人的全球所得征税，并允许其抵免已在来源国缴纳的税款。因此，作为该国居民纳税人的控股股东只有在该受控外国公司向其分配股息时，才须向其居民国缴纳税款，而设立于境外的受控外国公司本身并不向股东居民国承担任何纳税义务，除非取得来源于股东居民国的收入。在外国公司的利润未获分配前，控股股东对该部分利润在其居民国不发生任何的纳税义务。在此情况下，对来源于境外的所得本应课征的国内税收即可以轻而易举地通过设立外国公司或信托实现延期纳税的目的，甚至完全避免居民国的纳税义务。当来源国对外国公司或信托取得的所得征收的外国税收很低或为零时，此种延期纳税的利益最大。具体而言，居民股东可以在非居民公司产生利润时利用其控制地位决定公司的股息分配政策，决定不立即将公司的利润作为股息进行分配，而是在将来根据需要进行分配，或者不分配股息而是通过转让其在公司中持有的股份取得财产转让收入。通过此种方法，居民股东即可以将其控制公司分配的股息的纳税义务推迟至未来某个对其税收负担更为有利的期间。[①] 由于外国纳税实体的使用而产生的避税问题，最

---

① 廖益新主编：《国际税法学》，高等教育出版社2008年版，第268页。

明显地表现在消极投资所得上,因为这些所得最容易被转移至或聚集在避税港或低税国设立的纳税实体。① 不仅如此,跨国公司的控股股东还可以通过转移定价方式,将跨国公司在全球范围内实现的利润囤积在这些税负较低的国家和地区,这样一来,这些利润一方面可以享受避税港和低税区给予的优惠,另一方面又可以延迟纳税甚至逃避在居住国纳税②。此种延迟纳税的利益的大小将取决于国内外税率的差别、延迟税额的回报率和延迟时间的长短。尽管延迟纳税的优惠和免税对投资决策的影响不同,但是根据标准的现值计算,长期的延迟近乎等于免税。③

在避税地或低税国设立受控外国公司,那么从该公司获得的收入,只要不分配并且不汇回本国,就可以发生延期纳税甚至永不纳税的情况。同时,如果境外公司所在国的税率较低或是零税率,该笔收入在避税地无需纳税或仅纳很少的税,这样,居民公司就相当于无息使用了国家的税款用于经营投资,而对控股股东的居民国而言,这一做法对其税基造成了严重的侵蚀,居民国无法对本国股东投资所得收益乃至其他经营收益进行征税,国家利益严重受损,造成了税款的流失,并且破坏了税收公平和资本输出的中性,导致投资海外的居民公司比只投资于国内的居民公司享有了更多的税收利益。

在此背景下,为防止其居民在国外累积资金,受控外国公司规则应运而生,被主要用于防止收入所得被转移到关联的非居民公司,并与其他反避税立法相互支持,从而实现资本输出的中性。该制度的特点在于,受控外国公司所取得的利润,无论是否进行分配,无论是否汇回国内,都将按照一定的比例,归属于居民股东在居民国征税,从而避免延期纳税的现象。该规则的目的是取消受控外国公司在境外取得的所得在其控股股东居民国推迟缴纳国内税收的利益,通过限制对某些所得如基地公司所得或非居民公司的投资所得等的合法转移打击逃避税。

二、受控外国公司税制的产生与各国立法现状

美国是世界上第一个制定受控外国公司税制的国家。在 1962 年美国颁布受控外国公司(CFC)立法之前,美国税法中有关于延期纳税的规定,即美国对本国居民(公民)在境外设立的子公司所取得的利润等收入,在没有以股息等形式

---

① Brian J. Arnold & Michael J. McIntyre,《国际税收基础》(第二版),张志勇等译,中国税务出版社 2005 年版,第 141 页。
② 刘剑文等:《〈企业所得税法〉实施问题研究——以北京为基础的实证分析》,北京大学出版社 2010 年版,第 186 页。
③ Brian J. Arnold & Michael J. McIntyre,《国际税收基础》(第二版),张志勇等译,中国税务出版社 2005 年版,第 143 页。

汇回母公司之前,对本国母公司不就其外国子公司的利润征税。美国纳税人常利用这一规定,通过在低税国或避税港设立一个实体(通常具有法人资格,比如一个子公司),进行所得和财产的积累,以逃避美国税收。为了有效规范利用避税港设立基地公司的避税行为,1962年由国会通过了一项专门法案(史称肯尼迪法案),这一法案载入美国《国内收入法典》副标题A第1章第N分章第III部第F分部,因此通称F分部条款。具体包括法典第951节至第971节的内容。F分部条款提出了特定意义的"受控外国公司",即专指设立在避税港符合F分部特定条件的公司。[1] F分部的原则基于类似的美国1937年条例,即在1937年制定的专门针对个人利用外国避税港问题的外国个人控股公司条例。F分部在1962年出台时引起了很大的争议。最终通过的条文,代表了要求取消受控外国公司所有收入延迟实现纳税的初始建议和仅取消消极投资所得的延迟纳税的美国跨国公司的立场之间的妥协。[2] 结果,受控外国公司税制仅对多数类型的消极投资所得和某些易于被转移至避税港的积极经营所得在当期予以征税。在CFC规则在美国实施的五十多年来,相关的争议从未停息。美国跨国公司认为,F分部与其他国家的受控外国公司税制相比,适用的范围更为广泛,这使得美国本土的跨国公司在国际市场上处于不利的竞争地位。对此,美国财政部在20世纪90年代后期,对F分部的适用进行了研究,并于2000年底发布了《通过美国受控外国公司取得收入的延迟实现:政策研究》报告。报告的结论是F分部的基本规则是正确的,且其实施并未显示出对美国本土跨国公司的国际竞争存在影响。

自从美国在其立法中制定F分部以来,许多资本输出国也陆续以此为蓝本,在本国立法中增加受控外国公司课税的相关规则,通过对本国股东就外国公司取得的收入进行课税而防止股东居民国的税基的侵蚀。[3] OECD在1998年发布的《有害税收竞争:一个新兴的全球性课题》的报告中,认为CFC及相关立法时应对有害税收的有效工具,建议未采用这一规则的国家采用这一立法,已有的国家应当确保这些法规的运用能够满足遏止有害税收行为的需要。截至2012年12月31日,共有30个国家颁布了受控外国公司税制,包括阿根廷、澳大利亚、巴西、加拿大、中国、丹麦、埃及、爱沙尼亚、芬兰、法国、德国、匈牙利、冰岛、印度尼西亚、以色列、意大利、日本、韩国、立陶宛、墨西哥、新西兰、挪威、葡萄牙、南非、西班牙、瑞典、土耳其、英国、美国、委内瑞拉。其中,印度尼西亚于2008年、德国于2010年、冰岛于2011年、英国于2012年,分别对其立法中的原受控外国

---

[1] 杨斌:《受控外国公司特别征税制度》,载《福建税务》2003年第8期。
[2] Brian J. Arnold & Michael J. McIntyre,"国际税收基础"(第二版),张志勇等译,中国税务出版社2005年版,第143页。
[3] Michael Lang, *CFC Legislation*, *Tax Treaties and EC Law*, Kluwer Law International, 2004, p.16.

公司税制进行了修改。尽管各国的受控外国公司课税规则各有不同,但其立法目的和基本框架则大体相同,即如外国公司为居住于股东居民国的"人"所控制,此种所得由股东基于税收的考量而转移到外国公司,则股东应就外国公司的所得于当期承担纳税义务。① 受控外国公司税制的立法反映了两大竞争性的基本政策。一方面,通过这一制度防止境外所得延迟纳税的避税策略,另一方面,通过受控外国公司税制的适用限制,避免对居民公司在国际市场上的竞争力造成过度的干预。

当前各国所制定、实施的受控外国公司税制对于跨国公司的投资和贸易结构安排产生了重要的影响,尤其是控股公司、融资公司、企业集团中的协调中心、销售中心等。

第二节 受控外国公司税制的基本内容

受控外国公司税制主要适用于本国居民公司所控制的外国公司实体所取得并累积起来的所得。尽管受控外国公司税制的具体内容存在差别,包括如何认定受控外国公司及其所得、累积的应税所得的判定、纳税人、如何进行征税等。但就多数国家而言,其基本框架和内容大致相同。通常情况下,如以下三个条件被满足,则股东须就外国受控公司的所得在其居民国当期纳税:(1)外国公司;(2)该公司为居民股东所控制;(3)所得基于税收考量而被转移到外国公司。

一、受控外国公司的定义

除少数国家外,各国一般将受控外国公司税制适用于如下类型实体所取得的所得:(1)非居民;(2)与其投资者分别具有独立纳税资格的公司或类似实体;(3)该公司或实体由国内股东控制或国内股东对其拥有实质利益。

(一) 外国公司

受控外国公司首先是外国公司或类似的实体,即根据控股股东居民国的国内税法被视为非居民纳税人的公司或类似的实体。由于只有通过将所得转移给具有独立纳税主体资格的实体,股东才能避免在其居民国的纳税义务,因此,该公司必须是基于国内税法而具有独立纳税主体资格的法人。② 受控外国公司法不适用于作为管道或过渡性征税的实体,如合伙企业,因为外国合伙企业的居民

---

① Wenehed, Lars-Erik, CFC-lagstiftning, p.436.
② Wenehed, Lars-Erik, CFC-lagstiftning, p.41; Michael Lang, *CFC Legislation*, *Tax Treaties and EC Law*, Kluwer Law International, 2004, p.16.

投资者应按照其在合伙企业中的份额在居民国纳税,无法实现收入的延迟纳税。

在少数国家,非公司也可以被视为"受控外国公司",如在法国,外国常设机构也可能被认定为"受控外国公司",在澳大利亚、加拿大和南非,信托公司也可以构成"受控外国公司"。在墨西哥,该规则则适用于外国法承认的任何公司实体。①

公司或类似的实体是否为非居民,应按照居民国通常确定法人实体的居民身份的规则加以认定,如注册地或/和管理地标准。

(二) 控制关系的判定

受控外国公司必须是受本国居民控制的外国公司。因此,在判定一个外国公司是否适用受控外国公司法时,应当明确:(1) 控股股东是否为本国的居民纳税人;(2) 该外国公司是否为本国居民纳税人所控制。

1. 控股股东的资格

控股股东是否为本国的居民纳税人,通过应当根据国内法予以判断。如该主体根据居民国国内法的规定应承担无限纳税义务,则该主体构成本国的居民纳税人。但该主体是否仅限于公司,或是适用于公司以外的其他主体,各国立法则存在较大的差异。有些国家明确规定只有在控股股东为本国公司的情况下,才对其适用受控外国公司规则,如英国和丹麦。有些国家则规定,控股股东可以是个人、合伙、公司、社会团体或行政机关。在股东的类型上,有些国家的受控外国公司规则适用于所有类型的股东,包括普通股股东和优先股股东,而有些国家则明确规定该规则仅适用于某些特定类型的股东。②

在控股股东的人数上,有些国家以该公司所有属于本国居民纳税人的股东确定居民股东是否对该公司存在控制关系,如德国、日本、葡萄牙、南非和英国。有些国家则以五个或五个以下的居民股东的控股状况确定控制关系的存在,如加拿大、新西兰和美国。也有国家以单个居民股东的控股状况确定受控关系。③但在以多数居民股东确定控股关系的国家,通常也规定了单个股东的最低持有份额,如澳大利亚、加拿大要求单个本国居民股东对该外国公司的最低持股比例为1%,美国则规定,单个股东应至少持有该外国公司的10%的股份,如低于10%,则可忽略不计。

2. 控制关系的判定

受控外国公司规则仅适用于本国居民股东对外国公司享有实质上的影响或控制的情形。认定此种"控制关系"的存在,各国的规则存在较大的差异。从各

---

① Roy Rohatgi, *Basic International Taxation*, Kluwer Law International, 2002, p.409.
② Michael Lang, *CFC Legislation*, *Tax Treaties and EC Law*, Kluwer Law International, 2004, p.18.
③ Roy Rohatgi, *Basic International Taxation*, Kluwer Law International, 2002, p.376.

国的规定来看,这种控制可以基于资产所有权或表决权,或参与利润分配的权利或是参与剩余财产分配的权利,可以是名义控制,也可以是实际控制。

(1) 控制的标准

外国公司构成"受控外国公司",其控制的程度要求存在极大的差异。大多数国家一般以"拥有50%以上的已发行的表决权股"作为判断是否存在"控制"的标准。一些国家将控制的概念扩展到持有相当于已发行股票总价值的50%以上的股票。还有国家规定,如持有的股权所代表的公司资本超过公司全部资本的50%,或享有的收益分配权超过50%,都将构成"控制"。[①] 在一些国家中,即使居民股东持有的表决权股低于50%,仍可能被推定为控制了该外国公司,只要其持有的股权达到了相当大的比例。如澳大利亚和新西兰规定,如果居民拥有外国公司的40%或以上的表决权股,且没有其他非居民股东享有表决控制权,则该居民股东视同控制该公司。

实际控制标准是指以居民股东能否实际支配公司的活动和事务为标准。如新西兰和澳大利亚规定,如果本国居民股东对该外国公司的事务实施实际控制,则该外国公司属于受控外国公司。[②] 巴西也规定,一个附属公司是指,投资者对公司有重大影响,享有参与被投资公司的经营决策的实质影响力或是投资者持有被投资公司的股权20%以上。新西兰则规定,如5个或以下的新西兰股东控制了该外国公司的事务,则该公司为受控公司。但该标准通常只是上述控股标准的补充,而非独立的判断标准。因为在缺乏形式持股的情况下,很难判定股权高度分散的公司的控制权的享有者。[③]

受控关系,不仅是指直接的控制,也包括间接控制。尽管居民股东未持有某一外国公司的股权,但由该居民股东直接控股的子公司持有该外国公司的股权达到控制标准,则该外国公司应构成受控外国公司。

除此以外,还有国家规定了推定控股标准,即将纳税人与其存在关联关系的股东的持股数额合并计算,从而确定是否存在控股关系,以防止本国居民股东利用关联方规避受控外国公司规则的适用。[④] 如一居民股东持有外国公司的30%的表决权股,而另一居民股东则持有25%,如上述居民股东存在共同的控股股东或其他重大利益关系,则其持有的表决权股应当被合并计算,从而该外国公司

---

① 廖益新主编:《国际税法学》,高等教育出版社2008年版,第269页。

② IFA, *Limits on the Use of Low-tax Regimes by Multinational Business-Current Measures and Emerging Trends*, Kluwer Law International, 2001, p.41.

③ Brian J. Arnold & Michael J. McIntyre,"国际税收基础"(第二版),张志勇等译,中国税务出版社2005年版,第147页。

④ IFA, *Limits on the Use of Low-tax Regimes by Multinational Business-Current Measures and Emerging Trends*, Kluwer Law International, 2001, p.43.

构成受控外国公司。

有些国家则不以股权的控制作为判断是否"受控"的标准,而是以实质利益为标准,即如本国居民在某一外国公司中拥有实质利益,则该公司构成受控外国公司。实质利益通常根据受益所有权予以判断。如丹麦和葡萄牙分别规定根据受益所有权比例25%和10%判断是否存在实质利益。

(2) 控制关系判定的时点

在何时判断本国居民股东对外国公司存在控制关系,各国也存在较大的差异。大多数国家规定,在该受控外国公司的纳税年度的最后一天作为判断的标准,如澳大利亚、加拿大、芬兰、德国、日本、挪威、葡萄牙、南非和西班牙。但根据这一规则,只要居民股东在该天之前处分部分股权,即可避免该外国公司被认定为受控外国公司。有些国家则规定,控制关系的判断可以在该纳税年度的任何时点进行,如新西兰。巴西、瑞典则在公历年度的最后一天判定控制关系的存在。在美国,外国公司必须在一个纳税年度内不间断的30天内为美国居民所控制,才能构成受控外国公司。①

二、受控外国公司税制的适用范围

(一) 适用的地域范围

被认定为受本国居民股东控制的外国公司适用受控外国公司规则,是否考虑该外国公司的设立地,各国存在一定的差异。从各国的规定来看,主要存在全球适用法和指定低税国法两种类型。

1. 全球适用法

全球适用法是指一国规定其受控外国公司规则适用于由其本国居民所控制的外国公司,无论该公司在其居民国是否适用低税率,即无论该公司是避税港还是高税国的居民,该公司所取得的任何法定收入都应适用受控外国公司规则。按照这一方法,外国公司构成哪一国的居民纳税人,对确定是否适用受控外国公司规则并不重要。加拿大、丹麦②、法国③、美国即采用此法。由于所有的国家,包括高税国,均可能在其税制中对某些特定所得规定优惠税率。因此,全球适用法可以避免本国居民利用设立在非避税港国家的外国公司所适用的优惠税制实现延期纳税。另外,全球适用法也可以避免国家有时因适用指定低税国法给其

---

① Roy Rohatgi, Basic International Taxation, *Kluwer Law International*, 2002, p.376.
② Section 32 of the Corporate Tax Act of Denmark; Section 16H in the Tax Assessment Act for Individuals.
③ Article 209-B of the French Tax Code.

试图改善关系的国家贴上标签而陷入政治困境。①

2. 指定低税国法

根据指定低税国法,只有设立于指定低税国或避税港的外国公司,才适用受控外国公司税制。将受控外国公司规则适用于特定区域,与全球适用法相比,其执行成本相对较低。但由于各国就相关所得项目的税率往往变动频繁,而任何所得项目上的细微的税率差异都可能诱使本国纳税人将其所得转移到本国受控外国公司规则不适用的区域,从而给本国税基造成侵蚀。

确定低税国或避税港的存在,是指定低税国法适用的关键。各国立法中所指定的"低税国"或"避税港"各有不同。通常是在立法上明确"低税国"或"避税港"的一般定义,然后由税务机关通过列明视为或不视为避税港的国家名单来补充该定义。② 从各国界定"低税国"或"避税港"的方法来看,主要有以下四种方法:

(1) 名义税率法。该方法往往将外国公司所在国所规定的名义税率与居民股东在本国所适用的名义税率进行对比,以便确立避税港或低税区的存在。如委内瑞拉受控外国公司规则规定,低税国是指其所得税率低于 20% 的国家或地区。冰岛则规定,如一国的公司所得税税率低于冰岛税率的 2/3,则该国为低税国。③

使用名义税率确定低税国的存在,可能忽视外国所规定的费用扣除、免税、抵免等税收优惠,从而不能准确地判定一个国家或地区是否真正的"低税"。但相较而言,采用该方法更加简便易行。

(2) 实缴税额对比法。该方法是以外国公司的实缴税额判定低税国是否存在。如意大利规定,如受控外国公司所适用的实际税率低于意大利实际税率的 50%,则构成低税国。④ 芬兰⑤、葡萄牙⑥则规定,受控外国公司规则适用于外国公司在其居民国所缴税款不足本国居民股东在本国所缴税款的 60% 的情形。西班牙则规定,如外国公司已缴纳的税款不足根据西班牙税法计算

---

① Brian J. Arnold & Michael J. McIntyre,"国际税收基础"(第二版),张志勇等译,中国税务出版社 2005 年版,第 149 页。

② 同上。

③ Article 57(a) of the Iceland Income Tax Act (2011).冰岛同时颁布了低税区的黑名单,并指出如一国不在此黑名单上,则无论其适用税率如何,都不属于低税区。

④ Article 167 and 168 of Income Tax Code of Italy.

⑤ Act on the Taxation of Shareholders in Controlled Foreign Corporations (Statute Number 16.12.1994/1217).

⑥ Article 66 of the Corporate Income Tax Code of Portugal.

应纳税额的 75%，则应适用受控外国公司规则。① 英国、墨西哥②等国也采用这一方法。

根据该法，一国不会被绝对地划为"避税港"或"低税国"，而必须进行个案的判断，以确定其实际缴纳的税款是否低于本国居民股东根据居民国税法计算应当缴纳的税款。但此种方法给纳税人在计算相应的应纳税额方面造成了较大的遵从成本。

（3）实际税率法。该方法是以外国公司实际适用的税率来判定其所在国是否为"低税国"。如埃及的受控外国公司规则规定，该规则适用于受控外国公司在其居民国不纳税、免税或适用的实际税率低于埃及公司所得税税率的 75% 的情形。③ 德国同样采用这一方法判定"低税国"。在其 2010 年对受控外国公司规则进行修改时，这一方法进行了一定的修正，要求在确定一国的实际税率时，应考虑股东享有的税收抵免和退税。④ 日本则规定，受控外国公司规则适用于外国公司所在国的实际税率低于 20% 或该国不征收所得税的情形。韩国、匈牙利、土耳其、瑞典等国也采用这一方法。但是实际税率通常较难确定，税务机关必须对居民股东的受控外国公司的居民国逐年判定其实际税率，该法的执行成本相对较高。另外，一国的实际税率高并不意味着设立于该国的受控外国公司不能适用较低的税率。⑤

（4）列举法。有些国家并不在其立法中对"低税国"予以定义，而是通过发布白名单或黑名单，直接列明哪些国家是适用受控外国公司税则的低税区。如立陶宛、挪威、阿根廷分别规定了低税区的黑名单和非低税区的白名单；澳大利亚和英国等则仅颁布了不属于低税区的白名单；芬兰则发布了税负明显低于芬兰的低税区的黑名单。

不少国家将列举法作为其判定"低税国"的补充材料。爱沙尼亚、匈牙利、冰岛、意大利、葡萄牙、瑞典、土耳其、委内瑞拉等国除在立法中明确"低税国"的判断标准外，也发布了属于或不属于低税区的名单。

（二）适用的所得范围

哪些所得适用受控外国公司规则，各国的立法也存在较大的差异。总体上

---

① Article 107 of the Corporate Income Tax Code of Spain; Article 91 of the Personal Income Tax Law of Spain.
② Title VI Mexican Income Tax Law.
③ Article 70 of the Egyptian Income Tax Law.
④ Sections 7—14 of the Foreign Tax Act of Germany (1972), updated in the Annual Tax Act 2010.
⑤ Brian J. Arnold & Michael J. McIntyre, *International Tax Primer*, 张志勇等译，中国税务出版社 2005 年版，第 151 页。

看,主要存在实体法和交易法两种不同的方法确定适用受控外国公司规则的所得范围。

1. 实体法

实体法是指不将公司所得进行性质的分类,而是将受控外国公司作为一个整体,从而确定该实体是否按受控外国公司规则纳税。如果外国公司符合征税的条件,则所有按股权比例归属居民股东的所得都要适用受控外国公司规则。①当前采用这一方法的国家包括:巴西、中国、丹麦、埃及、爱沙尼亚、芬兰、法国、冰岛、意大利、日本、韩国、墨西哥、挪威、葡萄牙、南非、瑞典和英国②。

2. 交易法

根据交易法,只有受控外国公司取得的某些特定类型的所得才适用受控外国公司规则,即该规则的征税对象范围只限定于受控外国公司取得的"瑕疵所得"(tainted income)。当前,阿根廷、澳大利亚、加拿大、德国、匈牙利、印度尼西亚、以色列、立陶宛、新西兰、西班牙、土耳其、美国、委内瑞拉等国采用交易法确定可归属于本国居民股东的所得的范围。各国关于"瑕疵所得"的界定也存在较大的差异。尽管如此,各国一般均将消极所得纳入"瑕疵所得"的范围,但关于"消极所得"的范围,各国的规定也各不相同。一般而言,利息、股息、租金、特许权使用费被认为属于消极所得。

除消极所得外,基地公司所得,即被认为属于"瑕疵所得"并应适用受控外国公司税制的任何所得。所谓基地公司是指那些在避税地设立而实际受到外国股东控制的公司。基地公司所得的主要来源是受控外国公司向其所在地之外的国家或地区的交易方或关联方出售财产或者提供服务而产生的所得。基地公司可通过购买、销售等业务开具相应的发票,并在账面上反映交易流程,以并无实质意义的中转贸易为媒介,把高税国或地区的企业的销售利润和其他来源的利润,利用转让定价转移到其所在的避税地,从而利用避税地的低税率来获取税收利益。③ 在此种情况下,纳税人利用基地公司获取这些所得的主要目的,一般被认为是为了逃避本国税收,因此,该种所得也被纳入受控外国公司税制的适用范围。

---

① 刘飞虎:《论我国受控外国公司税制的纳税客体》,载《重庆科技学院学报(社会科学版)》2012年第3期。

② 英国将资本利得排除在外。

③ 刘飞虎:《论我国受控外国公司税制的纳税客体》,载《重庆科技学院学报(社会科学版)》2012年第3期。

表 14.1　瑕疵所得的范围

国家	瑕疵所得
阿根廷①	股息、利息②、特许权使用费、不动产租金、股权、参与份额、债券、金融衍生产品和其他类似金融工具的转让所得等。
澳大利亚	已调整的瑕疵所得,包括消极所得、瑕疵劳务所得和瑕疵销售所得。
加拿大	消极所得和某些指定的所得。
德国	(1) 因外国居民公司的资本使用而产生的所得; (2) 因中介公司的交付或服务产生的所得。
匈牙利	(1) 适格的直接拥有的受控外国公司的未分配税后利润; (2) 从受控外国公司取得的股息和由该公司实现的资本利得; (3) 清算收益和资本回购实现的收益; (4) 向受控外国公司支付的报酬,除非该公司足以证明该报酬是其营业活动所必需的; (5) 与无偿服务、赠与、无偿的资产转让和豁免受控外国公司的债务相关的成本和费用; (6) 受控外国公司价值的损失;外汇损失;与受控外国公司相关的资本损失。
印度尼西亚	股息。
以色列	股息、利息、租金、特许权使用费和资本资产转让所得。
立陶宛	不包括以下所得: (1) 某些条件满足情况下的积极所得; (2) 受控公司从控股股东取得的所得而此类所得不得进行税前扣除; (3) 未向控股股东支付的可分配股息。
新西兰	股息③、利息④、租金和特许权使用费。
西班牙	不动产所有权产生的所得⑤、股息、因不动产和股权产生的资本利得、资金的出借产生的所得、劳务提供和保险与金融活动产生的所得。
土耳其	股息、利息、租金、特许权使用费或证券转让产生的收益。
美国	某些类型的保险所得、外国基地公司所得、与被制裁国家相关的所得、向外国政府或代理人支付的非法款项。
委内瑞拉	投资所得。

　　交易法有利于保证受控外国公司税制有效地防止纳税人的避税活动,而不至于妨碍受控外国公司的正常活动。但由于交易需要逐一审查受控外国公司的活动而确定所得的性质,征纳成本往往较高。而建立在实体法基础上的受控外

---

① 阿根廷规定,受控外国公司(CFC)规则仅适用于消极所得,且消极所得在受控外国公司的总所得中所占的比重应超过50%。
② 除非利息在商业活动中取得,如受控公司为银行。
③ 通常只限于可扣除或与固定利率股权或某些组合利息相关的场合。
④ 包括融资安排中的外汇收益。
⑤ 除非此种所得产生于构成西班牙税法意义上的营业活动的实施。

国公司税制,采取"全有或全无"的方式,不对所得的性质进行区分,其征税成本相对较低且容易操作。但这一方法可能会使部分瑕疵所得免予纳税,而积极所得反而可能被课以税收。①

三、受控外国公司的应纳税额的确定

各国受控外国公司规则的归属机制是基本相同的,即将受控外国公司未分配的利润视同由本国居民控股股东直接获取,根据一定的比例归属于该股东,从而由该股东在居民国承担相应的纳税义务。

对于受控外国公司实现的利润何时归属于本国居民股东,各国的规定略有差异。大多数国家规定,受控外国公司取得的利润或收益,应当在其纳税年度或会计年度终止日所属的本国居民控股股东的纳税年度内被归属于本国居民股东,由其承担相应的纳税义务。阿根廷、澳大利亚、中国、意大利、葡萄牙采用这一方法确定受控外国公司利润归属的时点。巴西、立陶宛以公历年度的最后一日作为归属的时点。有些国家则根据受控外国公司取得或实现收益的期间确定利润归属的时点。如加拿大规定,在受控外国公司取得所得的纳税年度终止日所属的本国居民的纳税年度作为将外国公司利润计入应税所得的时间。还有些国家则允许本国居民在取得所得的受控外国公司的纳税年度终止后的特定期间内将其计入应税所得。如德国规定所得在外国受控公司取得所得的纳税年度的下一个纳税年度计为应税所得,日本则规定在受控外国公司的纳税年度结束后的2个月的最后一天为利润归属日。韩国的规定略有不同,受控外国公司的利润应在该公司纳税年度结束后的60天所属的居民股东的纳税年度内实现归属。

应归属于本国居民股东的受控外国公司实现的所得的具体数额如何予以确定,各国的规定主要有两种不同的模式。大部分国家规定,应归属的所得的具体数额应依照本国居民公司在本国适用的法律规则予以确定,如阿根廷、澳大利亚和英国等。少数国家允许按照受控外国公司所在国的会计准则确定应归属的所得额,如韩国。日本则允许本国居民股东选择按日本或是受控外国公司所在国的法律规则确定应归属的利润,并无需作任何纳税调整。

归属于本国居民股东的受控外国公司已实现利润的税法属性,各国的规定也存在两种不同的模式。大部分国家采取"直接获益法",即如一外国公司被认定为构成外国受控公司,则该公司在税法上将被忽视,其取得的所得视为由其股东直接取得。因此,各种所得将保留其税法属性而在该股东手中予以课税。此外,有国家则采取"推定股息"法,即尽管受控外国公司并未分配其取得的利润,

---

① 张卫彬:《美国和德国受控外国公司税制及比较》,载《山西财政税务专科学校学报》2009年第3期。

但归属于控股股东的利润将被视为是该公司向股东分配的利润,从而在股东手中作为股息收入进行课税。如美国、德国、印度尼西亚和韩国均采用这一方法。在这些国家,这些"推定股息"也可以根据国内法或国际税收协定享受给予股息的各种税收优惠。

本国居民股东就归属的受控外国公司实现利润缴纳税款时,能否抵免上述利润在国外已缴纳的税款,各国规定也有所不同。大多数国家允许国外税款的抵免,如巴西、丹麦、埃及、爱沙尼亚、芬兰、法国、德国、印度尼西亚、以色列、意大利、日本、韩国、立陶宛、墨西哥、新西兰、挪威、西班牙、瑞典、英国、美国。有些国家尽管允许抵扣,但对可抵扣的外国税收的范围进行了限定。如澳大利亚规定,只有如下的外国税收可以由本国控股股东进行抵免:(1)受控外国公司已缴纳的与已归属所得额相关的外国所得税;(2)受控外国公司在澳大利亚缴纳的税收;(3)第一层受控外国公司最终汇回款项所负担的直接预提税。法国则将可抵免的外国税收的范围限定于相当于法国公司税的部分。土耳其规定只有在受控外国公司在其居民国内缴纳的税款才能进行抵免,在居民国以外的其他国家所缴纳的税款均不得抵免。阿根廷、匈牙利、葡萄牙不允许外国税收的抵免。加拿大则仅允许从所得中扣除由受控外国公司已经缴纳的税款。

四、受控外国公司税制的除外适用

尽管受控外国公司税制在维护一国的财政收入中发挥着极为重要的作用。但这一规则的实施,对从事境外投资的公司来说极为不利,大量跨国公司因此迁离采纳这一规则的国家。以英国为例,英国的"受控外国公司"规则已经导致了超过20家跨国公司迁离英国,而落户到一些没有类似规则的国家,例如邻国爱尔兰。[①] 为防止该规则所产生的不利后果,除巴西、埃及、印度尼西亚和土耳其外,大多数国家在其受控外国公司规则中均规定了不予适用该规则的条款。

(一)微量所得豁免

微量所得豁免又称为小额豁免,如果受控外国公司的所得额或是瑕疵所得额未超过法定的数额,则可以不予适用受控外国公司规则。采用此种微量所得豁免,主要是为了简化税收征管,降低反避税调查的成本。如澳大利亚规定,如设立于白名单中的7个国家的受控外国公司的应归属所得未超过5万澳大利亚元或受控公司总营业额的5%中的较小者,则不适用该规则。西班牙也规定,如适用受控外国公司规则的所得未超过受控外国公司利润的15%或未超过其所得的4%,则不适用该规定。英国则规定,如受控外国公司在本会计年度内的已

---

① 刘天峰、何爽:《跨国避税受挫,英国通信业巨头深陷税务诉讼》,载《中国税务报》2010年8月11日。

调整的会计利润未超过 20 万英镑或可取得的利润未超过 5000 英镑的，不适用该规则。

（二）积极营业豁免

不少国家规定，如受控外国公司主要从事工商业生产经营活动并由此取得公司的主要所得，则可以免予适用该规则。规定这一豁免条款的国家通常规定积极所得的最低比例限制，只有超过这一比例，该公司才可以不适用受控外国公司规则。各国对积极所得的最低比例限制的规定各有不同，澳大利亚和新西兰要求只有积极所得超过 95%，才可以主张不予适用该规则。在法国，设立于欧盟境外的从事工商业活动的受控外国公司的积极所得超过 80% 的，可以不适用该规则。阿根廷则只要求达到 50%，即可主张豁免。

（三）实际经营豁免

根据这一豁免条款，如受控外国公司主要是通过真实的营业活动获取收入，可以不适用受控外国公司规则。如爱沙尼亚规定，如受控公司的年度所得 50% 来自真实的经济活动，则可以不被视为位于低税区。有些国家还要求受控外国公司必须有真实的经营活动或真正的营业场所，如冰岛、挪威、南非、瑞典等。

（四）特定经济活动豁免

如受控外国公司从事某些特定的经济活动，则可以享受受控外国公司规则的豁免。如芬兰规定，若受控外国公司在其居民国从事工业或类似的生产活动、航海运输或与上述活动相关的销售或市场营销活动，则可以不予适用受控外国公司法。葡萄牙政府则把此种豁免待遇给予利润 75% 以上来自农业、工业或者商业活动，且主要业务不是银行业、保险业或者持有有价证券、无形财产的受控外国公司，以此保障本国农业和工商业的竞争力。

（五）公司上市豁免

根据这一豁免条款，如受控外国公司在适格的证券交易所上市，则该公司可以主张不予适用受控外国公司规则。如匈牙利规定，若本国居民的子公司已在适格的证券交易所上市至少 5 年，该公司将不被认为构成受控外国公司。

第三节 我国的受控外国公司税制

一、我国受控外国公司税制的产生

我国企业的境外投资，自改革开放以来，一直逐步增长，为国家创造了大量外汇，但也存在许多问题。在国内企业向境外投资的众多区域中，一些国际避税港成为首选，例如中国香港及英属维尔京群岛等。随之而来的问题是企业利用避税港进行逃避税活动的现象日益突出。虽然我国目前严格的外汇管制制度从客观上起到了防止纳税人利用避税港进行避税活动的作用，但也可能抑制境外投资。① 而原企业所得税体制中也缺乏有效抑制纳税人利用避税港避税的制度。因此，企业所得税法改革吸取国际经验，创立受控外国公司制度，恰好弥补了原有制度中的不足。

我国设立受控外国公司制度，可以防止企业将收入转移到关联的非居民公司，可以支持其他反避税立法，寻求资本输出中立。② 值得注意的是，本国居民在国外建立受其控制的公司是对外投资的重要方式之一，企业采用这一方式，并不全部是为了逃避居住国的税收负担。因此，需要在受控外国公司制度中对于归属入本国居民企业的收入比例作出界定，以保证该制度的实施既不会影响到我国居民企业在外国的正常经营活动，又能够实现反避税的目的。特别在我国目前倡导民族企业走出去的情况下，该制度的采纳应当在实现反避税目的并且不打击企业对外投资积极性的情况下，引导企业海外投资的理性进行，促进国内投资企业和向海外投资企业的税负公平，实现中国企业资金在全球范围内的合理配置。

二、我国受控外国公司税制的基本内容

我国 2008 年开始实施的《企业所得税法》引入了受控外国公司税制。根据该法第 45 条的规定，由居民企业，或者由居民企业和中国居民控制的设立在实际税负明显低于企业所得税法第 4 条第 1 款规定税率水平的国家（地区）的企业，并非由于合理的经营需要而对利润不作分配或者减少分配的，上述利润中应归属于该居民企业的部分，应当计入该居民企业的当期收入。然而，这一规定过于原则，在实践中缺乏可操作性，因此，在《企业所得税法实施条例》第 116—118 条对其具体适用作了进一步的明确。2009 年 1 月 8 日国家税务总局出台《特别纳税调整实施办法（试行）》，其第 76—84 条对受控外国公司税制的具体实施作出了详细的规定，由此构建了我国受控外国公司税制的基本内容。

（一）受控外国公司的认定

（1）受控外国公司是设立于低税区的企业。

根据我国《企业所得税法》第 45 条的规定，所谓"低税区"是指实际税负明显低于《企业所得税法》所规定的一般税率的国家或地区。"实际税负明显低于 25%"，根据《企业所得税法实施条例》第 118 条的规定，是指低于《企业所得税法》第 4 条第 1 款规定税率水平（即企业所得税税率为 25%）的 50% 的国家和地区，即所在国的实际税负低于 12.5%。为了简化判定由中国居民企业或者由中

---

① 张美红：《建立我国 CFC 所得课税制度的构想》，载《涉外税务》2006 年第 6 期。
② 〔美〕罗伊·罗哈吉：《国际税收基础》，林海宁、范文祥译，北京大学出版社 2006 年版，第 407 页。

国居民企业和居民个人控制的外国企业的实际税负,2009 年 1 月 21 日,国家税务总局发布《关于简化判定中国居民股东控制外国企业所在国实际税负的通知》(国税函[2009]37 号),公布了第一批非低税率国家(地区)名单。中国居民企业或居民个人能够提供资料证明其控制外国企业设立在美国、英国、法国、德国、日本、意大利、加拿大、澳大利亚、印度、南非、新西兰和挪威的,可免于将该外国企业不作分配或者减少分配的利润视同股息分配额,计入中国居民企业的当期所得。

（2）该企业为中国居民企业控制或由中国居民与居民企业共同控制。

其一,该企业的控股股东为中国居民企业或中国居民个人与居民企业。

根据我国《企业所得税法》第 2 条的规定,中国居民企业是指依法在中国境内成立,或者依照外国(地区)法律成立但实际管理机构在中国境内的企业。中国居民,是指根据我国《个人所得税法》的规定,就其从中国境内、境外取得的所得在中国缴纳个人所得税的个人。

其二,中国居民股东对该企业实施控制。

所谓控制,我国主要采用实质控制标准,既包括直接控制,也包括间接控制。根据《企业所得税法实施条例》第 117 条和《特别纳税调整实施办法(试行)》第 76 条规定,"控制"是指中国股东对该企业在股份、资金、经营、购销等方面构成实质控制。构成股份控制,必须满足以下的条件:一是任何一个中国股东直接或间接持有的外国企业的表决权股均超过 10%;二是上述股东共同持有的该外国公司的股份超过 50%。在多层间接持有股份的情况下,中国居民股东多层间接持有的股份按各层持股比例相乘计算,中间层持有股份超过 50% 的,按 100% 计算。在认定控制关系时,认定存在共同控股关系的股东的人数方面并未作任何的限制。除此以外,如何认定"实质控制",则未进一步予以规定。一般而言,"实质控制"应是指中国居民股东对该外国公司的重大决议、关键性决策可以产生重大影响或者起到决定性作用,能够实际支配该公司的行为。

（二）受控外国公司的适用条件

如一外国公司被认定为受控外国公司,在满足以下条件下,其未分配利润将被计入居民企业的当期收入:

（1）外国公司对利润不作分配或减少利润的分配。由于外国公司与我国居民企业分别为具有独立纳税主体资格的实体,在外国公司不分配利润或减少利润分配的情况下,公司实现的利润将在低税区实现累积,我国居民企业投资收益将会延迟实现,由此才产生延迟纳税甚至不纳税的问题。所谓"不作分配",是指公司完全未将其实现的税后利润分配给股东。所谓"减少分配",一般认为是指根据合理的经营管理需要留存利润后,所分配的利润少于应分配利润。[①]

(2) 利润未作分配并非出于合理的经营需要。如何判定"合理的经营需要",在当前的立法中并未作出规定。利润分配是否合理,应当根据外国公司所从事的特定经济行业、特定商业活动的属性、利润分配当年的经济环境等予以判断。为扩大公司的生产经营规模、便于进一步的融资需要或是反敌意收购等,均可以认定为出于合理的经营需要。此外,"合理的经营需要"的判断,也必须符合《企业所得税法》第47条规定的具有"合理商业目的",即未分配利润并非以"减少、免除或者推迟"缴纳税款为主要目的。

只有以上两个条件同时具备,才能将受控外国公司实现的利润直接归属于中国居民股东。由于这里涉及了对于企业日常经营活动的合理性判断,因此应当采取原则性与灵活性相结合的方针,避免税法对于企业自主经营活动的过度干预,也避免对企业可能造成的不良扭曲。

(三) 受控外国公司所得的税务处理

在上述条件满足的情况下,受控外国公司未作分配的利润应当归属于该居民企业的部分,应当计入该居民企业的当期收入,即对于在避税地的受控外国公司并非由于合理的经营需要而未分配或者减少分配的利润,尽管没有汇回中国境内,仍计入中国居民企业的当期应税收入。上述应归属的利润将被视为构成股息的分配,作为居民企业的股息所得确定其纳税义务。计入中国居民企业股东当期的视同受控外国企业股息分配的所得,应按以下公式计算:

中国居民企业股东当期所得 = 视同股息分配额 × 实际持股天数
÷ 受控外国企业纳税年度天数 × 股东持股比例

其中,中国居民股东多层间接持有股份的,股东持股比例按各层持股比例相乘计算。如受控外国企业与中国居民企业股东纳税年度存在差异的,应将视同股息分配所得计入受控外国企业纳税年度终止日所属的中国居民企业股东的纳税年度。计入中国居民企业股东当期所得已在境外缴纳的企业所得税税款,可按照所得税法或税收协定的有关规定抵免。受控外国企业实际分配的利润作为推定股息征税的,不再计入中国居民企业股东的当期所得。

中国居民企业股东应在年度企业所得税纳税申报时提供对外投资信息,附送"对外投资情况表"。税务机关应汇总、审核中国居民企业股东申报的对外投资信息,向受控外国企业的中国居民企业股东送达"受控外国企业中国居民股东确认通知书"。

(四) 受控外国公司规则的豁免适用

我国《企业所得税法》及其实施条例并未对受控外国公司的豁免适用作出

[①] 刘剑文:《〈中华人民共和国企业所得税法〉条文精解与适用》,法律出版社2008年版,第176页。

规定。《特别纳税调整实施办法（试行）》第 84 条明确规定了三种类型的豁免，即"白名单"地区豁免条款、积极营业豁免条款、微量所得豁免条款。

1. "白名单"地区豁免

根据《特别纳税调整实施办法（试行）》的规定，设立在国家税务总局指定的非低税率国家（地区）的受控外国公司可以免予将未作分配的利润视同股息分配。美国、英国、法国、德国、日本、意大利、加拿大、澳大利亚、印度、南非、新西兰和挪威为上述所指的"非低税率国家（地区）"。

2. 积极营业豁免

《特别纳税调整实施办法（试行）》第 84 条第 2 款规定，如受控外国公司主要取得的所得为积极经营活动所得，则该公司可以豁免受控外国公司规则。然而，该款并未对"积极经营活动"的认定及其业务范围作出明确的规定。另外，如何判定该公司的收入"主要"为积极营业所得，同样也未作规定。

3. 微量所得豁免

《特别纳税调整实施办法（试行）》第 84 条第 2 款则规定了微量所得的豁免。根据该规定，如受控外国公司的年度利润总额低于 500 万元人民币，则可以不予适用受控外国公司规则。

本 章 小 结

受控外国公司制度被 OECD 认为是应对避税地的国内法措施之一。自美国在其《国内收入法典》中规定该制度以来，许多国家也相继在本国立法中采用了这一制度。如何认定受控外国公司是该制度的前提。一般认为，由国内股东控制或拥有实质利益的外国公司或类似实体构成受控外国公司，但通常对该公司的设立地有所限定。被纳入规则适用范围也不包括所有类型的所得，通常以消极所得为主。为防止受控外国公司制度的适用打击跨国投资，各国立法中往往包含该规则豁免适用的条款。我国在 2008 年实施的《企业所得税法》中也采用了这一制度。

思考与理解

1. 受控外国公司税制产生的背景是什么？
2. 受控外国公司的认定标准有哪些？
3. 有哪些受控外国公司的所得应当归属于本国控制股东？

课外阅读资料

1. Brian J. Arnold & Michael J. McIntyre,《国际税收基础》(第二版),张志勇等译,中国税务出版社 2005 年版。

2. IFA, *Limits on the Use of Low-tax Regimes by Multinational Business-Current Measures and Emerging Trends*, Kluwer Law International, 2001.

3. Michael Lang, *CFC Legislation, Tax Treaties and EC Law*, Kluwer Law International, 2004.

第十五章 资本弱化的税法规制

第一节 反资本弱化的机制与规则概说

在世界各国的公司所得税法中，普遍规定对借贷资本（负债）和股权资本（股本）施行不同的税收待遇，借贷资本的利息可以在税前得到扣除，而股权投资运营产生的股息、分红，不仅得不到扣除，反而要被征税，而且一般情况下要被征两次税，即公司所得税与股东的个人所得税。这种税收处理使公司更愿意使用借贷资本，而不愿意或者尽量少使用股本投资，这种现象在税法中被称为资本弱化(thin capitalization)。对资本弱化是要进行控制的，这就是所谓资本弱化税制，它是各国国内税制中的重要组成部分，也是国际税法的重要制度。

有的国家采取反弱化资本规则(thin capitalization rules)，来防止居民公司中的非居民股东过多使用借贷资本来达到避税目的。其基本机制为，借贷资本要支付利息，而利息是可以合法地进行税前扣除的。而对资本投资的股份进行股息分配，则不能进行税前扣除。当居民公司支付利息给非居民时，如果没有专门的相反规定，纳税人在计算收入时可在税前扣除该利息。通常该利息既不应税，又可依适用的税收协定以减低的税率征预提税。若此非居民贷款人同时也是该公司的股东，则位于居住国公司的税基可能因为分配的是利息而非股息而被严重侵蚀。

与利息不同，公司的股息一般是不可扣除的。因此，公司赚取的收入和分给股东的收入应纳两种税——公司赚得的收入缴纳公司所得税，该收入以股息的形式分给股东时缴纳股东的个人所得税。若股东是非居民纳税人，股东的个人所得税通常以预提税的形式课加。

在有的国家里，通过采取归集抵免制使重复征税现象减少或者消除。在该制度下，公司缴纳的所得税税款视为股东所缴纳的个人所得税，并且，作为股东所获股息应纳税款可以抵免。实际上，由公司所缴纳的所得税被作为公司代表股东缴纳的股息预提税。归集抵免制仅仅在某些国家也适用于非居民股东。一般来说，非居民股东应缴纳股息预提税，而不因公司已经纳税而得到抵免。因而事实上，非居民股东得到的股息甚至在实行归集抵免制的国家里也要在收入来源地国缴纳两种税。

与之对比，居民公司的收入以利息形式分配给非居民贷款人（同时也是公司股东），只需缴纳一种税。因为利息是可在税前扣除的，通常收入来源地国对此的一次性税收是对付给非居民纳税人利息的预提税。与支付股息相比,支付利息给非居民纳税人的好处在于大多数税收制度都有有利于让居民公司对非居民的投资采取贷款投资的偏向。这种偏向在下例中可见。

例如,NCo 是一个非居民公司,持有居民公司——RCo 的全部股份。RCo 公司需要 100 万元的资金来支持其经营活动。为提供该项资金,NCo 既可以追加认购 RCo 的股份 100 万元,也可以借给 RCo100 万。RCo 支付利息或者股息前,赚得 10 万元,并把全部税后收入以股息形式进行分配或支付利息。该贷款在正常交易下的利率是 10%,股息预提税的适用税率为 5%,利息为 10%。

正如该例所表明,以贷款融资比股份融资在减少向来源地国纳税方面远为有效。主要原因是利息是可扣除的,而股息不可扣除。此外,居民公司可以在任何时候通过赎股或者减资来偿还贷款而不必纳税。

在经营的筹资方式上,由于借款利息可以作为费用加以扣除,而发行股票支付的股息又不能作为费用扣除,这就使纳税人偏爱举债筹资来减轻税负。为了回应这种偏向政策,一些国家采取了"反弱化资本投资规则",当公司过多地以贷款融资的情况下,公司付给非居民股东的利息的扣除被取消。"弱化资本"这一用语很恰当,因为该规则仅在公司的股份资本与贷款相比过少的情况下才予适用。针对这种情况,许多国家的税法明确规定了债务与权益的比率,凡是超出这一比率的债务所支付的利息不能扣除。

法国税法规定,国内子公司支付给外国公司的贷款利息,只有在贷款总额不超过公司注册资本的 1.5 倍的情况下,才允许利息在子公司的应税所得额中列支扣除。英国税法虽然对公司资本弱化问题没作特别规定,但只要符合下列情形之一,有关贷款利息可视作利润分配征税:(1) 有关贷款可转换为对公司的权益投资;(2) 利息的支付以公司营利为条件;(3) 支付给外国姐妹公司的利息数额超过银行通常的贷款利息。瑞士的最高法院在审判实践中认为,如果有关案情证明股东提供贷款实际上具有股份投资的性质,这种股东贷款可以认定为是隐蔽的股份投资。

有些国家采取法定的弱化资本规则,另一些国家靠行政指导或者实践,还有些国家试图以一般避税规则处理弱化资本的问题。各国的法定弱化资本规则相差悬殊,它们一般包含以下概念和规则:

(1) 非居民贷款人:弱化资本规则一般仅适用于持有居民公司相当大比例的股份的非居民贷款人,一般指 15% 以上或达到居民公司的所有权控制程度。

(2) 内国实体:大多数国家的反弱化资本投资规则仅适用于居民公司。然而,用过度支付利息给关联企业和个人的方式进行利润转移的情况,也会出现在居民合伙人、信托企业及非居民公司的分支机构中。

(3) 过度支付利息的认定:弱化资本规则一般仅适用于公司付给非居民

股东的某种"过多的"利息。过多利息的认定通常参考居住国公司贷款与股本之间的比率来确定。人为地扩大贷款与股本比例,实际上是隐藏性的资本投资,这时利息就是不可扣除的。OECD 推荐了一种替代方法,试图用包括公司贷款与股本比率在内的所有因素和条件来界定贷款和股本。OECD 认为,此方法与广泛用于转移定价的正常交易原则一致,避免僵硬和任意地适用固定的贷款与股本比例。

另一个方法以美国的转移收入规则为代表,参照利息与公司收入的关系确定何谓过多利息。在利息增至收入的一半时,公司一般没有资格对支付给某非居民或者享有居民免税待遇的股东的利息进行扣除。美国转移收入规则含有一项安全港条款,规定贷款与股本之间的比率不大于 1.5∶1 的公司不受该规则的规制。

弱化资本规则中确定贷款与股本比例的方法有:规定债资比例,不考虑公司间的债资关系;参考居民公司,或者某一产业或者商业部门居民公司平均贷款与股本比来确定。多数国家采用贷款、股本比为 3∶1 的标准。有时对金融企业允许较高的比例。贷款与股本之比的规定,衍生出许多公司税务政策的决策考虑。比如,非居民的全部借款都要考虑,还是仅考虑非居民股东的借贷?股本应包括分红后的剩余资本,还是仅包括股资和未分配利润?混合债券如优先股如何归类?

(4) 效果与影响:弱化资本规则的效果表现在超额利息不可扣除。在有的国家里这种超额利息被视为一种红利。在另一些国家里,超额利息可以结转到下年度并可以在以后年度扣除。

纳税人通常通过国际银行和其他金融机构使其贷款在联属企业间进行流转,以规避有些国家的反弱化资本投资规则,这些条款试图防止关联贷款和类似避税手段的使用。例如,假定 F 公司成立地在 F 国,它借款给无关联银行 B,该银行又将贷款借给营业地在 A 国的 A 公司。F 公司与 A 公司是关联企业的成员。B 向 A 公司的借款不属于 A 国弱化资本规则的适用范围之内,因为它似乎是正常贸易下的贷款。

第二节 资本弱化税制改革的主要方式:ACE 与 CBIT

经济全球化的发展意味着资本的跨国流动加剧,在这种宏观大环境下,跨国公司利用资本弱化进行避税和国际利润转移的现象凸显,由此导致企业之间、国家之间的不正当竞争,削弱了国际税收的公平性,也削减了各国的乃至全球的福利。

公司股权津贴制(allowence on corporation equity, ACE)和综合经营所得税制

(comprehensive business income tax,CBIT)作为能够比较彻底解决此类问题的措施,近年来在一些国家,尤其是在一些欧洲国家得到运用。一些国家进行了 ACE 改革,另一些国家则以 CBIT 为方向进行了公司所得税改革。这两个改革产生的时间大致相同,都是在 20 世纪 90 年代初,CBIT 由美国财政部推出[①],ACE 是由英国财政研究所(Institute for Fiscal Studies,IFS)推出。

ACE 方式是给股权以与负债同样的税收待遇,利息可以在税前扣除;CBIT 是在计算应税利润时,使利息不再享受税前扣除的税收待遇。二者的目的都是保持投资的税收中性。从对经济的影响看,ACE 改革导致税基变窄、税率提高、资金成本降低;CBIT 改革则导致税基变宽、税率降低、资金成本提高。从对投资区位的影响看,在 ACE 下,法定税率的提高会降低对投资者的投资回报,从而会诱使跨国公司将利润转移到法定税率比较低的国家,但是,由于资金成本下降,相当于提高了公司的投资回报,会产生吸引投资的效果。CBIT 下,资金成本上升会引起投资下降。

目前,ACE 和 CBIT 已经成为国际上资本弱化税制改革的重要方法,其影响很大且深远,非常值得我们研究。

一、ACE 与 CBIT 改革:指导思想与运作原理

(一) 指导思想——税收中性

国际税法意义上的税收中性,是指资本、劳务、技术、货物等在国际间的流动不受国际税收的影响,充分发挥市场机制的作用,实现各种资源在世界范围内的市场配置与合理利用。在国际税法语境下,税收中性包括资本输出中性与资本输入中性。税收中性意味着税收不影响纳税人在跨国交易、投资以及其他国际经济活动中的选择。税收中性是各国在设计公司税收制度时最为重要的考量之一。从对公司行为影响的角度看,所谓税收中性是指公司决策不会因为税收而受到影响。从公司筹资方面的税收中性来说,公司有三个主要的筹资渠道,即负债、留存收益和发行新股,税收中性要求不论对投资者的回报是以利息还是以股利形式得到,其筹资和投资决策都不因税收而有所改变。

世界上大多数国家的公司所得税制度一般都规定,在计算应税所得时,作为债务融资成本的利息可以作为费用在税前扣除,而对权益投资的回报——股息,则只能作为税后利润的分配,不能在税前扣除。这是出于财务管理中风险与收益对等原则而设置的,因为负债和股权是两种性质不同的投资。这种对负债和

[①] US Department of Treasury, 1992, Integration of the Individual and Corporate Tax Systems: Taxing Business Income Once, US Government Printing Office, Washington.

股权的不同待遇,使负债筹资比股权筹资更优越,会诱使追求利润最大化的公司,尤其是跨国公司,出于避税目的,人为提高债务融资在整个资本结构中的比例,降低股权融资的比例,即所谓的资本弱化。公司的资本弱化,其危害是多方面的,它违背税收中性原则,侵蚀投资东道国的税基,造成税收扭曲。

资本弱化改革的两种基本方法 ACE 和 CBIT,都是作为税收中性政策而设计的,方式都是通过消除债务融资与股权融资相比较的税收优势,平衡负债和股权的机会成本。主要目的都是为了削减、消除由于债务和股权所受的税收待遇差别所引起的税收扭曲影响,实现资本输入和输出中性化。通过消除过量的税收负担,还可以使税收制度简化和合理化。

(二) 运作原理

ACE 和 CBIT 这两种改革方案的制度根源是,对债权投资的回报(利息)和对股权投资的回报(一般是股利)的不同税收待遇,创造了套利机会,刺激了公司人为提高负债筹资。资本弱化现象从根源来说主要来自于税法对这两种投资方式的待遇的差异,因此,消除两者的税收待遇差别似乎是最好的办法。从理论上讲,可以以两种方式消除负债和股权的不同税收待遇,办法之一是给股权以负债同样的税收待遇,给予股权的回报同负债的回报——利息一样,可以在税前扣除,这就是 ACE 方式。办法之二则是给予负债以股权同样的待遇,即在计算应税利润时,废除利息的可扣税性,使利息不再享受税前扣除的税收优惠待遇,这就是 CBIT 方式。可见,ACE 和 CBIT 是两个方向完全相反,但是目的与指导思想相同的改革方案。

1. ACE 的运作原理

ACE 这一用语目前没有公认的统一的中文翻译,有人从股权估算回报可以从税基中扣除的角度,将其翻译为"公司股权备抵制"[1],我们从贴近词义的角度,将其翻译为"公司股权补贴制",或"公司股权津贴制"。其基本运作原理是先对公司的股权估算为类似于债务利息的回报,然后将公司股权的估算报酬(notional return)从应税所得中,即从利润中扣除,也就是对股权报酬给予同利息支付同样的税收扣除,从而使股权获得与债务同等的税收待遇。具体的做法是,在公司的利润范围内,ACE 区分了两个部分:第一部分是对所投资股权的一般报酬,这是可以全部扣除的,因此是全部免税的;第二部分是额外的剩余利润,这是受正常公司税率支配的。ACE 通过允许公司对股权扣除一个估算回报,从而平衡债务和股权的不同待遇,企业会因此不再需要考虑债务和股权融资的税收待遇问题,确保了融资中性。

---

[1] 童锦治等:《公司所得税改革的世界趋势:价值取向与具体措施》,载《涉外税务》2010 年第 2 期。

ACE下不对边际项目征税,此处的边际项目指仅能获得大约相当于债务利息的报酬的投资项目,一般是指非营利性的或者微利的投资项目,由于回报率较低,企业一般不愿意投资,因为此类项目的估算回报大致与税前利润相当,因此确保了投资中性。

　　此外,ACE不受通货膨胀的影响,因为估算股权报酬率会随着通货膨胀率的提高而提高,这使ACE不仅是对负债和股权的平等待遇,而且可以对抗通货膨胀,化解市场风险,这种作用很重要,也很有价值。

2. CBIT的运作原理

　　CBIT我们将其翻译为综合经营所得税制,其制度机理是不再允许公司的债务利息在税前扣除,消除了债务筹资的"税盾"(tax shield)效应,使债务融资与股权融资受到了同等的税收待遇。在美国财政部提议的CBIT方案中,区分了所谓的CBIT实体和非CBIT实体,大多数公司是CBIT实体,包括银行等金融企业,只有小公司可以除外,CBIT实体的借贷资本的利息费用不允许在税前扣除。为了避免对利息的双重课税,公司或银行从其他CBIT实体收到的利息也不予免税和抵扣。同时也规定,企业或银行从非CBIT收到的利息则可以免税和抵扣。

　　由于取消了利息作为费用的税前扣除,CBIT将公司的所得税税基扩大,成为宽税基。再有,因为所有投资所得会按来源征税,这样企业也不再关心债务和股权融资的税收待遇问题,因而保证了融资的税收中性,进而保证了投资的税收中性。

　　总的来说,尽管ACE和CBIT的具体运作原理不同,但是两者的结果都是使债务和股权融资获得平等的税收待遇,实现债务和股权融资的中性,进而实现了投资决策的中性,最终都使公司所得税接近于与资本结构有关的中性的税收制度。因此,从结果或效果的角度看,两者是"殊途同归"的。

二、ACE与CBIT:经济影响

(一)对税基、税率、资本成本的影响

　　在各国的公司所得税法中税率和税基都是最重要的因素,因为这两个因素影响着、甚至在一定程度上决定着政府的税收收入,从而直接影响着政府提供的公共产品的数量和质量,影响着人民的福利,对政府来说,这是关系到其得失成败的问题。资本成本则是企业最关心的问题,因为资金成本的高低决定着企业获利程度的高低。ACE和CBIT对这些因素都有显著影响。

　　对税基的影响表现在:ACE下,因为对公司股权的估算回报提供一个额外的扣除,这会使税基变窄;CBIT下,由于不允许负债的利息在税前扣除,则会使

税基变宽。

对税率的影响表现在：ACE下，税基的变窄会导致税收收入的减少，为了保证政府的预算的平衡，即如果需要征收同样数额的税收收入，解决的方法之一，就是提高公司的法定税率，即ACE下，其法定税率必须高于标准制度下的法定税率。而CBIT下，由于税基变宽了，如果税率不变，会导致税收收入的增加，而如果保持政府预算平衡，则使政府有能力降低公司的法定税率。

对资金成本的影响表现在：两种政策都涉及对负债或股权筹资的投资成本的扣除。ACE下，对投资的正常报酬免税，即给公司股权回报提供补贴，由于补贴的存在削减了股权融资的成本，从总体上会导致公司总资本成本的降低；CBIT下不包括任何补贴，因为债务发生的利息，不再可以在计算利润税基时扣除，则CBIT制度提高了负债筹资与投资的资本成本，公司总资本成本就会相应提高。

综上所述，ACE改革导致税基变窄、税率提高、资金成本降低；CBIT改革则导致税基变宽、税率降低、资金成本提高。

（二）对跨国公司投资区位选择的影响

当前世界各国税收竞争的主要竞争目标之一是对跨国公司投资区位的竞争和争夺。自20世纪80年代中期以来，几乎所有的OECD国家都跟随美国的税收改革法案，其主要目标就是追求以宽税基、低税率方式以吸引国际投资。跨国公司的投资区位选择在很大程度上取决于一国法定税率的高低，跨国公司经营地点的选择，主要是被不同的法定税率所驱动。由于企业的全球化经营和无形资产在企业经营和获利中的重要性上升，使法定税率愈加重要，法定税率几乎成为指引跨国公司行为的一个信号器。从ACE和CBIT对税基、税率和资本成本的影响来看，在ACE下，一方面，法定税率的提高，会降低对投资者的投资回报，从而会诱使跨国公司将利润转移到法定税率比较低的国家；但是，另一方面，由于资金成本下降了，相当于提高了公司的投资回报，会产生吸引投资的效果。在CBIT下，由于资金成本上升，很少会有投资项目在边际上获利，所以引起投资下降。

（三）对公共福利的影响

政策制定者在作出政策选择时，必须考虑对公共福利的影响。ACE和CBIT作为一种政策改革，最终也会对福利产生影响。在ACE下，最近期的直接影响是削减了股权融资的成本，股权融资的成本降低，会导致在公司资本结构中股权比例加大。公司资本化程度的提高，可以使公司的稳定性提高，从而提高公司的竞争地位，包括提高其国际竞争地位。并且，ACE下由于对公司股权进行了一个估算报酬的补贴，降低了边际投资的税收负担，相当于降低了公司的实际税率，实际税率的降低会提高公司的获利能力。但是，ACE下税基变窄也是一个不容忽视的问题,并且,开放经济下跨国公司的利润转移行为和投资地点选择行为的负面影响会进一步侵蚀税基,如果税基侵蚀严重,ACE 会使政府倾向于削减福利。从这个角度看,ACE 制度必须应对在全球经济一体化下日益强烈的国际税收竞争问题,在一个税收竞争日趋激烈的环境下,ACE 制度可能阻碍跨国公司选择在该国的投资。

CBIT 下税基的拓宽可能导致较高的税收收入,从政府收入的角度来看,政府可以用这笔额外的收入来提高公共福利水平,或降低对勤劳所得或对消费的征税从而增加人民的福利。税率的下降则会吸引投资,这也会提高福利。但是资本成本的上升,又会使投资萎缩,公司会相应地削减劳动力,总工资水平会下降,这又会导致福利的削减。

三、ACE 与 CBIT 改革:实践与考量

(一) ACE 改革实践

实践中,有些国家以 ACE 税制作为改革方向进行了改革,但是这些国家都没有明确使用 ACE 这一名称,在实施过或者正在实施 ACE 制度的国家中,仅有克罗地亚的 ACE 制度较为纯粹,其余国家的实践大都是 ACE 制度的变体,或者说是部分的 ACE 制度,与理论上的 ACE 有重要区别。

在欧洲国家中,第一个实施 ACE 制度的国家是克罗地亚(1994—2001 年)。之后,意大利、奥地利和比利时等欧洲国家也引入了 ACE 制度的变体。欧洲以外,巴西等国家进行了 ACE 方向的改革。之所以说这些国家的 ACE 制度是 ACE 变体,是因为他们的具体做法大都涉及对股权正常回报的公司税率的降低,但还不是完全的补贴。比如,奥地利规定对估算回报课以 25% 的税率,当时正常的公司所得税税率为 34%;再如,意大利对估算回报课以 19% 的税率,其当时的正常公司所得税税率为 37%。

奥地利是按照改革后新股权的账面价值乘以调整后的政府债券利率(即政府债权在二手市场上的利率加上 0.8%)作为股权的估算报酬(notional return),然后再对该计算出的股权估算报酬课以 25% 的税,当时的标准公司所得税税率是 34%,所以这是一个较低的税率。

比利时是按照股权的账面价值乘以股权估算报酬率,该股权估算报酬率是按照上两个财政年度政府债券的平均月利息率计算,最高限额为 6.5%,中小型企业可以加上 0.5% 为最高限额,即中小型企业的估算报酬率限额为 7%,作为股权的估算报酬,然后在计算应税利润时直接扣除。

意大利的做法相对比较复杂,是将改革后新股权的账面价值在不同的年份,加上不同的百分比,然后乘以按年份的不同所设置的不同比率,计算出股权的估算报酬,将所计算出来的股权的估算报酬课以 19% 的税率(相对于 37% 的标准

公司税率），其余利润则按照标准公司税率课税。

克罗地亚是按照股权的账面价值乘以调整后的估算利率，当工业产品通胀率为正数时，要加上5%，然后在计算应税利润时直接扣除。

巴西的做法是按照股权的账面价值乘以长期贷款的利率，然后在计算应税利润时直接扣除。巴西制度还有一个特点，只有公司实际支付给股东的股利，才可以扣除股权的估算报酬，因此巴西的做法不同于传统会计的权责发生制，而是一种收付实现制。

从这些国家的改革实践来看，他们所引入的ACE制除了降低负债和股权筹资所带来的税收扭曲的目的外，还旨在削减公司的税负。因此，可以将这些国家的ACE实践看作公司所得税制度综合改革中的一部分。

从已有的ACE改革实践来看，ACE更多的是正面的经济影响，比如克罗地亚的税收收入在ACE制度实施后急剧上升，不但其GDP提高了，外国直接投资也增加了。比利时和其他国家的ACE实践也证明这种方式既合理，又能与他们的欧盟条约义务相协调。

（二）CBIT改革实践

现在世界各国还没有纯粹的CBIT改革，然而，近年来美国、德国、澳大利亚、丹麦、德国、意大利和新西兰等国家以及我国，都对利息扣除实施限制，这可以被认为是在CBIT的方向下进行的。其基本做法是在税法中规定资本负债率的最高限额，如果负债股权比率超过这个特定的门槛，则该公司的利息费用就不能从税前利润中扣除。由于不是对负债利息完全不予以扣除，而是规定超过某一门槛值的负债利息不予扣除，因此，我们将这些实践视为部分的CBIT改革。

这种做法大多被称为固定比率法，也称为资本负债固定比率法（fixed debt/equity ratio approach）、安全港规则等，指国家在其资本弱化税制中对企业债务与权益之间的比率标准作出明确规定，以债务对股本的固定比率作为判断资本弱化的标准；对于实际债权债务超过法定标准的企业，应用本国具体的资本弱化税制对其作出调整；如果企业实际的债务/权益比率低于法定标准，则不会被税务机关纳入资本弱化税制的调整范围。人们普遍认为这些更加严格的资本弱化规则能够有效地降低资本负债率，从而规制跨国公司利用资本弱化手段进行国际避税的行为。然而，在这些CBIT方向的改革对投资的影响问题上，对其作出明确的评价并不容易，比如，从理论上我们认为CBIT会削减投资，但是，通过对德国2001年改革影响的调查，发现虽然这一制度对公司的融资结构有显著影响，但是对投资的影响甚微。[1]

---

[1] Weichenrieder A. and H. Winidischbauer, *Thin-Capitalization Rules and Company Responses—Experience from German Legislation*, Mimeo University of Frankfurt, 2008.

(三) 对 ACE 的考量

ACE 面临的考量主要在以下几个方面：

首先，是如何定义可扣除性的股权，即如何计算股权补贴的问题。传统上我们可以按资产负债表上的账面价值测算，但是，在一个资本高度流动的世界里，股权的价值计算受到各国会计制度的影响与制约，不同的会计制度计算出来的股权价值差别巨大。会计标准的不统一，使作为估算基数的股权资本计算困难，尤其是在当前通货膨胀加剧时期，股权的历史价值严重偏离现行市价，而股权评估市场的发展又不完善，使受补贴股权的计算更加困难。

其次，是股权资本的估算回报率的计算问题。ACE 应用的前提，首先是假定选择了正确的估算利息率，即 ACE 制度所追求的税收中性价值，要以适当的股权资本回报率为假设前提，只有股权资本的估算回报率相当于对债务所支付的利率时，融资中性才能在 ACE 下得到保证。一旦保护性的利率超过了负债利率，非营利投资项目即使在 ACE 制度下也会被补贴。但是，如何正确估算股权资本的回报率是困难的，主要在于影响资本市场因素的不确定性使风险利率的估算变动过大。从已有的实践可知，有的国家将估算利率确定为政府债券的利率，有的国家则按照无风险利率加上通货膨胀利息率来计算。但是行业的风险是不同的，每个企业也有不同的风险，因此，估算利率必须解决个案风险与普遍风险，以及对其相互关系的相关问题。

再次，在 ACE 下，规模大的公司和获利能力强的公司更可能发行新股，从而可以从该制度中受益，而小公司和微利公司则很难通过发行股票从该制度中受益。在中小型企业在国民经济中重要性日益凸显的今天，对于缺乏融资渠道的中小型企业来说，ACE 可能使他们的融资环境"雪上加霜"。这也成为 ACE 制度不受欢迎的原因之一。

最后，ACE 的引入要求公司所得税税率的提高，或其他税种（如增值税）税率的提高，以平衡政府收支。从税收成本的角度来看，这将会引起很高的税收立法成本和纳税人的遵从成本。

此外，还需要注意，有人提出为了避免 ACE 下公司税率的提高可能带来的弊端，国家可以通过降低转移支付来堵塞财政资金缺口，但是当前各国面临的财政压力都很大，财政需求的缺口不断加剧，在这种情况下削减财政转移支付是困难的。

(四) 对 CBIT 的考量

对 CBIT 的考量主要有以下两个方面：

第一，债务和权益的计算问题。跨国公司进行资本弱化是在全球范围内进行的，因此，国际税法层面上的资本弱化规则，必须具有全球可比性。比率大小与债务和权益的口径密切相关。CBIT 方向的改革——固定比率法，其精确计算不但要求资产、负债、所有者权益的准确计价,还要求对标准中的债权性投资和股权性投资作出更加详细的界定。作为计算安全港固定比率的分母,其内容包括:法定股本(已付款认购)、保留公积金、上年结转的保留收益、准备金。各国一般以账面价值为准,也有国家(如新西兰)规定以资产的市场价值为准。当前国际通行的是历史成本法,但是,历史成本不能反映资产、负债、权益的现实价值,尤其是在当前物价指数变动较大时期。市场价值与账面价值经常是严重脱节甚至背离的。由于作为资本弱化规则计税基础的不同,全球资本弱化规则的可比性不强,各国资本弱化税制千差万别,并且经常处于变动变化之中,存在着很多的漏洞与空白。这些都直接影响到税收竞争的公平基础。

第二,转向 CBIT 制自然会引起过渡问题,那些严重依赖债务筹资的公司会由于这样的改革而处于显著的劣势,因此此类改革必须逐步推进,以给予公司以时间去调整他们的资本结构。如何制定改革的进程将会对这些公司的发展造成严重影响,而这个时间表的制定是难以把握的。

四、ACE 与 CBIT:未来展望

(一) ACE 的未来:曲折中发展

2000 年标志着欧洲实验的终结。因为克罗地亚宣布从 2001 年重新回到标准公司所得税制度,意大利和奥地利的制度也随之停止使用,这为 ACE 的前途蒙上了阴影。ACE 改革似乎前途暗淡。但是,我们不能仅仅因为几次改革的失败就全盘否定 ACE,至少从理论上看 ACE 还是有价值、有优势的。

跨国公司的资本弱化行为已经成为很多国家所面临的问题,跨国公司的全球化经营使其完全有能力将其资本和利润转移到对资本弱化控制不那么严格的国家。资本弱化税制不但要公开透明,最重要的是具有全球可比性,但是当前各国的所得税法都是以独立的会计制度(separate accounting,SA)为基础的,这使得各国的所得税税率和税基的计算以至各国的资本弱化税制缺乏可比性,也给了跨国公司以转移定价进行国际避税的机会。国际上早有税务专家认识到这个问题,但是由于国际会计准则委员会与美国财务会计准则委员会的分歧,以及各国会计传统等因素的影响,国际会计准则的统一化进程是缓慢的,近期内很难取得统一。而 ACE 制度则弥补了各国会计制度的不同所引发的可比性问题,通过对税收折旧的现值的平衡,使税收对各国折旧政策的不同具有相同的现值,这样使各国折旧政策的不同对跨国公司的投资决策不再有影响。因为,在 ACE 制度下,税收折旧的方法是不相关的,早期的任何折旧的提高,都会使 ACE 在以后的年度里抵消任何来自早期折旧的收益,比如,考虑到加速折旧降低了的利润——税基,另一方面,也降低了资本的会计储存,因为计算第二时期的 ACE 是将其与

保护性利率相乘,相当于第二个时期可以扣除的股权估算报酬也随之降低了。[①] 这在当前尤其有意义。正因为如此,我们认为 ACE 仍然大有前途,虽然其运用是曲折的,但是仍然极有应用价值。ACE 必将在曲折中发展和完善,最终发挥其应有的作用与价值。

(二) CBIT 的未来

从 CBIT 的改革实践中我们可以看到,虽然没有纯粹的 CBIT 改革,但是大部分国家都实行 CBIT 方向的资本弱化税制,各国以 CBIT 为导向的资本弱化税制开始趋同。比如,各国之间关于固定比例的上限的规定正在逐步缩小,固定比例法已经被越来越多的国家采纳。作为资本弱化规则主要办法的固定比率法,其价值在于使资本弱化税制变得更加具体和透明,减少税收变动的风险,给予外国投资者以稳定的投资预期,刺激外来投资的流入。因此,从长远来说,能够促进东道国经济的发展。我们相信,CBIT 在资本弱化税制中有望发挥更大的作用。

(三) 一种有益的尝试:ACE & CBIT

既然理论上 ACE 和 CBIT 各有优缺点,如何结合两者之优点,而避免两者之缺点,以可持续的方式进行税收改革,是我们当前应该考虑的重点。在这方面的最新的发展构想是 ACE & CBIT,也就是将 ACE 和 CBIT 结合起来使用,发挥两者的优点与长处。

ACE & CBIT 改革的具体方案是这样设计的:首先,将方案中 ACE 所占的设计比例和 CBIT 所占的设计百分比相加为 100%,2/3 的 ACE 与 1/3 的 CBIT 能够满足税收收入中性和与公司筹资、投资有关的税收中性。欧盟内平均 2/3 的 ACE 所带来的收入损失,可以被 1/3 的 CBIT 所获得收入提高所补偿。在实施这样一个 2/3 的 ACE 和 1/3 的 CBIT 的组合时,对每一个国家来说可能不是中性的,高税率的国家可能会经历税收收入的提高,因为他们以一个相对高的债务比率而著称;低税率的国家可能遭受税收收入损失,因为他们的债务比率相对较低。

为了使每个国家都能实现税收中性改革,以具体国家为对象的 ACE 和 CBIT 组合被设计出来。比如,在 2/3 的 ACE 和 1/3 的 CBIT 的总公式下,则 73% 的 ACE 和 27% 的 CBIT 在意大利则是更加精确的比例。通过这种方式,各国设计了 ACE & CBIT 方案中的 ACE 和 CBIT 的不同比例。在所有情况下,组合加起来都是 100%,以确保与资本结构有关的中性。模拟试验证明,ACE 的比例在塞浦路斯和波兰为 54%,在意大利和德国为 70% 以上。无论哪一个国家的

---

① Alexander Klemm, Allowances for Corporate Equity in Practice, CESifo the Future of Capital Income Taxation, *Venice*, July 17—18, 2006.

ACE & CBIT 改革，都能够通过减轻公司股权债务融资决策的扭曲而提高效率。由于债务融资的资本成本的提高，被股权融资的资本成本的降低所补偿，这种有效率的筹资结构，使投资总额和福利都稍有上升，福利大约提高了 GDP 的 0.3%。①

但是，决定 ACE 和 CBIT 的最优组合是困难的，达到福利最大化的最佳配比，可能不仅要求融资决策扭曲最小化，而且也要求降低公司所得税的其他扭曲，包括投资扭曲、区位选择扭曲以及利润转移的税收套利。这些扭曲的规模在国家间有所差别，因此国家间的最优化配比会有所不同，而且，国家是依靠单边还是通过多边而设计他们的制度，对改正扭曲也有影响。② 因此，这种新型的改革方案需要我们继续进行深入的研究。

可见，ACE & CBIT 的改革，在限制债务利息的税前可扣除性的同时，也降低了股权正常回报的税收负担，从而相对平衡了债务和股权回报的税收负担差别过大的问题，降低了债务和股权选择的扭曲。通过降低资本结构的扭曲，来实现税收中性和福利提高。

部分的 ACE 改革和部分的 CBIT 改革的结合，从两个相反方向减轻了债务和股权之间的税收待遇歧视，同时，也缓解了公司税收收入的减少。这对政府来说是税收中性的，因为不会对政府收支造成过分冲击；对公司的筹资和投资结构来说也是中性的。因此，这种税收中性改革提高了效率。

（四）需要高度的国际合作来保障

各国对 ACE 和 CBIT 改革的担忧，主要在于这两种改革容易诱发跨国公司的利润转移和投资区位选择，以至最终影响本国的福利。如果所有国家采纳同一个 ACE 制度或 CBIT 制度，跨国公司不再有机会通过资本弱化行为转移利润，则无论是 ACE 还是 CBIT 改革都能提高福利。因此，国家之间的高度合作是从根本上解决两者应用中的具体问题，从而提高全球福利的根本途径。但是国家之间的高度合作是困难的，在资本弱化税制问题上难以形成国际层面的深度合作，其根本原因在于各国都不愿承担财政收入下降的近期和远期后果。但是，我们至少可以从以下方面推进国际合作：

首先，吸收尽可能多的国家共同协商，尤其是要给予发展中国家话语权。其次，要充分发挥以 OECD 为中心的国际组织的作用。此外，还要充分发挥民间组织如国际会计准则委员会、国际资产评估准则委员会等民间组织的力量，推动资本弱化基础会计科目的统一化进程，解决由于国家之间的计税水平不一致所造

---

① A. de Mooij, Michael P. Devereux, Alternative Systems of Business Tax in Europe: An Applied Analysis of ACE and CBIT Reforms, 2009.

② 同上注。

成的技术问题。

需要注意的是,对 ACE 和 CBIT 的最终选择还主要依赖于各国所处的宏观经济背景以及本国跨国公司规模的大小等具体因素,无论是 ACE 还是 CBIT 改革,其实施效果都取决于具体改革是否适合该国的实际情况和需求。

本 章 小 结

各国立法往往对利息和股息规定不同的税收待遇,由此促使企业更愿意选择债权融资而非股权融资,减轻其融资成本和税收负担。为此,许多国家在其立法中确立了反资本弱化规则,以防止跨国公司利用股息和利息的差别税收待遇实施避税行为。然而,这一制度同样存在着诸多的问题。其中,公司股权津贴制和综合经营所得税制是国际上资本弱化税制改革的重要方法。

思考与理解

1. 为什么会出现资本弱化现象?
2. 反资本弱化的一般做法是什么?
3. 我国在反资本弱化上有哪些做法与问题?
4. 你怎样理解 ACE 和 CBIT?其基本原理、机制和创造性何在?
5. ACE 和 CBIT 对吸引与推动海外投资、国内经济、国内公共福利有怎样的影响?

课外阅读资料

1. Alexander Klemm, Allowances for Corporate Equity in Practice, CESifo the Future of Capital Income Taxation, *Venice*, July 17—18,2006.

2. A. de Mooij, Michael P. Devereux, Alternative Systems of Business Tax in Europe: An Applied Analysis of ACE and CBIT Reforms, 2009.

第五编 国际税收协调

第十六章 国际税收协调原理

在经济全球化的背景下,货物、服务、资本甚至人的跨国自由流动成为可能甚至常态化,这进一步加剧了税基的跨国流动。在此背景下,本属于一国征税范围的经济活动便可能溢出本国国境。基于此种跨国的经济活动上所产生的税收关系便不再局限于本国政府与纳税人之间的经济利益的分配,而将产生经济活动所涉及的国家之间的税收利益的分配,税收上的国际冲突和矛盾因此将日益增加。税收管辖权固然是一国经济主权的重要体现,在全球化的背景下,固守税收上的主权意识将使得国际间税收管辖权冲突变得异常尖锐。可以说,一国的税收制度不仅对本国,而且对他国经济都将产生重要的影响。而国内税收制度的实施不仅受制于本国的税收环境,更受到他国税收制度的影响。因此,随着全球化趋势的不断加强,国家之间的税收协调已经势在必行。然而,税收利益的协调势必在一定程度上造成对一国税收主权的限制,并直接影响一国的财政收入,这决定了国际税收的协调即使最终可能实现,也必将经历长期的漫漫坎坷之路。

第一节 国际税收协调概述

国际税收协调(international tax harmonization)是国际税法的重要概念,但其具体的内涵和外延仍存在较大的争议。有学者认为国际税收协调是指两个或两个以上的主权国家(或地区)对跨国纳税人行使各自税收管辖权所产生的冲突进行协调的行为。① 另有学者认为,国际税收协调是基于税收制度和政策的外部性,具有独立税收管辖权的两个或两个以上的国家(地区)、一个国家的中央(联邦)政府和地方政府以及不具有独立税收管辖权的不同地区之间,为了实现共同的政治目标和经济目标,通过颁布共同指令、签订避免双重征税协定以及税收征管合作合同协议等途径,使各国(地区)以及一个国家内部各地区的税收制

---

① 邓子基等:《国际税收导论》,经济科学出版社1988年版,第143页。

度和税收征管在一定程度上实现趋同,从而消除阻碍货物、资本、服务和人员在各国(地区)之间或一个国家内部各地区之间的自由流动的税收的障碍,使各国(地区)的资源或一个国家内部各地区的资源得到更有效配置,进而提高整体效率和综合福利水平。① 也有学者认为国际税收协调是国际税收竞争的必然结果,是在承认各国税制既有差异的基础上,通过协商对话、征管合作合理划分税收利益,公平分享经济全球化的成果。②

西方税收理论对国际税收协调的定义也存在较大的分歧。如有学者认为,国家税收协调包含了两个方面的内容,其一是各国税制完全消除差异,实现均等化,其二则是在差异化的前提下进行协调。③ 也有学者认为,国际税收协调是指一些国家或地区为了建立共同市场或经济集团,消除税收对商品、资金、技术、劳务、人员流动形成的障碍,采取措施使集团内不同国家和地区的税收政策和税收制度互相接近或统一,以减轻彼此之间的冲突和摩擦。④

考察国际税收协调的内涵与外延,首先应当关注其产生与发展的基础。国际税收协调始于国家之间经济交往的发展,并随着经济全球化的深入而逐步深化,是解决由此产生的国际税收利益冲突的重要手段。国际税收利益冲突是伴随着各国经济往来日益频繁和融合度不断提高所产生的国家之间的税收利益分配矛盾。⑤ 国际税收协调正是为了避免国际税收冲突对国际经济活动的不良影响而产生的。具体而言,国际税收协调应当致力于解决如下国际税收利益冲突:

(1) 税收管辖权冲突

税收管辖权冲突是引发国际税收利益冲突的根本原因,是有关国家对纳税人的跨国所得或财产价值上各自主张的税收管辖权发生重叠冲突的结果。税收管辖权冲突包括居民税收管辖权与来源地税收管辖权之间的冲突、居民税收管辖权之间的冲突、来源地税收管辖权之间的冲突。由于两个或两个以上的国家对同一经济活动或财产价值主张税收管辖权,必然引发国际重复征税。国际重复征税的存在将导致跨国经济活动不得不负担更高的税收负担,从而将抑制商品、资本、技术、人才的跨国界流动,不利于资源在全球范围内的优化配置,最终将制约经济效率的提高。因此,在各国的税收管辖权存在冲突的情况下,必须对国家间的税收利益进行协调,避免重复征税限制生产要素在国际间的自由流动。

(2) 税收要素冲突

即使各国对同一经济活动或财产价值的税收管辖权并不存在冲突,各国国

---

① 陈琍:《全球视野下的税收协调理论与实践》,中国税务出版社2010年版,第1页。
② 凌岚:《竞争中的合作:国际税收协调的新机制》,载《税务研究》2003年第1期。
③ 邓力平等著:《国际税收竞争》,中国财政经济出版社2004年版,第145页。
④ 苑新丽:《国际税收协调的发展趋势》,载《财经问题研究》2002年第10期。
⑤ 崔晓静:《欧盟税收协调法律制度研究》,人民出版社2011年版,第10页。

内法对税收要素规定的差异同样可能造成国家间的税收利益冲突。一般而言,纳税主体、应税事实及其归属是确立纳税义务的基础事实。如果各国国内税法对税收要素的规定各不相同,则在同一经济活动上同样可能在不同国家分别成立纳税义务,从而造成不同程度的重复征税或重复不征税。

其一,纳税主体资格的差异:如果同一主体是否作为纳税主体、构成何种纳税主体在不同国家存在差异,便可能发生税收利益的国家间的冲突。如合伙企业、集合投资工具、信托等,在不同的国家被作为纳税主体存在较大的差异,从而产生税收协调的必要。

其二,一项经济活动或其经济收益的应税事实属性不同:一项经济活动可能在不同国家被认定为不同性质的应税事实,从而产生国际税收利益冲突。如因遗产继承发生的股权转移在不同国家被视为不同的应税事实,导致国际税收利益的冲突。再如两个国家对同一笔收入或财产收益有着不同的分类,导致对该项收益的重复征税。

其三,经济活动或财产价值的归属关系不同:如何确立应税事实与承担纳税义务主体之间的经济联系,一旦各国国内税法作出不同的规定,同样可能导致税收的重复课征。如一项经济活动基于法律形式或是经济实质确定其经济归属,便可能导致不同国家的主体就此分别承担纳税义务,发生税收的重复课征。

其四,税基确定方式的差异:两个国家对税基的范围、计算方式等的差异,也可能导致重复征税。如一项费用或支出能否扣除,如国内税法的规定各有不同,也将决定该项经济活动的收益是否在不同的国家同时负担税收。

此外,不同国家对于税法术语(例如所得税、收入、居住地、住所、不动产等)的定义以及交易特征的判定各不相同,同样可能发生税收利益的冲突。①

与税收管辖权冲突一样,国内税法对税收要素的不同规定所造成的税收重复征税也要求各国之间进行税收利益的协调,以消除重复征税对跨国经济活动的限制。

(3) 国际税收竞争②

由于资本的稀缺性及其对一国经济发展的重要性,各国逐渐加强以税收工具吸引资本进入本国,从而引发了各国以争夺税源与税基为目标的税收竞争。一国以税收优惠吸引外国资本,必然导致税源与税基在国家间的重新分配,进而产生国家间税收利益的重新分配。为维护各国的税收管辖权、防止各国财政收入因税收竞争而恶化和公共产品提供不足的发生,合理分配税收利益,即必须进行国家间的税收利益的重新协调。

---

① Roy Rohatgi, *Basic International Taxation*, Kluwer Law International, 2002, pp.13—14.
② 国际税收竞争在本书第二十一章中将进行详细的阐述,在此不再赘述。

通过对国际税收协调产生背景的分析,不难发现国际税收协调是各国为消弭国家之间客观存在的税收利益冲突,防止税收成为国际经济发展的壁垒,而采取的限制、协调其税收管辖权的法律手段。具体包含如下三个层次的基本内涵:

第一,在国内税法存在既定的差异的背景下通过一定的手段消除由此产生的国际税收利益的冲突;

第二,在国内税法存在差异的情况下,确立统一适用的国际税收规则,以消除跨国经济活动的重复征税问题。

第三,通过对国内税法的差异性规则进行修正,实现各国税制的一体化,从根本上消除国际税收利益的冲突。

第二节 国际税收协调的发展与基本框架

为适应经济全球化的趋势,各国为实现国际税收利益的协调进行了诸多的尝试与努力。由于国际税收协调必须建立在相关国家主权的尊重的基础上,国际税收协调大多通过相关国家的谈判协商予以实现。具体而言,国际税收协调包括以下三种形式。

一、国际组织的国际税收协调

由于每一国家国际经济活动的参与度和方式存在较大的差异,各个国家税收利益冲突的程度与形式也有所不同,其参与国际税收协调的意愿也各不相同。因此,在全球范围内进行国际税收协调的难度最大,但一些世界性的国际组织已经着手引导各国进行税收协调。全球性税收协调是指通过权威的全球性经济组织对相关的国际税收问题进行协调、规范、引导和仲裁,以减少国际税收利益分配及税收活动的冲突,达到互利互惠、协调发展的目的。第二次世界大战以后,一系列全球性国际组织相继建立,这些机构大多由主权国家参与,带有一定官方性质。其中,最为重要的包括经济合作与发展组织(OECD)、世界银行、世界贸易组织(WTO)和国际税收对话机制。

(一) OECD 的税收协调

在促进国际税收协调方面,OECD 的成就最为突出。OECD 由 34 个成员国组成,以推动改善世界经济与社会民生的政策为主要使命。[①] 在税收方面,OECD 工作的覆盖面极为宽泛,往往涉及国际和部分国内税法的重要争议,如反避税、有害税收竞争、电子商务、金融工具课税等。在国际税收协调方面,OECD 的主要工作包括:

---

① 关于 OECD 的详细情况,可参见 http://www.oecdchina.org/about/index.html。

(1) 制定国际税收协定范本。OECD 最突出的贡献在于制定了供成员国谈判和签订税收协定时采用的税收协定范本,从而促进了国际税收协定解释和适用实践的统一。从 1963 年 OECD 范本颁布以来,范本为大多数国家所采行。[①]不仅 OECD 成员国在签署或者修订双边税收协定时大多与协定范本一致,而且该范本还被广泛应用于成员国和非成员国之间,甚至作为非成员国之间谈判的参考文本。近来签订的多边税收协定,如北欧税收协定,也是以 OECD 范本为基础缔结的。另一个产生重要影响的税收协定范本,即联合国范本,也是以 OECD 范本为蓝本制定的。其他世界性或区域性国际组织在研究双重征税和相关问题时也将此税收协定范本作为基本参考资料。与 OECD 范本共同发布的是相关条款的注释,该注释以协定条款为顺序编排。在税收协定的解释和适用方面,OECD 范本注释的作用越来越大。由于 OECD 范本及其注释在世界范围内获得了普遍的认可并在多数双边税收协定中被引用,使得协定范本条文及其注释成为解释和执行现有的双边税收协定时普遍认可的指导准则,实现了许多国际税收规则的标准化。可以说 OECD 范本所包含的许多原则规范实际上已经具备了国际税收惯例的法律地位和作用,是消除国际双重征税的重要因素。这有利于在共同原则上进行各国间税收利益的协调。

(2) 制定国内税法示范法。尽管税收协定范本对确立国际税收惯例规则产生了积极的影响,但并无法促进国内税法的趋同化。为此,OECD 也通过制定国内税法范本,并对范本加以详尽的解释说明,供各国自由选用,促进国内税法的统一化。到目前为止,OECD 针对各国存在较大差异的税收规则,陆续发布了一系列的研究报告。这些报告针对各国国内税法对某一特定经济活动的课税规则的分歧及其产生的国际税收冲突,制定了供成员国参考采用的基本规则。如 OECD 颁布了《跨国企业和税务机关的转让定价指南》和《有害税收竞争:一个新兴的全球性课题》等有害税收竞争等方面的规则,提供给成员国制定本国国内法时参考适用,这在一定程度上促进了国内税法的趋同化。

(二) 国际税收对话机制

国际税收对话机制(ITD)是由世界货币基金组织(IMF)、OECD 和世界银行动议发起成立的,旨在鼓励和便利国家税务官员和国际组织进行税收事务的讨论。建立 ITD 的主要目的是:促进参加组织的政府之间就税收问题进行有效的国际对话,使所有的国家都能参加到税收政策和税收管理问题的讨论中来;识别和分享良好的税收实践;避免现有税务活动上的重复努力;提供更为清晰的税收事务技术支持重点。

[①] OECD 范本分别于 1977 年、1992 年、1995 年、1997 年、2000 年、2003 年、2005 年、2008 年、2010 年和 2012 年进行了修改。

ITD 的核心是设立了一个指导小组(Steering Group),由 IMF、OECD 和世界银行的代表组成。指导小组的任务是:(1)安排定期的国际会议,由政府官员、税收政策专家和管理专家参与,讨论共同感兴趣的问题,开发出一套与其他有兴趣的国家和机构进行合作的话题、地点、日期和议程的决定程序;(2)开展税收良好实践的识别与分享工作,讨论可能的实施效果;(3)鼓励更大程度上双边与多边技术支持的协调,收集与共享双边和多边计划的信息,谋求更大程度上技术支持努力上的一致;(4)指导和进一步开发即时互动的世界范围的交流网络(即 ITD 网络)。

(三)世界银行的税收协调

世界银行内设有"税收政策与管理论题小组"(The Tax Policy and Administration Thematic Group),它是世界银行"消除贫困与经济管理网络公共部门小组"的一部分。该小组提供运作支持、知识服务和一个活跃的电子论坛,供对公共部门资源状况感兴趣的银行职员和其他外部人员讨论之用。"税收政策与管理论题小组"的期望是成为发展中国家在税制知识服务方面的世界先驱。其关注的主要领域是:税收管理、税收政策、税收政策与管理的制度框架。其使命是总结前沿问题的经验与教训,包括国内税收的联合管理与单独管理比较、关税与社会保障、税收管理职能的私有化、改善管理的呼吁与参与、税收管理中的反腐败策略、假定课税:工资和奖金体系在税收管理中的角色。

世界银行还经常举办国际税收会议与研讨会,讨论国际税收的协调管理问题,因而对世界的税收秩序有相当的影响力。[①]

(四)世界贸易组织的税收协调

世界贸易组织正式成立于 1995 年 1 月 1 日,其成员到 2011 年 10 月已经有 153 个。世界贸易组织是唯一的全球性国际组织,专门确立国家间的贸易规则。其核心是 WTO 协定,由世界上一大批进行贸易的国家磋商、签署,并由其议会予以批准,目的是帮助商品与服务的生产商、出口商和进口商管理其商业活动。世界贸易组织的活动领域涉及了货物贸易、服务贸易和知识产权贸易,其协调的关税和国内商品税领域广泛。世界贸易组织在世界范围的关税国际协调方面,致力于造就一个开放、公平、无扭曲竞争的国际贸易环境。[②]

此外,还有学者倡议成立一个专门处理世界范围内税收事务的国际性组织,即世界税收组织(World Taxation Organization)。

由国际组织引导各国进行税收协调的突出特点在于,国际组织发布的范本、公约、协议等类似文件只具有指导性作用,约束力相对较弱,因此,对各国的税收

---

① 参见世界银行网站:http://www1.worldbank.org/publicsector/tax/.
② 参见世界贸易组织网址:http://www.wto.org/.

协调只能起到引导的作用。①

二、区域性国际税收协调

（一）区域性国际税收协调的发展

区域性国际税收协调是指在区域经济一体化的背景下，在有关区域性经济组织的组织协调下，各成员国部分让渡某些税收主权，通过多边协商或者区域性组织的立法程序，制定相应的税收法律措施，以减少区域间各国的税收冲突，构建合理的区域税收制度。② 这种方式是区域经济一体化发展的较高形式，也是国际税收协调的较高形式。当前区域性税收协调主要包括关税协调、避免双重征税、反避税和税收竞争协调等方面。

与其他国际税收协调形式相比，区域性国际税收协调往往由经济发展高度一体化的区域内的主权国家所参加的超国家专门机构，如协会、联盟等，提出税收协调的相关建议，在征求成员国的意见后，起草、通过并颁布有关指令、规定或决定。此项税收协调的指令、规定以及决定对成员国具有约束力，各成员国必须遵守。成员国不仅应当在制定本国的税收政策时保证其国内法与相关税收协调文件相一致，而且还应当自觉实施和转化税收协调的法律文件。在此基础上，往往设立一定专门机制保障各成员国的遵守。税收协调所涉及的范围，往往触及成员国国内税收制度和税收征管，最终目的在于促进各成员国的国内税法的趋同。因此，区域性国际税收协调的力度更大、效率更高、成效也更为显著。但为实现区域性的税收协调，成员国必须让渡一部分税收主权，交由经济一体化组织统一协调，这必然减少和削弱自身的税收主权，造成对国家主权的"软侵蚀"，其特点是国际组织的行动与措施一般均需事先征得成员国的同意。可以说，区域税收协调对税收主权的影响是不容忽视的。

随着区域经济一体化的发展，区域性税收协调在全球范围内不断取得新的进展。从当前实践来看，区域性国际税收协调一般可以分为三个阶段：(1) 在自由贸易区和关税同盟阶段的关税协调，最终实现成员国之间的零关税和对外的一致性关税。在这一阶段中，各成员国首先拆除彼此之间的关税壁垒，并对外设置统一的关税，同时要求成员国间协调各自的涉外税收体系。(2) 在共同市场和经济联盟阶段的间接税和直接税的协调，旨在实现税基的统一和税率的接近。在这一阶段中，主要针对各成员国之间的贸易或所得进行广泛综合的调整，消除因产品或投资所在国税制上的差异所带来的负面影响。同时，要求各成员国对其税收制度进行调整，以保证生产要素在各成员国间的自由流动。(3) 在完全

---

① 陈珊:《全球视野下的税收协调理论与实践》，中国税务出版社2010年版，第1页。
② 崔晓静:《欧盟税收协调法律制度研究》，人民出版社2011年版，第15页。

经济一体化阶段实现税收一体化。① 在此阶段中,要求依照统一的征税原则,按照一定的标准在成员国间实现税收收入的合理分配。

(二) 区域性国际税收协调的重要实践

1. 欧盟②

欧盟的税收协调最为深入,一体化程度最高。从1958年起,欧共体就开始致力于共同体内部的税收协调。1968年成功地建立了统一的关税同盟,取消了工业品内部关税,实行统一对外关税,1969年取消农产品内部关税。

1967年到1986年,欧共体连续发布21个指令协调各成员国增值税。1977年著名的第六号增值税指令(77/388/EEC)规定了共同增值税制的计算基础。1991年开始,欧共体发布91/680/EEC指令,以废除欧共体内部的税收边界,即取消成员国之间贸易的进口环节增值税和出口环节退税,实现对外目的地原则和欧共体内部来源地原则,使得成员国之间的交易如同在单一国家之内。1999年,欧盟颁布了1999/49/EC指令,要求各成员国继续执行15%的最低标准增值税税率。可以说,多年来,欧盟委员会以"废除一切影响产品和服务贸易正常进行的障碍,同等对待在各成员国之间的交易和一国内进行的交易"为指导原则,进行了增值税领域的税收协调。

欧盟在直接税方面的协调起步相对较晚,但仍取得了诸多的成果。20世纪90年代以来,欧盟连续通过了三个有关公司所得税指令,分别是90/434指令(又称"合并指令",统一适用于成员国间公司合并、分立、转让资产和转让股份的税收规定)、90/435指令(又称"母子公司指令",统一适用于成员国间针对母子公司的税收规定)、90/434公约(又称"仲裁公约",关于避免对关联企业调整利润双重征税的公约)。这三项指令的颁布,很大程度上推动了欧盟关于直接税的协调立法。此外,在2003年6月,随着2003/48/EC指令(又称"对存款所得采用支付利息形式的税收指令")的颁布,成员国之间就利息收入的征税也实现了一定程度的协调。

2. 北美自由贸易区

1992年8月,加拿大、美国和墨西哥三国签订了《北美自由贸易协定》,该协定于1994年1月1日生效,北美自由贸易区正式建成。根据《北美自由贸易区协定》,美国和加拿大将逐步降低墨西哥生产的纺织品、汽车和农产品征收的关税,并将在2008年年底消除贸易壁垒,实现商品和劳务的自由流通,完全实现区域经济一体化。但由于墨西哥与美国、加拿大的经济发展水平差距较大,而且在经济体制、经济结构和国家竞争力等方面存在较大的差别,因此,自《北美自由

---

① 常世旺:《国际区域性税收协调研究》,经济科学出版社2010年版,第129页。
② 有关欧盟税收协调进程的详细情况,可详细参见 http://ec.europa.eu/index_en.htm。

贸易协定》生效以来,美国对墨西哥的产品进口关税平均下降84%,而墨西哥对美国的产品进口关税只下降43%;墨西哥在肉、奶制品、玉米等竞争力较弱的产品方面,有较长的过渡期。同时,一些缺乏竞争力的产业部门有10—15年的缓冲期。可以说,北美自由贸易区的税收协调仍处于关税协调的低层次的税收协调阶段,间接税、直接税方面的协调尚未进入议事日程,区内的税收协调依然任重道远。

3. 中国—东盟自由贸易区

2002年11月4日,《中国与东盟全面经济合作框架协议》签署,中国—东盟自由贸易区建设正式启动。2004年1月1日,中国—东盟自由贸易区早期收获计划实施,到2006年,约600项农产品的关税降为零。2004年底,《货物贸易协议》和《争端解决机制协议》签署,标志着中国—东盟自由贸易区建设进入实质性执行阶段。2005年7月20日,《货物贸易协议》降税计划开始实施,7000种产品降低关税。这标志着《货物贸易协议》正式进入了实施阶段,也标志着中国—东盟自由贸易区的建设全面拉开了帷幕。2010年1月1日,中国—东盟自由贸易区正式建立。根据协议所确定的关税削减时间表,中国从原东盟6国进口的93%的货物将实现零关税,平均关税将降到0.1%以下,而对其他国家的平均关税为9.8%。到2015年,对从新东盟成员进口除部分敏感产品以外的全部产品也将实现零关税。

中国—东盟自由贸易区的税收协调的目标是建立一个统一的多边国际税收协调体系,以适应区域经济一体化的发展趋势。随着自由贸易区的建立,进口关税得到了一定程度的协调。但当前自由贸易区内的税收协调同样仅限于关税,由于成员国之间的税制差异比较明显,区内的税收协调仍存在诸多的困难。

三、国家间的税收协调

无论是国际组织对国际税收协调的引导,还是区域性的超国家专门机构的税收协调,在当前税收自主权应当受到尊重、各国税制存在现实差异的情况下,都无法成为国际税收协调的基本形式。作为尊重缔约各方的课税主权、维持缔约各方的税制现状的税收协调形式,国家依照对等原则,经过谈判缔结书面协议进行税收协调,即缔结国际税收协议,在当前的国际税法环境下成为税收协调最重要、也是运用形式最为广泛的形式。

国际税收协定是有关国家签订的旨在协调彼此间税收权益分配关系的书面协议。狭义的国际税收协定是指专门规定国家间税收利益分配的书面协议,如《中华人民共和国政府和日本国政府关于对所得避免双重征税和防止偷漏税的协定》。广义的国际税收协定还包括不以国际税收协调为主要调整对象,但有专门条款处理所得税征纳方面矛盾和冲突的国际条约。如中国与古巴于1980年12月20日签订的《政府贸易协定》中对互免企业所得税和其他任何形式的税收作出了明确的规定。

税收协定通过赋予缔约国一定的权利或施加特定的义务实现国家间的税收协调。除非在国内立法中明确列入协定的内容,税收协定并不赋予缔约国的公民和居民相应的权利。税收协定是在尊重缔约国现行国内法的基础上缔结,因此,税收协定并不产生新的税种,也不直接造成国内税法的修正,而是适度地减轻跨国经济活动的纳税义务,确保跨国贸易和投资的税收待遇的确定性,以消除税收障碍,从而促进跨国贸易和投资。

与上述两种税收协调形式相比,国际税收协定在实现税收协调方面具有明显的双边性,即税收协定只对缔约国居民适用,从而产生一系列的税收套利的机会。更重要的是,国际税收协定只是对国内税法差异规则的适用限制,在对促进国内税法的趋同化方面作用极为有限,导致越来越多的税收协定的缔结。下文将对国际税收协定的相关问题进行详细的阐述。

第三节 国际税收协调的基本模式——国际税收协定

一、国际税收协定的演进与发展趋势

国家之间签订税收协定的历史,最早可以追溯到1872年8月瑞士和英国之间签订的关于避免对遗产的双重征税的协定。但国际上第一个综合性的避免对所得的双重征税协定,应是1899年6月由当时的奥匈帝国和普鲁士所缔结的税收条约。① 在一个多世纪的时间里,国际税收协定获得了蓬勃的发展,对国际税收协调产生了深远的影响。

从数量上看,国际税收协定数量剧增,协定缔结速度加快。从1920年到1939年间,欧美各国签订的双边税收协定为60个。根据OECD有关数据库的统计,截至2010年7月,全世界已缔结的税收协定达到3900个,涉及200多个国家。协定以双边税收协定为主,其中3500多个协定在有效地执行。20世纪90年代以来,全世界每年大约新增75个税收协定。②

从税收协定涵盖的国家范围来看,20世纪70年代以前,绝大多数税收协定是在发达国家之间签订的。从20世纪70年代开始,亚非拉发展中国家也逐渐开始对外谈判签订税收协定。根据联合国的统计,到2006年年底,发达国家之间缔结的税收协定占全球税收协定总数的24%,发达国家与发展中国家签订的

---

① A. A. Knechtle, *Basic Problems in International Fiscal Law*, Kluwer, 1979, p.185.
② 李旭鸿:《国际税收协定与国内税法关系研究》,载《中国青年政治学院学报》2010年第5期。

税收协定占了38%,发展中国家之间缔结的税收协定占16%。①

从单一国家来看,一国对外签订的税收协定的数量也呈现逐年增长的趋势。不少国家缔结的税收协定已经接近甚至超过100个。美国、英国、法国、荷兰、瑞典、瑞士、挪威、德国、丹麦、加拿大等是全世界签订税收协定最多的10个国家,各自对外签订的税收协定均已超过100个。②

从税收协定的规范内容来看,税收协定的操作目标已不再局限于消除双重征税。随着国际经济形势的发展,税收协定被赋予了更多的使命,防止逃漏税、禁止税收歧视待遇、国际税务争端的解决和国际税收协助,已构成税收协定的重要内容。

当前正在生效执行的税收协定中,双边协定仍占主导地位,多边协定尽管已经有所签订,但所占比重仍然较小。1996年9月23日,丹麦、法罗群岛、芬兰、冰岛、挪威和瑞典等六国缔结的避免所得和财产双重征税的北欧税收协定,是目前较为典型的、影响较大的多边税收协定。此外,玻利维亚、哥伦比亚、厄瓜多尔、秘鲁和委内瑞拉五国也于1975年缔结了《安第斯条约组织对所得避免双重征税的协定》。

二、国际税收协定的法律属性与规则

(一)国际税收协定的法律属性

1.作为国际法的国际税收协定

税收协定是在国际公法下规范缔约国的权利义务关系的国际条约。作为国际间的条约,其规范依据是1969年的《维也纳条约法公约》,而非国内税法。③因此,税收协定具有国际法的属性,并无疑义。因此,国际税收协定应受国际法的调整,其缔约国负有如下的义务:

(1)缔约国应当采取必要的措施,使协定在国内获得执行,但关于执行税收协定的国内程序,可由各国自由决定;

(2)根据"条约必须遵守"原则,缔约国应当善意地履行税收协定的内容,即必须按照税收协定的规定,行使自己的权利、履行自己的义务。

(3)缔约国不得以其国内法为理由拒绝履行税收协定。如果国内法规范超越了协定的内容,该缔约国即构成对其国际义务的违反。

由于税收协定是缔约国之间缔结的协议,缔约国作为税收协定的当事人,享

---

① UNCTAD, World Investment Report 2007: Transnational Corporations Extractive Industries and Development, 2007, pp. 17—18.
② 陈延忠:《国际税收协定解释问题研究》,科学出版社2010年版,第4页。
③ Roy Rohatgi, *Basic International Taxation*, Kluwer Law International, 2002, pp. 19—20.

有协定上的权利、承担协定规定的义务,并有权在国际法下寻求救济。税收协定并不为缔约国双方的公民或居民创设权利,除非在国内立法中明确列入税收协定的内容。因此,缺乏国际法主体资格的纳税人不能直接主张税收协定上的权利。

各国签订税收协定的目的在于通过冲突规范协调各国的征税权冲突,因此,作为国际法的税收协定只能维持或限制国内税法已经确定的税收管辖权,而不能为缔约国创设或扩大征税权。①

2. 作为国内税法的国际税收协定

由于纳税人并非国际税收协定的当事人,不能直接主张税收协定的适用,因此,国际税收协定要真正获得实施,必须成为国内税法的一部分。将国际税收协定接受为缔约国国内法,一般采用两种方式:其一是直接将协定转化为国内法,其二是无需转变而将协定规定纳入国内法。一旦税收协定成为国内法的一部分,将对税务机关和纳税人产生约束力,税收协定的条款具有可执行力,纳税人可以根据税收协定条款享有权利和承担义务。

即使缔结了国际税收协定,缔约国的国内税法的立法权,即开征新税、制定或修改本国税法、实施减税或增税的权力,并不因此受到影响。在任何情况下,缔约国对国内税法的调整、修改和补充都是一国的内部事务,缔约国一方不能以税收协定的签署为理由而干预另一缔约国的这一自主权力。② 缔约国通过国内税法的修改赋予跨国经济活动优于税收协定的优惠的权利同样不受任何限制。在这种情况下,一般应有"孰优"原则的适用,即税收协定的签订并不能限制缔约国任何一方对其国内税法中的税收优惠条款进行修改的权力,如修改后的税收优惠措施比税收协定更加优惠或更加宽松,应当按照国内税法的规定执行。

3. 国际税收协定与国内税法之间的关系

一般认为,经过国内法接受的税收协议实际上成为国内税法的组成部分,构成缔约国专门调整跨国经济活动的特别法,与其他国内法属于特别法和一般法的关系。在国际税收协定与国内税法不一致时,根据特别法优于一般法的原则,税收协定在适用上优先于国内法适用,具有高于国内税法的法律效力。这也是"条约必须遵守"原则的根本要求。我国《企业所得税法》第58条即明确规定,中国对外签订的双重税收协定的规定与国内税法不一致时,应优先适用税收协定的规定。

尽管国际税收协定应当被转化为国内税法,但其仍形成相对独立的法律规则体系。例如,在协定中使用的某些法律概念的用语,在国内税法中并未采用,

---

① 廖益新主编:《国际税法学》,高等教育出版社2008年版,第25页。
② 李旭鸿:《国际税收协定与国内税法关系研究》,载《中国青年政治学院学报》2010年第5期。

如"常设机构"、"固定基地"等。即使同一用语在税收协定和国内税法上采用，也可能具有不同的内涵和外延。国际税收协定的最终实施有赖于国内税法。税收协定中的冲突规范、实体规范和程序规范的实施，必须以缔约国国内税法的实体规范和程序规范为基础。税收协定中往往明确规定某些术语的内涵和外延根据国内税法予以确定，税收协定本身未明确规定定义的用语，一般也根据缔约国的国内税法予以解释。相反，即使税收协定中将某项经济活动的征税权分配给某一缔约国，如该国并未制定相应的国内税法，该税收协定条款也无法获得执行。

（二）国际税收协定的规则

1. 冲突规则

国际税收协定以缓解和消除缔约国的税收管辖权冲突为目的，这决定了国际税收协定的主要规则是冲突规范，即一系列的征税权划分规则。以2010年的OECD范本为例，征税权划分规则共有17条（第6—22条），占协定条款的50%以上。

当前税收协定中的冲突规范主要包括三种基本的类型：

（1）独占的税收管辖权：某一经济活动的税收管辖权由某一缔约国排他地独占行使。在此规则下，享有独占税收管辖权的国家享有全部税收利益，而对方国家则必须承担所有的税收成本。

（2）共享的税收管辖权：某一经济活动由某一缔约国首先行使征税权，但其征税的额度受到一定的限制，以保证另一缔约国可以分享一定的税收利益。在此规则下，相应的税收成本也由缔约国分别分担。

（3）优先的税收管辖权：由某一缔约国对某一经济活动首先行使征税权，但不能排除另一国家行使税收管辖权。因此，在此规则下，双重征税的问题并不能得到完全的解决。

通过冲突规则的设定，国际税收协定才能对一般国内税法所确立的国家与纳税人之间的税收征纳关系进行调整，以实现缔约国在跨国经济活动上的税收利益分配关系。

2. 减免规则

即使存在冲突规则，在优先或共享的税收管辖权规则下，仍可能产生对同一经济活动的双重征税。因此，在税收协定中，往往也包含在产生双重征税的情况下可以采用的减免方法，即在一国首先行使征税权的情况下，另一国负有在随后减免税收以避免双重征税的义务。

除上述两种最为重要的规则外，近期签订的税收协定包含的规则越来越呈现多样化，如防止国际逃避税、税收情报交换、国际税收合作等规则。这些规则的目的主要在于减轻国家对跨国经济活动进行征税的成本。

三、国际税收协定的解释规则

（一）国际税收协定解释的特性

所谓国际税收协定的解释是指在此类协定的适用和执行过程中，结合有关的案情事实，对协定的条款用语的确切含义进行阐释和说明的行为。① 国际税收协定作为法律规则，在适用过程中与其他国内法一样，均存在阐明条文和术语的具体文义的必要性。由于国际税收协定的文本行文偏于简括，甚至有意含糊不清，加上各国国内法所用术语的内涵和外延也存在较大的差异，这些都使得国际税收协定的解释更加重要。但国际税收协定作为国际法上的国际协议，其解释与国内税法的解释存在诸多的差异。

作为国际条约的一部分，国际税收协定是由传统国际法调整的。因此，其解释规则应当按照国际公法解释规则进行，适用不同的解释规则和程序。与国内税法不同的是，国际税收协定建立在两个或者两个以上缔约国的相互理解的基础之上，必须由各缔约国税务机关和法院以统一的方式进行适用，并且此种适用可能与各国的国内法规定和法律实践并不一致。在解释的方法上，由于税收协定的规定较为粗略，因此，对其进行解释可以根据条文的规范对象和目的更为自由地进行。② 在解释原则方面，税收协定的解释强调共同解释原则，要求解释者寻求更可能为缔约国共同接受的解释方式。③ 因此，国际税收协定的解释应当区别于国内税法的解释。

（二）国际税收协定的解释主体

与国内税法不同的，国际税收协定并不存在专门解释税收协定的国际司法机关。由于国际税收协定由缔约国在相互理解的基础上订立，根据"谁制定的法律谁就有权解释"的原则，国际条约的解释主体应当为缔约国全体或经授权的某些专门机构。协定当事国全体同意的解释构成有权解释，对所有缔约国具有拘束力。此外，缔约国共同委托或指定的机构也有权对国际税收协定进行有权解释。

税收协定缔约国通常采用如下的方式对协定进行解释：

(1) 在缔结协定的同时，双方另行签订议定书，对税收协定中难以明确的概念进行解释或作进一步的说明。如中国和美国于1986年对1984年签订的双边税收协定的议定书第7款的解释达成议定书。解释的议定书经签字生效后，作为税收协定及其议定书的补充。

(2) 在协定缔结后另行签订"谅解备忘录"，对协定的相关条款作出进一步

---

① 廖益新主编：《国际税法学》，高等教育出版社2008年版，第78页。
② Roy Rohatgi, *Basic International Taxation*, Kluwer Law International, 2002, p.22.
③ 陈延忠：《国际税收协定解释问题研究》，科学出版社2010年版，第18页。

的解释。如中国和韩国于 1994 年 11 月 26 日签订《税收协定谅解备忘录》,对税收协定第 11 条第 3 款中"中央银行和行使政府职能的金融机构"一词进行了解释。

（3）在协定缔结后,缔约国双方的税务主管部门根据协定中的相互协商条款,就税收协定条款的解释进行协商并达成协议。

（4）由特定专门机关对税收协定条款进行解释。如欧盟法院数次在案件审理中,如 Sparekassernes Datacenter (SDC) C-2/95,对欧盟第六号增值税指令第 13 条中规定的享受免税待遇的金融服务和保险服务的内涵和外延进行解释。

由于国际税收协定必须转化为国内法,才能真正规范和调整税收征纳关系,从而实现国家间税收利益的分配,因此,国际税收协定的实施大多是在国内层面上实现的。税收协定适用过程中所产生的条款不明的问题也首先在税务机关与纳税人的税收征管活动中产生。为此,税收协定的国内适用,同样产生国内有权机关进行解释的必要。国际税收协定转化为国内法后,国内税法的有权解释机关,如立法机关、税务机关和司法机关,也应当有权解释国际税收协定,所作的解释属于国内法上的有权解释,具有国内法上的效力。然而,国内有关机关的有权解释,对缔约国另一方无拘束力。如两个缔约国的国内有权解释机关对某个术语的解释存在冲突,那么,参照国内法进行解释必然导致双重征税或不征税。只有一国的国内有权解释为另一国所接受的情况下,争议才能真正避免。为此,通常要求一国的国内有权解释机关在解释税收协定时原则上必须排除各种纯粹国内政策或国内法律制度的特殊因素的干扰和诱惑,尽可能克服缔约国国内法的差异,保证缔约国双方解释结果的一致性。

（三）国际税收协定的解释规则

国际税收协定在法律性质上属于国际条约的一种,税收协定的解释也属于国际条约的解释,应当遵循国际条约的一般解释规则和习惯。《维也纳条约法公约》第 31 条和第 32 条是国际税收协定的一般解释规则。

《维也纳条约法公约》第 31 条第 1 款规定,条约应当根据对象和目的在条约全文的背景下依照善意原则和通常意思进行解释。根据国际法委员会的释义,该解释原则要求协议必须被推定为各条约当事国的意思的权威性表示,从而解释的出发点是阐明协议的意义,而不是从头调查各当事国的意思,即该解释原则强调的是客观解释,而非主观解释。根据这一解释原则的要求,税收协定的解释应当采用如下方法：

1. 文义解释法

文义解释法是指按照条文用语的含义以及通常使用方式进行解释,从而确定法律的意义。为此,在解释税收协定时应当首先基于文字在全文中的自然或通常含义进行。但"通常含义"并非是指日常使用中具有的意思,而是指缔约国对该术语共同选定或确定的统一的特定法律意义。① 该意思应当根据条约的上下文进行判断,而不是以若干条款为基础。

采用文义解释法能够保证条约的确定性与稳定性,却有可能降低条约的效率。大部分国家仍采用文义解释法对税收协定进行解释。

2. 体系解释法

体系解释法又被称为语境解释法,即以法律条文在法律体系中的地位,依其编、章、节、条、款、项之前后关联位置,或相关条文的法意,阐明其规范意旨的解释方法。缔约国所表述的意思必然通过现实的条约文字予以体现,因此,可以通过税收协定的全文探求缔约国的真实意愿,对协定条款进行解释。《维也纳条约法公约》第 31 条第 1 款规定按照条约"上下文"解释条约,即肯定了体系解释法的适用。

体系解释法要求在全文的语义背景下探求缔约国的真意。"全文的语义背景"包括协定全文、序言和附录。此外,还应包括在条约缔结时缔约各方达成的任何相关协议和确认书等附加资料,如议定书、照会、信件、说明以及谅解备忘录。其他一些具有解释意义的因素,如缔约国为了条约的解释而在后来达成的协议等,也被认为构成"全文的语义背景"。

3. 目的解释法

目的解释法是指以协议条款的规范目的为依据,阐释条文疑义的解释方法。这一方法是基于对条文思考的基础上,更多地考虑了经济目的、社会目的以及其他更为宽泛的目的。当前采用目的解释法进行更为自由的解释正在成为协议解释的一种趋势。《维也纳条约法公约》第 31 条第 1 款规定"参照条约的目的及宗旨"解释条文,即准用目的解释法。

在进行目的解释时,"目的"并不完全等同于缔约国订立协议的主观意愿,而是指协议作为整体所客观反映的目标。

4. 历史解释法

历史解释法是指通过探求缔约国在缔结协议时所作的价值判断及其所要实现的目的,以了解协议的含义。缔结协议的背景以及缔结协议过程中的有关资料,如草案、谈判会议记录、缔结协议理由书等,均为历史解释法的主要依据。《维也纳条约法公约》第 32 条规定以"准备工作及缔约的情况"作为解释条约的补充资料,即肯定历史解释法。

在上述的四种解释方法中,文义解释法是税收协定解释的起点,但"善意解释"的要求在一定程度上限制文义解释法的适用。② 历史解释法的适用受到一

---

① Roy Rohatgi, *Basic International Taxation*, Kluwer Law International, 2002, p. 23.
② 陈延忠:《国际税收协定解释问题研究》,科学出版社 2010 年版,第 70 页。

定的限制,仅仅是作为证实文义解释法、体系解释法或目的解释法所得到的意义之用,或是按照前述三种方法进行的解释所得到的意义不明或显然荒谬时才能予以适用。

本 章 小 结

经济全球化的后果之一,是有害的税收竞争的出现,因此加以国际税收协调就显得非常必要。国际税收协调可以避免由于各国税制的差异而产生的不良影响。国际税收协调经历了国际税收协定、区域性国际组织和世界性国际组织协调的历史进程,并将由双边协定协调向着多边协定协调的方向发展。

思考与理解

1. 试述国际税收协调的必要性。
2. 国际税收协定如何进行税收协调。
3. 简述国际税收协定的发展。
4. 简述国际税收协定的解释方法。

课外阅读资料

1. 常世旺:《国际区域性税收协调研究》,经济科学出版社 2010 年版。
2. 陈延忠:《国际税收协定解释问题研究》,科学出版社 2010 年版。
3. 陈琍:《全球视野下的税收协调理论与实践》,中国税务出版社 2010 年版。
4. 崔晓静:《欧盟税收协调法律制度研究》,人民出版社 2011 年版。

第十七章 所得税国际协调

第一节 所得税国际协调概述

一、所得税概述

所得税亦称为收益税,是指以一定期间内的纯所得(净收入)为征税对象的税收。所得税1799年创始于英国,但当时仅仅是为筹集军费而开征的临时性税收,以后逐渐形成永久性的税种。由于该税收以所得作为衡量税收负担能力的标准,更符合量能课税原则,所以被大多数西方国家视为良税,并在世界各国得以推广,如美国、法国、德国、日本等均开征所得税。经过一百多年的发展,所得税已成为世界大多数国家的主要税种。

所得税的课征具有如下的特点:

(1)所得税属于直接税,纳税人通常为实际负税人,纳税人很难将税收负担转嫁给他人。正因为如此,所得税可以起到调节纳税人收入的作用。特别是在采用累进税率的情况下,所得税可以实现对个人收入差距的调节。

(2)所得税必须遵循量能课税原则。量能课税原则是指应当按照国民彼此间不同的给付能力设定不同的税收负担,即税收的量能课征。较高的所得额即代表着较高的税收负担能力,应当承担更多的所得税纳税义务,以实现税收公平。这要求相同的所得或收入的纳税人,应当负担相同的纳税义务;不同的所得或收入,则负担不同的税负。

(3)所得税以纯所得或净收入作为征税对象。为真正实现"量能课税",必须保证应税所得为"经由市场活动而创造的价值增加",这便意味着,在个人取得收入,必须扣除相应的营业成本和费用后,才能纳入课税的范围。

尽管所得税的类型各有不同,但国际上一般以纳税人为标准,将所得税分为个人所得税和公司所得税。个人所得税是指对个人的综合收入、专业收入、权利金收入以及非居民取得上述收入课征的税收。公司所得税则是指对企业经营所得、资本利得以及非居民公司取得上述收入课征的税收。

二、所得税国际协调的必要性

(一)所得税的税收管辖权冲突

所得税的国际协调,是国际经济交往发展到一定历史阶段的产物。随着国际经济贸易活动的发展,资金、技术和劳务在国际上实现了自由流动,纳税人所取得的所得、收入超出了固定的区域界限。当纳税人的收入来源于多个国家的情况下,如各个国家采取不同的税收管辖权,该笔收入将同时面临多个国家的税收课征,从而导致所得税的重复征收的问题。

国际重复征税存在两种类型,即经济性重复征税和法律性重复征税。[①] 国际重复征税主要产生于各国税收管辖权的重叠行使,如居民税收管辖权与居民税收管辖权的冲突、来源地税收管辖权与居民税收管辖权的冲突等。无论何种形式的管辖权冲突,都将导致跨国经营和投资所得的重复征税,必然导致跨国纳税人的税收负担的增加,增加其经济活动的成本,减少其税后净收益,违背税收公平原则,将直接影响纳税人从事跨国经济活动的积极性。从经济发展的角度而言,国际重复征税的存在,将阻碍国际间资金、技术和商品的流动,不利于国际经济合作和发展。

(二) 各国所得税的制度差异

从各国所得税发展的历史和现状来看,各国对所得税制度的规定存在一定程度的差异。此种差异的存在也是导致国际双重征税产生的重要原因。

(1) 纳税主体的差异。在当前大多数国家将所得税制对个人和公司分别课征个人所得税和公司所得税的情况下,各国对某一经济主体是否具备个人所得税或公司所得税的纳税主体资格的规定存在一定的差异。如合伙企业在一些国家被视为公司所得税的纳税人,而在另一些国家则被视为税收上透明的主体,其所得由其合伙人缴纳企业所得税。再如信托在一些国家被视为个人所得税的纳税人,在另一些国家则缴纳企业所得税。公司所得税的纳税人是否包括非法人企业,各国的规定也有所不同。此外,各国认定居民纳税人的标准也各有不同。

纳税人主体资格的认定标准不同,一方面,将导致其在不同国家的所得税负担的差异,产生双重征税或双重不征税,另一方面,在存在税收协定的情况下,还可能影响其享受税收协定优惠的资格,使得税收协定有关避免双重征税的条款失效。

(2) 征税对象的差异。尽管各国规定所得税的征税对象为所得额,但至今尚未形成各国普遍认可和接受的应税所得的内涵和外延,各国大多采用列举的方式规定纳入征税范围的所得类型,但各国所列举的所得类型则各不相同。

在收入和费用的确认方式上,各国一般存在权责发生制或收付实现制等确认方式的差别,这将直接影响收入和费用的确认时间和确认数额。而在一些国家中,对收入和费用的确认规定了一定的数额的限制。如印度尼西亚税法规定,雇员免费使用的公司小汽车、手机等费用的 50% 可以扣除。此外,固定资产的

---

① 有关国际重复征税的问题,在本书第六章至第八章已有详细论述,在此不再赘述。

折旧方法在各国的规定也有所不同。

（3）特定类型所得的课税规则有所不同。各国对股息、利息、资本利得的课税规则存在诸多的差别。如就资本利得而言，有些国家对资本利得进行了区分，采用有别于一般所得的课税方式。有些国家区分长期资本利得和短期资本利得，并分别规定不同的课税规则。如美国、澳大利亚、奥地利、丹麦、印度、法国等税法都规定，短期资本利得视同一般所得缴纳所得税，长期资本利得则规定了减税或免税的优惠措施。在区分长期与短期资本利得课税的国家，长期与短期资本利得的区分标准也存在一定的差别。

（4）所得税税率的差异。所得税税率的差异主要体现为比例税率与累进税率、一档比例税率与多档比例税率以及税率高低的差别。在采用比例税率的国家和地区中，有一部分国家和地区采用一档税率，而有些国家采用多档税率。有些国家采用分类所得税制，对不同的所得规定了不同的税率。

此外，各国有关所得税的减免规定也存在诸多的差异。

各国所得课税规则的差异，在某些情况下，也将使得一项所得同时在两个或两个以上的国家被征税。由于各国所得税制度的规定各有不同，同一跨国经济活动在不同国家承担的所得税税负存在差异，企业在选择投资地点时必须考虑税收的因素，促使生产要素流向税负较低的国家，造成投资决策的扭曲。税负较高的国家则将因为生产要素的流出而减少税源，造成所得税税基的侵蚀。各国为避免本国税基受到侵蚀，增加外国直接投资的吸引力，所得税税负的降低成为当前各国税法改革的重要趋势之一，甚至演化为有害的税收竞争。[①] 这些问题都促使各国之间有必要进一步加强所得税的国际协调。只有通过一定的方式进行所得税的国际协调，才能保护各国的税收主权，确保各国的税基免受侵蚀，才能实现跨国纳税人的公平税负，避免经济的扭曲，维护国际税收中性以及生产要素在全球范围内的合理流动。

第二节　所得税收协定范本

与其他税种的国际协调一样，所得税的国际协调可以通过如下的方式：（1）签订税收协定，即国家通过签订国际税收协定，寻求解决税制冲突而发生的重复征税问题。（2）区域性国际税收协调，即区域经济组织通过发布协调所得税制度的相关指令，要求成员国遵照执行，如欧盟发布的《母子公司指令》、《利息指令》等，目的即为协调各成员国之间的所得税制度。（3）税制趋同，即各国的税制具备相似的特征。在当前的国际税收法治环境下，后两种所得税协

---

① 陈珲：《全球视野下的税收协调理论与实践》，中国税务出版社2010年版，第158页。

调方式的实现存在较大的难度,各国当前主要采取签订避免双重征税税收协定,实现税收协调。由于所得税在大多数国家均为主体税种,因此,避免双重征税的税收协定在当前已生效执行的税收协定占有较大的比重。

在通过税收协定的签订实现所得税国际协调方面,税收协定范本可谓功不可没。税收协定范本为双边税收协定的签订设定了基本的范围和框架。其本身在性质上虽不具有拘束力,但能够较好地解决条约谈判中的许多技术难题,提供了为世界各国广泛接受的协议范本,有利于达成协定解释的一致性,避免税务机关单方的特别决议,促进了税收协定规则内容的规范化。税收协定范本以所得的特点和来源对所得进行分类,提供了在缔约国间分配税收收入的规则,有利于国家签订协议消除或减轻双重征税,消除歧视性税收,并协助有关税务机关打击逃避税行为。

其中,具有世界性影响的三个税收协定范本为 OECD 范本、联合国范本和美国税收协定范本。此外,许多国家也有各自的税收协定范本,如荷兰,但一般不予公布,只在进行税收协定谈判时使用。①

一、OECD 范本及其注释

(一) OECD 范本

OECD 范本历史悠久。第一次世界大战后,国际联盟就开始了制定专门处理所得税问题的税收协定范本的工作。这项工作以 1943 年和 1946 年两个税收协定范本而告终。但这两个协定并未得到各国的一致认可。20 世纪 50 年代,欧洲经济合作组织又发起此项工作。该组织于 1961 年改组为经济合作与发展组织(Organization for Economic Co-operation and Development, OECD),并在 1963 年公布了第一份名为《OECD 关于对所得和财产避免双重征税协定范本》的双边税收协定范本。该协定范本在 1977 年进行了修订,并在 1992 年、1994 年、1995 年、1997 年、2000 年、2002 年、2005 年、2008 年和 2010 年进行了更新。1997 年,OECD 范本及其注释的权力从理事会下放到财政事务委员会,简化了修订的程序。现在的税收协定范本是以活页形式颁布,以便于定期性地提供最新修订的内容,从而确保协定范本不断地、及时地、准确地反映各成员国的观点。

OECD 范本主要包括标准条款,各国可以通过谈判进行修订。经过谈判后达成的税收协定往往还包括其他一些补充材料,共同构成一个完整的条约,比如议定书、换文和谅解备忘录等。

OECD 范本共包含 30 个具体条文,可以根据以下标准进行分类:

---

① Brian J. Arnold & Michael J. McIntyre, *International Tax Primer*, Kluwer Law International, 1998, p. 150.

（1）协定效力条款。包括人的效力条款、税种范围条款、地域效力条款和时间效力条款。人的效力条款，主要规定协定可以适用的缔约国的税收居民以及税收居民的判定标准和范围。税种范围条款，主要规定协定所涉及的主要税种，包括联邦、州和市级的所得税和资本税。地域效力条款，主要规定协定适用的地理范围。时间效力条款，主要规定协定的生效与终止时间。

（2）定义条款。协定对主要的概念，如居民、常设机构、人、公司、企业、主管当局等，进行了界定。

（3）征税权分配条款。协定第6—22条对各类所得及财产的征税权分配规则进行了规定，包括不动产所得、营业利润、船运或航空运输、关联企业、股息、利息、特许权使用费、财产收益、非独立个人劳务等。

（4）消除双重征税。协定规定了发生法律性双重征税的情况下推荐的减免税方法，包括免税法和抵免法。

（5）特别条款。协定第24—27条主要对特殊事项进行了规定，如无差别待遇、相互协商程序和情报交换等。

（二）OECD范本注释

与OECD范本同时颁布的是一个详细的注释，该注释以协定条款为顺序进行编排。在此注释文本中，协定的每一个条款都配有详细的注释，用以说明或解释有关的规定。由于注释都是由各成员国政府指派财政事务委员会起草和同意的，因此它们在发展国际财政法方面具有特别重要的意义。OECD范本注释的修订极为频繁，自其问世至今已经过了9次修订，最近的一次修订是在2010年7月，距离上次修订仅2年的时间。注释的频频修订，主要源于原有的协定规定不够明确，在实践中出现理解分歧，或者是随着跨境经济活动方式的不断演变以及通讯技术的飞速变革，原有的协定规定无法有效地适用，因此有必要通过修订注释的方式，对有疑义的规定以及未规定的新情况进行阐释和补充。

尽管OECD所有的成员国都参与制定了协定范本，对范本的宗旨和主要规定基本持一致的态度，但几乎所有成员国都对某些条文规定了保留的意见，这均被记载在有关条款的注释中。当对有关条款的注释所作出的解释在各成员国中不能达成一致意见时，成员国可要求记入对注释的意见。这些意见并非反对协定条文或注释的原文，而是表明这些国家将如何适用有关条款的规定。只要一方成员国有保留意见的记录，另一成员国在于其谈判双边协定时，根据互惠原则，将保有其行动的自由。

虽然注释不像范本那样具有国际性法律的约束机制，不能成为各国签署的协定的附件，然而，它们对实施和解释协定，特别是解决纠纷却有很大的帮助。注释是对公约的不具有约束力的解释，但OECD的成员国已经同意将其作为解释税收协定的主要基础。OECD范本注释往往被各国法院在解释税收协定时予以参考,既可以用于解决日常的细节问题,也可以用来解决协定条文背后隐含的政策和意图等较宏观的问题。纳税人在从事营业活动以及筹划交易和投资时也广泛地参考了范本及其注释,提供一定的确定性。

二、联合国范本

(一) 联合国范本的发展与主要特点

相对而言,OECD 范本更有利于资本输出国。而大多数发展中国家是资本净输入国。这意味着发展中国家与发达国家签署税收协定,如参照 OECD 范本,将以牺牲税收来源地管辖权来换取居民管辖权,对其税收收入的取得是非常不利的。因此,发展中国家利用其在联合国的多数席位,要求联合国提供与避免双重征税相关的税收协定范本。在此种背景下,联合国在 1980 年首次颁布了《联合国关于发达国家与发展中国家之间避免双重征税协定范本》,并于 2001 年进行了修订。

联合国范本基本上按照 OECD 范本的体系进行编排,除第 28 条"领土扩展条款"外,许多条款的规定与 OECD 范本完全相同或者基本相同。因此,联合国范本也分为 7 章,共 29 个条款。有人认为可以不把联合国范本视为一个完全独立的范本,而只是对 OECD 范本的有限但重要的修改。①

联合国范本制定的目的在于协助发展中国家与发达国家之间进行税收协定的谈判。联合国成员是否遵循该范本签订税收协定完全出于自愿。多年来,联合国范本得到了众多发展中国家的广泛支持。

(二) 联合国范本与 OECD 范本之间的主要差异

联合国范本与 OECD 范本的最大区别在于征税权分配原则的不同。与 OECD 范本相比,联合国范本更加强调来源地税收管辖权。联合国范本较少限制所得来源地国家的税收管辖权。因此,联合国范本中许多条款是 OECD 范本所没有或存在显著差别的。两个税收协定范本的主要区别在于:

1. 常设机构的定义

常设机构的确定直接关系着东道国对外国企业在本国从事经营活动所取得的营业利润的征税权行使。由于两个范本对来源地管辖权和居民管辖权的关注程度的差异,对常设机构也规定了宽严程度不同的判断标准。

(1) OECD 范本规定,建筑工地、建筑或安装工程的施工期连续达到 12 个月以上的才属于常设机构。联合国范本则规定连续达到 6 个月(特殊情况下 3 个月)就为常设机构。

---

① Brian J. Arnold & Michael J. McIntyre, *International Tax Primer*, Kluwer Law International, 1998, p. 56.

（2）与建筑安装工程有关的监理活动或咨询劳务是否构成常设机构，OECD范本未作任何规定；联合国范本则规定如上述活动连续或累计达到6个月以上、装配项目如果连续6个月以上，均属于常设机构。

（3）专为交付本企业货物或商品的目的而使用的场所，根据OECD范本的规定并不构成常设机构，但根据联合国范本则可以被视为常设机构。

（4）联合国范本规定，缔约国一方的保险企业通过非独立地位的代理人在另一缔约国收取保险费或承保，应认为构成常设机构，OECD范本对此并无规定。

2. 常设机构的利润归属原则

对于哪些营业利润可以归属于常设机构，OECD范本采用实际联系原则，即仅以通过常设机构进行营业并可归属于常设机构本身的营业所得为限。联合国范本则采用引力原则，即对不通过常设机构进行营业，但从事与该常设机构相类似的活动取得的利润，也可以在常设机构所在国征税。

3. 对国际航空所得的征税权分配规则

根据OECD范本，企业以船舶、飞机从事国际运输取得的利润以及以船只从事内河运输取得的利润的征税权完全归属于企业实际管理机构所在国独享。联合国范本则规定了两个可供选择的方案，A方案与OECD范本的规定相同，B方案则规定由企业实际管理机构所在缔约国和船舶经营活动经常发生地的缔约国共同分享征税权。

4. 财产收益

对于转让公司财产中不动产的股份的股票，以及转让公司股本的股票取得的收益，OECD范本规定只能由收益取得者的居民国征税，不动产所在国或股份公司所在国并不享有征税权。联合国范本则对此增加了不动产所在国和股份公司所在国享有所有权的补充规定。

5. 投资所得

对股息、利息等投资所得两个范本都采用了通过限定来源国的税率以实现居民国和来源地国共享征税权的方法。但两个范本规定了不同的来源地国税率的限定幅度。OECD范本要求来源地国规定较低的税率，这样居民国给予抵免后仍可以征得较多的税收。如OECD范本第10、11条规定，对直接控股不少于25%的母公司的股息，预提税税率不得超过5%，其他证券投资的股息，税率不能超过15%，利息收入的税率不能超过10%。联合国范本并未沿用这一规定，而是将控股的比例降低到10%，限制税率的幅度则由各国在谈判中予以确定。

6. 特许权使用费征税权分配规则

关于特许权使用费的定义，两个范本的规定差异不大。但联合国范本则明确规定将为用于广播或电视播放的电影或磁带以及工业、商业或科研设备的使用而支付的报酬纳入到特许权使用费的范畴。

在特许权使用费征税权归属方面,OECD 范本采用了居民国独享征税权的规定,而联合国范本则规定,居民国和来源国共享征税权,来源国所课征的预提税的税率上限由缔约国在谈判时予以确定。

7. 退休金征税权分配规则

OECD 对因雇佣关系支付给缔约国一方居民的退休金或其他类似报酬,应仅由该居民国征税。联合国范本则规定了两种可供选择的方案。方案之一采用了 OECD 范本的征税权的居民国独占规则,方案之二则规定了居民国和来源地国的共享征税权。

8. 对协定中未明确指明的其他所得的征税权归属

对协定中未明确指明的其他所得的征税权归属,OECD 范本规定,不论发生于何地,都仅由所得取得者的居民国征税。联合国范本则明确规定所得来源地国也享有征税权。

三、OECD 和联合国范本在国际税收协调中的影响

OECD 范本和联合国范本在当前各国缔结避免双重征税的实践中产生了深远的影响。但根据 OECD 范本,通常是由来源地国放弃跨国经济活动的征税,以消除重复征税。如果一个国家同时为资本输出国和输入国,则其最终的结果将维持基本的均衡:所有国家都将放弃一部分的税收收入,但同时就来源于本国境内的收入进行课税。但发展中国家在与发达国家缔结协定时并不愿采用 OECD 范本,因为一旦采用这一范本,由于发展中国家为单纯的资本输入国,故适用该范本的结果将是单边的税收收入的牺牲。为此,联合国范本为发达国家与发展中国家之间的税收协定的谈签提供了一定的参考。

OECD 范本和联合国范本的各自影响程度如何,可以通过各国缔结的税收协定所采纳的存在差异的条款的情况予以考察。下文选取 OECD 成员国之间以及 OECD 成员国与非成员国之间缔结的税收协定,分析两个范本在国际税收协调中的影响。

(一)常设机构条款

如前所述,OECD 范本和联合国范本对常设机构的定义存在较大的分歧。尽管 OECD 范本规定超过 12 个月以上的建筑工程才构成常设机构,但 OECD 成员国之间缔结的税收协定并未完全遵循这一标准。不少成员国之间缔结的税收协定中确定建筑工程构成常设机构所要求的施工期在 10—12 个月之间,如新西兰、澳大利亚、瑞典、比利时、挪威、德国、美国等。土耳其、韩国、希腊、卢森堡则采用了短于 10 个月的施工期标准。墨西哥、丹麦、波兰、瑞士所签订的税收协定完全采用了联合国范本的 6 个月的标准。只有匈牙利规定了超过 14 个月的施

工期才能构成常设机构。

在OECD成员国与非成员国之间所缔结的税收协定中,构成常设机构所要求的最低期限往往规定得较短。法国、澳大利亚、加拿大等11个国家规定的施工期在6—8个月之间,墨西哥则完全采用6个月的标准。大部分国家则同样规定了8—10个月的标准,如冰岛、芬兰、韩国、西班牙等。只有土耳其规定了超过12个月的认定标准。

(二) 构成常设机构的与建筑安装工程相关的监理与咨询劳务条款

在OECD成员国之间签订的税收协定中,均未采纳联合国范本关于与建筑安装工程相关的监理与咨询劳务构成常设机构的条款。相反,在OECD成员国与非成员国之间缔结的税收协定中,只有日本和卢森堡在其缔结的所有税收协定中均未采纳该条款。德国、法国、希腊、英国所签订的少数税收协定(低于10%)采纳了联合国范本关于监理与咨询劳务构成常设机构的规定。大部分国家所签订的部分税收协定(超过20%)中采纳了这一条款,如西班牙、捷克、意大利、爱尔兰、奥地利、墨西哥、土耳其、丹麦等。美国与非OECD成员国签订的税收协定中,有29%的协定采纳了联合国的这一规定。加拿大、新西兰、芬兰与非成员国签订的税收协定中采纳联合国范本规定的超过了30%,冰岛更是高达37%。

(三) 特许权使用费条款

联合国范本关于为用于广播或电视播放的电影或磁带而支付的费用构成特许权使用费的规定同样不同于OECD范本。联合国范本的这一条款为OECD国家采纳的比例相对较高。大部分OECD成员国在其与其他成员国之间缔结的税收协定中,50%以上均采纳了联合国范本的这一特许权使用费条款,澳大利亚甚至在其与其他成员国缔结的税收协定中全都采纳了这一条款。OECD成员国与非成员国之间签订的税收协定采纳一条款的比例更高,其中,以英国、日本、匈牙利和澳大利亚的比例最高,均有超过90%的协定采纳联合国范本的规定。

(四) 其他所得的来源地国征税权条款

联合国范本中规定了其他所得征税权分配的两种可供选择的方案,与OECD范本有所不同。

OECD成员国之间缔结的税收协定中,采纳这一规则的比例较低。大部分国家在其与成员国之间缔结的所有税收协定中均未包含这一条款,如澳大利亚、奥地利、比利时、芬兰、法国等。这一条款在捷克、葡萄牙与其他成员国签订的税收协定采纳的比例相对较高,但也仅在15%左右,只有墨西哥达到30%以上。

联合国关于其他所得征税权分配的条款在OECD成员国与非成员国之间签订的税收协定中采纳的比例相对较高,其中以波兰、丹麦、希腊和瑞士的比例最高,达到25%以上。但仍有德国、日本、墨西哥、荷兰和西班牙在其税收协定中均未采纳这一条款。

从上述分析中不难看出,尽管联合国范本在世界范围内的影响力不如 OECD 范本,但仍产生了一定的影响,不仅对 OECD 非成员国,对 OECD 成员国之间缔结的税收协定也有所影响。

第三节 中国双边所得税收协定

一、中国缔结双边税收协定的实践

我国对外缔结双重税收协定的实践起步较晚。在改革开放之前,我国仅在 20 世纪 60—70 年代期间与一些友好国家签订了有关海运和空运关系的双边税收协定,其中包含对双方的海运或空运企业的国际运输收入互免流转税或所得税的条款,但 20 世纪 80 年代之前中国并未与其他国家缔结综合性的双重税收协定。

20 世纪 70 年代末,改革开放后,为了吸引外资和加强国际技术合作,中国开始对外谈判签订综合性的双重税收协定的工作。1981 年 1 月,我国首先与日本开始了缔结避免双重征税和防止偷漏税的税收协定的谈判。中国与日本税收协定于 1983 年 9 月 6 日签订、1984 年 6 月 26 日生效。这是我国对外缔结的第一个综合性的所得税协定。到 2013 年 8 月,我国总共对外谈签了 99 个避免双重征税的税收协定,其中 96 个已生效执行。[①]

我国对外缔结避免双重征税的税收协定可以分为两个阶段。第一阶段是 20 世纪 90 年代以前,主要是与美国、日本和欧洲等发达国家谈签避免双重征税的协定。除日本外,在这一阶段,我国与美国、法国、英国、比利时等 23 个国家缔结了避免双重征税协定。其中,我国与英国、美国等发达国家谈签了避免双重征税协定。中国与美国税收协定于 1984 年 4 月 30 日签订、1986 年 11 月 21 日生效;中国与法国税收协定于 1984 年 5 月 30 日签订、1985 年 2 月 21 生效;中国与英国税收协定于 1984 年 7 月 26 日签订、1984 年 12 月 23 日生效;中国与比利时税收协定于 1985 年 4 月 18 日签订、1987 年 9 月 11 日生效;中德税收协定则于 1986 年 5 月 14 日生效。在这一阶段中,我国正处于经济发展的起步阶段,吸引外资、引进技术是国家经济政策的重点,因此,在这一时期,我国缔结避免双重征税协定的重点在于最大限度地坚持来源地管辖权,尽可能地维护国家的税收利益。因此,这一阶段中签订的税收协定基本上同时融合了 OECD 范本和联合国范本的条款,但根据两国的具体情况则更多地采纳了联合国范本的内容进行规

---

① 我国最新签订的税收协定是 2013 年 1 月与厄瓜多尔签订的税收协定。

定。以中德税收协定为例,当OECD范本和联合国范本规定存在差异的条款中,该协定有6处倾向于采纳OECD范本的规定,3处倾向于采纳联合国范本的规定,有的条款甚至融合两个范本的内容。同时,中德税收协定有别于两个范本规定的共有23处,其中两个范本的2条规定被本协定完全舍弃。通过分别采纳与修正秉持税收居民管辖权原则的OECD范本和遵循收入来源地管辖权原则的联合国范本,既保障了作为资本输出国和经济发达国家的税收利益,又考虑了作为资本输入国和发展中国家的中国的税收利益。

我国对外谈签避免双重征税协定的第二个阶段开始于20世纪90年代。在这一阶段中,一方面,我国继续与发达国家进行税收协定的谈签,另一方面与发展中国家开始了税收协定的谈判,如与巴西、蒙古、毛里求斯、南斯拉夫、牙买加、菲律宾、古巴等国的谈判。在这一阶段中,我国在税收协定的谈判时反而处于资本输出国的地位。因此,在缔结协定时,不再完全坚持本国税收来源地管辖权的行使,而是更加关注居民税收管辖权。以中国和土库曼斯坦于2009年12月13日签订、2010年5月30日生效的税收协定为例,中土税收协定的结构同样遵循OECD范本和联合国范本的形式,但基本框架和条文内容主要遵从OECD范本的条文设计,仅有第12条关于特许权使用费和第18条退休金条款采用联合国范本的规定,也未采纳OECD范本第28条关于适用区域的规定。①

二、中国缔结或修改双边税收协定的未来发展

(一)缔结或修改双边税收协定的中国立场

一国经济发展的水平、相对于另一缔约国的资本输出国与输入国的地位将影响一国在谈签税收协定的政策取向。21世纪以来,中国的经济地位已经发生了重要的变化,其缔结避免双重征税协定的兴趣与重点也随之发生变化。随着中国经济的发展,中国不再仅仅作为资本输入国,而是鼓励中国企业顺应全球化发展潮流,扩大对外投资,以培育具有国际竞争力的企业。根据中国商务部的估算,2010年之前,中国在国外的投资大约以每年22%的速度增长。到2008年,中国已经成为最重要的资本输出国之一,其输出的资本总额在全世界排名第13位。中国不仅向发展中国家输出资本,同样向发达国家进行了资本输出。以德国为例,2009年中国已成为对德直接投资的第二大国。② 中国对德投资逐年增长,仅2011年头8个月中方在德投资就有2.3亿美元。因此,中国政府在谈签

---

① 中国与土库曼斯坦缔结的避免双重征税的协定并未涉及对财产的课税,因此OECD范本第22条对财产征税的条款在该协定中并未予以规定。此外,协定第10条关于股息课税的征税限额规定为10%。这与中国《企业所得税法》关于股息的预提税税率水平保持一致。

② 《中国企业对德投资占对欧洲投资半壁江山》,载《经济日报》2011年12月5日。

双重征税协定时,将不再完全坚持税收来源国优先征税的原则,也逐渐重视其作为居民国的税收利益,因此将更有兴趣遵循 OECD 范本的相关规则。

然而,与大部分发达国家相比,中国仍处于资本输入国的地位。同样以德国为例,尽管中国向德国输入大量的资本,但相比而言,德国在华的投资规模远远高于中国在德投资。截至 2011 年 8 月底,德国经济界对华直接投资总额约为 180.3 亿欧元,而中国对德投资仅为 17.3 亿美元。中方在德投资不足德国在华投资的 1/10,在德投资总量仅为外国在德直接投资的 0.3%。[①] 中国相对德国仍为资本输入国,确保其作为收入来源国的税收管辖权仍是中德税收协定修订的重要内容。因此,中国所秉持的原则,将由税收来源地管辖权原则向税收来源地管辖权和居民管辖权并重的原则发展,从而为中国企业在德国的投资、劳务输出和人员交流等活动提供更好的国际税收环境。

(二) 缔结或修改双边税收协定的基本思路

在我国对外经济发展不断加强的情况下,为避免税收的重复课征,我国固然应当继续和未与我国缔结税收协定的国家进行税收协定的谈签。但经过改革开放三十多年的发展,20 世纪 80 年代缔结的税收协定的经济环境与国际环境已经发生了根本的变化。对已经缔结的税收协定进行修改,也是未来进行所得税国际协调的重要工作之一。

在缔结新的税收协定或对原税收协定进行修改时,基于中国经济地位变化的事实,为促进我国企业进行国际竞争,增加外国吸引我国投资和劳务的积极性,我国应当结合当前对外经济发展的现状,灵活掌握 OECD 范本和联合国范本的协定原则。此外,还应当根据新经济形势的发展,结合国际税法理论的最新发展,确立更加有效的避免双重征税协议。

(1) 增加对新经济活动的双重征税避免的规定。

随着经济发展而产生的新经济活动,如电子商务,在缔结或修订税收协定时均应当有所考量。

电子商务对常设机构所提出的问题,本质上仍属于国际税收利益的分配问题。因此,在重新谈判或签订税收协定时仍应当在税收管辖权的框架下对电子商务的征税问题予以协商。可以考虑规定在特定条件下认定服务器构成常设机构,即企业网站运营的主要或重要的活动通过受企业控制的固定机器设备进行,该服务器可以构成该企业的常设机构。由于网址、网络服务提供商满足不了上述条件,可以不视为常设机构,但如网络服务提供商超出经营范围,以企业名义进行跨国商业交易,则该网络服务提供商实际上以企业的身份控制了服务器,应

---

① 《驻德国使馆举行关于中国在德投资情况新闻发布会》,http://frankfurt.china-consulate.org/chn/sbwl/t870510.htm,最后访问时间:2012 年 1 月 2 日。

当认定构成常设机构。据此以平衡收入来源国和居民国之间的税收利益。

对于新的跨国投资形式，如跨国信托组织、证券投资基金等，是否构成协定意义上的居民，也有必要协商确定。2012年修改的《证券投资基金法》第8条明确规定证券投资基金为税收透明的主体，这意味着基金本身不能作为协定的主体。那么，基金投资者是否作为协定主体以及如何主张其协定的适用，也应当予以明确。对其他新形式的投资组织，也应当考虑作为避免双重征税协定的适用主体，以避免产生新的双重征税问题。

此外，对创新金融工具的跨国交易所产生的收益的性质、如何适用协定，也有必要在协定中予以规定。

(2) 吸收当前国际税收协定的最新理论成果。

近二十年以来，随着双边或多边税收协定的缔结与实施，国际税收协定的理论研究也有了较大的发展，理论界提出了更多的如何避免双重征税的规则设计。尤其是OECD组织在这方面的研究一直处于前列，为各国缔结税收协定提供了诸多的制度选择。缔结或修订税收协定时，也应当从有利于两国经贸发展的实际出发，参考当前国际税收协定的最新理论发展成果，制定出旨在提高税收协定的执行效力、具有可操作性的规则。

常设机构的认定与利润归属一直是税收协定适用中的难题，随着经济全球化的发展，常设机构的存在形式实际上也有了更进一步发展的空间。常设机构是东道国将外国公司设在本国的机构、场所视为独立的纳税主体，并依法对其独立地课税。因此，OECD所提出的将常设机构作为独立的企业并依照转让定价方法进行税额调整的相关理论值得中国在谈签税收协定时予以借鉴。此外，参考国际上对电子商务的相关问题的研究成果，包括对数字产品交易的分类和定性、电子商务所征税种和电子商务的管辖权原则等，并在协定谈签或修订时提出相应的解决方案。

避免双重征税协定的缔结，是为避免两国投资者的双重征税和偷漏税，由两国在坚持主权原则的前提下放弃一部分固有的税收利益，如果由第三国居民滥用税收协定，则缔约国双方的税收利益都将受到损害。为此，在股息、利息和特许权使用费等条款中加入反滥用条款，可以考虑引入"透视法"，防止导管公司的设立。

缔约国双方在政治体制、法律体系、发展程度、国家利益等方面存在较大的差异，税收争端的解决方式在实践中显得尤为重要。税收争端的解决不仅决定了两国关系的和谐发展，更直接涉及对缔约国的跨国投资者利益的保护。在当前税收协定范本所规定的相互协商程序无法为税务争端提供富有效率的解决机制的情况下，有必要借鉴当前国际上日益被接受的税务仲裁程序的制度设计，在税收协定中规定双方主管当局就税收争议问题协商解决的时限，在相互协商程序之中规定国际仲裁程序,以提高解决税收争议的效率。

第四节 中国内地与特别行政区之间的税收协调

根据我国《香港特别行政区基本法》和《澳门特别行政区基本法》的规定,香港、澳门特别行政区实行独立的税收制度,参照原在香港实行的低税政策,自行立法规定税种、税率、税收宽免和其他税务事项。因此,尽管香港与澳门均为中华人民共和国领土,但其实施的税收制度与内地的税制存在许多差异。在香港和澳门回归后,越来越多的香港居民到内地就业、执业或从事经营活动,也有越来越多的内地居民赴香港、澳门从事经济活动,便可能面临不同的程度的双重征税,产生了地区间税收协调的必要。为此,中国内地先后与澳门、香港特别行政区政府签订了避免双重征税的安排,给予澳门、香港居民纳税人以诸多的税收优惠,有利于促进三地的经济交流与合作。

一、内地与澳门避免双重征税安排

中国内地与澳门特别行政区于 2003 年 12 月 27 日签订了《内地与澳门特别行政区关于对所得避免双重征税和防止偷漏税的安排》(以下简称《内地与澳门避免双重征税安排》),于 2003 年 12 月 30 日起生效,2004 年 1 月 1 日起在内地和澳门开始执行。该安排适用于在内地开征的个人所得税和企业所得税以及在澳门开征的职业税、所得补充税、凭单印花税和房屋税。

《内地与澳门避免双重征税安排》全文 28 个条款,除未采用 OECD 范本第 22 条对财产征税、第 27 条外交使团和领事官员以及第 28 条适用区域的扩大三个条款外,其结构安排基本遵循 OECD 税收协定范本的模式。大部分条款依照 OECD 范本设定,只有少数条款采纳联合国范本,另有条款根据两地的税法稍作调整。《内地与澳门避免双重征税安排》与 OECD 范本相比,其不同的规则如下:

(1) 常设机构规则

对于建筑工地、建筑、装配或安装工程或者与其有关的监理活动是否构成常设机构,《内地与澳门避免双重征税安排》采用了联合国范本的规定,即该工地、工程或活动连续超过 6 个月,将构成常设机构。

(2) 海运、空运和陆运所得征税权分配规则

对以船舶、飞机或陆运车辆经营的运输业务所取得的收入和利润,《内地与澳门避免双重征税安排》并未采纳 OECD 范本或联合国范本的相应条款,而是规定,一方企业在另一方取得的此项所得,另一方应当予以免税。这一规定也适用于参加合伙经营、联合经营或者参加国际经营机构取得的收入和利润。

(3) 股息的征税权分配规则

《内地与澳门避免双重征税安排》第10条关于股息的征税权分配规则，基本与OECD范本相同，但仍有一些差异性的规定。该条并未区分控股股东与非控股股东适用的最低税率水平。根据该条规定，来源国对支付给另一方居民的股息课征预提税，只要收款人是股息受益所有人，所征税款不得超过股息总额的10%。但该条中并未对何谓股息受益所有人作出规定。

(4) 利息的征税权分配规则

《内地与澳门避免双重征税安排》第11条关于利息的征税权分配规则，与两个范本的规定均存在较大的区别。根据该条规定，利息可以由居民所在地和来源地进行征税，同时区分不同类型的利息分别规定其适用的最低预提税率：

(a) 对银行和金融机构取得的利息，利息总额的7%；

(b) 其他所有情况下，为利息总额的10%；

(c) 发生于一方而为另一方政府、地方当局或者完全为其政府所有的金融机构或者双方主管当局取得协议认同的其他金融机构取得的利息；或者为该另一方居民取得的利息，其债权是由该另一方政府、地方当局或者完全为其政府拥有的金融机构或者由双方主管当局取得协议认同的其他金融机构间接提供的资金的，应在该一方免税。

(5) 特许权使用费征税权分配规则

关于特许权使用费的征税权分配，《内地与澳门避免双重征税安排》第12条采用了联合国范本的相应条款，即发生于一方而支付给另一方居民的特许权使用费，可以在居民所在地，也可以在来源地进行征税。但如收款人是受益所有人，则所征税款不应超过特许权使用费总额的10%。在特许权使用费的外延方面，也包括为使用或有权使用无线电或电视广播使用的胶片、磁带的版权而支付的费用。

(6) 独立个人劳务

《内地与澳门避免双重征税安排》第14条对独立个人劳务作出了明确的规定，该条规定采纳联合国范本的相应条款的内容。

(7) 艺术家和运动员

对于艺术家或运动员从事活动取得的所得，《内地与澳门避免双重征税安排》第17条除采纳OECD范本相应条款的内容外，还增加一款免税的规定，即作为一方居民的艺术家或运动员在另一方按照双方政府的文化交流计划进行活动取得的所得，在该另一方应予免税。

(8) 教师和研究人员

《内地与澳门避免双重征税安排》第20条增加了两个税收协定范本均未规定的关于教师和研究人员所得的征税权分配规则。根据该条规定，任何个人是或者在紧接前往一方之前曾是另一方居民,主要是为了在该一方的大学、学院、学校或是为该一方政府承认的教育机构和科研机构从事教学、讲学或研究的目的,停留在该一方,对其由于教学、讲学或研究取得的报酬,该一方应自其第一次达到之日起3年内免予征税。但该条规定不适用于不是为了公共利益而主要是为了某个人或某些人的私利从事研究而取得的所得。

(9)消除双重征税方法

根据《内地与澳门避免双重征税安排》第23条的规定,内地和澳门分别为消除双重征税采用不同的方法。内地居民从澳门取得的所得已在澳门缴纳的税款,在内地可以适用限额抵免法消除双重征税。而澳门居民在内地取得的除股息、利息和特许权使用费外的可以在内地征税的所得,适用免税法消除双重征税。从内地取得的股息、利息和特许权使用费则适用限额抵免法消除重复征税。

二、内地与香港避免双重征税安排

中国内地与香港特别行政区于2006年8月21日签订了《内地与香港特别行政区关于对所得避免双重征税和防止偷漏税的安排》(以下简称《内地与香港避免双重征税安排》),于2006年12月8日起生效,在内地于2007年1月1日、在香港于2007年4月1日开始执行。于2008年8月21日、2008年1月30日、2010年5月27日由国家税务总局与香港特别行政区财经事务及库务局分别签订了三份议定书。该安排适用于在内地开征的个人所得税和企业所得税以及在香港开征的利得税、薪俸税和物业税,但不涉及对财产的征税。

《内地与香港避免双重征税安排》全文27个条款。与《内地与澳门避免双重征税安排》相比,该安排对OECD范本的遵从度更高,只有少数条文规定采用联合国范本的规定。《内地与香港避免双重征税安排》与OECD范本相比,其不同的规则如下:

(1)一般定义

对于"人",《内地与香港避免双重征税安排》第3条明确规定,包括个人、公司、信托、合伙和其他团体,合伙与信托作为该安排的适用主体更加明确。

(2)《内地与香港避免双重征税安排》第4条对"居民"的概念进行了规定,首先分别规定了内地与香港认定居民身份的标准。根据该规定,在内地,居民是指按照内地法律,由于住所、居所、总机构所在地、实际管理机构所在地或者类似标准在内地负有纳税义务的人。在香港,居民则是指:(a)通常居于香港的个人;(b)在某课税年度内在香港逗留超过180天或在连续两个课税年度(其中一个是有关的课税年度)内在香港逗留超过300天的个人;(c)在香港成立为法团的公司,或在香港以外的其他地区成立为法团而通常是在香港进行管理或控制的公司;(d)根据香港法例组成的其他人或在香港以外的其他地区成立为法团而通常是在香港进行管理或控制的其他人。

根据上述标准同时为双方居民的个人,其身份确定规则与 OECD 范本的相应条款则基本相似。

与《内地与澳门避免双重征税安排》相同,对于建筑工地、建筑、装配或安装工程或者与其有关的监理活动是否构成常设机构,《内地与香港避免双重征税安排》同样采用了联合国范本的规定,即该工地、工程或活动连续超过 6 个月,将构成常设机构。

（2）海运、空运和陆运所得征税权分配规则

与《内地与澳门避免双重征税安排》相同,对以船舶、飞机或陆运车辆经营的运输业务所取得的收入和利润,《内地与香港避免双重征税安排》同样规定,一方企业在另一方取得的此项所得,另一方应当予以免税。这一规定也适用于参加合伙经营、联合经营或者参加国际经营机构取得的收入和利润。但其免税的范围包含内地的营业税。

（3）股息的征税权分配规则

《内地与香港避免双重征税安排》第 10 条关于股息的征税权分配规则,基本与 OECD 范本相同。但受益所有人为直接持有支付股息公司至少 25% 资本的公司以外的其他情况,适用的预提税税率为 10%。

（4）利息的征税权分配规则

《内地与香港避免双重征税安排》第 11 条关于利息的征税权分配规则,基本与 OECD 范本相同。但来源地对支付的利息课征的预提税的最低税率为 7%。此外,增加了对发生于一方而为另一方政府或由双方主管当局认可的机构取得的利息的免税条款。

（5）特许权使用费征税权分配规则

关于特许权使用费的征税权分配,《内地与香港避免双重征税安排》第 12 条的规定与《内地与澳门避免双重征税安排》基本相同,均采用联合国范本的相应条款。但根据《内地与香港避免双重征税安排》第 12 条,如收款人是受益所有人情况下对特许权使用费课征预提税的最低税率水平仅为 7%。

（6）财产收益的征税权分配规则

对于财产收益的征税权分配,《内地与香港避免双重征税安排》第 13 条除采纳 OECD 范本的相应规定外,增加两款关于股份转让收益的征税权分配的规定。根据该安排第 13 条第 4、5 款的规定,转让一个公司股份取得的收益,而该公司的财产主要直接或间接由位于一方的不动产所组成,可以在该一方征税。转让其他任何股份取得的收益,而该股份相当于一方居民公司至少 25% 的股权,可以在另一方征税。

(7) 退休金

对于退休金的征税问题,《内地与香港避免双重征税安排》第 17 条在采纳 OECD 范本的相应规定的基础上,另外增加一款但书规定。根据该条第 2 款的规定,从一方政府或地方当局作为社会保障制度一部分而推行的公共计划或可让个别人士参与以确保取得退休福利的安排,且该等安排是按照一方法律为税务目的而获认可的退休金计划取得的退休金和其他类似款项(不论是分次支付或一次支付),应仅在实施计划的一方征税。

(8) 其他所得的征税权分配规则

对于安排中未明确指明的其他所得的征税问题,《内地与香港避免双重征税安排》第 21 条采纳了联合国范本相应条款的规定。

(9) 消除双重征税的方法

为消除双重征税,在内地,内地居民从香港取得的所得已在香港缴纳的税款适用限额抵免法。在香港,香港居民从内地取得的除股息以外的其他所得已在内地缴纳的税款同样适用限额抵免法。此外,增加一款避免经济性双重征税的规定,即一方居民公司支付给另一方居民公司的股息,而该另一方居民公司直接或间接控制支付股息的公司股份不少于 10% 的,该另一方居民公司可获得的抵免额,应包括该支付股息公司就产生有关股息的利润(但不得超过相应于产生有关股息的适当部分)而需要缴纳的税款。

(10) 无差别待遇条款。

如何实现内地与香港居民的无差别待遇,《内地与香港避免双重征税安排》第 22 条基本采纳了 OECD 范本相应条款的部分规定,但同时作出了一定的修正。该条强调,虽有无差别待遇的原则性规定,但不能理解为由于民事地位、家庭负担而给予该一方居民的任何扣除、优惠或减免也必须给予该另一方居民。此外,该条并未采纳 OECD 范本第 24 条第 2、3 款关于常设机构、无国籍人的无差别待遇的规定。

本 章 小 结

所得税国际协调概念的提出,主要是出于对解决国际双重征税和国际税收竞争问题的考虑。国际税收负担的不正常现象,业已影响到国际投资与国际贸易的正常流动,扭曲了世界资源的优化配置,也阻碍了跨国纳税人的投资积极性。为顺应经济全球化的前进步伐,所得税的国际冲突也应得到及时的协调。如何进行所得税的国际协调,签署所得税国际协定被证实是最有效的途径之一。鉴于所得税国际协定的重大意义,OECD、联合国和美国政府等都拟订有税收协定的模范范本,这些范本不同程度地影响了国际所得税协调的实践。其中

OECD 范本一直领导着所得税国际协调的时代方向,企图将世界各国的税制同一化与一体化。但从现实看来,对所得税国际协调的努力并没能让人们满意,税收的新问题层出不穷,国家间税制存在巨大差异,税法又是最具有变动性的法律,如何谋求国家间的妥协与利益平衡,如何订立与执行税收协定,还需要国际组织和主权国家间认识的进步与合作努力。

我国已成为 WTO 大家庭的一员,所得税协调的问题同样变得紧迫,这事关我国吸引外资良好环境的维持,也关系到我国企业在国际市场上的竞争力。对于发达国家,我国是资本与技术的输入国,在签署税收协定时倾向于强调收入来源地征税原则;相对于一些不发达国家,我国又是资本、技术与人力资源的输出国,我国可能要有让步地承认他国的收入来源征税原则。如何更大利益地维护我国的税收主权,又如何保持我国的经济竞争力,在所得税的国际协调上显然面临更多考验。我国国内创造性地实施一国两制,存在一国中有多个独立税制与税境的现象,如何进行国内不同所得税制的协调安排,已有相应的法律安排与税收实践,但实施的效果如何,尚需理论与实践的进一步检验与跟进。

思考与理解

1. 试述所得税的国际协调的必要性。
2. 试述所得税国际税收协定的法律属性。
3. 试述所得税税收协定的冲突规范。
4. 试述国内所得法与所得税税收协定的衔接与协调。

课外阅读资料

1. 经济合作与发展组织:《OECD 范本注释》,国家税务总局国际税务司译,中国税务出版社 2000 年版。
2. 〔美〕休·奥尔特、〔加拿大〕布赖恩·阿诺德:《比较所得税法——结构性分析》(第三版),丁一、崔威译,北京大学出版社 2013 年版。
3. 刘剑文:《国际所得税法研究》,中国政法大学出版社 2000 年版。

第十八章 增值税国际协调

增值税[①]是对商品和服务在生产和流通的每个环节进行征税,然后允许符合条件的纳税人抵扣进项税额或者退税,从而将全部税负转嫁由最终消费者承担。增值税是一种国内税,但随着经济全球化的不断发展,国际贸易的出现使得增值税也具有了国际性:一方面,增值税作为国际贸易的成本,当事人出于趋利避害的本性必然会想方设法减轻纳税义务;另一方面,东道国为了增加财政收入,同时防止税收对市场竞争的扭曲,也必然会采取各种法律手段尽可能地防止偷漏税现象的发生,从而可能涉及他国的税收主权。尤其是当下国际贸易的形式层出不穷,服务、无形资产、电子商务等贸易形式使得增值税的征税异常困难且带有不确定性。2012年11月7日,经济与合作发展组织(OECD)在法国巴黎召开了增值税环球论坛第一次会议,论坛上,争议的焦点在于各国国内增值税在国际层面的不协调而导致的双重征税与双重不征税的问题。与所得的征税不同(已经制定 OECD 范本),跨境贸易增值税尚未有国际性实施框架。尤其是在服务和无形资产的国际贸易暴增的情况下,增值税国际协定范本的制定更是迫在眉睫。对服务贸易无法实施与货物类似的边境控制,因此,要保证服务贸易在恰当的地方被准确地课税,相应的征管程序往往会异常复杂。从政府的角度,存在因为少征税而导致财政收入减少的风险,或者由于双重征税而导致竞争的扭曲。从企业的角度,会导致很大的税务风险以及高昂的遵从成本。

经过研讨,环球论坛得出这样的结论:世界各国当务之急乃是制定全球性增值税框架以应对日益增长的国际贸易,尤其是服务和无形资产。增值税的公平合理征收需要在国际层面上进行协调,OECD 最近也在研究制定国际增值税指南协调国家间的增值税冲突。而目前在增值税国际协调的实践中,欧盟和 OECD 的增值税协调最具有典型性,本章将重点予以介绍。

第一节 增值税的税收管辖权

目前,对商品与服务的征税存在两种基本原则:生产地原则(origin principal)和目的地原则(destination principal)。生产地原则是指只要商品在本国生

[①] 增值税在国际范围内有两种称谓,欧盟称为"增值税"(value-added tax);加拿大、澳大利亚、新西兰、新加坡等国家称为"商品与服务税"(goods and services tax)。

产,无论其在何处消费,本国都对其课征增值税。目的地原则,又称消费地原则,即只要商品在本国消费,不管是在何处生产,本国都对其课征商品税。① 如果两国或以上国家采用了不同的征税原则,就会产生增值税税收管辖权的冲突,导致双重征税或者双重不征税。例如,A国实行生产地原则,B国实行目的地原则,A国生产的商品出口到B国,则该商品在A国和B国都要缴纳增值税,从而导致双重征税。但当B国生产的商品出口到A国时,则该商品在A国和B国都不需要缴纳增值税,从而导致了双重不征税。

目前,大多数国家都采用目的地原则,对货物而言,目的地即其消费地容易被识别,尤其是货物的进出口都要经过海关的监管,在进出关境时对货物进行征税或者退税,比较容易确定目的地。"对于服务而言,在实践中要决定服务在何处提供或者在何处消费是一件非常棘手的事情。囿于实践,以生产地原则为基础的税收会倾向于在服务提供者的所在国征税,而以目的地原则为基础的税收会在服务的消费国征税。"②因此,在国际实践中,对服务和无形资产的国际贸易的协调是比较困难的。

第二节 欧盟的增值税协调

一、欧盟增值税协调演进

(一) 欧盟增值税协调概述

在欧共体成立之初,六个创始国③各自采用了不同的流转税制度,这些税种是多环节征收的,即对每个生产流通环节的实际流转额进行征税。这必然导致商品的重复征税,而且对于某一产品而言,其最终的销售价格中所含有的税款是无法确定的,于是,各成员国总会有意无意地通过高估出口退税额的方式变相补贴本国的出口产品。因此,如果在欧洲要建立一个有效的统一市场,中立透明的

---

① 刘剑文:《国际税法学》(第二版),北京大学出版社2004年版,第350页。
② David Williams, *Tax Law Design and Drafting*, Volume 1, Victor Thuronyi ed., International Monetary Fund, 1996, p.8.
③ 六个创始国分别是法国、联邦德国、意大利、比利时、荷兰和卢森堡。

流转税制是必不可少的,只有中立透明的流转税制,才能确保税收中性和出口退税的准确性。

1967年4月11日,欧共体理事会发布了关于协调成员国流转税的第1号(67/227/EEC)和第2号(67/228/EEC)增值税指令,旨在建立普遍的、多环节非重复征税的增值税制,以取代各成员国现有的流转税。然而,第1号和第2号增值税指令仅仅是确立了增值税制的总体框架,至于增值税的征税范围以及税率结构等都由各成员国自行规定,因此,这只是部分的协调,在税制的很多方面都存在差异。直到1977年5月17日,第6号增值税指令的颁布才统一了增值税的征税范围。第6号指令颁布了全新的基本覆盖所有重要领域的规则,包括适用的地区、应税交易、纳税地点、应税事项和可税性、税率和免税、抵扣以及纳税义务人等。另外,对于特殊情形还作出了特殊安排,例如小型企业、农民、旅行社以及二手货物等。需要注意的是,对欧共体增值税如此全面的协调一大动因是欧共体建立自主财源的需要,即希望从成员国征收的增值税额中提取1%的比例(后来减为0.5%)。2006年11月28日,欧盟颁布了新的增值税指令2006/112/EC,并于2007年1月1日生效,从而取代原来的第6号增值税指令。新的指令将之前零散的增值税立法都归入到一个立法文件,是对欧盟现行有效的增值税立法的汇编。至此,欧盟增值税协调达到了前所未有的高度,2006年颁布的增值税指令也成为研究欧盟增值税协调的重要法律文件。

(二) 欧盟增值税与欧洲统一市场

1993年1月1日,欧共体正式更名为欧盟后,欧盟实现了内部市场的统一,并企图废除财政边界的监管。为此,欧盟委员会提议采用"生产地原则"取代"目的地原则",其中"目的地原则"是以购买者所在地适用的税率计征增值税的,"生产地原则"是以供应方所在地适用的税率计征增值税。这在理论上是可以有效废除欧盟内部的财政边界的,但在实际上却不被各成员国接受,因为各成员国的增值税率大相径庭,同时也缺乏适当的能反映各成员国实际消费量的增值税分配机制。因此,增值税的协调将会对欧盟各国的国家预算、经济和社会领域产生重大的影响,且必须建立在各成员国改变税收结构的基础上,可以说,增值税的协调将无法一蹴而就。

因此,欧盟只能退而求其次,在条件还未成熟之前,将实施过渡时期增值税制度,保留各成员国的财政制度,但取消边境控制。然而,这只是过渡时期的安排,以生产地原则为基础的统一增值税制才是最终目标。过渡时期对于个人的消费是基于生产地原则征收的,这意味着个人可以在欧盟任意成员国购买货物或者服务并缴纳增值税,之后携带货物回国则无需再缴纳增值税。但是,也有例外,比如,在其他成员国购买新式交通工具以及远程销售。至于共同体境内的纳税人之间的交易则仍然采用目的地原则。除此之外,欧盟理事会指令2006/

112/EC还规定了以下采用目的地原则的征税的情形：

（1）过渡时期，共同体境内免税组织或者非应纳税法人从其他成员国获取物品，以及某些对个人、免税或非应纳税人的远程销售和新型交通工具的给付，应该根据目的地原则在目的地成员国根据该国的税率和条件纳税。

（2）为了促进共同体境内有形动产的加工贸易，规定加工贸易的纳税地点应该是接受服务的客户所在国而不是交易的实际发生地。

（3）应税交易的的实施地的确定可能会引发相关成员国管辖权的冲突，尤其是对于货物组装和劳务的提供。原则上，劳务的提供地应该固定为劳务提供者营业机构所在地，但当劳务成本已经包含在货物价格里，应该以接受劳务提供者所在的成员国为实施地。

（4）一般情况下，服务提供的纳税地点为劳务提供者所在成员国的营业机构所在地。但是，在有形动产出租的情形下，如果出租人和承租人是在不同的成员国并且两国之间的增值税率也不一致，适用一般规则会导致严重的竞争扭曲。因此，有形动产的租赁服务纳税地为消费者设立的营业机构所在地，或者接受服务的常设机构所在地，没有前两者时为消费者永久居住地或惯常居住地。但运输工具的出租适用一般规则。

（5）同样，为了防止竞争扭曲，无线电广播、电视广播服务以及电子支付服务，不管是由共同体境外的地区或者国家向共同体境内的个人或组织提供，还是由共同体境内向共同体境外的消费者提供，都应该由消费者的机构所在地征税。

二、2006年欧盟增值税指令

旨在建立欧洲统一增值税体系的1977年欧盟理事会第6号指令（77/388/EEC）在欧盟增值税协调的进程中，该税的统一税基已经根据具体的情形作出了重大修改。出于理性和体系化的考虑，必须对1977年欧盟理事会第6号指令进行修改并重新颁布。2006年11月28日，欧盟理事会重新修改了1977年欧盟理事会第6号指令，并颁布欧盟理事会指令2006/112/EC。重新颁布的指令包括1967年4月11日的欧共体理事会第1号增值税指令的所有规定，这些关于流转税的法律依然生效，而第1号增值税指令将废止。新颁布的指令在结构和用语上进行了合理的调整，但并不构成对现有立法的实质性改变。

（一）征税范围（Scope）

该指令旨在建立增值税的统一体系，为此在第2条规定了增值税的征税范围：

（1）应纳税人在成员国境内进行有偿的货物销售；

（2）共同体境内的跨成员国间的货物采购；

（3）应纳税人在成员国境内进行有偿的服务提供；

(4) 货物的进口。[①]

在明确了增值税征税范围之后,指令在第四编对应税交易(taxable transaction)作出了具体规定:

(1) 货物的销售(supply of goods)。货物的销售是指所有者对其有形资产的所有权的转移。以下几种情形也属于货物的销售:由公共权力机构或以其名义命令或依照法律规定的、借由支付补偿金而使财产所有权发生转移;根据融资租赁合同以及分期付款销售合同发生的货物的实际交付;根据委托代销代购合同发生的货物所有权转移;成员国可以把某些建筑作品的移交视为一种货物销售。

对于有形资产的范围,指令采用了列举的方式作出规定。如电力、气体、热力等视为有形资产;不动产中的某些财产利益、不动产持有者因拥有物权进而享有的用益物权、因持有股份而对不动产享有的法律上或者事实上的所有权或者占有权也可以被视为有形资产。

(2) 服务的提供(supply of services)。服务的提供是指不构成货物给付的交易。

以下几种行为视为服务提供:一是构成企业资产的货物的非营业目的的使用,这些资产负担的增值税是可以全部或者部分抵扣的;二是纳税人出于非营业目的免费进行的服务提供,如为个人或者职员使用目的。

(3) 共同体境内的货物采购(intra-community acquisition of goods)。共同体境内的货物采购是指在共同体境内发生的跨成员国间的交易,即起运地国与目的地国是不一致的。

(4) 货物的进口(importation of goods)。货物的进口是指不构成条约第24条意义上的自由流通的货物进入共同体。

(二) 纳税人(Taxable Person)

指令第9条对纳税人进行了规定,指任何独立实施了经济活动的人,至于其目的和结果在所不问。生产者、商人或者提供服务的人的任何活动,包括采矿、农业和其他职业活动都应当被认为是经济活动,但雇员为雇主提供的服务不属于此处所指的经济活动。为获得持续性收入而开发有形或者无形资产的活动作为特例也被认为是经济活动。除此之外,偶然销售新型交通工具的人应当视为纳税人,交通工具须被分配和运输到成员国境外共同体境内的某一目的地。

[①] 由于欧盟已经实现内部的共同市场,货物、劳务、资本、人员在成员国之间可以自由流动。"进口"(import)仅指从欧盟境外的地区或者国家购进货物或者服务。成员国之间的货物或者服务给付称为"intra-Community transaction"。

(三) 税基(Taxable Amount)

指令第72条明确了公开市场价值的概念,指在公平竞争条件下,为了获得在交易中的货物或者服务,购买者在与货物或者服务提供发生地相同的市场环境中,不得不向该劳务征收增值税的成员国境内的无关联关系的供应商支付的全部价款。当没有可比的货物或者服务提供用以确定公开市场价值时,对于货物销售,其公开市场价值应不少于相同或类似货物销售的购买价格,购买价格无法确定的,应不少于货物销售时的成本价格;对于服务提供,其公开市场价值应不少于应纳税人提供服务的成本总额。

1. 货物或者服务提供

指令第73条规定,货物或者服务提供的应税金额应该是作为劳务的回报而从购买者或者第三方取得或者将要取得的构成对价的所有款项,包括与该劳务直接相关的补助。为了进一步明确应税金额的范围,指令第78条列举了应税金额包含的有关项目:除增值税外的税款、关税及规费;额外费用,例如劳务提供商向购买方收取的佣金、包装费、运输与保险费用。指令第79条列举了不计入应税金额的项目:由于预付款项而通过折扣形式给予的价格减让,即现金折扣;给予购买者的价格折扣或回扣;纳税人从购买者处收取的款项,该款项是以购买者的名义代购买者支出的费用并且计入纳税人的暂记账簿,纳税人必须提供足够的证据证明支出的实际金额,支出的金额不可以抵扣增值税额。

指令第74条、第75条、第76条规定了几种特殊情形的应税金额的确定。纳税人的应税经济活动终止时,纳税人将作为营业资产的部分货物供自己使用或者处置,或者纳税人及其继承人留用的货物,应税金额为该货物或类似货物的购买价格,没有购买价格的,为使用、处置或者留用货物的成本价格。构成企业资产的货物的个人使用以及免费进行的服务提供,其应税金额为应纳税人提供服务的全部成本。关于转让到另一个成员国的货物,应税金额为该货物或类似货物的购买价格,在缺乏购买价格的情况下,应为转让当时的成本价格。纳税人为了自己的营业而为货物销售或服务提供的,应纳税额为该项货物或服务的公开市场价格。

2. 共同体境内的货物采购

共同体境内货物采购的应税金额的确定方法与成员国境内的货物销售一致,在共同体境内采购消费税应税货物的,缴纳的消费税应该包含在增值税的应税金额里。但是,如果购买者在完成交易后从起运地成员国获得消费税退税的,增值税的应税金额扣除退回的消费税。

3. 货物的进口

关于货物的进口,其应税金额为根据共同体现行有效的规定而确定的海关完税价格。指令第86条作出了具体规定,应税金额包括:除进口增值税外,在进口成员国境外以及由于进口而应缴纳的税款、关税以及规费;将货物运送至进口成员国的第一个目的地而产生的额外费用,例如佣金、包装费、运输费和保险费。但应税金额不包括:由于预付款项而通过折扣形式给予的价格减让,即现金折扣;进口时给以购买者的价格折扣或回扣。如果货物是临时从共同体境内出口,在境外经过修理、加工、改装、包装、返修后复运进境的,成员国应当采取相应的措施确保其增值税的税收处理与在境内进行上述行为时一致。

(四) 税率(Rate)[①]

指令从第93条到第130条以及附件3确定了成员国适用增值税税率的法律框架。根据上述文件,成员国对于货物或者服务提供应该适用一个增值税的标准税率,且从2006年1月1日至2010年12月31日,标准税率不能少于15%;对附件3列举的有限的货物或服务提供,各成员国可以适用一或两个优惠税率,优惠税率不能低于5%。由于指令是对过渡时期成员国之间的贸易税收进行协调,指令又规定了以上基本规则的诸多例外情形,例如对天然气、电力等可以适用优惠税率,某些成员国可以继续适用在1992年增值税适用税率指令谈判中授予的优惠税率。这些例外规定的存在使得成员国之间的增值税税率变得异常复杂。优惠税率的适用范围并不是一成不变的,欧盟理事会每两年要对优惠税率的适用范围进行审查,并有权改变附件3确定的货物与服务的目录,为此,最迟于2007年6月30日,欧盟委员会应当向欧洲议会、欧洲理事会提交一份关于优惠税率适用于包括餐饮服务在内的地区性服务提供的全面评估报告。该报告应主要从提供就业机会、经济增长及境内市场的正常运转的角度出发,以独立经济专家组的调研报告为基础。

(五) 税收优惠:免税(Exemption)与抵扣(Deduction)

1. 免税

指令在第九编对免税事项进行了规定,免税规定的适用不得减损共同体其他法律规定,成员国要确保免税规定的正确、直接适用,防止任何形式的逃税、避税及滥用。考虑到欧盟的特殊性,指令规定了三种类型的应税交易,即普通的成员国境内的货物和服务交易、跨成员国的交易(共同体境内的交易)及货物或服务的进出口。相对应地,指令也规定了三种交易类型的免税情况。

(1) 公益目的的免税。包括:① 除旅客运输服务和电信服务的以外的邮政

---

① 建立统一内部市场本身就蕴含着成员国之间适用不会扭曲竞争条件或在妨碍货物和服务自由流通的流传税法。在实施增值税的前提下,协调一致的增值税可以在国家或者共同体层面上减少竞争条件的扭曲。尤其是当增值税尽可能地广泛课征,并且覆盖商品生产、流通、消费的所有环节(包括服务给付),这时候增值税体系实现了最高程度的税制简化和中立,固有的税收优势得以发挥,反过来又会促进统一内部市场的优化,是符合各成员国的利益的。因而,增值税的税率和免税范围对于建立增值税的统一体系是至关重要的。

服务,以及附带销售的相关物品;② 由公法调整的机构、医院、其他治疗诊断中心等提供的医疗服务;③ 人体器官、血液、乳制品的供应;④ 牙科技师在执业范围内提供的服务以及补牙服务;⑤ 与社会福利或社会保障相关的商品与服务;⑥ 由受公法调整的机构或其他由成员国认定为从事社会福利工作的组织提供的、与保护儿童和青少年有关的商品和服务;⑦ 与儿童和青少年教育、中小学及高等教育、职业培训与再培训相关的商品和服务;⑧ 非营利组织向参加体育运动和体育教育的人提供的与体育运动和体育教育有关的服务;⑨ 经批准的特定机构利用专用车辆为病人或者伤者提供的运输服务;⑩ 公共广播电台和电视台进行的非商业性质的活动等。

（2）其他免税规定。主要是金融服务和不动产租赁。具体规定在指令的第135条、第136条、第137条,包括:① 保险和再保险;② 信用证的开立、议付以及管理;③ 有关定期和活期存款账户、支付、转账、贷款、支票及其他流通票据的交易;④ 符合成员国规定的打赌、彩票及其他形式的博彩;⑤ 不动产的出租等等。而对于不动产的出租,指令又规定了免税的例外情形,包括:① 酒店业或者相似行业提供的膳宿服务,包括度假村或者其他用以野营的地方;② 车位的出租;③ 固定资产的出租;④ 保险柜的出租。

（3）共同体境内交易的免税。对于货物的销售商,指令第138条规定,除了向非应纳税人销售之外,成员国应该对运出该成员国国境但在共同体境内的向纳税人或者非应纳税法人的货物销售予以免税。但也有例外情形,例如新型交通工具的销售,无论是向何种顾客销售,都实行目的地原则,在目的地缴税;需要缴纳消费税的货物销售也适用目的地原则。对于货物的采购方,各成员国应该采取相关措施确保不在其境内对以下情形征收增值税:① 在该成员国没有营业机构但在另一成员国被识别为增值税纳税人的纳税人所为的货物采购;② 以上情形的货物采购继续用以在该成员国境内销售;③ 在①情形下应纳税人所采购的货物直接从除其增值税识别国外的成员国运输到下一家应纳税人;④ 货物销售的下家是在该成员国的被识别为增值税纳税人的应纳税人或者非应纳税法人。

（4）进出口的免税。包括:① 成员国境内免税的货物的最终进口;② 货物在某一成员国出口时免征关税,而出口方在原出口国重新进口该项货物;③ 在外交和领事安排下免交关税的货物进口;④ 东道国当局政府认可的国际组织的货物进口;⑤ 捕鱼企业进口到港口的捕获物,该捕获物未被加工,或者已经保存用以销售但尚未交付;⑥ 中央银行的黄金进口;⑦ 通过天然气输送系统进口的天然气或者电力的进口。货物或服务的出口原则上是免税的。

另外,指令还规定了一些杂项的免税,如国际运输的免税、中介机构的免税、国际贸易的免税等。

2. 抵扣

增值税的本质在于对最终消费征税,而从增值税的运行机制来看,它对生产和分配链条的每个环节产生的流转额都征税,然后向符合条件的纳税人退税(包括直接退税和通过进项税额抵扣的方式),从而使处于中间链条的供应商不承担税负,而最终消费者由于无权要求退税,必须承担所有的增值税税负。指令在第十编对抵扣的有关事项进行了规定。指令第167条规定了抵扣权的产生:抵扣权产生于可抵扣的税成为可征收之时。至于抵扣权限,第168条规定,只要货物和服务是为实现应税交易而使用的,应纳税人在其实施交易的成员国内享有抵扣的权利。至于免税交易,指令在是否给予增值税抵扣的问题上,作出了区别性规定,即免税的类型可以分为有抵扣权的免税(exemption with right to deduct,即零税率)和无抵扣权的免税(exemption with no right to deduct)。零税率(zero-rating)意味着交易本身不用缴纳增值税,而且与之相关的上一环节已经缴纳的增值税款可以抵扣。无抵扣权的免税则不可以抵扣上一环节缴纳的增值税款。根据指令第169条的规定,共同体境内的交易和出口都属于有抵扣权的免税,某些免税金融服务也是可以抵扣的。而对于大量的公益行为,指令并没有规定其可以将上一环节缴纳的增值税款加以抵扣。

(六) 税收征管

1. 应税交易发生地(Place of taxable transactions)

(1) 货物销售地

对于货物的销售地,指令根据给付方式的不同区分为无需运输的货物销售、需要运输的货物销售、在船内、机舱或者列车上的货物销售、通过配送系统的货物销售。无需运输的货物销售的发生地应为货物销售发生时的货物所在地,需要运输的货物销售的发生地为起运时的货物所在地,托运手续可以是由销售方、受让方或者第三方办理。如果起运地是在共同体境外的地区或者国家,给付地可以是由成员国指定或认可的应承担纳税义务的进口方的受领地,也可以是随后的货物交付地。而在共同体境内从事旅客运输业务时,在船内、机舱或者列车上发生的货物销售,应该以出发地作为货物交付地。通过天然气分配系统或者配电系统输送给应税经销商的货物销售(未进入最终消费阶段),应该以应税经销商的营业机构所在地或者常设机构所在地为货物销售地,没有营业机构或者常设机构的,以该商人的永久居住地或者惯常居住地为货物销售地。如果输送的货物进入最终消费环节以实际使用地为货物销售地。

(2) 服务提供地

服务提供地原则上应该是供应商设立的用以提供服务的营业场所或者常设机构所在地。没有营业场所或者常设机构的,以劳务供应商的永久居住地或惯常居所为服务提供地。这是一般规定,指令还规定了一些特殊情形的劳务提供地：

第一，中介的服务提供。以他人名义为他人利益而行为的中介机构，其服务提供地为基础交易的发生地。

第二，与不动产相关的服务提供。与不动产相关的服务，包括房地产经纪人与专家提供的服务、施工工程的准备与协调服务，其提供地为不动产所在地。

第三，运输服务的提供地。共同体境内的货物运输服务的给付地应为运输的出发地，除共同体境内的货物运输外，其他运输的给付地应为与途经距离成比例的运输服务发生地。其中，共同体境内的货物运输是指运输的出发地与到达地处于两个不同的成员国境内的货物运输。当成员国境内的货物运输与共同体境内的货物运输存在直接联系时，视同共同体境内的货物运输。如果以他人名义为他人利益而行为的中介参与到共同体境内的货物运输时，其参与地应为运输服务起运地。

第四，文化及类似服务、辅助运输服务或者与有形动产相关的服务的提供地。指令第 52 条规定了以服务实际发生地为服务提供地的情形，包括文化、艺术、体育、科学、教育、娱乐或其他相似活动以及活动组织者的组织活动；辅助运输服务，如装载、卸载、搬运及相关活动；有形动产的估价及相关的劳务。

第 53、54 和 55 条都规定第 52 条规定的例外情形，即当服务是向服务实际发生地以外的成员国的增值税纳税人提供时，服务提供地应为向购买者签发用以获取服务的增值税识别号的成员国境内，包括含辅助服务的共同体境内货物运输服务、以他人名义为他人利益而行为的中介机构服务、有形动产估价以及相关的劳务。

第五，杂项服务。指令规定的杂项服务，当提供给共同体境外设立的服务接受者，或者在共同体境内设立但与供应商位于不同国家的纳税人时，其服务提供地应为服务接受者设立的获取服务的营业场所或者常设机构所在地。没有营业场所或者常设机构所在地的，为服务接受者的永久居住地或者惯常居住地。

杂项服务包括版权、专利权、特许权、商标权以及类似权利的转让；广告服务；顾问、工程师、咨询机构、律师、会计师提供的服务及其他类似服务；数据处理及信息提供；银行业务、金融业务及保险业务（包括再保险，但不含保险箱租赁）；雇员提供的服务；除运输工具之外的有形动产租赁；提供天然气配送系统、配电系统服务以及其他直接相关联的服务；电信服务；无线电通信及电视广播服务；以电子方式提供的服务；以他人名义为他人利益行为的中介机构参与到以上服务。

第六，实际使用与享用标准（criterion of effective use and enjoyment）。为了避免双重征税、不征税及竞争的扭曲，对于前面提到的杂项服务以及交通工具的出租，指令规定各成员国可以采取以下措施：一是当服务实际上在共同体境外被使用及享用时，可以将任何一种或者所有服务的提供地视为在共同体境外，即使该服务的提供地位于成员国境内；二是当服务实际上在成员国境内被使用及享用时，可以将任何一种或者所有服务的提供地视为在该成员国境内，即使该服务提供地位于共同体境外。

（3）共同体境内货物采购的发生地

指令第 40 条规定共同体境内货物采购的发生地应为发送或者运输货物的目的地。

（4）货物的进口地

货物的进口地应当为货物进入共同体时所处的地区所属的国家。指令第 61 条规定了一些例外，货物由于指令第 156 条①的安排、临时进口而予以免税、处于外部通行安排而不能自由流通的，此时其进口地应为上述安排或者情形不再适用于该货物时货物所处地区的成员国。类似地，货物处于指令第 276 条、第 277 条②所指的某个安排或情形之下而得自由流通时，此时货物的进口地应为上述安排或者情形不再适用于该货物时货物所处地区的成员国。

2. 增值税的应税事项（chargeable event）和可征收性（chargeable）

指令在第六编主要规定了增值税纳税义务的发生时间以及税务机关可以要求纳税人按照规定期限缴纳税款的权力。指令采用的术语"应税事项"是指满足了应课征增值税法定要件的事项。"可征收性"是指税务主管机关依照法律的规定在某一时点有权要求纳税人缴纳税款，此时的增值税应当是可征收的。增值税具备可征收性意味着纳税义务的发生，至于缴纳税款的时间是可以延迟的。

（1）货物或者服务的提供

当存在货物销售或者服务提供时，应税事项发生，增值税应当是可征收的。分期付款的货物销售或者服务提供应该以付款期限届满日为给付完成日，但不包括一定期限的货物租赁以及延期付款的货物销售。采用预付款方式为货物销

---

① 第 156 条规定，(1) 成员国可对下列交易免征增值税：① 需要通关的货物给付，如果有必要存放在临时仓库的；② 将存放于保税区或者保税仓库的货物给付；③ 将存放于海关保税仓库或者用于进口加工的货物给付；④ 允许进入领海用于构建钻探或者开采平台的货物给付，目的可以是建设、修理、维护、更换或装修该平台，也可以是用于钻探或者开采平台与大陆的连接；⑤ 允许进入领海用于钻探或开采平台的燃料和其他供给的货物给付。(2) 本条第 1 款所提及的地点应为共同体现行有效的海关法规规定。

② 第 276 条规定，第 274 条提到的货物运输的目的地如果是位于货物进境之时的成员国境外，只要货物是申报进境的对象，其在共同体境内的流通应当依照共同体现行有效的海关法规规定的共同体境内通过程序。

第 277 条规定，第 274 条提到的货物在进入共同体境内时，符合本指令第 30 条第 1 款所指的货物进口，因处于某种情形而使其符合第 156 条规定的某种安排或者符合暂时进境的安排而全额免除进口关税的，成员国应该采取必要措施确保货物在共同体境内处于与上述安排或情形适用的条件是完全一致的。

售或者服务提供的,在收到价款时增值税是可以征收的,并且以收到的价款金额为应税金额。指令第66条又规定了成员国在特定情形下可以另行规定增值税的纳税义务发生时间:不迟于发票签发之时;不迟于收到价款之时;没有签发发票或者签发迟延的,在应税事项发生之日起的一段指定时间内。

(2) 共同体境内的货物采购

当共同体境内的货物采购发生时,应税事项发生。共同体境内的货物采购,增值税应该在应税事项发生后的下个月的第15天征收。但是,如果发票在应税事项发生后下个月的第15天前开出的,则开出发票之时应当缴纳增值税。

(3) 货物的进口

当货物进口时,应税事项发生,应当缴纳增值税。但是,如果货物进入共同体境内是出于临时进口而予以免税、处于外部通行安排的,仅在上述安排或者情形不再适用于该货物时,应税事项发生,应缴纳增值税。如果货物进口时需缴纳关税、农业税或者根据公共政策设立的具有相同效果的费用,在前述税费的应税事项发生并且税费可征收时,增值税的应税事项发生,增值税可征收即应当缴纳增值税。

(七) 特殊安排(Special Schemes)

指令除了对增值税的一般情形作出规定外,还对几种特殊主体或者物品作出了特殊安排。

(1) 关于小企业的特殊安排(special scheme for small enterprises)。由于小企业的活动和组织的特点,成员国可能很难对小企业适用一般增值税规则,在符合规定的条件和限制的情况下,征求增值税委员会意见之后,可以适用简易程序,例如在不减少征税收入的情况下适用统一税率安排来征收增值税。

(2) 关于农民的统一固定税率安排(common flat-rate scheme for farmers)。当对农民适用一般增值税安排或者前述的特殊安排有困难时,成员国可以对其适用统一税率安排,以抵扣适用该安排的农民所购进货物或服务的进项税额。农民也可以选择按照一般增值税安排或者前述的特殊安排缴纳税款和抵扣增值税。

(3) 关于旅行社的特殊安排(special scheme for travel agents)。该安排主要是考虑到旅行社提供一篮子服务时,经常会在其他成员国购进服务,如酒店住宿、交通等,然后再以其个人名义向顾客提供,这样,按照增值税的一般规定,该旅行社应就其提供的每项服务在服务提供地注册增值税纳税人并缴纳增值税。特殊安排就是为了避免旅行社服务征税的复杂化。根据指令第306条和第307条,旅行社以自己的名义与顾客进行交易,在提供旅游活动时又使用了其他纳税人的货物或者服务的,成员国应该适用特殊的增值税规则。对于符合以上条件的旅游服务应该视为旅行社向顾客提供的单个服务。该单个服务应该由旅行社营业机构所在地或常设机构所在地的成员国征税。至于应税金额应该是该旅行社享有的利润,即不含增值税的价格扣除与顾客直接利益相关的货物或服务的购进费用之后的差额。由于只对旅行社的利润征税,故其相关的进项税额不能再抵扣。

(4)关于二手货物、艺术品、收藏品或古董的特殊安排(special arrangements for second-hand goods, works of art, collectors' items and antiques)。对这些物品的特殊安排主要也是为了简化应税经销商从事与之相关的销售时增值税的缴纳问题。根据指令规定的特殊安排,与这些物品相关的销售应对其获得的利润征税,相关的进项税额不能抵扣。但适用"利润安排"是有条件的:① 以上物品是由非应纳税人提供的;② 以上物品是从另一应纳税人的免税销售中获得;③ 以上物品是从适用特殊安排的小企业的免税销售中获得;④ 以上物品是从另一适用"利润安排"的应纳税人的销售中获得。

(5)关于投资性黄金的特殊安排(special scheme for investment gold)。投资性黄金在共同体境内销售和进口应予以免税,以他人名义为他人利益而行为的代理商进行投资性黄金给付时也予以免税。

三、欧盟增值税指令的最新动态

欧盟内部统一市场的实现、全球化的影响、技术的革新换代,这些因素交织在一起使服务贸易的数量和模式产生了巨大的变化。越来越多的服务将可能通过远程方式提供,而一直以来作为应对的措施却零零散散。为了统一内部市场的正常运转,必须对2006年11月28日的有关增值税共同体系的欧洲理事会指令(2006/112/EC)中的服务提供地的规定进行修改,同时实现委员会的增值税共同体系运转的现代化和精简化的战略。为此,2008年2月12日,欧盟颁布了欧洲理事会指令2008/8/EC——修改指令2006/112/EC有关服务提供地,并于2010年1月1日生效实施。该指令对服务提供地作出了新的规定[①]:企业与企业之间的服务提供(B2B)原则上以客户的营业机构所在地为征税地,而直接向个人消费者(B2C)提供的服务则在供应商的营业机构所在地缴税。这就意味着,企业与企业之间的服务提供是以目的地原则为基础征税的,而企业与消费者之间的服务提供则是以生产地原则为基础的。这是服务提供的一般规定,对于

---

① (修改后的)第44条规定,向应纳税人提供服务的,给付地应为该应纳税人的营业机构所在地。服务给付在该应纳税人的常设机构所在地提供的,而不是营业机构所在地的,该服务给付地为前述常设机构所在地。没有营业机构或者常设机构的,服务给付地为接受服务的应纳税人的永久居住地或者惯常居住地。(修改后的)第45条规定,向非应纳税人提供服务的,服务给付地为给付方的营业机构所在地。服务给付在给付方常设机构所在地,而不是营业机构所在地的,该服务给付地为前述常设机构所在地。没有营业机构或者常设机构的,服务给付地为给付方的永久居住地或者惯常居住地。

某些特殊服务提供,该指令也有相应的规定,例如:(1) 以他人名义为他人利益行为的中介机构向非应纳税人提供服务的,其服务提供地为本指令规定的基础交易的发生地。(2) 提供与不动产相关的服务的,其服务提供地为不动产所在地。相关服务包括房地产经纪人以及专家的服务;酒店业或者相似行业提供的膳宿服务,例如度假村或者其他用以野营的地方;不动产用益物权的授予以及建筑工程的准备和协调服务,例如建筑设计师的服务以及企业提供的施工监理服务。(3) 向共同体境内的非应纳税人提供的货物运输,其给付地为运输的出发地。(4) 对向共同体境内的非应纳税人提供的货物运输发生在共同体境外水域的部分,不应该征收增值税。

与服务提供地新规定同时实施的还有新的电子退税程序,由于采用全电子方式申请退税,可以实现更快捷的退税,而且如果成员国政府迟延退税,申请人可以获得利息补贴。

2010年12月7日,欧盟颁布了2010/88/EU号指令,将增值税的最低标准税率15%延期至2015年,本来的到期日为2010年12月31日。

为了更准确地适用2006年的增值税指令,2011年3月15日,欧盟出台了欧洲理事会实施条例282/2011,对一些概念进一步界定。例如,其第10条规定,(1) 为了适用指令2006/112/EC中的第44条和第45条的规定,纳税人的营业机构所在地是指该营业机构管理中心所在地。(2) 要确定第1款提到的地点,应该考虑有关营业机构的综合管理的重大决策地、营业机构注册地以及管理人员开会地。如果以上标准仍然无法确定营业机构所在地的,应优先考虑有关营业机构的综合管理的重大决策地。(3) 邮政地址并不认为是应纳税人营业机构所在地。

第三节 OECD 的增值税协调

OECD 在间接税的协调方面虽然没有直接税那样卓有成效,但其作用是不容忽视的。OECD 早期公布的文件有《渥太华框架条件》(1998年)、《电子商务环境下跨境服务和无形资产的消费税指引》(2001年)以及《消费税指引系列》(2002年)。2006年OECD着手为各国政府的跨境贸易的增值税征收问题提供更加全面的指引,并且在2006年2月颁布了部分成熟的条款内容。[①] 作为增值税协调的起点,OECD 成员国对服务和无形资产的国际贸易在两大基本原则上达成了共识,即目的地原则以及税收中性原则。以此两大核心原则为基础,OECD 财政委员会(the OECD Committee on Fiscal Affairs, CFA)发展了更加详细

---

① 杨小强:《中国增值税法:改革与正义》,中国税务出版社2007年版,第228页。

的指引以指导如何实现两大原则。OECD增值税指引正在阶段性进行,每一个阶段出版的文件都是经过评议且审慎考虑的,但每个阶段的出版文件并不是孤立的,它们只是整个计划的指引的不可分割的部分。当指引最终完成时,可以为各国制定国内增值税提供指导,协调国内和国际增值税,减少或者消除双重征税或者双重不征税的不利影响。目前最新的是2011年6月28日的发布的指引。[①]下文将简要介绍其相关内容。

在有形货物的国际贸易中,因为存在边境监管,目的地原则能够获得较好的实施。出口货物实行零税率,进口货物则与可比的国内货物一样征收同样的增值税。进口增值税一般与关税同时征收。然而将目的地原则适用于服务和无形资产却是比较困难的,服务和无形资产的本质特性使得海关监管无法确认是否发生进出口,也无法在其进出口时征收增值税或退税。因此,OECD制定了能够体现目的地原则的特殊指引来确定服务和无形资产的国际贸易的税收管辖权。对于服务和无形资产改按照消费地原则征税。

指引1 除法律明确规定,应税企业不负担增值税的税负。

在国内贸易中,税收中性是通过分环节征收制度实现的:每个企业向其供应商全额支付增值税并作为自己的进项税额,然后从其客户全额收取增值税作为自己的销项税额。每个企业产生的进项税额可以抵扣销项税额,然后以两者的差额为基数向税务主管机关缴纳正确的增值税税款。这就意味着增值税是"借企业之手"(flows through the business)向最后消费者征收的。所以,在每个征税环节,供应商都有权全额抵扣其进项税额,这是非常重要的,在整个供应链条中,增值税的税负是由最终消费者负担而不是中间的供应商负担。

对于国际贸易而言,与国内贸易一致,企业也不应负担增值税,而由最终消费者承担增值税税负。OECD财政委员会作出了以下解释:"除法律明确规定"是指各国可以通过立法使企业负担增值税。实际上,在以下情形中经常用到:(1)企业的免税交易,基于销项税额难以确定(例如,很多金融服务)或者政策原因(如卫生保健、教育、文化)。(2)税收立法可以通过让企业承担增值税以确保对最终消费的有效征税。这种情况适用于企业的用于非增值税应税项目的交易(如无对价的交易)或者与购进货物有关的进项税额并没有全部用于进行应税交易。(3)各国可以通过立法规定在不满足明确的行政管理要求时不允许抵扣进项税额(如进项税额缺乏相关的证据支持)。

---

① 具体内容参见2011年《国际增值税/商品与服务税指引》:http://www.oecd.org/ctp/consumption-tax/48331948.pdf。

指引2 相似的企业实施相似的交易应该缴纳相近的税收。

这一指引强调税收的中性和公平。经过某一供应链条后增值税的最终征收是最终消费者支付价款总额的一定比例,而与交易的性质、分销的架构、交易的次数或者经营者的个数以及采用的技术方法无关。

指引3 增值税法规应当以一种不至于使其成为影响企业决策的首要因素的方式制定。

在实际中,影响企业决策的因素有很多,如金融、商业、社会、环境和法律等。虽然增值税也是可能加以考量的因素之一,但是它不应当是企业决策的首要因素。例如,增值税法规或者政策不应该诱导企业采用某种自身运作的法律形式(比如子公司或者分支机构)。

以上强调税收中性的原则无论是国内贸易还是国际贸易都是同样适用的,问题是对于国际贸易是否需要考虑一些额外因素呢?适用于国际贸易给付的法规不能为可比国内交易创造税收利益,这一点在国际贸易中尤为重要。这就需要考虑适用的税率标准、税务主管机关征收和管理的成本以及相应的企业负担。

指引4 在增值税纳税义务发生国或者征税国,与该国国内企业相比,外国企业适用的税率不应该使其处于有利或者不利的境地。

增值税制度的设计是要以公平公正的方式适用,以确保国内企业无法得到不公平的竞争优势,否则会阻碍国际贸易,限制消费者的选择。这一目标的达成有赖于目的地原则的实施(出口免税,进口则按照与国内产品相同的税基和税率征收),一方面保证了对进口货物征收的增值税不超过国内市场相同给付需要缴纳的税款,另一方面也确保了出口情形下的退税额或者抵扣额等于已经征收的税额。

在增值税的内在特性以及目的地原则的双重作用下,国际贸易可以保持与国内贸易相当的中性。但是,一些正常规则不能适用的情形仍然是不可避免的,外国企业有可能在某个国家没有设立机构或者注册,却发生了增值税纳税义务。通常,增值税的抵扣权是通过扣减应纳税款净额的方式实现的,但是,如果外国企业在某个国家没有注册为增值税纳税人,其产生的营业费用就不能通过以上的方式进行抵扣。

在国际贸易中的类似情形增值税应该保持中性和公平,这一原则的适用意味着增值税制不应当鼓励或者阻碍企业在某个国家进行投资或者从事其他活动。这样的企业决策应该在市场和其他非税收因素的基础上作出。

指引5 为了确保外国企业不产生不可抵扣的增值税税款(包括不能

抵扣和不能退税），各国政府可以采取一系列的方法。

可资采用的方法有：(1) 建立对当地缴纳的增值税直接退税的制度；(2) 对销售免征增值税；(3) 允许通过当地注册为增值税纳税义务人的企业进行退税；(4) 将增值税纳税义务转移到当地注册的供应商或者客户；(5) 授予购买货物免税的证书。

以上的每一种方法都旨在确保外国企业不产生不可抵扣的增值税。值得一提的是，并没有哪一种方法被认定为一般规则。每一种方法在特定情形下都有其优缺点，每一种方法都试图在企业（包括当地和外国企业）的相关遵从成本和税务机关的征管成本、税收欺诈及避税风险之间寻求一个平衡点，在最大程度上确保外国企业不产生不可收回的增值税。

指引6　对外国企业实行的确实有必要的征收管理不应该为企业增加不符合比例的或者不恰当的遵从成本。

税务机关对不同行业的企业实施某些征管要求是恰当的，例如小型企业以及某些特殊行业的企业。其实，在应对没有"法律身份"的外国企业时总会不可避免地给税务主管机关带来风险，因此，税务机关需要采取适当的措施防止税收欺诈或者避税。但是，这些对外国企业的规定不能导致变相的歧视，因此，这些特殊规定必须是明确的、一致的并且为外国企业所知晓的。

以上是OECD增值税协调的主要内容，我们发现OECD的协调方式与欧盟是大不相同的。欧盟2006年的增值税指令，就其内容而言，是类似于国家的增值税法典，规定了增值税的税基、税率、免税范围等内容，该指令还制定了一些规定来协调成员国的税收立法，具有一定的妥协性。每一个欧盟的成员国必须实行增值税制度，参照指令的立法模式并将指令的条款转化为国内法，从而使每个成员国的增值税法趋于一致，实现共同体内的税制协调。而OECD的增值税指引是从宏观层面上提供的原则性指导，至于具体立法，各国可以自由选择与其国情相符的方式来实现的。随着OECD对增值税协调的研究的不断深入，指引的内容也逐渐细化，最终目标是形成一个国际性的增值税协定范本。

在增值税国际协调的实践中，除了欧盟对其辖区内的增值税协调已经初见成效，国际社会似乎并没有采取具有实质性意义的措施。考虑到增值税的双重征税现象日趋严重，并限制了国际贸易的发展，国际社会应对此采取应对之策。各国除了采用单边的措施，例如通过修改国内法使之与国际接轨，或者在签订双边协议之外，加强国际对话，在国际层面上寻找应对之策。因此，仿效所得税的国际税收协定,制定增值税的国际税收协定范本也不失为一个新的切入点。[1]

本 章 小 结

关于增值税的税收管辖权,国际社会一般实行生产地原则和目的地原则。在国际贸易中,由于各国采用不同的税收管辖权原则,导致了双重征税或双重不征税的现象,扭曲了国际贸易的竞争条件,阻碍了国际贸易的自由发展。尤其是在当下服务和无形资产的国际贸易迅猛发展,国家之间的增值税征收和分配矛盾逐日加剧,在国际层面上对增值税进行协调是亟待解决的问题。在增值税国际协调的实践中,欧盟与 OECD 是最具有典型性的。欧盟在 1967 年发布第 1 号和第 2 号增值税指令对共同体境内的增值税进行协调,随后又颁布了一系列的增值税指令,其中最为重要的是 1977 年的第 6 号增值税指令,对建立共同体统一增值税体系具有重大意义。2006 年,欧盟在第 6 号增值税指令的基础上,颁布了新的增值税指令 2006/112/EC,协调的范围更加广泛,其先进的立法理念对其他国家的增值税立法也产生了示范作用。OECD 则是通过发布增值税指引的方式为国际社会提供增值税协调的办法,起初,OECD 只关注电子商务环境下的国际贸易的协调,随着国际形势的发展,其协调的范围也在逐渐扩大,并试图通过阶段性地颁布增值税指引,最终实现统一的国际增值税协定范本的目标。

思考与理解

1. 试述目前增值税的税收管辖权。
2. 简述欧盟 2006 年增值税指令的主要内容。
3. 简述 OECD 2011 年国际增值税/商品与服务税指引的主要内容。
4. 增值税国际协调的最新发展。

---

[1] 2012 年国际财政协会莫里斯劳莱奖(the IFA Maurice Lauré Prize 2012)的得主托马斯·埃克博士(MMag. Dr Thomas Ecker)在他的博士论文中对增值税协定的有关问题作出了研究,并出版成书。他的研究分析了增值税双重征税的现象并提出可能的应对措施;增值税税收协定就是方法之一。但是应该怎样拟定一份增值税税收协定? 在何种程度上现存的所得税协定可以适用于增值税? 仅需要扩大所得税协定的适用范围抑或需要独立的增值税协定? 所得税协定的概念、机制以及结构能否为增值税协定所用? 有没有其他选择? 增值税协定的适用范围应该如何界定? 协定的当事人又如何分配征税权? 在对奠定增值税的基本原则进行深入分析的基础上,该书对以上问题一一作出了回应,同时也为相关的机制设计寻找理论基础,尤其是缔约国之间征税权的分配问题。其他有关增值税协定需要考虑的主题主要包括国内交易、关联企业、中介机构、隐名代理的税务处理,已纳进项税给付的考量(例如免税给付不能抵扣增值税进项税额)。

课外阅读资料

1. 杨小强:《中国增值税法:改革与正义》,中国税务出版社 2007 年版。
2. 朱洪仁:《欧盟税法导论》,中国税务出版社 2004 年版。
3. David Williams, *Tax Law Design and Drafting*, Volume 1, Victor Thuronyi ed., International Monetary Fund, 1996.

第六编　国际税法学新课题

第十九章　电子商务征税的国际协调

　　跨国电子商务给税收以及国际税收带来了挑战,各国和国际社会在国内和国际层面对电子商务税收问题作出了回应与应对。十几年来,以 OECD 为代表的国际组织作出了很大努力,取得了一些成果,这主要表现在 OECD 范本有关条款的修改上。然而,从各国对 OECD 文件的回应来看,很多国家并未对全球电子商务带来的税收管辖问题进行实质性的税收立法或行政规制,各国为应对国际电子商务的挑战而采取的国内立法、行政和司法措施,表明它们在大多数情况下对此都是非常谨慎的。

第一节　OECD 电子商务税收改革

一、OECD 电子商务改革进程

　　国际税收政策的改革与协调是 OECD 的重要工作领域。财务委员会(The Committee on Fiscal Affairs)是 OECD 在这个领域的主管机构,该委员会主导了国际税收改革,包括协定范本的修订。

　　1997 年于芬兰图尔库(Turku)召开的会议上,OECD 成员首先讨论了跨国电子商务税收面临的挑战,并形成了一个应对挑战的报告,以议程的形式发布出来。

　　1998 年 10 月,OECD 有关全球电子商务的部长会议于加拿大的渥太华举行,在这次会议上,成员们就与国际电子商务税收的问题达成两项重要文件。这两份文件可以被视为在电子商务问题上就国际税法原则逐步达成一致而采取的重要举措。在电子商务以外的领域中,这些原则也有其重要作用与影响,因为他们可以对国际税收应对未来挑战提供指导与指引。文件中,财政委员会通过了一系列用以指导 OECD 国际电子商务税收改革的原则,重申渥太华税收框架协议(Ottawa Taxation Framework)中指明的"传统的国际税收原则应适用到由网络

推动的新的商务之中"。另外,对电子商务可以进行新的行政和立法,或改革现有措施,但是应该尽量与既有税收原则相协调,尽量适用既有原则。任何对现有的国际税收原则的修改,都应维护国家的财政主权,以实现公平的税基分享,避免双重征税和不征税。

在电子商务和传统商务维持税收中性,减少纳税人的纳税成本和税收当局的管理成本,税收规则清晰简明,保障和提升电子商务的商业确定性,减少逃税和避税的风险,发挥技术和商业发展的灵活性等,也是电子商务税法与政策的指导原则。

这次会议之后,由政府和行业代表组成的技术咨询组(TAGs)成立,由其主导有关讨论和分析。另外,财政委员会领导其工作组就各个相关领域的问题进行讨论并提出解决意见,例如,工作组第1号文件讨论了因电子商务的发展,OECD范本对常设机构的分类是否应予修改的问题。这些论坛为OECD成员提供了一个表达他们的关切以及达成一致意见的机会,进一步推进了改革的进程。

2008年OECD范本进行了更新,对第5条"常设机构"的重大变动是提出了对服务的征税问题,增加了协定注释从第42.11款到第42.48款的大量内容,这与电子商务税收问题密切相关。

二、OECD 范本的变化

OECD发动的税制改革,最重要的体现是其范本以及注释的不断修改与更新。OECD对电子商务税收改革的努力,引起了OECD税收协定范本的变化或潜在变化,包括修改相关条款:(1)收入的认定;(2)常设机构;(3)公司的居民身份;(4)"集团"常设机构;(5)跨国服务收入。此外,电子商务引起的税收,很多是包括增值税在内的商品税问题,通过电子商务税收改革,OECD在国际税收领域为促进统一而努力改革增值税。

从法律角度来看,特别是从作为法律的重要机制和组成部分的司法的角度来看(而在西方,特别是在普通法国家看来,法律的突出特点就是通过法院解决问题,如果不强调,不重视司法,法律就不成其为法律),范本及其注释之所以重要,是因为它们经常被法庭当做条约解释的第二大权威渊源,因此范本及其注释的作用对当代国际税收的作用是不可或缺的,这不仅体现在税收争议解决上,而且体现在国际税法一系列的重大问题上。

OECD对电子商务导致的变化,以及可能导致的变化,在范本及其注释中有以下体现:

1. 收入的认定(Income Characterization)

包括电子商务在内的数字化世界,提出了一系列与收入认定有关的问题。数字货物或服务的跨境交易产生了一系列的这类问题,货物的转移是否已经进行、服务是否已经完成、使用无形资产是否已被许可等等,诸如此类的问题层出不穷。数字货物和服务的交易与转移,之所以经常产生这样的问题,因为其界限是模糊的,而不是像货物贸易那样明显,那样易于识别。这种难以识别的困难带来的后果,在税收问题上,特别是在国际税收上,是通过电子商务进行的货物和服务的销售收入的认定问题。

由OECD资助的一个报告,列举了包括电子商务交易在内的28种分类,以帮助税务当局和纳税人在国际电子商务中确定适当的收入认定。报告的结论被吸纳进了OECD税收协定范本的注释中。

数字产品和服务的跨境转移,当然会导致经营利润的产生。例如,向一个外国消费者跨境销售音乐CD,或一个MP3文件通过网络传输到另一个外国消费者手中,根据新的OECD规则,这两种情况的收入都应以经营所得来征税,而非按照特许权使用费来征税。

国内法及条约下的税收规则,对不同种类的跨境收入的税收待遇不同。例如,经营利润通常被认为来源于营业所在地的国家,应以净利润征税。然而,特许权使用费通常被认为是来源于使用知识产权的国家,来源于知识产权的消费者所在的居民国,可能会以特许权使用费的方式征税。OECD澄清了所有的数字产品的电子商务都应该像软件交易一样同等对待。

2. 服务器(server)与常设机构(PE)

由于互联网的发展,跨境商业交易可以通过网络服务器实现,这与传统的通过零售商店为媒介的交易不同。例如,现在消费者可以从一家商业网站上下载数字音乐,而以往消费者只能通过网络和数字产品出现之前就已经存在的实体商店购买CD。这种进步,导致了税法上常设机构定义的变化。常设机构常被定义为"一个从事经营的固定场所",这个定义应被延伸适用于网络服务器,换言之,网络服务器也应该是常设机构。

OECD范本的注释表明,服务器能够成一个常设机构,前提是它要满足以下条件:(1)该服务器构成跨境交易整体中的一部分;(2)服务器是由非居民公司所有或租借;(3)服务器在一段时间内被固定在一个地方。注释举例说明一个服务器或常设机构应该包括的功能,"与消费者缔结合同,完成交易过程,完成产品的送达"。

新的规则表明,服务器的运行不需要任何人类的参与,人可以在遥远的距离外建立和维护一个服务器或常设机构。注释还表明,由网络服务商(ISPs)维护的建立在外国的服务器,使用这种服务器的非居民一般不构成常设机构,因为这些非居民一般不会对网络服务商施加控制。

然而,有的税务当局坚持认为,服务器不应构成常设机构,还有部分国家认为,不管网站的内容还是网站本身都可以构成常设机构。

3. 实际管理地(place of effective management)认定的变化

美国和很多国家对其居民在世界范围内的收入征税,这就是居民税收管辖。在居民税收管辖权体系内对电子商务所得进行征税,会产生一系列需要关注的问题。

在公司注册成立地标准下,一公司在一国成立,则该公司便是该国的居民公司;反之,如果公司不是在该国成立,则是该国的非居民公司。公司注册地标准不要求经营行为发生在该国境内,仅公司注册文件即可满足居民身份的要求。这样,通过改变注册国就可以改变公司的居民身份。近年来网络商务兴起,导致很多公司选择在避税港注册成立,其数量呈逐步上升之势。在避税港注册一家网上公司,可能受到某些税收原则的激励,也可能受到与商业行为有关的宽松法律的影响,如有些国家对赌博业或色情业管理松弛。

有的国家以"实际管理和控制中心所在地"(place of central management and control)标准来判断一个公司是否是本国的居民公司。这一标准通常看该公司的总公司所在地,或董事会通常的开会地点。传统上看,董事作出商业决策,必须举行有关人员亲身参加的会议。然而,网络技术的发展使得视频会议和 E-mail 交流成为可能,这会对传统的实际管理和控制中心所在地的认定提出挑战。建立一个实体性的总公司似乎不那么必要,因为高级管理人员和董事不必离开他们的办公桌就可以参加会议。这些经理和董事可以在不同的国家、地区(包括避税港)里维持居民身份,这使得高税收国很难断定哪些公司是他们税收管辖下的居民公司。

OECD 的技术咨询组(TAG)建议修改 OECD 范本中公司居民身份的认定标准。建议包括,增加冲突规范(tie-breaker rule),用于确定居民纳税人身份。提议的范本第 4(3)(b)条如此规定:如果不能确定一个公司的实际管理地所在国,它应该被认为是这个国家的居民公司:① 经济联系与其更密切的国家;② 从事主要商业活动的所在国;③ 决策的实施地。OECD 技术咨询组的立场表明:

在①情形下,与其他国家相比,公司在该国使用了更多的经济资源,以及法律的、金融的、实体的和社会的基础设施,那么该国就是此公司的居民国。这包括对多种因素的分析,如公司大部分雇员和资产的所在地、收入、高级管理部门、总部等。

在②情形下,居民身份的认定以在两个国家内开展活动的功能性分析为准。

在③情形下,一个公司的主要执行决策的执行地和总部所在地的认定,决定了该公司的居民身份。通过强调实质性的经济活动,新的标准可能会使电子商务背景下公司居民身份的控制变得更难。

4. 服务与常设机构

OECD 技术咨询组建议,规制跨境服务收入税收的规则应在 OECD 范本中予以修正,来源国可以对一个非居民公司在一段时间内在该国进行的服务所得征税。这将替代现有的常设机构需有一个实体存在的标准,它很接近于联合国税收协定范本中的规定。这个建议的基本原理可以认为是,服务提供者们经常不固定,他们可以在外国创造收入,而无需建立一个实体设施或使用任何固定基地的设备。

依据此观点,电子商务公司可能会被以多个国家或地区征税,即使这些公司通常都只是通过网络远程地提供服务,即使他们只是到进行经营活动的外国进行偶尔的维护或服务访问。然而这个建议好像与近来 OECD 税收协定范本注释对常设机构的看法相一致,它认为如果在向客户提供咨询或其他服务的过程中,外国的纳税人或其雇员在一段较长的连续时间内使用了客户的经营场所,就表明已建立起了常设机构。

三、OECD 的增值税改革

一直以来,OECD 主要是通过其税收协定范本和注释,在国际舞台上推进改革。所有的 OECD 成员都使用增值税(value-added taxes)或货物和服务税(goods and services taxes)。然而,增值税这一税种在国际税法中基本上还是一片空白,国际上根本没有涉及增值税的税收范本或双边国际协议。在电子商务出现之前,OECD 从未在此领域内采取过任何有意义的措施。

然而,1998 年 OECD 成员通过了渥太华税收框架协议,开始在全球电子商务的背景下推行增值税改革。尤其是,渥太华税收框架协议解决了一个在 OECD 成员国间存在分歧已久的,有关跨境的增值税税收管辖问题:在商对商(B2B)的模式下,消费地应享有税收管辖权。

1998 年之后,OECD 对跨境增值税的征税机制制定了指导方针,并发布了"消费税指南系列"(Consumption Tax Guidance Series)来促进国际交易中就增值税的适用达成一致。确认管辖权;确认消费者身份;处理好起征点问题及其登记注册问题,销售额低于起征点的公司不必登记缴纳增值税;施行以技术为基础的征税机制;开展国际行政合作;审视简化选择和措施,这些都是 OECD 努力推动国际税制改革所采取的措施以及建议采取的措施。

在对跨境增值税的改革中,企业、商家的意见和非 OECD 成员国的观点被考虑进来,而不是由 OECD 这一国际组织独理其政,这一点非常重要,也是一个进步。

第二节 2008年OECD范本对服务征税的条款解析

2008年修改的OECD范本对第5条"常设机构"作了重大变动,修改了对服务的征税问题,增加了协定注释从第42.11款到第42.48款的大量内容。

范本将企业提供服务的收入纳入到常设机构归属的范畴。新修订的范本提出,协定中一国对另一国企业在该国境内的服务收入,如果不构成常设机构则不应该征税,理由是对非常设机构的服务收入征税会导致征管的困难和增加企业的纳税遵从负担。相对于传统的生产经营活动,服务的提供方式更灵活、位置更不固定、时间也更有弹性,使得构成常设机构的传统标准很难得到满足。上述修订大大限制了来源国对非居民服务收入的征税权力,不少国家,特别是发展中国家对此都提出了保留意见。

服务器必须是固定的,才有可能构成常设机构。至于如何判断某个处于特定地点的服务器是否固定时,有如下两种观点:

第一种观点,在判断某个处于特定地点的服务器是否固定时,服务器是否具有被移动的可能并不重要,关键是看该服务器实际上是否被移动过。也就是说,建立于某个特定地点的服务器是否以长久存在为目的并不是问题的关键,关键是该服务器客观上在该特定地点存在了多长的时间。

第二种观点,处于某一特定地点的服务器如果在某一确定的地点存在足够长的一段时间,就可以被认为是固定的。各国在实践中对"足够长的一段时间"的确定会因为各国法律制度背景的不同而存在着差异。

服务器所进行的活动属于准备性或辅助性活动,不构成常设机构。

根据OECD范本中常设机构的定义,构成常设机构的固定营业场所所进行的营业活动必须是不属于该范本第5条第4款中所指的准备性或辅助性的活动,而应当是企业的主要和重要的活动。但2008年增订的注释没有明确指出在电子商务活动中究竟何种活动可以被认为是企业的主要和重要的活动,仅在第42.7段指出,某个企业通过其有权支配的服务器所从事的活动必须是税收协定范本第5条第4款中所指的准备性或辅助性活动以外的活动,该服务器才可以构成常设机构。而企业通过服务器所从事的某种营业活动是否属于税收协定范本第5条第4款中所指的准备性或辅助性活动,需要根据该活动的具体情况进行个案审查。

该段中还列举了几种通常认为属于准备性或辅助性的活动:(1)提供通讯连接,即像电话线一样沟通供应商与客户的通讯联系;(2)进行商品和服务的广告宣传;(3)为了保证安全和追求效率的目的通过镜像服务器(mirror server)转载信息;(4)为企业收集市场行情;(5)提供信息。

增订的注释第42.8段指出,如果上述活动结合在一起作为一个整体构成了上述企业的主要和重要的活动,或者上述企业通过该服务器从事其他重要活动,那么这些活动将不在税收协定范本第5条第4款中所指的准备性或辅助性活动范围之内。

此外,增订的注释第42.9段指出,某种活动是否可以被认为是企业的主要和重要的活动,则取决于该企业的经营性质。就那些以自己拥有的服务器向其他企业提供维持网址服务或其他服务的网络提供商而言,他们操作自己的服务器向其客户提供维持网址服务或其他服务活动,显然属于他们所从事的营业活动的主要部分,因此不能认为是准备性的或辅助性的活动。

然而,就那些通过国际互联网销售其产品的企业而言,虽然操作服务器本身并非它们所要从事的营业活动,但是这类企业在某个确定地点操作服务器这一事实并不能一概认定为该项活动属于准备性质或辅助性质的活动,而需要根据这类企业所从事的营业活动性质去判断它们通过建立在上述地点的服务器所从事的有关具体活动的性质。

关于网络服务提供商能够构成其他企业的营业代理人,进而构成常设机构问题,OECD认为,在通常情况下,网络服务提供商不构成其他企业的常设机构。此次增订的注释第42.10段指出,网络服务提供商在其拥有的服务器上向其他企业广泛提供维持网址服务,是其营业常规活动,这一事实本身可以说明网络服务提供商是一个独立地位代理人。此外,它们向其他企业提供此项网络服务时,无权以这些企业的名义与他人签订合同,也不经常签订这样的合同。因此,范本第5条第5款的规定通常不适用于网络服务提供商。换言之,在通常情况下,网络服务提供商不构成通过在其服务器上维持网址从事电子商务活动的企业的常设机构。

然而,OECD财政事务委员会没有完全排除网络服务提供商成为其他企业常设机构的可能。如果某个网络服务提供商向某个企业提供维持网址服务过程中,超出其营业常规,例如有权以该企业的名义与他人签订合同并经常行使此项权利,那么该网络服务提供商将构成该企业的常设机构。注释第42.10段的第4句话清楚地指出了这种可能性。

此次OECD范本第5条注释的修订,集中地反映了OECD及其绝大部分成员国对跨国电子商务活动中常设机构认定方面的立场和观点。对OECD成员国以及参考OECD范本与他国缔结税收协定的国家来说,由于OECD范本注释是对范本条文的含义所作的进一步说明,此次修订将会产生重要的影响,尤其是对进行跨国电子商务活动的常设机构的认定上。

但是,在此次的注释修订中,OECD仍然按照在传统的经济活动方式下认定常设机构的方法来认定电子商务活动中常设机构的存在,而没有考虑到网络技术的发展给常设机构认定所带来的全部影响。此次增订的注释将网址排除在构成常设机构的可能之外,认为从事网上交易的企业通过与网络服务提供商达成的网址维持服务协议,使后者的服务器并不处于前者的支配之下,从而使得一国企业在其他国从事电子商务活动时被认定为存在常设机构的可能性大大减小。此次增订的注释还存在着其他大量的不确定因素,使得税务机关和从事电子商务活动的纳税人之间在认定常设机构问题上将产生潜在的争议。综合起来考量,OECD实际上是将收入来源地国的来源地税收管辖权限制在一个十分狭窄的范围内。我们应该充分考虑到网络技术发展这一新因素,重构常设机构概念,以维护收入来源地国的来源地税收管辖权,建立电子商务环境下公平、合理的国际税收利益分配关系。

第三节 各国对电子商务税收问题的态度与反应

各国或地区对国际电子商务税收带来的挑战作出了反应,大部分的反应是比较温和的,常局限于同意或不同意 OECD 的立场。

各国或地区的反应首先集中在服务器是否是常设机构问题上。

在 1996 年 12 月发布的一个草案中,OECD 财政委员会总结到,在传统的税收原则下服务器不能构成一个常设机构,国际电子商务的税收最好还是由居民税收管辖征收。例如,英国、新加坡、爱尔兰和我国香港已经发布了行政声明,称在他们的内国法中,服务器永远不能构成常设机构。

(1) 加拿大。2002 年,加拿大颁布了国际电子商务中增值税问题的公报。总的来说,加拿大保持了对非居民公司征税的原有做法,拒绝了欧盟对电子商务的增值税颁布的指令中激进的观点,其方式是提倡多因素考虑标准,以决定非居民公司是否应该缴纳增值税,合同缔结地、资产所在地等因素都应被考虑,而欧盟要求居住于欧盟的所有的有网络销售业务的非欧盟公司都需纳税。加拿大对由非居民获得的服务所得征收 15% 的预提税。如服务是由计算机软件服务热线提供,加拿大税务机关认为不征收预提税,因为这个服务提供者的实体在加拿大境外。这一立场可以类推适用于其他的跨境电子通讯的情况。

(2) 法国。法国对服务器或常设机构问题的观点与 OECD 范本注释稍微有所不同。2001 年法国认为,从广义看,无人操作的服务器本身不构成常设机构。然而,从狭义上看,服务器在法国境内进行商业交易,可能会构成常设机构。法国和 OECD 的立场的不同之处在于,OECD 强调服务器本身可以构成一个常设机构,除非它的功能是纯粹的准备性或辅助性的;而法国的立场则是一个更加严格的标准,服务器需要事实上完成一个商业交易的所有方面,常设机构才成立。

(3) 德国。德国税务机关针对常设机构的税收问题颁布了相关的条例,但并未对电脑服务器的问题进行特别说明。服务器可以被认为是固定的营业地，但一般不应构成常设机构，因为它们进行的活动通常都是准备性或辅助性的。

德国第一个阐明服务器或常设机构地位的法院认为，一个建立在瑞士、由某德国公司所有的服务器，依据德国和瑞士的税收协定，应构成在瑞士的常设机构。德国公司转移信息至建立在瑞士的服务器，瑞士的消费者付费后也能享用它的便利。这笔费用由瑞士电信代收，然后再转交给德国公司，瑞士电信只留一笔代收手续费。德国公司不在瑞士安排任何人去维护服务器。德国公司扣除一笔它的服务费，剩下的部分交给提供服务的关联公司。

德国法院的观点是，瑞士有权对建立在其境内的服务器产生的利润征税，虽然这些利润有多少并无定论。法院会允许瑞士税务机关把大量的收入归于来自服务器。法院作出这个决定，部分地是以先前的判例为准。以前有判例曾经指出，即使在没有人操作的情况下，地下石油管道也可以构成常设机构。另外，法院援引了OECD对范本注释的变化了的立场(当时还是草案)作为支持其结论的论据，法院应在个案的基础上仔细审视一个服务器是否进行的是准备性或辅助性的活动。本案被上诉至联邦税收法院。

(4) 其他欧盟国家。其他欧盟国家的基本立场如下：希腊、葡萄牙、西班牙都不会遵循OECD的最新的注释变化，不会建立一个服务器或常设机构的征税类别。爱尔兰税务机关表示，单纯服务器的存在并不构成常设机构。奥地利对电子活动征税仅适用于公司而不适用于个体的消费者。

英国税务机关表示，在考虑了OECD范本对服务器及常设机构的分类之后，仍然坚持服务器不被认定是外国公司的常设机构的观点。英国税务局建议使用OECD对特许权的定义。

(5) 安的列斯群岛。荷属安的列斯群岛于2001年3月生效的立法中，对部分建立在荷属安的列斯群岛的互联网公司以2%税率的所得税征税。

(6) 我国香港地区。香港税务机关表示会将税收中性规则适用于电子商务，这样来保证任何商业活动都不会比另一种商业活动享受更优惠的税收待遇。香港不认可OECD的观点，不认为服务器本身在一定条件下可以构成常设机构：一个服务器的存在本身并不构成一个常设机构。香港法要求常设机构的存在不仅要有实体地点，还要有人员去维护它。

对跨境收入的特征问题，香港的观点与OECD协定范本注释的最新变化相一致，它们都强调审查电子交易转移的实质来看这种支付是否应被征收预提税："如果交易是真的为一个商品或服务进行的，它就不应该被征收预提税。"如果交易是为了使用或授权使用受版权保护的材料，这种支付应被认为是特许权使用费，应对其征收预提税。向境外的消费者销售用膜包装的软件，这种电子商务交易会产生经营所得而非特许权使用费，而特许权使用费应征收预提税。

(7) 美国。互联网的发展导致了美国很多领域的政策、法律变化,使之对软件和无形资产的税收问题进行了一系列改革,这可能在根本上有助于确定跨境电子商务的税收待遇。

1996年美国财政部对网络电子商务税收进行了讨论,美国政府与澳大利亚、智利、哥伦比亚、荷兰、爱尔兰、日本、约旦、英国等国家达成了协议,其中包括像欧盟—美国协议中那种税收条款,宣称"电子商务税收应清晰明确、具有一致性、中立性和非歧视性"。

美国和印度双方同意,美国纳税人在印度建立的服务器构成常设机构。这个解释似乎与OECD服务器或常设机构的新规则相一致。

(8) 印度。非OECD国家中,印度在推动国际电子商务税收发展中表现最活跃。2001年,印度财政部国际税务分部起草的报告,建议在电子商务发展的大背景下,废除传统的常设机构的概念。将现有的原则和规则适用于电子商务,不能保证税负的确定性和维持税收来源国和居民国之间税收收入的均衡。仅对现有规则进行字面解释,不能解决现有问题,因此,常设机构的概念应当被废弃,并应在OECD或联合国框架内作出努力,以达成一个新的常设机构概念。

印度也不同意OECD对预提税的观点,认为在印度税法中,软件下载通常应被包含在特许权的含义中并应被征收预提税。报告指出,印度的跨境收入税收规则与OECD的28种收入认定相比,只有15种与OECD一致。

在一个案例中,印度税务机关评估了美国的跨国公司VISA建在印度境内的服务器产生的利润应缴税额。VISA公司要求美国和印度税务机关根据美印税收协定的相关规定作出裁决,最后的解决是保密的,虽然有报道称美国和印度一致认为服务器构成常设机构,但是由该服务器产生的利润的税务问题如何解决仍不得而知。

还有报告称,印度对外国的电子商务公司的预提税进行评估。然而,印度的所得税上诉法庭(ITAT)拒绝评估由一家印度公司付给美国公司的电子版定金。电子版由位于印度境外的服务器的数据库保存,交易所得被认为是经营利润,而非特许权使用费,因此在印度没有固定机构,就不能被征税。付给非居民公司的钱是为了使用受版权保护的材料,而非版权本身的转移。为了购买数据库的使用权而付款,不能被认为是"为了使用有关工业、商业或科学信息"以使其满足美印税收协定第12(3)条特许权的定义。此裁决与OECD对与跨境电子商务定金支付有关的特许权使用费和经营所得是一致的。

2004年印度税收机关发布通知,规定外国公司将其运营业务外包给印度境内的个人或实体的征税问题。外国公司外包给建立在印度的技术中心(该中心构成一个常设机构),使外国公司可以在外国进行主要的经营活动,印度有权对产生于国外的销售征税,根据这个通知,由非居民公司进行的国际销售产生的可观利润,在印度应该纳税。

该通知引起争论,通知使印度对非居民公司的税收政策过度严苛,因而该通知被废除,取而代之的新通知重述了印度税收条约中的利润分配和转移定价条款,似乎意味着传统的税收规则会决定合适的税收待遇:确定归于外国公司的一个常设机构的利润,应依据公平交易原则。

(9)墨西哥。墨西哥是OECD的成员,它支持OECD范本的新近修改,范本有关跨境收入和服务器或常设机构规则的变化,已经被明确地纳入了墨西哥的国内税法。

然而,有时墨西哥的立场又与联合国范本相一致。美国—墨西哥税收协定包括了一个所谓有限引力条款,它允许来源国在一定情形下,对非由常设机构进行的活动征税,事实上防止了在电子商务销售背景下财政收入的损失。通过在外国建立一个总部来进行通常应在常设机构进行的经营活动,也会产生避税问题,发展中国家常用这一条款来防止避税。然而,当一个外国公司表明其销售并非在总部进行,以防止对可归于常设机构的利润征税时,这个条款不适用。

依据这一规则,建立在美国的网络公司进行的销售,在墨西哥可能要被征税,只要类似的销售是通过一家关联企业完成的,该关联企业是位于墨西哥的传统的常设机构。例如,假设一家美国的图书零售商在墨西哥有零售点(构成常设机构),在美国之外还有售书的商业网站。如果一个墨西哥消费者在该公司的网站上订购了图书,墨西哥就可以对该笔交易产生的利润收税,因为该公司已经在墨西哥境内建立了常设机构,这种常设机构也销售同样或类似的商品(除非该公司能够表明其网络销售没有避税目的)。

(10)新加坡。在新加坡税法中,软件交易认定为特许权使用费,应被征收预提税。2001年税务当局发布了一项指令,非居民消费者进行软件和某些特定电子产品的交易,包括许可证,可下载的软件,或与电脑硬件打包销售的软件,都不会被征收预提税。

新加坡税务机关对电子税务的所得税发布了一项指导意见,对象是跨境有形和无形货物的所得税待遇问题,确认依据新加坡国内法,仅仅是服务器本身并不能构成一项常设机构。

(11)欧盟。欧盟对电子商务的指令"电子商务增值税指令"(The "E-commerce VAT Directive)生效于2003年7月,要求所有的在网上销售数字产品和服务给欧盟消费者的非欧盟公司,要在欧盟某个国家进行税务注册登记,缴纳增值税。它通过一个体制运行,以确保每个欧盟成员国可以获得适量的增值税。

网络B2C销售方式被认为是对增值税体制最大的挑战,因为消费者很少适当履行纳税义务,但是这种交易中供应商有动力去评价和征收增值税以取得进项税额来抵扣增值税的支付,这对此税的征收有帮助。电子商务增值税指令的主要动力似乎是欧盟商业游说团,他们担心,如果没有一个能够强制外国供货商收取增值税的规则,会产生一个不平衡、不公平的竞争,因为在欧盟内部商品和服务会被征收增值税,然而,从非欧盟国家的商品与服务可以在不收增值税的基础上销售给欧盟的消费者,从而产生了价格上的不公平竞争。

欧盟新的电子商务增值税指令引起了人们的担忧,它会对非欧盟公司施加代价很高的征税义务。对增值税和电子商务的不同处理,可能会抑制商业活动,增加国际双重征税的风险。为了应对新兴的跨境增值税和境外公司税务登记问题,OECD财政委员会针对电子商务和其他一些问题发布了无约束力的"消费税指南"系列。

迄今为止还没有规制跨境消费税问题的国际条约。在这种条约、公约欠缺的情况下,欧盟打算如何执行其指令是不明确的。有的从事网络销售的非欧盟公司,如亚马逊,自愿同意遵守该电子商务增值税指令,然而有的公司如AOL或时代华纳宣称,他们会在欧盟成员国内建立分部以遵守指令,而不是以欧盟境外公司的身份,通过在某个欧盟国家登记来进行增值税纳税。

在一般的增值税法下,如果某公司在一国的税收管辖范围内设有"常设机构",该国可以对该外国公司行使征税权。常设机构的概念,与所得税协定中的概念一样,在增值税法令中是一个已有明确定义的术语,固定的营业地构成常设机构。欧洲法院认为,机械设施本身不能构成可以征收增值税的常设机构,所以,仅仅有一个服务器存在于一个欧盟国家,不能构成常设机构。这个立场与有些国家的立法不同,如加拿大的立法认为,即使没有人的存在,服务器也可以构成常设机构,因此该外国公司有纳税义务。

第四节 电子商务税收改革:传统与创新

各国对电子商务税收挑战的回应表明,各国政府对挑战一般采取谨慎态度,立法和行政反应都不很积极,个中的原因包括:

第一,各国政府可能现在还没太意识到电子商务的发展威胁到本国税基,因为目前还没有试图计算电子商务税收损失的经验式研究,很少有研究表明电子商务的发展会侵蚀像美国这样的高税收国家的税基。然而,有实证研究表明,电子商务的发展会促进美国的跨国公司进行国际税收筹划,但与税收筹划有关的财政税收流失如何仍不明朗。某些"灰色市场"的交易行为,如位于离岸避税港的赌博和色情网站,可能会导致财政损失,但没有这种损失的确切估算。OECD发布于2003年的一份报告称:与早期的预测相反,似乎没有明确的证据可以证明网络销售导致资本进口国税收收入的锐减。

有研究表明,美国联邦政府和地方政府正在遭受在线预订和网络交易带来的数十亿美元的税收收入损失,"进攻性"的税收筹划加剧了财政损失。这在某种程度上促使美国税务当局和政府重视税基平衡,用税收体系鼓励公司对本州之外的销售主动说明。

第二,跨境 B2C 销售在目前阶段可能不会引起大的问题。很多电子商务公司从单纯的".com"到所谓的"鼠标加水泥",即一个公司既有虚拟的电子存在,又有传统的实体存在的转变,抑制了财政税收流失。但这些公司会继续在外国市场维持实体存在,它可能构成常设机构,并引发收入来源国所得税征收问题。像亚马逊这样的大型网络零售商和 eBay 这样的网络拍卖商,由他们建立的当地外国子公司可能已经减少了由 B2C 造成财政损失的担忧,至少有形货物的销售是这样。

第三,在税法中阐明了对软件程序和无形资产的税收待遇的国家,可以解决电子商务税收问题。例如,美国财政部在 1996 年提出过一个法规的草案,对计算机程序的交易进行了阐释。在确定特许权使用费是否存在时,纳税人应该确定是何种版权的交易,只要购买者无权将软件复制以销售给公众,这种交易通常就会被认为是货物的销售,而非版权许可的销售,版权许可的销售会产生特许权使用费。

美国法规试图以同样的态度和规则对待相同的交易。美国的纳税人能够使用既有规则来决定数字货物和服务的跨境交易的适当税收待遇。

传统税收规则可以适用于很多电子商务交易,包括数字化商品和服务的跨境交易。传统规则可以在电子商务和传统交易之间保持一种中立态度,并与 OECD 的指导方针一致,因此被纳入了渥太华税收框架协议。我们可以说,电子商务税收规则与传统税收规则或原则并没有严重相左之处。

另外,美国也制定了新的法规来规制跨境服务的税收待遇,包括无形资产的交易以及服务和无形资产的打包交易。

电子商务税收改革获得的成功,从规则确立和国家间规则协调以及国际影响力的角度看,已经很明显。我们还应从更深层次上来理解电子商务税收改革的成功及 OECD 在其中发挥的作用。

OECD 对电子商务税收改革的成功,显示了其担当非正式的世界税收组织的能力,它强调协商、共识及无约束力的机制的使用,比如 OECD 范本与时俱进的多次修改与广泛的影响力。

OECD 的电子商务税收改革进程没有任何可以约束其成员国税收政策的机制,工作组和其他专家组通过论坛来讨论各种税收政策,若没有 OECD 成员的广泛支持,改革不会有任何结果。OECD 范本及其注释没有强制约束力,成员们可以提出保留,但是多次进行了与时俱进的修改,基本上能够指导、协调各国的实践,电子商务税收的国际协调就是很好的说明。

这在一定程度上,体现出一种"软组织"的现象。这种软组织为参与者提供一个论坛,参与者通过协商一致,制定一些无约束力的规则、原则,而非有约束力的公约。软组织可以为参与者的协商提供更大的灵活性,而使协商更容易达成一致,减少国际贸易和投资中的税收障碍,促进 OECD 成员的共同利益的实现。而且,无约束力的机制的运用,可以在最大程度上保护各国的税收主权,因为它并不强求一致,对协商,对文本,参加国可以不接受,可以不同意,也可以不参加,各国完全可以根据自己的意愿来决定自己的立场、态度。

OECD 的电子商务税收改革,作为一项新的政策措施,在发展成国内政策前,就已经在 OECD 的组织下在国际层面获得发展,并且在 OECD 的体制内和体制外,都引起了广泛的讨论和协商,并在国际税收领域发展出新的政策。这种情况在历史上还是第一次。

OECD 进行的电子商务税收改革,使大家对是否有必要建立一个正式的世界税收组织的讨论变得更加激烈。反对者认为,以下几个因素使建立正式的世界税收组织的设想难以实现:(1) 缺乏对指导原则的一致认可;(2) 对正式的世界税收组织的作用理论上有不确定性;(3) OECD 作为非正式的世界税收组织,其已经起到了足够好的作用。

OECD 是一个"富国俱乐部",大部分 OECD 成员作为世界上成熟的工业国家,掌握着世界上大部分资本,在服务和科技引领的世界经济中有共同的利益,OECD 的改革能够实现,只需要在其 30 个成员国之间达成一致,这似乎有助于解决税收问题,因为它只由 30 个国家组成。广泛的多边利益诉求的一致起了重要作用,因此改革进程未陷入泥淖。

但是,OECD 作为富国俱乐部,在一定程度上阻碍了进行有效的国际税收改革,像印度就对 OECD 的改革持怀疑态度,认为 OECD 只是为了保护其成员国的利益。这种怀疑是可以理解的,例如,OECD 范本取消特许权使用费的预提税,这代表了网络技术出口国的利益。OECD 仅仅通过新的服务器或常设机构规则,来引入常设机构的概念,印度质疑 OECD 此举是牺牲资本进口国的利益,保护资本出口国的利益。

吸纳更多的国家成为 OECD 的成员国,也许是解决问题的一个办法。例如,墨西哥在历史上拒绝与发达国家缔结任何税收协定,但后来改变了它的政策,于 1994 年正式成为 OECD 的成员,并且以 OECD 协定范本为蓝本,与加拿大签订了其第一个税收协定。然而,近期 OECD 不会大规模增加其成员国的数量。对许多国家来说,如果要求他们被迫改变其税收政策或者其他一些国内政策来与 OECD 保持一致的话,他们不太希望成为 OECD 的成员国。

实际上,在最近几年,OECD 已采取了一些重要措施,来考虑非成员国的诉求。2002 年,OECD、国际货币基金组织、世界银行宣布成立国际税收对话论坛,旨在为发展中国家和其他国际组织提供一个探讨税收措施的论坛,以求在改进国内的税收体系时促进技术协助,分享好的实践经验,追求共同的目标。

OECD 在奥地利、匈牙利、土耳其、墨西哥和韩国资助建立了一些多边税收中心,在俄罗斯、中国、马来西亚和印度建立了税收中心,为来自非 OECD 成员国的代表举行会议,帮助拉美和非洲的区域税收计划的实施。

非成员国也可以参与国际税收规则和原则的制定和协商过程。正式的体系设计应该是将永久的成员资格赋予那些非成员国,给他们话语权,并参与改革。通过建立这种永久的成员资格体系,OECD 的改革可以在非成员国中获得合法性,并能进一步推动他们认同改革。

OECD 在推动国际电子商务税收问题的解决中起了领导作用,并推动了改革的前进。通过电子商务税收改革的结果来看,OECD 正逐步扮演着非正式的世界税收组织的角色,这引起了一些讨论,即是否应该建立一个像 WTO 那样的对其成员有约束力的税收组织。面对着各国都在努力维护其税收主权的现状,OECD 的改革非常强调通过"软组织"进行多边协商以达成一致意见,这种措施可能是推动国际税收政策得以统一的最好方式,它不仅允许国家制定税法以追求其自身利益,还能够促进全球福祉。OECD 可以通过实施一个正式的和简化的延伸计划,为其成员国和非成员国间搭建一个自由协商的平台,以使其改革成果合法化。OECD 如何通过加强与非成员国的联系、对这些国家提供更多的机会来采取国际税收改革的措施,以使 OECD 成为一个真正的、合法化的国际税收组织,是 OECD 面临的一个挑战,也是一个需要考量的重要问题。

本 章 小 结

电子商务与传统贸易方式之间的重大差异,使原有的国际税法理论与实践无法涵盖这类贸易。这就是我们所说的电子商务挑战税法。电子商务对现行的国际税法的一些理论、原则、概念和规则提出了挑战,如常设机构概念和收入来源地管辖权优先原则受到巨大冲击。主要是来自经济发达国家的税务官员,专家学者们对电子商务涉税问题发表了意见、主张和见解。有的主张已经成为准法律性文件,在实践中得到贯彻执行。近年来 OECD、欧盟关于电子商务的立法步伐加快,提出了许多有争论的电子商务涉税问题,有些问题已经以立法形式得到确定。但各国对国际电子商务税收问题的反应态度不一。

思考与理解

1. OECD 在电子商务税收规则上做过哪些重要改革,主要体现在哪些文件与版本中?

2. 有观点认为电子商务的税收规则,是传统国际税收规则与结合电子商务特点的新创规则的并用,你怎样看?请具体说明电子商务税收中,哪些是传统的,哪些是新创规则。

3. 从来源国与居住国,发达国家与发展中国家角度,评析电子商务税收规则的变化与不变。

课外阅读资料

OECD 范本 2008 年及其以后的修改版。

第二十章 单一税收管辖权问题

在国际所得税法领域,现行多种税收管辖权并存的做法有诸多缺陷,实行单一的收入来源地税收管辖权有其理论依据和实践价值。本章将对实行单一税收管辖权的相关问题予以论述。

第一节 实行单一税收管辖权的理论依据

一、两种税收管辖权的冲突与协调

目前,在所得税收管辖权方面,世界上绝大多数国家实行了收入来源地税收管辖权,并兼行了居民(或公民)税收管辖权。两种税收管辖权并存的格局,有其国际税法理论和实践方面的根源。理论上是源于国家主权,源于国际法的基本原则。实践中则是因为国际经济的发展,国家间经济交往的日益频繁,跨国纳税人的剧增,各国立法本土性的需要。从一定意义上讲,两种税收管辖权都是国家主权的重要体现,都符合国际法的基本原则,故有其存在的合理性。但是,随着各国经济的不断发展和国家之间经贸往来关系的加深,这一两种税收管辖权并存的体制终将被改革。

事实上,一些国家或地区为了更有效地解决国际双重征税问题,促进国际经济的发展,都已率先实行了单一(unitary)的收入来源地税收管辖权制度。如美国国家经济发展与税制改革委员会于 1996 年建议国会尽早考虑美国实行单一的收入来源地税收管辖权原则,主张只就收入来源地的所得征税,放弃境外所得的征税权。①

众所周知,从国际税法的实践看,目前大多数国家同时行使的居民税收管辖权和收入来源地税收管辖权,在一定意义上,加剧了国际双重征税问题,诱发了国际避税和国际逃税行为的发生。现行两种税收管辖权并存的最大弊端即在于它阻碍了国际经济、技术交流与合作,阻碍了经济国际化的发展,导致跨国投资者和国内投资者的不公平竞争。在国际双重征税情形下,由于跨国投资者要比国内投资者多负担税款,因而往往处于不利的竞争地位;同时,还诱发纳税人进行国际逃税或国际避税。无疑,现行税收管辖权制度不仅导致国际双重征税,给

---

① 参见杨志清:《国际税收理论与实践》,北京出版社 1998 年版,第 361 页。

跨国纳税人带来沉重的税收负担,也是国际逃税和国际避税的重要动因。只要国际上存在着两种不同的税收管辖权,国际双重征税问题就不可避免,国际逃税及国际避税问题也会大量存在。故20世纪初以来,诸多国家都已逐渐认识到了国际双重征税的危害性,并在实践中直接或间接地采取一些法律措施,对居民税收管辖权加以适当限制。然而,时下避免国际双重征税协定等法律措施都只是区域性和临时性的,国际社会应该寻求一条更彻底的避免国际双重征税的法律途径。我们认为,最佳途径就是在世界范围内倡导单一的收入来源地税收管辖权,即一国政府只对来自或被认为是来自本国境内的所得和财产拥有征税权力。在这种情况下,一国政府对税收管辖权的行使,不是以收入者的居住地或纳税人的身份,而是以其收入的来源地为依据,即对于跨国纳税人来源于本国境内的收入和境内的财产或在本国境内从事经济活动,不区分本国人或外国人,一概行使税收管辖权,依照本国法律课税。

二、实行单一收入来源地税收管辖权的法理依据

我们认为,实行单一收入来源地税收管辖权的法理依据,就是国际税法的效率原则、公平原则以及税收本质理论。

从国际税法的效率原则出发,要使纳税人拥有的资本不受税法的影响,能够正常地在国家之间自由流动,充分发挥市场机制的作用,必然首先改革现行两种税收管辖权并行的体制,在全球范围内统一税收管辖权原则,实行单一的税收管辖权。而两种税收管辖权冲突的局面使跨国纳税人始终处于国际双重征税的困境之中,资本的国际流动必然受阻。那么,在国际税法实践上,究竟哪一种税收管辖权更符合效率原则呢?首先,从两种税收管辖权行使的关键问题看,税法上的居民在各国的规定不一,认定起来容易产生冲突,而收入来源地的认定则比较容易达成一致的标准,因而认定方便。其次,从税收征管制度看,一国居民在他国投资的收入只有在来源地纳税后才能从他国移入本国,这样,采用收入来源地税收管辖权就容易对应纳税收入进行源泉控制,避免国际避税和防止国际逃税,并且征收程序简便、易行。如果采用居民税收管辖权,就要涉及对本国居民在外国收入的数额进行查证核实等技术问题。可见,收入来源地税收管辖权比起居民税收管辖权更方便、更有效。各国应当缔结《国际税收公约》,统一实行收入来源地税收管辖权,然后再逐步统一各国所得税法,包括依法统一收入来源地的确定标准、税基的计算方法以及税率等。

公平原则不仅要求跨国纳税人与国内纳税人之间的税收负担要公平,而且要求国家与国家之间的税收权益分配也要公平。纳税人之间的税负公平包括横向公平和纵向公平。那么,在国际税法上,究竟哪一种税收管辖权原则更符合纳税人之间的税负公平呢?首先从收入来源地所在国看,来自不同国家的跨国纳

税人，其收入多少不一，在收入来源地国实行"从源课税"，能够最终达到"相同的纳税人缴纳相同的税款"和"不相同的纳税人缴纳不相同的税款"的目标。从居民所在国看，由于纳税能力是各种来源收入的综合，理应包括境内外收入。收入来源地所在国政府仅对非居民境内收入征税，而对其境外收入不具有征税权，不能综合纳税人的全部收入征税。故居民所在国要真正实现税收的横向公平和纵向公平，必须由居民国政府采取境内外所得全面征税的居民税收管辖权。可见，收入来源地所在国与居民所在国在此问题上的分歧较大。

应该看到，在充分体现国际税法"纵向公平"方面，实行单一的收入来源地税收管辖权原则的确有一定的局限性。因为这一原则要求掌握的对纳税人所具有的"纳税能力"以及税收的"社会总效用"等问题是收入来源地国难以掌握的。对此，许多税法专家提出了"累进免税"的补救方案。居民所在国对境外收入免税，但对境内收入适用的累进税率则要按境内外的收入总额来确定。OECD范本和联合国范本的第23条均有此规定，对境外所得免税，但对境内所得征税确定适用税率时，可将免税的所得予以考虑。我国对外缔结的避免双重征税协定也采取了这一做法。显然，适用单一收入来源地税收管辖权可以满足对跨国纳税人之间的税负横向公平与纵向公平的要求。但两种税收管辖权并存与冲突所引发的国际双重征税必然会破坏这种公平。

从国家之间税收权益分配看，由于各国经济发展水平的差距甚大，在国际市场的竞争中，发达国家比发展中国家具有明显的优势，对发展中国家而言，则为"形式上的公平，实质上的不公平"。居民税收管辖权和收入来源地税收管辖权并行的情况，又正好加深了这种不公平的程度。众所周知，在国际投资市场上，发达国家是世界资本多数的拥有者，资本、技术、物资、信息在发达国家与发展中国家之间的流动，基本上是单向的。发达国家大量对外投资，而发展中国家则主要吸引外资。两种税收管辖权并行使发达国家行使对境内外收入的征税权，而发展中国家实际上只行使对境内收入的征税权。显然，这种税收权益的国际分配在向发达国家倾斜，造成国际竞争中实质上不公平的现象。要改变这种不公平的状况，唯有在全球范围内统一实行单一的收入来源地税收管辖权。

从税收公平的机会原则看，税收负担也应按纳税人取得收入的机会大小来分摊。发达国家的居民到发展中国家投资，并获取利润。尽管作为居民所在地的发达国为其提供了一定"机会"，但对获取利润起决定性作用的"机会"却是广大发展中国家提供的。如果使用居民税收管辖权，发展中国家所作出的努力和牺牲将一无所获，这显然不公平。而行使收入来源地税收管辖权，在国际投资或国际竞争中，就能够在跨国纳税人和国内纳税人之间实现真正的公平。[①]

---

① 参见杨志清：《国际税收理论与实践》，北京出版社1998年版，第362—367页。

此外，从税收本质的角度分析，实行单一收入来源地管辖权也是有其依据的。在税收理论的发展过程中，关于税收本质的学说有公需说、利益说、保险费说、义务说、新利益说等。所谓公需说，可以理解为国家有增进公共福利的职能，在执行这种职能时，为满足必要的公共需要，就必须征税。但这一学说并没有解决国家为什么有权"必须征税"的问题。保险费说认为，国家像保险公司，而国民像被保险者，国民由国家为其保障生命、财产，税收是国民缴纳给国家的相应对价，相当于保险费。义务说是以德国哲学家黑格尔等的国家有机体论作为基础的学说。他们认为，为了维持国家生存而支付税收，是每个国民的当然义务。该说也称为牺牲说，之所以称为牺牲说，是由于它不是对接受国家利益的一种返还，而完全是无偿的，也就是牺牲性的给付。[①] 早期比较重要的学说是由英国哲学家霍布斯首次提出，英国著名思想家洛克予以发展的利益说，也叫交换说。霍布斯从资产阶级人文主义出发，率先探究了国家建立及其人民应当向政府缴纳税收的原因。他吸收了古希腊先哲伊壁鸠鲁关于社会契约的思想，将政治契约与普通契约相类比，使契约成为一种法律事件：人们转让自己的权利如同售出商品一样，应当获得相应的等价补偿——国家对人民生命财产安全的保障。他认为，人民为公共事业缴纳税款，无非是为了换取和平而付出的代价。[②] 他提到："主权者向人民征收的税不过是公家给予保卫平民各安生业的带甲者的薪饷。"[③]洛克根据发展资产阶级议会民主制度的要求，考察了国家课税权与国民财产权的关系。他分析这一问题的前提是，政府是由人民建立的，政府的主要职责就是保护人民的私有财产。他的结论是：政府只能站在议会赞助权的立场上，按照法律规定的赋税条例行使课税权。洛克的学说为近代西方国家立宪依法征税提供了理论依据。[④] 他认为："诚然，政府没有巨大的经费就不能维持，凡享受保护的人都应该从他的产业中支出他的一份来维持政府。但是这仍须得到他的同意，即由他们自己或他们所选出的代表所表示的大多数的同意。因为如果任何人凭着自己的权势，主张有权向人民征课税赋而无需取得人民的那种同意，他就侵犯了有关财产权的基本规定，破坏了政府的目的。""未经人民自己或其代表同意，决不应该对人民的财产课税。"孟德斯鸠、密尔等思想家也持类似的观点。利益说把税收的本质看作是政府和纳税人之间的利益交换，从而将商品交换的法则引入了财政税收理论，奠定了近现代财政税收理论的基础，其影响力一

---

① 参见〔日〕井手文雄：《日本现代财政学》，陈秉良译，中国财政经济出版社1990年版，第262—263页。
② 参见李九龙主编：《西方税收思想》，东北财经大学出版社1992年版，第5页。
③ 〔英〕霍布斯：《利维坦》，黎思复、黎廷弼译，商务印书馆1985年版，第269页。
④ 参见李九龙主编：《西方税收思想》，东北财经大学出版社1992年版，第8页。

直延续到今天。①

目前适应现代市场经济的发展,对税收本质作出比较合理解释的是新利益说,这一学说也被称为"税收价格论"。它将税收视为是人们享受国家(政府)提供的公共产品而支付的价格费用。作为国家(政府)提供公共服务的公共产品,它由社会成员私人消费和享受,国家(政府)由此而付出的费用也就必须由社会成员通过纳税来补偿。私人为了自身消费而支付费用的现象,正是典型的市场等价交换行为在公共财政活动中的反映,从而税收也就具有了公共产品"价格"的性质。② 股息、利息、特许权使用费等所得都是在所得来源地、即所得来源地国取得的,这些所得的取得必定耗用了所得来源地国所提供的公共产品;为了进行费用补偿,就必须对其予以征税。因此,实行单一的收入来源地管辖权是符合税收本质理论的逻辑的。

在全球范围内倡导各国实行单一的收入来源地管辖权,既有其法理依据,又在实践中十分必要。它有利于跨国投资者与国内投资者之间开展公平竞争。两种税收管辖权并行容易造成不公平的竞争,通常是跨国投资者处于不利的竞争地位并造成国际双重征税、国际逃税或国际避税。实行单一的收入来源地税收管辖权则能在一定程度上防止国际逃税或国际避税行为的发生,不仅会促进国际经济的发展,也会给国际税收征管工作带来极大的便利。

第二节 实行单一税收管辖权的可行性

一、从国际税法的发展趋势角度考察

从国际税法的发展趋势看,各国统一实行收入来源地税收管辖权是可行的。到1997年底,世界绝大多数国家都已通过国内立法、签订双边或多边避免国际双重征税协定等方式,对居民税收管辖权加以限制。这种限制大体上包括③:一是放弃居民税收管辖权,实际上只行使单一的收入来源地税收管辖权。④ 如有的国家或地区全面放弃居民境外所得的征税权,不论居民还是非居民,一律仅就来源于境内的收入征税。二是从纳税主体的范围上进行限制,即对居民公司仅实行单一的收入来源地税收管辖权,对居民自然人行使居民税收管辖权。⑤ 有

---

① 参见刘剑文主编:《税法学》(第二版),人民出版社2003年版,第96页。
② 参见张馨:《公共财政论纲》,经济科学出版社1999年版,第232页。
③ 参见杨志清:《国际税收理论与实践》,北京出版社1998年版,第368—369页。
④ 如拉丁美洲的许多国家以及赞比亚、肯尼亚、埃塞俄比亚以及我国的香港、澳门地区等国家或地区便是采取这种做法。
⑤ 如法国、巴西等即采取这种做法。

的国家放弃居民公司境外所得的征税权,但对居民自然人仍坚持境内外所得全面征税。三是从纳税客体上加以限制。有的国家对居民境外的某些收入免税,如瑞士对居民公司在境外设立的常设机构所取得的营业利润,以及居民纳税人坐落在国外的不动产所取得的收入,均免予征税。四是从时间上进行限制。有的国家对居民境外所得采取有时限区别的特殊免税政策。如日本规定,在境内居住1年以上不满5年的居民个人,其境外所得仅就汇入部分征税。英国则规定,在英国居住6个月以上不满3年的居民个人,其境外所得仅就汇入部分征税。① 五是采取"递延法"进行限制。有的国家对居民在境外设立的子公司,只要其在国外已构成他国的法人实体,其实现的税后所得未汇回前,免予征税。母公司一旦收到子公司的股息,均应还原为应税所得,合并母公司计税。六是从计算方法上间接地进行限制。有的国家对居民(主要是自然人)纳税人来自境外的收入课税时予以较为优惠的宽减。如美国税法规定本国居民(公民)如因在国外居留时间较长而一旦成为外国的居民纳税人时,其在国外的所得(包括工资、薪金、劳务报酬、佣金等)合并计税时,允许年扣除免征额7万美元和超过定额的住房费用。此外,许多国家通过缔结避免国际双重征税协定对居民境外某些收入项目实行免税。②

我国与其他国家签订的避免国际双重征税协定中也有一些免税的条款。如中国与比利时签订的协定规定,比利时只对股息(除符合免税条件以外)、利息和特许权使用费保留居民的征税权并给予税收抵免,其他凡是按协定可以在中国征税的所得,比利时都给予免税。中国与德国、挪威、波兰等国签订的避免国际双重征税协定均有类似的免税规定。据此,世界各国几乎没有纯粹实行居民税收管辖权的,对居民纳税人的境外所得均给予了或多或少的宽减,限制征税权已达成某些共识。由此可见,在国际上,许多国家的税收立法实践呈现放弃居民税收管辖权,倡导实行单一的收入来源地税收管辖权的趋势。

二、从财政收入等角度考察

采取单一收入来源地税收管辖权并不会减少各国的财政收入。如前所述,许多国家直接或间接地限制了居民税收管辖权,有些国家甚至放弃了居民税收管辖权。这些税收立法实践表明了这些国家的财政收入并不依赖于居民管辖权的行使。相反,采用单一收入来源地税收管辖权可以减少资源的浪费,促进各国经济的发展,并使各国从中得到比原来行使两种税收管辖权时更多的税收利益。

---

① 新加坡也有类似规定。
② OECD范本和联合国范本的第23条一致规定:"当缔约国一方居民取得的所得或拥有的财产,按照本协定的规定可以在缔约国另一方征税时,首先提及的缔约国一方应对该项所得或财产给予免税。"

放弃居民税收管辖权并不侵犯国家的主权。有学者认为征税权是国家主权的重要体现,而限制或放弃居民税收管辖权是对国家主权的侵犯。然而,虽然两种税收管辖权都是国家主权的引申,但如果各国为了共同的政治利益和经济利益而共同限制各自的主权行使范围,如实行税收外交豁免,就不能认为是侵犯了国家的主权。① 发达国家从自身利益考虑也不应阻碍税收管辖权的统一。因为从国际投资市场的现状来看,虽然发达国家多处于投资国的地位,会反对取消居民税收管辖权而仅仅适用收入来源地税收管辖权的做法,但从发展的眼光看,这种统一的结果对发达国家也是有利的,完全符合发达国家一直提倡的资本应在世界各国之间自由流动的宗旨。从国际经济一体化的角度考察,发达国家的发展离不开发展中国家的发展;发展中国家的经济发展有助于全球经济的良性运行。就目前看来,应该说,实行收入来源地管辖权对发展中国家更为有利;但从长远看来,实行单一收入来源地管辖权有助于增强发展中国家的经济实力,使其为全球经济发展作出更大贡献,更为重要的是,可以消除国际重复征税,为全球经济发展创造良好的税收宏观环境。②

总之,实行单一的收入来源地管辖权能有效地解决国际双重征税问题,且适应了经济国际化、投资跨国化、贸易全球化的需要。目前,一些国家(或地区)已率先实行了单一的收入来源地管辖权制度,我们深信在 21 世纪这一制度将在全世界范围得以更广泛的推行。

本 章 小 结

在国际所得税领域,现行多种税收管辖权并存的做法造成了诸多弊端,有必要实行单一的收入来源地税收管辖权。从国际税法的效率原则和公平原则,以及税收的本质等角度进行论证,都表明实行单一的收入来源地税收管辖权具有充分的理论依据。同时,从国际税法的发展趋势、对财政收入的影响、对国家主权的限制等角度进行考察,也表明实行单一的收入来源地税收管辖权也是有其实践可能性的。

思考与理解

1. 试述实行单一的收入来源地税收管辖权的理论依据。
2. 试述实行单一的收入来源地税收管辖权的可行性。

---

① 参见杨志清:《国际税收理论与实践》,北京出版社 1998 年版,第 370 页。
② 在关税领域实行的普惠制也具有类似的价值。

课外阅读资料

1. 杨志清:《国际税收理论与实践》,北京出版社 1998 年版。
2. 刘剑文:《财税法专题研究》,北京大学出版社 2007 年版。
3. 刘剑文主编:《税法学》(第四版),北京大学出版社 2010 年版。

第二十一章 国际税收竞争

第一节 国际税收竞争概述

一、国际税收竞争的概念

税收竞争最初产生于一国内部各个地方政府之间。随着生产要素跨境流动的可能,税收竞争逐渐演变为主权国家之间的竞争,从而产生国际税收竞争。

对于国际税收竞争的概念,目前国内外尚未形成统一的观点。美国有学者认为,国际税收竞争是指国家部分或全部放弃其对经济活动的征税权,并导致本国有效税收少于其他国家税收的结果。税收竞争是一种国家旨在吸引或阻止经济活动的有目的的典型行为。[1] 日本学者则认为,国际税收竞争指的是为了把国际间的流动资本吸引到本国,各国均对这种资本实施减税措施而引发的减税竞争。[2] 在我国,有学者认为,税收竞争是指各地区通过竞相降低有效税率,或实施有关税收优惠等途径,以吸引其他地区财源进入本地区的政府自利行为。[3] 还有学者认为,国际税收竞争是指各国政府通过竞相降低税率和实施税收优惠政策,降低纳税人税收负担,以吸引国际流动资本、国际流动贸易等流动性生产要素,促进本国经济增长的经济和税收行为。其本质是通过税收分配,使税收利益关系在全球范围内得到调整。[4] 也有学者认为,国际税收竞争是指在要素跨国界流动的条件下,一国(地区)税收政策客观上对他国(地区)税基的外部性,以及各国(地区)主动运用差异性税收政策来吸引流动性要素的行为。[5]

尽管学者们关于国际税收竞争的定义各有不同,但仍形成了一定的共识:

(1) 国际税收竞争的实施主体是国家或享有独立的税收管辖权的地区的政府。

(2) 国际税收竞争以生产要素在国家或地区间的自由流动为前提,并以吸引流动性的生产要素进入本国或地区为直接目标。在此所指的生产要素通常

---

[1] Barker W B, Optimal International Taxation and Tax Competition: Overcome the Contradiction, *Northwestern Journal of International Law and Business*, 2002, Vol. 22.
[2] 〔日〕谷口和繁:《国际间税收竞争与OECD实施对策》,顾红译,载《税收译丛》1999年第1期。
[3] 薛钢、曾翔、董红锋:《对我国政府间税收竞争的认识及规范》,载《涉外税务》2000年第8期。
[4] 陈少英:《国际税法学》,格致出版社、上海人民出版社2009年版,第237页。
[5] 韩霖:《国际税收竞争的效应、策略分析:结合我国国情的研究》,经济科学出版社2006年版,第36页。

指资本,一般不包括劳动力和技术。

（3）国际税收竞争的实施方式是以降低税收负担为内容的税制设计或调整,一般包括降低税率、提供税收减免的税收优惠政策、延迟纳税等,有些国家甚至将本国或本国境内的特定区域发展成为避税地。

因此,国际税收竞争是指一国或享有独立的税收管辖权的地区的政府,为实现一定的经济或社会目标,通过建立以减轻投资者税收负担的税制体系或政策,吸引具有流动性的生产要素进入本国或地区的行为。

二、国际税收竞争的产生与发展

国际税收竞争是经济发展国际化乃至全球化的产物。在基本封闭的经济社会中,一国内部的税收制度虽然也对其他国家产生影响,但由于资本的流动性有限,其影响可以说是微不足道。贸易和投资的全球化发展已经从根本上改变了国内税收制度的传统影响。① 20 世纪 80 年代,技术进步和政治上的放松管制、电信技术的飞速发展,使资本等生产要素的流动性大大加强。由于资本的逐利性,随着贸易和投资的非税收壁垒的消除,资本对税收的敏感度大大增加,各国税负水平的差异成为决定资本流向的一个重要因素。各国为了吸引资本等生产要素,促进本国经济的增长,纷纷采取了降低税率、增加税收优惠等减轻投资者税收负担的措施,由此形成了各国间以减税为内容的低税政策的竞赛。

国际税收竞争开始于西方发达国家。美国、加拿大在 20 世纪 80 年代采取了一系列的减税措施,从而带动了西方发达国家的大规模减税浪潮。1984 年,美国废除了向外国人的组合投资利息所得(portfolio interest income)征收 30% 预提税的规定,由此开启了这场以减税为内容的国际竞争的大幕。1986 年,美国政府为避免跨国公司在其境外的"延期纳税"所造成的税收流失,将其公司所得税的最高名义税率由 46% 降低到 34%。加拿大为防止其境内的资金因美国减税措施的刺激而流入美国,1987 年,也迅速削减其公司税税率予以应对。这一改革使得美、加在国际资本和所得税税基的争夺战中处于十分有利的地位。为避免本国税基受到侵蚀、吸引流动性的税基,各国纷纷仿效美国实行减税。在 1986 年至 1991 年间,26 个 OECD 成员国中,除韩国、土耳其公司所得税税率有所增加外,大多数国家都降低了其税率水平,其中瑞典的降幅最大,1991 年的税率水平比 1986 年降低了 22 个百分点;包括美国、丹麦在内的 5 个国家税率下降了 10 个以上百分点,其他国家下降的幅度则在 3—8 个以上百分点。② 个人所得税最高税率的下降幅度更大,OECD 成员国平均降低了 14 个百分点,其中包

---

① OECD, Harmful Tax Competition-An Emerging Global Issue, 1998.
② 资料来源:OECD, Tax Rates Are Falling, OECD in Washington, March—April, 2001.

括美国、荷兰在内的8个国家的最高税率下降幅度超过20个百分点,葡萄牙的降幅甚至高达44个百分点。① 除个人所得税与公司所得税外,不少国家也纷纷削减甚至取消资本利得税和财富税。②

进入21世纪以来,国际税收竞争不再局限于西方发达国家,韩国、新加坡等新兴工业化国家和印度、马来西亚、沙特等发展中国家也加入国际税收竞争。不仅早先形成的避税港得益于外汇管制的取消和国际贸易与投资的自由化,为国际投资者提供了税收筹划的机会,新兴的避税港,尤其是生产型避税港也日益产生和发展,对国际税收竞争产生了重要的影响。③ 不仅如此,许多原本实行高税负的国家也采取了特殊的低税政策,与避税港展开竞争,如荷兰和瑞士。通过设立在荷兰和瑞士的控股公司,纳税人可以受益于两国的参股免税政策、税收管理的灵活性,以及广泛的税收协定的网络,获得税收利益。最近,许多其他国家也建立了基于总机构、控股公司等各种形式的税收优惠制度。根据KPMG(毕马威)发布的2005年公司所得税率报告,仅在2004年一年,全球共有20个国家削减了公司所得税税率。从2000年至2005年,OECD的30个成员国的平均公司所得税税率从33.6%下降到29.2%。④

2008年美国次贷危机爆发后,各国的救市措施更是以减税为核心,展开对资本等的流动性要素的竞争。在日本,个人从股票中获得的资本利得和股息所得享受10%的优惠税率的政策延长至2011年。在罗马尼亚,在2009年度,对证券交易的资本利得免税,个人的资本损失可以用同类型的资本利得冲销,从2010年1月1日起,未冲销的资本损失余额可以向后结转1年。在匈牙利,35%的股息税税率被取消。在巴西,个人消费金融操作税的税率由3%降至1.5%。⑤ 在韩国,资本利得税的起征点从6亿韩元提高到9亿韩元。

消极投资一贯是各国税收竞争的重点。各国对金融交易的税收负担基本上遵循了税负从轻且不断调低的趋势,赋予投资者的税收优惠措施名目繁多、形式各异。证券交易税作为证券市场的主要税种之一,在多数国家经历了"先征后废"的调整趋势,如美国于1966年、德国、瑞典于1991年、意大利于1998年、日本、丹麦于1999年、新加坡于2001年均相继废除了证券交易税。⑥ 根据美国国

---

① 资料来源:OECD, Tax Rates Are Falling, OECD in Washington, March—April, 2001.
② 韩霖:《国际税收竞争的效应、策略分析:结合我国国情的研究》,经济科学出版社2006年版,第43—46页。
③ 避税港是重要的国际税收竞争模式之一。为避免内容上的重复,有关避税港的讨论详见本书第十二章,在此不再赘述。
④ 黄焱:《国际税收竞争与最优资本课税研究》,中国税务出版社2009年版,第26页。
⑤ 对各国应对金融危机的税收措施,详细可参见张瑛、韩霖:《部分国家应对金融危机的主要税收政策》,载《涉外税务》2009年第1期。
⑥ Tax Note International and World Tax Daily(www.taxbase.org).

库伯斯·里伯兰德国际税收网提供的 95 个国家的税收情况来看,对证券交易行为征税的国家和地区只有 27 个。即便在开征证券交易税的国家,其税收负担轻且呈现下降的趋势。各国或地区,无论是单方或双方征收,其总税负一般在 0.1%—0.3% 左右。除澳大利亚、中国香港外,各国仅对买方或卖方实行单边征收。各国对金融资产收益的税收课征通常不单独设立税种,而是并入公司或个人普通所得征税,但多规定各种优惠的税收待遇。在资本利得税方面,希腊、奥地利、比利时①对资本利得给予免税的待遇。大多数国家则对资本利得给予特殊的免税待遇。如法国对短期资本利得并入企业所得按 1/3 征税,长期利得可抵减以前损失后按普通所得征税。西班牙、爱尔兰等国则按不同资产项目和持有期长短规定了减税幅度递增的方法。此外,各国大多允许资本损失在资本利得范围内充抵和结转。美国、英国等为促进本国经济的发展,也采取诸多措施加大资本市场的税收优惠力度。

在全球范围内展开的国际税收竞争降低了跨国投资的税收负担,有利于加强跨国资本流动,促进资源的有效配置和利用,因而有利于全球经济效率的提高。然而,以低税为核心的国际税收竞争不仅直接减少了该国的财政收入,也影响了其提供公共服务的水平。也正因为如此,国际税收竞争日益受到关注,成为 OECD、欧盟等国际组织应对的国际税收问题之一。

三、国际税收竞争的分类

按照不同的划分标准,可以将国际税收竞争分为不同的类型:

(1) 根据税收竞争的对象,可以将税收竞争划分为狭义的税收竞争和广义的税收竞争。狭义的税收竞争是指具有特定意图的具体的税收竞争。欧盟即是采取此种狭义的税收竞争,认为税收竞争包括吸引证券投资,即间接投资的税收竞争,以及旨在吸引直接投资的税收竞争。广义的税收竞争则是指针对国际可流动资源,诸如资本、技术、人才以及商品而展开的广泛的多种形式的税收竞争,包括税制方式、税收政策和税收征管等。②

(2) 根据税收竞争采取的策略,可以将税收竞争分为全面降低税率的税收竞争、税收优惠的竞争和避税地税制的竞争。避税地税制是国际税收竞争中最为极端的一种竞争策略,以主权国家完全放弃或放弃主要的征税权为核心,一般国家无法采用这一竞争手段。全面降低税率,包括公司所得税和个人所得税,能够吸引或留住账面利润,从而吸引流动性资源或要素的流入,能够使国外投资者普遍获益,是一种以吸引资本总量为目标的税收竞争策略。税收优惠通常以税

---

① 仅在将本国股权出售给外国公司的情况下,才按 16.5% 课征税收。
② 李建英、薛荣芳:《税收竞争的分类及其效应》,载《税务研究》2002 年第 7 期。

基的削减为主要手段,也不排除特定情形下的降低税率。以税收优惠为策略的税收竞争主要是一种"区别对待"的政策,主要目的是引导外国资本在特定产业或地区之间的流向。①

（3）根据税收竞争的实施后果,可以将税收竞争分为良性的税收竞争和有害的税收竞争。尽管对税收竞争的认识仍存在诸多的差异,但税收竞争各有利弊则形成了较大的共识。相对于通常意义上的市场竞争而言,国际税收竞争是发生在税收领域中的一种特殊形态的市场竞争行为。② 尽管 OECD 和欧盟提出了"有害税收竞争"的概念,但仍不否认适度范围内的税收竞争仍是有益的。只要政府之间的税收竞争可以产生更高效率、更少干预的税制,则此种竞争为良性的税收竞争。③ 相反,如一国为吸引另一个国家的资本并掠夺其相应的税收收入,利用国家间的税制差异而采取的侵蚀他国税基的行为,则构成有害的税收竞争。由于各国享有独立、自主的税收管辖权,各国是否实施低税政策参与税收竞争,应属于一国税收主权范围内的事项,原则上不应受到干预和限制。只有当一国实施的税收政策恶意地侵蚀他国税基,强化避税动机的情况下,此种税收竞争才应受到规制。

第二节 有害国际税收竞争的规制实践

一、OECD 规制国际税收竞争的尝试

（一）OECD 规制国际税收竞争的进展

OECD 早在 1996 年 5 月已开始关注国际税收竞争的问题。当时 OECD 各国部长理事会要求 OECD"制定措施消除有害税收竞争对投资与融资决策以及对国家税基产生的扭曲作用和不良影响,并于 1998 年提出反馈报告"。这一要求后来于 1996 年在里昂举行的西方七国峰会上得到通过。此后 1997 年召开的部长理事会和七国首脑峰会上又再次重申了反对有害税收竞争的重要性。④ 经过两年多的工作和艰难谈判,OECD 于 1998 年 4 月发表了《有害税收竞争:一个新兴的全球性课题》的报告(以下简称"1998 年 OECD 报告")。⑤

1998 年 OECD 报告主要论及具有地域流动性的活动,如金融和其他服务活

---

① 韩霖:《国际税收竞争的效应、策略分析:结合我国国情的研究》,经济科学出版社 2006 年版,第 37—38 页。
② 蔡庆辉:《有害国际税收竞争的规制问题研究》,科学出版社 2010 年版,第 14 页。
③ Brian J. Arnold & Michael J. McIntyre, *International Tax Primer*, Kluwer Law International, 1998.
④ OECD, Harmful Tax Competition: An Emerging Global Issue, 1998.
⑤ 瑞士和卢森堡没有对报告投赞成票。

动,包括无形资产的转让。报告主要涉及 OECD 成员国、非成员国及其附属地。该报告指出,避税港和有害优惠税制对流动性活动取得的所得征税的实际税率大大低于其他国家的税率将会造成如下的危害:(1) 人为地扭曲资金流向并间接地影响实际投资方向;(2) 损害税制结构的统一和公平;(3) 不利于纳税人自觉依法纳税;(4) 破坏应有的征收水平、税种搭配和预算支出平衡;(5) 引起部分税负向流动性较差的税基如劳动力、财产和消费的转移;(6) 增加税务机关的管理成本和纳税人依法纳税的负担。尽管 OECD 的报告针对的是有害税收竞争,但报告中并未对这个概念加以定义,只是提供了判定有害税收竞争的标准。针对有害税收竞争,OECD 报告提出了抵制的 19 项建议。

1998 年 OECD 报告可以说是开始了 OECD 抵制有害税收竞争的漫漫征程。OECD 财政事务委员会继而在 2000 年向部长理事会提交了《走向全球税务合作:识别和消除有害税收行为的最新进展》的报告(以下简称"2000 年报告")。[①] 该报告根据 1998 年报告所提出的识别标准,认为 OECD 成员国所采用的 47 项税收优惠制度构成"潜在有害的税收优惠税制",并相应地公布了实施这些税制的国家名单;将 35 个国家和地区认定为避税港,并决定给予 12 个月的时间,让其承诺与 OECD 合作,在 2005 年 12 月 31 日之前消除其有害税收行为,并于作出承诺后半年内与论坛合作制定兑现承诺的具体实施计划。对于不承诺合作的避税港,将对其采取联合制裁措施。

2000 年报告发布后,许多避税港迫于压力作出与 OECD 合作的承诺。就在 OECD 反有害税收竞争的行动进行得如火如荼时,2001 年美国财政部长保罗·奥尼尔表示美国不再支持 OECD 当前形式的消除有害税收竞争的工作,使得这项行动急转直下。美国态度的转变对 OECD 反有害税收竞争行动产生了重大的影响。OECD 被迫对消除有害税收竞争计划作出调整并发布了《OECD 有害税收竞争实践的计划:2001 年进展报告》(以下简称 2001 年报告)[②]。避税地是该项报告的重点。2001 年报告主要修改了认定"不合作"避税地的标准,并对"不合作"避税地采取抵制性措施的时间问题进行了修改。按照该报告修改的结果,OECD 早前公布的"不合作避税港"名单中,最后仅保留了安道尔、列支敦士登、利比里亚、摩纳哥和马绍尔群岛。

2004 年 OECD 发布了第三个进展报告,主要对成员国反有害税收竞争的工作进展予以公布。根据 2004 年报告公布的结果,2000 年报告中确认的成员国实施的潜在有害优惠税制中,18 项已被取消,13 项被确认为无害,只有瑞士和卢

---

① OECD, Towards Global Tax Co-operation: Progress in Identifying and Eliminating Harmful Tax Practices, 2000.

② OECD, the OECD'S Project on Harmful Tax Practices: the 2001 Progress Report, 2001.

森堡的两项税制仍保留其潜在有害特征。

（二）OECD反有害税收竞争的实施状况

有害税收竞争问题的提出具有重要的意义，意味着一系列针对逃税和避税的国际合作的开始。但OECD的反有害税收竞争从一开始便饱受争议，而其抵制有害税收竞争的制度措施的有效性备受质疑。

由OECD来主导消除有害税收竞争的行动，其固有的缺陷极为明显。OECD的成员国数量非常有限，并不是一个能够代表各方面利益、具有普遍权威的国际组织。其影响力也因此受到一定的限制。OECD所实施的消除有害税收竞争的范围有限，尽管OECD尽力将非成员国纳入影响的范围，但成效却不如预期，消除有害税收竞争的规则难以在非成员国间执行。而有害税收竞争却是一个具有全球性的问题，由其来解决这一问题，其实施效果自然不言而喻。

OECD主要由发达国家组成，被认为是发达国家的俱乐部，其表达的立场、观点、识别有害税收竞争的标准等主要代表了发达国家的利益。由其提出解决税收竞争问题的方案，即使部分方案有利于发展中国家，也不易为发展中国家所接受。[①] 跟踪OECD有害税收竞争项目的进展，不难发现，最后所取得的成果实质上是各方妥协的结果，OECD作了较大的让步。这显然是有违其初衷的。这完全是由于OECD初始提出的条件，都仅仅体现发达国家的利益所导致的。所谓的"有害"，仅仅是因为其侵蚀发达国家的利益，而忽视了小国和不发达国家的利益。OECD试图通过单边强硬的政治经济施压来改变既有状况。这也是OECD主导消除有害税收竞争行动备受诟病的原因之所在。

由OECD本身的性质所决定，OECD消除有害税收竞争报告所提出的建议并不具有法律约束力，只有劝导性的作用。缺乏国际法准则的支持无疑将减弱OECD报告在执行上的有效性，OECD只能试图通过政治和经济手段对违背承诺的成员国和被认定为存在有害税收竞争行为的国家和地区施加压力。例如，由于美国对OECD提出的措施表示反对，原本提出的19项建议被削减为两项，即可见该计划实际上缺乏可执行力。

就当前OECD为消除有害税收竞争所采取的措施来看，同样存在着诸多的问题。其中，最为重要的，莫过于此项行动对各国税收主权所造成的干预。作为OECD成员国的美国，公开反对OECD消除有害税收竞争的一系列举措。美国认为OECD的做法在诱导别的国家减少对跨国公司的优惠，这会导致美国的财政收入减少和促使投资者离开美国。美国甚至认为，OECD此项消除有害税收竞争的行动的实质是为保护欧洲低效的高税负而否定所有的税收竞争，因此是

[①] 郑鹏程：《论国际税收竞争的法律调节》，载《财经理论与实践》2005年第11期。

不合理的。① 许多小国和不发达国家也指责 OECD 的行动只是要求其建立一种特定的所得税并遵从其设定的最低限度的税率。尽管 OECD 在其报告中多次强调,其反有害税收竞争的行动无意在 OECD 之内或之外协调所得税率或税制结构,然而,从其 1998 年报告中关于税收竞争的危害、识别有害税制的要素以及要求成员国和非成员国消除有害优惠税制的主张等情况仍可以看出其进行税制协调的初衷,但由于来自成员国内部以及避税港地区的强烈反对,不得不将其行动集中在情报交换和增强税法透明度方面,最终在税制协调方面少有作为。② 税收管辖权是一国主权的重要组成部分,同样是神圣不可侵犯的。OECD 力图要求他国无条件遵循其设定的标准,消除按此标准认定的"有害税制",显然已对他国的税收管辖权造成了一定的干预,必然招致他国的反对。

就 OECD 执行其提出的消除有害税收竞争措施的状况而言,2001 年报告消除有害税收竞争的税收协调措施有名无实。③ OECD 现在所做的只是提供判定有害税收竞争的标准,在自我评估的基础上,由成员国自行确定哪些税制是潜在可能有害的。除了卢森堡因拒绝提供税收情报被确认为有害税制外,没有任何别的成员国被确认采用有害税制。④ 同时 OECD 明确承认,其对于有害税制的判断并不影响成员国基于本国法律的判断。更重要的是,OECD 在执行其提出的措施方面存在严重的双重标准。对实行有害税收竞争的发达国家未采取任何措施,而是将矛头指向避税地和非成员国。对同样存在有害税收竞争的美国,也从未采取任何的制裁措施。这也大大降低了 OECD 在主导消除有害税收竞争行动方面的权威性。

在消除有害税收竞争的范围方面,OECD 当前的举措同样有所不足。OECD 的努力一直局限于地域上流动性较强的金融服务,而排除了实体经济的直接投资,尽管实体经济的直接投资是税收竞争问题的重要组成部分。即使对于金融服务问题,OECD 也只有劝说权,而没有裁决权。⑤ 此外,OECD 一开始就错误地将有害税收竞争行动的矛头主要指向了国际上数量众多的避税地。实际上,避税地的形成有其特殊的历史和现实原因。为了本国税收利益而完全禁止避税地征收较低的税收,既不应该也不可能。正确的方法是从多边协调合作入手,帮助

---

① A. Easson, Harmful Tax Competition: An Evaluation of the OECD Initiative, *Tax Notes International*, Vol. 34, No. 7, 2004, pp. 1059—1059.

② 黄焱:《国际税收竞争与最优资本课税研究》,中国税务出版社 2009 年版,第 32—33 页。

③ Michael C. Webb, Defining the Boundaries of Legitimate State Practice: Norms, Transnational Actors and the OECD's Project on Harmful Tax Competition, *Review of International Political Economy*, Vol. 11, No. 4, 2004, pp. 787—827.

④ Dangan Tsilly, the Tax Treaty Myth, *New York University Journal of International Law and Polities*, Vol. 32, Summer, 2000, pp. 939—996.

⑤ 郑鹏程:《论国际税收竞争的法律调节》,载《财经理论与实践》2005 年第 11 期。

避税地建立适当征收以保证财政收入的税收体制,或给予一定的经济援助等,使各个经济体在全球化过程中发挥各自的比较优势,实现多赢局面。①

二、欧盟规制国际税收竞争的进展

(一)欧盟规制国际税收竞争的举措

欧盟作为当前世界上一体化程度最高的区域经济组织,其税收协调已经远远超过其他区域经济体。消除区域内的税收竞争是欧盟税收协调的重要内容。欧盟内部开展的消除有害税收竞争也是针对国际税收竞争的多边规制行动,但与OECD有着完全不同的背景和运作模式。②

1. 欧共体条约

受欧洲竞争法观念的影响,对于实施竞争性税收政策,欧盟在欧共体成立之初就持审慎的态度。《欧共体条约》对此已有所规定。③ 条约第100条规定,如果一成员国的税收立法将影响其他成员国的国内税收政策,那么,该项税收立法必须取得所有其他成员国的一致同意,即所谓的一致同意要求。而条约第87条则禁止成员国制定具有反竞争性及歧视性国家援助的国内税收政策,禁止以反竞争性或歧视性方式强制执行中立的税收政策。根据第100条的规定,理事会在取得欧盟委员会一致同意的基础上,并在征求欧洲议会以及经济与社会委员会的意见后,应当发布指令,以便其他成员国使其制定的直接影响到共同市场的建立或运行的法律、法规或行政规章与其保持一致。由于成员国的国内税收制度也属于第100条的规制范围,因此,任何影响到其他国家的国内税收政策的制定都必须得到所有成员国的支持。只有一国存在反竞争性或歧视性税收政策,受害国就可以在该国的国内法院或向欧洲法院提起法律诉讼或衡平诉讼。

2. 行动准则

1997年12月,欧盟财政部长理事会一致同意采取一揽子措施消除欧盟内部的税收竞争,作为其中的重要部分,有关工商业课税的《行动准则》④也得以通过。欧盟《行动准则》要求成员国取消现有的构成有害税收竞争的税收政策,并承诺将来不再采用任何此类税收政策。欧盟理事会在通过该项行动准则时表示,理事会承认公平竞争的积极影响,但仍应当对通过仅给予非居民或向非居民提供更多的税收优惠而过度扭曲经济活动的区域的税收措施予以审查。

根据《行动准则》的既定安排,欧盟于1998年3月成立了对欧盟成员国的

---

① 沈楠:《全球化视角下OECD有害税收竞争项目的新进展》,载《涉外税务》2007年第10期。
② 蔡庆辉:《有害国际税收竞争的规制问题研究》,科学出版社2010年版,第69页。
③ 王政、郑建群:《欧盟各国税收制度竞争与协调现状分析》,载《国际经贸探索》2007年5月。
④ Code of Conduct for Business Taxation, 资料来源:http://ec.europa.eu/taxation_customs/resources/documents/coc_en.pdf,最后访问时间:2013年7月28日。

税收措施进行审查的小组。该小组对271项潜在有害的税收政策进行了一年多的审查。在1999年11月提交的审查报告中,工作组将其中的66项税收措施确认为有害,其中40项在欧盟成员国,3项在直布罗陀,23项在成员国的附属领地。为此,上述成员国及其附属领地被责令修改或取消有害税收措施。对于有害税收竞争的受益人则规定了过渡期,即不论有害税收措施最初是否规定有效期,受益人均必须在2005年12月31日前停止享受这些措施的优惠政策。

此后,欧盟《行动准则》工作组一直负责对成员国消除及不再采用有害竞争的税收措施进行监督,并定期向欧盟理事会进行报告。

3. 政府援助规则

由于《行动准则》缺乏约束力和强制力,为了加强国家援助规则在反有害税收优惠上的适用,欧共体委员会于1998年发布了《国家援助规则适用于直接企业税措施的通告》①(以下简称《通告》),将国家援助规则引入到反有害税收竞争的规则体系中。所谓国家援助,是指政府为了实现特定的经济和社会目标,如区域发展、环境改善、产业鼓励等给予的相关扶持和优惠政策的行为。② 在《通告》中,欧共体委员会强调,发布该《通告》的目的在于保证欧共体市场的统一性并保证资本的自由流动,为此,应有必要将税收措施纳入《欧共体条约》第92(1)条的政府援助条款的规范范围予以审查,要求任何因政府援助所产生的竞争的扭曲都应当由欧共体委员会根据条约第93(3)条予以审查。成员国应当将其欲实施的政府援助措施报告给委员会,上述援助措施应在委员会同意后才能生效。委员会应当对其实施效果,而非形式进行审查。一旦委员会认为此项援助措施与共同体市场不相容,则成员国应当修正或废除此项援助。

为实施这一《通告》,2001年7月欧共体委员会发起了一场针对以税收优惠形式作为国家援助的大规模的调查,其重点在于审查"以跨国公司或从事金融保险业的公司为优惠对象的税收安排"。这次调查共涉及12个成员国的15项措施,其中的13项被确定为"与欧洲共同体市场不相协调"。2003年11月起,欧盟理事会相继通过了有关执行《通告》情况的系列报告③,在报告中,欧盟委员会就《通告》执行情况进行了简单的说明,并对直接企业税适用国家援助规则的

---

① Commission Notice on the Application of the State Aid Rules to Measures relating to Direct Business Taxation (98/C 384/03),资料来源:http://eur-lex.europa.eu/LexUriServ/LexUriServ.do?uri=CELEX:31998Y1210(01):en:HTML,最后访问时间:2013年7月26日。

② Pinto C., *Tax Competition and EU Law*, the Hague/London/New York: Kluwer Law International, 2003, p.98.

③ Report on the Implementation of the Commission Notice on the Application of the State Aid Rules to Measures relating to Measures Relating to Direct Business Taxation,资料来源:http://ec.europa.eu/competition/state_aid/studies_reports/rapportaidesfiscales_en.pdf,最后访问时间:2013年7月27日。最新的报告发布于2004年2月9日。

标准作出了进一步的解释和说明。

（二）欧盟规制国际税收竞争的成效

根据《欧共体条约》，有关税收立法的规定必须由成员国一致通过才能制定，而税收制度事关国家主权，也关系到一国的财政收入的取得，影响到其在国际市场中的竞争地位，要就税收优惠政策的协调达到全体一致绝非易事。为此，欧盟采取了自愿措施而不是立法的方法，即以求同存异的"君子协议"式的协调方法予以规制。《行动准则》即是此种协调方法的产物。尽管《行动准则》并无法律拘束力，但作为一种政治承诺，《行动准则》仍然对欧盟各国有一定的约束力。

相反，在国家援助规则框架下进行的有害税收竞争规制的行为则有不同。依据国家援助规则所建立的有害税收竞争规则由一系列的条例、指令予以确立，是具有法律拘束力的，成员国均不得违反，否则即须为此承担法律责任。国家援助规则由欧盟机构负责实施，如果一国未得到欧盟委员会的同意实施了国家援助，其他受影响国可向成员国法院或欧盟法院提起诉讼，违反规定给予的援助原则上也需取回。

尽管一开始欧盟对规制国际税收竞争的态度极为强硬，但其执行却较为宽松。欧盟部长会议决定，消除有害税收竞争必须于 2003 年 7 月 31 日前（OECD 规定的期限为 4 月 30 日）基本结束，个别案件经裁定可以延至 2005 年 12 月 31 日。另外，欧盟部长会议对普里马罗洛小组提出的处理成员国内的 66 项有害税收竞争措施，只表示对其"削减"，而非废止，更未对"削减"的办法、未削减情况下的制裁作出任何的说明。① 2003 年 8 月，欧盟委员会尽管认为即将入盟的东欧 10 国，包括捷克、爱沙尼亚、匈牙利等，均存在有害的税收竞争行为，却认为因其分别对本国有关法令已经或承诺修改，所以不违反《行动准则》的规定，也不影响其加入欧盟。

与 OECD 相同，欧盟同样是发达国家的代表，因此，其采取的规制国际税收竞争的措施也多数代表了发达国家的利益而备受诟病。欧盟规制国际税收竞争所存在的最大问题在于，欧盟的所有文件，无论是政治承诺还是立法，均只能在成员国间进行适用，而无法对非成员国适用。这决定了其对税收竞争的规制只能是区域性的，同样无法解决国际税收竞争这一全球性的问题。

但在规制的范围上，与 OECD 相比，欧盟的《行动准则》的范围更加宽广，并未局限于地理上具有流动性的活动。

---

① 蔡庆辉：《有害国际税收竞争的规制问题研究》，科学出版社 2010 年版，第 82 页。

第三节 规制有害国际税收竞争的主要措施

一、有害税收优惠政策的判断标准[①]

(一) OECD 有关有害税收优惠政策的识别因素

1998 年 OECD 有害税收竞争的报告中对有害优惠税收政策的识别因素予以明确。报告认为,高税率国家税制的某些方面,对于流动性经营活动,具有与传统的避税港一样有害的作用。因此,同样有必要对高税率国所实施的优惠税制采取必要的规制措施,防止流动性经营活动转移到上述国家。该报告所涉及的优惠税制主要是"能据此轻易改变公司经济活动,尤其是金融或其他服务活动流向的税制","这些优惠税制的存在会激励人们由于经营场所所在国国内市场税收利益的不足而重新选择经济活动所在地"。1998 年 OECD 报告指出,以下四个关键因素可以用来确认一项优惠税制是否"有害":

(1) 零税率或低实际税率。对有关所得实施低税率或零税率是检验优惠税制是否有害的基础。由于规定的税率本身很低,或者由于适用特定税率的税基的确定方式,其实际税率为零或税率很低。

(2) "栅围"税制(fenced taxation)。"栅围"税制是指一些税收优惠制度部分或全部地与国内市场所适用的税收制度隔绝开来[②],即一种税制部分或全部孤立于国内经济。由于税制的"栅围"效应,该制度可以有效地保护发起国,使其免受自己优惠税制的危害,只对他国税基产生不良的影响。实施此种税制的国家对自己的优惠税收立法承担很小甚至不承担财政负担。同时,适用该税制的纳税人将受惠于提供优惠税制国家的基础条件,而不必为此付出成本。"栅围"税制一般采用如下几种形式:

第一,该优惠税制仅适用于非居民纳税人。在优惠税制的适用条件方面,明确或不明确地排除居民企业获益,将政策的减税影响转移至他国,从而使得该税制具有显著的有害溢出效应。

第二,受惠于该税制的投资者被明确或不明确地拒绝进入国内市场。适用该税制的投资者被明令禁止在国内市场经营;对已在国内市场营业的企业则不允许享受该优惠或采取可以中和该优惠的措施,使这些企业客观上失去国内市场准入的资格。

此外,该税制还可以明确禁止享受该优惠的企业以国内货币进行交易,借此

[①] 有关避税地的识别标准已在本书第十二章进行讨论,不再赘述。

[②] A. Easson, Harmful Tax Competition: An Evaluation of the OECD Initiative, *Tax Notes International*, Vol. 34, No. 7, 2004, p.1068.

保证本国货币体系不受该国税制的影响。

（3）缺乏透明度。实施缺乏透明度的税制会使得居民国难于采取保护措施。一项在税收征管上透明的税制应当满足以下的条件：第一，税制明确地表明对纳税人适用的条件，这些规定可以为纳税人据以与税务机关谈判；第二，税制的具体规定，包括对特定纳税人如何予以应用，可以为他国税务机关所了解。凡不符合上述条件的税制都容易导致有害税收竞争，因为缺乏透明度的税制使其优惠的享受者可以通过与税务机关的谈判获取不同程度的优惠，从而导致纳税人税负的不公平。在 OECD 的报告中，列举了可能导致缺乏透明度的情况：一是税收征管中给予纳税人税收优惠的裁定，从而使得某些行业或部门享受比其他行业或部门更优惠的税收负担；二是特定税收征管实践可能与法律规定的程序相悖。这可能引发纳税人之间的差别待遇，并加大其他国家实施其税法的难度。如果一种税制的税率和税基不容协商，但征管实践和税法施行却与法律不符，或不明文规定其适用条件，也可以被视为潜在有害。

（4）缺乏有效情报交换[①]。一国向另一国提供情报的能力和自觉程度是审视其税制的实施效果是否潜在有害的关键因素。如一国在执行国内法或税收协定时，可能由于保密法的规定妨碍另一国税务机关获取有关适用一国优惠税制的纳税人的情报，由此使其在情报交换方面受到限制。此种限制正在日渐影响调查和防范纳税人利用有害优惠税制。

在 OECD 报告中，其他可以用于识别有害优惠税制的因素还包括：人为确定税基；违背国际转让定价原则；外国来源所得在居民国享受免税待遇；税率与税基的可协商性；存在银行保密规定；缔结广泛的税收协定网络；为实现税负最小化而设计的税制；鼓励纯粹为获取税收利益而从事经营或投资。

（二）欧盟认定有害优惠税制的标准

根据欧盟《行动准则》的规定，通过税收措施实施了显著低于成员国一般适用的实际税率或是零税率，而不管是通过名义税率、税基或是其他方式实施，是认定有害优惠税制的标准。在认定税收措施是否有害时，以下因素应当予以考虑：(1) 此种优惠是否仅给予非居民或与非居民发生的相关交易；(2) 此种优惠是否与国内市场相隔离，从而不会影响国内税基；(3) 此种优惠是否即使在提供此种税收优惠的国家并无任何真实的经济活动或实质经济存在也将授予；(4) 认定公司的跨国集团的内部活动的利润确定规则是否与国际普遍接受的原则相背离，尤其是在 OECD 内部达成一致的规则；(5) 税收措施是否缺乏透明度，包括法律条文在税收征管层面中以非透明的方式放宽执行。

1998 年欧共体委员会颁布的《国家援助规则适用于直接营业税措施的通

---

① 关于税收情报交换，本书将在第二十二章中详细予以阐述。

告》中对构成国家援助的税收优惠的认定标准作出了规定：

（1）优惠性。通过减轻或免除其通常应当承担的税收负担而给予优惠，优惠可以采取多种方式，如减少税基、全部或部分的税收减免、延期纳税等。

（2）优惠由国家授予或以国家资源给予，可以通过立法的方式明确给予优惠，也可以由税务机关在税收征管活动中视情况给予。

（3）优惠措施影响了成员国间的贸易和竞争。根据已有的案例，只要受益人由于该优惠措施而从事了成员国间贸易活动，就达到了贸易被影响的标准。如优惠使得获益企业获得更强的竞争地位，这就足够得出贸易被影响的结论，即使优惠数额很小或者受益人规模很小或者其在共同体的市场份额很小，甚至受益人没有出口或全部出口到共同体以外的市场也不影响上述结论。

（4）优惠政策具有选择性和专项性，即优惠只授予特定的企业与特定的生产部门，而不构成普遍实施的税收政策。税法中的例外性规定或者税务机关的区别对待都造成了这种选择性。

应当注意的是，并非所有的税收优惠措施都将进入国家援助制度的规范视野。一方面，国家援助只规范"个别"优惠，一般优惠措施并不受该制度的规范，即使一般优惠措施具有选择性，此种选择性也是正当的。① 如果一项税收优惠制度可以无差别地适用于所有企业或所有产品，就不构成国家援助。另一方面，尽管某些国家援助制度会造成一定程度上的竞争扭曲，但如有助于实现特定的社会政策目标，则同样是允许实施的。

二、有害税收优惠政策的主要规制措施

（一）OECD关于有害税收优惠政策的主要规制措施

在1998年OECD报告中，共提出了19项应对有害税收竞争的规制措施的建议，分别涉及单边国内立法和实践、税收协定以及国际合作三个方面：

1. 单边国内立法和实践

（1）受控外国公司法或相关法规的建议。为取消本国居民股东的受股外国公司取得的境外所得推迟缴纳国内税收的利益，OECD建议未采取此项法规的国家考虑采用此法，从而通过限制对某些所得的合法转移打击逃避税。

（2）外国投资基金法或相关法规的建议。由于居民纳税人可以通过拥有外国共同基金的份额而推迟履行其国内税收义务。为此，OECD报告建议采用外国投资基金法或相关法规，从而取消外国公司因推迟履行其消极投资所得所产生的国内纳税义务而取得的税收利益。

（3）关于在有害税收竞争条件下对参股免税和其他境外所得免税予以限制

---

① Case 173/73 Italy v. Commission [1974] ECR 709.

的建议。OECD报告建议,为消除双重征税而对境外所得采取免税法的国家应当考虑采纳此法,以确保其居民从有害税收竞争中获益的境外所得不享受免税法的待遇。具体限制可以分别从境外所得来源国、所得类型、该项所得实际适用税率等方面予以设定。

（4）关于境外税收情报报告制度的建议。

（5）关于事前裁定的建议。对拟发生的交易行为,在行为发生之前可以通过行政手段由对纳税人享有税收管辖权的国家就其纳税事项作出事前裁定,为此该国应当公布事先裁决的适用条件、不适用条件、否决限制等内容。

（6）关于转让定价指南的建议。[①]

（7）关于为税收目的获取银行信息的建议。OECD报告建议,各国应审查本国的有关法律法规和税收征管实践,清除有关的障碍,使税务机关能够获得银行信息。

2. 税收协定

（1）关于加大税收情报交换力度和提高税收情报交换效率的建议。

（2）关于协定获益权的建议。为限制从事有害税收竞争行为的实体以及由此获得的所得从协定中收益,各国应考虑在其税收协定中对协定获益权予以限制。

（3）关于明确国内法中反滥用规则和协定条文的建议。OECD报告建议应当消除国内反滥用规则与税收协定协调方面的不明确和不清楚规定,协助国内反滥用及有关法规与税收协定实现一致。

（4）关于拟定协定中排除受益规定清单的建议。OECD报告建议就各国协定中排除某些法人和所得享受协定待遇的规定拟定并掌握一份清单,供成员国在谈签税收协定时参考,并作为部长论坛讨论的基础,从而保证受益规定在执行中的协调一致。

（5）关于与避税港之间的税收协定的建议。各国应考虑终止与避税港国家之间的税收协定,并考虑不再与这类国家谈签税收协定。

（6）关于联合行动的建议。各国应对涉及从有害税收竞争中受益的所得或纳税人考虑实施联合行动计划,如同期检查、专项情报交换或联合培训活动等。

（7）关于协助税收追缴的建议:鼓励各国研究其现行法律中有关他国税收强制追缴的规定。

3. 国际合作

OECD报告中强调,尽管严格而规范地执行单边国内立法或税收协定的措施可以在一定程度上解决有害税收竞争的问题。然而,由于有害税收竞争问题

---

① 有关转让定价的问题,在本书第十一章中有详细阐述。

本身具有全球性，因此仅靠单边或双边的行动成效是有限的。首先，一国税务机关的权力受管辖权的限制，其抵制某些形式的有害税收竞争的能力将受到限制；第二，一国取消本国居民某些由有害税收竞争带来的利益而他国并不相应地予以取消时，将会使本国居民处于不利的竞争地位；第三，对所有形式的有害税收竞争行为进行必要的监督并采取有效的抵制措施，将给受到有害税收竞争不利影响的国家带来高昂的管理成本；第四，缺乏相关国家的配合，一国单方面行动将会增加纳税人的依法纳税成本。因此，在应对有害税收竞争问题上，虽然抵制措施将继续以单边为主，但非常有必要加强国际合作。OECD建议在如下方面加强消除有害税收竞争的国际合作：

（1）关于指南和有害税收论坛的建议。OECD要求成员国支持其提出的处理有害优惠税制的指南，并决定以论坛的形式执行这一指南及其他建议。指南建议，成员国应防止通过税收立法或税收征管，采用新的、扩大或加强已有的可能构成有害税收行为的措施，并审查先行的措施，以便识别那些可能构成有害税收行为的现行税收法规或征管措施。

（2）关于准备避税港清单的建议。

（3）关于与避税港建立特殊的政治、经济或其他联系问题的建议。

（4）关于确立并积极推行良性的税收管理原则的建议。

（5）关于与非成员国建立联系的建议。

（二）欧盟关于有害税收优惠政策的主要规制措施

由于欧盟《行动准则》只是政治承诺，而不具有法律约束力，因此，该准则并未规定不履行的法律后果。但准则提示成员国可以通过相关税收立法和税收协定的反滥用条款来抵制有害税收措施。为敦促各成员国履行《行动准则》所确定的义务，欧盟理事会专门成立了《行动准则》工作组对成员国税制进行审查。根据透明度原则和公开原则，准则要求成员国向彼此通报现存的或打算采行的属于准则范围内的税收措施。任何成员国可要求就其他成员国可能属于准则范围内的税收措施进行讨论和评价，这就意味着可对有疑问的税收措施进行有害性评估，以考虑其对共同体内部可能造成的影响。在评估时，有必要结合此类行为在欧共体内部的有效税率认真评估相关税收措施可能对其他成员国产生的影响。

国家援助制度的重要特征是实现事前的监控。如果一项税收措施构成国家援助，则必须在得到欧盟委员会审查批准后才能实施。对于那些不相协调的措施，委员会可要求成员国修改或废除。如果违反规定而给予援助，原则上必须收回。

本 章 小 结

发达国家停止对证券金融投资征收预提税和生产性避税港的兴起是全球化驱动下国际税收有害竞争的主要表现。欧盟和 OECD 的法律文件肯定了国际税收不当竞争问题的存在,指出问题的内容、性质和影响,提出了解决问题的初步的办法和措施,建立了组织基础和制度框架,跨出了限制国际税收不当竞争的第一步。从国际税法学术研究的角度看,它提出的问题和一系列新概念、措施、制度和解决问题的新思路,都值得重视和研究。

思考与理解

1. 有害国际税收竞争的产生背景是什么?
2. 如何认定有害优惠税制?
3. OECD 规制有害国际税收竞争的主要措施有哪些?
4. 欧盟如何规制有害国际税收竞争?

课外阅读资料

1. 蔡庆辉:《有害国际税收竞争的规制问题研究》,科学出版社 2010 年版。
2. Pinto C., *Tax Competition and EU Law*, the Hague/London/ New York: Kluwer Law International.
3. OECD, Harmful Tax Competition: An Emerging Global Issue, 1998.

第二十二章 税收情报交换

在当前国际税收竞争与国际逃避税现象并存,各国吸引外资与防范逃避税的需要共生的形势下,在不同国家(地区)之间开展国际税务合作,成为各国规制有害税收竞争、在合作中各取所需、共同发展的必要方式。从广义上看,国际税务合作包括各国基于各自税收目的所开展的各种形式的互相配合的行动,例如双边或多边税收协定以及双边或多边预约定价协议的谈判与签署,甚至在税收协定框架下对其中的相互协商程序、税收情报交换和税务行政协助条款的执行都可以纳入广义的国际税务合作的范围。但从狭义上看,国际税务合作仅包括税收情报交换与税务行政协助两大部分内容,其中税收情报交换构成当前国际税务合作的主体。本章介绍了税收情报交换的概念与方式、国际范围内税收情报交换制度的历史沿革与最新进展、我国税收情报交换制度的历史发展及国内法规则等内容。

第一节 税收情报交换的概念与方式

一、税收情报交换的概念与含义

对不同主权国家或相对独立的税收管辖权主体(以下统称为"不同国家")之间交换税收情报的现象,学界通常用"税收情报的国际交换"、"国际税收情报交换"和"税收情报交换"三种不同的表述来指称。虽然三者的含义其实大同小异,但如果考虑到一国范围之内,其实也存在着类似情形的话,就有必要对三者之间的关系从表述词语的不同作一个辨析。

"税收情报的国际交换"的表述重在"国际"二字,表明交换主体限于不同国家,与之相对应的概念应是"税收情报的国内交换"。例如,在我国统一的税收管辖主权范围内,不同地区的税务机关或者相同地区的国税机关与地税机关之间,以及税务机关与其他行政机关(例如海关、工商行政管理机关、公安机关等)之间都存在着交流或者交换有关税务信息的现象,虽然从英文角度来看,"情报"或者"信息"的英文都是"Information",但学界通常将一国范围内税务信息交换称为"涉税信息共享"①，由此与"税收情报交换"相区别。从这个角度来说，"税收情报的国际交换"表述中的"国际"二字似乎有些多余。

"国际税收情报交换"中"国际"二字的位置虽然与"税收情报的国际交换"中的位置不同，其实也是用以形容交换主体为不同主权国家的情形，而非所交换的税收情报。因此二者含义其实相同，从英文来看，也同为"International Exchange of Tax Information"。因为情报请求国需要的税收情报，恰恰是缔约国对方所掌握或者所能收集到的税收情报，即对该缔约国对方而言，构成其国内的税收情报。所以，从这个角度来说，"国际税收情报交换"的合理表述应该是"国内税收情报的国际交换"："国内"形容税收情报的来源范围，"国际"形容税收情报的交换主体。

由以上分析可知，"税收情报交换"一词既可以从广义上作为统领"税收情报的国际交换"和"税收情报的国内交换"（即涉税信息共享）的上位概念，也可从狭义上专指前者。由于从狭义上理解不会造成歧义，所以本章遵守约定俗成的惯例，采用"税收情报交换"这一表述。

关于税收情报交换的概念，有学者认为"是指各国的税务主管当局之间为税收征管目的而彼此交换情报的过程"②。也有学者认为"是指税收条约的缔约国为实施本国税法、执行税收条约而选取适当的方式，交换所掌握的或通过采取情报收集措施而获得的税收情报的税务合作方式"③。还有学者认为"税收情报的国际交换是有关国家之间就税收的跨国征纳所进行的相互协助和为防止税收欺诈及偷漏税所进行的司法协助"④。

第三种观点将税收情报交换界定为司法协助事宜，显然混淆了司法与行政之间的界限，不足取。第一、二种观点都各有其理，可以视为是税收情报交换概念的摘要版和全文版。二者的显著区别在于情报交换的主体不同，其实二者概念所涉的主体相加，恰好完整地描述了情报交换制度涉及的各方主体。因为包

---

① "涉税信息共享"也是一个笼而统之的表述，并不足以描述一国范围内所有的税务信息交流或者交换的情形。具体而言：(1) 在同一税收主权管辖范围之内不同税务机关之间就涉税信息的交流，由于"行政机关一体化"原理，这种信息本应由作为一体的税务机关共享，因此只是一种内部的"交流"，还不足以构成外部的"交换"。(2) 税务机关与其他行政机关之间由于行政机关分工与职责范围区别的原因，其有关税务信息的双向交换，才可称为"涉税信息共享"，并且属于广义的税务行政协助的范畴。(3) 至于税务机关向负有税收征管协力义务的第三方社会主体（主要是银行与非银行等金融机构、网络交易运营商等）依法收集有关涉税信息，因为属于信息由第三方社会主体向税务机关单向传送，所以不能称为"交换"或者"共享"。

② 廖益新主编：《国际税法学》，高等教育出版社 2008 年版，第 301 页；蔡庆辉：《有害国际税收竞争的规制问题研究》，科学出版社 2010 年版，第 170 页。

③ 付慧姝：《税收情报交换制度法律问题研究》，群众出版社 2011 年版，第 5 页。

④ 郑榕：《国际经济税收论》，中国财政经济出版社 2006 年版，第 264 页；靳东升、龚辉文主编：《经济全球化下的税收竞争与协调》，中国税务出版社 2008 年版，第 196 页。

含了税收情报交换条款(Tax Information Exchange Clause,以下简称 TIEC)的税收协定或者专门的税收情报交换协议(Tax Information Exchange Agreements,以下简称 TIEAs)都是由各缔约国缔结的,但实际执行协定或协议的又都是各缔约国的税务机关。从这个角度出发,将上述第一、二种观点加以适当结合,可以将税收情报交换的概念界定为:税收协定的缔约国为实施本国税法或者执行税收协定而由其各自税务机关相互之间根据约定的方式,对所掌握或收集的情报进行交换的一种税务行政合作方式。

由以上概念出发,可以解读出其主要的含义如下:

(1) 形式的两类性。从税收情报交换的国际实践来看,其通常表现为两种形式:一种是包含在双边或多边税收协定中的 TIEC,前者如我国截至 2012 年为止所签订的近百个双边税收协定中,都规定了 TIEC;后者如 1988 年的《欧洲理事会/OECD 税务行政互助协定》(1988 Joint Council of Europe/OECD Convention on Mutual Administrative Assistance in Tax Matters,简称《税务互助协定》),该协定的第三章第一节第 4 条至第 10 条规定了税收情报交换事宜。由于税收情报交换对税收协定的执行至关重要,因此税收协定中的 TIEC 又被称为"协定中的协定"。另一种是专门的 TIEAs。例如 1984 年美国公布的《税收情报交换协议范本》和 1999 年美洲国家税收管理中心(CIAT)制定的《税收情报交换协议范本》,以及我国自 2010 年起陆续与巴哈马、阿根廷、英属维尔京群岛等国家和地区签订的 9 个 TIEAs。

(2) 主体的两重性。不论是上述哪一种形式的税收情报交换,都涉及两重主体:第一重主体是互相之间签订税收协定或者 TIEAs 的缔约国政府;第二重主体是负责实际执行的各缔约国税务机关。例如就我国所签订的 TIEAs 来说,我方的第一重主体自然是中华人民共和国政府,第二重主体则是"国家税务总局或其授权代表";对方的第一重主体同样是对方政府,第二重主体则视各个国家或地区主管财政税务事项的政府部门决定,例如巴哈马国为其"财政部长及其授权代表",英属维尔京群岛为其"财务秘书或者被其书面授权的人或机构",阿根廷为其"联邦公共收入局或其授权代表",根西岛为其"所得税管理局局长或其授权代表"等。

(3) 性质的交叉性。税收情报交换性质的交叉性可以从四个角度来观察:第一,从公法与私法间关系来看,虽然说税收问题通常属于公法范畴,但税收情报交换的前提在于不同主权国家之间在相互合作的基础上缔结的以"税收契约"为外在表现形式的税收协定[1],而且国家"也是世界社会经济这一最大契约

---

[1] 参见刘剑文、李刚:《税收法律关系新论》,载《法学研究》1999 年第 4 期,第 98 页。

关系中的一个部分"①,因此,税收情报交换在浓烈的公法性质之中带有贯彻"契约精神与平等原则"的私法色彩。② 所以,税收情报交换首先是不同国家在立法(权力)机关层面之间的平等合作,其次才是行政(税务)机关层面之间的对等合作。

第二,从立法、司法和行政机关相分立的角度来看,税收协定或者TIEAs的签订,属于一国政府在宪法或者立法机关授权下的职权范围,而且国际协定如何转化为国内法,还要看该国是采取直接生效还是经由特定立法程序转化为国内法之后再生效的具体规定而定;税收协定或者TIEAs的执行,则通常属于一国财政税务机关的行政职权范围。因此,税收情报交换体现出立法权与行政权的交叉性。

第三,从学科划分的角度看,税收情报交换还体现出较强的国际税法与国内税法的交叉性。依通说,国际税法是调整国家涉外税收征纳关系和国际税收分配关系的法规范的总称;其与国内税法所交叉部分,即为"该国的涉外税法"。③ 如前所述,税收情报交换事项因国家间的税收协定或者TIEAs而生,实践中最为常见的应请求的情报交换方式更是因缔约国一方的请求而启动,从而体现出较强的国际税法色彩。同时,情报提供国收集有关税收情报的活动又属于一国国内税法所规范的对象,不可避免地具有国内税法的属性;例如我国《国际税收情报交换工作规程》(国税发[2006]70号)第6条就规定:"我国税务机关收集、调查或核查处理税收情报,适用税收征管法的有关规定。"因此,税收情报交换应当作为"涉外税法"范畴,构成国际税法与国内税法的交叉部分。

第四,从情报交换的具体内容和形式的角度来看,税收情报交换还兼具实体法与程序法的双重属性。情报请求国所要求的往往是关系到该国纳税人课税要素等实体性内容的税收情报,而情报提供国收集并且提供税收情报的活动则通常属于该国税收程序法所规范的事项,因此一项具体的税收情报交换是(情报请求国的)税收实体法和(情报提供国的)税收程序法共同作用的结果。

(4) 目的的双重性。由于税收情报交换主体的两重性和性质的交叉性的缘故,其目的也具备双重性的特征。对于情报请求国而言,其通过税收情报交换程序申请缔约国对方提供有关税收情报的目的是为了实现其国内税收征管的目的;对于情报提供国而言,其收集并且提供税收情报的目的则是为了履行其在税收协定或者TIEAs中所承担的国际条约义务,同时也可在对等原则的基础上向缔约国对方请求提供税收情报。

---

① [美]麦克尼尔:《新社会契约论》,雷喜宁、潘勤译,中国政法大学出版社1994年版,第115页。
② 参见李刚:《契约精神与中国税法的现代化》,载《法学评论》2004年第4期。
③ 参见刘剑文、李刚:《二十世纪末期的中国税法学》,载《中外法学》1999年第4期,第37—38页。

一般而言,税收情报交换制度的作用,包括以下四方面:一是加强对跨国纳税人的有效税收征收管理,防止国际逃避税;二是有效实施国际税收协定的条款,防止国际税收协定被滥用;三是作为国际税务合作的主要方式,税收情报交换有利于对纳税人权益的保护;四是加强缔约国之间的相互理解,加强缔约国之间必要的配合,推进国际税务合作。①

二、税收情报交换方式的种类

交换情报的种类和范围,通常由缔约国通过谈判在协定中具体确定。就其种类而言,一般主要包括以下两方面:(1)与实施税收协定的规定相关的可预见的情报,如跨国纳税人的收入及其所得类型、市场价格、经营方式和关联公司之间可税利润的分配等;(2)与实施税收协定涉及税种有关国内法规定相关的可预见的情报,如税制结构、征收方式和管理层次等,包括单方面采取的防止国际逃避税的法律措施。OECD范本第26条注释第6—8段(含第8.1段)以及联合国范本第26条注释第10段(含第10.1段和第10.2段)均就所交换的具体情报加以举例说明,但正如前者所指出的:"这些举例仅仅是出于描述性目的,其首要目的并不在于限制情报交换的范围,而是允许'在最可能广泛的范围内'的情报交换。"②

不同的国际文件对税收情报交换方式的规定,在总体趋同的基础上显示出个别的差异。例如,OECD范本第26条注释在规定应请求的情报交换、自动情报交换和自发情报交换三种主要方式的同时,又对可供缔约国选择的其他三种方式:同期税务检查、境外税务调查和同行业的情报交换作了概括。③ OECD公布的《为税收目的实施情报交换条款的手册》(Manual on the Implementation of Exchange of Information Provisions for Tax Purposes,简称《税收情报交换条款手册》)则对上述六种情报交换方式作了详细的规定。联合国范本则仅规定了例行交换(routine transmittal of information)、经特别请求的交换(transmittal on specific request)和自动交换(transmittal of information on discretionary initiative of transmitting country or spontaneous exchange)三种。④ 鉴于OECD在税收情报交换制度的国际发展中一直处于领先地位,以下以OECD范本第26条及其注释和《税

---

① 参见付慧姝:《税收情报交换制度法律问题研究》,群众出版社2011年版,第30—33页。
② OECD, Update to Article 26 of the OECD Model Tax Convention and Its Commentary, Approved by the OECD Council on July 17, 2012, Commentary para. 6.
③ Ibid., Commentary paras. 9 & 9.1.
④ UN Department of Economic & Social Affairs, UN Model Double Taxation Convention between Developed and Developing Countries, Commentary on Art. 26, New York, 2011.

收情报交换条款手册》的有关规定为主对六种情报交换方式进行简要介绍。[①]

1. 应请求的情报交换(Exchange of Information on Request)

应请求的情报交换是所有有关税收情报交换的文件均加以规定、也是实践中最常见的情报交换方式,是指缔约国一方主管当局向缔约国另一方主管当局要求特定情报的情形,例如请求与对某个纳税人在特定税收年度的税收能力的检查、询问或者调查有关的情报;主要适用于一国税务机关对有关税收资料有疑问或有关税收资料缺失而需要特别查证的情形。在发出情报交换请求前,缔约国一方应在其税收管辖权区域内使用一切手段来获取情报,除非这样做会造成不成比例的困难。这些手段包括在发出请求前从缔约国另一方获取情报的尝试,例如通过互联网,或者在可行的情况下通过商业数据库或者与驻该缔约国另一方的外交人员联系以获取可供取得的公开情报。应请求的情报交换作为最典型的情报交换方式,其最大的特点是针对性强,情报请求国与被请求国交换的情报都是特定的税收情报,对双方而言,情报的类型、内容及其作用都非常明确。该方式可以分为如下五个步骤:(1)准备和发出请求;(2)接收和核对请求;(3)收集被请求的情报;(4)对请求给予答复;(5)提供反馈。

2. 自动情报交换(Automatic Exchange of Information)

自动情报交换,即联合国范本所称例行情报交换,是指作为所得来源国的缔约国一方主管当局将纳税人取得的各种类型所得(例如股息、利息、特许权使用费、工资、退休金等)的有关批量情报系统、定期地提供给作为纳税人居住国的缔约国另一方;主要适用于经济关系密切、经济往来频繁的缔约国之间。自动交换的情报还可用于传递其他类型的有用情报,例如居住地的变更、不动产的购买或处置、增值税的退税等。获取这些情报的居住国主管当局可用之与其居民纳税人的税收记录加以比对,以确认纳税人是否申报了其境外来源所得。另外,有关重要资产取得的情报可用于评估纳税人的净资产,以发现纳税人申报的所得是否足以支付重要资产的交易。由于自动情报交换具有成批性、例行性(定期性)和通过税收数据库加以自动比对的有效性等优点,使用各种媒介(如磁带、磁盘、光盘和纸质)开展自动情报交换的国家数量正在不断增长中。

3. 自发情报交换(Spontaneous Exchange of Information)

自发情报交换是指当缔约国一方认为在实施其税法过程中所获取的情报,有益于缔约国另一方的税收目的时,无需其请求而主动地将该情报传递给该缔约国另一方的情报交换方式。因此,这种方式有赖于缔约国当地税务机关的积极参与和合作,其实施的有效性依靠税务官员在税务检查过程中对有关情报是否与缔约国对方的税收征管相关作出判断的能力。因此,税务机关应当考虑采

[①] 参见付慧姝:《税收情报交换制度法律问题研究》,群众出版社2011年版,第10—30页。

取措施来鼓励和促进自发情报交换,例如在每年的年报中公布自发情报交换的统计数据、对税务官员开展目标明确的定期培训等。此外,发出情报的缔约国机关应当要求情报接收国的反馈,以便前者作出相应的税收调整。积极的反馈还有利于鼓励税务官员继续自发提供情报。

4. 同期税务检查(Simultaneous Tax Examinations)

同期税务检查,是指两个或两个以上的国家根据其相互之间的安排,在其各自税收管辖权区域内,同时、独立地对各方有着共同或者相关利益的纳税人的税收事项开展税务检查,并且交换他们各自所获得的任何情报的情报交换方式。这一方式对于查处转让定价等国际避税和涉及低税区的逃漏税案件特别有效。同期税务检查的税种范围既包括直接税,也包括间接税。1992年,OECD已设计出《实施同期税务检查的协议范本》(OECD Model Agreement for the Undertaking of Simultaneous Examinations),规定实施同期税务检查的程序主要分为以下九个步骤:(1)初步选案;(2)缔约方协议;(3)实施初步检查;(4)联系纳税人;(5)第一次筹划会议;(6)约见纳税人;(7)进一步的检查;(8)结案;(9)最终报告。

5. 境外税务调查(Tax Examinations Abroad)

境外税务调查是指缔约国一方在其国内法允许的范围内,同意缔约国另一方的授权代表进入其税收管辖权区域内,根据缔约国双方主管当局同意的程序对有关纳税人进行询问或者检查其有关账簿或记录(或者出席由该缔约国另一方主管当局实施的询问或者检查),从而获取有关税收情报的情报交换方式。这一方式可以适用于例如缔约国一方允许纳税人将其有关税收记录保存于缔约国另一方等情形。

传统上,税收情报交换主要通过书面方式进行。但书面方式常常因耗时而与其他方式相比显得效率不高,尤其是当必须采取快速的税收征管措施时,因此,境外税务调查作为一种新型的情报交换方式具有其优势。但必须指出两点:一是该方式应建立在对等原则基础之上;二是该方式其实已部分超出了传统情报交换的范畴,属于税务行政协助的范围。此外,由于该方式必须在请求方国内法同意和被请求方授权的基础上进行,否则就构成对主权的侵犯,因此是否授权的决定,以及在授权后就外国税务官员参与税务检查是否需征得纳税人的同意,属于一国的单方裁量权(sole discretion)。实施境外税务调查的步骤主要分为:(1)提出税收情报交换请求;(2)决定是否采用境外税务调查的方式;(3)实施境外税务调查的请求;(4)决定是否接受开展境外税务调查的请求;(5)被请求方通知请求方有关税务调查的程序以及开始实施的时间;(6)请求方税务官员入境实施税务调查;(7)准备和分发最终报告。

6. 同行业的情报交换（Industry-wide Exchange of Information）

随着国际贸易的发展，税收协定的缔约国就某些具有共同利益的特定行业（如石油、制药和银行业等）通过分享有关知识和技术以互相寻求协助的需求也在增长。面临着全球性的挑战，单独行动的税收征管是困难的。同行业的情报交换为此提供了答案。同行业的情报交换是指针对某个经济行业而非特定纳税人的情报交换，其目的在于获取全球范围内有关某行业实践和运营模式的综合情报，使税务检查人员能够对该行业纳税人实施更加有效的税务监管。同行业的情报交换通过在税收协定缔约国主管当局间正式交换信函的方式启动。如果参与各方互相之间具有相应的情报交换工具，那么这种交换可以是双方的，也可以是多方的。

第二节　税收情报交换制度的历史沿革与最新进展

考察税收情报交换制度的历史发展，我们发现其始终是在国际经济关系发展的背景中处于国际税收协定，乃至国际税务合作历史演进的过程之中。以下分为四个历史阶段予以介绍。[①]

一、税收情报交换制度的萌芽期（19世纪中期—20世纪60年代）

1843年8月12日，比利时和法国签订的有关加强相互间税务合作的双边税收协定中约定了两国间开展税收情报交换的事项，被认为是最早的有关税收情报交换制度的规定。1929年到1946年，由国际联盟理事会任命的常设财政委员会制定出了《关于避免对所得双重征税的协定范本》（1943年）和《关于避免对所得和财产双重征税的协定范本》（1946年），两范本中对税收情报交换的规定限于对利息、股息、特许权使用费、年金和退休金的征税问题；后来又制定了针对这两个范本的有关税务合作的范本，其中将税收情报交换涉及的税种限定为直接税，而且都规定了应请求的情报交换方式以及银行情报应被交换。只不过，这两个合作范本未被各国所接受。

二、税收情报交换制度的基本成型期（20世纪60年代—70年代）

1963年，OECD制定了《关于所得和财产的税收协定范本草案》，其中第

---

① 有学者在我国第一本有关税收情报交换制度的专著中将税收情报交换制度的历史进程分为萌芽期、基本成型期、全面发展期和加速发展期四个历史阶段。参见付慧姝：《税收情报交换制度法律问题研究》，群众出版社2011年版，第34—69页。本节在主要参考该书第二章内容的基础上结合其他有关文献撰写而成，对该书的引用不再一一标注。

26 条规定了税收情报交换事宜,将税收情报限于协定所涉及的税种和主体,实施方式仅包括应请求的情报交换和自动情报交换两种。1977 年,经过修订之后的 OECD 范本第 26 条有关税收情报交换的规定,取消了之前范本草案对税收情报交换涉及主体的限制,增加了同期税务检查的交换方式,并允许请求国将所获得的情报在法庭上或司法判决中披露。OECD 范本第 26 条奠定了税收情报交换制度的内容基础,对其后税收情报交换制度的发展起到了引领性的作用。

1972 年,瑞典、丹麦、芬兰、冰岛和挪威等北欧五国签订的《北欧税务行政互助协定》(Nordic Mutual Assistance Convention on Mutual Administrative in Tax Matters,又称《斯堪的纳维亚相互协助协定》)作为世界范围内最早的区域性多边税收协定,标志着税收情报交换制度进入区域税务合作领域的开始。该协定的第 10—13 条规定了税收情报交换事宜,情报交换的方式相比之前的 OECD 范本增加到应请求的情报交换、自动情报交换、自发情报交换和境外税务调查四种。

1977 年 12 月 19 日,欧盟理事会发布了 77/799/EEC 指令,即《在直接税和对保险费征税领域的成员国相互协助指令》(Mutual Assistance by Member States in the field of Direct Taxation and Taxation of Insurance Premiums,简称《直接税指令》)[1],规定成员国税务主管当局开展税收情报交换的主要目的在于准确核定所得税和财产税。该指令的一个特点是包括了提高成员国税务主管当局之间税收情报交换效率的条款,如通过开展就个案进行协商、制定详细的时间表来加快对情报交换请求的回应、鼓励各国交流各自有关税收情报交换的研究报告和审计方面的经验来推进税收情报交换的实施。

1980 年,联合国颁布了由其经济与社会理事会于 1967 年成立的"发达国家和发展中国家间税务条约特设工作组"所拟定的联合国范本,有关税收情报交换的内容同样规定在第 26 条。与 OECD 范本第 26 条相比,二者在结构、内容上大同小异,甚至连措辞也很相似。但联合国范本作为发展中国家利益的代表,仍有其不同于《OECD 范本》的特点[2]:首先,联合国范本强调被交换的情报还包括"特别是防止欺诈或偷漏税收的情报",而 OECD 范本之所以没有这样写,其用意在于把税收协定的基本作用放在消除国际双重征税方面;其次,联合国范本在其情报交换条款中规定缔约国双方主管当局应通过协商提出有关情报交换事宜

---

[1] 《直接税指令》此后被数次修订,例如,欧盟理事会颁布的 92/12/EEC 指令将《直接税指令》适用范围扩大到消费税。参见崔晓静:《欧盟税收协调法律制度研究》,人民出版社 2011 年版,第 224—225 页。

[2] 参见蔡庆辉:《有害国际税收竞争的规制问题研究》,科学出版社 2010 年版,第 171 页。

的合适条件、方法和技术,包括在合适的情况下,交换有关避税的情报,这一规定有利于税收制度差异较大的国家之间税务合作协议的签订;最后,相比 OECD 范本的重心在于积极推进税收情报交换制度的发展来说,联合国范本体现出一定的对税收情报交换制度被滥用的担忧。

三、税收情报交换制度的全面发展期(20 世纪 80 年代—20 世纪末)

1984 年美国公布的《税收情报交换协议范本》是世界上第一个专项税收情报交换协议范本,强调税收情报交换的目的是为了准确核定征收税款、防止税收欺诈和打击逃避税行为,对如何实施税收情报交换规定得非常详细,不厌其烦地反复重申被请求方提供情报的义务,这与美国作为发达国家,在税收情报交换中往往处于情报请求国的地位是密切相关的。

1988 年 OECD 和欧洲理事会制定了《欧洲理事会/OECD 税务行政互助协定》,以综合性多边税收协定的形式规定了税收情报交换、税款征收协助和文件传递服务等互助方式,其中有关税收情报交换的规定主要集中在协定的第三章第一节第 4—10 条。1995 年 4 月 1 日,经由丹麦、瑞典、挪威、美国和芬兰五国签署后生效。该《税务行政互助协定》虽然以 1977 年 OECD 范本和 1972 年《北欧税务行政互助协定》为蓝本,但相比而言,又扩大了税收情报交换的范围、对象和内容。① 例如:(1) 该协定第 4 条第 1 款在所交换情报的范围上首次采用了"可预见的相关"(forseeably relevant)标准,突破了此前有关法律文件中一贯采用的"必要性"(necessary)标准。(2) 第 4 条第 3 款规定缔约国在实施税收情报交换前可通知相关纳税人,这是在有关税收情报交换的法律文件中第一次出现关于纳税人权利保护的条款;此外,第 21 条第 1 款再次强调了协定不应影响对纳税人权利的保护。(3) 协定涉及的税种包括中央政府及其下级政府征收的一切税种,不仅有直接税,还有间接税(关税除外)。(4) 允许采取情报交换的任何方法:书面通讯、电话、口头谈话、电传、传真,甚至个人接触,但正式索取情报的要求仍然需要采用书面方式。(5) 协定的第 21 条第 2 款列举了税收情报交换的限制事项,较之以前的法律文件,该款提出了提供援助不应构成对不同缔约国成员国居民的歧视,这是有关税收情报交换限制的一项新的内容。

1998 年 1 月,由 OECD 财政事务委员会(Committee of Fiscal Affairs,CFA)召开的"税收竞争特别会议"提交了一份名为《有害税收竞争:一个新兴的全球性课题》(Harmful Tax Competition: An Emerging Global Issue,简称《有害税收竞争

---

① 参见邓力平、陈涛:《国际税收竞争研究》,中国财政经济出版社 2004 年版,第 148—149 页。

报告》)的报告①,首次提出了"有效的税收情报交换"(effective exchange of information)概念,并将缺乏有效税收情报交换作为识别避税港和有害优惠税制的四个关键因素之一。《有害税收竞争报告》中有效税收情报交换概念的提出,是对既有税收情报交换概念内涵的丰富和发展,强调要提高税收情报交换实施的有效性,反映出税收情报交换制度正向更高层次迈进。OECD随后所开展的一系列有关抑制有害税收竞争的实践与税收情报交换制度形成了良性的互动,为国际税务合作的发展提供了新的动力。

1999年,美洲国家税收管理中心(CIAT)在意大利政府的资助下起草了《税收情报交换协议范本》,是区域性组织制定税收情报交换专项协议范本的一次有益尝试。

四、税收情报交换制度的加速发展期(21世纪初至今)

(1)2002年4月18日,OECD在其官方网站上发布了《税收情报交换协议范本》(OECD Model Agreement on Exchange of Information on Tax Matters with Commentary,简称《OECD情报协议范本》),该范本由OECD"有效税收情报交换全球工作组"(Global Working Group on Effective Exchange of Information)负责起草,工作组由OECD成员方和来自阿鲁巴、百慕大、巴林、开曼群岛、塞浦路斯、马恩岛、马耳他、毛里求斯、荷属安的列斯群岛、塞舌尔、圣马力诺的代表共同组成。该范本的内容和草拟过程,被工作组联合主席之一的约翰·伯纳德认为是"一个里程碑"。② 该范本共计16条,与其他相关法律文件相比,其特点表现在:(1)同时规定了双边和多边两种版本;(2)体现了OECD对"有效的税收情报交换"的标准;(3)更明显地倾向于情报交换请求国的利益。该范本一经推出,美国就立即按照其规定,分别与英属维尔京群岛、安提瓜、百慕大、根西岛、马恩岛和泽西等达成了与该范本内容基本相同的TIEAs。但在该范本推出后的头几年,其实际影响力并不大,OECD的数据表明,从2000年到2008年,全球范围内各国之间签订的TIEAs仅有46个。然而,在2009年二十国集团(G20)的伦敦

---

① OECD根据《有害税收竞争报告》议定的工作进程,相继于2000年6月发布了《迈向全球税收合作:认定和消除有害税收行为的进展》(Towards Global Tax Co-operation: Progress in Identifying and Eliminating Harmful Tax Practices)、于2001年5月发布了《OECD有害税收行为项目:2001年进展报告》(The OECD's Project on Harmful Tax Practices: The 2001 Progress Report)、于2004年2月发布了《OECD有害税收行为项目:2004年进展报告》(The OECD's Project on Harmful Tax Practices: The 2004 Progress Report)、于2006年9月发布了《OECD有害税收行为项目:2006年成员国的新进展》(The OECD's Project on Harmful Tax Practices: 2006 Update on Progress in Member Countries)等一系列报告,其中均涉及有关税收情报交换制度的内容。参见蔡庆辉:《有害国际税收竞争的规制问题研究》,科学出版社2010年版,第46—68页。

② 参见[荷]约翰·伯纳德:《原避税地逐步开放银行机密》,潘鉴标译,载《税收译丛》2003年第3期,第27—28页。

峰会之后，TIEAs 的签订数量陡然剧增，仅在 2009 年就签订了 195 个。① 必须指出的是，与 OECD 范本相比，《OECD 情报协议范本》所规定的情报交换方式仅限于应请求的请报交换和境外税务调查两种，而且境外税务调查只是作为应请求的情报交换的补充或者一种具体的实施方法而存在。之所以存在如此差别的根本原因在于，许多避税地由于只征很少的税或者根本不征税，缺乏有效的税收征管机制，无法从纳税人处获取相关的税收情报，同时对从别国那里获得税收情报也不感兴趣，因此不具备开展自动情报交换的现实基础。② 自发的情报交换也是如此，不少避税地不愿自发披露违反本国银行秘密法或者其他保密法的税收情报。

（2）欧盟在努力推进其税收协调发展的进程中也带动了税收情报交换制度的快速发展，从而成为区域性税收情报交换工作的典范。其中，较有代表的规则主要有以下三个③：(1) 2003 年 6 月，欧盟理事会颁布的《对存款所得采用支付利息形式的税收指令》(Council Directive 2003/48/EC of 3 June 2003 on Taxation of Savings Income in the form of Interest Payments)，其核心制度即为情报交换制度，包括由利息支付机构向利息受益人所在国主管当局报告最低限度的情报以及自动情报交换方式等内容。(2) 2003 年 10 月，欧盟理事会颁布的《增值税领域的行政合作条例》(Council Regulation (EC) No. 1798/2003 of 70 a October 2003 on Administrative Cooperation in the Field of Value-added Tax)，旨在确立成员国在增值税领域的行政合作和情报交换的共同制度，以确保增值税的正确适用并强化反避税工作。(3) 2004 年 11 月，欧盟理事会颁布的《消费税领域的行政合作条例》(Council Regulation (EC) No. 2073/2004 of November 2004 on Administrative Cooperation in the field of Excise Duties)，提出了较为完善的有关消费税产品流动和消费税征收的情报交换的电子化方案，在成员国税收当局之间建立起更多的直接联系，使成员国可相互通过电子手段快速交换任何有助于正确核定征收消费税的情报。

（3）2004 年 6 月 1 日，OECD 财政事务委员会第 8 工作组公布了新修订的 OECD 范本第 26 条及相关注释，吸收了《OECD 情报协议范本》的有关内容。OECD 对其协定范本中的一个条款一次性地作了如此全面的修改在历史上是罕

---

① 2000 年 1 个,2001 年 1 个,2002 年 6 个,2003 年 1 个,2005 年 2 个,2007 年 12 个,2008 年 23 个, 2009 年 195 个。OECD, A Background Information Brief of 19 January 2010, Promoting Transparency and Exchange of Information for Tax Purposes, http://www.oecd.org/newsroom/44431965.pdf., p.13.

② 参见邱冬梅：《晚近跨境税收情报交换的发展及我国的回应和对策》，载《武大国际法评论》（第 16 卷第 1 期），武汉大学出版社 2013 年版。

③ 参见崔晓静：《欧盟税收协调法律制度研究》，人民出版社 2011 年版，第 132、138—139、223、225—236 页。

见的,足见情报交换工作的重要程度。[①] 由于此次脱胎换骨的修订奠定了当前税收情报交换制度的主要内容,因此有必要对其加以简要介绍:

第一,在实施协定规定的有关情报方面,此次修订以"可预见的相关"标准取代了此前的"必需"标准,即"缔约国双方主管当局应交换可预见地与实施本协定规定相关的情报"。其原因在于这一标准的运用,有利于进一步推动情报交换制度在国际范围内的开展,而且"可预见的相关性"(forseeable relevance)也已被《OECD 情报协议范本》和《税务互助协定》所采用。正如在同时修订的 OECD 范本第 26 条注释第 5 段所解释的那样:"采用'可预见相关'这一标准的目的是为了尽可能广泛地开展税收情报交换,同时又明确表明缔约国不能任意地以'撒网捕鱼'(fishing expeditions)的方式请求情报或者请求与某个纳税人的税收事项不太可能有关系的情报。缔约国可以协商同意用其他用语来替代符合本条规定范围的这个标准(例如'必需的'、'相关的'等)。情报交换的范围包括所有税收事务,并以不损害被告人、证人在司法程序中由一般规则和法律规定所保护的权利为前提。涉及税收犯罪的情报交换也可按双边或多边的法律互助条约(只要也适用于税收犯罪)开展。"[②]

需要注意的是,上述标准的变化可能会导致两方面的效果:一是需要交换的情报的种类和范围可能进一步扩大;二是情报请求国的证明义务相应减少。因为从语意上看,"可预见的相关性"标准显然比"必需"标准的程度要轻,这样可以进一步减少缔约国在提出情报要求时的顾虑和障碍,从而促进情报交换制度在尽可能广泛的范围内开展,这也正是第 8 工作组之所以作出如此修订的目的所在。但同时反面来看,被请求国提供情报的协定义务可能会通过上述变动而加重。

第二,在实施缔约国有关协定所涉及税种的国内法规定的情报方面,此次修订还对"国内法"增加了新的条件描述,即"为了国内法的实施或执行"(to the administration or enforcement of the domestic laws)。[③] 此前的 2003 年 OECD 范本第 26 条中并没有这一短语,2004 年之所以增加正是为了消除由于缺乏这一短语而可能造成的歧义或误解。本条第 1 款第 1 句话中的"实施"(carrying out)不

---

① 王裕康:《OECD 修改情报交换条款的介绍及简要评价》,载《涉外税务》2004 年第 10 期,第 36 页。

② OECD Commentaries on the Articles of the OECD Model Income and Capital Tax Convention, June 1, 2004. Commentary on Chapter 6, Article 26, para. 5. 参见同上文,第 33 页。Also see OECD Model Agreement on Exchange of Information on Tax Matters, April 18, 2002. Commentary on Article 1, para. 5.

③ 有学者将"to the administration or enforcement"翻译成"为征管和征收"。参见王裕康:《OECD 修改情报交换条款的介绍及简要评价》,载《涉外税务》2004 年第 10 期,第 33 页。我们认为这种翻译不妥。这一短语后面所接的是"of the domestic laws concerning taxes",而非直接接"taxes",故不能理解为是税收的"征管和征收",而应是"有关税收的国内法(或译作'国内税法')的实施或执行"。关于此处"administration"和"enforcement"的中文含义,请参见薛波主编、潘汉典总审订:《元照英美法词典》,法律出版社 2003 年版,第 34、472 页。

仅仅是"本协定的规定"(the provisions of this Agreement),应当还包括"国内法的规定"((the provisions)of the domestic laws),即"国内法"是用来修饰"规定",从而和"本协定"构成并列关系,并且二者均构成"实施"的宾语。

第三,此次修订拓展了税收情报的使用范围。根据此前的条款,交换的情报是不能透露给与征税无直接关系的政府监督部门的。鉴于政府监督部门在行使其监督职能时有了解包括所交换的情报等在内的纳税人信息的合法理由和必要性,此次修订增加规定,税收情报除了透露给与税收的核定和征收、起诉和裁决有关的机构和人员外,还可透露给"监督上述事务的(人员或当局)"(the oversight of the above),即有关的监督机构(oversight bodies),这种监督机构包括构成缔约国政府普通行政一部分的、监督税务行政和执法当局的机构。即便是2002年《OECD情报协议范本》第8条有关保密规则的规定也未包括此项内容,是OECD对情报告知制度实践的最新反映。同时,正如OECD有关该规定的注释所指出的,在缔约国双方的双边谈判中,可以排除将情报告知给有关监督机构的规定。①

第四,此次修订以新增第4款和第5款的方式分别取消了国内税收利益作为税收情报交换的前提以及将银行情报等几种特殊情报类型纳入税收情报交换的范围。第4款规定:"缔约国一方依据本条向缔约国另一方请求情报,缔约国另一方应当使用其情报收集手段去获取被请求的情报,即使该缔约国另一方出于其自身的税收目的并不需要这些情报。上述义务受第3款的限制,但是这种限制绝不能被理解为允许缔约国仅因这些情报与本国利益无关而拒绝提供。"②第5款规定:"第3款的规定绝不应被理解为,允许缔约国仅因情报由银行、其他金融机构、受托人或代理人所拥有,以及情报与某人的所有权利益有关而拒绝提供。"③上述两款主要都是针对第3款(即修订之前的2003年OECD范本第26条第2款)有关缔约国可以拒绝提供情报的情形,其目的在于防止缔约国双方不恰当地援引第3款的规定从而拒绝提供有关情报,从另外一个角度来看,也就是限制了缔约国对第3款的运用。因此,从内容上看,这两款通过指出缔约国不

---

① See OECD Commentaries on the Articles of the OECD Model Income and Capital Tax Convention, June 1,2004 and Commentary on Chapter 6, Article 26, para. 12.1.

② 该款显然为缔约国设置了相比此前版本规定较重的情报收集义务。这一变化集中体现在条文所使用的"情报收集手段"(information gathering measures)一词上。对于该词,OECD范本注释第19.7段吸收了《OECD情报协议范本》第4条[定义]中有关的解释,即"'情报交换'这一术语意味着包括法律的、行政的和司法程序的各种能够使缔约国获得并且提供所要求情报的手段。"OECD Commentaries on the Articles of the OECD Model Income and Capital Tax Convention, June 1,2004 and Commentary on Chapter 6, Article 26, para. 19.7. Also see OECD Model Agreement on Exchange of Information on Tax Matters, April 18, 2002, Article 4, para. 1(1), and Commentary on Article 4, para. 32.

③ OECD, OECD Model Tax Convention on Income and Capital, 2005.

得拒绝提供情报的情形而进一步明确了第3款的规定。如第4款,指出缔约国不得因对方请求的情报与本国利益无关而拒绝提供;如第5款,缔约国不得因情报由某些特定的人所拥有就拒绝提供。

(4) 2005年12月,联合国国际税务合作委员会(Committee of Experts on International Cooperation in Tax Matters)任命了"税收情报交换专家小组",研究如何对联合国范本第26条及其注释进行修订。直到2011年,联合国经社理事会才公布了最新修订的范本和注释,其第26条及其注释的规定在保持其原有特色的同时几乎是复制了上述2004年OECD范本的第26条及其注释①,表明OECD建立的税收情报交换制度正在向各国共同遵守的方向发展。②

值得指出的是,在所交换的情报内容方面,联合国范本第26条从制定之初的1980年就强调"特别是防止税收欺诈或者逃漏税(的情报)"(in particular for the prevention of fraud or evasion of such taxes),从而体现了发展中国家的立场。在2011年联合国范本的第26条中,上述相应短语已改为"(特别是)防止避税或者逃漏税(的情报)"(in preventing avoidance or evasion of such taxes)。

2011年联合国范本第26条与2004年OECD范本第26条的另外一个区别就是,前者增加规定了税收情报交换的协商问题,体现在该条第6款:"双方主管当局应通过协商确定为实施本条第1款有关情报交换事宜的适当方法和技术。"该款规定是由此前第26条第1款有关表述修订而成,旨在赋予缔约国主管当局构建实施有效情报交换程序的权利。③

(5) 2006年1月,OECD根据2004年修订的OECD范本第26条及其注释的规定制定了《税收情报交换条款手册》,目的在于为各国税务人员提高税收情报交换工作的效率提供帮助。其特色体现在两个方面:一是采取分模块的方式,共分为总论(情报交换概况及其法律因素)、应请求的情报交换、自发情报交换、自动情报交换、同行业的情报交换、同期税务检查、境外税务调查、各国有关情报交换的法律文件、情报交换的手段与模式等九大模块,便于在实施情报交换方面具有较大差异性的不同国家选取与其实践相符的有关模块进行参考和使用。二是对六种情报交换方式进行了细致、全面的介绍,具有非常强的可操作性。

(6) 2012年7月,OECD对OECD范本第26条及其注释再次作出了修订,

---

① UN Department of Economic & Social Affairs, UN Model Double Taxation Convention between Developed and Developing Countries, Art. 26, New York, 2011.

② 参见邱冬梅:《晚近跨境税收情报交换的发展及我国的回应和对策》,载《武大国际法评论》(第16卷第1期),武汉大学出版社2013年版。

③ UN Model Double Taxation Convention between Developed and Developing Countries, Commentary on Art. 26, para.29, New York, 2011.

目的在于澄清已有规则和完善措辞。对第 26 条的修订主要是将已包括在此前第 26 条注释第 12.3 段的一个选择性条款直接规定于该条第 2 款的最后，即："尽管有上述规定，当缔约国双方的法律允许或者提供情报的缔约国主管当局授权时，缔约国一方收到的情报可以用于其他目的。"从而将税收情报的使用范围给予了附条件的进一步扩大。对第 26 条注释的修订则主要包括：第一，对"可预见的相关性"标准和"撒网捕鱼式"术语的澄清；第二，提供给缔约国主管当局未另外达成协议时将提供情报的时限作为默认条款的选择；第三，如果缔约国一方采用其国内法或实践中通常并不可预见的措施收集情报，例如对银行情报的使用与交换，那么在互利原则的基础上，该缔约国也有权要求缔约国另一方提供类似的情报。①

第三节 我国的税收情报交换

一、我国税收情报交换历史发展概况

（一）我国税收情报交换的起步阶段（1983—2000 年）

在国际范围内税收情报交换一直伴随着税收协定的发展而发展，我国也是如此。自 1983 年我国与日本签订我国历史上第一个避免双重征税协定以来，截至 2013 年 8 月，中国已经先后和 99 个国家或地区签订了双边征税协定②，其中都规定了税收情报交换条款，其内容大同小异，均以 OECD 范本和联合国范本第 26 条为基础；另外，在条文序号和所用中文名称方面有所不同。③

然而，我国的税收情报交换工作在初始阶段进展还比较缓慢，体现在与我国开展税收情报交换的国家、采用的情报交换方式（仅限于专项情报交换和自动情报交换两种）和所交换的税收情报数量都非常有限。以 1999 年为例，专项情报交换仅涉及瑞典、美国、日本、丹麦、挪威和俄罗斯等 12 个国家，查核专项情报

---

① See OECD, Update to Article 26 of the OECD Model Tax Convention and Its Commentary, Approved by the OECD Council on July 17, 2012, Commentary para. 4.4.

② 《我国对外签订避免双重征税协定一览表》，中国国家税务总局网站：http://www.chinatax.gov.cn/n8136506/n8136593/n8137537/n8687294/index.html，最后访问日期：2012 年 11 月 17 日。

③ 在 99 个双边税收协定中，情报交换条款规定于第 24 条的有加拿大、赞比亚等 2 个；规定于第 25 条的有美国、法国、澳大利亚、保加利亚、俄罗斯、乌兹别克斯坦、阿塞拜疆、新加坡和捷克等 9 个；规定于第 27 条的有德国、巴基斯坦、科威特、塞浦路斯、西班牙、奥地利、卢森堡、白俄罗斯、以色列、乌克兰、亚美尼亚、南斯拉夫、马其顿、委内瑞拉、阿尔巴尼亚、格鲁吉亚、塔吉克斯坦和马耳他等 18 个；规定于第 28 条的有挪威、立陶宛和拉脱维亚等 3 个；其他 64 个均规定于第 26 条。此外，到 2007 年我国与新加坡签订双边税收协定（第 87 个）为止，有关税收情报交换条款所采用的中文本名称为"情报交换"，从 2008 年我国与塔吉克斯坦签订双边税收协定（第 88 个）开始，所采用的中文本名称均改为"信息交换"。

40多份,补税近200万元;自动情报交换仅涉及日本、韩国和丹麦等5个国家,收到1000多份,查补税款60多万元;此外,我国还向日本、美国、英国等6个国家查询专项情报10多份。①

(二)我国税收情报交换的稳步发展阶段(2001—2007年)

为了弥补税收情报交换在国内法依据上的缺失,国家税务总局于2001年制定了《税收情报交换管理规程(试行)》(国税发[2001]3号,简称《情报交换试行规程》)②,将我国在双边税收协定中约定的情报交换条款首次作了国内法意义上的转化及细化,规范了税收情报交换事宜。虽然《情报交换试行规程》规定了专项情报交换(即应请求的情报交换)、自动情报交换、自发情报交换、行业范围情报交换(即同行业的情报交换)、同期税务检查和授权代表的访问(即境外税务调查)等六种情报交换方式,但在当时的历史背景下,所交换的情报还限于"必需性"标准,除个别税收协定涉及其他税种以外,所交换的情报也仅限于涉及税收协定规定的具有所得税性质的税种,如企业所得税、个人所得税、对股息、利息、特许权使用费征收的预提所得税等。2002年10月18日,国家税务总局发布了《税收情报交换工作保密规则》(国税函[2002]931号)③,对税收情报的制作、收发、传递、使用、保存和销毁全过程作了具体的规定。2003年4月1日,国家税务总局下发了《国家税务总局办公厅关于使用NOTES系统传递税收情报交换信息有关问题的通知》(国税办函[2003]132号),建立起总局与省局间的情报交换网络;8月20日,国家税务总局下发了《国家税务总局办公厅关于使用电子方式与美日韩进行税收情报交换问题的通知》(国税办发[2003]42号)。④ 2006年6月12日,国家税务总局颁发了《国际税收情报交换工作规程》(国税发[2006]70号,简称《情报交换规程》),将之前的《情报交换试行规程》和《税收情报交换工作保密规则》进行了整合。

我国税收情报交换的实践从2002年开始也有了稳步的发展,当年我国处理其他国家提出的专项情报交换200多份,处理其他国家提供的自动和自发情报3000多份,向日本、韩国等国提供自动情报4000多份。⑤ 2003年全年共发文大约250余份,涉及专项和自发情报大约350余件;下发核查韩国向我国提供的纸

---

① 参见《中国税务年鉴》编委会:《中国税务年鉴》,中国税务出版社2000年版,第481页。
② 该规程已于2011年1月4日被《国家税务总局公告2011年第2号——全文失效废止、部分条款失效废止的税收规范性文件目录》全文废止。
③ 该规则已于2011年1月4日被《国家税务总局公告2011年第2号——全文失效废止、部分条款失效废止的税收规范性文件目录》全文废止。
④ 国家税务总局办公厅的这两份通知已于2011年1月4日被《国家税务总局公告2011年第2号——全文失效废止、部分条款失效废止的税收规范性文件目录》全文废止。
⑤ 参见《中国税务年鉴》编委会:《中国税务年鉴》,中国税务出版社2003年版,第161页。

质自动情报 2225 份,日本提供的纸质自动情报 1068 份,澳大利亚提供的电子自动情报 24958 份,还收到来自新西兰、芬兰、丹麦和美国的自动情报。① 2004 年,我国共收到 20 个国家提出的专项情报请求 236 份,6 个国家提供的自发情报 509 份,6 个国家提供的自动情报逾 10 万条;我国向 7 个国家发出专项情报请求 18 份,已收到回复 6 份;对外提供自发情报 1 份;实现了与美国、日本和韩国的定期自动情报交换。② 2005 年,我国共收到 18 个国家提出的专项情报请求 115 份,6 个国家提供的自发情报 232 份,7 个国家提供的自动情报逾 18 万条;我国向 11 个国家发出专项情报请求 29 份,已收到回复 8 份,向美国、日本、韩国 3 个国家提供了自动情报 5133 条。③ 2006 年,我国为 21 个国家提供专项情报 109 份,首次向加拿大和澳大利亚提供自动情报,为美国、日本、韩国、加拿大和澳大利亚提供自动情报 6000 多份;向 8 个国家提出情报请求 35 份;收到 4 个国家提供的自动情报 10 多万条,5 个国家的自发情报 226 条。④ 2007 年,我国共向 21 个国家提出专项情报请求 27 份;共核查 22 个国家提出的专项情报 156 份;对外提供自动情报 6000 余份。⑤

(三) 我国税收情报交换的快速发展阶段(2008 年至今)

2008 年在合并原内外资企业所得税法基础上制定的《企业所得税法》开始实施,其中的反避税制度规则体系不仅延续了原有的独立交易原则、预约定价制度,还新增了受控外国公司税制、资本弱化税制以及一般反避税条款等新的反避税制度,为我国的税收情报交换工作提供了新的发展契机。因为上述反避税规则当涉及其他国家的纳税人(主要是位于其他国家的关联方)时,如果缺乏其有关涉税信息是无法适用的。例如在受控外国公司税制中,当需要判断位于其他国家或地区(通常是低税区或无税区)的公司是否属于我国企业所得税法上的受控外国公司,并且在作出肯定判断后需要采取按股权比例强制归属的方式对我国境内的持股关联方征税时,必须在掌握该公司的股东及其股权比例、生产经营、应税所得等较为全面的涉税信息时才可能实现。

这一时期,我国税收情报交换工作的快速发展主要表现在以下三个方面:

(1) 积极参与有关国际组织的税收情报交换工作。2009 年 9 月,OECD 在墨西哥举行"透明性和情报交换全球税收论坛"(简称"全球税收论坛")全体会

---

① 参见《中国税务年鉴》编委会:《中国税务年鉴》,中国税务出版社 2004 年版,第 150 页。
② 参见《国家税务总局关于 2004 年情报交换工作情况和 2005 年工作安排的通知》(国税函[2005]195 号)。
③ 参见《国家税务总局关于 2005 年情报交换工作情况和 2006 年工作安排的通知》(国税函[2006]30 号)。
④ 参见《中国税务年鉴》编委会:《中国税务年鉴》,中国税务出版社 2007 年版,第 141 页。
⑤ 参见《中国税务年鉴》编委会:《中国税务年鉴》,中国税务出版社 2008 年版,第 122 页。

议,重组并扩建了原本建立在OECD抵制有害税收竞争框架内的全球税收论坛,并设立了一名主席和三名副主席;我国在此次会议上当选为副主席国和指导委员会副主席,成为同行审议小组的三十个成员之一。[①] 2010年12月,我国正式加入"国际联合反避税信息中心"(Joint International Tax Shelter Information Center, JITSIC),成为该组织继澳大利亚、加拿大、日本、英国、美国和韩国之后的第七个成员国。2011年11月,在二十国集团(G20)戛纳会议上,我国签署了加入《税务互助协定》的意向书。2012年5月23—25日,我国提交的审议报告顺利通过在马德里举行的全球税收论坛同行审议小组的审议,成为已被审议的79个报告中12个税收透明度和情报交换各要素全部达标的国家之一;6月15日,中国审议报告经全球税收论坛全体成员书面批准后,最终由全球税收论坛确认中国审议通过,并提交给随后于6月18—19日在墨西哥举行的G20峰会。[②]

(2)启动并推进我国税收情报交换专项协议的签订。2003年,国家税务总局就已起草并完成了我国的TIEAs文本。[③] 2008年我国《企业所得税法》颁布后,为有效实施反避税制度,从低税区或无税区获取有关税收情报的需求不断增强,为此,我国启动了与国际上一些著名低税区或无税区谈签TIEAs的工作。2009年12月1日,我国与巴哈马签订了我国历史上第一个TIEAs;截至2012年7月短短三年不到的时间,我国已与巴哈马、英属维尔京群岛、马恩岛、根西、泽西、百慕大、阿根廷、开曼群岛和圣马力诺签署了9个TIEAs,其中7个已生效执行。

(3)对外交换税收情报的实践工作进一步发展。这一阶段,我国税收情报交换除了数量和质量稳步提高外,还体现在以下几个方面[④]:第一,我国主动提出的情报请求逐渐增加。2008年,我国向17个国家提出高质量情报请求59份,比2007年增加5国36份;2009年,我国向19个国家提出情报请求68份,比2008年增加3国21份;2011年,我国向23个国家发出专项情报请求110份。第二,重视对其他国家专项情报交换请求的回复。我国在2008年对34个国家提出的专项情报197份、2009年对41个国家提出的专项情报258份,全部在保证核查和回函质量的前提下及时给予了回复。第三,情报交换对查补国内税款的效果日益显现。2008年,全国税务系统利用自动、自发和专项情报核查并结

---

① 参见《中国顺利通过全球税收论坛税收透明度和情报交换同行审议》,国家税务总局网站:http://www.chinatax.gov.cn/n8136506/n8136608/n9947993/n9948014/11984166.html,最后访问日期:2013年2月5日。
② 同上。
③ 参见《中国税务年鉴》编委会:《中国税务年鉴》,中国税务出版社2004年版,第150页。
④ 以下各年情况介绍综合参见:《中国税务年鉴》编委会:《中国税务年鉴》,中国税务出版社2009年版,第115页;中国税务出版社2010年版,第133页;中国税务出版社2011年版,第131页;中国税务出版社2012年版,第163页。

合纳税约谈,查补、加收滞纳金和罚款总计3.2亿元;2009年达到4.8亿元;2010年为6.9亿元;2011年为6.8亿元,平均每个案件补税近200万元。第四,推进税收情报交换管理制度建设,开始尝试新的情报交换方式。2009年,在深圳市地方税务局进行的自动情报自动制作试点工作取得初步成效,部分解决了多年来自动情报手工制作的困难,完成了向真正自动化的过渡;2010年,自动情报电子化制作逐步推广至16个省(市),实现了自动情报由手工制作向电子化制作的转变;2011年,广东省国家税务局探索性地接受了一次我国税收协定缔约国的授权代表访问。

二、我国税收情报交换制度的国内法规则

目前我国国内法上规范税收情报交换事宜的为2006年颁布的《情报交换规程》,分为总则、情报交换的种类与范围、税收情报的保密、情报交换的管理程序和附则五章,共计44条,以下简要介绍。

(一) 情报交换的种类与范围

情报交换的种类包括专项情报交换、自动情报交换、自发情报交换以及同期税务检查、授权代表访问和行业范围情报交换等。

《情报交换规程》采用正面列举和反面列举两种方式界定了情报交换的范围。所谓正面列举,是指除缔约国双方另有规定外,情报交换的范围一般为:(1) 国家范围应仅限于与我国正式签订含有情报交换条款的税收协定并生效执行的国家;(2) 税种范围应仅限于税收协定规定的税种,主要为具有所得(和财产)性质的税种;(3) 人的范围应仅限于税收协定缔约国一方或双方的居民;(4) 地域范围应仅限于缔约国双方有效行使税收管辖权的区域。所谓反面列举,是指规定了可以拒绝缔约国主管当局情报请求的情形,包括:(1) 情报请求与税收目的无关;(2) 情报请求缺乏针对性;(3) 情报请求未经缔约国主管当局或者其授权代表签字;(4) 请求的税收情报超出税收协定规定的人、税种、地域等范围;(5) 缔约国一方为执行其国内法有关规定请求提供情报,但该国内法规定与税收协定相抵触;(6) 提供情报可能损害我国的国家利益;(7) 提供情报可能导致泄露商业秘密;(8) 提供情报可能导致我国公民或居民受到歧视待遇;(9) 按照我国法律法规、正常行政程序无法取得所请求的情报;(10) 在缔约国国内可以通过正常行政程序、经过努力获得所请求的情报;(11) 国家税务总局(以下简称"总局")认定的其他违反税收协定情报交换条款规定的情形。此外,还从其他方面作了反面列举式规定,即省以下税务机关不得以下述理由拒绝向总局提供情报,总局不得以下述理由拒绝向缔约国提供情报:(1) 情报请求与我国的税收利益无关;(2) 缔约国双方情报交换在数量、质量上不对等;(3) 税务机关对纳税人的信息有保密义务;(4) 银行对储户的信息有保密义务;(5) 税收情报由代理人、中介机构或其他第三方所掌握;(6)总局认定的其他类似情形。

(二)税收情报的保密

税收情报应作密件处理。制作、收发、传递、使用、保存或销毁税收情报,应按照我国《保守国家秘密法》、中共中央保密委员会办公室、国家保密局《关于国家秘密载体保密管理的规定》、《经济工作中国家秘密及其密级具体范围的规定》以及有关法律法规的规定执行。

确定税收情报密级的原则和保密期限如下:(1)税收情报一般应确定为秘密级,其保密期限一般为10年。(2)属以下情形的,应确定为机密级,其保密期限一般为20年:①税收情报事项涉及偷税、骗税或其他严重违反税收法律法规的行为;②缔约国主管当局对税收情报有特殊保密要求的。(3)税收情报事项涉及最重要的国家秘密,泄露会使国家的安全和利益遭受特别严重的损害,应确定为绝密级,其保密期限一般为30年。(4)税收情报的内容涉及其他部门或行业的秘密事项,按有关主管部门的保密范围确定密级。对于难以确定密级的情报,主管税务机关应逐级上报总局决定。

税务机关可以将收集情报的目的、情报的来源和内容告知相关纳税人、扣缴义务人或其他当事人,以及执行税收协定所含税种相应的国内法有关的机关或人员,并同时告知其保密义务。但有下列情形之一的,未经总局批准,税务机关不得告知:(1)纳税人、扣缴义务人或其他当事人有重大税收违法犯罪嫌疑,告知后会影响案件调查的;(2)缔约国一方声明不得将情报的来源和内容告知纳税人、扣缴义务人或其他当事人的。

税收情报在诉讼程序中作为证据使用时,税务机关应根据我国《行政诉讼法》等法律规定,向法庭申请不在开庭时公开质证。

除税收协定另有规定外,缔约国双方交换的税收情报不得转交或透露给与税收无关的其他人员或部门。国家审计部门、纪律检查部门、反金融犯罪部门需要相关税收情报的,应经总局批准后方可提供。

对情报交换的一般性工作和利用税收情报查处的税收违法案件,一般不在广播、电视、网站和刊物等各种新闻媒体上宣传报道;如确有必要进行宣传报道的,必须逐级上报总局批准,且不得在宣传材料中披露税收情报的来源和内容。

(三)情报交换的管理程序

(1)专项、自动或自发情报(以下统称"三类情报")的管理程序。由总局负责收发的三类情报,其办理程序包括:第一,登记建档。内容包括三类情报涉及的缔约国主管当局名称、份数、日期和介质等;可以采取纸质形式,也可以电子形式进行。第二,分类审核。审核三类情报是否满足收集或调查的要求;具备使用、查处与互相交换条件的,归类为可用情报,反之,归类为不可用情报。第三,转发查证。对可用的三类情报,以秘密件通过邮寄或网络系统,转发至省局,并以公文说明上述情报转发日期、方式、涉及的国家、数量（份数）、要求查复的限期等。第四，请求（提供）情报。向缔约国主管当局请求（提供）的三类情报以及核查情况，应进行加密处理，并加盖英文保密章。

由省以下税务机关负责收发的三类情报，其办理程序包括如下步骤：① 登记建档；② 分类审核；③ 调查使用；④ 异地转发；⑤ 协查联查；⑥ 请求（提供）情报。

（2）其他情报管理程序。对缔约国主管当局提出的同期税务检查、授权代表访问或行业范围情报交换请求等，由总局决定并组织、指导实施。省以下税务机关确因税款征收、管理和检查的需要，需向缔约国主管当局提出同期税务检查、授权代表访问或行业范围税收情报交换请求的，应逐级上报总局批准。总局应对申请事项的必要性和可行性进行调查研究，并履行审批手续。申请获得批准的，由总局与缔约国主管当局协商组织实施。需要省以下税务机关参与的，由总局确定。申请未获批准的，总局应给省以下税务机关发文说明理由。

本 章 小 结

国际税收情报交换是当前国际税收协作的主要内容。国际税收情报交换是协定缔约国为实施本国税法或执行税收协定而由各自税务机关相互之间根据约定的方式，对所掌握或收集的情报进行交换的一种税务行政合作方式。国际间的税收情报交换开始于 19 世纪 40 年代，20 世纪末期获得了全面的发展。我国税收情报交换开始于 1983 年，进入 21 世纪后，尤其是 2008 年后得到了快速的发展，并制定了较为详细的规则，对情报交换的种类与范围、税收情报的保密、情报交换的管理程度等问题作出了规定。

思考与理解

1. 税收情报交换的含义包括哪些方面？
2. 税收情报交换的方式主要包括哪些？
3. OECD 在推动国际范围内税收情报交换制度的发展作出了哪些主要贡献？
4. 2008 年以后，我国的税收情报交换工作的快速发展主要体现在哪些方面？

课外阅读资料

1. 付慧姝：《税收情报交换制度法律问题研究》，群众出版社 2011 年版。
2. 蔡庆辉：《有害国际税收竞争的规制问题研究》，科学出版社 2010 年版。
3. 崔晓静：《欧盟税收协调法律制度研究》，人民出版社 2011 年版。
4. 邱冬梅：《晚近跨境税收情报交换的发展及我国的回应和对策》，载《武大国际法评论》(第16卷第1期),武汉大学出版社2013年版。

5. 王裕康:《OECD修改情报交换条款的介绍及简要评价》,载《涉外税务》2004年第10期。

6. OECD, Update to Article 26 of the OECD Model Tax Convention and Its Commentary, Approved by the OECD Council on July 17, 2012.

7. OECD, OECD Model Agreement on Exchange of Information on Tax Matters, April 18, 2002.

第二十三章 国际税务争议的解决

国际税务争议包括一国政府与涉外纳税人之间的税务争议和政府之间的税务争议。一国国内法中的行政复议和行政诉讼程序用于解决政府和涉外纳税人之间的税务争议。税收协定中的相互协商程序既适用于政府间税务争议的解决,也适用于政府和涉外纳税人间争议的解决。此外,在政府与涉外纳税人的争议通过相互协商程序不能解决时,税收协定还可设置相应的仲裁程序。采用国际司法方式解决政府间的税务争议也有理论上的可能性。

第一节 国际税务争议的解决概述

一、国际税务争议的表现形式

国际税务争议(international tax disputes)包括政府与涉外纳税人之间的税务争议和政府之间的税务争议。①

(一)政府与涉外纳税人之间的税务争议

在一国国内,税务机关对居民和非居民纳税人征税时均可能产生涉外因素的税务争议。比如,一国采用免税法消除双重征税,当居民纳税人有境外所得时,首先要确定该居民纳税人哪些所得属于可享受免税法的境外所得,税务机关可能与纳税人存在不同看法,就会产生争议。再比如,非居民纳税人有来源于一国的所得时,纳税人和税务机关对该笔所得性质的不同看法也会导致争议。比如,非居民纳税人认为该笔所得是营业所得,而且非居民纳税人在当地没有常设机构时,此时根据税收协定来源地国就不能征税;而税务机关认为该笔所得属于特许权使用费,而根据税收协定来源地国能够对此征税。

此外,在税收优惠的给予、税收行政处罚和转让定价调整等方面,税务机关和纳税人也可能产生争议。

---

① 由于本书主要讲授所得税领域的国际税法,故本章的税务争议限于所得税方面的争议,而不包括关税等方面的争议。就政府与纳税人的关税争议而言,也通过行政复议和行政诉讼来解决。政府间的关税争议实质上属于国际贸易争端,如果当事方政府都是 WTO 的成员,可通过 WTO 的争端解决机制来解决。政府间所得税领域的争议与关税不同。所得税的国际争议主要围绕着税收管辖权的协调、国际双重征税的消除、防范国际避税等问题产生。

(二) 政府之间的税收争议

税收协定的缔约国双方在税收协定的解释和适用过程中也会产生税收争议。比如,缔约国一方对本国居民纳税人在缔约国另一方缴纳的预提税给予税收抵免时,假如另一国扩大了预提税的征税权,则给予抵免的一国就会遭受损失,这就需要两国税务机关进行协商,讨论是否存在违反税收协定义务的问题。[①]

此外,缔约国税务机关和涉外纳税人的争议也可转化为缔约国政府之间的税务争议。非居民纳税人与来源地国的税务机关产生争议时,可请求其居民国税务机关出面与来源地国税务机关协商解决。

因此,有的学者将政府之间的税务争议划分为直接和间接的国际税务争议。因纳税人和缔约国税务机关的税务争议引起的缔约国之间的税务争议称为间接国际税务争议(indirect international tax treaty disputes)。只有受理纳税人申诉的居民国税务机关启动相互协商程序,才将争议上升为政府间的税务争议。相反,某项争议起始即为缔约国之间的纠纷,就称为直接国际税务争议(direct international tax dispute)。即使此类争议会影响到纳税人,但纳税人并未直接涉及纠纷之中。[②]

二、国际税务争议的解决

政府与涉外纳税人之间的税务争议和政府之间的税务争议由于主体不同,其解决方法也不同。

(一) 政府和涉外纳税人之间税务争议的解决

一国与涉外纳税人之间的税务争议主要通过国内法机制来解决。这类争议的主体为一国税务机关和涉外纳税人,是一国税务机关与纳税人之间的法律关系。事实上,税务机关与涉外纳税人的关系与税务机关和内国纳税人的关系相比没有特殊之处,只不过涉及了居民的境外所得或对非居民征税的问题,由于税务机关的涉税行为是一种行政行为,故处理涉外纳税人与税务机关间争议的方式主要为行政复议和行政诉讼制度。

不过,一国税务机关与涉外纳税人的争议可转化为两国税务机关之间的争议,从而能够通过税收协定的相互协商或仲裁机制来处理。

(二) 政府之间税务争议的解决

政府之间的税务争议不同于政府和涉外纳税人之间的税务争议,尽管后者可导致前者的产生,但纳税人不是政府间税务争议的主体。基于主权平等的国

[①] Tillinghast, Issues in the Implementation of the Arbitration of Disputes Arising under Income Tax Treaties, BIFD, 2002, p.91. in M. Zuger, Conflict Resolution in Tax Treaty Law, *Intertax*, Vol. 30, Issue 10, 2002, p.342.

[②] Gerrit Groen, Arbitration in Bilateral Tax Treaties, *Intetax*, Vol. 30, Issue 1, 2002, p.4.

际法原则和税收管辖权独立原则,政府间的税务争议不能通过一国国内法机制解决,只能通过国际机制解决。

税收协定中都规定了相互协商程序来处理政府间的税收争议,包括直接和间接的税务争议。一些税收协定还规定了间接税收争议无法通过相互协商解决时可采用仲裁解决。仲裁是将争议提交第三方处理,裁决结果对当事方具有法律约束力。对于转让定价调整中纳税人与相关国家税务机关的争议,欧盟成员国还签订了仲裁公约,以仲裁方式专门处理此类争端。此外,从理论上讲,政府间争议也可提交国际司法途径解决。

第二节 国内法机制

国内法中的行政复议和行政诉讼制度是解决政府与涉外纳税人税务纠纷的主要方式。本章主要以我国的相关法律制度为例进行阐述。

一、行政复议

从学理上讲,行政复议是指政府行政机关在行使其行政管理职权时,与作为被管理对象的相对方发生争议,根据行政相对方的申请,由上一级政府行政机关或者法律法规规定的其他机关依法对引起争议的具体行政行为进行复查并作出决定的一种活动。[1] 税务领域的行政复议,即税务行政复议是指纳税人、扣缴义务人、纳税担保人等税务当事人或者其他行政相对人认为税务机关及其工作人员作出的税务具体行政行为侵犯其合法权益,依法向上一级税务机关或者本级人民政府提出复查该具体行政行为的申请,由复议机关对税务具体行政行为的合法性和适当性进行审查并作出裁决的制度。[2]

在法律制度方面,我国有《行政复议法》[3]以及《行政复议法实施条例》[4]。就税务行政复议来讲,国家税务总局还根据《行政复议法》、《行政复议法实施条例》和《税收征收管理法》制定了《税务行政复议规则》(国家税务总局令第21号)。[5]

---

[1] 罗豪才、湛中乐主编:《行政法学》,北京大学出版社1996年版,第334页。
[2] 刘佐、刘铁英编著:《中国涉外税收概览》,中国民主法制出版社2002年版,第382页。
[3] 第九届全国人民代表大会常务委员会第九次会议于1999年4月29日通过,自1999年10月1日起施行。
[4] 2007年5月23日国务院第177次常务会议通过,自2007年8月1日起施行。
[5] 2009年12月15日国家税务总局第2次局务会议审议通过,自2010年4月1日起施行。需要指出的是,在2009年的《税务行政复议规则》之前,国家税务总局曾先后制定了数个关于税务行政复议的规则。比如,《税务行政复议规定(试行)》([1989]国税改字第021号);《税务行政复议规则》(国税发[1991]160号);《税务行政复议规则》(国税发[1993]119号);《税务行政复议规则(试行)》(国税发[1999]177号);《税务行政复议规则(暂行)》(国家税务总局令第8号)。这些规则均已废止。

《税务行政复议规则》就税务行政复议的机构和人员、复议范围和管辖、复议的主体(申请人和被申请人)、复议的申请、受理以及审查和决定等方面作出了具体规定。

《税务行政复议规则》第2条规定,公民、法人和其他组织(即申请人)认为税务机关的具体行政行为侵犯其合法权益,向税务行政复议机关申请行政复议,税务行政复议机关办理行政复议事项,适用该规则。此外,《税务行政复议规则》第102条还规定,外国人、无国籍人、外国组织在中华人民共和国境内向税务机关申请行政复议,同样适用该规则。因此,非居民纳税人与我国税务机关的争议也可通过行政复议解决。

根据《税务行政复议规则》第14条的规定,税务行政复议机关受理申请人对税务机关下列具体行政行为不服提出的行政复议申请:(1)征税行为[①];(2)行政许可、行政审批行为;(3)发票管理行为,包括发售、收缴、代开发票等;(4)税收保全措施、强制执行措施;(5)行政处罚行为[②];(6)不依法履行职责的行为[③];(7)资格认定行为;(8)不依法确认纳税担保行为;(9)政府信息公开工作中的具体行政行为;(10)纳税信用等级评定行为;(11)通知出入境管理机关阻止出境行为;(12)其他具体行政行为。

根据《税务行政复议规则》第15条的规定,申请人认为税务机关的具体行政行为所依据的下列规定不合法,对具体行政行为申请行政复议时,可以一并向行政复议机关提出对有关规定的审查申请;申请人对具体行政行为提出行政复议申请时不知道该具体行政行为所依据的规定的,可以在行政复议机关作出行政复议决定以前提出对该规定的审查申请:(1)国家税务总局和国务院其他部门的规定;(2)其他各级税务机关的规定;(3)地方各级人民政府的规定;(4)地方人民政府工作部门的规定。不过,这些规定不包括规章。

根据《税务行政复议规则》第75条的规定,税务行政复议机构应当对被申请人的具体行政行为提出审查意见,经行政复议机关负责人批准,按照下列规定作出行政复议决定:(1)具体行政行为认定事实清楚,证据确凿,适用依据正确,程序合法,内容适当的,决定维持。(2)被申请人不履行法定职责的,决定其在一定期限内履行。(3)具体行政行为有下列情形之一的,决定撤销、变更或者确

[①] 包括确认纳税主体、征税对象、征税范围、减税、免税、退税、抵扣税款、适用税率、计税依据、纳税环节、纳税期限、纳税地点和税款征收方式等具体行政行为以及征收税款、加收滞纳金,扣缴义务人、受税务机关委托的单位和个人作出的代扣代缴、代收代缴、代征行为等。

[②] 包括罚款;没收财务和违法所得;停止出口退税权。

[③] 这包括颁发税务登记;开具、出具完税凭证、外出经营活动税收管理证明;行政赔偿;行政奖励;其他不依法履行职责的行为。

认该具体行政行为违法①;决定撤销或者确认该具体行政行为违法的,可以责令被申请人在一定期限内重新作出具体行政行为:① 主要事实不清、证据不足的;② 适用依据错误的;③ 违反法定程序的;④ 超越职权或者滥用职权的;⑤ 具体行政行为明显不当的。(4) 被申请人不按照该规则第 62 条的规定提出书面答复,提交当初作出具体行政行为的证据、依据和其他有关材料的,视为该具体行政行为没有证据、依据,决定撤销该具体行政行为。②

此外,《税务行政复议规则》第 86 条还允许申请和被申请人就特定复议事项在复议机关作出复议决定前按照自愿、合法的原则达成和解,复议机关也可以调解。③

申请人对行政复议结果不服的,可依法提起行政诉讼。

二、行政诉讼

税务行政诉讼是指公民、法人和其他组织认为税务机关及其工作人员作出的税务具体行政行为违法或者不当,侵害了其合法权益,依法向人民法院提起行政诉讼,由人民法院对税务具体行政行为的合法性、适当性进行审查并作出判决的司法制度。④

行政复议和行政诉讼都是解决税务争议的法律途径,但二者的法律性质不同:税务行政复议仍然是在行政领域内解决争议,行政复议决定仍然是一种行政行为;行政诉讼是司法机关对行政机关行政行为的司法审查,是司法行为。

在行政诉讼的具体制度方面,我国于 1989 年颁布了《行政诉讼法》,并自 1990 年 10 月 1 日起开始实施。最高人民法院也制定了相关的司法解释。⑤ 我国没有专门的行政法院或税务法院⑥,有关税务行政诉讼由人民法院依照其管

---

① 根据《税务行政复议规则》第 77 条规定,有下列情形之一的,行政复议机关可以决定变更:(1) 认定事实清楚,证据确凿,程序合法,但是明显不当或者适用依据错误的。(2) 认定事实不清,证据不足,但是经行政复议机关审理查明事实清楚,证据确凿的。

② 《税务行政复议规则》第 62 条规定:行政复议机构应当自受理行政复议申请之日起 7 日内,将行政复议申请书副本或者行政复议申请笔录复印件发送被申请人。被申请人应当自收到申请书副本或者申请笔录复印件之日起 10 日内提出书面答复,并提交当初作出具体行政行为的证据、依据和其他有关材料。

③ 这些事项包括:(1) 行使自由裁量权作出的具体行政行为,如行政处罚、核定税额、确定应税所得率等。(2) 行政赔偿。(3) 行政奖励。(4) 存在其他合理性问题的具体行政行为。

④ 刘佐、刘铁英编著:《中国涉外税收概览》,中国民主法制出版社 2002 年版,第 401 页。

⑤ 最高人民法院《关于执行〈中华人民共和国行政诉讼法〉若干问题的解释》(法释[2000]8 号)。

⑥ 在德国,税务法院是专门处理当事人提出的税务诉讼的法院。在法国,受理当事人税务诉讼的法院有地区行政法庭和低等民事法庭,两类法院的管辖权不同。大多数税务案件都是由行政法院系统受理判决的。在美国,纳税人可以在美国税务法院、美国地区法院以及美国权利申诉法院中任意选择一个进行起诉。参见廖益新主编:《国际税法学》,北京大学出版社 2001 年版,第 433—434 页。

辖权受理,法院内部设立行政审判庭专门负责审理行政案件。税务行政诉讼适用《行政诉讼法》。对于行政诉讼的基本法律制度,本章在此不予阐述。

需要指出的是,在税收行政复议和税收行政诉讼的关系上,根据我国《税收征收管理法》第88条的规定,有两种情况:(1)纳税人、扣缴义务人、纳税担保人同税务机关在纳税上发生争议时,必须先依照税务机关的纳税决定缴纳或者解缴税款及滞纳金或者提供相应的担保,然后可以依法申请行政复议;对行政复议决定不服的,可以依法向人民法院起诉。也就是说,行政复议是行政诉讼的前置程序,即当事人提起行政诉讼之前必须先提起行政复议。同时,纳税人对税务机关的征税决定不服提起行政复议的前提是先缴纳税款或提供相应的担保,即纳税是行政复议的前置条件。(2)当事人对税务机关的处罚决定、强制执行措施或者税收保全措施不服的,可以依法申请行政复议,也可依法向人民法院起诉。也就是说,当事人可以选择直接提起行政诉讼,而不需经过行政复议程序。

下面以我国的泛美卫星税收案来说明我国的税务争议解决机制。①

1996年4月3日,泛美卫星国际系统责任有限公司(以下"泛美公司")与中国中央电视台(以下"央视")签订了《数字压缩电视全时卫星传送服务协议》,双方约定,泛美卫星公司向央视提供压缩数字视频服务,提供27MHz带宽和相关的功率所组成的转发器,包括地面设备。央视向泛美卫星公司支付季度服务费和设备费。

1999年1月,北京市国税局对外分局稽查局向央视发出了要求央视代扣代缴泛美卫星应在我国缴纳的所得税的行政通知(001号通知)。泛美公司不服这一决定,向北京市国税局对外分局申请行政复议。1999年8月23日北京市国税局对外分局作出了维持001号通知的复议决定。泛美卫星公司遂以北京市国税局对外分局为被告向北京市第二中级人民法院提起行政诉讼。审理中,北京市国税局对外分局于2000年6月26日撤销了001号通知,泛美公司遂撤诉。

2000年6月30日,北京市国税局对外分局第二税务所作出了第319号《关于对中央电视台与泛美卫星公司签署〈数字压缩电视全时卫星传送服务协议〉所支付费用代扣代缴预提所得税的通知》,认定央视与泛美公司签订的电视卫星传送协议所支付的费用,属于《中美税收协定》第11条、《外商投资企业和外国企业所得税法》第19条、国家税务总局《关于外国企业出租卫星通讯线路所取得的收入征税问题的通知》及国家税务总局《关于泛美卫星公司从中央电视

---

① 关于本案的详细案情,请参阅北大法宝(www.pkulaw.cn)的"司法案例"部分。从实体法的角度看,该案中双方争议的核心问题是泛美卫星公司收到的款项是特许权使用费还是营业利润,对此问题的讨论可参见,翟继光:《泛美卫星公司卫星租赁费在华纳税案分析》,载熊伟主编:《税法解释与案例评注》(第2卷),法律出版社2011年版,第230—241页。

台取得卫星通讯线路租金征收所得税问题的批复》确定的预提所得税征税范围。因此,税务机关要求央视履行代扣代缴的义务并将该决定内容告知泛美公司。

泛美卫星公司对此不服,向北京市国税局对外分局申请行政复议。该局经复议维持了第 319 号通知。泛美卫星公司仍不服,故又将北京市国税局对外分局第二税务所作为被告、将央视作为第三人诉至北京市第一中级人民法院。

北京市第一中级人民法院经审理,于 2001 年 12 月 20 日判决维持了被告第二税务所的 319 号通知,驳回了泛美公司的其他诉讼请求。

一审判决后,泛美卫星公司不服,向北京市高级人民法院提出上诉,要求判决撤销一审判决,并依法予以改判。

北京市高级人民法院二审认为,原审判决认定事实清楚,适用法律正确,审判程序合法,故依法驳回泛美公司的上诉请求,维持一审判决。

第三节 税收协定的相互协商程序

税收协定中的相互协商程序可用来解决缔约国政府间直接或间接的税收争议。税收协定中关于相互协商程序的规定,基本采用 OECD 范本或联合国范本的模式。本书以 2010 年 OECD 范本为例进行阐述。

一、相互协商程序的条文与释义

(一) 条文

OECD 范本中有关相互协商程序的内容规定在第 25 条的第 1 款至第 4 款:

1. 当一个人认为缔约国一方或双方的措施已经导致或将要导致对其不符合本税收协定的征税时,他可不考虑上述缔约国国内法的救济手段,将案件提交其本人为居民的缔约国主管当局,在案件属于本协定第 24 条第 1 款的情况时①,可提交到其本人为国民的缔约国主管当局。案件必须在不符合本税收协定的征税措施第一次通知该人时起 3 年内提出。

2. 如果缔约国主管当局认为案件所提意见合理,又不能单方面满意地解决时,应努力与缔约国另一方主管当局相互协商解决本案,以避免不符合本税收协定的征税。主管当局达成的协议应予以执行,而不受缔约国国内法律规定的任何时间限制。

3. 缔约国双方主管当局应努力通过相互协商解决本税收协定在解释或适

---

① OECD 范本第 24 条是关于"无差别待遇"的规定,其第 1 款的要求为,缔约国一方国民在缔约国另一方的税收负担和条件,不应比相同情况的缔约国另一方国民的税收负担和条件为重。

用时产生的任何困难和疑义。缔约国主管当局也可就消除本协定未作规定的双重征税问题进行协商。

4. 缔约国双方主管当局为达成上述各款中的协议,可以相互直接联系,包括通过双方主管当局或其指派的代表组成的联合委员会进行联系。①

(二) 释义

1. 第1款和第2款适用于间接国际税务争议

第1款给予了纳税人向其居民国提出申诉的权利,第2款则规定了一国税务机关如何将纳税人与税务机关的争议转化为两国税务机关之间的争议。因此,第1款和第2款适用于间接的国际税务争议。

相互协商程序用于处理间接税务争议时,具有外交保护(diplomatic protection)的特点。② 纳税人居民国税务机关受理了纳税人的申请后,并不一定要启动相互协商程序。如果税务机关认为申诉合理,其问题主要由于纳税人居民国采取措施所致,就可单方面解决,不必启动相互协商程序。从税务机关没有义务启动相互协商程序这点来看,该程序与国际法中的外交保护具有类似之处,都是一国保护本国居民或国民利益的制度,而且一国对该程序中占据主动,是否启动不在于当事人。不过,相互协商程序又不同于一般意义的外交保护,因为相互协商程序的启动不以用尽当地救济(exhaustion of local remedies)为前提。

但是,如果居民国税务机关认为纳税人申诉的税收问题全部或部分是由于另一国采取措施所致,就有义务启动相互协商程序。③ 不过,如果居民国税务机关在该种情况下仍不启动相互协商程序时,纳税人是否有救济手段,要看国内法中是否允许纳税人就税务机关不启动相互协商程序的决定向法院提出司法审查。

不过,由于相互协商程序的启动与纳税人诉诸国内法院救济是两类不同的程序,居民国税务机关不能仅以纳税人将案件提交法院为理由而拒绝启动相互协商程序。即使法院已经作出了终审裁决,纳税人也可能希望通过相互协商程序解决。因此,缔约国税务机关可在启动相互协商程序时要求纳税人接受相互协商的结果,且纳税人撤销其在相互协商决议中已经解决问题的法律诉讼。④

需要明确的是,第1款适用的是与税收协定不符的征税,而不单单限于与税

---

① 2011年联合国范本的第25条相互协商程序推荐了A和B两种选择。第25A条有4款,第25B条有5款,其前4款是相同的。联合国范本的第25A条和第25B条的前3款与OECD范本第25条的前3款也是一样的。不过,联合国范本第25A条和第25B条的第4款除了包含OECD范本第25条第4款的内容外,还多了这样一句话:"主管当局通过协商可协商确定进行相互协商的适当的双边程序、条件、方法和技术。"

② M. Zuger, Conflict Resolution in Tax Treaty Law, *INTERTAX*, Vol. 30, Issue 10,2002,p.343.

③ 参见OECD范本关于第25条注释的第33段。

④ 参见OECD范本关于第25条注释的第45段。

收协定不符的双重征税。比如,缔约国一方对某类所得征税,而根据税收协定此类所得的征税权是划归缔约国另一方独享的,尽管事实上该缔约国另一方并没有行使征税权。再比如,缔约国一方的国民是缔约国另一方的居民,但在缔约国另一方受到了歧视性税收待遇。[1]

2. 第3款适用于直接税务争议

第3款为缔约国双方税务机关通过相互协商程序来解决税收协定在解释和适用中的问题提供了基础。这些问题具有一般性,或涉及某类纳税人。比如,税收协定中的某个术语定义不清,澄清其含义就能够消除适用的困难。缔约国双方税务机关就此达成的协议对它们是有约束力的[2]。因此,第3款是关于直接税收争议的处理方式。此外,缔约国双方税务机关还可根据相互协商程序来处理不属于税收协定适用范围的双重征税问题,比如第三国居民在税收协定缔约国双方都有常设机构时的双重征税问题。[3]

3. 第4款是缔约国双方税务机关相互协商具体做法的规定

缔约国双方税务机关可以直接联系,而并不必然通过外交渠道。缔约国双方税务机关也可以通过信函、电话、传真进行通讯,或建立联合委员会。联合委员会的人员构成和议事规则由缔约国双方来决定。[4]

二、相互协商程序的不足

相互协商程序可将纳税人与税务机关的争议转化为缔约国之间的税务争议。但是,这一程序并一定就能够保证争议得到满意的解决,纳税人也不能当然从中受益。事实上,相互协商程序存在着下列不足之处:

(1) 缔约国税务机关只是被要求努力(endeavor)解决税务争议,但仅有义务尽力谈判,并无义务一定达成结果。[5]

(2) 纳税人在相互协商程序中没有法律地位。税收协定为缔约国创设权利与义务,纳税人并不是该协定的主体,只可根据税收条约享受税收协定给予的利益。因此,缔约国通过相互协商程序解决税务争议时,纳税人也不是相互协商程序的当事人。即使程序启动后,纳税人也不一定有机会陈述其观点。税务机关的协商结果对政府之间来讲可能是公平的,但对纳税人不一定公平。税务机关的协商结论一般不公开因而缺乏透明度。[6]

---

[1] 参见 OECD 范本关于第 25 条注释的第 13 段。
[2] 参见 OECD 范本关于第 25 条注释的第 50、52 和 54 段。
[3] 参见 OECD 范本关于第 25 条注释的第 55 段。
[4] 参见 OECD 范本关于第 25 条注释的第 57—59 段。
[5] 参见 OECD 范本关于第 25 条注释的第 37 段。
[6] M. Zuger, Conflict Resolution in Tax Treaty Law, *INTERTAX*, Vol. 30, Issue 10, 2002, p. 345.

(3) 税务机关根据相互协商程序达成的协议受制于缔约国的国内法。尽管OECD范本规定缔约国主管当局通过相互协商程序达成的协议应予以执行,但相互协商协议在缔约国国内法中的地位仍需根据其宪法或国内法来确定。例如荷兰认为协商协议是主管当局之间的君子协定(gentleman's agreement),对荷兰没有法律约束力,不能成为荷兰国内法的部分,也不能为个人创设权利和义务。大多数学者认为对税收协定具有解释效果的协商协议属于条约,如被纳入国内法,则对法院有约束力。不过,在不将协商协议转化为国内法的情况下,该协议也不能为个人创设权利和义务。[1] 此外,相互协商协议能否偏离税收协定以及能否偏离法院判决,在不同国家也有不同的观点。[2]

由于相互协商程序存在上述不足,也就产生了通过仲裁机制解决国际税务争议的需要。

第四节 仲 裁 程 序

自20世纪80年代起,就有学者开始探讨解决国际税务争议的仲裁机制。[3] 仲裁程序的特点是:仲裁裁决由独立的仲裁庭作出,而非以相关缔约国的税务机关的名义作出;仲裁庭必须作出仲裁裁决,仲裁结果是终局的,具有法律约束力。采用仲裁方式解决国际税务争议的主要做法是在双边税收协定中设定专门的仲裁条款或订立专门的仲裁公约。

一、税收协定的仲裁条款

(一) 税收协定中的仲裁条款

2008年之前,OECD范本并没有仲裁条款。不过,现实中的税收协定已经出现了仲裁条款的实例。税收协定中的仲裁条款可分为两大类[4]:

一类以美国和墨西哥的双边税收协定中的仲裁条款(第26条第5款)为代表,其条文表述为:"任何本协定的解释或适用的困难和异议,缔约国主管当局如果不能通过本条前款的相互协商程序解决,如果缔约国双方主管当局和纳税人同意,可提交仲裁解决,只要纳税人事先书面说明受仲裁庭决定的约束。仲裁决定对缔约国双方具有个案的约束力。缔约国应通过外交渠道的换文来建立仲

---

[1] Gerrit Groen, Arbitration in Bilateral Tax Treaties, *Intetax*, Vol. 30, Issue 1, 2002, p. 7.
[2] 参见OECD范本关于第25条注释的第34和35段。
[3] David R. Tillinghast, The Choice of Issues to Be Submitted to Arbitration under Income Tax Conventions, *Essays on International Taxation*, Edited by Herbert H. Alpert and Kees van Raad, Kluwer Law and Taxation Publishers, 1993, p. 349.
[4] Gerrit Groen, Arbitration in Bilateral Tax Treaties, *Intetax*, Vol. 30, Issue 1, 2002, p. 7.

裁程序。本款规定在缔约国通过外交换文达成同意后生效。"

第二类以爱沙尼亚和荷兰税收协定中的仲裁条款（第 27 条第 5 款）为代表，其条文表述为："任何本协定的解释或适用的困难和异议，缔约国主管当局如果不能通过本条前款的相互协商程序在争议产生之日起两年内解决，应任何缔约国请求，该争议可提交仲裁解决，但这应在用尽本条第 1—4 款的程序后以及获得另一缔约国主管当局同意，并且纳税人以书面承诺受仲裁庭决定约束。仲裁庭的决定对缔约国和纳税人有约束力。"

（二）税收协定范本中的仲裁条款

1. OECD 范本

OECD 范本在 2008 年进行了修订，第 25 条增加了第 5 款，也引入了仲裁机制，其条文表述如下[①]："当一个人认为一方或双方缔约国的行为导致了对其与税收协定不符的征税并根据本条第 1 款提请其居民国当局启动相互协商程序后，缔约国双方当局如果不能根据本条第 2 款在 2 年内达成协议，此人可就任何未能解决的事项提请通过仲裁解决。如果未能解决的事项已由一国法院或行政法庭作出裁决，则不能提交仲裁。除非受该案直接影响的人不接受缔约国双方为履行仲裁裁决所达成的协议，仲裁裁决对缔约方是有约束力的。缔约方应履行仲裁裁决且不受国内法中时限的限制。缔约国当局应通过相互协商来确定适用本款的具体模式。"

2. 联合国范本

联合国范本在 2011 年的修订也同样引入了仲裁机制。修订后的第 25 条推荐了 A、B 两种选择。第 25A 条共 4 款，是关于相互协商程序的；第 25B 条共 5 款，前 4 款与第 25A 条相同，第 5 款是其独有的，是关于强制性税收仲裁的，其条文表述为[②]：

"当一个人认为一方或双方缔约国的行为导致了对其与税收协定不符的征税并根据第 1 款提请其居民国当局启动相互协商程序后，缔约国双方当局如果不能根据本条第 2 款在 2 年内达成协议，应缔约国任何一方主管当局提请可就任何未能解决的事项通过仲裁解决，并应通知根据本条第 1 款提请案件的人。如果未能解决的事项已由一国法院或行政法庭作出判决，则不能提交仲裁。仲裁裁决对缔约方是有约束力的并应履行，且不受国内法中时限的限制，除非缔约国双方主管当局在收到仲裁裁决后 6 个月内达成与仲裁裁决不同的协议，或者受该案直接影响的人不接受缔约国双方为履行仲裁裁决达成的协议。缔约国当局应通过相互协商来确定适用本款的具体模式。"

---

① 除非另有说明，本章引用的是 2010 年 OECD 范本。
② 除非另有说明，本章引用的是 2011 年联合国范本。

相比较而言,联合国范本的仲裁条款和 OECD 范本的仲裁条款大致相同,但也存在以下几点不同①:(1) 联合国范本下仲裁的启动是由缔约国任何一方的主管当局提起,这意味着如果缔约方主管当局双方认为该案不适宜通过仲裁解决和任何一方都不提出请求时就不能仲裁。而 OECD 范本中则是由提请相互协商程序的纳税人提起仲裁。(2) 与联合国范本中缔约国主管当局在相互协商程序启动后 3 年内未能解决事项可仲裁,而 OECD 范本是 2 年。(3) 与 OECD 范本不同的是,联合国范本允许缔约方主管当局偏离仲裁裁决,如果它们在收到仲裁裁决后 6 个月内达成与仲裁裁决不同的协议来解决争议的事项。

(三) 仲裁程序的特点

以上税收协定(包括范本)中的仲裁程序具有不同特点,具体从以下方面说明:

(1) 解决国际税务争议的仲裁不同于国际商事仲裁。国际商事仲裁解决的是私人主体之间的民商事争议,而税务仲裁解决的是政府之间的争议,而这种争议具有公法的性质。税务仲裁适用的法律应当是税收协定和缔约国相关的国内法。税收协定的解释应适用《维也纳条约法公约》。②

(2) 税务仲裁是相互协商程序的延伸。税收协定的仲裁条款只有当相互协商程序不能解决税务争议时才能启动。缔约国双方根据相互协商程序达成协议且并不存在未解决的问题,纳税人就不能要求进行仲裁,即使纳税人并不承认相互协商程序下达成的协议。因此,仲裁是相互协商程序的延伸,是就相互协协商程序未能解决的问题进行仲裁,这也是为了促进相互协商程序的效率。③ 因此,税务仲裁是最后的手段,而非纳税人或缔约国税务机关可以选择的争议解决方式。这不同于国际商事仲裁。国际商事仲裁的当事人可以选择仲裁,也可选择调解、诉讼等方式,而且一旦选择了仲裁就排除了司法管辖。

(3) 税务仲裁可用于解决直接和间接的税务争议。如前所述,政府间的税务争议包括间接和直接的两类。税务仲裁适用于哪些争议,取决于缔约国双方在谈判税收协定时的态度。OECD 范本和联合国范本的仲裁是明确适用于间接税务争议的。OECD 范本关于第 25 条的注释第 73 段指出如果缔约方希望仲裁也适用于第 3 款的直接争议也是可以的。④ 前述美国和墨西哥以及爱沙尼亚和荷兰的税收协定中的仲裁适用于税收协定的解释和适用中产生的争议,这实际上指向直接的国际税务争议。不过,这两个税收协定都要求纳税人事先同意仲

---

① 参见联合国范本关于第 25B 条第 5 款的注释第 13 段。
② OECD 范本关于第 25 条的注释附件中的仲裁机制范本还提出要适当考虑 OECD 范本的注释。关于 OECD 范本注释在税收协定解释中的法律地位,可参见陈延忠:《国际税收协定解释问题研究》,科学出版社 2010 年版,第 4 章。
③ 参见 OECD 范本关于第 25 条的注释第 64 段。
④ 参见 OECD 范本关于第 25 条的注释第 73 段。

裁裁决,这意味着只有涉及纳税人的案件才能提交仲裁。加拿大与智利税收协定中的仲裁条款并没有要求纳税人的同意提起仲裁,也没有要求纳税人的事先书面协议受仲裁决定约束,这意味着直接和间接税务争议都可仲裁。①

(4) 税务仲裁具有自愿性或强制性。如果税收协定的仲裁条款要求缔约国双方主管当局的同意才能启动仲裁,这意味着仲裁是自愿性的。前述美国和墨西哥税收协定的仲裁就是自愿性的。如果仲裁经纳税人或缔约国任何一方的主管当局提请即可启动,则仲裁就是强制性。OECD 范本和联合国范本的仲裁都是强制性的。

(5) 税务仲裁可仲裁的事项,是由缔约国决定的。在税收协定中允许哪些争议可以仲裁,是缔约国来决定的。有的国家只是在与特定国家的税收协定中引入仲裁条款,有的国家的国内法可能不允许仲裁员就税收问题进行裁决。② 美国的一些税收协定中明确将"税收政策和国内法"排除出仲裁范围。③ 有些国家希望将仲裁事项限定在事实争议方面,比如转让定价争议或认定常设机构是否存在的争议。④

(6) 纳税人的地位。即使税收协定规定经纳税人提请仲裁程序就能启动,纳税人也不是仲裁程序的主体。⑤ 税收协定的仲裁条款一般不规定仲裁员的任命和仲裁庭的组成、作出仲裁的期限、仲裁适用的法律和仲裁程序等。⑥ 因此,OECD 范本和联合国范本都规定由缔约国双方来具体协商。⑦ 前述美国和墨西哥的税收协定也规定缔约国应通过外交渠道的换文来建立仲裁程序。之所有如此,是因为即使是间接税务争议也是缔约国之间的争议。

(7) 仲裁裁决的效力。仲裁裁决是终局的,对缔约国双方是有约束力的。⑧ 尽管纳税人并非仲裁程序的主体,但 OECD 范本和联合国范本仍给予了纳税人不接受仲裁裁决的权利。有的税收协定则要求纳税人事先同意受仲裁裁决的约束。

---

① Gerrit Groen, Arbitration in Bilateral Tax Treaties, *Intetax*, Vol. 30, Issue 1, 2002, p. 10.
② 参见 OECD 范本关于第 25 条的注释第 65 段。
③ Gerrit Groen, Arbitration in Bilateral Tax Treaties, *Intetax*, Vol. 30, Issue 1, 2002, p. 10.
④ OECD 范本关于第 25 条的注释第 66 段。
⑤ OECD 范本关于第 25 条的注释中所附的仲裁机制范本指出,纳税人可提交书面材料,也可在仲裁中出庭进行口头陈述。
⑥ 相比之下,国际商事仲裁条款一般都包含将争议提交仲裁的意思表示、仲裁的事项、仲裁庭的组成、仲裁程序等事项。
⑦ OECD 范本关于第 25 条的注释中所附的仲裁机制范本规定:仲裁员由缔约方各指定一名,被指定的仲裁员再指定第三名仲裁员。仲裁员可以是政府官员,但不应参与仲裁之前的程序。
⑧ OECD 范本关于第 25 条的注释中所附的仲裁机制范本指出,缔约国主管当局应在 6 个月内就实施仲裁裁决达成协议并通知纳税人。在仲裁裁决作出前,缔约国双方可达成协议,仲裁程序相应终止。

仲裁裁决不具有先例的作用。这是由于①：仲裁不公开进行，裁决一般也不公开②，公众无法获知；作出裁决所依据的法律，个案也可能不同；每个案件的仲裁程序也可能不同。

二、欧盟的仲裁公约

除了税收协定的仲裁条款外，相关国家还可就相关争议的解决专门订立仲裁的专门公约。比如，欧盟成员国就制定了关于转让定价调整的仲裁公约。

1990年7月23日，欧盟当时的12个成员国代表通过了《消除关联企业利润调整中的双重征税的公约》(Convention on the Elimination of Double Taxation in Connection with the Adjustment of Profits of Associated Enterprises，以下简称《仲裁公约》)。该公约于1995年1月1日生效。1995年奥地利、芬兰和瑞典等3国加入欧盟，《仲裁公约》也对这三国适用。《仲裁公约》第20条规定，该公约的有效期为5年。1999年5月25日，上述15国通过了修改《仲裁公约》的议定书，将公约第20条修改为：公约在5年期限届满后将自动每次延长5年，除非成员国在任何一个5年期限届满前6个月以书面方式通知欧盟部长理事会反对延长。③ 2004年，捷克等10个国家加入欧盟；2007年，保加利亚和罗马尼亚加入欧盟。《仲裁公约》也随之扩展适用于这些国家。因此，《仲裁公约》适用于欧盟的现有27个成员国。④

《仲裁公约》的目的在于避免缔约国的税务机关对欧盟境内的关联企业(包括一个成员国企业在另一国的常设机构)的利润或损失进行调整时所可能导致的双重征税。

缔约国进行转让定价调整时应遵循独立交易原则(arm's length pricing Principle)。如果一个企业认为独立交易原则未被遵守，它可将此案提交其所在的或其常设机构所在的缔约国的主管当局。缔约国主管当局应努力与另一缔约国主管当局通过相互协商程序来解决双重征税问题。

如果在案件第一次提交给有关主管当局后2年内，有关主管当局未能通过相互协商程序达成协议以消除双重征税，它们就必须设立一个咨询委员会。该

---

① Gerrit Groen, Arbitration in Bilateral Tax Treaties, *Intetax*, Vol. 30, Issue 1, 2002, p.23.
② OECD范本关于第25条的注释中所附的仲裁机制范本规定，如果纳税人和缔约国双方同意，仲裁裁决也可公布，但不公布当事方的名称和身份。
③ 不过，该议定书2004年才生效，这意味着仲裁公约在1999年12月31日届满后直到2004年才重新生效。为此，缔约国专门规定仲裁公约具有追溯力，即从2000年1月1日就有效力。http://ec.europa.eu/taxation_customs/taxation/company_tax/transfer_pricing/arbitration_convention/index_en.htm.
④ http://ec.europa.eu/taxation_customs/taxation/company_tax/transfer_pricing/arbitration_convention/index_en.htm.

委员会负责就案件的消除双重征税问题提交意见。委员会应当在案件提交后6个月以内根据独立交易原则给出意见。在委员会给出意见后6个月内,相关主管当局有义务分别根据委员会的意见行事。在下列情况下,双重征税应认为是消除了:(1)利润只在一个缔约国被计入应税所得;(2)利润在一个缔约国的应税额在另一国被从应税额中等额扣除。

《仲裁公约》的突出特点是引入了强制性的仲裁机制。此外,欧盟于2006年还制订了关于有效实施《仲裁公约》的行为守则(code of conduct),并于2009年对守则进行了修订。守则对仲裁公约的具体适用范围、仲裁公约中相关期限的计算、仲裁员的名单和仲裁程序、咨询委员会的组成和职责、咨询委员会意见应包含哪些内容等方面作了进一步的说明。不过,守则只是欧盟成员国的政治承诺(political commitment),但成员国每两年要向欧盟委员会提交关于守则实施情况的报告。

需要明确的是,《仲裁公约》只适用于转让定价调整方面。从理论上讲,涉及税收协定适用的事实争议比税收协定解释的争议更适合于仲裁:因为仲裁员是相关领域的专家,比税务主管当局更有经验处理税收协定适用的事实纠纷,其裁决也不会影响缔约国财政主权。[①] 当然,税收协定的仲裁条款也同样适用于转让定价调整中争议的解决。OECD于2010年7月颁布的新的《转让定价指南》也对此予以了确认。[②]

第五节 国际司法方式

相互协商程序和仲裁是处理政府间税务争议的主要方式。理论上讲,政府间争端的解决还可通过国际司法的方式解决,即将争议提交国际性的法院来裁判。1927年的国联税收协定范本草案就设想将常设国际法院(Permanent Court of International Justice)作为解决税收协定适用争议的最后机制。[③] 不过,迄今为止,国际间仍然没有处理国际税务争议的国际税收法院(International Tax Court)。不过,欧盟法院作为区域性的常设司法机构,在推动欧洲一体化的过程中,尝试了解决国际税务争议的新模式。国际法院(International Court of Justice, ICJ)作为处理国际法争议的司法机构,也有学者主张其处理国际税务争议的可能性。

---

① See Gerrit Groen, Arbitration in Bilateral Tax Treaties, *Intetax*, Vol. 30, Issue 1, 2002, p. 10.

② OECD: Transfer Pricing Guidelines for Multilateral Enterprises and Tax Administrations, paragraph 4.167—4.168.

③ Edwin van der Bruggen, Compulsory Jurisdiction of the International Court of Justice in Tax Cases: Do We Already Have an "International Tax Court", *Intertax*, Vol. 29, Issue 8/9, 2001, p. 250.

一、欧盟法院的作用

欧盟法院是欧洲联盟的司法机构。

根据《欧洲联盟运转条约》第258条,欧盟委员会认为某一成员国未能履行《欧洲联盟条约》和《欧洲联盟运转条约》(以下简称"两条约")的义务时,委员会在提请该成员国发表意见后,委员会应就此问题提出意见并说明理由。如果成员国在委员会规定的期限内未能执行委员会的意见,委员会可将该成员国诉至欧盟法院。

根据《欧洲联盟运转条约》第259条,如果一个成员国认为另一成员国未能履行两条约的义务,该成员国可将其诉至欧盟法院。

因此,如果欧盟机构或成员国认为某成员国的税法违反了两条约下的义务,欧盟法院将对此进行管辖并作出裁决。

此外,根据《欧洲联盟运转条约》第267条,应成员国国内法院的请求,欧盟法院可对涉及欧盟法律的解释问题或欧盟机构所作决议的效力问题进行预先裁决(preliminary rulings)。预先裁决程序对欧盟法院来讲是一个独立的司法程序,而相对于成员国法院而言,则是其具体案件审理中的一部分。预先裁决程序是欧盟法院独具特色的司法程序,对解决纳税人和成员国之间的国际税务争议具有重要作用。欧盟法院在预先裁决程序下就欧盟法作出的解释对引用该程序的成员国法院有约束力。同时,由于欧盟法院的判决具有先例效力,其对欧盟法的解释对其他成员国法院也有约束力。①

下面以欧盟法院裁决的舒马赫案(Case C-279/93)来说明欧盟法院处理税务争议的作用。

德国税法将纳税人分为居民纳税人和非居民纳税人两类,居民纳税人承担无限纳税义务,非居民纳税人只就其来源于德国的所得纳税。不过,已婚的居民纳税人享受某些税收优惠,但已婚的非居民纳税人不能享受给予已婚居民纳税人的税收优惠,而按未婚纳税人纳税。

舒马赫先生是比利时国民,与其妻子和孩子居住在比利时,但在德国受雇工作。根据德国税法,舒马赫先生按非居民纳税。这意味着他的婚姻和家庭状况不被考虑而作为单身征税,不能享受已婚居民纳税人的优惠。由于舒马赫先生在比利时没有可税收入,因此他不能享受给予比利时纳税人的税收减免优惠。舒马赫先生认为他应当享有给予德国已婚纳税人的优惠。德国税务机关拒绝了其要求。舒马赫先生诉至德国法院,德国法院依预先裁决程序向欧盟法院寻求

---

① 欧盟法院在 *CILFIT* 案(Case 283/81)中指出,只要案例涉及的欧共体法律问题业已为欧盟法院所解释,成员国法院就可在随后的案例中援引。

《欧洲共同体条约》第 39 条的解释。①

第 39 条是有关共同体内人员的自由流动的规则。该条第 2 款要求消除任何对成员国工人基于国籍的歧视。欧盟法院认为该条并不允许一个成员国在征收直接税方面歧视在其境内工作的另一成员国国民。本案中,德国法的规定并不是以纳税人国籍为标准实施的。但是,这种做法通过区分居民和非居民纳税人而拒绝给予非居民纳税人以税收优惠,就会对其他成员国国民的利益造成损害,因为非居民纳税人大多为外国人。因此,只给予一个成员国的居民纳税人以税收优惠的做法就构成基于国籍的间接歧视。

欧盟法院也承认,一般来讲,成员国不给予非居民纳税人某些给予居民纳税人的税收优惠并非歧视,因为歧视只有在对相同情况实施不同规则或是对不同情况实施相同规则的条件下出现,居民和非居民纳税人的情况不同。但是,本案中,非居民纳税人在受雇工作的成员国获得其大部分收入,在其居民国没有什么收入,故其居民国不给予税收优惠。此时,在德国,从事相同或类似工作的居民和非居民纳税人之间没有实质区别,德国没有理由给予不同税收待遇。因此,在非居民纳税人在非其居民国的成员国获得其个人或家庭大部分收入时,其个人和家庭状况不被工作国和居民国考虑就构成歧视。

二、国际法院的作用

国际法院在理论上也可用于解决税务法律争议。根据《国际法院规约》第 36 条第 2 款,国际法院受理的案件为"法律性争议"(legal dispute)。"争议"(dispute)是指对法律或事实的不同观点,双方法律观点或利益的冲突;"法律性"(legal)是指条约的解释、任何国际法问题、事实的存在使得违反国际法义务成立等事项。② 缔约国之间税收协定的适用和解释的纠纷属于"法律争议",因此理论上国际法院可用于解决政府间的税务争议。

在实践中,德国和瑞典签订的税收协定规定:缔约国双方同意,如果它们不能达成合意通过仲裁解决税务争议时,将根据 1957 年的《欧洲和平解决争端公约》(European Convention on the Peaceful Settlement of Disputes of 29 April 1957)来解决,而该公约允许基于缔约国一方的请求即可诉诸国际法院。③

此外,《国际法院规约》第 65 条第 1 款规定,根据《联合国宪章》授权或依

---

① 该案审理时在《里斯本条约》之前。《欧洲共同体条约》的第 39 条如今是《欧洲联盟运转条约》的第 45 条。

② Edin van der Brggen, Compulsory Jurisdiction of the International Court of Justice in Tax Cases: Do We Alreary Have an "International Tax Court", *Intertax*, Vol. 29, Issue 8/9, 2001, p.252.

③ Dahlberg, Settlement of Disputes in Swedish Tax Treaty Law, in M. Zuger, Conflict Resolution in Tax Treaty Law, *Intertax*, Vol. 30, Issue 10, 2002, p.353.

照《联合国宪章》可提出此种请求的任何机构的请求,国际法院得就任何法律问题提出咨询意见(advisory opinion)。《联合国宪章》授权联合国大会和安理会提出此种请求,并授权联合国大会可以授予其他机构和联合国专门机构类似权力。① 因此,有关税收协定的法律解释纠纷也可通过这种途径寻求国际法院的意见。

不过,实践中使用国际法院解决税务争议的可能性微乎其微,因为国际法院的管辖权需要争议当事国的事先同意,国际法院裁决的案件以领土、外交、人权等方面的国际公法争议为主。

本章小结

本章讲授了国际税务争议的分类和解决方法。政府和纳税人之间的涉外税务争议主要通过行政复议或行政诉讼解决。税收协定的相互协商程序用于处理缔约国政府之间的税务争议。纳税人与政府间的税务争议也可转化为政府间的争议并通过相互协商程序解决。不过,相互协商程序存在着一些缺陷,因此税收协定开始引入仲裁条款来解决国际税务争议。税务仲裁程序是相互协商程序的延伸,用于解决相互协商程序所未能解决的问题。此外,欧盟法院具备处理成员国间税务争议的职能。通过国际法院解决政府间的税务争议只是理论上可行。

思考与理解

1. 试述国际税务争议的表现形式和解决思路。
2. 试述我国税务行政复议和行政诉讼的机制。
3. 试述税收协定中的相互协商程序的特点。
4. 试述税收协定中的仲裁程序的特点。

课外阅读资料

1. M. Zuger, Conflict Resolution in Tax Treaty Law, *Intertax*, Vol. 30, Issue 10, 2002.
2. Gerrit Groen, Arbitration in Bilateral Tax Treaties, *Intertax*, Vol. 30, Issue 1, 2002.
3. 熊伟主编:《税法解释与判例评注》(第2卷),法律出版社2011年版。

---

① 〔英〕伊恩·布朗利:《国际公法原理》,曾令良、余敏友等译,法律出版社2003年版,第293页。

第二十四章　金融衍生品的税收管辖权

　　金融市场全球化已成为不争的事实。越来越多的金融工具在国际市场上进行交易。此种"全球交易"的金融工具要求对产生于流动性生产要素的所得的来源地确定方式予以根本性的变革。① 各种创新金融工具也对现有来源地规则的适用方式提出了挑战。然而,到目前为止,金融工具所得的来源地规则依然是不明确的。尽管通常情况下,来源地国家享有各种类型的所得优先征税的权力,然而,基于经济效率的考量,不少国家主张来源地国家对金融工具相关收益的此种征税权却被大为削弱,而应由居民国享有优先征税权。② 那么,经济效率是否是确定对金融交易所得行使来源地管辖权的决定性因素,如果能够行使,如何确定金融交易的管辖权。

第一节　跨境金融交易所得的来源地规则

　　从各国的征税实践来看,衍生金融工具的跨境交易产生的收益通常并不在来源地课征,而是居民国征税。③ 与股息或利息不同的是,各国对衍生金融品项下的现金流很少课征以毛收入为基础的预提税,即如非居民投资者与本国居民投资者缔结衍生金融合约,除非该非居民投资者在该国拥有常设机构,非居民投资者通常并不因合约项下的收益而在该国被课征预提税。但各国实现对衍生金融合约免予课征来源地税收的规定仍各有不同,一些国家不将衍生工具所得计入预提税的税基,另一些国家则规定衍生品所得不适用预提税规则。④ 在美国,尽管并无法律明确规定衍生品产生的所得可以免予来源地课税⑤,但通常以居

---

　　① Ilan Benshalom, Sourcing the "Unsourceable": the Cost Sharing Regulations and the Sourcing of Affiliated Intangible-Related Transactions, *Virginia Tax Review*, Vol. 26, 2006—2007, p. 635.
　　② Ilan Benshalom, the Quest to Tax Financial Income in a Global Economy: Emerging to an Allocation Phase, *Virginia Tax Review*, Vol. 27, 2007—2008, pp. 165—221.
　　③ Charles T. Plambeck, H. David Rosenbloom, Diane M. Ring, General Report, International Fiscal Association, Tax Aspect of Derivative Financial Instruments, *IFA Cahier de Droit Fiscal International*, Volume LXXXb, The Hague: Kluwer Law International, 1995, p. 684.
　　④ OECD, Innovative Financial Transactions: Tax Policy Implications, 2001, http://unpan1.un.org/intradoc/groups/public/documents/un/unpan002448.pdf, Para. 60.
　　⑤ H. David Rosenbloom, Source-Basis Taxation of Derivative Financial Instruments: Some Unanswered Questions, *University of Miami Law Review*, 1995—1996, p. 611.

民为基础的来源地规则会放弃对非居民投资者取得的衍生金融工具所得的税收管辖权①,如对名义本金合约项下的定期支付的现金流以收款人的居住地确定所得的来源地,而非参照纳税人的对方当事人的居住地确定。② 由于远期合约或期权构成多数投资者手中的个人财产,根据美国《国内收入法典》的规定,个人财产的转让所得的来源地将根据财产所有人的居住地予以确定。因此,外国投资者转让远期合约或终止合约上的权利和义务,将被确认为来自外国的所得。③ 在英国,与衍生品合约相关的支付通常并不课征预提税。但衍生品合约可能包含如利息支付的项目,则将被课征预提税。④ 有些国家则试图以衍生品合约所管理的风险为来源地,如阿根廷和哥伦比亚,如果所承担的风险发生于本国境内,则该项所得来源于本国境内。⑤ 根据阿根廷1997年颁布的关于衍生品所得的来源地规则,如果所承担的风险位于阿根廷境内,则在衍生品中所承担的权利和义务的结果被视为来源于阿根廷。然而,该法规同时规定,如果取得此项结果的当事人是阿根廷居民或外国公司在阿根廷的常设机构,则可以认为该项风险发生于阿根廷。因此,只有当取得衍生品所得的收款人是阿根廷居民或在阿根廷成立的公司,该收款人才承担阿根廷纳税义务。从这个意义上说,尽管阿根廷规定以风险为标准确定衍生品所得的来源地,实际上与收款人的居住地标准并无实质的区别⑥,对外国人与阿根廷居民缔结衍生品合约而取得的所得并不在阿根廷予以课税。

由此可见,对于跨境金融衍生品交易所产生的收益,国际上似乎已经就以居住地为基础的税收管辖权达成了基本共识。但对于来源国为何不能对衍生品所得进行课税,则存在各种不同的观点。有学者认为,对此种所得的居住地为基础的来源地规则反映了"所得的流动性"和此种所得"不代表与股息和利息相同意

---

① Gregory May, National Report-United States, International Fiscal Association, Tax Aspect of Derivative Financial Instruments, *IFA Cahier de Droit Fiscal International*, Volume LXXXb, The Hague: Kluwer Law International, 1995, p. 633.

② Regulation Section 1.863-7(b).

③ David F. Levy, Towards Equal Tax Treatment of Economically Equivalent Financial Instruments: Proposals for Taxing Prepaid Forward Contracts, Equity Swaps, and Certain Contingent Debt Instruments, *Florida Tax Review*, Vol.3, No.8, 1997, pp. 484、490.

④ Yoram Keinan, The Case for Residency-Based Taxation of Financial Transactions in Developing Countries, *Florida Tax Review*, Vol.9, No.1, 2008, p. 47.

⑤ Ibid., p. 46.

⑥ Leandro M. Passarella, Taxation of Derivatives: Risk as the Criterion for Determining the Source of Income, IBFD Publications BV, 1999, p. 54.

义的资本所得"。① 另有学者则认为这是由于以毛收入为基础的预提税难以征管,可能破坏合同中的经济关系,由于合同的流动性也并非取得财政收入的有效方法。② 但一方面对衍生品所得无来源地为基础的课税,是来源国对衍生品所得并不享有税收管辖权使然,还是来源国基于实践的考量而放弃其享有的税收管辖权,不无疑义。另一方面,对股息和利息的来源地课税实际上极易通过无来源地税收的衍生品交易而予以避免,造成来源国税基的流失。③ 为此,下文将首先探讨来源国对创新金融工具、尤其是衍生金融工具是否享有来源地税收管辖权,在此基础上分析来源国是否有必要课征来源地为基础的税收。

第二节 衍生金融产品的来源地管辖权的合法化基础

一、经济联结点

居民和来源地是当前普遍接受的国际税收管辖权的两大基础。居民税收管辖权的行使是基于量能课税原则。要准确确定纳税人的税收负担能力,有必要对所有所得,只要足以导致消费和投资的市场价值的增加,无论收入形式、来源地,都应当纳入应税所得。就此而言,衍生品交易所产生的收益,由该收益取得者的居民国行使税收管辖权,并无太大的争议。来源地管辖权的行使主要关注的是所得的经济起源。一国只对产生于来源国或与该国存在经济联结点的所得行使来源地税收管辖权。④ 那么,对衍生品交易所得是否成立来源地为基础的课税,应有必要考察其与来源国之间是否存在经济联结点。纳税人与该国之间的经济联系应当具有实质性,来源国足以行使征税权。⑤

资金的投入与使用被视为传统的金融资产收益与其来源国的经济联结点。由于付款人所在国提供的基础设施和公共服务使得付款人能够取得构成股息和利息的经济来源的经营利润,来源国与股息和利息之间存在实质的经济联结点,从而有必要承担该国的纳税义务。但衍生产品都是缺乏或只有很少真正的资本

---

① Charles T. Plambeck, H. David Rosenbloom, Diane M. Ring, General Report, International Fiscal Association, Tax Aspect of Derivative Financial Instruments, *IFA Cahier de Droit Fiscal International*, Volume LXXXb, The Hague: Kluwer Law international, 1995, p. 684.

② OECD, Innovative Financial Transactions: Tax Policy Implications, 2001, http://unpan1.un.org/intradoc/groups/public/documents/un/unpan002448.pdf, Para. 60.

③ Jeffrey M. Colon, Financial Products and Source Basis Taxation: U. S. International Tax Policy at the Crossroads, *University of Illinois Law Review*, 1999, p. 789.

④ Ibid., p. 781.

⑤ Pamela M. Krill, Quill Corp. v. North Dakota: Tax Nexus under the Due Process and Commerce Clauses No Longer the Same, *Wisconsin Law Review*, 1993, p. 1411.

投资的衍生性权利,这些权利都不会产生净所得,除非运气。即纳税人并未对这些衍生品合同作出任何投资。[①] 由于并不涉及资本或财产的国内投入和使用,而仅仅是对未来收益的博弈,其收益的取得只与市场变动有关,而与其交易对方的生产经营活动并无直接的关系。由于衍生金融工具与付款人居住地的生产性程序之间的联系过于单薄,衍生金融工具项下的付款人作为本国居民的事实也无法为来源地征税提供充分的联结点。以此看来,衍生金融工具似乎与来源国缺乏实质的经济联系,对其进行来源地课税并无合法性。然而,衍生金融工具的实质在于"衍生",而非"金融"。因此,纯粹的衍生品与反映资本转移的金融工具之间存在着实质的差别。[②] 衍生金融工具的交易目的并不在于实现资金的融通,而仅仅在于转移某一特定的风险。衍生金融工具的价值尽管衍生于另一金融工具,但其交易机制、交易目的、收益来源和属性等均与基础金融工具有着根本的差异。资本转移与使用既非衍生金融工具的交易核心,衍生金融工具甚至不包含任何的资金投入,以此作为判定该交易与来源国之间的经济联系存在与否,显然是不合逻辑的。只有以衍生金融工具的交易实质出发,才能真正判定是否有经济联系的存在。

基础资产可能是代表全球范围内的价格波动风险或与交易双方当事人居住地无关的第三国境内的风险,如基础指数是全球油价或第三国与第四国之间的汇率波动,被认为是衍生金融工具难以确定与某一特定地点的实质经济联系的又一原因。[③] 但即使衍生品的基础资产代表了全球范围内的风险变化,仍不意味着衍生品交易双方所承担的风险具有"国际性",因为基础资产的风险并不代表衍生品相关的风险。衍生品相关的风险是交易双方当事人因缔结衍生品合约而由该合约创造的可能发生亏损或取得盈利的额外风险,是独立于基础资产甚至交易双方从事的除衍生品以外的经济活动的风险。[④] 衍生品合约仅仅由于合约的价值必须参照经济活动所产生的结果或基础资产的变化予以确定而必须涉及基础资产。衍生品合约的缔结并不使当事人实际承担基础资产的价格波动等风险,而仅仅以基础资产价值变化作为量化双方当事人损益的基础。[⑤] 因此,基础资产风险的泛地域性并不意味着衍生品交易及其所得的泛地域性。

[①] 即使部分衍生品合约需要初始的余额支付,这也仅仅用于保证交易的履行,并不代表任何资金的投入。

[②] H. David Rosenbloom, Source-Basis Taxation of Derivative Financial Instruments: Some Unanswered Questions, *University of Miami Law Review*, 1995—1996, p.605.

[③] Ibid., p.614.

[④] Leandro M. Passarella, Taxation of Derivatives: Risk as the Criterion for Determining the Source of Income, IBFD Publications BV, 1999, p.49.

[⑤] 如在巨灾债券中,购买巨灾债券并不会使投资者面临某一特定类型的自然灾害所造成的损失,只是其未来收益按照该自然灾害所造成的损失程度予以计算。

"联结点"意味着"结合",因此,被定义为"联系"或"因果关系"。① 在税法领域中,如个人或公司与一国之间存在明确的关系或最小程度的联系,将被视为存在"联结点"。传统税法上的"联结点"通常是指外国个人或公司与一国之间的物理联系。如有形财产、雇员或代理人等,被认为构成税法上的联结点。然而,随着经济联结理论的发展,物理存在已非确立税法联结点的必要条件。多种不同的方式,包括无形财产或设施的存在,在某些情况下单纯从居民国获取经济利益,如通过当地消费者或位于该地的无形资产,都可能确立税法上的联结点。② 在消极所得的情况下,由于此种所得往往产生于纳税人只享有很小程度的控制权的活动③,只要产生用于支付该项所得的收益的活动与该国存在经济联系,即可认为该消极所得与该国之间存在税法上的联结点。为此,有必要考察纳税人是否有意识地使自己获得在该国境内从事营业活动的实质权利。

从经济的角度而言,全球范围内的所得均来自公司以生产形式所创造的价值。公司所创造的新增价值实际上表现为其未分配收益和对不同投资形式的投资者进行的不同分配方式,如股息、利息、特许权使用费和租金等。④ 就传统的投资形式而言,可以是股权投资、债务资本或有形和无形资产。其区别在于投资者愿意承担的风险水平和类型的不同。在现代经济中,风险管理是经济发展的主要原因之一,能够产生实质的效率收益。公司的所得在很大程度上取决于其承担的经营风险的结果。⑤ 因此,公司参与衍生品交易,对其承担的各种风险进行管理,改变其风险组合,避免损失结果的确定性将会有所增加。一方面,以衍生品进行的风险管理将减少企业为防止损失发生而不得不维持的巨额准备金,这些资金由此可以用于投资而产生更多的利润。另一方面,损失的结果也将由于风险的转移或减少而有所缓解。公司所能够留存的净利润将由此有所增加。由于所有金融工具都包含债务因素和博弈因素,所有公司缔结或发行的金融工具的组合将产生一定的时间价值回报和因公司经营相关风险的承担而取得的一定数额的收益或损失。由此所支付的款项是为本由公司在其经济活动承担但基于合同转移给对方当事人的风险所支付的成本。换句话说,与债权人、股东或出租人一样,金融合约的当事人由于基于该合约承担公司所从事的特定经济活动

---

① *Merriam Webster's Collegiate Dictionary*, 10th edition, 1993, p.783.
② Craig J. Langstraat & Emily S. Lemmon, Economic Nexus: Legislative Presumption or Legitimate Proposition, *Akron Tax Journal*, Vol.14, 1999, p.2.
③ Reuven S. Avi-Yonah, the Structure of International Taxation: A Proposal for Simplification, *Texas Law Review*, Vol.74, 1996, p.1309.
④ Ibid.
⑤ Robert A. Green, the Future of Source-Based Taxation of the Income of Multinational Enterprises, *Cornell Law Review*, Vol.79, 1993, p.30.

的风险而有权参与公司的利润分配，即使他并无任何的初始投资。因此，衍生品合约项下的款项支付构成分配公司所得的新的方式。衍生金融产品的交易所得与产生此风险回报的公司的生产经营活动同样有着密切的关系，这也使得衍生金融产品所得的取得与付款人的经营所在地之间的经济联结点得以确立，从而产生来源的税收管辖权。

二、受益者负担理论

来源地税收管辖权来源于税收的受益负担理论，来源国为收入取得提供了必要的服务和保护，因此享有对此种所得征税的主要权利。[1] 与本国居民一样，外国投资者在该国境内从事获取收入的活动，必须对该国的物理、法律和经济基础设施有所利用，如财产保护体制、良好的交易秩序、道路的维护和司法体系等。这些公共服务对于提高外国投资者在该国获取收入的能力具有重要的作用。[2] 来源地税收也可以被认为是对外国投资者进入和利用本国市场的收费。不同国家基于本国特殊的地理环境、经济传统、法制状况、市场需求等而具有不同的属性，此种属性可能成为外国投资者取得该特定收益的决定性因素之一。因此，该国可以要求外国投资者对利用本国具有特殊属性的市场给予一定的补偿，从而使得来源地征税具有合理性。

因此，对于衍生金融工具是否进行来源地课税，应当考察其收益的取得是否与特定国家政府所提供的公共服务相关或因特定市场属性而取得。如前所述，参与衍生金融工具交易的投资者因享有风险博弈权而得以参与对方当事人经营成果或财产增值的分配，从而使得衍生品的交易与产生风险回报资金来源的生产经营活动或财产增值过程存在密切的联系。生产经营活动的进行必须对所在地的基础设施有所利用，而财产的使用与保护同样对各种公共服务，尤其是市场秩序和司法体制有所依赖。因此，衍生品交易所得取得受益于该风险回报支付者所在地政府所提供的公共产品，也应当在一定程度上分担所承担的公共开支。但有学者认为，与股息、利息等单向支付义务不同的是，衍生品交易当事人均承担风险，任何一方均可能发生或取得对方当事人支付的风险回报，风险回报的支付者的居民国与从事衍生品的经济活动之间缺乏必要的联系，因此，无需为此承担支付者居民国的税收。[3] 但风险承担义务的双向性仅表明当事人持有的衍生

---

[1] Jeffrey M. Colon, Financial Products and Source Basis Taxation: U.S. International Tax Policy at the Crossroads, *University of Illinois Law Review*, 1999, p.781.

[2] Michael J. Graetz, The David R. Tillinghast Lecture: Taxing International Income: Inadequate Principles, Outdated Concepts, and Unsatisfactory Policies, *Tax Law Review*, Vol.54, 2001, p.298.

[3] Yoram Keinan, The Case for Residency-Based Taxation of Financial Transactions in Developing Countries, *Florida Tax Review*, Vol.9, No.1, 2008, p.50.

品合约部位的风险博弈权利与义务的复合性,哪一方当事人可以以及如何分享对方当事人的经营或财产增值的程度和数额取决于该部位项下由于特定经济事项的发生或不发生而确立的净值。但这并不足以否认当事人的经营成果或财产增值是衍生品收益的支付来源。从这个意义上说,衍生金融工具的所得的取得同样得益于付款人所在国所提供的公共服务,所以应当为此承担一定的纳税义务。

从形式上,衍生金融产品交易对物理性的公共基础设施,如道路交通等,并无太大的依赖性,这在某种程度上似乎削弱了衍生品所得与特定来源地政府公共服务之间的受益关系。但衍生金融产品所得的最终实现在一定程度上取决于特定的市场交易环境。衍生品交易能否获益以及获益的程度取决于当事人对未来市场风险变化的合理预期,而只有此种预期与未来风险的实际变化相符,才能产生获益的机会。只有在一个具有成熟的交易秩序、完善的金融交易规则、健全的司法体系的市场中,市场风险的未来发展趋势才具有可预见性。获益的最终实现不仅取决于对方当事人的履约状况,更取决于当地市场变现的难易程度,即市场的流动性。而只有金融市场的结构、主体、产品、风险以及投资组合等方面具有足够的多样性和个性化,金融资产的变现才不会存在市场障碍。无论金融市场的可预见性还是流动性,都依赖于政府的有效金融监管、金融法律法规体系、公平的竞争与发展环境和完善的信用体系以及市场失序情况下的救市措施。此外,一国特定的商业环境、金融交易的规模、衍生品在该国的接受程度与交易管理等等,也都使得该国的金融市场具有特殊属性,从而影响投资者作出金融衍生品的交易决策以及其收益的最终实现。可以说,一国的金融市场是该国公共服务的产物,有理由对进入并利用该市场的非居民投资者课征相应的税款。

风险回报以当事人创造的经营成果或财产增值作为经济来源,从而确定了衍生金融交易产生的所得与经营场所或财产所在地之间的实质经济联系。衍生金融交易中风险回报的取得也受益于承担最终付款义务的当事人所在地政府所提供的公共服务,当事人通过衍生金融交易实现收入的能力得益于特定金融市场的特殊属性。因此,无论从经济联结点还是税收的受益负担来看,在衍生金融交易中实现收益的当事人同样有必要分担该地区政府提供公共服务而发生的成本。来源地管辖权的行使仍具有一定的合法性。

第三节 来源地为基础的衍生金融工具的所得课税的必要性

对衍生金融工具所得的来源地课税具有合法性并不意味着来源国必然对该所得课征来源税。如前所述,当前大多国家基于经济或税收征管的考量而放弃对非居民从金融衍生产品取得的所得课征来源地税收,如资本的可替代性和流动性以及经济效率。但这是否必然促使来源国放弃行使其管辖权,则值得进一步予以讨论。

金融交易的经济效率是反对对金融衍生品交易课征来源地税收的主要原因。市场参与者反对来源地税收,尤其是以毛收入为基础的预提税,其原因在于认为此种税收将干预金融市场的运作效率。[1] 通常情况下,非居民市场参与者参与本国的金融交易将显著地提高本国市场交易的质与量,能够使得市场更加具有流动性和效率,这样往往被视为是一国经济增长的重要因素。[2] 金融市场的流动性和效率对于本国公司利用衍生品而管理风险有着极其重要的意义。但在相关的衍生品交易在来源国课征的预提税无疑将减少从交易中实现的收益,由此可能对外国投资者与本国公司缔结衍生品交易而产生一定的阻遏。[3] 由于来源地税收往往是以毛收入为基础的预提税,这仅仅关注了纳税人的部分收入,其征税主张与纳税人的利润或真实收入往往不成比例,这在一定程度上增加了纳税人的税收负担,更会进一步妨碍外国投资者在本国境内从事衍生品交易。在金融市场全球化的背景下,对非居民投资者来源于本国衍生品交易所得的课税,将促使其退出本国市场而转向税负较低的相似或类似的金融市场,从而减少本国金融市场的交易量,进而降低市场流动性和运作效率。因此,对衍生品所得不课征来源税,将使衍生品相关的跨境市场能够更加有效地运作,也有利于本国公司利用衍生金融产品取得风险转移的利益。

虽然从理论上说,最有效率的市场是无税的市场。[4] 从世界经济效率的角度来看,最好的税收制度是产生尽可能少的效率成本的制度。对于资本产生的收益而言,最具有经济效率的税率是零,即只对工资或消费进行课税,对资本产生收益不予征收所得税。[5] 然而,任何税收的课征都可能增加交易的成本,减少收益的数额。这意味着任何税收都将产生效率成本,税收将改变从事各种活动的激励,影响资源的分配。这样的话,对经济效率的担忧为何仅仅阻止来源国对衍生品交易行使管辖权,而不包括同样可能因来源国课税而受到扭曲的商品、劳务或资本等生产要素?资本的流动性和金融市场的可替代性似乎足以使此种管辖权行使差异得以合理化。然而,如果因放弃对衍生品所得的课税而使本应由

---

[1] H. David Rosenbloom, Source-Basis Taxation of Derivative Financial Instruments: Some Unanswered Questions, *University of Miami Law Review*, 1995—1996, p.606.

[2] Yoram Keinan, The Case for Residency-Based Taxation of Financial Transactions in Developing Countries, *Florida Tax Review*, Vol.9, No.1, 2008, p.10.

[3] Ibid., p.8.

[4] H. David Rosenbloom, Source-Basis Taxation of Derivative Financial Instruments: Some Unanswered Questions, *University of Miami Law Review*, 1995—1996, p.606.

[5] Michael J. Graetz, The David R. Tillinghast Lecture: Taxing International Income: Inadequate Principles, Outdated Concepts, and Unsatisfactory Policies, *Tax Law Review*, Vol.54, 2001, p.283.

外国投资者承担的税收转由本国居民承担，尤其是工人或劳务提供者，另一种替代效应将无法避免，即劳动者将选择以休闲替代工作。这无疑也将对一国国内经济产生重要的影响。如果说来源地税收的课征减少非居民投资者在本国的衍生品交易，从而影响金融市场的效率，劳动投入的减少同样将影响实体经济活动的发展。就来源地税收对工作场所选择的影响而言，即使不如衍生金融工具明显，但仍在一定程度上存在。如果税负的确定遵循量能课税原则，劳动并不应当由于其相对稳定性而负担比投资更高的税收。因此，经济效率不应当排除税法的其他价值，而成为对衍生品所得行使居民或来源国管辖权的唯一价值基础。

以金融衍生品对来源国经济增长的贡献为由主张对其所得免予来源征税是值得怀疑的。风险管理固然已经成为一国经济增长的重要因素，但衍生品交易本身并不足以创造新增价值①，而只能以转移企业特定风险的方式减少企业发生损失的数额。相反，劳动不仅创造工资等劳动回报，从根本上看资本回报和风险回报实际上也同样来源于劳动所创造的价值。从这个意义上说，衍生品的风险管理功能对经济增长的贡献并不足以使其所得享有优于劳动回报的税收待遇的合理性。

对衍生品所得的税收来源地管辖权的削弱是对具有弹性和税收敏感性的资本和金融活动的税收竞争的必然后果。基于境外投资者转移具有替代性的资本的可能性的担忧，来源国纷纷放弃对衍生品所得的税收管辖权。但此种税收竞争的后果必然是提供公共服务所必需的财政资金的大量削减。

一直以来，金融衍生品交易被视为一项"零和博弈"，即交易一方的收益正是对方当事人的损失。如双方当事人均为本国居民，政府在对获取收益一方征税的同时，给予损失一方亏损扣除的待遇，在收益和亏损的税收待遇对称的情况下，政府并不会因为对衍生品征税而取得额外的财政收入。但这一状况在交易一方甚至双方均为非居民投资者的情况下将发生根本的改变。在此情况下，风险以及风险承担所附随的价值将在不同的国家之间发生转移，本应由本国征税的价值将流向境外。② 本国境内的财富价值总额将随之减少，本国居民将因该风险回报的支付而降低其税收负担能力，税源也随之减少，国家财政收入必然也会由此而减少。但如前所述，外国投资者参与一国的金融交易，必然在一定程度上享受该国政府所提供的公共服务。因未对金融衍生品交易所得课征来源而减少财政收入，意味着其享受的公共服务所必需的开支将不得不转移给本国金融

---

① Malcolm Gammie, The Source Taxation of Derivative Financial Instruments, "Synthetic Securities", Financial Hedging Transactions and Similar Innovative Financial Transactions, *IBFD Publications BV*, September/October, 1999, p.233.

② Ibid.

市场参与者甚至是非金融市场参与者承担,除非移用其他领域的财政资金或向不可移动的生产要素的所有者征收更高的税收①,否则,政府只能削减用于金融市场基础设施或其他公共服务的财政资金,其结果必然影响金融领域甚至该国整体的公共服务水平。尽管税收优势可能在一定程度上会影响外国投资者选择本国作为交易场所,但事实上金融市场甚至宏观经济环境的秩序、稳定以及交易的便利等等对吸引外国投资者有着更为深远的影响。

放弃对衍生品所得的税收来源地管辖权还可能创造以操纵金融交易所得来源地为方式的更多套利机会。如前所述,利息和股息在大多数国家将被课征预提税。在衍生品所得无来源地税收的情况下,由于相同的现金流可以利用衍生品予以创造,境外投资者将可能利用衍生金融工具避免对利息和股息所课征的预提税。如股权互换和股权具有经济上的替代性。为避免任何预提税,外国投资者可以避免直接持有股权,而是通过缔结股权互换合约实现相同的经济后果。因此,放弃衍生品所得的税收来源地管辖权将大大削弱当前股息或利息预提税的课征。此外,税收来源地管辖权的放弃也将促使外国投资者更多地从事衍生品交易,而非投资于包含资本实际投入的债券、股票或其他传统金融工具。衍生品实质上仅仅是对特定事项的博弈,其中并不发生资本的转移。由于衍生品的供给是无限的,可能远远超过任何反映资本转移的金融产品的供给。② 那么,虽然可以轻易地找到相对方缔结衍生品合约而转移风险,国内生产者却可能将无法方便地取得国内生产过程所必要的外国资本。此种扭曲不仅有害于金融市场的发展,更将对实体经济中的企业的融资产生深刻的影响。

基于金融合约的流动性主张不得进行来源地征税的主张同样值得怀疑。有学者认为金融合约的流动性将导致预提税的税收征管问题。③ 然而,由居民国对金融交易所得进行课税同样无法回避相同的税收征管问题。居民国执行税法的能力在很大程度上依赖于物理的存在或充分信息的获取。④ 一方面,金融资产一般并无物理上的存在,即使以纸面形式存在的金融资产,其占有人也往往并不必然为其所有人,因此,物理场所与其价值或使用价值无关。随着金融市场流

---

① Robert A. Green, the Future of Source-Based Taxation of the Income of Multinational Enterprises, *Cornell Law Review*, 1993, Vol. 79, p. 59.

② Malcolm Gammie, The Source Taxation of Derivative Financial Instruments, "Synthetic Securities", Financial Hedging Transactions and Similar Innovative Financial Transactions, IBFD Publications BV, September/October 1999, p. 233.

③ OECD, Innovative Financial Transactions: Tax Policy Implications, 2001, http://unpan1.un.org/intradoc/groups/public/documents/un/unpan002448.pdf, Para. 60.

④ Stephen E. Shay, J. Clifton Fleming, JR., Robert J. Peroni, The David R. Tillinghast Lecture: "What's Source Got to Do with It?" Source Rules and U. S. International Taxation, *Tax Law Review*, Vol. 56, 2002, p. 120.

动性不断加强,纳税人可以将金融资产置于一国而从另一国予以控制。① 一国投资者所缔结的金融交易甚至可能基于监管的要求而簿记于另一主体中。这将使得税务机关难以确定所得的来源地。另一方面,衍生品交易是一项只需很少甚至没有初始资本的投资。作为税务机关查明境外交易或投资发生的一般经济要素,包括资金的境外流向、物理性生产资源的转移或是员工的流动等等在衍生品金融交易中往往并不存在,而仅仅在到期时发生净值的结算。如该项净值并未汇回本国,税务机关便很难确知该项境外应税所得的存在。由于对境外机构并无直接的管辖权,居民国并无有效的方法保证纳税人的遵循甚至监视金融活动的发生。因此,除非存在健全且易于执行的双边信息交换协议,居民国税务机关将很难获取境外衍生金融产品交易所得相关的课税信息。相反,由于来源国处于课税的最优地位,能够获取其征收税款所必需的信息,能够通过本国金融市场参与者、金融机构、金融交易所等监控此种所得,要求其报告发生的所得的支付并协助进行税款的扣缴,由来源国对衍生品交易所得课税更有效率。② 可征收性是任何税收的核心属性,制定的税法规则如无法执行或需付出高昂的执行和遵从成本,在经济上是无效率的。③ 以居住地为基础对衍生品交易进行课税不得不依赖于来源国税务机关的合作和跨境投资者的自觉税法遵从,与来源地为基础的课税相比,其执行力明显较弱。放弃来源地征税,仅由居民国对跨境金融衍生品交易所得课税,很可能造成此类所得无法真正被课以税收。

以经济效率为由主张对衍生品金融工具免予课征来源税,必然是以本国税制公平的牺牲为代价的。单边放弃对衍生品金融工具的来源地税收反而可能降低税收公平。税收公平始终应当作为税法的核心选择,不能仅仅因为所得的流动性和可替代性而忽视公平的问题,不能因其易于跨境流动而放弃对公平的关注。因此,经济效率不应当凌驾于税制公平和税收征管效率之上而成为决定来源国是否应当放弃对跨境金融交易所得的税收管辖权的唯一价值。每个国家均有权对产生于本国境内的所得课征来源地为基础的税收。对工薪所得、资本回报、风险回报同等课征来源地税收,是税制公平的必然要求。从税收征管的角度来看,来源国通常处于对跨国金融交易所得征税的更有利地位。就此而言,来源国并无必要也不必然应当放弃对跨国金融交易所得的来源地征税。

---

① Ilan Benshalom, The Quest to Tax Financial Income in a Global Economy: Emerging to an Allocation Phase, *Virginia Tax Review*, Vol. 27, 2007—2008, p. 165.

② Robert A. Green, the Future of Source-Based Taxation of the Income of Multinational Enterprises, *Cornell Law Review*, Vol. 79, 1993, p. 31.

③ Michael J. Graetz, The David R. Tillinghast Lecture: Taxing International Income: Inadequate Principles, Outdated Concepts, and Unsatisfactory Policies, *Tax Law Review*, Vol. 54, 2001, p. 312.

第四节 衍生金融产品的来源地确定规则

衍生品交易所得的以来源地为基础的课税的核心问题并不在于是否基于经济效率的考虑有必要放弃来源地的课税,而在于因衍生品所得的特性而应采用截然不同的来源地确定规则。为此,有必要考察哪一场所与衍生品所得存在经济上的联结点,而应被视为其来源地。

一、基础资产所在地作为来源地确定标准

由于衍生金融工具项下的支付权利和义务产生于基础资产的价值,基础资产的提供与交易地往往被认为与衍生品交易所得关系最为密切。如美元相对于其他外汇的价值是美国政府从事与美国经济相关的活动的结果。任何以美元作为支付工具或基础资产的证券,即使由外国投资者发行,仍至少间接因美国政府的活动和政策获取部分价值,都可以被认为与美国存在密切的联系。[1] 然而,即使衍生金融工具构成对基础资产的投资,却并非对该项特定资产的直接投资和持有。[2] 衍生品存在的目的在于使投资者能够以较低的交易成本而从基础资产的风险暴露获益。[3] 衍生品交易并不包含基础资产的购买,投资者并无需拥有基础资产,而是对某些利率、价格或指数的运作设定博弈。因此,衍生品交易的关键是存在愿意接受弥补性风险的双方当事人,而非基础资产。[4] 基础资产的存在形式、所处场所、交易地点、相关收益的产生与衍生品交易的所得并无任何直接的关联。基础资产价值是否因特定国家提供的公共服务、特定市场的特殊属性而发生改变,不持有基础资产的衍生品交易双方对该公共服务或市场也并无任何直接的利用。因此,衍生品所得与基础资产所在地仅存在间接且抽象的经济联系,不足以将其作为所得的来源地。

二、风险所在地标准

以风险转移和分散为核心功能的保险合约的收益以风险所在地为其来源

---

[1] Stephen E. Shay, J. Clifton Fleming, JR., Robert J. Peroni, The David R. Tillinghast Lecture: "What's Source Got to Do with It?" Source Rules and U.S. International Taxation, *Tax Law Review*, Vol. 56, 2002, p. 92.

[2] Adam H. Rosenzweig, Imperfect Financial Markets and the Hidden Costs of a Modern Income Tax, *SMU Law Review*, Vol. 62, 2009, p. 248.

[3] Keith Sill, the Economic Benefits and Risks of Derivative Securities, *Fed. Reserve Bank of Phila. Bus. Rev.*, Jan.—Feb., 1997, p. 15.

[4] Adam H. Rosenzweig, Imperfect Financial Markets and the Hidden Costs of a Modern Income Tax, *SMU Law Review*, Vol. 62, 2009, p. 246.

地,那么,具有类似于保险合约的风险转移和管理功能的衍生品合约是否也能够以风险所在地确定来源地,同样值得关注。

风险创造、减弱和转移是衍生品的重要特性。同样,风险的转移、集中和分散是保险合约的重要属性。为此,作为保险合约标的风险必须是投保人已经承担的特定事项的风险,即其某些利益因特定的不可预知事件处于风险中。① 由于此风险已经客观存在,其所在地也能够从客观上予以认定。然而,衍生金融产品与标准保险合约的风险的主要差别在于,当事人在衍生品交易中所承担的风险是合约创造的产物,在缔结合约前并不为当事人现实地承担。由于衍生品金融工具创设了交易双方当事人根据金融风险变化而支付特定金额款项的权利和义务,衍生品所涉及的金融风险实际上已转化为双方当事人是否履约的风险,即信用风险。这一风险是主观的、合约性的创造,与保险风险的客观存在显然有着根本的区别。衍生品的履约风险又取决于作为合约权利义务参照物的金融风险和当事人的经营风险。就金融风险而言,衍生品所涉及的是一般风险而非特定事件的风险,可以是任何价格、指数的波动风险,不受任何区域的限制。在全球金融市场日趋形成的背景下,金融风险往往具有系统性,易于转移、蔓延和扩散。各个区域的市场价格变动受到全球范围内的重大事件的影响,很难判定此风险的所在地,也很难判定哪一区域内的服务与市场属性对该风险的变化最具有决定意义。而就经营风险而言,与当事人所处的经营场所有着更为密切的联系,其经营风险所在地往往即为当事人经营场所所在地。也正因为如此,阿根廷尽管确认以风险为确定衍生品所得的来源地标准,但仍将实际承担这一风险的当事人所在地确认为风险所在地。就此而言,风险所在地并非直接和客观的存在,而是依赖于其他标准,因此,无法作为判定衍生品来源地的标准。

三、付款人所在地作为来源地确定标准

如前所述,一方面,一方当事因享有衍生品合约所规定的特定资产价值变化的风险博弈的合同权利而得以分享对方当事人取得的经营成果。② 另一方面,在衍生品交易中,当事人以违约风险的承担替代基础资产的直接投资风险,实现以较低的交易成本从事基础资产的投资。③ 当事人的违约可能性取决于其经营状况。因此,从根本上说,衍生品交易所得与当事人生产经营活动有着密切的关

---

① Home Title Ins. Co. v. United States, 50 F. 2d 107, 109(2d Cir. 1931), aff'd, 285 U. S. 191 (1932)("... The insured must have some interest at risk, for otherwise the contract is wager;....").

② 与一般的赌博合同不同的是,一般赌博合同仅仅基于现有财产价值的博弈,而金融衍生产品则是对双方当事人未来特定期间内发生未来收益可能性的博弈。

③ Adam H. Rosenzweig, Imperfect Financial Markets and the Hidden Costs of a Modern Income Tax, *SMU Law Review*, Vol. 62, 2009, p. 246.

系,从而与当事人所在地存在实质的经济联结点。

从理论上说,根据交易合约而最终承担付款义务的当事人的所在地可以作为衍生品交易所得的来源地。这对于不可上市流动的金融衍生品合约是具有可执行性的。由于不可上市交易,承担付款义务的一方当事人最终履行其付款义务与其所在地政府所提供的公共服务也有着更为紧密的联系。在此类金融衍生品合约的权利义务确定时,双方当事人将根据合同条款直接进行交割或净值结算。此时,承担付款义务的一方当事人可以根据对方当事人是否承担预提税义务而在付款时进行税款的扣缴。

但从税收征管实践来看,以付款人所在地作为衍生品所得的来源地将导致税收征管的困境。由于来源地税收的征管方式往往是以毛收入为基础的预提税的扣缴,这意味着付款人必须明确知悉对方当事人是否为外国投资者,以便履行其扣缴义务。但对于上市交易的衍生品合约,交易市场的流动性和交易合约的可替代性使得投资者无需判定交易对方,无需确认交易对方的真实身份。在合约到期时,双方当事人也并不发生直接的交割或结算,而是通过作为中介的结算系统履行其合约义务。同样可能的是,衍生金融产品的当事人可能在合约到期前以对冲或转让持有的衍生品而了结其合约义务。在对冲的情况下,尽管该当事人的合约义务并未消亡,但在结算时则因其持有方向相反的合约而发生抵消的效果。当事人支付的对象已并非原衍生合约的对方当事人。同样,在衍生品转让的场合,其受让方也可能是市场上的任何潜在投资者。因此,在当事人之间不发生直接的交割或结算,且不明确对方当事人是否为外国投资者的情况下,要求付款一方承担对外国人预提税款的扣缴义务,显然是不现实的。

四、交易场所所在地作为来源地确定标准

如前所述,一国政府所提供的公共产品和服务是金融市场形成并得以顺利运作的基础因素之一,因此,金融交易与其交易场所所在国之间存在密切的经济联系。由于现代金融市场采用了中介机构,如交易所的集中交易模式,交易场所所在地对于上市集中竞价交易的金融产品所得的取得有着更为密切的关系。如前所述,缔结衍生品交易的当事人必须接受一项全新的风险,即对方当事人可能违约的风险。由于交易所集中所有的违约风险,任何一个衍生品投资者承担的并非特定对方当事人可能违约的风险,而是此种违约超过交易所的总资源的风险。交易所通过此种方式将单个主体的违约风险分散到交易所的所有成员。基于特定事项的发生所可能实现的风险回报将取决于交易所集中的违约风险的程度及其资产总值规模。从这个意义上说,交易场所所在地应当成为上市交易的衍生品交易所得的来源地。

与不具有流通性的衍生品合约相同的是,上市交易的衍生品合约的当事人同样与付款人所在地存在密切的联系。但相较而言，以交易场所所在地确定上市交易的衍生品所得的来源地更具有可执行性。如前所述，在以交易所为中介的交易模式下，寻求在流动市场上进行衍生品交易的投资者只需向交易所发出交易指令，再由该机构与对方当事人独立地执行该指令。[①] 交易所为减轻所承担的违约风险而采用的三种机制，包括保证金、盯市和净额清算管理，使其不仅最为了解在交易所进行交易的投资者的基本状况，也能够随时了解外国投资者对所持有部分的处分行为，能够掌握外国投资者所持有部位的盈利或亏损状况。双方当事人必须通过交易所的结算机构进行结算，也使得结算机构将成为任何已缔结合约的一方当事人。衍生品交易的双方当事人都对结算机构而非初始对方当事人负有交割基础资产或净值结算的义务，这都使得交易所对外国投资者根据其盈利或亏损状况进行相应的税收扣缴提供更大的可行性。这一标准对所有衍生品所得的来源地税收的课征将越来越重要，因为越来越多的柜台交易的衍生品被要求必须通过结算机构进行结算。[②]

综上所述，对于衍生金融产品交易，基础资产所在地和风险所在地均不足以作为其所得的来源地。衍生品交易所得的取得与其交易场所所在地和付款人所在地均存在密切的经济联系。但从税收征管的可行性考虑，非上市交易的衍生品所得可以付款人所在地为其来源地，由付款人在进行所得支付时进行税款的扣缴；上市交易的衍生品所得则以交易场所所在地为其来源地，由交易所在进行净值结算时扣缴相应的预提税。

本 章 小 结

基于经济效率的考量，由居民国对衍生品所得进行课税似乎是更为恰当的选择。然而，一旦税收公平纳入考量范围，情况将截然不同。每个国家都有权基于经济联结和受益负担对金融所得行使管辖权。而事实上经济效率也不足以使得放弃行使来源地管辖权获得合理化的基础。在一方或双方当事人为境外投资者的情况下，与境内承担风险相关的应税价值将流出本国，从而造成税收的流失。更为重要的是，放弃对衍生品所得的来源地课税可能创造更多的税收套利

[①] Adam H. Rosenzweig, Imperfect Financial Markets and the Hidden Costs of a Modern Income Tax, *SMU Law Review*, Vol. 62, 2009, p. 255.

[②] In United States, Dodd-Frank Wall Street Reform and Consumer Protection Act (Pub. L. No. 111—203, 124 Stat. 1376) which was enacted on July 21, 2010, requires that most over-the counter derivatives should be cleared through a regulated central counterparty and traded on a regulated exchange. Also see Erika W. Nijenhuis, New Tax Issues Arising from the Dodd-Frank Act and Related Changes to Market Practice for Derivatives, *Columbia Journal of Tax Law*, Vol. 2, 2011, p. 12.

机会。因此,来源国并不必然应当放弃对衍生品所得的税收管辖权。

然而,金融交易所得的来源地较难确定。由于基础资产并非衍生品合约的必要因素,其所在地不应作为衍生品所得的来源地。由于风险易于转移且易改变存在形态,不同主体所承担的风险也可能被集中统一进行管理。因此,风险所在地并不足以作为衍生品所得的来源地。虽然付款人的居住地通常被视为金融所得的来源地,但在衍生品上市交易的情况下,这一标准将引发诸多的税收征管问题。因此,柜台交易的衍生品可以付款人所在地为来源地,而上市交易的衍生品所得则应当以其上市的交易所所在地为来源地。

思考与理解

1. 试述金融交易与一般商品交易的税收管辖权判定规则的异同。
2. 试述各项金融交易所得的来源地判定规则。
3. 试述金融交易的来源地税收管辖权的规范化基础。
4. 试述金融交易的来源地判定标准。

课外阅读资料

1. H. David Rosenbloom, Source-Basis Taxation of Derivative Financial Instruments: Some Unanswered Questions, *University of Miami Law Review*, 1995—1996, pp. 597—615.

2. Ilan Benshalom, The Quest to Tax Financial Income in a Global Economy: Emerging to an Allocation Phase, *Virginia Tax Review*, Vol. 27, 2007—2008, pp. 165—221.

3. International Fiscal Association, Tax Aspect of Derivative Financial Instruments, *IFA Cahier de Droit Fiscal International*, Volume LXXXb, The Hague: Kluwer Law international, 1995.

4. Jeffrey M. Colon, Financial Products and Source Basis Taxation: U. S. International Tax Policy at the Crossroads, *University of Illinois Law Review*, 1999, pp. 775—844.

附录　中国对外税收协定一览表

截止到 2013 年 8 月 10 日

序号	国家	签署日期	签署地点	中方签字人	外方签字人	生效日期	执行日期
1	日本	1983.9.6	北京	国务委员兼外长　吴学谦	外务大臣　安倍晋太郎	1984.6.26	1985.1.1
2	美国	1984.4.30	北京	总理　赵紫阳	总统　罗纳德·里根	1986.11.21	1987.1.1
3	法国	1984.5.30	巴黎	总理　赵紫阳	总理　彼埃尔·莫鲁瓦	1985.2.21	1986.1.1
4	英国	1984.7.26	北京	财政部副部长　田一农	驻华大使　伊文斯	1984.12.23	1985.1.1
	英国	2011.06.27	伦敦	外交部长　杨洁篪	外交大臣　黑格	尚未生效	尚未执行
5	比利时①	1985.4.18	北京	总理　赵紫阳	首相　马尔滕斯	1987.9.11	1988.1.1
	比利时	2009.10.07	布鲁塞尔	驻比利时大使　张援远	副首相兼财政大臣　雷德尔斯	尚未生效	尚未执行
6	德国（联邦）	1985.6.10	波恩	副总理　田纪云	副总理兼外长　根舍；财政部长　施托尔滕贝格	1986.5.14	1985.1.1/7.1
7	马来西亚	1985.11.23	北京	国务委员兼外长　吴学谦	外长　里陶丁	1986.9.14	1987.1.1
8	挪威	1986.2.25	北京	国务委员兼外长　吴学谦	外长大臣　斯文·斯特雷	1986.12.21	1987.1.1
9	丹麦	1986.3.26	北京	财政部部长　田一农	驻华大使　阿纳·贝林	1986.10.22	1987.1.1
	丹麦	2012.06.16	哥本哈根	驻丹麦大使　李瑞宇	税务大臣　托尔·默格·彼得森	2012.12.27	2013.1.1
10	新加坡	1986.4.18	新加坡	税务总局局长　金鑫	税务署署长　徐籍光	1986.12.11	1987.1.1
	新加坡	2007.7.11	新加坡	国家税务总局副局长　王力	国内税务局长　李金富	2007.9.18	2008.1.1
11	加拿大	1986.5.12	北京	总理　赵紫阳	总理　马尔罗尼	1986.12.29	1987.1.1
12	芬兰	1986.05.12	赫尔辛基	国务委员兼外长　吴学谦	外长　韦于吕宁	1987.12.18	1988.1.1
	芬兰	2010.05.25	北京	国家税务总局局长　肖捷	外贸和发展部部长　帕沃·韦于吕宁	2010.11.25	2011.1.1

① 中国政府与该国政府重新签订的避免对所得双重征税和防止偷漏税协定尚未生效。

(续表)

序号	国家	签署日期	签署地点	中方签字人	外方签字人	生效日期	执行日期
13	瑞典	1986.5.16	斯德哥尔摩	国务委员兼外长 吴学谦	外交大臣 斯滕·安德松	1987.1.3	1987.1.1
14	新西兰	1986.9.16	惠灵顿	副总理 万里	总理 郎伊	1986.12.17	1987.1.1
15	泰国	1986.10.27	曼谷	副总理 田纪云	外长 沙卫西拉	1986.12.29	1987.1.1
16	意大利	1986.10.31	北京	国务委员兼财政部长 王丙乾	外长 安德烈奥蒂	1989.11.14	1990.1.1
17	荷兰	1987.5.13	荷兰	国务委员兼外长 吴学谦	外交大臣 范登布鲁克	1988.3.5	1989.1.1
	荷兰	2013.05.31	北京	国家税务总局副局长 王力	财政部国务秘书 弗兰斯·威克斯	尚未生效	尚未生效
18	捷克和斯洛伐克（适用于斯洛伐克）	1987.6.11	布拉格	总理 赵紫阳	总理 什特劳加尔	1987.12.23	1988.1.1
19	波兰	1988.6.7	北京	财政部副部长 迟海滨	财政部副部长 马耶夫斯基	1989.1.7	1990.1.1
20	澳大利亚	1988.11.17	堪培拉	外长 钱其琛	国库部长 基廷	1990.12.28	1991.1.1
21	前南斯拉夫（适用于波黑）	1988.12.2	北京	财政部长 刘仲藜	议会联邦执行委员会 德拉甘		1990.1.1
22	保加利亚	1989.11.6	北京	外长 钱其琛	外长 姆拉德诺夫	1990.5.25	1991.1.1
23	巴基斯坦	1989.11.15	伊斯兰堡	外长 钱其琛	外长 雅各布·汗	1989.12.27	1989.1.1/7.1
24	科威特	1989.12.25	科威特	国务委员兼财政部长 王丙乾	财政部长 贾西姆穆汗默德	1990.7.20	1989.1.1
25	瑞士	1990.7.6	北京	国家税务局局长 金鑫	驻华大使 舒艾文	1991.9.27	1990.1.1
26	塞浦路斯	1990.10.25	北京	国务委员兼财政部长 王丙乾	财政部长 乔治·西米斯	1991.10.5	1992.1.1
27	西班牙	1990.11.22	北京	外长 钱其琛	外交大臣 奥多涅斯	1992.5.20	1993.1.1
28	罗马尼亚	1991.1.16	北京	副外长 田曾佩	外交部副国务秘书 梅列什甘努	1992.3.5	1993.1.1
29	奥地利	1991.4.10	北京	国家税务局局长 金鑫	驻华大使 布科夫斯基	1992.11.1	1993.1.1
30	巴西	1991.8.5	北京	国务委员兼外长 钱其琛	外长 雷泽克	1993.1.6	1994.1.1
31	蒙古	1991.8.26	乌兰巴托	国务委员兼财政部长 王丙乾	财政部长 阿·巴扎尔呼	1992.6.23	1993.1.1
32	匈牙利	1992.6.17	北京	国家税务局局长 金鑫	财政部国务秘书 贝劳	1994.12.31	1995.1.1

（续表）

序号	国家	签署日期	签署地点	中方签字人	外方签字人	生效日期	执行日期
33	马耳他	1993.2.2	北京	财政部长 刘仲藜	财政部长 约翰·达里	1994.12.31	1995.1.1
	马耳他	2010.10.18	瓦莱塔	国家税务总局局长 肖捷	财政部长 托尼奥·芬内克	2011.8.25	2012.1.1
34	阿联酋	1993.7.1	阿布扎比	副总理 李岚清	副总理 阿勒纳哈杨	1994.7.14	1995.1.1
35	卢森堡	1994.3.12	北京	财政部长 刘仲藜	经济、公共工程交通大臣 戈贝尔斯	1995.7.28	1996.1.1
36	韩国	1994.3.28	北京	财政部长 刘仲藜	外交部长官 韩升洲	1994.9.27	1995.1.1
37	俄罗斯	1994.5.27	北京	总理 李鹏	联邦政府副主席 梅尔金	1997.4.10	1998.1.1
38	巴新	1994.7.14	北京	财政部长 刘仲藜	副总理兼外长 朱利叶斯·陈	1995.8.16	1996.1.1
39	印度	1994.7.18	新德里	副总理兼外长 钱其琛	财政部长 辛格	1994.11.19	1995.1.1
40	毛里求斯	1994.8.1	北京	财政部长 刘仲藜	财政部长 希达里	1995.5.4	1996.1.1
41	克罗地亚	1995.1.9	北京	财政部长 刘仲藜	经济部长 韦多舍维奇	2001.5.18	2002.1.1
42	白俄罗斯	1995.1.17	北京	国家税务总局副局长 项怀诚	副总理 林克	1996.10.3	1997.1.1
43	斯洛文尼亚	1995.2.13	北京	财政部长 刘仲藜	驻华大使 塞尼查尔·伊万	1995.12.27	1996.1.1
44	以色列	1995.4.8	北京	财政部长 刘仲藜	财政部长 肖哈特	1995.12.22	1996.1.1
45	越南	1995.5.17	北京	国务委员兼外长 钱其琛	外长 阮孟琴	1996.10.18	1997.1.1
46	土耳其	1995.5.23	北京	财政部长 刘仲藜	外长 伊诺努	1997.1.20	1998.1.1
47	乌克兰	1995.12.4	北京	财政部长 刘仲藜	财政部长 格尔曼丘克	1996.10.18	1997.1.1/ 1996.12.17
48	亚美尼亚	1996.5.5	北京	国家税务总局副局长 项怀诚	税务检查局局长 帕维尔·萨法良	1996.11.28	1997.1.1
49	牙买加	1996.6.3	北京	副总理兼外长 钱其琛	副总理兼外长 西摩·马林斯	1997.3.15	1998.1.1
50	冰岛	1996.6.3	北京	财政部长兼税务总局局长 刘仲藜	财政部长 弗·索菲松	1997.2.5	1998.1.1
51	立陶宛	1996.6.3	维尔纽斯	外交部副部长 张德广	财政部长 阿尔吉曼塔斯·克里日纳乌斯卡斯	1996.10.18	1997.1.1

(续表)

序号	国家	签署日期	签署地点	中方签字人	外方签字人	生效日期	执行日期
52	拉脱维亚	1996.6.7	里加	副总理 李岚清	副总理 济耶多尼斯·切维尔斯	1997.1.27	1998.1.1
53	乌兹别克	1996.7.3	塔什干	副总理兼外长 钱其琛	副总理 米·乌斯马诺夫	1996.7.3	1997.1.1
54	孟加拉	1996.9.12	北京	国家税务总局副局长 项怀诚	驻华大使 穆斯塔菲兹·拉赫曼	1997.4.10	1998.1.1 1998.7.1
55	原南斯拉夫联盟（适用于塞尔维亚和黑山）	1997.3.21	贝尔格莱德	外经贸部副部长 陈新华	财政部副部长 德·武契尼奇	1998.1.1	1998.1.1
56	苏丹	1997.5.30	北京	国家税务总局副局长 程法光	财政和国民经济国务部长 萨比尔·穆罕默德·哈桑	1999.2.9	2000.1.1
57	马其顿	1997.6.9	北京	国家税务总局副局长 项怀诚	副总理 波波夫斯卡	1997.11.29	1998.1.1
58	埃及	1997.8.13	开罗	国家税务总局副局长 杨崇春	财政部次长兼税务局长 法哈瑞·萨地·爱丁瓦德	1999.3.24	2000.1.1
59	葡萄牙	1998.4.21	北京	国家税务总局局长 金人庆	外长 伽马	2000.6.7	2001.1.1
60	爱沙尼亚	1998.5.12	北京	国家税务总局局长 金人庆	外长 托马斯·亨得利克·伊尔维斯	1999.1.8	2000.1.1
61	老挝	1999.1.25	北京	国家税务总局局长 金人庆	副总理兼外长 宋沙瓦·凌沙瓦	1999.6.22	2000.1.1
62	塞舌尔	1999.8.26	北京	国家税务总局副局长 程法光	财政部首席秘书 张良	1999.12.17	2000.1.1
63	菲律宾	1999.11.18	北京	国家税务总局局长 金人庆	财政部长 埃斯比里杜	2001.3.23	2002.1.1
64	爱尔兰	2000.4.19	都柏林	驻爱大使 张小康	企业贸易和就业部国务部长 基特	2000.12.29	2001.1.1（中） 2001.4.6（爱）
65	南非	2000.4.25	比勒陀利亚	国家税务总局局长 金人庆	财政部长 马纽尔	2001.1.7	2002.1.1
66	巴巴多斯	2000.5.15	北京	国家税务总局局长 金人庆	副总理兼外长 比莉·米勒	2000.10.27	2001.1.1
67	摩尔多瓦	2000.6.7	北京	国家税务总局局长 金人庆	外交部长 尼古拉·特伯卡鲁	2001.5.26	2002.1.1

（续表）

序号	国家	签署日期	签署地点	中方签字人	外方签字人	生效日期	执行日期
68	卡塔尔	2001.4.2	北京	国家税务总局 局长　金人庆	能源和工业部长　阿布杜拉·本哈马德·阿蒂亚	2008.10.21	2009.1.1
69	古巴	2001.4.13	哈瓦那	国家税务总局 局长　金人庆	财政和价格部长　马努埃尔·米亚雷斯·罗德里格斯	2003.10.17	2004.1.1
70	委内瑞拉	2001.4.17	加拉加斯	国家税务总局 局长　金人庆	外交部长 路易斯·阿丰索·达维拉·加西亚	2004.12.23	2005.1.
71	尼泊尔	2001.5.14	加德满都	外交部长 唐家璇	外交部长 查克拉·普拉萨德·巴斯托拉	2010.12.31	2011.1.1
72	哈萨克斯坦	2001.9.12	阿斯塔纳	外交部长 唐家璇	财政部长 叶辛巴耶夫	2003.7.27	2004.1.1
73	印度尼西亚	2001.11.7	雅加达	外交部副部长 王毅	外交部秘书长 阿里扎尔·埃芬迪	2003.8.25	2004.1.1
74	阿曼	2002.3.25	马斯喀特	国家税务总局 副局长　程法光	国民经济大臣、财政能源事务委员会副主席艾哈迈德·本·阿卜杜拉比·迈奇	2002.7.20	2003.1.1
75	尼日利亚	2002.4.15	阿布贾	外交部副部长 杨文昌	财政部部长 齐洛马	2009.3.21	2010.1.1
76	伊朗	2002.4.20	德黑兰	外经贸部部长 石广生	财政部第一副部长　迈赫迪·卡巴希安	2003.8.14	2004.1.1
77	突尼斯	2002.4.16	突尼斯	外经贸部部长 石广生	财政部长 陶菲克·巴卡尔	2003.9.23	2004.1.1
78	巴林	2002.5.16	北京	国家税务总局 局长　金人庆	财政和国民经济部部长 阿卜杜拉·哈桑·赛义夫	2002.8.8	2003.1.1
79	希腊	2002.6.3	北京	国家税务总局 副局长　钱冠林	外长 乔治·帕潘德里欧	2005.11.1	2006.1.1
80	吉尔吉斯	2002.6.24	北京	国家税务总局 局长　金人庆	财政部部长 阿比尔达耶夫	2003.3.29	2004.1.1

(续表)

序号	国家	签署日期	签署地点	中方签字人	外方签字人	生效日期	执行日期
81	摩洛哥	2002.8.27	拉巴特	外交部副部长 王光亚	外交与合作国务秘书 塔衣布·法西·费赫里	2006.8.16	2007.1.1
82	斯里兰卡	2003.8.11	北京	国家税务总局局长 谢旭人	种植园工业部部长 拉克什曼·基里埃拉	2005.5.22	2006.1.1
83	特立尼达和多巴哥	2003.8.11	西班牙港	外交部长 李肇星	外交部长 诺尔森·吉夫特	2005.5.22	2005.6.1/ 2006.1.1
84	阿尔巴尼亚	2004.9.13	北京	国家税务总局局长 谢旭人	财政部长 阿尔本·马拉伊	2005.7.28	2006.1.1
85	文莱	2004.9.21	北京	国家税务总局局长 谢旭人	首相府常务秘书 佩欣·达图·哈吉·叶海亚	2006.12.29	2007.1.1
86	阿塞拜疆	2005.3.17	北京	国家税务总局局长 谢旭人	税务部部长 法吉尔·马梅多夫	2005.8.17	2006.1.1
87	格鲁吉亚	2005.6.22	北京	国家税务总局局长 谢旭人	驻华大使 米哈伊尔·乌克列巴	2005.11.10	2006.1.1
88	墨西哥	2005.9.12	墨西哥城	外交部部长 李肇星	外交部部长 德尔贝斯	2006.3.1	2007.1.1
89	沙特阿拉伯	2006.1.23	北京	国家税务总局局长 谢旭人	财政大臣 易卜拉欣·本·阿卜杜勒·阿齐兹·阿萨夫	2006.9.1	2007.1.1
90	阿尔及利亚	2006.11.6	北京	国家税务总局局长 谢旭人	国务部长兼外交部长 穆罕默德·贝贾维	2007.7.27	2008.1.1
91	塔吉克斯坦	2008.8.27	杜尚别	外交部部长 杨洁篪	财政部部长 纳日穆基诺夫	2009.3.28	2010.1.1
92	埃塞俄比亚	2009.5.14	北京	国家税务总局局长 肖捷	财政和经济发展部部长 苏菲安·阿赫迈德	2012.12.25	2013.1.1
93	土库曼斯坦	2009.12.13	阿什哈巴德	外交部部长 杨洁篪	内阁副总理 贾帕洛夫	2010.5.30	2011.1.1
94	捷克	2009.8.28	北京	国家税务总局局长 肖捷	驻华大使 维捷斯拉夫·格雷普尔	2011.5.4	2012.1.1
95	赞比亚	2010.7.26	卢萨卡	驻赞比亚大使 李强民	财政与国家计划部长 西通贝科·穆索科图	2011.6.30	2012.1.1

(续表)

序号	国家	签署日期	签署地点	中方签字人	外方签字人	生效日期	执行日期
96	叙利亚	2010.10.31	大马士革	外交部副部长 翟隽	财政部副部长 穆罕默德·哈德尔·赛伊德·艾哈迈德	2011.9.1	2012.1.1
97	乌干达	2012.1.11	坎帕拉			尚未生效	尚未执行
98	博茨瓦纳	2012.4.11	哈博罗内	国家税务总局局长 肖捷	财政与发展规划部部长 肯尼斯·马太姆	尚未生效	尚未执行
99	厄瓜多尔	2013.1.21	基多	国家税务总局局长 肖捷	外贸与一体化部代部长 巴勃罗·比利亚戈麦斯	尚未生效	尚未执行

注：(1) 截至2013年1月16日，我国同99个国家正式签署了避免双重征税协定，其中96个协定已生效。

(2)《内地和香港特别行政区关于对所得避免双重征税的安排》于1998年2月11日在香港正式签署，1998年7月1日起执行。

(3)《内地和澳门特别行政区关于对所得避免双重征税的安排》于2003年12月27日在澳门正式签署，2004年1月1日起执行。

21 世纪法学系列教材书目

"21 世纪法学系列教材"是北京大学出版社继"面向 21 世纪课程教材"（即"大红皮"系列）之后，出版的又一精品法学系列教科书。本系列丛书以白色为封面底色，并冠以"未名·法律"的图标，因此也被称为"大白皮"系列教材。"大白皮"系列是法学全系列教材，目前有 15 个子系列。本系列教材延续"大红皮"图书的精良品质，皆由国内各大法学院优秀学者撰写，既有理论深度又贴合教学实践，是国内法学专业开展全系列课程教学的最佳选择。

- **法学基础理论系列**

　　英美法概论　　　　　　　　　　　　　彭　勃
　　法律方法论　　　　　　　　　　　　　陈金钊
　　法社会学　　　　　　　　　　　　　　何珊君

- **法律史系列**

　　中国法制史　　　　　　　　　　　　　赵昆坡
　　中国法制史　　　　　　　　　　　　　朱苏人
　　中国法制史讲义　　　　　　　　　　　聂　鑫
　　中国法律思想史（第二版）　　李贵连　李启成
　　外国法制史（第三版）　　　　　　　　由　嵘
　　西方法律思想史（第三版）　　徐爱国　李桂林
　　外国法制史　　　　　　　　　　　　　李秀清

- **民商法系列**

　　民法学　　　　　　　　　　　　　　　申卫星
　　民法总论（第三版）　　　　　　　　　刘凯湘
　　债法总论　　　　　　　　　　　　　　刘凯湘
　　物权法论　　　　　　　　　　　　　　郑云瑞
　　担保法　　　　　　　　　　　　　　　杨　会
　　侵权责任法　　　　　　　　　　　　　李显冬
　　英美侵权行为法学　　　　　　　　　　徐爱国
　　商法学——原理·图解·实例（第四版）　朱羿坤
　　商法学　　　　　　　　　　　　　　　郭　瑜
　　保险法（第三版）　　　　　　　　　　陈　欣
　　保险法　　　　　　　　　　　　　　　樊启荣
　　海商法教程（第二版）　　　　　　　　郭　瑜
　　票据法教程（第二版）　　　　　　　　王小能

票据法学 　　　　　　　　　　　　　　吕来明
物权法原理与案例研究(第二版)　　　　王连合
破产法(待出)　　　　　　　　　　　　许德风

- **知识产权法系列**

    知识产权法学(第六版)　　　　　　　　吴汉东
    知识产权法学　　　　　　　　　　　　杜　颖
    知识产权法　　　　　　　　　　　　　张　平
    商标法(第三版)　　　　　　　　　　　杜　颖
    著作权法(待出)　　　　　　　　　　　刘春田
    专利法(待出)　　　　　　　　　　　　郭　禾
    电子商务法　　　　　　　　　　李双元　王海浪

- **宪法行政法系列**

    宪法学(第三版)　　　　　　甘超英　傅思明　魏定仁
    行政法学(第四版)　　　　　　罗豪才　湛中乐
    国家赔偿法学(第二版)　　　　房绍坤　毕可志
    国家赔偿法:原理与案例(第二版)　　　沈　岿

- **刑事法系列**

    刑法学　　　　　　　　　　　　　　　张小虎
    刑法学(上、下)(第二版)　　　　　　刘艳红
    刑法总论　　　　　　　　　　　　　　黄明儒
    刑法分论　　　　　　　　　　　　　　黄明儒
    中国刑法论(第六版)　　　　杨春洗　杨敦先　郭自力
    现代刑法学(总论)　　　　　　　　　　王世洲
    外国刑法学概论　　　　　　　　李春雷　张鸿巍
    犯罪学(第四版)　　　　　　　　康树华　张小虎
    犯罪预防理论与实务　　　　　　李春雷　靳高风
    犯罪被害人学教程　　　　　　　　　　李　伟
    监狱法学(第二版)　　　　　　　　　　杨殿升
    刑事执行法学　　　　　　　　　　　　赵国玲
    刑事侦查学　　　　　　　　　　　　　张玉镶
    刑事政策学　　　　　　　　　　　　　李卫红
    国际刑事实体法原论　　　　　　　　　王　新
    美国刑法(第四版)　　　　　　　储槐植　江　溯

- **经济法系列**

经济法学(第七版)	杨紫烜 徐 杰
经济法学原理(第四版)	刘瑞复
经济法概论(第七版)	刘隆亨
经济法理论与实务(第四版)	於向平等
企业法学通论	刘瑞复
商事组织法	董学立
反垄断法	孟雁北
金融法概论(第五版)	吴志攀
金融监管学原理	丁邦开 周仲飞
银行金融法学(第六版)	刘隆亨
证券法学(第三版)	朱锦清
中国证券法精要:原理与案例	刘新民
会计法(第二版)	刘 燕
劳动法学(第二版)	贾俊玲
消费者权益保护法	王兴运
房地产法(第二版)	程信和
环境法学(第四版)	金瑞林
环境法基础知识与能力训练	钭晓东

- **财税法系列**

财政法学	刘剑文
税法学(第四版)	刘剑文
国际税法学(第三版)	刘剑文
财税法专题研究(第三版)	刘剑文
财税法成案研究	刘剑文 等

- **国际法系列**

国际法(第三版)	白桂梅
国际私法学(第三版)	李双元 欧福永
国际贸易法	冯大同
国际贸易法	郭 瑜
国际贸易法原理	王 慧
国际金融法:跨境融资和法律规制	唐应茂

- **诉讼法系列**

民事诉讼法(第二版)	汤维建

刑事诉讼法学(第五版)	王国枢
外国刑事诉讼法教程(新编本)	王以真 宋英辉
民事执行法学(第二版)	谭秋桂
仲裁法学(第二版)	蔡 虹
外国刑事诉讼法	宋英辉 孙长永 朴宗根
律师法学	马宏俊
公证法学	马宏俊
司法鉴定学	霍宪丹
仲裁法学(第二版)	蔡 虹

- **特色课系列**

世界遗产法	刘红婴
法律语言学(第二版)	刘红婴
模拟审判:原理、剧本与技巧(第三版)	廖永安 唐东楚
医事法学	古津贤 强美英
民族法学(第二版)	熊文钊
文化法学导论	周艳敏 宋慧献

- **双语系列**

普通法系合同法与侵权法导论	张新娟
Learning Anglo-American Law: A Thematic Introduction(英美法导论)(第二版)	李国利

- **专业通选课系列**

法律英语(第二版)	郭义贵
法律文献检索(第三版)	于丽英
英美法入门——法学资料与研究方法	杨 桢
法律文书学	马宏俊

- **通选课系列**

法学概论(第三版)	张云秀
法律基础教程(第三版)	夏利民
法学通识九讲(第二版)	吕忠梅
人权法学(第二版)	白桂梅
卫生法学	丁朝刚

2017 年 8 月更新

教师反馈及教材、课件申请表

尊敬的老师：

　　您好！感谢您一直以来对北大出版社图书的关爱。北京大学出版社以"教材优先、学术为本"为宗旨，主要为广大高等院校师生服务。为了更有针对性地为广大教师服务，满足教师的教学需要、提升教学质量，在您确认将本书作为教学用书后，请您填好以下表格并经系主任签字盖章后寄回，我们将免费向您提供相关的教材、思考练习题答案及教学课件。在您教学过程中，若有任何建议也都可以和我们联系。

书号/书名	
所需要的教材及教学课件	
您的姓名	
系	
院校	
您所主授课程的名称	
每学期学生人数	学时
您目前采用的教材	书名＿＿＿＿＿＿＿ 作者＿＿＿＿＿ 出版社＿＿＿＿＿＿＿
您的联系地址	
联系电话	
E-mail	
您对北大出版社及本书的建议：	系主任签字 盖章

我们的联系方式：
北京大学出版社法律事业部
地　　址：北京市海淀区成府路205号　　联系人：孙嘉阳
电　　话：010-62757961　　　　　　　　传　真：010-62556201
电子邮件：bjdxcbs1979@163.com
网　　址：http://www.pup.cn
北大出版社市场营销中心网站：www.pupbook.com